Till Florian Tömmel
Bonn, Jakarta und der Kalte Krieg

Schriftenreihe der Vierteljahrshefte für Zeitgeschichte

Im Auftrag des
Instituts für Zeitgeschichte München – Berlin
herausgegeben von
Helmut Altrichter, Horst Möller,
Margit Szöllösi-Janze und Andreas Wirsching

Redaktion:
Johannes Hürter und Thomas Raithel

Band 116

Till Florian Tömmel

Bonn, Jakarta und der Kalte Krieg

Die Außenpolitik der Bundesrepublik Deutschland
gegenüber Indonesien von 1952 bis 1973

ISBN 978-3-11-056249-1
e-ISBN (PDF) 978-3-11-056555-3
e-ISBN (EPUB) 978-3-11-056263-7
ISSN 0506-9408

Library of Congress Cataloging-in-Publication Data
A CIP catalog record for this book has been applied for at the Library of Congress.

Bibliografische Information der Deutschen Nationalbibliothek
Die Deutsche Nationalbibliothek verzeichnet diese Publikation in der Deutschen Nationalbibliografie; detaillierte bibliografische Daten sind im Internet über http://dnb.dnb.de abrufbar.

© 2018 Walter de Gruyter GmbH, Berlin/Boston
Umschlagabbildung: Bundespräsident Heinrich Lübke und Präsident Sukarno fahren im offenen Wagen nach Tampacsiring. Lübke besucht als erstes Staatsoberhaupt der Bundesrepublik Deutschland Indonesien, 31. Oktober 1963; Presse- und Informationsamt der Bundesregierung, Bild B 145 Bild-00078788 / Fotograf: Ludwig Wegmann
Satz: le-tex publishing services GmbH, Leipzig
Druck und Bindung: CPI books GmbH, Leck

www.degruyter.com

Inhalt

Vorwort —— IX

I   **Einleitung** —— 1
-    1   Thematischer Umriss —— 1
-    2   Herangehensweise und Hypothesen —— 4
-    3   Periodisierung und Vorschau —— 10
-    4   Quellenlage —— 12
-    5   Forschungsstand —— 15

II   **Indonesien und die bundesdeutsche Indonesienpolitik** —— 21
-    1   Die bundesdeutsche Indonesienpolitik im historischen und systematischen Zusammenhang —— 21
  - Der globale Kalte Krieg —— 21
  - Außenpolitik unter den Bedingungen der deutschen Teilung: Politik der Wiedervereinigung und Politik der Westbindung —— 26
  - Dekolonisierung und „Dritte Welt" —— 33
  - Der Willensbildungs- und Entscheidungsprozess innerhalb der bundesdeutschen Außenpolitik —— 37
-    2   Grundzüge der inneren Entwicklung und der Außenbeziehungen Indonesiens unter Sukarno (1945–1967) —— 40

III   **Von der Aufnahme diplomatischer Beziehungen bis zur Belgrader Blockfreien-Konferenz (1952–1961)** —— 53
-    1   Die Anfänge bundesdeutscher Indonesienpolitik (1952–1955) —— 53
  - Kontinuitäten, Neubeginn und Schwierigkeiten: Gutachtertätigkeit Hjalmar Schachts, Eröffnung diplomatischer Beziehungen und interne Unstimmigkeiten —— 53
  - Relikte, Fortschritte und heikle Anliegen: Kriegszustand, Altvermögen, Handelsabkommen und Militärinstrukteure —— 63
  - Das Auftreten der DDR in Indonesien 1954 —— 71
-    2   Wahrnehmungen und Wahrnehmungsmuster in der Berichterstattung —— 74
  - Indonesien: „Volkscharakter", entstehende Nation und Krisenland —— 74
  - Sukarno: Charismatiker, Charmeur und Demagoge —— 81
  - Die Rolle der Bundesrepublik Deutschland in Indonesien —— 89
-    3   Nach 1955: Politisierung der Indonesienpolitik? —— 97
  - 1955 als zweifache Zäsur: Deutsche Rückkehr auf die internationale Bühne – Indonesien als Akteur der Weltpolitik? —— 97

Indonesien als Objekt der Weltpolitik? Indonesienpolitik der Supermächte und Kalter Krieg im maritimen Südostasien —— 104
Die Bundesrepublik und der niederländisch-indonesische Konflikt um Westneuguinea —— 114
Der deutsch-deutsche „kalte Kleinkrieg" in Jakarta bis zum Beginn der bilateralen Kapitalhilfe 1961 —— 128

IV Konfrontation und Krisen (1961–1966) —— 143

1 Die Zuspitzung der deutsch-deutschen Konkurrenz und der Beginn der bilateralen Kapitalhilfe für Indonesien (1961–1963) —— 143

Berlin-Krise, Belgrader Blockfreien-Konferenz und Indonesiens Distanzierung von der Alleinvertretungspolitik 1961 —— 143

Die bundesdeutsche Entwicklungshilfe für Indonesien zwischen Hindernissen, Opportunität und (Un-)Rentabilität: Das Beispiel Lampong —— 149

Zunehmende deutschlandpolitische Schwierigkeiten zwischen der Bundesrepublik und Indonesien (1962/63) —— 159

2 Rettungsversuche, Rücksichtnahmen und Irritationen (September 1963 bis September 1964) —— 165

Der Beginn von Indonesiens Konfrontationspolitik gegen Malaysia und Großbritannien (1963) —— 165

Der Staatsbesuch Heinrich Lübkes in Indonesien (Oktober/November 1963) —— 169

Sukarnos „radikale" Außenpolitik in einer veränderten internationalen Konstellation —— 180

3 Das Jahr der Krisen (September 1964 bis September 1965) —— 188

„Wir sind noch einmal davongekommen": Ein indonesisches Generalkonsulat in Ost-Berlin? —— 190

„Aktionsprogramm Indonesien": Ein neuer Sonderplafond und intensivere Kommunikation —— 194

Der Austritt Indonesiens aus den UN und die Südostasien-Konferenz des Auswärtigen Amts —— 199

Die Nichtanerkennungspolitik vor dem Scheitern? —— 207

„Bis an die Grenze des Vertretbaren gehen": Wirtschaftshilfen im Dienst der Nichtanerkennungspolitik —— 211

„Vorübergehende Festigung unserer Stellung in Jakarta": Der Besuch von Minister Schwarz in Indonesien im August 1965 —— 215

4 Der 1. Oktober 1965 und die indonesischen Massaker von 1965/66 —— 220

Die „Bewegung 30. September" und der Coup vom 1. Oktober 1965: Forschungsstand und offene Fragen —— 221

Die „Bewegung 30. September" und der Coup vom 1. Oktober 1965:
Die Wahrnehmungen ausländischer Beobachter —— 228
Die Massaker —— 240

V   „Neue Ordnung" und neue Präferenzen (1966–1973) —— 257
   1   Von der „alten" zur „neuen" Ordnung:
       Die Machttransition bis 1967 —— 257
       „Im Schwebezustand": Oktober 1965 bis März 1966 —— 257
       Indonesien nach Sukarno: Die Wahrnehmung der „neuen
       Ordnung" —— 265
   2   Die Beteiligung der Bundesrepublik
       an der Umschuldung Indonesiens (1966–1971) —— 273
       Der Staatsbankrott Indonesiens und die Entstehung
       multilateraler Umschuldungsverhandlungen —— 274
       Die Gutachtertätigkeit von Hermann Josef Abs und
       der Abschluss der Schuldenregelung —— 283
   3   Jenseits von Sukarno und Hallstein-Doktrin:
       Indonesien und die Bundesrepublik Deutschland 1967–1973 —— 292
       Routinisierung und Entdramatisierung: Die Beziehungen zu
       Indonesien in einer veränderten welt- und deutschlandpolitischen
       Lage —— 292
       Opposition gegen die „neue Ordnung" Indonesiens und bundesdeut-
       sche Kritik an der indonesischen Menschenrechtslage —— 299
       Die Bundesrepublik und Indonesien in den siebziger Jahren:
       Autonomisierung der Entwicklungspolitik, Rolle der Außenwirtschaft
       und Multilateralisierung im EG-ASEAN-Rahmen —— 311

VI Ergebnisse und Schlussbetrachtung —— 327

Zeittafel und Abbildungen —— 339

Abkürzungen —— 343

Quellen und Literatur —— 347

Personenregister —— 363

Vorwort

Das vorliegende Buch ist die überarbeitete Fassung meiner Dissertation, die am 13. Oktober 2015 an der Ludwig-Maximilians-Universität München eingereicht und im Wintersemester 2015/16 von der Fakultät für Geschichts- und Kunstwissenschaften angenommen wurde. Die Disputation fand am 5. Februar 2016 statt.

Vor, während und nach einer Doktorarbeit häuft man mehr Dankesschuld an, als sich in einem knappen Vorwort sagen lässt. An erster Stelle gilt mein Dank Herrn Prof. em. Dr. Dr. h. c. Gottfried-Karl Kindermann: Formell der Zweitgutachter, war er auch ein Doktorvater im eigentlichen Sinne. Er hat diese Arbeit von den ersten Skizzen an begleitet, immer wieder meinen Blick auf die wesentlichen Linien gelenkt und mir bei der Ausführung meines Forschungsvorhabens zugleich den größtmöglichen Freiraum gelassen. Alle inhaltlichen und organisatorischen Änderungen, die ich für nötig hielt, hat er vertrauensvoll unterstützt. Herrn Prof. em. Dr. Dr. h. c. mult. Horst Möller bin ich sehr dankbar dafür, dass er bereit war, das Erstgutachten zu übernehmen, nachdem sich die Arbeit von einer politikwissenschaftlichen zu einer zeithistorischen Untersuchung gewandelt hatte: Ursprünglich war ich vor allem an der deutschen Politik gegenüber Südostasien als einer Region interessiert. Im Lauf des ersten Forschungsjahres wurde jedoch deutlich, dass die eigentlich interessante und bislang unberücksichtigte „Story" in den Beziehungen der „alten" Bundesrepublik Deutschland zu Indonesien lag, eingebettet in einen größeren Kontext von Kaltem Krieg und deutscher Teilung.

Dem Institut für Zeitgeschichte München-Berlin danke ich für die Aufnahme meiner Arbeit in die *Schriftenreihe der Vierteljahrshefte für Zeitgeschichte*. Wohl nur eine Minderheit der Doktoranden hat das Privileg, ihren Text vor der Publikation noch einmal einem so sorgfältigen Feinschliff unterziehen zu lassen. Wichtige Hinweise verdanke ich den beiden anonymen Gutachtern. Von der inhaltlichen Betreuung durch Herrn Prof. Dr. Johannes Hürter und insbesondere Herrn Prof. Dr. Thomas Raithel hat meine Arbeit ebenso profitiert wie von der editorischen Bearbeitung durch Frau Angelika Reizle. Zu danken habe ich auch Frau Gabriele Jaroschka vom Verlag De Gruyter Oldenbourg für das Erstellen der Druckfassung sowie Frau Dr. Katja Klee für letzte Korrekturen am Typoskript.

Der Rohstoff dieser Arbeit lagerte in Archiven. Dafür, dass ich mich nicht in der zuweilen unüberschaubaren Menge an Aktenmaterial verirrt habe, gebührt mein Dank allen Mitarbeiterinnen und Mitarbeitern der von mir besuchten Archive. Gesondert wie auch stellvertretend für alle möchte ich Herrn Knud Piening vom Politischen Archiv des Auswärtigen Amts in Berlin erwähnen, der mir bei der Offenlegung von über hundert Verschlusssachen des Auswärtigen Amts sehr entgegengekommen ist. Für ausführliche Hintergrundgespräche danke ich Herrn Botschafter a. D. Dr. Hans-Joachim Hallier und Herrn Botschafter a. D. Dr. Heinrich Seemann; sie haben mir einen farbigeren Eindruck der Akteursperspektive vermittelt.

Für fachlichen Rat, konzeptionelle Anregungen und gelegentlich wohldosierte Kritik an den richtigen Stellen danke ich (in chronologischer Reihenfolge): Herrn Dr. Amit das Gupta, Prof. Dr. Jürgen Rüland, Prof. Dr. Bernd Stöver, Prof. Dr. Vincent Houben, Prof. Dr. Joachim Scholtyseck, Prof. Dr. Dr. h. c. Hans-Peter Schwarz (†), Prof. Dr. Andreas Wirsching, Prof. Dr. Berthold Rittberger und Prof. Dr. Andreas Rödder. Für alle verbliebenen Unzulänglichkeiten der Arbeit bin selbstverständlich ich alleine verantwortlich.

Prof. Dr. Rudolf Streinz sowie meinen Kolleginnen und Kollegen der Hochschule für Politik München danke ich für ein anregendes Klima in einer interessanten Zeit, Prof. Dr. Carlo Masala sowie meinen Kolleginnen und Kollegen an der Universität der Bundeswehr München für die Freiräume in den letzten Wochen meiner Arbeit an der Dissertation. Viel zu verdanken habe ich schließlich meinen Studentinnen und Studenten. Die universitäre Tätigkeit, insbesondere Lehrveranstaltungen und ihre Vorbereitung, erinnerte mich immer wieder daran, nicht in betriebsblindes Spezialistentum abzugleiten, sondern größere Zusammenhänge im Blick zu behalten. Unter den Kollegen und Freunden, durch deren Ideen und Perspektiven ich vieles dazugelernt habe, möchte ich besonders Hubert Mayer hervorheben, mit dem ich in den letzten Jahren eine Art „Dauergespräch" über ein weites Spektrum gemeinsamer Interessen geführt habe und der auch immer wieder längere Abschnitte meiner Arbeit gelesen und kommentiert hat. Schließlich möchte ich noch meinem neuen Umfeld an der Jiaotong-Universität in Shanghai für die freundliche Aufnahme und ganz neue Perspektiven danken – vor allem Frau Prof. Dr. Yuan Xue –, die ebenfalls an der Ludwig-Maximilians-Universität München promoviert hat.

Den größten Dank aber schulde ich den Menschen, die mich in meinem Leben seit jeher begleiten: Das sind meine Mutter Sieglinde Eva Tömmel, mein Vater Clemens Cording und meine „kleine" Schwester Tatjana Noemi Tömmel (die längst promoviert ist und mittlerweile mit ihrem Mann Simon Gabriel Neuffer den kleinen Theodor in unsere Familie gebracht hat). Mit etwas zeitlichem Abstand von der Doktorarbeit wird deutlich, dass das Gelingen eines solchen Vorhabens von vielen Dingen abhängt, die ganz und gar außerhalb des eigenen Einflusses liegen. Ich hatte und habe das Glück, in allen Lebenslagen stets auf die unbeschränkte emotionale und geistige Unterstützung zählen zu können, die mir meine Eltern (in all ihrer Unterschiedlichkeit) gewährt haben.

Dieses Buch ist meinen Eltern gewidmet – in Dankbarkeit für alles.

Shanghai, im März 2018 Till Florian Tömmel

I Einleitung

1 Thematischer Umriss

Anfang Februar 1965 fand eine von Bundesaußenminister Gerhard Schröder (1910–1989) einberufene Konferenz statt, zu der alle in den Staaten Süd- und Ostasiens akkreditierten Botschafter der Bundesrepublik Deutschland nach Bonn kamen. Themen der viertägigen Zusammenkunft waren die beiden großen Konflikte in Südostasien: In dem einen führten Nordvietnam und die südvietnamesischen Kommunisten einen Guerillakrieg gegen die von den USA unterstützte antikommunistische Regierung in Saigon, in dem anderen ging die Republik Indonesien unter der Losung „crush Malaysia" gegen die von Großbritannien unterstützte Föderation Malaysia vor.[1]

Der Sprechzettel des aus Jakarta angereisten Botschafters Luitpold Werz hielt fest: Indonesien gleite in Richtung des Ostblocks ab, es mache sich zum aggressiven Wortführer der Entwicklungsländer gegen den Westen und verfolge eine konfrontative Politik gegen die USA, Großbritannien und Malaysia. Trotz allem müsse gerade in dieser Situation die Bundesrepublik die Funktion einer „Brücke" zwischen Indonesien und dem Westen übernehmen. Die deutsche Handels- und Entwicklungspolitik solle wesentlich ausgebaut werden, wobei – insbesondere angesichts der starken DDR-Aktivität in Jakarta – politische Erwägungen eindeutigen Vorrang hätten vor ökonomischen.[2]

Karl Carstens, damals Staatssekretär des Auswärtigen Amts und später Bundespräsident, hielt auf der Krisenkonferenz von 1965 fest, es sei für die Bundesrepublik in Indonesien sehr viel schwieriger als in Vietnam, sich völlig herauszuhalten: Schließlich seien die „Verbindungen zu Indonesien sorgfältig gepflegt" worden, wodurch man „in einen gewissen Gegensatz mit anderen uns befreundeten Ländern" gerate. An die Diplomaten gerichtet fragte er: „Wie soll sich unser Land nun in diesem Konflikt und angesichts unserer besonderen Interessen, die wir in Indonesien, aber auch in Malaysia, zu vertreten haben, verhalten?"[3]

In derselben Woche wurden die besonderen Interessen Bonns gegenüber Indonesien auch in Ost-Berlin erörtert. Peter Florin, stellvertretender Vorsitzender des Ausschusses für Auswärtige Angelegenheiten der DDR-Volkskammer (und ab 1973 erster

---

[1] PA AA, AV Tokio, 6766. Protokoll der Konferenz „Die Krisensituation in Südostasien" vom 1.–4.2.1965 im AA.
[2] PA AA, NL Werz, 1. Sprechzettel für Botschafterkonferenz (ohne Datum). – In Quellenzitaten werden die nach damaliger deutscher Rechtschreibung verfassten Texte ohne gesonderten Hinweis in neue deutsche Rechtschreibung übertragen. Die Wiedergabe indonesischer Namen und Ausdrücke wird an die seit 1972 übliche Rechtschreibung angepasst, wenn es sich um häufig vorkommende Wörter wie z. B. Jakarta (statt: *Djakarta*) oder Sukarno (statt: *Soekarno*) handelt.
[3] PA AA, AV Tokio, 6766. Mitschrift zur Diskussion über den Indonesien-Malaysia-Konflikt, S. 24. Die Protokolle der Konferenz „Die Krisensituation in Südostasien" vom 1.–4.2.1965 im AA.

DDR-Botschafter bei den Vereinten Nationen), referierte vor seinen Kollegen über die Gefahren des „westdeutschen Neokolonialismus": Dieser sei „geradezu größenwahnsinnig" geworden und kenne „in seiner Brutalität keine Grenzen". Zu dem Konflikt zwischen Indonesien und Malaysia äußerte Florin, er sei überzeugt davon, dass „die westdeutsche Monopolbourgeoisie unmittelbar ihre Finger in diesem Kampf gegen die Republik Indonesien" habe.[4]

Wie ist es dazu gekommen, dass sich Politiker und Diplomaten der „Bonner Republik", die heute im Ruf außenpolitischer Zurückhaltung insbesondere außerhalb Europas steht, mit den Belangen eines in jeder Hinsicht weit entfernten Landes wie Indonesien befassten?

Im Unterschied zu Vietnam und dem Vietnamkrieg sind die Kenntnisse über die dramatischen Entwicklungen im Indonesien der fünfziger und sechziger Jahre auf ein kleineres Publikum beschränkt geblieben. Die vergleichsweise geringe Aufmerksamkeit gegenüber dem nach Bevölkerung viertgrößten (vor dem Kollaps der Sowjetunion 1991: fünftgrößten) Land der Erde ist keine deutsche Besonderheit. Akademiker, Medien, Politik und die weitere Öffentlichkeit auch anderer westlicher Länder interessierten sich sehr viel weniger für Indonesien, als es angesichts seiner Größe, seiner geostrategisch bedeutsamen Lage, seiner reichen Kultur, aber auch seiner Konfliktgeschichte zu erwarten gewesen wäre.[5] 1987 sprach ein Aufsatz der amerikanischen Zeitschrift *Foreign Affairs* gar vom „unsichtbaren" Indonesien.[6] Ein wichtiger Grund für die relative Vernachlässigung Indonesiens lag sicherlich darin, dass, sofern es um Südostasien ging, die Konfliktregion Indochina die meiste Aufmerksamkeit westlicher Beobachter absorbierte: Zunächst der von Frankreich geführte Kolonialkrieg, dann der von den USA geführte Vietnamkrieg, schließlich der dritte Indochinakonflikt um Kambodscha, der eingebettet war in einen sino-vietnamesischen und den sino-sowjetischen Konflikt. Abgesehen von einer vorübergehenden Aufmerksamkeitssteigerung während der Asienkrise und dem Sturz des Suharto-Regimes Ende der neunziger Jahre nahm bei der US-Regierung das Interesse an Indonesien vor allem im Gefolge des 11. September 2001 und der Terroranschläge von Bali 2002 wieder zu. Unter den Vorzeichen der globalen Bekämpfung des Dschihadismus wurde Indonesien als „größtes islamisches Land" und als „größte islamische Demokratie" gewissermaßen neu entdeckt: Die amerikanische Außen- und Sicherheitspolitik sah Indonesien nun als potenziellen Stabilitätsanker in Südostasien und als „zweite Front" des *war on terror*.[7] Mit dem während der Obama-Präsidentschaft deklarierten *rebalancing to Asia* wurde Indonesien eine über die

---
4 PA AA, MfAA, A 17426. Protokoll über die Beratungen des Auswärtigen Ausschusses der Volkskammer der DDR am 4.2.1965: „Der westdeutsche Neokolonialismus – eine Hauptgefahr für die freien Völker Afrika und Asiens".
5 Siehe etwa: Riquier, L'Indonésie, S. 11, 15; Liddle, Scholarship, S. 258.
6 Emmerson, Invisible Indonesia, S. 368–387.
7 Siehe dazu: Mauzy/Job, Re-Engagement, S. 622–641.

Terrorismusbekämpfung weit hinausgehende strategische Bedeutung eingeräumt.[8] Nach der über dreißig Jahre langen Suharto-Diktatur (1965/67–1998) und den Erschütterungen der Post-Suharto-Zeit (1998–2004) gilt Indonesien heute als ein Modell für eine geglückte Demokratisierung und Stabilisierung. Als Akteur gewinnt Indonesien an Bedeutung auch über Südostasien hinaus, insbesondere als Mitglied der Gruppe der 20.[9]

Die Bundeszentrale für politische Bildung publizierte 2012 eine Schrift, die auf das sechzigste Jubiläum der Aufnahme diplomatischer Beziehungen zwischen Deutschland und Indonesien hinwies, ohne jedoch näher auf die Geschichte dieser Beziehungen einzugehen.[10] Die außenpolitischen Schwerpunkte der Bundesrepublik Deutschland lagen und liegen zweifellos im europäischen und nordatlantischen Raum. Entsprechend überwiegen auch in historischen und politikwissenschaftlichen Arbeiten die Themen der transatlantischen Beziehungen, der Europapolitik sowie der Deutschland- und Ostpolitik. In den letzten zwei Jahrzehnten fanden die Bezüge der „alten" Bundesrepublik zu Ländern und Regionen außerhalb des euroatlantischen Raums verstärkte Aufmerksamkeit in der Historiographie, dennoch trifft die Feststellung in einem Literaturbericht von 2008 – mit gewissen Abstrichen – nach wie vor zu: „Ungenügend sind unsere Kenntnisse über die Bonner Afrika-, Asien- und Lateinamerikapolitik".[11]

Die vorliegende Untersuchung soll eine Forschungslücke zu einem bislang unberücksichtigten Thema schließen: die Politik der Bundesrepublik Deutschland gegenüber Indonesien zwischen der Aufnahme diplomatischer Beziehungen im Jahr 1952 und dem Schlusspunkt der bundesdeutschen Alleinvertretungspolitik im Jahr 1973, in dem sowohl die Bundesrepublik Deutschland als auch die DDR den Vereinten Nationen beitraten. Die Arbeit versteht sich als Beitrag sowohl zur Erforschung der deutschen Außenpolitik als auch der Geschichte der internationalen Beziehungen, genauer: der internationalen Geschichte des Kalten Krieges.[12] Die Analyse folgt der von Tony Smith (2000) erhobenen Forderung nach einer „perizentrischen" Untersuchung des Kalten Krieges, welche die Interaktionen kleinerer und mittlerer Mächte untereinander sowie mit den Großmächten in den Blick rückt.[13] Dabei soll deutlich

---

[8] So Clinton, Amerikas pazifisches Jahrhundert, S. 62–69. Zum größeren Zusammenhang des amerikanischen *rebalancing to Asia* siehe: Stuart, Obama's Rebalance, S. 9–29; Murphy, Indonesia Returns, S. 65–79.
[9] Vgl. Acharya, Indonesia. – Nicht erfüllt hat sich bislang die gelegentlich geäußerte Hoffnung, Indonesien könne als Demokratisierungsmodell auf islamische Staaten im Nahen Osten ausstrahlen; vgl. Jochen Buchsteiner: „Angebote vom anderen Ende der Welt". Frankfurter Allgemeine Zeitung, 17.2.2011, S. 6.
[10] Vgl. Bundeszentrale, Indonesien, S. 2.
[11] Lappenküper, Außenpolitik, S. 115.
[12] Zur begrifflichen Abgrenzung der *Geschichte der internationalen Beziehungen* zu *Universalgeschichte*, *Weltgeschichte* und *Globalgeschichte* siehe: Osterhammel, Globalgeschichte, S. 592–610.
[13] Smith, Pericentric Framework, S. 567–591.

werden, dass Staaten wie die Bundesrepublik und Indonesien nicht bloße Objekte der Weltpolitik gewesen sind.

Es waren vor allem zwei eng zusammenhängende Umstände, die Indonesien für die Außenpolitik der Bundesrepublik Deutschland im untersuchten Zeitraum relevant werden ließen: Erstens war Indonesien der nach Indien zweitgrößte bündnisfreie Staat in dem vom Kalten Krieg bestimmten internationalen System; zweitens bedeutete die von Indonesien beanspruchte Führungsrolle in der „Dritten Welt", dass dem Land eine wesentliche Rolle bei der Durchsetzung der von Bonn bis in die späten sechziger Jahre verfolgten Politik der internationalen Isolierung der DDR zukam. Indonesien war wie Indien und Ägypten eines der Schlüsselländer, von denen abhing, ob einer internationalen Anerkennung der DDR Tür und Tor geöffnet würde oder aber der Weg versperrt bliebe. Die Erschütterungen, die Indonesien insbesondere in den Jahren 1955 bis 1967 erlebte, verkomplizierten die Durchsetzung der Alleinvertretungspolitik der Bundesregierung.

Die Forschungsfrage am Anfang dieser Untersuchung lautet: Warum und wie haben sich verschiedene Bundesregierungen im Zeitraum von 1952 bis 1973 gegenüber Indonesien außenpolitisch in einem Maße engagiert, das über die routinemäßig verlaufenden Beziehungen zu anderen südostasiatischen Staaten wie Thailand, den Philippinen und Malaysia erheblich hinausging? Aus dieser ersten Forschungsfrage ergeben sich vier vertiefende Fragen:
1. Welche Faktoren und Strukturen prägten die bundesdeutsche Indonesienpolitik?
2. Welche Methoden wurden eingesetzt, um die Interessen und Ziele umzusetzen?
3. Wo gab es Erfolge und Misserfolge?
4. An welchen Stellen lassen sich in der Rückschau Kontinuitäten und Diskontinuitäten feststellen?

2 Herangehensweise und Hypothesen

Diese Arbeit ist eine quellenbasierte Fallstudie zur Außenpolitik der Bundesrepublik Deutschland. Sie vertritt insofern einen „klassischen" historiographischen Ansatz, als sie jene Eigenheiten aufweist, die typisch für die geschichtswissenschaftliche Methodik und deren epistemologische Grundlagen sind.[14] Der Verfasser untersucht das Thema in seiner *Singularität*, seiner *Komplexität* und *Kontextabhängigkeit*, im Bewusstsein seiner nur *indirekten* und *rekonstruktiven Wahrnehmbarkeit* sowie mit besonderer Berücksichtigung der *zeitlichen Dimension*.[15] Wenngleich größere Teile der Arbeit eher darstellend als streng systematisierend angelegt sind, benötigt die Fülle der Em-

---

[14] Erkenntnisse verdanke ich hier: Lengwiler, Praxisbuch, S. 15–18. Zu den Charakteristika des historischen Forschungsgegenstandes: Welskopp, Erklären, S. 143–145.
[15] Auf eine ausführliche Darstellung der methodischen Grundlagen wird hier verzichtet. Wichtige Anregungen waren: Lengwiler, Praxisbuch, S. 29–31, 71 f.; Wohlforth, Certain Idea of Science, S. 42; Elman/Elman, Diplomatic History.

pirie eine Struktur, in die sie eingeordnet werden kann. Die Unterscheidung mehrerer relevanter Ebenen mit verschiedenen Bestimmungsfaktoren erlaubt es, dem Stoff eine Form zu geben. Zu diesem Zweck wurden Arbeitshypothesen über die wichtigsten Bestimmungsfaktoren der Indonesienpolitik der Bundesrepublik im genannten Zeitraum formuliert.

Diese Arbeit geht davon aus, dass die Indonesienpolitik der Bundesrepublik Deutschland von 1952 bis 1973 hauptsächlich auf drei Ebenen von „komplexen Faktorenbündeln"[16] bestimmt wurde. Erstens das internationale System des Kalten Krieges, zweitens die Spezifika der bundesdeutschen Außen- und Deutschlandpolitik und drittens die Spezifika der Dekolonisierung Indonesiens. Die Entwicklungen auf den drei Ebenen folgten einer jeweils eigenen Dynamik und sind damit analytisch unterscheidbar. Faktisch waren sie stark aufeinander bezogen und wirkten aufeinander ein.[17] Angesichts ihrer Bedeutung für das Thema sollen der Kalte Krieg, die Außen- und Deutschlandpolitik der Bundesrepublik sowie der Problemkomplex der Dekolonisierung der Arbeit als Analyseebenen und -hintergrund die Perspektiven vorgeben. Zusätzlich wird noch eine vierte Untersuchungsebene eingeführt, auf der die drei genannten Bestimmungsfaktoren ihren Niederschlag gefunden haben: Dies ist die innerstaatlich-administrative „Mechanik" der bundesdeutschen Indonesienpolitik, in erster Linie des Auswärtigen Amts im Zusammenwirken mit anderen amtlichen Stellen.

Die vier Ebenen lassen sich folgendermaßen skizzieren:
1. *Der globale Kalte Krieg*: Die ideologische und geostrategische Konfrontation zwischen dem von den USA und dem von der UdSSR geführten Lager bildete die Grundkonstellation des internationalen Systems. Der Kalte Krieg formte einerseits regionale Ordnungen und Konflikte in Europa wie in Südostasien, andererseits wirkten regionale und lokale Konflikte auf das internationale System des Kalten Krieges zurück. Die Regierungen in Jakarta und in Bonn hatten ihre Politik und ihre Beziehungen untereinander grundsätzlich an den Bedingungen des Kalten Krieges auszurichten (ohne dass dies freilich eine bestimmte Politik vorbestimmt hätte). Der Kalte Krieg bestand als systematische und als historische Vorbedingung: Systematisch, da weder die bundesdeutsche noch die indonesische Regierung stark genug waren, um diese systemische Vorgabe aus eigener Kraft zu verändern. Im historischen Sinne war der Kalte Krieg auch deshalb eine „vorgefundene" Konstellation, da der Ausbruch der amerikanisch-sowjetischen Blockkonfrontation der westdeutschen und der indonesischen Staatsgründung im Mai bzw. Dezember 1949 zeitlich vorausgegangen war. Überdies waren die Umstände beider, ja aller drei hier relevanten Staatsgründungen von 1949 (Bundesrepublik, Indonesien und DDR) stark von der Frühphase des Kalten Krieges bestimmt.

---
16 Lengwiler, Praxisbuch, S. 16.
17 Die drei hier genannten Analyseebenen wurden zuvor von anderen Autoren in ähnlicher Weise verwendet, z. B. in: Hein, Dritte Welt.

Auf der Ebene des Kalten Krieges konkurrierten die USA, die Sowjetunion und China sowie ihre jeweiligen Verbündeten um Einfluss in Indonesien. Im Zusammenhang dieser Arbeit ist wichtig, dass der zunächst bipolare und seit dem sino-sowjetischen Zerwürfnis ab etwa 1960 trianguläre Konflikt in Südostasien stark auf die inneren Verhältnisse in Indonesien durchschlug, namentlich den Antagonismus zwischen dem Militär und der kommunistischen Partei Indonesiens verschärfte. Dieser Antagonismus war als „kalter Bürgerkrieg"[18] die innere Entsprechung der welt- und regionalpolitischen Konfliktlinien.

2. Eine Ebene unterhalb der systemisch-internationalen Grundkonstellation liegen die Spezifika der auswärtigen Beziehungen der „frühen" Bundesrepublik Deutschland *in den vorgefundenen Bedingungen des Kalten Krieges und der deutschen Teilung*. Abgesehen von Korea und Vietnam dürfte es kaum andere Länder gegeben haben, die so sehr von der Weltpolitik und damit vom Gesamtgefüge des Kalten Krieges abhängig waren wie das geteilte Deutschland.[19] Da sich keine Bundesregierung mit dem passiven Erdulden der Lage abfinden wollte, verfolgten sie als Antwort auf die besondere Lage des westdeutschen Staates zwei Maximen: die Politik der Westbindung und die Politik der Wiedervereinigung. Die Dualität aus Westbindungs- und Wiedervereinigungspolitik wurde von Konrad Adenauer begründet; fortgeführt wurde sie, mit jeweils unterschiedlichen Akzentuierungen, von allen seinen Nachfolgern im Amt des Bundeskanzlers. Das spezifische Problem der Bundesrepublik lag in der Grundspannung zwischen den Maximen, die in den fünfziger Jahren vor allem im Inneren und in den sechziger Jahren vor allem außenpolitisch zu Tage trat: Die enge Einbindung in den Westen konnte mit dem buchstäblich in die andere Richtung weisenden Streben nach der deutschen Einheit in Konflikt geraten. Treffend ist die Bundesrepublik Deutschland als ein in seiner Sicherheits- und Bündnispolitik Status-quo-orientierter Staat bezeichnet worden, der zugleich aber in seiner Wiedervereinigungspolitik, also der eigenen nationalen Frage, ein revisionistischer Staat gewesen sei.[20] Die Westbindungspolitik wurde freilich aktiver betrieben als die Wiedervereinigungspolitik, da einer deutschen Einheit zu den politisch-rechtlichen Bedingungen der Bundesrepublik noch bis in die späten achtziger Jahre die starke Stellung der Sowjetunion in Europa entgegenstand.[21]

Es gab inner- und unterhalb des globalen Systemkonflikts einen deutsch-deutschen Systemkonflikt mit internationalen Dimensionen. Die Bundesrepublik und die DDR trugen ihre Dauerkonkurrenz mit diplomatischen, ökonomischen, kul-

---

18 Zum Begriff des „kalten Bürgerkriegs" siehe: Stöver, Geschichte, S. 227–237.
19 Rödder, Bundesrepublik, S. 1.
20 Ebenda, S. 2–4.
21 Ebenda, S. 1–4.

turellen und nicht zuletzt kommunikationspolitischen Mitteln aus.²² Da den Bundesregierungen aus weltpolitischen Gründen weitergehende Formen einer aktiven Deutschlandpolitik versperrt waren, versuchten sie bis Ende der sechziger Jahre, einer Verfestigung der deutschen Zweistaatlichkeit mit einem bestimmten Konzept entgegenzuwirken: Durch die *Alleinvertretungs- und Nichtanerkennungspolitik* wollte die Bundesrepublik Deutschland eine internationale Anerkennung der DDR verhindern. Bei der internationalisierten „deutschen Frage" war seit 1945 die Ost-West-Dimension natürlich die wichtigste.²³ Doch die Alleinvertretungs- und Nichtanerkennungspolitik internationalisierte die „deutsche Frage" noch zusätzlich und fügte ihr eine Nord-Süd-Dimension hinzu: Das Problem der diplomatischen Anerkennung oder Nicht-Anerkennung der DDR entschied sich in der entstehenden „dritten" Welt der bündnisfreien und dekolonisierten Staaten.²⁴ Indonesien war der zweitgrößte dieser Staaten. Die Alleinvertretungspolitik Bonns wird den wichtigsten Analyserahmen der Untersuchung bilden.

3. Die dritte hier berücksichtigte Ebene ist der Problemkomplex der *Dekolonisierung* Indonesiens: „Dekolonisierung" soll hier weit verstanden werden und Pars pro Toto für die nicht ganz einfach auf einen besseren (oder überhaupt einen einzelnen) Begriff zu bringende spezifische Problemkonstellation von Indonesiens äußeren und inneren Verhältnissen. Indonesien hatte erst durch die niederländische Kolonialherrschaft eine (proto-)nationalstaatliche Form erhalten und war schließlich gegen den Widerstand seines Kolonialherrn unabhängig geworden. Mit der völkerrechtlichen Unabhängigkeit 1949 war der schwierige Prozess der indonesischen Dekolonisierung nicht abgeschlossen. Für die Zeit der Regentschaft Sukarnos (1901–1970)²⁵ bis 1966 kann das Fortwirken des vorangegangenen antikolonialen Unabhängigkeitskampfes auf den indonesischen Nationalismus und die weltpolitischen Wahrnehmungsmuster wohl kaum überschätzt werden. Im Innern Indonesiens stellten sich die ersten zwei Dekaden nach der Unabhängigkeit als Krisenweg eines vielfach fragmentierten Landes dar: Indonesien war mit den Schwierigkeiten der von den politischen Eliten angestrebten Nationwerdung und der sozio-ökonomischen Modernisierung belastet.²⁶ Einige europäische Staaten behielten noch nach dem Ende der

---

22 Gray, Cold War, S. 226, nennt den international ausgetragenen deutsch-deutschen Sonderkonflikt „a war within a war".
23 Romero, Crossroads, S. 697.
24 Lüthi, Non-Aligned Movement, S. 102–116.
25 Entsprechend der monoymischen Tradition Javas hatte Sukarno nur einen Namen. Warum Sukarno oft der Vorname „Ahmed" fälschlich zugeschrieben wird, ist wohl nicht mit Sicherheit geklärt.
26 Siehe dazu das aus zeitgenössischer Perspektive gehaltene Plädoyer, die Geschichte Indonesiens nach der Unabhängigkeit unter den Vorzeichen seiner Dekolonisierung zu verstehen, von: Benda, Decolonization, S. 1058–1073. Zu Sukarnos Grundprägungen: Dahm, Sukarnos Kampf.

eigentlichen Kolonialzeit bestimmte Interessen in Südostasien, die sowohl aus der kolonialen Vergangenheit als auch aus dem Prozess der Dekolonisierung selbst herrührten. Eine Kollision der residualen niederländischen und britischen Interessen in Südostasien mit der Außenpolitik Sukarnos wäre vermutlich auch ohne den Kalten Krieg erfolgt; unter dessen Bedingungen gerieten diese Konflikte aber zusätzlich in den Sog der Blockkonfrontation. Zudem war es die erklärte Absicht von Sukarnos Indonesien, an der Seite anderer dekolonisierter und bündnisfreier Staaten in der Weltpolitik mitzuwirken – durchaus im Sinne eines indonesischen Führungsanspruchs innerhalb der „Dritten Welt". Dieser Anspruch Sukarnos war mit Verweis auf die besondere indonesische Erfahrung im Unabhängigkeitskampf normativ aufgeladen. Mit den Spezifika des neuentstandenen Indonesiens wird sich ein eigenes Kapitel befassen (II.2).

4. *Die innerstaatliche Ebene* der bundesdeutschen Außenpolitik: Hier liegt kein Bestimmungsfaktor im inhaltlichen Sinne vor; gemeint ist der organisatorische und personelle Aufbau der bundesdeutschen Außenpolitik. Außenpolitik ist auf dieser Ebene im Sinne des englischen Ausdrucks *the politics of foreign policy* zu verstehen.[27] Es wird zu analysieren sein, welche Stellen eigentlich die Indonesienpolitik im operativen Sinne betrieben haben; zudem sollen die außenpolitischen Wahrnehmungs-, Willensbildungs- und Entscheidungsprozesse auf verschiedenen Ebenen des institutionellen Gefüges betrachtet werden: Denn eine Umwandlung der politischen Vorgaben in konkrete Maßnahmen und die „Erarbeitung und Aufbereitung von Informationen, auf deren Basis politische Entscheidungen getroffen werden"[28], findet größtenteils durch die mittlere und untere Ebene der außenpolitischen Hierarchie statt, so durch Fachreferate und Botschaften. Die Untersuchung nimmt dazu Anregungen aus dem politikwissenschaftlichen Forschungsgebiet der Außenpolitikanalyse (*foreign policy analysis*) auf.[29]

Nach dem Setzen des Rahmens und dem Einstieg in das empirische Material war die Formulierung von präziseren Hypothesen zu den jeweiligen Bestimmungsfaktoren möglich:
1. Im Kontext des globalen Kalten Krieges stellten die bilateralen Beziehungen der Bundesrepublik Deutschland zu Indonesien in erheblichem Maße eine Funktion der bundesdeutschen Beziehungen zu den NATO-Verbündeten USA, Großbritannien und den Niederlanden sowie zum allianz- und deutschlandpolitischen Hauptgegner Sowjetunion dar. Diese vier Staaten waren wichtigere Bezugsgrößen

---

27 Hill, Foreign Policy, S. 25–47.
28 Hellmann/Wagner/Baumann, Außenpolitik, S. 143.
29 Dazu: Brummer/Oppermann, Außenpolitikanalyse.

für Bonns Außenpolitik als Indonesien. Angesichts des Fehlens „eigener" machtpolitischer Interessen in Südostasien hätte es für die Bundesrepublik nahegelegen, gegenüber Indonesien Zurückhaltung zu üben und sich auf eine behutsame und überwiegend deklaratorische Unterstützung der drei genannten Verbündeten zu beschränken.
2. Die Möglichkeit einer solchen Abstinenz war jedoch versperrt: Denn die Durchsetzung des deutschlandpolitischen Alleinvertretungsanspruchs bildete ein zunehmend schwieriger durchzusetzendes Interesse in der „Dritten Welt" im Allgemeinen und zwischen 1960/61 und 1965/66 in Indonesien im Besonderen; dies führte nicht nur zu einem scharfen Gegensatz zur Ost-Berliner Diplomatie, sondern auch in eine zuweilen deutliche Diskrepanz zur Indonesienpolitik westlicher Bündnispartner wie den Niederlanden und Großbritannien.
3. Unter den genannten Bestimmungsfaktoren war die Bundesregierung in ihren Beziehungen zu Indonesien auf den Problemkomplex der Dekolonisierung am wenigsten vorbereitet. Im Zusammenhang mit den allgemeinen bündnispolitischen oder den konkret gefassten deutschlandpolitischen Interessen wirkte die Dekolonisierung Indonesiens als ein verkomplizierender Bestimmungsfaktor auf die Indonesienpolitik der Bundesregierung und ihre Umsetzung ein.[30]
4. Während die zentralen Aspekte der bundesdeutschen Außenpolitik (vor allem die Beziehungen zu den Viermächten sowie Grundfragen der Deutschland- und Europapolitik) an der Spitze der außenpolitischen Hierarchie behandelt wurden, hatte im vergleichsweise nachgeordneten Bezugspunkt Indonesien die mittlere Ebene des Auswärtigen Amts ein größeres Gewicht im Informations- und Entscheidungsprozess.

Potenziell ließen sich noch zusätzliche Ebenen oder Unterebenen der bundesdeutschen Indonesienpolitik bestimmen: so etwa die Außenwirtschaft, die Entwicklungszusammenarbeit oder transnationale Netzwerke. Für den behandelten Zeitraum für 1952 bis 1973 stellt sich das „Eigengewicht" dieser Faktoren allerdings nicht so dar, dass eine mit den Faktoren Kalter Krieg, Westbindungs- und Wiedervereinigungspolitik und Dekolonisierung gleichrangige Berücksichtigung angezeigt wäre. Zudem sind sie in gewisser Weise schon enthalten: Außenwirtschafts- und Entwicklungspolitik stellen sich innerhalb des hier gewählten Zeitrahmens ganz überwiegend als eine Funktion einer deutschlandpolitischen Grundentscheidung dar, nämlich der Isolierung der DDR bei den Staaten der „Dritten Welt". Bestimmte jenseits der Logik des Kalten Krieges und der Alleinvertretungspolitik liegende Faktoren, wie Menschenrechte oder Entwicklungspolitik in einem autonomen Sinne, kamen erst nach dem Ende des hier ausgesuchten Zeitraums voll zur Geltung; sie werden entsprechend im letzten Kapitel (V.3) zumindest knapp berücksichtigt.

---

30 Siehe dazu: Frey, Dekolonisierung, S. 179–192.

3 Periodisierung und Vorschau

Das Setzen eines „inhaltlich begründeten Zeitrahmens enthüllt immer schon interpretatorische Akzente".[31] Die Periodisierung soll daher kurz begründet werden. Die in vielen Untersuchungen gewählte Einteilung nach Regierungschefs wäre für diese Arbeit weniger gut geeignet gewesen. Gewiss hatten die Bundeskanzler den entscheidenden Einfluss auf die internationalen Dimensionen der Deutschlandpolitik und somit auch auf die Interessenlage in Indonesien. Doch nicht ihre jeweiligen Amtszeiten grenzen die wesentlichen Phasen bundesdeutscher Indonesienpolitik ab, sondern Entwicklungen in der Weltpolitik, der Deutschlandpolitik und der inneren Lage Indonesiens. Die inhaltliche Darstellung des Hauptteils beginnt deshalb mit dem Jahr 1952, setzt jeweils 1961 und 1966 Zäsuren, und endet schließlich mit dem Jahr 1973.

Diese Periodisierung verweist überwiegend auf den problemgeschichtlichen Horizont: Unter den vier Zäsuren 1952, 1961, 1966 und 1973 ist lediglich der Beginn der Untersuchung im Jahr 1952 eine eher „formelle" Zäsur, da Bonn und Jakarta in diesem Jahr diplomatische Beziehungen aufnahmen und diese Untersuchung die Geschichte der bundesdeutschen Indonesienpolitik von Anfang an untersuchen will. Während es von indonesischer Seite Bemühungen und Hoffnungen auf eine enge politische und ökonomische Zusammenarbeit gab, setzte das im eigentlichen Sinne politische Interesse der Bundesrepublik an Indonesien erst 1955 ein. Am 5. Mai 1955 erhielt die Bundesrepublik durch Inkrafttreten des Deutschlandvertrages die weitgehende außenpolitische Souveränität und trat dem Nordatlantikpakt bei. Im September 1955 verdeutlichten Adenauers Moskau-Reise, die Aufnahme diplomatischer Beziehungen zur Sowjetunion und die Verkündung der (erst später sogenannten) Hallstein-Doktrin den Anspruch auf eine aktive Außenpolitik. Indonesien unterstrich im April 1955 als Gastgeber der afro-asiatischen Konferenz von Bandung, ein autonomer Akteur auf der weltpolitischen Bühne sein zu wollen. Auch die Sowjetunion begann nach langer Passivität erst ab Mitte der fünfziger Jahre, in den dekolonisierten Staaten Asiens politisch aktiv zu werden.

1961 erlebte die deutsche Geschichte mit dem Bau der Berliner Mauer einen tiefen Einschnitt. Drei Wochen nach dem Mauerbau konstituierte sich auf der Konferenz von Belgrad das *Non-Aligned Movement* (NAM), die Bewegung der Blockfreien. Staatschef Sukarnos pointierte deutschlandpolitische Stellungnahme auf dieser Konferenz machte Indonesien aus Bonner Sicht für mehrere Jahre zu einem Problemfall. Der Bau der Berliner Mauer ließ die europäischen Fronten des Kalten Krieges erstarren; die fortschreitende Entkolonialisierung ließ die „Dritte Welt" zu seinem Hauptschauplatz werden.[32] Ebenfalls um 1961 leitete Sukarno eine Radikalisierung der indonesischen Außenpolitik ein, die mit einer innenpolitischen Linkswendung einherging. Für die

---

31 Osterhammel, Eine Geschichte des 19. Jahrhunderts, S. 85.
32 Hierzu: Stöver, Der Kalte Krieg (2008), S. 51 f., 65–81.

Stellung der Bundesrepublik in Indonesien bedeuteten die Jahre 1961 bis 1965 ein ständiges Oszillieren zwischen Zuspitzung und – meist kurzfristiger – Entspannung.

1965 war das Jahr der sogenannten Nahostkrise der deutschen Außenpolitik: Nachdem Bonn diplomatische Beziehungen zu Israel aufgenommen hatte, brachen zehn arabische Staaten die Beziehungen zur Bundesrepublik ab; zeitweilig sah es nach einem Ende der Hallstein-Doktrin aus. Unvergleichlich ernster aber war die jahrelang schwelende, schließlich eskalierende Staats- und Wirtschaftskrise Indonesiens, die im Herbst 1965 in ein Blutbad mündete (siehe II.2). Beide Krisen – so unterschiedlich sie in ihrer Intensität und Dramatik auch sein mochten – waren aufeinander bezogen. 1966 wurde Sukarno entmachtet und die Männer um General Suharto bildeten eine pro-westliche Regierung in Indonesien. Die Bundesrepublik gehörte zu den wichtigen westlichen Partnerländern der „neuen Ordnung" Suhartos; eine Anerkennung der DDR war abgewendet. Zugleich suchte die in Bonn ab Ende 1966 regierende Große Koalition nach einer ost- und deutschlandpolitischen Neuausrichtung.

1973 trat der zwischen Bonn und Ost-Berlin geschlossene Grundlagenvertrag in Kraft. Die beiden Staaten auf deutschem Boden wurden Mitglieder der Vereinten Nationen. Der bundesdeutsche Alleinvertretungsanspruch und die Hallstein-Doktrin (nicht aber der Wiedervereinigungsanspruch) waren damit gegenstandslos geworden. Anfang der siebziger Jahre verlor der ostasiatisch-pazifische Raum für den wichtigsten westdeutschen Verbündeten USA an sicherheitspolitischer Bedeutung: Die Annäherung der USA an die Volksrepublik China 1971/72 hatte den „pazifischen" Kalten Krieg und die weitgehende Isolierung Chinas beendet. Der Rückzug der amerikanischen Truppen aus Südvietnam bedeutete das Ende einer gescheiterten Mission. Die strategischen Interessen Washingtons verlagerten sich nach 1973 immer mehr in den Nahen Osten und in die islamische Welt (nochmals verstärkt ab 1979). In Indonesien hatte sich Suhartos „neue Ordnung" konsolidiert. Für die Beziehungen der Bundesrepublik bedeutete dieser Wandel, dass gegenüber Indonesien nun vor allem außenwirtschaftliche Interessen in den Vordergrund rückten.

Die Arbeit ist in sechs Kapitel unterteilt, die sich teils in Unterkapitel gliedern. Nach der Einleitung (Kapitel I) wird im zweiten Kapitel entsprechend dem vorher gesetzten Analyserahmen der historisch-systematische Zusammenhang des Themas entwickelt und knapp in die innere und außenpolitische Lage Indonesiens nach 1945 eingeführt.

Im dritten Kapitel geht es um die nach der Aufnahme diplomatischer Beziehungen im Jahr 1952 beginnende bundesdeutsche Indonesienpolitik, die sich anfangs weitgehend auf kooperative Verhandlungen und eine umfassende Berichterstattung über das Gastland beschränkte. Im Hinblick auf die „operative" Indonesienpolitik der Bundesrepublik war der Zeitraum von 1952 bis 1961 vergleichsweise ruhig. Gerade für die frühen Jahre lohnt es sich, auch die Wahrnehmungen und Wahrnehmungsmuster deutscher Diplomaten in einem neu entstandenen Land wie Indonesien in die Untersuchung mit aufzunehmen: Die diplomatische Berichterstattung präsentiert sich in den fünfziger Jahren urteilsfreudig und sehr ins Grundsätzliche gehend. Wiederkehrende Themen sind die Fragilität Indonesiens, seine Modernisierungsschwierigkeiten und auch die Ambitionen Sukarnos. Der permanente Krisenmodus, in dem sich die bundesdeutsche Diplomatie bald darauf in der ersten Hälfte der sechziger Jahre befand, ist vorerst nur von Ferne zu erahnen. Aus den diplomatischen Berichten dieser Zeit lassen sich Schlüsse auf das Selbstverständnis deutscher Diplomaten und ihre Perzeptionen vom Kalten Krieg in der Peripherie sowie der entstehenden „Dritten Welt" ziehen.

Das vierte Kapitel behandelt die überaus krisen- und konfliktreiche Zeit zwischen 1961 und 1966, in der die Bundesrepublik wiederholt in Dilemmata zwischen ihrem erklärten Ziel, einerseits einen diplomatischen Durchbruch der DDR in den Staaten Asiens und Afrikas zu verhindern, sowie andererseits der Rücksichtnahme auf die Interessen bestimmter Verbündeter geriet. Aufgrund der hohen Ereignisdichte ist dieses Kapitel strenger chronologisch gehalten als die anderen Abschnitte des Hauptteils. Besonders breiten Raum nehmen Indonesiens „Jahr des gefährlichen Lebens" 1964/65, die Massaker von 1965/66 und der erzwungene Übergang von Sukarnos „alter" zu (General) Suhartos „neuer Ordnung" ein.

Der fünfte Abschnitt des Hauptteils befasst sich in stärker thematisch sortierter Form mit der Zeit zwischen dem Sturz Sukarnos 1966 und dem Jahr 1973. In dieser Zeit ließ die Ereignisdichte der bundesdeutschen Indonesienpolitik deutlich nach. Die Arbeit versucht dem dadurch gerecht zu werden, dass der vierte Abschnitt eine eher diachrone und strukturelle Perspektive einnimmt: Es soll um die Wahrnehmung und Bewertung des Übergangs zur „neuen Ordnung" Indonesiens gehen, um die Beteiligung der Bundesrepublik an der multilateralen Umschuldung des zeitweilig zahlungsunfähigen Indonesien und um die Grundlinien der bilateralen Beziehungen nach dem Ende der von Sukarno verfochtenen weltpolitischen Ambitionen sowie der bundesdeutschen Alleinvertretungspolitik. Das letzte Unterkapitel *Die Bundesrepublik und Indonesien in den siebziger Jahren* in Kapitel V.3 weicht die Gesamt-Periodisierung etwas auf und greift teilweise über das Jahr 1973 als Abschlusszäsur hinaus, um die Fortsetzung bereits begonnener Entwicklungslinien zumindest knapp berücksichtigen zu können.

Im letzten Kapitel folgen eine Präsentation der Ergebnisse dieser Untersuchung und ihre Gesamtbeurteilung.

4 Quellenlage

Die Untersuchung stützt sich hauptsächlich auf archivalisches Quellenmaterial. Der Zeitraum von zwei Jahrzehnten erforderte die Sichtung großer Aktenbestände, die verschiedenen Behörden der Bundesrepublik Deutschland, der ehemaligen DDR sowie des Vereinigten Königreichs entstammt; hinzu kommen einige Nachlässe. Die bezüglich des Themas bei Weitem umfangreichsten Bestände sind die Akten des Auswärtigen Amts (AA), einsehbar im Politischen Archiv des Auswärtigen Amts (PA AA). Es handelt sich dabei insbesondere um die Materialien der seinerzeit für die politischen Beziehungen zu Süd- und Ostasien zuständigen Fachreferate des AA (Bestände B 11, B 12, B 37 und Zwischenarchiv), der entsprechend für die Wirtschaftsbeziehungen zuständigen Referate (Bestände B 61–441, B 61-IIIB7 und Zwischenarchiv) sowie die Aussonderungsverzeichnisse der Botschaft Jakarta und der Botschaften in anderen Hauptstädten (vor allem in London und Tokio). Quantitativ geringere, dafür qualitativ interessante Bestände mit Bezug zu Indonesien finden sich auch im Ministerbüro (Bestand B 1) und im Büro der Staatssekretäre (Bestand B 2). Überdies konnten in den im Politischen Archiv des Auswärtigen Amts befindlichen Nachlässen von drei in Jakarta tätigen Botschaftern – Werner-Otto von Hentig, Luitpold Werz und Kurt Luedde-Neurath – wichtige Dokumente eingesehen werden.

Grundsätzlich bleiben Dokumente aus dem untersuchten Zeitraum, die als *vertraulich*, *geheim* oder *streng geheim* eingestuft sind, auch nach Ablauf der dreißigjährigen Sperrfrist unter Verschluss. Das Politische Archiv des Auswärtigen Amts hat dem Verfasser jedoch großzügige Einsicht in die Verzeichnisse der relevanten Verschlussbände gewährt. Anhand dieser Findmittel konnte die Offenlegung von mehr als 100 „VS-vertraulich" oder „geheim" eingestuften Dokumenten beantragt werden, die fast alle aus der für das Thema besonders wichtigen Zeit um 1965 stammen. Die Deklassifizierung wurde ausnahmslos gewährt, soweit die Verschlusssachen allein dem Auswärtigen Amt entstammten.[33] Es dürfte kaum einen wichtigen amtsinternen Vorgang geben, der nicht auch in den „offenen" Akten seinen Niederschlag findet: Insofern ergab die Einsicht in die Verschlusssachen kein völlig neues, aber ein in vielen Einzelheiten durchaus farbigeres Bild.[34]

Weniger umfangreich sind die Bestände zum Thema im Bundesarchiv in Koblenz. Hier wurden vor allem die Akten des Bundeskanzleramts (Bestand B 136), zudem des Bundespräsidialamts (Bestand B 122), des Bundesministeriums der Finanzen (Bestand B 126), des Bundesministeriums für Wirtschaft (Bestand B 102) und des Bundesministeriums für wirtschaftliche Zusammenarbeit (Bestand B 123) berücksichtigt. Obschon sich in den Beständen des Bundeskanzleramts nur rund 250 Seiten relevantes Material zur Indonesienpolitik befand, war dieses doch besonders aussagekräftig.

Zur Ergänzung wurden Quellen des DDR-Staats- und Parteiapparates ausgewertet, um die Sicht derjenigen Akteure wiederzugeben, gegen die sich ein Gutteil der bundesdeutschen Indonesienpolitik richtete. Die Bestände des ehemaligen Ministeriums für Auswärtige Angelegenheiten der DDR im Politischen Archiv des Auswärtigen

---

[33] Die Offenlegung wurde nicht per Dokument, sondern i. d. R. per Verschlusssachenband beantragt. In diesen Aktenbänden befanden sich auch NATO- oder BND-Dokumente, für die das Politische Archiv keine Befugnis zur Offenlegung hat.

[34] Offengelegte Verschlusssachen bilden einen eigenen Bestand B 130, soweit es sich nicht um im Rahmen der Edition *Akten zur Auswärtigen Politik der Bundesrepublik Deutschland* (AAPD) freigelegte Verschlusssachen handelt (Bestand B 150).

Amts haben einiges an aufschlussreichem Material erbracht. Im Hinblick auf Indonesien weitaus weniger ergiebig sind die Akten der Staats- und Parteiführung im Bundesarchiv Berlin-Lichterfelde (Stiftung Archiv Parteien und Massenorganisationen der DDR) sowie die Akten der Hauptverwaltung Aufklärung des Ministeriums für Staatssicherheit, die im Archiv der Behörde des Bundesbeauftragten für die Unterlagen des Staatssicherheitsdienstes der ehemaligen DDR eingesehen wurden. Auch nachrichtendienstliches Material der Bundesrepublik konnte miteinbezogen werden. Auf Antrag erhielt der Verfasser die Erlaubnis zur Einsichtnahme in Dokumente des Bundesnachrichtendienstes, dessen Archiv der Forschung erst seit Kurzem offensteht. Die BND-Dokumente geben interessante Einblicke in die Personalangelegenheiten des in Indonesien tätigen BND-Informanten Rudolf Oebsger-Röder und in seine NS-Vergangenheit (siehe Kapitel IV.4). Zum eigentlichen Thema haben die BND-Akten aber nur wenige Erkenntnisse geliefert.

Eine hervorragende Ergänzung stellten dagegen die Bestände des britischen Kabinetts und des britischen Außenamts dar. Im Londoner *Public Record Office* konnten 36 schmale, aber aussagekräftige Aktenbände ausgewertet werden. Einige Dokumente mit Indonesienbezug, die in persönlichen Nachlässen lagerten, wurden im Archiv für Christlich-Demokratische Politik der Konrad-Adenauer-Stiftung in St. Augustin sowie im Archiv der Stiftung Bundeskanzler-Adenauer-Haus eingesehen. Wenig ergiebig war dagegen die Recherche im Parlamentsarchiv des Deutschen Bundestages.

Die Arbeit konnte schließlich auf mehrere hervorragende Editionen mit gedrucktem Archivmaterial zurückgreifen: Dies sind in erster Linie die vom Institut für Zeitgeschichte im Auftrag des Auswärtigen Amts herausgegebenen *Akten zur Auswärtigen Politik der Bundesrepublik Deutschland* (AAPD), die nunmehr für die Jahrgänge 1949 bis 1953 sowie von 1962 bis 1987 vorliegen. Über Entscheidungen an der politischen Spitze geben die *Kabinettsprotokolle der Bundesregierung* (KPBR) Aufschluss. Einblicke in die Indonesienpolitik Washingtons liefern die vom *US State Department* herausgegebenen *Foreign Relations of the United States* (FRUS). Nicht zum Archivmaterial, wohl aber zu den Quellen gehören schließlich die in dieser Arbeit zitierten zeitgenössischen Periodika sowie die Memoiren bestimmter politischer und diplomatischer Akteure.[35] Hervorgehoben seien die Darstellungen der Diplomaten Werner-Otto von Hentig (1962), Helmut Allardt (1979) und Hans-Joachim Hallier (1999).[36]

Aufgrund des fehlenden öffentlichen Zugangs sowie aus sprachlichen Gründen konnte kein indonesisches Archivmaterial berücksichtigt werden. Erkenntnisse über die indonesische Seite werden daher durch die Forschungsliteratur vermittelt. Aufgrund dieser Begrenzung des herangezogenen Quellenmaterials erhebt die Untersu-

---

[35] Für den großen Zusammenhang der bundesdeutschen Außenpolitik am wichtigsten sind die Memoiren des ersten Bundeskanzlers: Adenauer, Erinnerungen, Bde. 1–4.
[36] Hentig, Dienstreise; Allardt, Kulissen; Hallier, Fernost. Herrn Botschafter a. D. Hans-Joachim Hallier danke ich für ein ausführliches und illustratives persönliches Gespräch am 17.9.2012 in Rheinbreitbach.

chung ausdrücklich nicht den Anspruch, die (bundes-)deutsch-indonesischen Beziehungen zu behandeln: Ihr Untersuchungsgegenstand ist die Außenpolitik der Bundesrepublik Deutschland gegenüber Indonesien.

5 Forschungsstand

Das Gesamtthema wurde bisher weder monographisch noch in einem Aufsatz bearbeitet. Die Forschungsliteratur hat bestimmte Aspekte der bundesdeutschen Indonesienpolitik im Zusammenhang von Entwicklungs- und Deutschlandpolitik meist eher gestreift als thematisiert. Das von Hans-Peter Schwarz (1975) herausgegebene *Handbuch der deutschen Außenpolitik* enthält zwar zusammenfassende Artikel über die Beziehungen der Bundesrepublik zu einzelnen asiatischen Ländern wie Indien, China und Japan; ein Artikel zu Indonesien oder Südostasien fehlt jedoch.[37] Indonesien wird hier nur kurz unter allgemeinen weltpolitischen Gesichtspunkten und im Kontext der Entwicklungshilfe erwähnt.[38] Jürgen Rüland (2007) geht im *Handbuch zur deutschen Außenpolitik* in einem Artikel über Deutschlands Beziehungen zu Südostasien knapp auf deren wesentliche Grundlinien vor 1990 ein.[39] Im entwicklungspolitischen Zusammenhang begegnet Indonesien in der Bestandsaufnahme von Klaus Bodemer (1974) zur ersten Dekade der deutschen Entwicklungspolitik.[40] William Glenn Grays (2003) Studie zur Alleinvertretungspolitik erwähnt Sukarnos Indonesien als eines der aus Bonner Sicht schwierigsten Länder.[41]

Christian Gerlach (2011) berücksichtigt in seiner komparativen Studie zu Massengewalt im 20. Jahrhundert, für welche die indonesischen Massaker ein Fallbeispiel sind, Aktenmaterial der Bundesrepublik und der DDR.[42] Ein Aufsatz von Ragna Boden (2007) über den indonesischen Umsturzversuch vom 1. Oktober 1965 untersucht DDR-Aktenmaterial aus dem Bundesarchiv Berlin-Lichterfelde.[43] Amit Das Gupta (2014) geht in einem Artikel zu den Positionen der Blockfreien-Bewegung zur „deutschen Frage" auch auf die Haltung Indonesiens ein.[44] Unter den Vorzeichen der deutsch-deutschen Konkurrenz in Indonesien thematisiert Bernd Schäfer (2013), wie die bundesdeutsche Botschaft und das DDR-Konsulat in Jakarta die Massaker in Indonesien 1965/66 wahrnehmen.[45] Soweit der Verfasser informiert ist, hat Schäfer damit den bis-

---

37 Schwarz, Außenpolitik.
38 So in Oberndörfer, Lateinamerika, S. 349, und Schwarz, Entwicklungshilfe, S. 728.
39 Rüland, Südostasien, S. 559–571.
40 Bodemer, Entwicklungshilfe.
41 Gray, Cold War, S. 26–28, 152–154, 169 f.
42 Gerlach, Gesellschaften.
43 Boden, ‚Gestapu', S. 507–528.
44 Das Gupta, German Question, S. 143–160.
45 Schäfer, Two Germanies, S. 99–113.

lang einzigen quellenbasierten Artikel zu einem Aspekt der Bonner Indonesienpolitik veröffentlicht.

Die vorliegende Untersuchung hat von einer Vielzahl anderer Arbeiten profitiert und lässt sich in bestimmte Forschungszusammenhänge einordnen. Das Thema gehört vor allem zu drei großen Feldern, die einander überlappen: Dies sind Arbeiten zum Kalten Krieg in seinen globalen Dimensionen; zur Außenpolitik der Bundesrepublik, insbesondere im Hinblick auf die innerdeutsche Systemkonkurrenz und bezogen auf die „Dritte Welt"; und schließlich zu den Außenbeziehungen Indonesiens und zur Indonesienpolitik von dritten Staaten.

Seit der Kalte Krieg vor etwas mehr als einem Vierteljahrhundert endete, konnte seine Historiographie aufgrund der verbesserten und internationaler werdenden Quellenlage erweitert und verfeinert werden.[46] Odd Arne Westad (2005, 2017), Bernd Greiner, Christian Müller und Walter Dierk (2006), Bernd Stöver (2007), Robert J. McMahon (2013) und andere rücken die Globalität des Kalten Krieges, die Verschränkungen von Kaltem Krieg und Dekolonisierung sowie die Bedeutung der „Dritten Welt" für diesen Konflikt in den Vordergrund.[47] Die Bedeutung Chinas für den Kalten Krieg in der „Dritten Welt" beleuchten die Arbeiten von Jeremy Friedman (2015) und Gregg Andrew Brazinsky (2017). Sie untersuchen die Dynamik des sino-sowjetischen bzw. des sino-amerikanischen Konflikts im Schatten der „großen" sowjetisch-amerikanischen Konfrontation und berücksichtigen dabei auch die Rolle Indonesiens.[48] Mit Indonesien als einem Schauplatz des Kalten Krieges befassen sich die neueren Beiträge von Dewi Fortuna Anwar (2012) in dem Sammelband von Albert Lau (2012), Tony Smith (2013) sowie mehrere Artikel im Sammelband von Christopher E. Goscha und Christian F. Ostermann (2009).[49]

Die vorliegende Arbeit reiht sich des Weiteren ein in die facettenreiche Forschungslandschaft zur deutschlandpolitischen Systemkonkurrenz sowie, mehr noch, in eine seit gut zwei Jahrzehnten stattfindende Hinwendung der zeithistorischen Forschung zu den Beziehungen der Bundesrepublik Deutschland zur nicht-europäischen und nicht-westlichen Welt. Hans-Peter Schwarz (2003) hat in einem Essay darauf hingewiesen, wie wenig dieser Teil der bundesdeutschen Außenbeziehungen noch zu Beginn des 21. Jahrhunderts von der Fachhistorie berücksichtigt worden ist.[50] Aus damaliger Gegenwartsperspektive sind die deutsch-deutschen Beziehungen zur

---

46 Hierzu: Immermann/Goedde, Introduction, S. 1–15; Westad, New International History, S. 551–565; Westad, Twentieth Century, S. 1–19.
47 Westad, Global Cold War, und Westad, World History; Greiner/Müller/Dierk, Heiße Kriege; Stöver, Geschichte; McMahon, Third World; siehe auch: Latham, Third World, S. 258–280.
48 Friedman, Sino-Soviet Competition, S. 140–147; Brazinsky, Sino-American Rivalry, S. 202–206, 227–230.
49 Simpson, Southeast Asia, S. 48–66; Anwar, Indonesia, S. 133–150; Goscha/Ostermann, Connecting Histories.
50 Schwarz, Weltpolitische Betrachtungen, S. 22 (Anm. 46): „Beim Blick auf den zeitgeschichtlichen Forschungsstand zur bundesdeutschen Außenpolitik, einschließlich Außenwirtschaftspolitik bezüg-

„Dritten Welt" vergleichsweise wenig aufgegriffen worden, so von Heinrich End (1973) und Hans-Joachim Spanger (1987).[51] Der Alleinvertretungsanspruch der Bundesrepublik wurde gegenwartswissenschaftlich von Christoph von Wrede (1966) juristisch sowie auf den politischen Gesamtzusammenhang und die Beziehungen zu Osteuropa bezogen von Heinz Verfürth (1968) behandelt.[52]

Die bereits erwähnte Monographie von William Glenn Gray (2003) hat die Internationalisierung der deutschen Frage auf solider Quellenbasis herausgearbeitet und dazu beigetragen, die durch den Alleinvertretungsanspruch geschaffene diplomatische Präsenz der alten Bundesrepublik in der „Dritten Welt" wieder ins Bewusstsein zu rücken. Zudem widerspricht Gray der verbreiteten Auffassung (unter anderem von Heinz Verfürth [1968], Heinrich End [1969] und noch Werner Kilian [2000])[53] von der Hallstein-Doktrin als einer dysfunktionalen und letztlich gescheiterten Strategie.[54] Die Hallstein-Doktrin wurde auch in der mehrbändigen Gesamtdarstellung des Brockhaus-Verlages zur Geschichte der Bundesrepublik Deutschland thematisiert, namentlich in den von Hans-Peter Schwarz (1983) und Klaus Hildebrand (1984) vorgelegten Bänden.[55] Die Perspektive lag hier freilich nicht auf der operativen Alleinvertretungspolitik in der „Dritten Welt", sondern auf dem Für und Wider eines deutschlandpolitischen Instruments der Bundesregierung. Die Dynamik der deutsch-deutschen Rivalität in der „Dritten Welt" skizziert ein Aufsatz von Amit Das Gupta (2008) in dem von Udo Wengst und Hermann Wentker (2008) herausgegebenen Sammelband, der ein weites Problemspektrum der innerdeutschen Zweistaatlichkeit abbildet.[56] Über die Vereinten Nationen als Schauplatz der deutsch-deutschen Systemkonkurrenz informiert Mathias Stein (2011).[57] Die komparativ angelegte Studie von Ying-Feng Yang (1997) behandelt das Thema des internationalen Alleinvertretungsanspruchs der geteilten Länder China, Deutschland und Korea.[58] Etwas stärker an gesellschaft-

---

lich der Länder und Regionen des Fernen Ostens, in Südostasien, im Nahen und Mittleren Osten, in Afrika und Lateinamerika fühlt man sich an Land- und Seekarten des 17. Jahrhunderts erinnert – vielerorts noch breite weiße Flecke, manche mit den Bildern von Fabelwesen gefüllt."
51 End, Zweimal deutsche Außenpolitik; Spanger, Staaten.
52 Wrede, Alleinvertretung; Verfürth, Hallstein-Doktrin.
53 End, Der Auswärtige Dienst, S. 128–130; Kilian, Hallstein-Doktrin.
54 Gray betont auch die zeitgenössisch eher unterschätzten Kontinuitäten zwischen Hallstein-Doktrin und neuer Ostpolitik hinsichtlich der tragenden Grundannahmen. Vgl. Gray, Cold War, S. 233: "Worldwide recognition, the obsession of Walter Ulbricht and a whole generation of East German leaders, proved to be a hollow and short-lived achievement. West Germany's insistence on the indivisibility of the nation, the concept underlying both the isolation campaign and the new Eastern policy that followed, retained a strong appeal." Siehe auch den Rezensionsessay zu Grays Monographie: Daum, German Question, S. 869–874.
55 Schwarz, Ära Adenauer; Hildebrand, Von Erhard zur Großen Koalition.
56 Das Gupta, Ulbricht am Nil, S. 111–133.
57 Stein, Alleinvertretung.
58 Yang, Alleinvertretungsanspruch.

lichen Vorgängen orientiert analysiert Bastian Hein (2006) die Entwicklungspolitik der Bundesrepublik zwischen 1959 und 1974 unter den maßgeblichen Rahmenbedingungen von Kaltem Krieg, Dekolonisierung und geteiltem Deutschland. Young-Sun Hong (2015) untersucht anhand der von beiden deutschen Staaten durchgeführten medizinisch-hygienischen Programme in transnationaler und lokalhistorischer Perspektive die vielfältigen Interaktionen Deutschlands mit dem „globalen Süden", die es unter den Vorzeichen von Kaltem Krieg und innerdeutscher Konkurrenz gab.[59] Die politischen und gesellschaftlichen Interaktionen der Bundesrepublik mit dem Algerienkrieg und der algerischen Unabhängigkeitsbewegung wird in der Dissertation von Mathilde von Bülow (2016) untersucht, wobei der Autorin hier hochinteressante Befunde zur bundesdeutschen Rolle und Vorgehensweise gelungen sind.[60] Ein von Eckhart Conze (2010) herausgegebener Tagungsband hat interessante Beiträge zur „Herausforderung des Globalen" während der Adenauer-Ära versammelt; Hans-Peter Schwarz (2010) widmet sich darin den Weltwahrnehmungen und Weltordnungsvorstellungen des ersten Bundeskanzlers; Joachim Scholtyseck (2010) den internationalen Anstrengungen der DDR „im Schatten der Hallstein-Doktrin".[61]

Auch bei den im engeren Sinne diplomatiegeschichtlichen Arbeiten zu einzelnen Staaten oder Weltregionen als Bezugspunkten der Bundesrepublik stehen in der Regel die Aspekte des Kalten Krieges und der deutschen Teilung im Mittelpunkt. In letzterem Zusammenhang sind besonders die Beziehungen der Bundesrepublik, gegebenenfalls auch der DDR, zu ebenfalls geteilten Nationen von Interesse, so bei Alexander Troche (2001) zu China, Taiwan und Südvietnam.[62] Auch die Monographie von Amit Das Gupta (2004) zur Südasienpolitik unter Adenauer und Erhard behandelt mit Indien und Pakistan zwei Staaten, die sich zwar nicht als geteilte Nation verstehen, als unabhängig gewordene Teile des ehemaligen Britisch-Indien jedoch über eine schwierige Trennungsgeschichte konfliktreich aufeinander bezogen blieben.[63] Thorsten Kruse (2013) bearbeitet die deutsch-deutschen Beziehungen zur geteilten Insel Zypern.[64] Sven Olaf Berggötz (1998) widmet sich den Beziehungen der Bundesrepublik Deutschland gegenüber dem Nahen Osten während der Kanzlerschaft Adenauers.[65] Eine komparative Studie zur deutsch-deutschen Afrikapolitik legten Ulf Engel, Hans-Georg Schleicher und Inga-Dorothea Rost (1998) vor, in der sie an Fallbeispielen die „Negativinteraktionen zwischen den Afrikapolitiken" von Bundes-

---

59 Hong, Global Humanitarian Regime.
60 Bülow, Algerian War, S. 1–25.
61 Conze, Herausforderung des Globalen; Schwarz, Ordnungsvorstellungen, S. 16–34; Scholtyseck, Hallstein-Doktrin, S. 79–97.
62 Troche, Ostasienpolitik.
63 Das Gupta, Südasienpolitik.
64 Kruse, Bonn – Nikosia – Ostberlin.
65 Berggötz, Nahostpolitik.

republik und DDR herausarbeiten.⁶⁶ Über die Beziehungen der Bundesrepublik zu Libyen während der sozialliberalen Koalition zwischen 1969 und 1982 informiert Tim Szatkowski (2013).⁶⁷ Georg Dufner (2014) hat die politischen Beziehungen zwischen der Bundesrepublik Deutschland und Chile zwischen 1949 und 1980 untersucht; er widerspricht überzeugend dem Missverständnis, wonach der Verzicht der alten Bundesrepublik auf harte geo- und machtpolitische Eingriffe in Lateinamerika, Afrika und Asien gleichbedeutend gewesen sei mit einer „Nicht-Politik" gegenüber diesen Regionen.⁶⁸ Ein von Agnes von Bresselau von Bressensdorf, Elke Seefried und Christian F. Ostermann (2017) herausgegebener Sammelband beleuchtet das bundesdeutsche Verhältnis zu Ländern des „globalen Südens" unter den Vorzeichen des Kalten Krieges – namentlich Kambodscha, Chile, Brasilien, Iran und Afghanistan – und nimmt eine Bestandsaufnahme des gestiegenen Forschungsinteresses an diesem breiten Themenspektrum auf.⁶⁹ Es besteht Grund anzunehmen, dass bei der von Hans Günter Hockerts (2003) beobachteten Tendenz zum „systematischen Hereinholen der Nord-Süd-Achse"⁷⁰ in die Geschichte des geteilten Deutschland auch weiterhin zeithistorischer Forschungsbedarf besteht. Die in den Arbeiten zu den bundesdeutschen Interaktionen mit der „Dritten Welt" in den fünfziger und sechziger Jahren meist dominante Konzentration auf den deutsch-deutschen Konflikt haben allerdings auch schon ein „revisionistisches" Gegenargument auf den Plan gerufen: Torben Gülstorffs (2012) Arbeit zur deutschen Zentralafrikapolitik sieht einen „Hallstein-Mythos", der sich in der Forschung verbreitet habe.⁷¹

Schließlich besteht natürlich auch ein Bezug zu Arbeiten, die sich mit Indonesiens Außenbeziehungen und mit der Indonesienpolitik von anderen Staaten auseinandersetzen: Über die Entwicklung der indonesischen Außenpolitik unter Sukarno und den frühen Jahren Suhartos geben drei schon etwas ältere Schriften Auskunft: Franklin B. Weinstein (1976) und Helmut Heinzlmair (1976) sowie das zu den Standardwerken zählende Buch von Michael Leifer (1983).⁷² Als auf Quellenbasis recht

---

66 Engel/Schleicher/Rost, Afrika, S. 379.
67 Szatkowski, Gaddafis Libyen.
68 Dufner, Partner im Kalten Krieg, S. 17 f.
69 Bresselau von Bressensdorf/Seefried/Ostermann, Global South; Bresselau von Bressensdorf/Seefried, Introduction.
70 Hockerts, Koordinaten, S. ix–x.: „Das systematische Hereinholen der Nord-Süd-Achse in die deutsche Geschichte der Teilungsepoche zeichnet sich daher als ein großes künftiges Forschungsfeld ab – mit Stichworten und Schlaglichtern wie diesen: Dekolonisierung als Faktor der westeuropäischen Integrationsgeschichte und als Ferment der Beziehungen zwischen Bonn und Paris; die ‚Dritte Welt' als Arena des Ost-West-Konflikts und speziell des deutsch-deutschen Sonderkonflikts im Kampf für bzw. gegen den Alleinvertretungsanspruch der Bundesrepublik in den 1960er Jahren; Antikolonialismus als Treibsatz der Protestbewegung der 68er; Aktivitäten der DDR in der ‚Dritten Welt' zur Unterstützung der sowjetischen Weltpolitik seit den 1970er Jahren [...]."
71 Gülstorff, Hallstein, S. 496.
72 Weinstein, Dilemma; Heinzlmair, Indonesiens Außenpolitik; Leifer, Indonesia's Foreign Policy.

gut untersucht kann mittlerweile die sowjetische Indonesienpolitik gelten: Ragna Boden (2006) hat eine sehr kenntnisreiche Monographie zum Gesamtthema im Zeitraum von 1945 bis 1968 vorgelegt und darüber hinaus mehrere Aufsätze zu einzelnen Aspekten wie den sowjetisch-indonesischen Wirtschafts- und den Militärbeziehungen (2006, 2008, 2010).[73] Über die amerikanische Indonesienpolitik der sechziger Jahre informiert Bradley Simpson (2008), über die australisch-indonesischen Beziehungen seit 1945 Bob Catley und Vinsensio Dugis (1998).[74]

Über den engeren Rahmen von Indonesiens Außenpolitik hinaus hat diese Untersuchung von mehreren maßgeblichen Gesamtdarstellungen zur Geschichte (Süd-)Ostasiens und Indonesiens profitiert, so von Gottfried-Karl Kindermann (2001), Merle C. Ricklefs (1993), Robert Cribb (1995), Adrian Vickers (2013) und Fritz Schulze (2015).[75]

---

[73] Boden, Grenzen; Boden, Militärhilfepolitik, S. 463–483; Boden, Soviet Aid, S. 110–128; Boden, Modernisierungsoffensive, S. 104–123.
[74] Simpson, US-Indonesian Relations; Catley/Dugis, Australian Indonesian Relations.
[75] Kindermann, Aufstieg Ostasiens; Ricklefs, Indonesia; Cribb/Brown, Indonesia; Vickers, Indonesia; Schulze, Geschichte Indonesiens.

II Indonesien und die bundesdeutsche Indonesienpolitik

1 Die bundesdeutsche Indonesienpolitik im historischen und systematischen Zusammenhang

Der globale Kalte Krieg

Die Urheberschaft der Bezeichnung „Kalter Krieg" für die amerikanisch-sowjetische Konfrontation ab der zweiten Hälfte der vierziger Jahre wird sowohl dem britischen Schriftsteller George Orwell als auch dem amerikanischen Journalisten Herbert B. Swope zugeschrieben. Popularisiert wurde der Begriff 1947 durch den Titel einer Broschüre des amerikanischen Publizisten und Kommunikationstheoretikers Walter Lippman.[1] Die inhaltliche Ausfüllung des Begriffs variiert: „Kalter Krieg" wird erstens als Bezeichnung für eine bestimmte historische Epoche im 20. Jahrhundert verwendet; zuweilen auch nur im Sinne einer besonders intensiven Episode im breiter verstandenen ideologischen und machtpolitischen Ost-West-Konflikt des „kurzen zwanzigsten Jahrhunderts" von 1914/17 bis 1989/91.[2] Zweitens wurde „Kalter Krieg" von sowjetischer Seite für eine angeblich von den USA betriebene aggressive Politik gegen die UdSSR verwendet.[3] In einem dritten, stärker analytischen Sinne bezeichnet „Kalter Krieg" den Zustand eines dauerhaften „Nicht-Friedens" zwischen um zwei Supermächte gruppierten Lagern, in dem unterhalb direkter Kriegshandlungen „alles das eingesetzt wurde, was man bisher nur aus der militärischen Auseinandersetzung kannte".[4] Potenziert wurden die Risiken dieses Globalkonflikts von einer alle Strategie fundamental verändernden Innovation, nämlich der nuklearen Bewaffnung und damit der Möglichkeit einer (Selbst-)Auslöschung der Menschheit. Nicht unwidersprochen blieb die in den achtziger Jahren von John Lewis Gaddis geprägte Charakterisierung des Kalten Krieges als eines „langen Friedens".[5] Ein solcher langer Frieden ist der Kalte Krieg nur im amerikanisch-sowjetischen Verhältnis und – weitgehend – in Europa geblieben. Kam es zwischen den USA und der Sowjetunion zwar nicht zu

---

[1] Zu den Ursprüngen und der begrifflichen Urheberschaft siehe: Westad, Twentieth Century, S. 3; Stöver, Geschichte, S. 11 f.; Halliday, Cold War, S. 164 f.; Leffler, American Grand Strategy, S. 67–88.
[2] Stöver, Geschichte, S. 20. Der Begriff „kurzes 20. Jahrhundert" stammt von dem britischen Historiker Eric Hobsbawm und bezeichnet die Zeit zwischen dem Ersten Weltkrieg und dem Ende der Sowjetunion, vgl. Hobsbawm, Age of Extremes. Zu unterschiedlichen Periodisierungen des Kalten Krieges siehe: Stöver, Der Kalte Krieg (2008), S. 19 f.; Pechatnov, Soviet-American Relations, S. 107–123; Dülffer, Ost-West-Konflikt, S. 4 f.
[3] Stöver, Geschichte, S. 15 f.
[4] Ebenda, S. 20; Halliday, Cold War, S. 164.
[5] Gaddis, Long Peace.

direkten Kampfhandlungen, so wurden doch viele andere Länder unter den Vorzeichen des Globalkonflikts von Kriegen und Interventionen der Supermächte erfasst: Der Kalte Krieg umfasste zahlreiche „heiße" Kriege und Konflikte, die eine Vielzahl von Toten hinterließen.⁶ Das in dieser Arbeit im Vordergrund stehende Südostasien gehörte, anders als Europa, eindeutig zu den „heißen" und blutigen Regionen des Kalten Krieges.

„Kalter Krieg" ist hier sowohl im historischen wie im analytischen Sinne als die alles überwölbende Konstellation der internationalen Ordnung im untersuchten Zeitraum zu verstehen: Die Dimensionen dieser Auseinandersetzung waren von vornherein global. Der Kalte Krieg akzeptierte im Unterschied zu früheren Konflikten weder eine geographische noch eine inhaltliche Begrenzung.⁷ Dies schuf eine besondere Form der globalen Interdependenz von politischen Beziehungen. In der Zeit vor 1945 hatte es noch kein Ereignis der politischen Geschichte gegeben, dessen Auswirkungen weltweit unmittelbar gespürt worden wären; nicht einmal der Zweite Weltkrieg hatte alle Erdregionen berührt. Erst nach 1945 begann „so etwas wie eine gemeinsame Ereignisgeschichte der Welt".⁸ Zeitgenössische Akteure waren sich dieser neuen Qualität bewusst. Adenauer hat 1960 den in seiner Gegenwart eingetretenen Wandel folgendermaßen charakterisiert: „Wenn es irgendwo in der Welt zu brennen anfängt, dann würde sich das auch auf uns auswirken, ebenso wie ein Brand, der in Deutschland entsteht [...] sich im Stillen Ozean auswirken würde."⁹ Das vielleicht prominenteste Beispiel für solche Auswirkungen von Ostasien nach Westeuropa war der Korea-Krieg: Der Überfall nordkoreanischer Truppen auf den Süden im Juni 1950 veränderte auch die Lagebeurteilung der USA in Europa und gab den Ausschlag für den kurz zuvor noch unvorstellbaren Aufbau westdeutscher Militärverbände.¹⁰

Die Globalität des Kalten Krieges hatte vier spezifische Dimensionen, ohne dass damit die Architektur des Globalkonflikts schon vollständig vermessen wäre. Diese Dimensionen zeigten sich auf nuklearem Gebiet, auf dem Gebiet der internationalen Machtverteilung, auf ideologischem sowie auf regionalem machtpolitischem Gebiet.¹¹ Die für den Untersuchungsgegenstand dieser Arbeit wichtigen Dimensionen sind die

---

6 McMahon, Heiße Kriege, S. 16, nennt die Zahl von 20 Millionen Kriegstoten zwischen 1945 und 1990.
7 Stöver, Geschichte, S. 21: „Nicht nur in der Wahrnehmung, sondern vor allem in seiner Praxis entwickelte sich der Kalte Krieg in Richtung eines ‚totalen' oder auch ‚absoluten Krieges' [...] Der Kalte Krieg war eine weitgehend entgrenzte politisch-ideologische, ökonomische, technologisch-wissenschaftliche und kulturell-soziale Auseinandersetzung, die ihre Auswirkungen bis in den Alltag zeitigte."
8 Osterhammel, Eine Geschichte des 19. Jahrhunderts, S. 97.
9 Zitiert nach: Schwarz, Welt des Bundeskanzlers, S. 34.
10 Dazu: Kindermann, Aufstieg Koreas, S. 91–127; ebenda, S. 359 f.; Stueck, Korean War, S. 278 f., 286. Zum Selbstzeugnis Adenauers über seine Reaktion auf den Korea-Krieg siehe: Adenauer, Erinnerungen, Bd. 1, S. 346–375.
11 Zur nuklearen Dimension: Cohen, American Foreign Relations, S. 181–183; Holloway, Nuclear Weapons, S. 376–397; Burr/Rosenberg, Nuclear Competition, S. 88–111; Gavin, Nuclear Proliferation, S. 395–416; Bredow, Nuklearstrategie.

ideologische und die regional-machtpolitische, die im Folgenden kurz dargelegt werden sollen:

1. Ein wesentliches Charakteristikum, das den Kalten Krieg zum Beispiel von Großmächtekonflikten des 18. und 19. Jahrhunderts unterschied, lag im ideologischen Gegensatz zwischen dem sowjetischen Kommunismus und dem liberaldemokratisch-kapitalistischen System des Westens, insbesondere der USA. Dieser Antagonismus war bekanntlich älter als der Kalte Krieg. Sowohl die Vereinigten Staaten von Amerika als auch die Sowjetunion gründeten sich in erster Linie auf ein politisch-ideelles Projekt, nicht auf die kulturelle oder ethnische Identität ihrer Bewohner. Beide Projekte waren ihrem Wesen nach universalistisch, missionarisch und teleologisch.[12] Die von Lenin geführte bolschewistische Oktoberrevolution hatte 1917 eine auf der Gesellschafts- und Geschichtstheorie von Karl Marx aufbauende Staatsideologie geschaffen, die durch ihre weltrevolutionäre Agenda von Beginn an über die sowjetischen Grenzen hinauswies. Sie stellte die bestehende internationale Ordnung radikal in Frage.[13] Der von der Oktoberrevolution entfachte revolutionäre Internationalismus war in das Innere vieler Staaten und in antikoloniale Unabhängigkeitsbewegungen hineingetragen worden.[14] Die für den frühen Kalten Krieg sowie für die Dekolonisierung bedeutsamen „Kriege nach dem Krieg", die in Europa und Asien zwischen 1945 und 1954 geführt wurden, waren *auch* Folgen der durch die Oktoberrevolution seit 1917 gezogenen Konfliktlinien.[15]

Die spezifisch amerikanische und im Vergleich etwa zum englischen Liberalismus viel stärker missionarische Vorstellung von *Liberty* ist seit dem amerikanischen Eintritt in den Ersten Weltkrieg 1917 internationalisiert worden. Das von Woodrow Wilson im Januar 1918 in den „Vierzehn Punkten" vertretene visionäre Programm einer liberal-institutionalisierten Weltordnung war „die amerikanische Antwort auf Lenin".[16] Die ideologische Polarisierung wurde in Gestalt der Anti-Hitler-Koalition von 1941 bis 1945 vorübergehend von einem Kampf gegen einen gemeinsamen Feind überbrückt. Mit dessen Verschwinden trat der ideelle Gegensatz wieder unversöhnlich zu Tage.

---

12 Dazu: Westad, Global Cold War, S. 8–38 über das amerikanische *Empire of Liberty* sowie S. 39–72 über das sowjetische *Empire of Justice* und dessen teilweise bestehende Kontinuitäten zum vorrevolutionären Russland.
13 Möller, Europa zwischen den Weltkriegen, S. 4; Kindermann, Aufstieg Ostasiens, S. 121 f.
14 Möller, Europa zwischen den Weltkriegen, S. 4 f.; Kindermann, Aufstieg Ostasiens, S. 121–131; zur Verschränkung von nationalistischen Unabhängigkeitskämpfen mit sozialrevolutionären Bestrebungen in antikolonialen Konflikten siehe auch: Diner, Das Jahrhundert verstehen, S. 257 f.
15 Westad, Wars, S. 452–471: Die Bürgerkriege in Jugoslawien, Griechenland und China sowie der Korea-Krieg ab 1950 wurden zwischen Kommunisten und Antikommunisten ausgefochten; ebenso der bis in die frühen fünfziger Jahre hinein geführte, häufig vergessene Kampf ukrainischer und baltischer Partisanen gegen die Sowjetarmee. Die bewaffneten Konflikte in Indochina, Indonesien und Malaya waren zwar primär antikoloniale Unabhängigkeitskriege, zu denen allerdings eine kommunistische Dimension hinzutrat.
16 Möller, Europa zwischen den Weltkriegen, S. 20.

Seine besondere Schärfe erhielt er dadurch, dass sich hier zwei miteinander unvereinbare Universalismen entgegenstanden. Inhaltlich bestanden fundamentale Unterschiede zwischen dem westlichen und dem sowjetischen Modell, was die Frage von individuellen Rechten, von gesellschaftlich-kulturellem Pluralismus und die sozio-ökonomischen Modernitätsentwürfe betraf. Es war nicht zuletzt die sehr unterschiedliche Kapazität zur Konfliktregulierung und zur Bewältigung von Modernisierungsprozessen, die den Ausschlag dafür gab, dass am Ende des Kalten Krieges 1989/91 nur eines der beiden Ordnungsmodelle übrig blieb.

Abgesehen vom universalen Anspruch gab es eine zusätzliche Gemeinsamkeit zwischen dem parteiamtlich festgelegten Sowjetmodell und dem breiter gefächerten Modell der US-Gesellschaft. In beiden Fällen war die Überzeugung weit verbreitet, die Geschichte im Sinne eines linearen Fortschritts auf der eigenen Seite zu haben. Dies führte aber gerade nicht zu einem passiven Abwarten, bis sich ein vermeintlich prädestinierter Verlauf erfüllt, sondern vielmehr zu einer gewissen „Ungeduld" hinsichtlich des praktischen Fortschritts von ohnehin notwendigen Transformationen.[17] Für Moskau bedeutete dies unter anderem, in den Beziehungen zu anderen kommunistischen Parteien als Führungsmacht des „Fortschritts" zu wirken, an der sich der Weltkommunismus auszurichten habe, was sich zunehmend als schwierig erweisen sollte: Nicht nur bei den chinesischen Kommunisten, die in den sechziger Jahren Moskaus Führungsrolle offen herausforderten, sondern auch bei der indonesischen *Partai Komunis Indonesia* (PKI), welche in der ersten Hälfte der sechziger Jahre die drittgrößte kommunistische Partei der Welt war.[18]

2. Eine weitere den Kalten Krieg globalisierende Dimension ergab sich aus der bipolaren Machtverteilung und der ideologischen Konfrontation zweier Universalismen beinahe zwangsläufig: Das Ringen der USA und der UdSSR um Einfluss in verschiedenen Weltregionen und ihre Suche nach Verbündeten oder wenigstens temporären Partnern. Auf diese Weise wurde der Kalte Krieg zum ersten Konflikt, der den gesamten Erdball erfasste. Nach 1945 war vorerst noch Europa und insbesondere Deutschland der wesentliche Schauplatz gewesen. In den späten vierziger und in den fünfziger Jahren waren die Konflikte in China, Indonesien, Korea, Vietnam und auch im Nahen Osten Teil des Kalten Krieges geworden. Die Mehrheit aller Staaten tendierte de facto entweder eher zu den USA oder zur Sowjetunion, wie sich nicht zuletzt innerhalb der Blockfreien-Bewegung zeigte. Freilich war dies auch Verschiebungen unterworfen, wenn die innerstaatlichen Machtverhältnisse und damit die Präferenzen wechselten – so wie im Falle Indonesiens nach dem Sturz Sukarnos. Auch der „Neigungsgrad" nach der einen oder der anderen Seite konnte recht unterschiedlich sein. Die einzigen strategisch bedeutsamen Staaten, die sich sowohl von den USA als auch von der Sowjetunion feindlich abgrenzten, waren das China Maos nach dem sino-sowje-

---

[17] Engerman, Ideology, S. 20–43.
[18] Kindermann, Aufstieg Ostasiens, S. 509–512.

tischen Zerwürfnis in den sechziger Jahren und der Iran des Ajatollah Chomeini nach der islamischen Revolution von 1979.[19]

Mit der Festigung der Blöcke in Europa bis Mitte der fünfziger Jahre erstarrten dort die Fronten des Kalten Krieges. Die westliche (Nicht-)Reaktion auf die Volksaufstände in der DDR 1953 und in Ungarn 1956 hatte klar vor Augen geführt, dass keine US-Regierung zu einem *roll-back* des Kommunismus in Osteuropa um jeden Preis bereit war. Die Sowjetführung konnte ihrerseits nichts an der US-Militärpräsenz in Westeuropa ändern; Chruschtschow misslang der Versuch, durch seine beiden Berlin-Ultimaten von 1958 und 1961 die Westmächte aus Berlin zu verdrängen. Der Bau der Berliner Mauer ab August 1961 zementierte faktisch wie sinnbildlich die Zweiteilung Deutschlands und Europas.[20] Während die strategische Lage in Europa statisch wurde, vervielfachte die fortschreitende Dekolonisierung die Zahl unabhängiger Staaten und vergrößerte den Raum der globalen Systemkonkurrenz. Um etwa 1960 kamen die Entscheidungsträger in Washington und Moskau – sowie in Peking – endgültig zur Überzeugung, dass der Kalte Krieg wesentlich in Asien, Afrika, im Nahen Osten und in Lateinamerika entschieden würde. Dabei ging es sowohl um die Gewinnung von Verbündeten als auch darum, welches Modell von Modernisierung sich durchsetzen ließe.[21] Während die *Détente* der sechziger und siebziger Jahre das bilaterale amerikanisch-sowjetische Verhältnis und die Ost-West-Beziehungen in Europa prägte, blieben der Nahe Osten, Afrika, Asien und Lateinamerika von der Entspannung ausgenommen.[22] Obschon sich Washington und Moskau in Fragen der strategischen Rüstungskontrolle annäherten, verschärften sie ihre Konfrontation in der „Dritten Welt".[23] Es wäre zu einseitig, hier ein stetiges „Hineindrängen" von Amerikanern und Sowjets in die Staaten der „Dritten Welt" zu diagnostizieren. In manchen Fällen glich der Aktivismus und auch Aktionismus der Supermächte eher einem „Hineingeraten". Die Kehrseite des amerikanischen bzw. sowjetischen Bemühens um regionalen Einfluss war ein „Glaubwürdigkeitssyndrom"[24], an das die Supermächte ihre Politik immer wieder anpassen mussten. Um als starke und verlässliche Bündnispartner zu wirken, pflegten sie Beziehungen zu kaum kontrollierbaren Klienten von zweifelhaftem Wert und intervenierten in Konflikte, deren selbstständige strategische Bedeutung fraglich bis nichtexistent war. Bestimmte regionale Konflikte, die zuvor keinen starken Bezug zum Kalten Krieg hatten, wurden durch den amerikanisch-sowjetischen Konflikt aufgeladen. Amerikaner und Sowjets unternahmen bestimmte politische, militärische, ge-

---

[19] Siehe dazu: Radchenko, Sino-Soviet Split, S. 349–372; Saikal, Islamism, S. 112–134. Zur Bedeutung des sino-sowjetischen Konflikts für die „Dritte Welt" siehe: Westad, Global Cold War, S. 158–170; zur Bedeutung der Iranischen Revolution siehe: Westad, Global Cold War, S. 288–299.
[20] Fink, Cold War, S. 93 f.
[21] Latham, Third World, S. 261.
[22] Zu den Intersektionen von „Dritter Welt" und „Kaltem Krieg" siehe: Westad, Epilogue, S. 208–219.
[23] Latham, Third World, S. 260; Westad, Global Cold War, S. 367 f.
[24] McMahon, Heiße Kriege, S. 24–28.

heimdienstliche und ökonomische Maßnahmen, um auf diese Weise Verbündeten zu signalisieren, dass auf ihr Wort Verlass sein würde. So war der strategische Wert etwa von Südvietnam oder Laos für die amerikanische Stellung gegenüber der UdSSR gering; doch die Befürchtung, mit dem Fallen des vietnamesischen „Dominosteines" würde der Kommunismus auch auf Thailand, Indonesien und das übrige Südostasien ausgreifen und danach womöglich Australien, Japan und Indien bedrohen, ließ Washington das direkte Eingreifen in einen Bürgerkrieg angezeigt erscheinen.[25] Auch das „Glaubwürdigkeitssyndrom" trug dazu bei, dass sich das Festhalten an einem einmal eingeschlagenen Kurs verselbstständigte.

Außenpolitik unter den Bedingungen der deutschen Teilung: Politik der Wiedervereinigung und Politik der Westbindung

Mit der bedingungslosen Kapitulation der deutschen Wehrmacht und dem Zusammenbruch des nationalsozialistischen „Führerstaates" im Mai 1945 war die seit 1871 bestehende einheitliche Staatlichkeit Deutschlands faktisch verschwunden. Unter den Vorzeichen der fundamentalen deutschlandpolitischen Differenzen der Besatzungsmächte und dem beginnenden Kalten Krieg kam es vergleichsweise schnell wieder zur Etablierung von zweierlei Staatlichkeit auf deutschem Boden.[26] Die beiden 1949 gebildeten politischen Systeme in Deutschland verstanden sich als Gegenmodelle. Sie blieben in ihrer Gegensätzlichkeit stark aufeinander bezogen; ironischerweise war die erklärtermaßen auf dauerhafte Eigenständigkeit abzielende DDR dabei stärker auf die Bundesrepublik bezogen als umgekehrt; in ihrer Spätphase geriet die DDR sogar in eine gewisse ökonomische Abhängigkeit von der Bundesrepublik.[27]

Das im Mai 1949 in Kraft getretene Grundgesetz für die Bundesrepublik Deutschland zog einerseits die Lehren aus der unmittelbaren deutschen Vergangenheit, in dem es über die sogenannte Ewigkeitsgarantie in Artikel 79 Absatz 3 für bestimmte demokratische und rechtsstaatliche Grundsätze dauerhafte Geltung postulierte. Andererseits war der vom Grundgesetz etablierte Staat gerade nicht auf Dauer angelegt, sondern Provisorium: Der westdeutsche Teilstaat sollte bestehen, bis an seine Stelle ein wiedervereintes Deutschland treten würde. Damit wurden grundsätzliche Schwierigkeiten geschaffen: Denn einerseits musste das Provisorium als solches erhalten werden, das heißt der westdeutsche Staat durfte sich qua Verfassungsauftrag nur als Vorläufer eines wiederherzustellenden deutschen Nationalstaats verstehen. Andererseits sollte der eigentlich als Provisorium gedachte Staat in seiner Substanz

---

25 Zum Zusammenhang von Domino-Theorie und Vietnamkrieg siehe: Kindermann, Aufstieg Ostasiens, S. 529 f.; Logevall, Indochina Wars, S. 288 f.
26 Hacke, Außenpolitik, S. 335; Haftendorn, Außenpolitik, S. 18–26. Zu den Umständen der deutschen Teilung siehe: Schwarz, Division of Germany, S. 133–153.
27 Vgl. Möller, Teilung, S. 308; Rödder, Bundesrepublik, S. 4; Schöllgen, Deutsche Außenpolitik, S. 30.

gefestigt werden, was ihm wiederum tendenziell seinen provisorischen Charakter nahm.[28] Unabhängig vom Wiedervereinigungsauftrag des Grundgesetzes vollzog sich in der Gesellschaft der Bundesrepublik eine schleichende Veränderung: Aus der einst schmerzenden Teilung Deutschlands wurde nach und nach ein gewohnter „Normalzustand".[29] Bestimmte, vor allem in den siebziger und achtziger Jahren sichtbar werdende Entwicklungslinien entfernten die Bundesrepublik nicht nur von den Deutschen in der DDR, sondern überhaupt vom Nationalstaat als einem selbstverständlichen Ordnungsrahmen – so die schwer auf einen anderweitigen Begriff zu bringende „Globalisierung", die politisch beförderte Europäisierung und der sich langfristig vollziehende soziokulturelle Wertewandel.[30] Doch für den größten Teil des hier behandelten Zeitraums von 1952 bis 1973 war die geteilte Nation *der* Bestimmungsfaktor für die Außenpolitik der Bundesrepublik. Daneben prägte eine andere Grundbedingung deren Handlungsspielräume: die Abhängigkeit des geteilten Deutschland von der weltpolitischen Konstellation, also dem Kalten Krieg, und die prekäre Position der Bundesrepublik an der „Nahtstelle" dieses internationalen und europäischen Konflikts.[31] Die Politik der Westbindung und die Politik der Wiedervereinigung als praktische Antwort aller Bundesregierungen auf die vorgefundene Lage sind eingangs skizziert worden, ebenso die mögliche Spannung zwischen diesen beiden Grundsätzen: Der erste verwies aus sicherheits- und allianzpolitischen Gründen auf die Sicherung des Status quo, der zweite aus wiedervereinigungspolitischen Gründen auf den Revisionismus des (territorialen) Status quo in Europa.[32]

Die frühe Festlegung auf die Westbindung ist nicht zu Unrecht dem „Möglichkeitssinn"[33] Konrad Adenauers zugeschrieben worden, der die Teilung Deutschlands und Europas als ein Faktum begriff und unter diesen Bedingungen versuchte, die sich daraus ergebenden Möglichkeiten für die Deutschen im atlantischen und europäischen Westen zu nutzen: „Westbindung" erschöpfte sich nicht im Beitritt zu einer US-geführten Verteidigungsallianz.[34] Vielmehr sah der erste Bundeskanzler darin die äußere Absicherung einer inneren „Heilung" von früheren politischen Pathologien Deutschlands und einer Immunisierung gegenüber antidemokratischen und kol-

---

28 Schöllgen, Bundesrepublik Deutschland, S. 12.
29 Möller, Teilung, S. 310.
30 Rödder, Bundesrepublik, S. 111.
31 Ebenda, S. 2–4.
32 Ebenda, S. 2.
33 Besson, Außenpolitik, S. 59.
34 Wirsching, Deutsche Geschichte, S. 93: „In jedem Fall meinte Westbindung aus Adenauers Sicht weitaus mehr als bloße Sicherheitspolitik: Westbindung war gleichbedeutend mit der Eliminierung borussischer, nationalistischer und sozialistischer Dominanz in Deutschland, also all jener Faktoren, die nach seiner Überzeugung historisch verhängnisvoll gewirkt hatten."

lektivistischen Ideologien.[35] Die Politik der Westbindung versprach nicht nur Schutz vor sowjetischem Einfluss, sondern auch Gewähr dafür, „dass der vielberufene deutsche ‚Sonderweg' zwischen Ost und West sowohl verfassungs- als auch außenpolitisch beendet" sein würde.[36] Das Selbsterhaltungsinteresse der Bundesrepublik Deutschland – in einem umfassenden Sinne der Bewahrung des eigenen soziopolitischen Ordnungsmodells – erforderte die Westbindung mehr als die Wiedervereinigung.[37] Die Reaktion Adenauers auf die „Stalin-Note" von 1952 machte deutlich, dass er für die Aussicht auf ein neutralisiertes Gesamtdeutschland nicht bereit war, auf den Staat des Grundgesetzes und die direkte Präsenz des US-Militärs zu verzichten.[38] Bis 1989 räumten alle Bundesregierungen der Politik der Westbindung im Konfliktfalle den Vorrang vor einer aktiven Politik der Wiedervereinigung ein. Doch zugleich hielten alle Bundesregierungen am Ziel der deutschen Einheit fest, das auch Verfassungsrang hatte.[39]

Als die drei Westmächte das für die Bundesrepublik geltende Besatzungsstatut 1955 aufhoben, sah Bonn seinen Spielraum erheblich vergrößert. Für die Außenpolitik der Bundesrepublik war 1955 ein Schwellenjahr, in dem eine „neue Epoche begann, die zunächst janusköpfig wirkte"[40]. Durch das Inkrafttreten des Deutschlandvertrages und der übrigen Pariser Verträge am 5. Mai 1955 wurde die Bundesrepublik in die außenpolitische Souveränität entlassen (bei Fortbestand alliierter Vorbehaltsrechte in Bezug auf Deutschland als Ganzes). Die Bundesrepublik trat dem Nordatlantikpakt bei und stellte Ende 1955 die ersten Bundeswehrverbände auf. Adenauer hatte einerseits sein Ziel einer „Souveränität durch Integration"[41] in den Westen erreicht. Andererseits rückte damit eine mögliche Wiedervereinigung noch weiter in die Ferne.[42] Moskaus „Zwei-Staaten-Theorie" festigte die deutsche Teilung. Entsprechend rückte der gegenläufige Versuch der Bundesregierung, die deutsche Frage offenzuhalten, in den Mittelpunkt ihrer Außenpolitik der fünfziger und sechziger Jahre.[43]

Neben den Beziehungen zu den USA und zu Frankreich war für die Bundesrepublik ihr Verhältnis zur Sowjetunion von wesentlicher Bedeutung, da diese ja

---

35 Schöllgen, Deutsche Außenpolitik, S. 28 f.; Hacke, Außenpolitik, S. 336; Haftendorn, Außenpolitik, S. 56–62. Adenauer selbst hat dies auf seinen Reisen in die USA betont, vgl. etwa: Adenauer, Erinnerungen, Bd. 1, S. 583.
36 Möller, Teilung, S. 308.
37 Zum empirisch-vergleichend feststellbaren Vorrang des Selbsterhaltungsinteresses von politischen Systemen vor dem i. e. S. nationalstaatlichen Interesse: Kindermann, Konstellationsanalyse, S. 114.
38 Lappenküper, Außenpolitik, S. 8 f. Zu einer positiven Einschätzung von Adenauers Haltung zur Stalin-Note kommt auch: Winkler, Westen, S. 151: „Deutschland war 1952 für eine Wiedervereinigung in den Grenzen von 1945 noch nicht reif."
39 Vgl. Möller, Selbstverständnis, S. 32.
40 Lappenküper, Außenpolitik, S. 12.
41 Ebenda, S. 5.
42 Schöllgen, Deutsche Außenpolitik, S. 51–58; Besson, Außenpolitik, S. 166.
43 Winkler, Westen, S. 180; Schöllgen, Deutsche Außenpolitik, S. 59.

das Haupthindernis einer Wiedervereinigung zu den Bedingungen der Bundesrepublik war. Da die Bundesregierung nach Osten hin handlungsfähig sein wollte, nahm Adenauer die Einladung zu einem Besuch nach Moskau an.[44] Im September 1955 verhandelten die Bundesrepublik Deutschland und die UdSSR zum ersten Mal direkt miteinander. Als Gegenleistung für die Eröffnung diplomatischer Beziehungen zwischen Bonn und Moskau stimmte die Sowjetführung der Repatriierung der bis dahin noch festgehaltenen deutschen Kriegsgefangenen zu.[45] So erfreulich die „Heimkehr der Zehntausend" war, so unangenehm war aus Bonner Sicht *eine* Folge der Aufnahme diplomatischer Beziehungen zum Kreml: die Anwesenheit zweier deutscher Botschafter in Moskau.[46] Adenauer hatte nach seiner Ankunft in der UdSSR programmatisch erklärt, nun werde erstmals „eine Vertretung des deutschen Volkes mit der Sowjetregierung" verhandeln.[47] Doch dass die Bundesrepublik einen Botschafter in die sowjetische Hauptstadt entsandte, obwohl dort schon ein Botschafter aus Ost-Berlin akkreditiert war, konnte auch dergestalt interpretiert werden, die Bundesregierung habe ihren seit 1949 erhobenen Anspruch aufgegeben, alleinige Repräsentantin Deutschlands zu sein.[48] Im Auswärtigen Amt wurde daher ein Instrument erdacht, welches die befürchtete Welle von völkerrechtlichen Anerkennungen der DDR abwehren sollte.[49] Die Verkündung der (erst ab 1958 so bezeichneten) Hallstein-Doktrin erfolgte in einer Regierungserklärung Adenauers am 22. September 1955. Demnach galt die Aufnahme diplomatischer Beziehungen zur DDR durch Drittstaaten als unfreundlicher Akt, da sie geeignet sei, die Spaltung Deutschlands zu vertiefen. Die Einrichtung einer Botschaft in Moskau bildete aus Sicht der Bundesregierung einen Sonderfall, weil die UdSSR als Sieger- und Besatzungsmacht die eigentliche Souveränität in der „Ostzone" und gewisse Rechte in Bezug auf Gesamtdeutschland ausübte. Die drei Westalliierten stellten sich in einem gemeinsamen Kommuniqué vom 28. September 1955 auf den Boden des Alleinvertretungsanspruchs der Bundesrepublik.[50] Eine Botschafterkonferenz in Bonn präzisierte im Dezember 1955 die Imperative der Alleinvertretungspolitik. Außenminister Heinrich von Brentano, Staatssekretär Walter Hallstein und Ministerialdirektor Wilhelm Grewe legten auf der Konferenz fest, dass die Bundesrepublik Deutschland eine völkerrechtliche Anerkennung der DDR durch

---

44 Dazu: Adenauer, Erinnerungen, Bd. 2, S. 487–556; Schwarz, Adenauer 1952–1967, S. 207–222; Kilian, Moskau.
45 Schöllgen, Deutsche Außenpolitik, S. 43 f.; Winkler, Westen, S. 180 f.
46 Schöllgen, Deutsche Außenpolitik, S. 45.
47 Zitiert nach: Schwarz, Adenauer 1952–1967, S. 209.
48 Haftendorn, Außenpolitik, S. 53–56.
49 Lappenküper, Außenpolitik, S. 12 f., 77. Dazu aus Sicht eines Akteurs: Grewe, Rückblenden, S. 254.
50 Gray, Cold War, S. 38 f.

dritte Staaten mit Maßnahmen bis hin zum Abbruch der diplomatischen Beziehungen beantworten würde.⁵¹

Die Zusammenfassung der Konferenzergebnisse war zugleich eine Instruktion an die Diplomaten, die Bonner Deutschlandpolitik offensiv zu vertreten.⁵² Deutschlandpolitik durfte zwar nicht Außenpolitik im engeren Sinne sein, solange man in Bonn von einem Gesamtdeutschland ausging, und war daher nicht im Auswärtigen Amt angesiedelt. Doch es war Aufgabe des Auswärtigen Amts, die Positionen der Bonner Deutschlandpolitik international zu vertreten. Dass die Hallstein-Doktrin keine leere Drohung war, zeigte sich rund zwei Jahre nach ihrer Verkündung: Als Jugoslawien im Kontext seiner wieder verbesserten Beziehungen zur Sowjetunion am 15. Oktober 1957 die DDR anerkannte, brach Bonn die diplomatischen Beziehungen zu Belgrad ab.⁵³

Der Alleinvertretungsanspruch hatte die „deutsche Frage" zusätzlich zu dem bestehenden Problem des durch Deutschland gezogenen „Eisernen Vorhangs" internationalisiert. Die Frage, ob der DDR die völkerrechtliche Anerkennung und damit die internationale Etablierung gelingen würde, entschied sich in den Hauptstädten der im Entstehen begriffenen „Dritten Welt".⁵⁴ Im Großen und Ganzen sollte es der Bundesregierung und dem Auswärtigen Amt gelingen, einen solchen „Durchbruch" der DDR zu verhindern.⁵⁵ Bis zur Abkehr von der Hallstein-Doktrin unter der soziallibe-

---

51 Ebenda, S. 30–49. Grewe war Leiter der Politischen Abteilung im AA, Professor für Völkerrecht und der eigentliche Architekt der Hallstein-Doktrin. Auf der Bonner Diplomatenkonferenz referierte Grewe Ende 1955 zu den rechtlichen und politischen Gründen für die von der Bundesregierung vertretene Nichtanerkennungspolitik, vgl. PA AA, AV Tokio, 6765. Ministerialdirektor Grewe: Referat „Die Politik der Nicht-Anerkennung der DDR". Gehalten auf der Konferenz der Missionschefs vom 8.–10.12.1955 in Bonn. Protokoll unter Az. StS 80/56: „Die Bundesregierung ist verfassungsrechtlich verpflichtet, dem in der Präambel des Grundgesetzes ausgesprochenen Willen des Verfassungsgebers zur Wahrung der nationalen und staatlichen Einheit des deutschen Volkes nachzukommen. Die Anerkennung der DDR als eines selbstständigen Staates mit eigener internationaler Rechtspersönlichkeit ist mit diesem verfassungsrechtlichen Gebot unvereinbar."
52 PA AA, AV Tokio, 6765. Staatssekretär Hallstein: Runderlass an sämtliche diplomatischen Auslandsvertretungen der Bundesrepublik Deutschland vom 16.1.1956: „Wenn wir zulassen, dass ein Staat gleichzeitig Beziehungen mit der Bundesrepublik und der DDR unterhält, erkennen wir die Behauptung von der Existenz zweier deutscher Staaten an. Auf einer solchen Basis können wir nicht mehr die Wiedervereinigung Deutschlands durch freie Wahlen fordern. Die Welt würde sich mit der Anomalie unserer Teilung abfinden, der Geist der Freiheit und des Widerstands bei der Sowjetzonenbevölkerung einen vernichtenden Schlag erhalten. Wir wollen daher keine diplomatischen Beziehungen zu den Satellitenstaaten aufnehmen, beabsichtigen vielmehr, die Beziehungen zu solchen Staaten abzubrechen, die die DDR anerkennen […] Die Missionschefs werden alles dafür tun, um im Ausland die Erkenntnis dafür zu wecken, dass jeder Versuch, die deutsche Frage auszuklammern, und sich unter Ausschaltung der Bundesregierung auf Kosten Deutschlands zu verständigen, eine tödliche Gefahr nicht nur für die Deutschen, sondern für den gesamten Westen bedeutet. Diese Erkenntnis soll sich nicht nur bei den Regierungen, sondern auch bei der öffentlichen Meinung der Gastländer festigen."
53 Dazu Gray, Cold War, S. 74–83.
54 Haftendorn, Außenpolitik, S. 141.
55 Schwarz, Weltpolitische Betrachtungen, S. 21 f.

ralen Koalition nahmen trotz einer aufwändig betriebenen Anerkennungsdiplomatie der DDR nur drei Staaten, welche bis dato einen Botschafter aus Bonn akkreditiert hatten, diplomatische Beziehungen zu Ost-Berlin auf: das erwähnte Jugoslawien 1957, das kommunistisch gewordene Kuba 1963 sowie das unter starkem kommunistischen Einfluss stehende Kambodscha 1969. Allerdings zeigten sich spätestens Mitte der sechziger Jahre Zielkonflikte und zunehmende Schwierigkeiten, die Alleinvertretungspolitik konsequent durchzuhalten. Die „Nahostkrise" im Zusammenhang einer staatsbesuchsähnlichen Reise von SED-Generalsekretär Ulbricht nach Ägypten 1965 machte deutlich, dass Bonn durch die Hallstein-Doktrin in die Rolle eines bedrängten und erpressbaren Akteurs geraten konnte.[56]

Indonesien ist ein Fallbeispiel für die Durchsetzung des Alleinvertretungsanspruchs und damit der Nichtanerkennung der DDR in einem der wichtigsten Staaten der „Dritten Welt". Es wird deutlich werden, dass die Hallstein-Doktrin unbeabsichtigt im Sinne einer Spaltung der westlichen Bündnissolidarität wirken konnte: Trotz des Primats der Westbindungs- über die Wiedervereinigungspolitik gab es Fälle, in denen die Bundesrepublik sich aus Gründen der Alleinvertretungspolitik und ihrer Stellung in der „Dritten Welt" über die Präferenzen ihrer westlichen Bündnispartner hinwegsetzte: Mathilde von Bülow hat in ihrer Untersuchung zur Bundesrepublik und dem Algerienkrieg gezeigt, wie die mittlere Beamtenebene in Bonn die französische Kriegführung konterkarierte, indem sie bis zu einem gewissen Grade Aktivitäten der algerischen *Front de Libération Nationale* (FLN) auf dem Gebiet der Bundesrepublik tolerierte. Darin lag einer der Gründe, warum die sozialistische und betont antikoloniale Regierung Ben Bellas nach der Unabhängigkeit Algeriens 1962 die Bundesrepublik diplomatisch anerkannte – und nicht etwa die „antiimperialistische" DDR.[57] Auch die bundesdeutsche Politik gegenüber Indien und Pakistan zur Mitte der sechziger Jahre divergierte von den Präferenzen der US-Außenpolitik, allerdings ohne in einen offenen Konflikt zu geraten.[58]

Ab spätestens Anfang der sechziger Jahre geriet die Bundesregierung mit ihrer Wiedervereinigungs- und Ostpolitik gegenüber den eigenen Partnern in einem umfassenderen, strategischen Sinn in die Defensive.[59] Die Westmächte waren immer weniger bereit, die Bonner Forderung mitzutragen, Fortschritte in der deutschen Frage zur Vorbedingung einer weltpolitischen Entspannung zu machen. Im Oktober 1966 analysierte AA-Staatssekretär Karl Carstens in einem längeren Papier die Isolationsgefahr, in die die Bundesregierung geraten war: „Unsere bisherige Deutschlandpolitik steht also nicht mehr mit der von den führenden westlichen Staaten verfolgten allgemeinen Ostpolitik im Einklang. Kein westlicher Staat ist bereit, einen Druck auf

---

56 Vgl. Das Gupta, Ulbricht am Nil; Besson, Außenpolitik, S. 348–354; Lappenküper, Außenpolitik, S. 20–22; Schöllgen, Deutsche Außenpolitik, S. 111 f.
57 Bülow, Algerian War, S. 389–404.
58 Das Gupta, Südasienpolitik, S. 454, 463.
59 Vgl. dazu den Abschnitt von Besson, Außenpolitik, S. 171–285.

die Sowjetunion im Sinne der Erfüllung der deutschen Wiedervereinigungsforderung auszuüben. Bestimmte Entspannungsprojekte erscheinen dem Westen wichtiger als etwa die konsequente Unterstützung der Nichtanerkennungspolitik."[60] Auch andere Diplomaten – wie der ehemalige Botschafter in Indien und spätere AA-Staatssekretär Georg Ferdinand Duckwitz Ende 1965 – wiesen darauf hin, dass die Bundesrepublik in der Frage der Wiedervereinigung auf sich allein gestellt sei.[61]

Der deutschlandpolitische Revisionismus der Bundesregierung und ihre damit zusammenhängende harte Haltung gegenüber den sozialistischen Staaten wurden zunehmend zu einem Hemmnis für die von Washington, London und Paris angestrebte *Détente*. Überdies schien die DDR seit dem Mauerbau von 1961 so weit (zwangs-)gefestigt, dass mit ihrem baldigen Aufgehen in einem Gesamtdeutschland immer weniger zu rechnen war.[62] Insofern erschien es für die Bundesrepublik angezeigt, nicht nur mit der Sowjetunion und anderen Ostblockstaaten, sondern auch mit der DDR nach einem *modus vivendi* zu suchen, selbst wenn dies eine Abkehr von bisherigen Tabus bedeuten würde. Die entspannungspolitischen Akzente, welche die Große Koalition zwischen 1966 und 1969 setzte, ehe die sozialliberale Koalition ab 1969 die Ost- und Deutschlandpolitik neu ausrichtete, waren insofern auch eine notwendige Anpassung an die veränderte weltpolitische Lage – und darin Adenauers Westpolitik der frühen fünfziger Jahre nicht unähnlich.[63]

In den frühen siebziger Jahren stellte sich die Bundesregierung dann an die Spitze der europäischen Bemühungen um Entspannung zwischen West und Ost.[64] Die Unterzeichnung des Moskauer Vertrages zwischen der Sowjetunion und der Bundesrepublik am 12. August 1970 machte den Weg frei zu einer Regelung des deutschdeutschen Verhältnisses. Da dies die Kernfrage der deutschen Einheit berührte, war der am 21. Dezember 1972 unterzeichnete Grundlagenvertrag zwischen Bonn und Ost-Berlin das in der Bundesrepublik am meisten umstrittene Vorhaben der sozialliberа-

---

60 AAPD 1966, Dok. 333, S. 1380. Staatssekretär Carstens: Aufzeichnung „Die Problematik unserer Deutschlandpolitik" vom 17.10.1966.
61 Archiv für Christlich-Demokratische Politik (ACDP), 01-483-290/2. Ministerialdirektor Duckwitz: Aufzeichnung für Bundesminister Schröder vom 30.12.1965. „Die Wiedervereinigung ist das erste und vornehmste Ziel jeder deutschen Außenpolitik. Fast alle außenpolitischen Handlungen der Bundesregierung stehen unter ihrem Aspekt und werden von ihr beeinflusst. Wir sind diesem Ziel heute ferner denn je. Wir müssen außerdem zur Kenntnis nehmen, dass wir bei der Erreichung dieses Ziels auf keine nennenswerte Unterstützung unserer Verbündeten rechnen können. Was wir hören, sind leidenschaftslose Lippenbekenntnisse; die ernsthafte Absicht, uns in unserem Kampf um die Wiedervereinigung zu unterstützen, ist, mit Ausnahme einer politisch zwar nicht einflusslosen aber kleinen Gruppe in den USA weder in Frankreich noch in England noch im allgemeinen in den USA vorhanden. Wir stehen somit in diesem Kampf um die Wiederherstellung der Einheit Deutschlands allein."
62 Siehe dazu: Rödder, Bundesrepublik, S. 3.
63 Ebenda, S. 2 f., 35–43; Lappenküper, Außenpolitik, S. 22–33; Schöllgen, Deutsche Außenpolitik, S. 116–159.
64 Niedhart, Entspannung, S. 70.

len Koalition.⁶⁵ Nach einem von der bayerischen Staatsregierung angestrengten Normenkontrollverfahren bejahte das Bundesverfassungsgericht am 31. Juli 1973 die Vereinbarkeit des Grundlagenvertrages mit dem Grundgesetz.⁶⁶ Allerdings schrieben die Verfassungsrichter fest, kein bundesdeutsches Verfassungsorgan dürfe „die Wiederherstellung der staatlichen Einheit als politisches Ziel aufgeben"; die Wahl der dazu geeigneten politischen Mittel liege im Ermessen der Organe, doch es sei „alles zu unterlassen, was die Wiedervereinigung vereiteln würde".⁶⁷ War durch die Herstellung der „gutnachbarlichen" Beziehungen zwischen Bonn und Ost-Berlin zwar die bisherige Alleinvertretungspolitik obsolet geworden, so lebte doch auch die „Nichtanerkennung" in einer stark abgeschwächten Form fort: Die DDR wurde zum Unbehagen der SED-Führung von der Bundesrepublik niemals völkerrechtlich als Ausland anerkannt; entsprechend erkannte die Bundesregierung auch nur eine einzige deutsche Staatsangehörigkeit an und keine eigene der DDR, nachdem in der DDR 1967 ein eigenes Staatsbürgerschaftsgesetz erlassen worden war.⁶⁸ Die westlichen Verbündeten sahen bis zum Mauerfall 1989 bewusst von Staatsbesuchen in die DDR ab.⁶⁹ Schließlich hätte die Wiedervereinigung wohl kaum in der Form von 1990 stattfinden können, wäre nicht seit 1949 die Politik der Westbindung etabliert und beibehalten worden. Während die Politik der Wiedervereinigung ihr Ziel erreichen konnte und damit nur noch historische Bedeutung hat, blieb die Politik der Westbindung – im atlantischen *und* im europäischen Sinne – auch für das wiedervereinigte Deutschland maßgeblich.

Dekolonisierung und „Dritte Welt"

Die Dekolonisierung gehört zu den wichtigsten Entwicklungslinien des 20. Jahrhunderts. Wie „Kalter Krieg" wird auch der Begriff „Dekolonisierung" in mehrerlei Bedeutung und in unterschiedlicher Periodisierung verwendet.⁷⁰ Gemeint sind *hier* die Un-

---

65 Ebenda, S. 88–93; Schöllgen, Deutsche Außenpolitik, S. 138–155.
66 BVerfGE 36, 1: Urteil vom 31.7.1973 (2 BvF 1/73).
67 BVerfGE 36, 1, S. 1, 17 f. Das Bundesverfassungsgericht bekräftigte in diesem Urteil seine ständige Rechtsprechung, wonach das Deutsche Reich 1945 rechtlich nicht untergegangen, sondern nur handlungsunfähig geworden sei: „Die Bundesrepublik ist also nicht ‚Rechtsnachfolger' des Deutschen Reiches, sondern als Staat identisch mit dem Staat ‚Deutsches Reich', – in Bezug auf seine räumliche Ausdehnung allerdings ‚teilidentisch', sodass insoweit die Identität keine Ausschließlichkeit beansprucht." (Ebenda, S. 16). Der völker- und staatsrechtliche Status Deutschlands war nach 1945 ungewiss; es bestanden mehrere Positionen, die in aller Regel die jeweils politisch gewünschte Deutung rechtlich zu untermauern suchten, vgl. Geiger, Grundgesetz und Völkerrecht, S. 44–49.
68 Möller, Teilung, S. 319.
69 Nach dem Mauerfall stattete der französische Präsident Mitterrand im Dezember 1989 der DDR einen Besuch ab, siehe: Schöllgen, Deutsche Außenpolitik, S. 237.
70 Vgl. Smith, Decolonization, S. 218–220; Osterhammel, Kolonialismus, S. 119 f., sieht die Dekolonisierung nach 1945 „als dritte Phase des Rückzugs kolonialer Herrschaft, die sich in der neueren Weltgeschichte identifizieren lässt".

abhängigkeit der seit dem Hochimperialismus des späten 19. Jahrhunderts von europäischen Staaten, den USA und Japan unter Kontrolle gebrachten Gebiete und deren anschließende Ausbildung staatlicher Strukturen. Die Dekolonisierung vollzog sich innerhalb kurzer Zeit: Während Asien, Afrika, die Karibik und der Nahe Osten bis zum Zweiten Weltkrieg noch größtenteils unter direkter oder indirekter Herrschaft von Kolonialmächten standen, zerfiel die imperiale Ordnung danach in weniger als zwei Dekaden. Am deutlichsten sichtbar wurde das veränderte internationale System an der Multiplikation unabhängiger Staaten: Die Vereinten Nationen wuchsen von 51 Gründerstaaten im Jahr 1945 auf 117 Mitgliedstaaten im Jahr 1965.[71] Die Dekolonisierung fiel zusammen mit dem entstehenden Kalten Krieg. Beide Prozesse dynamisierten sich gegenseitig – insbesondere in Südostasien, wo die Dekolonisierung mit den Unabhängigkeitserklärungen von Sukarno in Indonesien am 17. August 1945 und von Ho Chi Minh in Indochina am 2. September 1945 ihren Anfang nahm.[72]

Für die Dekolonisierung waren unterschiedliche Faktoren ausschlaggebend: erstens der Kollaps der seit dem 19. Jahrhundert bestehenden Dominanz europäischer Mächte durch zwei Weltkriege[73]; zweitens die Vitalität des antikolonialen Nationalismus in den abhängigen Gebieten. Nicht selten hatten, wie in Indonesien, erst die von den Kolonialmächten gebildeten Strukturen unbeabsichtigt ein Bewusstsein nationaler Zusammengehörigkeit geschaffen, das sich nun mit Wucht gegen die Kolonialherren wandte.[74] Und schließlich die 1917 aufgetretenen Entwürfe einer internationalen Ordnung, die sich von der alten europäischen Ordnung grundlegend unterschieden: Wilsons Übertragung des liberal-demokratischen US-Modells auf die internationale Ebene und Lenins weltrevolutionärer Kommunismus. Als die wichtigsten Siegermächte des Zweiten Weltkrieges waren die USA und die UdSSR nach 1945 nun auch in der machtpolitischen Position, ihren erklärtermaßen antikolonialen Präferenzen Geltung zu verschaffen.[75]

Allerdings geriet vor allem die US-Regierung schon früh in Dilemmata: Einerseits hatte das politische Projekt der Vereinigten Staaten selbst eine antikoloniale Tradition; zudem warb Washington in Konkurrenz zur UdSSR um die dekolonisierten Staaten. Andererseits waren bestimmte Unabhängigkeitsbewegungen pro-sowjetisch und marxistisch ausgerichtet und mehrere NATO-Verbündete – Großbritannien, Frankreich, die Niederlande, Belgien und Portugal – waren Kolonialmächte mit handfesten Interessen in ihren Kolonien und ehemaligen Kolonien. Die um den Suezkanal ausgelöste Weltkrise von 1956 ist ein dramatisches Beispiel für eine Kreuzung von Ost-West-

---

[71] Bradley, Decolonization, S. 464.
[72] Goscha/Ostermann, Decolonization, S. 2; Dahm, Dekolonisationsprozess, S. 168–202; zu Indochina: Kindermann, Aufstieg Ostasiens, S. 364–379.
[73] Westad, Twentieth Century, S. 10; Möller, Europa zwischen den Weltkriegen, S. 18–79; Keylor, Twentieth-Century World, S. 3–13.
[74] Vgl. Cribb/Brown, Indonesia, S. 1–13.
[75] Smith, Decolonization, S. 219 f.

und Nord-Süd-Konfliktdimensionen. Der übermächtige Druck der US-Regierung auf Großbritannien und Frankreich, ihre Intervention in Ägypten abzubrechen, zeigt deutlich, dass Washington für aus kolonialer Zeit resultierende Partikularinteressen europäischer Verbündeter keinen Konflikt riskieren wollte, wenn dieser einen Nachteil in der Auseinandersetzung mit der Sowjetunion befürchten ließ.[76] Alte kolonial- und weltpolitische Ansprüche waren also von London, Paris oder Den Haag nicht mehr gegen die USA durchzusetzen. Wie unterschiedlich die amerikanische Haltung zur Dekolonisierung ausfallen konnte, zeigen die Beispiele Indochina und Indonesien. Im Falle Indochinas hat die kommunistische Färbung der Bewegung von Ho Chi Minh die US-Regierung nach einigem Zögern dazu gebracht, den Krieg Frankreichs ab 1950 zu unterstützen (was die französische Niederlage von 1954 freilich nicht verhindern konnte).[77] Im Falle des indonesischen Unabhängigkeitskampfes gegen die Niederlande gingen die USA den entgegengesetzten Weg (siehe folgendes Kapitel).

Auch wenn Indonesien, Indien, Ägypten und andere dekolonisierte Staaten aus Selbstschutz im Kalten Krieg neutral bleiben wollten, galt bei vielen in den fünfziger und sechziger Jahren der Westen aus historischen Gründen als der aggressivere der beiden Blöcke. Insbesondere Frankreich war in den fünfziger Jahren wegen seiner Indochina- und Algerienpolitik als „Hauptimperialist" verrufen.[78] Zudem galt in vielen afrikanischen und asiatischen Ländern das sowjetische Modell der ökonomischen Modernisierung zunächst als das geeignetere, da es nicht durch (überseeischen) Kolonialismus belastet war und die vermeintliche Rationalität der Planwirtschaft der vermeintlichen Irrationalität der Marktwirtschaft vorziehbar schien.[79] Die ökonomische Attraktivität des Sowjetmodells ließ jedoch schon zur mittleren Phase des Kalten Krieges deutlich nach; in der Spätphase des Kalten Krieges waren die USA erfolgreicher, Verbündete unter den Staaten der „Dritten Welt" zu gewinnen; außer ökonomischen Gründen war hierbei der sowjetische Einmarsch in Afghanistan 1979 ein nicht zu unterschätzender Faktor.[80]

Auch der Terminus „Dritte Welt" hat unterschiedliche Bedeutungsebenen und changiert zwischen dem engeren globalstrategischen Sinn der „bündnisfreien" Staaten und dem weiteren ökonomischen, aber auch politischen und kulturellen Sinn eines „globalen Südens" oder auch der afro-asiatischen Staaten.[81] Seine Hochphase

---

76 Zum Kalten Krieg im Nahen Osten zwischen der Suez-Krise 1956 und dem israelisch-ägyptischen Friedensvertrag 1979: Little, Middle East, S. 305–326.
77 Lawrence, Recasting Vietnam, S. 15–38; Logevall, Indochina Wars, S. 285–290. Bei der amerikanischen Entscheidung von 1950, den Kampf des französischen Militärs gegen die Vietminh zu unterstützen, spielte überdies der Ausbruch des Korea-Krieges im Juni 1950 eine wichtige Rolle.
78 PA AA, B 11, Bd. 414. Botschafter Melchers, Bagdad: Schriftbericht Tgb.-Nr. 1584/54 „Unterredung mit Außenminister Djamali" vom 21.6.1954.
79 Vgl. Boden, Modernisierungsoffensive, S. 104–123.
80 Rothwell, Third World, S. 894 f.
81 Ebenda, S. 893–895. Der Begriff „Dritte Welt" wurde von dem französischen Sozialwissenschaftler Alfred Sauvy 1952 in Analogie zum „Dritten Stand" vor der Französischen Revolution geprägt, dann als

erlebte das Konzept der „Dritten Welt" zwischen der Mitte der fünfziger Jahre und der Mitte der sechziger Jahre. Das *Non-Aligned Movement*, also die Bewegung der blockfreien Staaten, konstituierte sich im September 1961 auf der Konferenz von Belgrad (siehe dazu Kapitel IV.1).[82] In die Zeit der fünfziger und sechziger Jahre fällt auch eine breitenwirksame programmatische Herausforderung des Westens und des „Nordens" durch charismatische Politiker und Intellektuelle des „globalen Südens".[83] Doch schon ab Mitte der sechziger Jahre erlebte das Projekt einer eigenständigen „Dritten Welt" einen Niedergang.[84] Das hing einerseits mit dem Tod bzw. dem politischen Scheitern seiner Gründerväter zusammen: Nehru starb 1964; Sukarno, Ghanas Kwame Nkrumah und Algeriens Ben Bella wurden 1965/66 gestürzt; Gamal Abdel Nasser und mit ihm der Panarabismus erfuhren im Sechstagekrieg gegen Israel 1967 eine schwere Niederlage. Andererseits fand die häufig erklärte Solidarität der „Afro-Asiaten" sowohl an konzeptionellen wie auch an harten machtpolitischen Gegensätzen ihre Grenzen, unter anderem zwischen den beiden größten Ländern der Welt: China und Indien führten schon im Herbst 1962 einen kurzen Grenzkrieg im Himalaya.[85]

Zusätzlich trug das in den sechziger Jahren eskalierende sino-sowjetische Zerwürfnis Konflikte in die neutralen und kommunistischen Länder Asiens; Moskau und Peking suchten sich in Südostasien gegeneinander zu profilieren. Sukarno optierte für China, was ein wesentlicher Grund für seine Entmachtung durch das eigene Militär 1965/66 war. Sukarnos radikale Infragestellung der Bipolarität des Kalten Krieges zur Mitte der sechziger Jahre, die im indonesischen Austritt aus den Vereinten Nationen und in Plänen zur Bildung einer Art Gegen-UNO unter Führung Chinas und Indonesiens gipfelte, gehört zu den gescheiterten Entwürfen einer möglichen „Dritten Welt".[86] Mit den Vorstellungen etwa der indischen Regierung von „Blockfreiheit" hatte Sukarnos Idee einer *Conference of the New Emerging Forces* (CONEFO) nichts mehr gemeinsam.[87] Das Jahr 1965 markiert sowohl den Höhepunkt als auch den Abschluss der besonders ambitionierten weltpolitischen Rolle Indonesiens seit der Bandung-Konferenz von 1955.

Da die Bedingungen von Kaltem Krieg und deutscher Teilung die Interessen der Bonner Außenpolitik wesentlich formten, überrascht es nicht, dass hier auch Dekolonisierung und „Dritte Welt" überwiegend als Funktionen des Ost-West-Konflikts und

---

Selbstbezeichnung übernommen. „Dritte Welt" hat in den letzten Jahrzehnten des 20. Jahrhunderts einen Bedeutungswandel erlebt und wird heute zuweilen als abwertend empfunden. Der Begriff wird in dieser Arbeit aber im politischen Sinne der ursprünglichen Selbstbezeichnung verwendet.

82 Dazu: Lüthi, The Non-Aligned, S. 97–113.
83 Osterhammel, Kolonialismus, S. 119.
84 Vgl. Latham, Third World, S. 258 f., 268.
85 Kindermann, Aufstieg Ostasiens, S. 472–474; vgl. auch: Brobst, India, S. 431 f.
86 Ricklefs, Indonesia, S. 277–280; Cribb/Brown, Indonesia, S. 82–87.
87 Zum Gegensatz Nehru-Sukarno auf der Belgrader Konferenz 1961: Rothermund, Non-Alignment, S. 26.

seiner besonderen deutschen Ausprägung wahrgenommen wurden. Kommunikationspolitisch suchte man gegenüber Diplomaten aus der „Dritten Welt" die Gemeinsamkeiten zu betonen: Die terminologische „Umcodierung von ‚Wiedervereinigung' zu ‚Selbstbestimmungsrecht des deutschen Volkes'", die die Bundesregierung seit den späten fünfziger Jahren vornahm, bezog sich insofern auf den Dekolonisierungsprozess, als sie damit auf einen Rechtstitel zurückgriff, „den die UNO damals im Blick auf die kolonialen Länder mit Nachdruck bekräftigte".[88] Die Formulierung der Hallstein-Doktrin von 1955 hatte zur (weitgehend unbeabsichtigten) Folge, dass das Problem der deutschen Teilung in die sich formierende „Dritte Welt" exportiert wurde.[89] Auch wenn für Politiker wie Nasser, Nkrumah, Nehru oder Sukarno Deutschland nicht zu den zentralen Interessen gehörte, wurden so gut wie alle afro-asiatischen und bündnisfreien Staaten von der „deutschen Frage" berührt.[90] Einerseits schuf die internationale Dimension des innerdeutschen Konflikts nicht selten diplomatische Schwierigkeiten für die „Dritte Welt": Regierungen und Diplomaten mussten sich mit der Frage auseinandersetzen, welche Vertreter der beiden deutschen Staaten sie empfangen und wie sie im Rahmen der Vereinten Nationen abstimmen sollten. In Staaten mit einer starken Rolle von kommunistischen und pro-sowjetischen politischen Kräften konnte die deutsche Frage sogar für innenpolitischen Konfliktstoff sorgen.[91] Andererseits konnte sich die global präsente deutsch-deutsche Konkurrenz in Form erhöhter Zuwendungen bezahlt machen. Die Formulierung einer konsistenten Position zur deutschen Teilung glückte vergleichsweise wenigen Staaten; erst recht gelang der „Dritten Welt" als Ganzer keine gemeinsame Deutschlandpolitik.[92]

Der Willensbildungs- und Entscheidungsprozess innerhalb der bundesdeutschen Außenpolitik

In einer Arbeit, die die Indonesienpolitik von über zwei Jahrzehnten betrachtet, stellt sich nicht nur die Frage nach deren Inhalten und Ergebnissen, den *policies*, sondern auch nach den dahinterstehenden Akteuren und Prozessen, der *politics*: Wer betrieb die deutsche Außenpolitik gegenüber Indonesien im Sinne realen Handelns, aber auch im Sinne der Willensbildung?

Die allgemeine Zuständigkeit und die Koordinationsfunktion für die Außenpolitik der Bundesregierung besitzt das Auswärtige Amt.[93] Wie fast alle Außenministerien und diplomatischen Dienste der Welt haben allerdings auch das deutsche Auswär-

---

88 Hockerts, Koordinaten, S. x.
89 Daum, German Question, S. 874.
90 Vgl. Das Gupta, The Non-Aligned, S. 155.
91 Gray, Cold War S. 3 f., und Daum, German Question, S. 873.
92 Das Gupta, The Non-Aligned, S. 143 f., 155.
93 Hellmann/Wagner/Baumann, Außenpolitik, S. 49.

tige Amt und sein Auswärtiger Dienst im 20. Jahrhundert einen Bedeutungsverlust erlebt.[94] Die Krise und der relative Bedeutungsverlust des professionellen Diplomatentums sind keine deutsche Besonderheit, sondern ein globales Phänomen.[95] Im Fall der Bundesrepublik Deutschland wirken sich zwei weitere Faktoren im Sinne einer Schwächung des Auswärtigen Amts aus: Zum einen wird das traditionelle Verständnis auswärtiger Beziehungen durch die europäische Integration deutlich relativiert.[96] Zum anderen haben der Bundeskanzler und das Bundeskanzleramt eine starke Stellung: Grundsatzentscheidungen der bundesdeutschen Außenpolitik wurden und werden von den jeweiligen Bundeskanzlern getroffen. Die transatlantischen Beziehungen, die Ostpolitik, die Europa- und Frankreichpolitik sowie natürlich die Deutschlandpolitik sind im Bundeskanzleramt konzipiert worden.[97] Insofern trifft bei den außenpolitischen Schwerpunkten die Feststellung Kortes gleichermaßen für die „alte" wie für die „neue" Bundesrepublik zu, wonach „in der Regel" die eigentlich postulierte Generalkompetenz des „Auswärtigen Amts in der Praxis zur Mitzeichnungskompetenz verkümmert".[98]

Doch besteht die Außenpolitik der Bundesrepublik nicht nur aus Schwerpunkten und Grundsatzentscheidungen: Das Bundeskanzleramt muss sich auf Leitlinien beschränken – nicht zuletzt aufgrund seines begrenzten außenpolitischen Personalbestandes.[99] Auf gewissen Feldern hatte und hat tatsächlich das Auswärtige Amt die Federführung in der Außenpolitik, und in jedem Fall obliegt ihm zumindest die Umsetzung der aus dem Bundeskanzleramt kommenden Leitlinien. Im vorliegenden Kontext gehörte dazu vor allem die praktische Umsetzung der von der Bundesregierung festgelegten Politik der internationalen Isolierung der DDR als *einem* Baustein der Politik der Wiedervereinigung.

Zudem hat das Auswärtige Amt über sein Netz an weltweiten Vertretungen eine wichtige Informationsfunktion: „Die Berichterstattung aus dem Ausland an die Zentrale umfasst nahezu alle Vorgänge, Zustände und Ereignisse im Gastland, die für die eigene Regierung auch nur von scheinbar geringer Bedeutung sind, für die operative und langfristige Planung und Entscheidungsvorbereitung der eigenen Außenpolitik aber entscheidend sein können".[100] Heinrich End wies zwar schon 1969 darauf hin, der „praktische Nutzeffekt" der von den Botschaften für die Zentrale erstellten Berichte über das Geschehen im jeweiligen Gastland sei „angesichts der technologi-

---

94 Schmid, Entscheidungsverwirklichung, S. 195–211, 200 f.; Schmid, Der Auswärtige Dienst, S. 212–231; Weller, Bundesministerien, S. 212 f.
95 Siehe: Hill, Foreign Policy, S. 76–85.
96 Hellmann/Wagner/Baumann, Außenpolitik, S. 49–51.
97 Korte, Bundeskanzleramt, S. 203–209; zur vergleichsweise schwachen Stellung des AA: Schöllgen, Deutsche Außenpolitik, S. 82–85, 172.
98 Korte, Bundeskanzleramt, S. 204.
99 Ebenda, S. 206.
100 Schmid, Der Auswärtige Dienst, S. 213.

schen Perfektion der Nachrichtenübermittlung fragwürdig geworden" – die Massenmedien informierten meist schneller und ausführlicher.[101] Hier ist freilich zu differenzieren: Ends Feststellung traf gewiss für Hauptstädte wie Washington, London oder Paris schon in den fünfziger Jahren zu. In Indonesien gab es jedoch im hier betrachteten Zeitraum entweder gar keinen oder lediglich *einen* (west-)deutschen Journalisten. Englischsprachige Medien waren zwar personell besser vertreten und informierten etwas ausführlicher, erreichten aber – wohl vor allem mangels Nachfrage bei der Leserschaft – bei Weitem nicht die Informationsdichte der Berichterstattung der bundesdeutschen Vertretung: So übersandte die Botschaft in Jakarta im Jahr 1965 über 1500 mehrseitige Schriftberichte nach Bonn.[102] Zudem schnitt die Botschaft ihre Berichterstattung selbstverständlich enger auf ihre politisch-administrativen Adressaten zu, als es die kommerziellen Medien taten: Im Vordergrund stand also stets die indonesische Politik in einem umfassenden Sinne, insbesondere natürlich im Kontext des Ost-West-Konflikts und der Deutschlandpolitik. Das Wissen eines Bundeskanzlers, Bundesministers oder Staatssekretärs über ein Land wie Indonesien dürfte sich in aller Regel von seinem Wissensstand über die USA, die Sowjetunion oder Frankreich unterschieden haben. Auch der Faktor der öffentlichen Meinung bei deutschen Wählern oder der gezielten Einflussnahme durch konzentrierte Interessengruppen in Bonn war im Falle Indonesiens von geringer Bedeutung. All diese Umstände sprechen dafür, dass die Arbeitsebene des Auswärtigen Amts – also die bundesdeutsche Botschaft und das zuständige AA-Fachreferat – für die Bundesregierung und für die Leitungsebene des Auswärtigen Amts (Staatssekretäre und Abteilungsleiter) die wesentliche Quelle von Informationen über Indonesien war.

Im hier untersuchten Fall bedeutet dies, dass der Informationsfluss von der Arbeitsebene zur politischen und administrativen Leitungsebene den Entscheidungsprozess sicherlich stärker beeinflusst hat als zum Beispiel die Informationen der Botschaften in Washington, Moskau oder Paris.[103] Davon unbenommen ist der Umstand, dass die Arbeitsebene ihren Einfluss nur innerhalb eines insgesamt recht eng umrissenen Auftrags ausübte. Bundeskabinett, Minister oder Staatssekretäre delegierten Verantwortung eher, wenn die Ziele klar definiert und ihre eigenen Kenntnisse begrenzt waren. Die Willensbildung und die Beeinflussung von Entscheidungen waren in den bundesdeutschen Beziehungen zu Indonesien weiter unten in der Hierarchieebene angesiedelt als „hochpolitische" Entscheidungen wie das Angebot eines deutschen Wehrbeitrages durch Konrad Adenauer 1950 oder die Festlegung der Verhandlungspositionen gegenüber dem Kreml durch Willy Brandt 1969/70.[104] Bei der hier betrach-

---

101 End, Diplomatie, S. 28 f.
102 Eigene Zählung aus der Seriennummerierung: Der von Botschafter Luitpold Werz am 23.12.1965 verfasste Schriftbericht „Auseinandersetzung um die Chinapolitik" trug die Seriennummer 1546. Vgl. PA AA, B 37, 175. Botschafter Werz, Jakarta: Schriftbericht Nr. 1546/65 vom 23.12.1965.
103 Vgl. dazu allgemein: End, Diplomatie, S. 31.
104 Hierzu Schöllgen, Deutsche Außenpolitik, S. 35–37, 135 f.

teten Arbeitsebene des Auswärtigen Amts handelte es sich um einen kleinen Kreis von Personen; sie agierten dabei nicht so sehr als Individuen mit frei festzulegenden Präferenzen, sondern als Funktionsträger in einem bestimmten administrativen Zusammenhang.[105] Bei Personalwechseln an der Spitze einer Botschaft oder bei der Leitung eines Fachreferates überwog im Allgemeinen die Kontinuität; die Diplomaten agierten innerhalb der ihnen von der Bundesregierung vorgegebenen Leitlinien. Eine interessante Ausnahme hiervon stellte jedoch der erste Botschafter der Bundesrepublik Deutschlands in Indonesien dar (siehe unten).

2 Grundzüge der inneren Entwicklung und der Außenbeziehungen Indonesiens unter Sukarno (1945–1967)

Seit dem frühen 17. Jahrhundert beherrschte die niederländische Vereinigte Ostindien-Kompanie (VOC) Teile des malaiischen Archipels, darunter die spätere indonesische Hauptinsel Java. Die VOC war ein in vieler Hinsicht modern anmutendes Fernhandelsunternehmen, das vom niederländischen Parlament mit hoheitlichen Befugnissen ausgestattet worden war. Nach dem Ende der VOC 1799 brachte die niederländische Regierung weitere Gebiete der Inselgruppe schrittweise unter ihre direkte Kontrolle. Dennoch wurde bis Ende des 19. Jahrhunderts ein Großteil des in Ost-West-Richtung über 5000 Kilometer ausgedehnten Territoriums kaum von der holländischen Kolonisation berührt.[106] Die Kolonie Niederländisch-Indien war aufgrund ihres natürlichen Reichtums von großer wirtschaftlicher Bedeutung und übertraf das Mutterland an Fläche und Bevölkerung um ein Vielfaches.[107]

Der von den britischen Autoren George Windsor Earl und James Richardson Logan im Jahre 1850 geprägte Neologismus „Indonesien" wurde durch ein Werk des deutschen Geographen und Völkerkundlers Adolf Bastian (1826–1905) Ende des 19. Jahrhunderts popularisiert. Die Bezeichnung wurde im frühen 20. Jahrhundert von Gruppen in Niederländisch-Indien aufgenommen, die für die Unabhängigkeit von Den Haag eintraten. „Indonesien" war nicht zuletzt eine durch die niederländische Kolonialherrschaft unbeabsichtigt ins Leben gerufene Idee, geographisch, sprachlich, religiös und kulturell weit voneinander entfernte Gebiete und Personen in eine nationalstaatliche Einheit zu überführen.[108] Zu den genannten Gruppen gehörte die 1927 von Sukarno gegründete *Partai Nasional Indonesia* (PNI) sowie die seit 1924 bestehende *Partai Komunis Indonesia* (PKI), welche die marxistisch-leninistische Doktrin mit indigenen javanischen Elementen kombinierte. Zunächst gelang es den niederlän-

---

105 Hellmann/Wagner/Baumann, Außenpolitik, S. 137.
106 Schulze, Geschichte, S. 105.
107 Ricklefs, Indonesia, S. 109–126.
108 Elson, Idea, S. 1–11.

dischen Behörden noch, national-indonesische Bestrebungen zu unterdrücken. Der Beginn des Zweiten Weltkrieges schuf dann gänzlich neue Bedingungen.[109]

Niederländisch-Indien wurde ab Januar 1942 von japanischen Truppen besetzt, insbesondere wegen der für den japanischen Expansionismus dringend benötigten Öl-, Kautschuk- und Erzvorkommen des Inselreichs.[110] Die niederländische Regierung, die sich nach dem deutschen Überfall vom Mai 1940 im Londoner Exil befand, hatte den Japanern nur wenig entgegenzusetzen. Das japanische Militär setzte die niederländische Kolonialadministration ab und internierte die Kolonialtruppen sowie zehntausende Zivilisten; viele der Internierten starben in den Lagern. Die wichtigsten Nationalistenführer Sukarno, Mohammed Hatta (1902–1980) und Sutan Sjahir (1909–1966) kooperierten mit der japanischen Besatzungsmacht, unterhielten jedoch auch klandestine Kontakte zu den Alliierten.[111] Die dreieinhalb Jahre der japanischen Kontrolle über Indonesien hatte eine weitgehende Erosion kolonialer Strukturen zur Folge.[112] Als sich die Niederlage Japans im Zweiten Weltkrieg abzeichnete, nutzten Sukarno und Hatta die Spielräume eines temporären Machtvakuums, um die Unabhängigkeit Indonesiens zu erreichen. Am 17. August 1945, zwei Tage nach der japanischen Kapitulation, riefen sie die Republik Indonesien aus. Die Präambel der ersten indonesischen Verfassung erhob fünf Prinzipien, die *Pancasila*, in den Rang einer Staatsideologie, welche die sehr heterogene Bevölkerung integrieren sollte. Ende 1945 wurde Sukarno zum Präsidenten Indonesiens und Hatta zum Vizepräsidenten gewählt.[113]

Doch die niederländische Regierung war nicht gewillt, den Verlust der Kolonie hinzunehmen. Nach gescheiterten Verhandlungen mit den indonesischen Nationalisten versuchte die Kolonialmacht ab Juli 1947 in zwei gewaltsamen „Polizeiaktionen" die Rückeroberung der Inseln; niederländische Truppen sahen sich bald darauf in einen Guerillakrieg mit indonesischen Unabhängigkeitskämpfern verwickelt. Die Niederländer behielten militärisch zwar weitgehend die Oberhand, konnten die Unabhängigkeitsbewegung aber nicht entscheidend schlagen.[114] Das Novum der indonesischen Unabhängigkeitsbemühungen lag nicht so sehr im bewaffneten Kampf gegen die Kolonialmacht, sondern vor allem in der geschickten internationalen Diplomatie der Nationalisten: Es gelang ihnen über eine offensive Kommunikationspolitik, andere Länder – vor allem Australien und das unabhängig gewordene Indien – von ihrem Anliegen zu überzeugen und im Rahmen der neugebildeten Vereinten Nationen Druck auf Den Haag aufzubauen.[115] Die indische und die australische Regierung wandten

---

[109] Siehe: Ricklefs, Indonesia, S. 174–195; Riquier, L'Indonésie, S. 85–111.
[110] Kindermann, Aufstieg Ostasiens, S. 281 f., 361.
[111] Ricklefs, Indonesia, S. 203; Dahm, Dekolonisationsprozess, S. 194.
[112] Ricklefs, Indonesia, S. 199.
[113] Ebenda, S. 211–223; Cribb/Brown, Indonesia, S. 13–16. Zur *Pancasila* siehe: Elson, Idea, S. 107 f.
[114] Dahm, Indonesien, S. 234 f.; Vickers, Indonesia, S. 114–116; Cribb/Brown, Indonesia, S. 22–24.
[115] Hierzu: Crowl, Indonesia's Diplomatic Revolution, S. 238.

sich 1947 unter Berufung auf die Charta der Vereinten Nationen an den UN-Sicherheitsrat. Den Haag schaffte es nicht, das Indonesienproblem als „innere Angelegenheit" von der UNO fernzuhalten; die Sympathien einer internationalen Öffentlichkeit wandten sich den antikolonialen Kräften um Sukarno, Hatta und Sjahir zu.[116]

Den wesentlichen Ausschlag für das Nachgeben der niederländischen Regierung gab schließlich die Drohung Washingtons, die Zahlungen aus dem Marshall-Plan an die Niederlande einzustellen.[117] Für das amerikanische Eingreifen zugunsten der indonesischen Unabhängigkeit waren positive Wahrnehmungen im Kontext des beginnenden Kalten Krieges ausschlaggebend: 1948 hatte sich der republikanische Teil der indonesischen Nationalisten durch die Niederschlagung einer kommunistischen Erhebung das Vertrauen der US-Regierung „erarbeitet" – der Gegensatz zur vietnamesischen Unabhängigkeitsbewegung unter Ho Chi Minh hätte nicht größer sein können.[118] In der ostjavanischen Stadt Madiun hatten indonesische Kommunisten im September 1948 – während der Unabhängigkeitskampf noch in vollem Gange war – eine Rebellion gegen die Republikaner von Sukarno und Hatta begonnen und eine indonesische Sowjetrepublik proklamiert. Die kommunistischen Kräfte wurden niedergeworfen. Insbesondere bei der Armee und anderen rechts von Sukarno stehenden Kreisen Indonesiens galten die Kommunisten nunmehr als Verräter am nationalen Freiheitskampf. Umgekehrt galt Sukarno der Sowjetunion der späten Stalinzeit als Führer eines „bourgeoisen" Regimes.[119]

Am 27. Dezember 1949 wurde Indonesien offiziell unabhängig. Auch wenn die indonesischen Nationalisten ihr wesentliches Ziel erreicht hatten, blieb ein aus ihrer Sicht fundamentales Problem bestehen: Der westliche Teil Neuguineas, in dem damals auf einer Fläche von 421 981 Quadratkilometern (mehr als zehnmal so groß wie die Niederlande) etwa 700 000 Papua lebten, blieb unter der Verwaltung Den Haags. Für Sukarno und seine Mitstreiter stand außer Frage, dass Niederländisch-Neuguinea, von den Indonesiern Westirian oder *Irian Jaya* genannt, elementarer Bestandteil Indonesiens sei und der „Befreiung" von den Niederländern bedurfte. Da es bei der Westirian-Frage kein Einlenken der Niederlande gab, kündigte Sukarno im August 1954 das 1949 noch widerwillig hingenommene niederländisch-indonesische Unionsstatut wieder auf.[120] In den fünfziger Jahren brachte die indonesische Regierung das Westneuguinea-Problem mehrfach in die UN-Vollversammlung ein. Bis die Niederlande 1962 auf neuerlichen Druck der US-Regierung der Übergabe Westneuguineas an die

---

116 Crowl, Indonesia's Diplomatic Revolution, S. 246 f.
117 Dahm, Indonesien, S. 235.
118 Ricklefs, Indonesia, S. 229 f.: "Madiun was one of the crucial turning points of the Revolution. […] Perhaps most importantly, the Republic's defeat of a Communist rebellion turned vague American sympathy based upon anti-colonial sentiments into diplomatic support based upon global strategy." Siehe auch: Cribb/Brown, Indonesia, S. 23, 30 f.; Goscha/Ostermann, Introduction, S. 3–6.
119 Boden, Soviet Aid, S. 112 f.
120 Ricklefs, Indonesia, S. 248.

indonesische Zentralregierung zustimmten, war Sukarnos Westirian-Kampagne das beherrschende außenpolitische Thema in Indonesien. Im Jahr 1957 verschärfte Sukarno nicht nur den Ton gegen die Niederländer, sondern ließ auch drastische Maßnahmen gegen sie ergreifen. Niederländisches Eigentum in Indonesien wurde nationalisiert und niederländische Staatsangehörige ausgewiesen. Das Ziel, die ökonomische Abhängigkeit vom ehemaligen Mutterland zu brechen, war nur um den Preis einer weiteren Verschlechterung der eigenen Wirtschaftslage zu erreichen.[121]

Lijphart erklärte das Festhalten der Niederlande am strategisch unbedeutenden und ökonomisch unrentablen Westneuguinea mit einem „emotional attachment" an ihre Kolonie.[122] Dies gilt für Sukarno und Indonesien in mindestens gleichem Maße. Weder wurden der strategische und ökonomische Nutzen einer „Befreiung" Westirians je ersichtlich, noch konnte überzeugend mit einer Zugehörigkeit der Papua zur indonesischen Nation argumentiert werden. Doch die „Befreiungskampagne" wurde im Kontext von Sukarnos Antikolonialismus und seinen Bemühungen um die Formung einer Nation emotional hoch aufgeladen. Für die Schaffung eines indonesischen Nationalbewusstseins erfüllte die Westirian-Kampagne die Funktion eines äußeren Konflikts, der eine vielfach fragmentierte Gesellschaft zu einen vermochte – im Kampf gegen die Restbestände des verhassten niederländischen Kolonialismus.[123]

Indonesien hatte in der Weltpolitik des Kalten Krieges aus mehreren materiellen Gründen Gewicht: aufgrund seines Status als fünftgrößtes Land der Erde, wegen seiner strategisch bedeutenden Lage zwischen dem Indischen und dem Pazifischen Ozean sowie durch seine Rohstoffvorkommen; Letztere waren insbesondere für Japans Wirtschaft wichtig. Doch für das Bild, das sich die Kreise um Sukarno von der internationalen Rolle Indonesiens machten, waren ideelle Faktoren wohl wichtiger. Insbesondere blieben die Erfahrungen von kolonialer Herrschaft und antikolonialem Kampf weiterhin prägend. Sukarno sah eine weltpolitische Mission Indonesiens, die sich aus den besonderen moralischen und paradigmatischen Qualitäten des indonesischen Freiheitskampfes legitimierte. Die von der indonesischen Botschaft in Bonn auf Deutsch herausgegebenen *Informationen aus Indonesien* verkündeten 1954 in einem für die Sukarno-Zeit typischen Duktus:

> „Der 17. August ist der stolzeste Festtag des ganzen indonesischen Volkes. Denn es war an diesem Tag des Jahres 1945, als die beiden indonesischen Freiheitskämpfer und Führer [Sukarno und Hatta] im Namen des Volkes die Unabhängigkeit Indonesiens und seine Lossagung von der jahrhundertelangen Kolonialherrschaft verkündeten. [...] Jahrhunderte hatte das indonesische Volk auf diesen Moment gewartet, hatte für ihn gekämpft und gelitten. [...] Aber noch mehr bedeutet dieser 17. August für die Völker im südostasiatischen Raum. Denn Indonesien gab mit seiner Unabhängigkeitserklärung den Anstoß zur Befreiung von der Kolonialherrschaft und verschiedene

---

121 Ebenda, S. 261 f.
122 Lijphart, Decolonization, S. 8 f.
123 Vgl. Cribb/Brown, Indonesia, S. 85 f.

Völker haben diesen Ruf aufgenommen. Zum Teil haben auch diese inzwischen ihre Freiheit errungen, zu einem anderen Teil befinden sie sich noch immer in hartem Kampf um ihre Unabhängigkeit. Aber dieser Ruf wird nicht eher verklingen, als bis auch das letzte Volk seine kolonialen Fesseln abgeschüttelt hat und in den Kreis der freien Völker aufgenommen worden ist."[124]

Die von den indonesischen Nationalisten in den vierziger Jahren erreichte „Internationalisierung" ihres Unabhängigkeitskampfes wirkte als Katalysator für die Konzeption einer zwischen den weltpolitischen Blöcken positionierten, hauptsächlich aus dekolonisierten Staaten bestehenden „Dritten Welt". So war es kein Zufall, dass sich die erste afro-asiatische Gipfelkonferenz im April 1955 in Indonesien versammelte.[125] Westad zufolge hat Sukarno wie kaum ein anderer Politiker seiner Generation die „Dritte Welt" als Konzept wie als Bezeichnung propagiert.[126] Zusammen mit Indiens Premierminister Nehru und Ägyptens Präsident Nasser stieg er zum meistbeachteten Führer der dekolonisierten Welt auf.[127]

Robert Elson zufolge begann 1955 das komplexeste, tragischste und folgenschwerste Duodezennium der indonesischen Geschichte.[128] Von hoffnungsvoll stimmenden Entwicklungen im Jahr 1955 nahm eine Dynamik ihren Ausgang, die zehn Jahre später in blutigen Verheerungen endete. Die zwischen dem 18. und dem 24. April 1955 in Bandung auf Java stattfindende Zusammenkunft von 29 Staaten Asiens und Afrikas bildete einen wesentlichen Schritt zur Formierung einer bündnisfreien „dritten" Welt in Abgrenzung zur westlich-kapitalistischen „ersten" und der östlich-kommunistischem „zweiten" Welt.[129] Das Konzept der „Dritten Welt" setzte also nicht nur die Dekolonisierung, sondern auch die bipolare Konstellation des Kalten Krieges voraus. Auf der Bandung-Konferenz manifestierte sich die Absicht von (überwiegend) neu entstandenen Staaten, nicht als Objekte der bipolaren Blockkonfrontation in neue Abhängigkeit zu geraten, sondern sich zwischen den Blöcken Handlungsspielräume zu sichern und an der Weltpolitik mitzuwirken. Dieser organisierte „Neutralismus" war somit stärker ideologisiert als etwa die „Neutralität" von Ländern wie Österreich und der Schweiz.[130] Freilich waren auf der afrikanisch-asiatischen Konferenz von 1955 nicht nur „bündnisfreie" Staaten vertreten. Mit der Volksrepublik China und Nordvietnam nahmen Staaten teil, die sowohl zur „zweiten" als auch zur „dritten" Welt

---

124 PA AA, B 80–500, Bd. 36. Botschafter Maramis, Bonn: Der Jahrestag der Unabhängigkeit Indonesiens, in: Informationen aus Indonesien Nr. II/15, 17.8.1954. Herausgegeben von der Botschaft der Republik Indonesien.
125 Stöver, Geschichte, S. 111.
126 Westad, Epilogue, S. 209.
127 Schwarz, Gesicht des 20. Jahrhunderts, S. 546.
128 Elson, Idea, S. 238.
129 Zhai, Bandung Conference, S. 66 f. Siehe auch: Gertis, Bandung, S. 256, zum „Mythos" von Bandung.
130 Stöver, Geschichte, S. 110.

gehörten; das ebenfalls teilnehmende Japan war am ehesten zur „ersten" Welt zu rechnen.[131]

Unabhängig davon, für wie gehaltvoll man die Ergebnisse von Bandung beurteilen mochte, war die Konferenz für Sukarno ein großer Erfolg, zum ersten durch den allgemeinen Prestigegewinn Indonesiens und zum zweiten, da die anderen Regierungen die indonesischen Ansprüche auf Westneuguinea im Abschlusskommuniqué ausdrücklich unterstützten. Die Konferenzteilnehmer verurteilten Kolonialismus und Imperialismus. Aus Sicht vieler westlicher Regierungen begann damit das Ärgernis, dass mit „(Neo-)Kolonialismus" und „Imperialismus" fast ausschließlich die Politik westlicher Regierungen gemeint war, nicht aber die sowjetische Politik in Europa, und erst recht nicht der Expansionismus von Staaten der „Dritten Welt" wie China in Tibet und später Indonesien in Westneuguinea und Osttimor.[132]

Außenpolitisch näherte sich Indonesien ab Mitte der fünfziger Jahre der Sowjetunion und China an. Über das gesamte 20. Jahrhundert betrachtet, waren die sino-indonesischen Beziehungen meist problematisch, nicht zuletzt aufgrund der beargwöhnten chinesischen Minderheit in Indonesien. Doch die zehn Jahre zwischen der Bandung-Konferenz und dem Umsturz von 1965 bildeten eine Ausnahme von dieser Regel, jedenfalls was das Verhältnis zwischen den politischen Führern anging.[133] Die bundesdeutsche Botschaft in Indonesien beobachtete schon 1954 den Anbruch eines „politischen Liebesfrühlings" zwischen Jakarta und Peking.[134] Nennenswerte sowjetisch-indonesische Beziehungen hatten erst 1954 begonnen, doch sie entwickelten sich sehr dynamisch: Indonesien wurde im Zeitraum zwischen 1955 und 1965 zum größten asiatischen Empfängerland für sowjetische Gelder und nach Ägypten zum zweitgrößten überhaupt. Bemerkenswerterweise erhielten das wesentlich bevölkerungsreichere Indien und das kommunistische Nordvietnam deutlich weniger Sowjetmittel. Im Kontext der indonesischen Westirian-Kampagne war besonders bedeutsam, dass kein anderes Empfängerland von UdSSR-Hilfen einen derart hohen prozentualen Anteil der empfangenen Leistungen für militärische Zwecke ausgab.[135]

---

[131] Vgl. hierzu: Rothermund, Non-Alignment, S. 21. Die Teilnehmer der afrikanisch-asiatischen Konferenz von Bandung waren: Afghanistan, Ägypten, Äthiopien, Burma, Ceylon, China, Indien, Indonesien, Irak, Iran, Japan, Jemen, Jordanien, Kambodscha, Laos, Libanon, Liberia, Libyen, Nepal, Nordvietnam, Pakistan, Philippinen, Saudi-Arabien, Sudan, Südvietnam, Syrien, Thailand, Türkei und Zypern. Darüber hinaus wurde der gegen die französische Kolonialmacht kämpfende *Front de Libération Nationale* demonstrativ als legitimer Vertreter Algeriens eingeladen. Andere Staaten waren dagegen nicht eingeladen worden, so Israel, Mongolei, Nordkorea, Südafrika, Südkorea, Taiwan und die zentralasiatischen Teilrepubliken der UdSSR.
[132] Vgl. Osterhammel, Kolonialismus, S. 122 f. Allerdings ist Indonesien für seine Besetzung und Annexion Osttimors 1975/76 auch von der UN-Vollversammlung verurteilt worden, vgl. Cribb, Modern Indonesia, S. 133 f.
[133] Sukma, Indonesia and China, S. 26–33.
[134] PA AA, B 11, 1408. Botschaftsrat v. Randow, Jakarta: Schriftbericht Nr. 710/54 „Beziehungen zur Volksrepublik China" vom 26.8.1954.
[135] Boden, Soviet Aid, S. 115.

Im Jahr der Bandung-Konferenz fand auch die erste Parlamentswahl in Indonesien statt. Der Wahlakt vom 29. September 1955 sollte bis 1999 die einzige freie Wahl des Landes bleiben. Bei einer bemerkenswert hohen Wahlbeteiligung von über 90 Prozent versammelten vier Parteien die meisten Stimmen auf sich: die nationalistisch-säkulare PNI 22,3 Prozent, die beiden islamischen Parteien Masyumi und Nahdlatul Ulama 20,9 bzw. 18,4 Prozent sowie die kommunistische PKI 16,4 Prozent. Das Ergebnis bedeutete ein Patt zwischen dem säkularen und dem religiösen Lager.[136] Das Wahlergebnis spiegelte die Fragmentierung eines Landes wider, in dem Parteivertreter keine Mechanismen zum Ausgleich unterschiedlicher Interessen fanden und in Grundsatzfragen kaum zu Kompromissen bereit waren. Die Wahlen zu einer verfassunggebenden Versammlung (*Konstituante*) am 15. Dezember 1955, die eine endgültige Verfassung für Indonesien erarbeiten sollte, ergab eine fast identische Stimmverteilung und insofern eine Verhärtung des Patts. Der Zerfall der parlamentarischen Demokratie Indonesiens begann somit unmittelbar nach ihrem sehr beeindruckenden Debüt.[137]

Die Formung und Konsolidierung eines indonesischen Nationalstaates stand vor weiteren großen Schwierigkeiten. Materiell stellte sich das Problem, eine rasch wachsende Bevölkerung in einem wirtschaftlich und infrastrukturell kaum entwickelten sowie vom Unabhängigkeitskrieg in Mitleidenschaft gezogenen Land überhaupt ernähren zu können; die Zahl der Indonesier stieg von rund 80 Millionen im Jahr 1950 auf knapp 100 Millionen im Jahr 1961.[138] Zudem stellte der auf den Inseln Sumatra, Sulawesi und den Molukken verbreitete Groll über die dominante Stellung Javas die territoriale Einheit Indonesiens in Frage. In den fünfziger Jahren kam es auf verschiedenen „Außeninseln" und in West-Java zu Aufruhr und Unruhen, die von unterschiedlichen Gruppen getragen wurden, darunter orthodox-islamische Kräfte. Die Unzufriedenheit mit Sukarnos Politik gipfelte 1958 in der bewaffneten Erhebung einer auf Sumatra gebildeten Gegenregierung gegen die Zentrale in Jakarta. Die Aufständischen, überwiegend Offiziere und lokale Eliten, hatten sich eindeutig antikommunistisch positioniert und erhielten logistische Unterstützung von amerikanischer, britischer und australischer Seite. Die indonesische Armee war mehrheitlich loyal zu Sukarno geblieben und schlug den Aufstand nieder. Sukarno sah sein Misstrauen gegen westliche Regierungen bestätigt und suchte nach einer noch stärkeren Kooperation mit Moskau, insbesondere bei Rüstungskäufen.[139] Innerhalb Indonesiens wurden Java und die Javaner noch dominanter.[140]

In enger Wechselwirkung mit seiner außenpolitischen Umorientierung, den zentrifugalen und separatistischen Tendenzen in Indonesien sowie des von ihm für untauglich erachteten Parlamentarismus vollzog Sukarno zwischen 1957 und 1959 eine

---

136 Schulze, Geschichte, S. 149.
137 Vgl. Elson, Idea, S. 177–191.
138 Ricklefs, Indonesia, S. 238 f.
139 Thompson, Global Role, S. 25.
140 Schulze, Geschichte, S. 151.

autoritäre Wende hin zur „gelenkten Demokratie". Die *demokrasi terpimpin* bedeutete eine Verhängung des Kriegsrechts (von 1957 bis 1963), die Entmachtung des frei gewählten Parlaments, die drastische Einschränkung der Pressefreiheit und eine auf Sukarno und seine Idiosynkrasien zugeschnittene Präsidialherrschaft.[141] Nach Differenzen mit Sukarno war Mohammed Hatta schon 1956 vom Posten des Vizepräsidenten zurückgetreten; das Amt wurde nicht nachbesetzt. Am 5. Juli 1959 löste Sukarno die verfassunggebende Versammlung auf und führte per Oktroi die Verfassung von 1945 mit ihrer herausgehobenen Stellung des Präsidenten wieder ein; zusätzlich übernahm er das Amt des Ministerpräsidenten. 1960 verbot Sukarno die Masyumi-Partei und die sozialdemokratische *Partai Sosialis Indonesia* (PSI). Ihren verfassungspolitischen Höhepunkt erreichte die „gelenkte Demokratie" 1963, als Sukarno vom ansonsten machtlosen Parlament zum Staatschef auf Lebenszeit bestimmt wurde.[142] Ausgehend von dieser scheinbar unanfechtbaren Position suchte Sukarno, gestützt auf sein Charisma und seine zweifellos vorhandene Popularität, seine Vision des modernen Indonesien umzusetzen.[143] Er hatte dabei allerdings keine unumschränkte Handlungsmacht, sondern musste insbesondere zwei miteinander verfeindete Gruppen ausbalancieren, die nach der Beseitigung des Parlamentarismus und der gemäßigten Opposition Einfluss gewannen: das indonesische Militär und die indonesischen Kommunisten.

Das Militär bekannte sich zwar offiziell zu Sukarno, unterstützte ihn im Kampf um die territoriale Einheit Indonesiens und trug seine Konfrontationspolitik gegen die Niederlande und später Großbritannien mit. Die Generäle hegten aber größtes Misstrauen gegen Sukarnos Kooperation mit der PKI und der Volksrepublik China, die sie der revolutionären Subversion verdächtigten. Zu sowjetischem Militär und sowjetischer Industrie, den wichtigsten Waffenlieferanten Indonesiens, unterhielt die indonesische Armeeführung solide Arbeitsbeziehungen. Sukarno und die Kommunisten waren aufeinander angewiesen, um einer zu starken innenpolitischen Stellung des Militärs entgegenzuwirken.[144] Die PKI und ihre Nebenorganisationen entwickelten sich zur wesentlichen Stütze von Sukarnos „Antiimperialismus" und seiner *sosialisme à la Indonesia* genannten Wirtschaftspolitik. Die PKI wuchs bis 1962 auf über zwei Millionen Mitglieder an und war damit die drittgrößte kommunistische Partei der Welt.[145]

Zur Ideologie der „gelenkten Demokratie" gehörten bestimmte Grundsätze, die in Schlagworten und Parolen abgekürzt wurden, so das Prinzip NASAKOM (*NASonialisme*, Agama [Religion], *KOMunisme*): Sukarno propagierte damit die Einheit der fak-

---

[141] Zur Beseitigung der Pressefreiheit siehe: PA AA, B 12, 1357. Botschafter v. Mirbach, Jakarta: Schriftbericht Nr. 849/60 „Schließung von acht antikommunistischen Zeitungen" vom 28.9.1960, Schriftbericht Nr. 910/60 „Die Lage der indonesischen Presse" vom 18.10.1960.
[142] Vickers, Indonesia, S. 148 f.; Schulze, Geschichte, S. 152–154.
[143] Cribb/Brown, Indonesia, S. 83.
[144] Schulze, Geschichte, S. 151 f.
[145] Ricklefs, Indonesia, S. 271.

tisch stark divergierenden nationalistischen, religiösen und kommunistischen Kräfte Indonesiens. So sehr Sukarno eine innere Spaltung Indonesiens verneinte, so sehr bestand er auf der globalen Dichotomie von „progressiven" und „reaktionären" Kräften. Erstere wurden in der politischen Sprache Sukarnos mit der Bezeichnung *New Emerging Forces* (NEFOS), Letztere mit *Old Established Forces* (OLDEFOS) oder NEKOLIM (*Neo-colonialists, Colonialists, Imperialists*) bedacht.[146] Michael Leifer charakterisierte Sukarnos Vorgehen wie folgt: "Sukarno used foreign policy issues to sustain national unity and to underpin a pattern of power of which he was the principal beneficiary. [...] he expounded strong convictions about Indonesia's place in the world. In the same way that, at a similar time, President de Gaulle became the personal embodiment of France, Sukarno attained international prominence as the voice of Indonesia."[147] Indonesien betrieb in der ersten Hälfte der sechziger Jahre die Außenpolitik einer Großmacht, ohne freilich die dafür notwendigen Ressourcen zur Verfügung zu haben.[148]

Die endgültige Niederwerfung der Aufstände auf Sumatra 1961 schuf freie Kapazitäten für eine neuerliche Verschärfung der Westirian-Kampagne. Sukarnos Regierung und das Militär verfolgten hierbei eine zweigleisige Taktik, sowohl diplomatische als auch militärische Ressourcen zu mobilisieren und entsprechenden Druck aufzubauen.[149] Es war letztlich die Kennedy-Regierung, die den Westneuguinea-Konflikt 1962 zugunsten Jakartas entschied; der US-Präsident und seine Mitarbeiter glaubten, dadurch das endgültige Abgleiten Indonesiens in Richtung Moskau und Peking verhindern zu können.[150]

Vom Erfolg der Westirian-Kampagne ermutigt und zugleich auf der Suche nach einem weiteren die Nation einigenden Kampf, begann Sukarno Anfang 1963 seine *konfrontasi* gegen die Gründung der Föderation Malaysia (dazu ausführlicher: Kapitel IV.2) und gegen Malaysias Garantiemacht Großbritannien. Sukarnos Konfrontationspolitik war zum Gutteil eine Funktion der inneren Verhältnisse Indonesiens und der Versuch, die enormen inneren Spannungen nach außen abzulenken; doch er sah das Malaysia-Projekt wohl auch tatsächlich als äußere Bedrohung für das nicht gefestigte Indonesien. Dass sogar die beiden miteinander verfeindeten Machtgruppen PKI und Armee in ihrer Ablehnung Malaysias übereinstimmten, wenn auch aus unterschiedlichen Gründen, war für Sukarnos Stellung nützlich.[151] Er konnte, wie in der Westirian-Frage, die zerrissene Nation in einer vermeintlich existenziellen Frage ei-

---

146 Vickers, Indonesia, S. 150, über die politische Sprache der „gelenkten Demokratie": "Often people did not know what the slogans and acronyms meant, but repeated them as mantras of their political groups."
147 Leifer, Foreign Policy, S. 56 f. Siehe auch: Cribb/Brown, Indonesia, S. 82–90.
148 Cribb/Brown, Indonesia, S. 83–87.
149 Ricklefs, Indonesia, S. 270–272.
150 Thompson, Ascent, S. 25 f.
151 Subritzky, Confronting Sukarno, S. 42.

nen. Sicherlich spielte eine Rolle, dass die anti-sukarnoistische Rebellion von 1958 auch von Kuala Lumpur aus unterstützt worden war.[152] Legt man Sukarnos simple „Theorie" vom unvermeidlichen Kampf zwischen *new emerging forces* und *old established forces* zugrunde, so erscheint die Einschätzung fast zwingend, Malaysia sei eine illegitime Kreation des britischen Neokolonialismus: Ein von anglophilen Eliten getragener scheinsouveräner Staat mit der tatsächlichen Bestimmung, die wirtschaftliche und militärische Präsenz Großbritanniens in Südostasien zu sichern.[153] In einer für seinen flammenden Antikolonialismus und sein Geschichtsverständnis beispielhaften Rundfunkansprache führte Sukarno 1963 aus, warum es nicht nur auf den Zustand der nationalen Unabhängigkeit, sondern auch auf die Weise ihrer Erlangung ankam:

> "We [Indonesien] were born in fire. We were not born in the rays of the full moon like other nations. There are nations whose independence was presented to them. There are nations who, without any effort on their part, were given independence by the imperialists as a present. Not us, we fought for our independence at the cost of great sacrifice. We gained our independence through a tremendous struggle which has no comparison in the world."[154]

Die Ablehnung Malaysias brachte Sukarnos Indonesien noch näher an die Volksrepublik China; auch in Peking fürchtete man die Einkreisung durch einen Ring „reaktionärer" anglo-amerikanischer Vasallen in Malaysia, Thailand, Südvietnam, auf den Philippinen, in Taiwan, Südkorea und Japan. Sukarnos agitatorische Mobilisierung der Massen wies ohnehin sehr viel mehr Gemeinsamkeiten mit der maoistischen als mit der sowjetischen Politik auf. Die PKI wandte sich endgültig von Moskau ab und orientierte sich am Maoismus. Sukarnos radikaler Kurs in der Außenpolitik erreichte 1965 mit dem Austritt Indonesiens aus den Vereinten Nationen und mit der Ausrufung einer antiimperialistischen „Achse Jakarta-Hanoi-Peking-Pjöngjang" einen Höhepunkt.[155]

Indonesische Kämpfer hatten ab April 1963 regelmäßig die Grenze auf Borneo überquert und britische, australische und malaysische Einheiten in Gefechte verwickelt. Der Malaysia-Konflikt entwickelte sich allerdings nicht zu einem voll ausgewachsenen Krieg; dies lag auch daran, dass das indonesische Militär Kräfte sparen wollte, um auf die Konfrontation mit dem innenpolitischen Hauptgegner PKI vorbereitet zu sein.[156] Der Gegensatz zwischen Militär und Kommunisten spitzte sich in den Jahren 1964 und 1965 drastisch zu. Die PKI, die bis 1965 auf über drei Millionen Mitglieder angewachsen war, besetzte auf Java Agrarland, um eine Bodenreform zu erzwingen, forderte eine „Volksbewaffnung" und führte kulturkämpferische Aktionen durch. Durch diese Maßnahmen machten sich die PKI und ihre Nebenorganisationen Land-

---

152 Liow, Indonesia-Malaysia Relations, S. 98.
153 Subritzky, Confronting Sukarno, S. 42.
154 Zitiert nach: Liow, Indonesia-Malaysia Relations, S. 99.
155 Ricklefs, Indonesia, S. 273–280.
156 Thompson, Ascent, S. 27 f.

eigentümer und islamische Autoritäten zu Feinden.[157] Wirtschaftlich war Indonesien Mitte der sechziger Jahre zerrüttet: Der Staat war am Rande der Zahlungsunfähigkeit, die Indonesier litten unter hoher Inflation und Versorgungsmängeln. Vor dem Hintergrund des von 1957 bis 1965 auf einen fatalen Irrweg geratenen politischen Kurses und Vermutungen, Sukarno sei schwer erkrankt, sahen sich die antagonistischen Kräfte in einem Wettlauf um die Herrschaft für die Zeit nach Sukarno.[158]

Die Fassade des „falschen Konsenses"[159] der „gelenkten Demokratie" zerbrach schließlich nach einem bis heute nicht vollständig aufgeklärten, in jedem Fall misslungenen Entführungs- und Putschversuch einiger linksgerichteter Offiziere am 1. Oktober 1965. Diese Aktion lieferte dem indonesischen Militär, unter maßgeblicher Führung des vorher wenig bekannten Generalmajors Suharto, einen Vorwand für die physische Vernichtung von mindestens einer halben Million Mitgliedern der PKI und für einen Gegenputsch, der in eine über dreißigjährige Diktatur mündete. Die von Armee, islamischen Organisationen und diversen Milizen 1965/66 organisierten Massenmorde waren das größte Blutvergießen der indonesischen Geschichte. Mit diesen epochalen Ereignissen und den westlichen, vor allem den bundesdeutschen Reaktionen darauf wird sich ein eigenes Kapitel (IV.4) ausführlicher befassen.

Sukarno hatte durch die Vorgänge des 1. Oktober 1965 seine Deutungshoheit über die Identität Indonesiens verloren. Nach einigen Monaten des Ringens hinter den Kulissen gelang es den Kreisen um Suharto im März 1966, Sukarnos Macht stark zu beschneiden, unter anderem indem sie ihn zur Ernennung eines neuen Kabinetts zwangen. Ein Jahr später, am 12. März 1967, wurde Sukarno offiziell als Präsident abgesetzt und faktisch unter Hausarrest gestellt.[160] Er starb am 21. Juni 1970. General Suharto und das Militär hatten sich auf ganzer Linie durchgesetzt; Suharto nahm 1967 den Titel eines *Acting President* an, ehe er sich 1968 zum Präsidenten Indonesiens wählen ließ – dieses Amt behielt er bis zu seinem im Mai 1998 erzwungenen Rücktritt. Die PKI wurde 1966 offiziell verboten; wer von den PKI-Anhängern die Massaker überlebt hatte, wurde auf entlegenen Inseln interniert. Über anderthalb Millionen Indonesier verbrachten Jahre in den Gefangenenlagern von Suhartos nun so genannter neuer Ordnung (*orde baru*).[161] Parallel zur scharfen innenpolitischen Repression leitete Suharto die außenpolitische Mäßigung Indonesiens ein. Indonesien erklärte 1966 seinen Wiedereintritt in die Vereinten Nationen und beendete im gleichen Jahr die Malaysia-Konfrontation. 1967 gehörte es zu den fünf Gründerstaaten der *Association of Southeast Asian Nations* (ASEAN). Suharto suchte die außenpolitische Anlehnung an den Westen und die Öffnung für westliche Investoren, ohne mit der Sowjetunion und mit dem Prinzip der Blockfreiheit völlig zu brechen. Die diplomatischen Beziehungen mit

---

157 Schulze, Geschichte, S. 155 f.
158 Cribb/Brown, Indonesia, S. 94.
159 Elson, Idea, S. 233.
160 Ebenda, S. 239–247; Ricklefs, Indonesia, S. 290–293.
161 Schulze, Geschichte, S. 159 f.

der Volksrepublik China wurden im Oktober 1967 abgebrochen und erst 1990 wieder aufgenommen.[162]

Es war vor allem die Wirtschaftspolitik Suhartos, die ihm den öffentlichen Beifall westlicher Regierungen einbrachte. Die frühen Jahre der „neuen Ordnung" waren durch eine Konzentration auf Maßnahmen zur wirtschaftlichen Konsolidierung Indonesiens gekennzeichnet. Dazu gehörten die Bekämpfung der Inflation, Bemühungen um eine Restrukturierung der hohen indonesischen Auslandsverschuldung (siehe Kapitel V.2) und die Erstellung des Fünfjahresplans *Repelita I* zur Verbesserung von Landwirtschaft und Infrastruktur.[163] In den siebziger Jahren zeigte Indonesien vergleichsweise wenig außenpolitisches Profil. Eine wesentliche Ausnahme hiervon bildete die Annexion des sich gerade aus portugiesischer Kolonialverwaltung lösenden Osttimor 1976 und die rücksichtslose Unterdrückung der dortigen Bevölkerung.[164] Indonesien wirkte unter Suharto weiterhin im *Non-Aligned Movement* mit und zeigte ab den achtziger Jahren ein wieder etwas stärkeres internationales Profil.[165]

Während der für Indonesien so dramatischen fünfziger und sechziger Jahre des 20. Jahrhunderts kam der Bundesrepublik Deutschland zwar keine zentrale, jedoch eine weit mehr als nur passive Rolle in den Beziehungen mit dem größten Land Südostasiens zu.

---

162 Sukma, Indonesia and China, S. 44, 191.
163 Ricklefs, Indonesia, S. 293–297.
164 Schulze, Geschichte, S. 166 f.
165 Hein, Indonesia 1982, S. 188, über die indonesische Außenpolitik Anfang der achtziger Jahre: "Indonesia has asserted its independence from U.S. policies as well [...] on issues such as the Middle East conflict, South Africa, and the New International Economic Order, Indonesia can be counted upon to vote the straight Third World ticket."

III Von der Aufnahme diplomatischer Beziehungen bis zur Belgrader Blockfreien-Konferenz (1952–1961)

1 Die Anfänge bundesdeutscher Indonesienpolitik (1952–1955)

Kontinuitäten, Neubeginn und Schwierigkeiten: Gutachtertätigkeit Hjalmar Schachts, Eröffnung diplomatischer Beziehungen und interne Unstimmigkeiten

Indonesien hatte als erstes asiatisches Land die Bundesrepublik Deutschland anerkannt und sich zur Aufnahme diplomatischer Beziehungen bereiterklärt.[1] Wann genau auf Bonner Seite die Entscheidung gefallen ist, diplomatische Beziehungen zu Indonesien aufzunehmen, lässt sich aus den zugänglichen Akten nicht rekonstruieren. Möglich geworden war die Herstellung diplomatischer Beziehungen erst durch die von den drei Westalliierten vorgenommene „kleine" Revision des Besatzungsstatuts im März 1951, die auch die Wiedereinrichtung eines Außenministeriums erlaubte.[2] Im Juli 1951 ließ das Auswärtige Amt verlauten, es sei „in absehbarer Zeit" mit der Errichtung einer Vertretung in Jakarta zu rechnen.[3] Die erste amtliche deutsche Mission in Richtung Ost- und Südostasien nach Kriegsende fand ebenfalls 1951 statt.[4]

Unterdessen war ein prominenter Deutscher für die Regierung des neugegründeten Indonesien als Berater tätig geworden. Aufgrund der geographischen Besonderheiten, dem Mangel an staatlichen Strukturen und der extremen gesellschaftlichen Heterogenität waren Indonesiens Aufbau- und Modernisierungsprobleme noch größer als die der meisten anderen neu entstandenen Staaten. Nach der völkerrechtlichen Unabhängigkeit suchten indonesische Politiker auch die ökonomische Emanzipation Indonesiens: Wichtige Wirtschaftszweige wie die Erdölindustrie, die Transportwirtschaft oder das landwirtschaftliche Kreditwesen waren niederländisch, britisch und chinesisch dominiert.[5] Für den Aufbau einer modernen Volkswirtschaft waren, mangels eigener Expertise, ausländische Fachleute gefragt. Die indonesische Regierung engagierte im Juni 1951 den ehemaligen Reichsbankpräsidenten und Wirtschaftsminister Hjalmar Schacht, der über mehrere politische Systeme hinweg eine der schillerndsten und umstrittensten Figuren der deutschen Wirtschafts- und Finanzwelt

---

[1] PA AA, B 1, 222. Informationsmappe für den Staatsbesuch des Bundespräsidenten in der Republik Indonesien vom 28.10.–3.11.1963.
[2] Lappenküper, Außenpolitik, S. 8.
[3] PA AA, B 11, 342. Abteilung III des AA: Schreiben Nr. 2674/51 vom 19.7.1951 an Wilhelm Blaufuhs.
[4] Siehe dazu: Heß, Diplomatenpaß, S. 116–138, und AAPD 1951, Dok. 147, S. 478. Legationssekretär a. D. Hess: Aufzeichnung „Errichtung amtlicher deutscher Vertretungen in Ost- und Südostasien" vom 29.8.1951.
[5] Ricklefs, Indonesia, S. 239.

war.⁶ Ab August 1951 hielt sich Schacht in Indonesien auf, um der indonesischen Regierung schließlich einen 36 Seiten starken Bericht mit Vorschlägen für Maßnahmen zum Aufbau der indonesischen Wirtschaft zu überreichen. Auszüge aus dem Schacht-Bericht veröffentlichten die deutschen Presseorgane *Der Spiegel* und *Die Zeit*.⁷

Zu den von Schacht vorgeschlagenen Schritten zählten: Die indonesische Regierung solle möglichst viele Beamte zum Studium ins Ausland schicken; dafür kämen neben englischsprachigen vor allem deutschsprachige Länder in Frage. Beschränkungen für ausländische Kapitalinvestitionen sollten aufgehoben werden, da ausländisches Kapital zur Errichtung von Industrie und Infrastruktur dringend benötigt werde. Zugleich sollten die indonesischen Bodenschätze staatlich kontrolliert werden. Aufgrund von Indonesiens Importabhängigkeit bei gleichzeitigem Devisenmangel müssten sich die Einfuhren auf Waren konzentrieren, die eine Erhöhung der Produktivität versprechen; aus dem Ausland sollten also eher moderne Maschinen statt Konsumgüter gekauft werden. Dass das indonesische Finanzministerium seinerzeit den Import von Luxusartikeln einschränken ließ, beurteilte *Die Zeit* als Ergebnis der Vorschläge Schachts.⁸ In vielen Punkten riet Schacht den Indonesiern, sich an deutschen Modellen zu orientieren. Der frühere Reichsbankpräsident legte sich dabei keine besondere Zurückhaltung auf: Er empfahl der indonesischen Regierung „dringend das Studium der deutschen Arbeitsgesetze aus der Mitte der dreißiger Jahre, die zur Beseitigung der Klassenkämpfe und zu geregelter Arbeit wesentlich beigetragen haben".⁹ Streiks und Aussperrungen müssten zumindest in „lebenswichtigen Betrieben [...] gesetzlich verboten" sein.¹⁰ Schacht legte dar, dass die Modernisierung der indonesischen Landwirtschaft auch Umsiedlungen aus dem dichtbesiedelten Java in die ungenutzten Gebiete Sumatras und Borneos beinhalten müsse: „Die Übersiedlung aus den übervölkerten Gebieten in das jungfräuliche Land ist eine Lebensfrage für Indonesien".¹¹

Für die Bundesregierung, die noch keine Vertretung in Jakarta unterhielt, war der Auftritt Schachts aus zwei Gründen unangenehm: Zum einen zeigten sich amerikanische Stellen über die Aktivitäten von „Hitlers Bankier" in Südostasien nicht erfreut; die Beratertätigkeit des ehemaligen Reichswirtschaftsministers wurde „von amerikanischer Seite mit beißender Kritik kommentiert".¹² Zum anderen habe sich Schachts Gutachten negativ auf das deutsche Ansehen in Indonesien ausgewirkt, weil die Auftraggeber von dem „sehr an der Oberfläche" bleibenden Abschlussbericht enttäuscht

---

6 Siehe: Kopper, Schacht.
7 „Chancen einer Zukunft für Indonesien". Der Spiegel, 16.1.1952. „Vorschläge an einen jungen Staat". Die Zeit, 6.3.1952, 13.3.1952, 20.3.1952 sowie 27.3.1952.
8 Die Zeit, 13.3.1952, S. 11.
9 Der Spiegel, 16.1.1952, S. 23.
10 Die Zeit, 20.3.1952, S. 11.
11 Die Zeit, 13.3.1952, S. 11.
12 PA AA, B 11, 108. Abteilung III: Aufzeichnung vom 13.2.1952. Frey, Dekolonisierung, S. 188, erwähnt die „außenpolitischen Komplikationen" der Beratertätigkeit Schachts.

seien. Zugleich, so das Auswärtige Amt, habe Schacht durch bestimmte Bemerkungen den „mimosenhaft empfindlichen Nationalismus der Indonesier" verletzt.[13] Das Auswärtige Amt sah sich Anfang der fünfziger Jahre mit dem Problem konfrontiert, dass deutsche Geschäftsreisende in Indonesien aufgrund des Fehlens einer amtlichen deutschen Vertretung gerne den Anschein erweckten, sie seien in einer halboffiziellen Funktion tätig. Dies habe bei Indonesiern „leider häufig einen ungünstigen Eindruck hinterlassen, der zusammen mit den negativen Ergebnissen der Tätigkeit Schachts die Aufnahme der Tätigkeit der zu eröffnenden deutschen Botschaft in Jakarta nicht erleichtert".[14]

Kurze Zeit später entsandte die Bundesregierung den Sinologen und früheren Wilhelmstraßen-Diplomaten Horst Böhling mit dem Auftrag nach Indonesien, dort eine Botschaft der Bundesrepublik zu eröffnen. Er traf am 24. April 1952 in Jakarta ein.[15] Positiv vermeldete Böhling die sehr freundliche Haltung der Indonesier gegenüber Deutschland und den Deutschen: „Wir haben hier einen sehr großen Fundus von Goodwill. Man erwartet aber auch sehr viel von uns."[16]

Am 25. Juni 1952 überreichte der neue Botschafter Werner Otto von Hentig Präsident Sukarno das Beglaubigungsschreiben.[17] Es bestanden erstmals diplomatische Beziehungen zwischen der neugegründeten Republik Indonesien und der neugegründeten Bundesrepublik. Im Herbst 1952 entsandte die indonesische Regierung den Juristen Zairin Zain nach Bonn, um dort als Geschäftsträger eine indonesische Botschaft zu eröffnen. Bei seinem ersten Gespräch mit Staatssekretär Walter Hallstein trug Zain vor, Indonesien „habe besonderes Zutrauen zur Bundesrepublik", da diese „keinerlei koloniale Ziele" verfolge.[18] Der wiederkehrende Topos der „kolonialen Unverdächtigkeit" der Bundesrepublik wurde hier zum ersten Mal von einem indonesischen Diplomaten explizit formuliert. Indonesien, so Zain, rechne bei seinem Aufbau auf deutsche Hilfe. Hallstein äußerte sich zuversichtlich über die Aussichten der deutsch-indonesischen Zusammenarbeit, reagierte aber zurückhaltend auf Zains Frage nach deutschen Militärberatern: Hier seien „durch unsere augenblickliche Lage

---

13 PA AA, B 11, 108. Abteilung III: Aufzeichnung vom 13.2.1952.
14 Alle wörtlichen Zitate aus: PA AA, B 11, 108. Abteilung III: Aufzeichnung vom 13.2.1952.
15 PA AA, B 11, 342. Abteilung III: Vermerk vom 19.3.1953. – Zum Werdegang von Horst Böhling (1908–1999): Jurist und Sinologe, 1935 Eintritt in den Auswärtigen Dienst, Tätigkeiten in der Politischen Abteilung, 1936/37 Generalkonsulat Amsterdam; 1938 NSDAP- und SS-Mitglied; 1938–1939 Generalkonsulat Batavia, 1939–1945 Botschaft China mit Verwendung in Shanghai, Peking und Nanking; 1946–1950 Dozent an verschiedenen Universitäten in China, u. a. Tongji in Shanghai; 1952 Wiedereintritt in den Auswärtigen Dienst, 1952/53 Botschaft Jakarta, 1953–1955 Abteilung III, 1955–1959 Botschafter in Bangkok, 1959–1961 Abteilung 4 und 6, 1961–1970 Botschafter in Kuala Lumpur, 1970 Eintritt in den Ruhestand. Vgl. Biographisches Handbuch, Bd. 1, S. 194–196.
16 PA AA, B 11, 108. Gesandtschaftsrat Böhling, Jakarta: Privatdienstschreiben an v. Etzdorf vom 27.6.1952.
17 Ebenda.
18 PA AA, B 11, 370. AA: Schrifterlass an die Botschaft Jakarta vom 27.10.1952.

bedingte Schwierigkeiten" zu bedenken.¹⁹ Im Mai 1953 nahm der an der Universität Leiden ausgebildete Rechtsanwalt Alexander Maramis von Bundespräsident Heuss das Beglaubigungsschreiben als neuer Botschafter entgegen. Maramis war nach der Unabhängigkeitserklärung 1947 bis 1948 Finanzminister und 1949 sogar Außenminister der entstehenden Republik Indonesien gewesen. Durch die Entsendung eines so hochkarätigen Vertreters nach Bonn unterstrich die indonesische Regierung, dass sie der Bundesrepublik Deutschland erhebliche politische Bedeutung zumaß.²⁰

Auch der von der Bundesregierung nach Jakarta entsandte Botschafter war in vieler Hinsicht ein hochkarätiger Vertreter seines Berufsstandes: Werner Otto von Hentig (1886–1984) verkörperte die Kontinuität deutscher Diplomatie, die bei ihm sogar bis ins Kaiserreich zurückreichte, in dessen Diplomatischen Dienst er 1911 eingetreten war. Er gehörte zu den „Arabisten" bzw. „Orientalisten" des Auswärtigen Amts und blickte auf eine bewegte Laufbahn zurück.²¹ Das Auswärtige Amt beschäftigte den 66-jährigen Hentig „nur" auf Vertragsbasis und nicht als Beamten. Der erfahrene und eigenwillige Hentig fühlte sich durch den vergleichsweise prestigearmen Posten in Indonesien nicht angemessen gewürdigt. Aus Hentigs Memoiren spricht Verbitterung über die Umstände seiner Wiederanstellung und seiner Entsendung nach Indo-

---

19 Ebenda.
20 PA AA, B 11, 370. Protokollabteilung des AA: Vermerk Nr. 3030/53 vom 12.5.1953.
21 Alle folgenden biographischen Daten aus: Hentig, Zeugnisse und Selbstzeugnisse, S. 224. Ferner die Autobiographie: Hentig, Dienstreise. Auf seinem ersten Posten in Peking hatte Hentig den Sturz der Qing-Dynastie und die chinesische Revolution miterlebt. Nach kurzen Stationen in Konstantinopel und Teheran führte er im Ersten Weltkrieg 1915/16 zusammen mit Oskar Ritter von Niedermayer die legendenumwobene und literarisch verklärte Afghanistan-Expedition an. Nach Stationen in Osteuropa, San Francisco, Bogota und Amsterdam leitete Hentig 1937 bis 1939 das Orientreferat Pol VII im AA. Hier widersprach er gelegentlich der offiziellen Linie der NS-Diplomatie (vgl. Conze, Amt, S. 110, 155 f.). 1939 war er kurzzeitig Gesandter in Kairo, wo er – eigener Auskunft zufolge – den NS-Propagandaminister Goebbels bei dessen Kairo-Besuch darauf hingewiesen habe, die Araber seien keineswegs antisemitisch im Sinne der nationalsozialistischen Ideologie, sondern sähen sich lediglich in einem Abwehrkampf gegen die jüdische Einwanderung ins damals noch britisch kontrollierte Palästina (Hentig, Dienstreise, S. 326). Im Krieg wurde Hentig als Vertreter des Auswärtigen Amts (VAA) in die Wehrmacht eingezogen: Im Sommer 1942 berichtete er kritisch über deutsche Kriegsverbrechen auf der Krim (Conze, Amt, S. 209 f., 213). In seinen Erinnerungen gibt Hentig an, er sei aufgrund seiner „politischen Unzuverlässigkeit" 1943 von den Nationalsozialisten aus dem Amt verabschiedet worden (Hentig, Dienstreise, S. 357). Auch berichtet er davon, in die Staatsstreichpläne militärischer Kreise eingeweiht gewesen zu sein, was ihm nach dem 20.7.1944 ein Verhör durch die Gestapo eingebracht habe (Hentig, Dienstreise, S. 359–367). Wenngleich Hentig als einer der wenigen Wilhelmstraßen-Diplomaten nicht der NSDAP beigetreten und nachweislich Distanz zur NS-Rassenideologie wahrte, so blieb er nach seinem Ausscheiden aus dem Diplomatischen Dienst doch für die Außenpolitik NS-Deutschlands tätig: Unter anderem war er für die Betreuung von Amin al-Husseini zuständig, dem Großmufti von Jerusalem, der ab 1941 in Berlin lebte und von dort aus antisemitische und antibritische Radiopropaganda in den arabischen Raum hinein betrieb. Nach der Internierung durch die amerikanischen Besatzungsbehörden 1945/46 und wechselnden Erwerbstätigkeiten meldet sich Hentig 1952 beim neu konstituierten Auswärtigen Dienst.

nesien. Somit stand seine Mission in Jakarta von Beginn an unter keinen günstigen Vorzeichen.²²

Schon bald, nachdem die Botschaft in Jakarta ihre Arbeit aufgenommen hatte, brach zwischen Hentig und der Bonner Zentrale Dissens über die einzuschlagende Politik aus. Die Linie des Auswärtigen Amts sah vor, in Indonesien pointierte politische Stellungnahmen zu vermeiden und möglichst Rücksicht auf fortbestehende niederländische Interessen zu nehmen: Das Hauptziel der Niederlande in seiner ehemaligen Kolonie war, dort die beherrschende wirtschaftliche Stellung zu erhalten. Zudem sollte das von Indonesien beanspruchte Niederländisch-Neuguinea unter Kontrolle Den Haags bleiben; umgekehrt war die „Rückgewinnung" Westneuguineas *das* Thema, das Sukarno in den fünfziger Jahren zum zentralen Thema des indonesischen Nationalismus machte.²³ Hentig wollte sich allerdings mit einer „Nicht-Politik" und einer passiven Rolle der Bundesrepublik nicht abfinden. Er sympathisierte stark mit indonesischen Bestrebungen, sich aus der wirtschaftlichen Abhängigkeit der Niederlande zu lösen. Überdies befürwortete er ein stärkeres Engagement in Handelsfragen – hier sah er gute Chancen für die Bundesrepublik, dasjenige wirtschaftliche Terrain einzunehmen, das die Niederländer ohnehin würden räumen müssen. Hentig verwies auf die wichtige Rolle der Besuchsdiplomatie und drängte darauf, die Bundesregierung möge einen hochrangigen Vertreter zu einer Visite nach Indonesien entsenden.²⁴

Bereits das erste Interview, das Hentig der indonesischen Nachrichtenagentur Antara gab, sorgte für Irritationen. Hentig war zugespitzt wiedergegeben worden, er habe den Indonesiern „empfohlen, künftig ihre wirtschaftlichen Beziehungen zu dritten Ländern möglichst selbstständig und direkt zu gestalten" – also die Niederländer aus ihrer privilegierten Position im indonesischen Außenhandel zu verdrängen. Ein niederländischer Beamter erklärte gegenüber dem Bundeswirtschaftsministerium, seine Regierung sei über die Worte des deutschen Botschafters „bestürzt"; auch der deutsche Botschafter in Den Haag wurde mit dem angeblichen Vorfall konfrontiert.²⁵

---

22 Hentig, Dienstreise, S. 383–402, hier S. 384 f.: „Der einzige noch für mich gebliebene Posten war Jakarta. Jakarta hatte ein anerkannt schlechtes Klima. […] Für meine Kinder gab es kaum Fortbildungsmöglichkeiten. So musste ich mich darauf gefasst machen, von meinen in Amerika studierenden Söhnen weitere Jahre getrennt zu sein. Selbst brachte ich für den Posten keine besonderen Voraussetzungen mit. […] Das Amt hielt mich aber für besonders geeignet, weil Indonesien ein Angelpunkt zwischen dem mir bekannten Nahen und Fernen Osten Asiens sei. Über meine politische Aufgabe an Ort und Stelle konnte mich die Personalabteilung nicht unterrichten. Ich sollte lediglich mit der Einrichtung und Leitung der Botschaft als Angestellter auf beiderseitige sechswöchige Kündigung ‚beschäftigt' werden. Während ich mündlich und schriftlich jeweils wiederholt um eine Unterredung mit dem Außenminister [also Adenauer selbst] nachsuchte, wurde auf die immer dringenderen Bitten der indonesischen Regierung ein Vorkommando nach Jakarta entsandt."
23 Siehe dazu: II.2 und III.3.
24 PA AA, B 11, 414. Botschafter v. Hentig, Jakarta: Schriftbericht Nr. 485/53 vom 19.7.1953.
25 PA AA, B 11, 342. Abteilung III: Vermerk (ohne Datum); Ministerialdirektor Kordt: Aufzeichnung vom 16.7.1952.

Hentigs private und halbprivate Korrespondenzen lassen keinen Zweifel daran, dass er die – ihm von Den Haag unterstellte, in dem betreffenden Interview jedoch nicht wörtlich geäußerte – Ansicht durchaus teilte, es sei im Interesse Indonesiens, die Niederlande aus dem indonesischen Wirtschaftsleben „auszuschalten". Einen Drahterlass der Handelspolitischen Abteilung im Auswärtigen Amt, der Hentig im Juli 1952 zur Vorsicht bei Interviews mahnte, empfand Hentig als Tadel.[26] Verfasser des Erlasses war Helmut Allardt, damals noch Vortragender Legationsrat in der Handelsabteilung. Noch bis in den November des Jahres korrespondierten Hentig und Allardt über die eigentlich schon erledigte „Interview-Affäre".[27] Allardt hielt dem Botschafter vor, wenn er in der Mahnung zur Vorsicht einen Verweis erblicke, „so könnte er nur in dem Hinweis liegen, dass Sie mit dem Interview eine Linie bezogen haben, die mit den Ihnen auf den Weg gegebenen Instruktionen nicht übereinstimmte".[28] Die Linie des Auswärtigen Amts fasste Allardt wie folgt zusammen:

> „Man vertritt hier die – in der Länderabteilung Ihnen vor Ihrer Abreise vorgetragene – Auffassung, dass es für uns in Indonesien nur eine Politik gäbe, nämlich die, <u>keine</u> zu betreiben. Wir hätten [...] in Indonesien keine eigentlichen politischen Interessen und müssten vermeiden, durch Hervortreten in einzelnen Fragen den Eindruck zu erwecken, als ob wir eine politische Entwicklung anbahnen oder fördern wollten. Was uns an Indonesien interessiere, seien unsere Wirtschaftsbeziehungen. Unsere Bemühungen, in Bonn und in Jakarta diese zu fördern, müssten jedoch eine Grenze finden, wo die Gefahr bestehe, dass schädliche Rückwirkungen auf das deutsch-holländische Verhältnis eintreten. Diesem gehöre durchaus das Primat."[29]

Allardt schloss mit dem Hinweis, die Angelegenheit dürfe nun als abgeschlossen gelten. Hentig beklagte sich daraufhin bei Hasso von Etzdorf, der in der Politischen Abteilung des Auswärtigen Amts tätig war, über seine Behandlung durch Allardt und die Handelspolitische Abteilung. Die Ansicht, die Bundesrepublik habe in Indonesien keine politischen Interessen, könne „bei einer Macht, die in das Weltgeschehen so weit einbezogen ist wie wir", allenfalls „bedingt gelten".[30] Ein Verzicht auf eine bundesdeutsche Indonesienpolitik würde, so Hentig, die Gefahr erhöhen, dass Indonesien entweder kommunistisch werde oder aber unter die wirtschaftliche Abhängigkeit Japans gerate. Hentig schrieb zudem, die verfälschende Wiedergabe seiner Äußerungen in dem Antara-Interview sei „Teil einer ausgedehnten holländischen Kampagne gegen uns", die sich Allardt zu eigen gemacht habe.[31]

---

26 Hentig, Dienstreise, S. 395, 402.
27 PA AA, NL Hentig, 166. VLR I Allardt: Privatdienstschreiben an Botschafter v. Hentig vom 26.11.1952.
28 Ebenda.
29 Ebenda. Hervorhebung im Original.
30 PA AA, NL Hentig, 166. Botschafter v. Hentig, Jakarta: Privatdienstschreiben an Hasso von Etzdorf vom 10.12.1952.
31 Ebenda.

Hentig maß Indonesien und seiner Modernisierung eine hohe politische Bedeutung zu. Die deutsche Rolle in Indonesien sei nicht zu unterschätzen. Schon in seinem ersten Lagebericht beschrieb der Botschafter, wie sehr man Vertrauen und Hoffnungen in die Deutschen setze: Indonesien sei zurzeit das einzige Land, „auf dessen beispielhafte Behandlung uns ein ganz besonderer Einfluss von Seiten der indonesischen Regierung sowohl wie der Bevölkerung eingeräumt wird".[32] Im deutschen wie im indonesischen Interesse sei es, jungen Indonesiern das Studium in Deutschland zu ermöglichen. Indonesien sei noch lange nicht gefestigt; Teile des Volkes seien anfällig für Demagogie und Fanatismus. Als immer noch übermächtig schilderte Hentig den niederländischen Einfluss: Nur rund zwölf Prozent des Handels seien in indonesischem Eigentum; selbst dieser geringe Anteil sei de facto häufig chinesisch.[33] Die Rolle der Niederlande in Geschichte und Gegenwart Indonesiens bewertete Hentig negativ.[34]

Das indonesische Streben, sich aus niederländischer Bevormundung zu lösen und die Hoffnungen der Indonesier, Deutschland als Partner zu gewinnen, wurde eine Art Leitmotiv von Hentigs Berichterstattung an das Auswärtige Amt. Eine typische Aussage lautet: „Es hoffen die geistig und wirtschaftlich führenden Kreise des indonesischen Volkes auf Deutschland als die große Industriemacht zwischen Osten und Westen."[35] Das indonesische Bestreben, „eine unabhängige Mittellinie zwischen Ost und West zu halten", habe der Bundesrepublik eine „Sonderstellung geschaffen"; diese deutsche Sonderstellung begegne „naturgemäß der vollen Feindschaft holländischer konservativer Bestrebungen, wie sie auch die heutige niederländische Regierung vertritt". Hentig ging so weit, in Indonesien ein Konkurrenzverhältnis zwischen der Bundesrepublik und den Niederlanden anzunehmen und diagnostizierte bei den Niederländern „die Bitterkeit der Gehenden gegen die Kommenden".[36] Als die beiden bestimmenden Themen des Konflikts zwischen Den Haag und Jakarta sah der Botschafter die Aufhebung des Unionsstatuts und den Streit um Westneuguinea.[37]

---

[32] PA AA, NL Hentig, 166. Botschafter v. Hentig, Jakarta: Schriftbericht Nr. 140/52 „Allgemeine Lage Indonesiens und unsere sich daraus ergebenden Aufgaben" vom 30.7.1952.
[33] Ebenda.
[34] PA AA, B 11, 1408. Botschafter v. Hentig, Jakarta: Schriftbericht Nr. 352/52 „Indonesien und Deutschlands Verantwortlichkeit" vom 26.9.1952: „Indonesien ist in Deutschland weitgehend unbekannt […] auch die Kolonialgeschichte des Landes wird kaum in Betracht gezogen. Sie unterscheidet sich grundlegend von der [Geschichte] anderer Kolonialreiche insofern, als die Holländer zeitweise ein sehr hartes Regiment geführt haben und die Masse in völliger Unwissenheit gehalten haben. Wie bei manchen Bevölkerungsteilen Südamerikas von der Conquista ist auch hier ein seelisches Trauma zurückgeblieben."
[35] PA AA, NL Hentig, 166. Botschafter v. Hentig, Jakarta: Schriftbericht Nr. 444/52 vom 24.10.1952.
[36] Alle Zitate aus: PA AA, B 11, 1408. Botschafter v. Hentig, Jakarta: Schriftbericht Nr. 352/52 vom 26.9.1952. Hentig verweist dort auf seinen Schriftbericht Nr. 334/52 vom 19.9.1952, den der Verfasser allerdings nicht ausfindig machen konnte.
[37] PA AA, B 80–500, 36. Botschafter v. Hentig, Jakarta: Schriftbericht Nr. 477/52 vom 6.11.1952.

Hentig deutete an, dass die Bundesrepublik hier nicht völlig abstinent bleiben solle und könne: „Der aus unserer Sonderstellung heraus uns gewordenen europäischen folgenschweren Verantwortung werden wir uns gerade in der nächsten Zeit bewusst werden und bleiben müssen."[38]

Aus Paraphen und Eingangsstempeln geht hervor, dass auch Staatssekretär Walter Hallstein zu den regelmäßigen Lesern von Hentigs Berichten gehörte. Zwischen Hallstein und Hentig kam es zum offenen Dissens. Auch wenn die Aktenlage in diesem Punkt etwas lückenhaft ist, steht fest, dass Hallstein mehrfach Drahterlasse nach Jakarta sandte, um Hentig für seine Berichterstattung und die darin vertretenen Positionen zurechtzuweisen. So wandte sich Adenauers Staatssekretär im März 1953 gegen den Inhalt eines Bericht Hentigs: „Die Bundesrepublik ist als besetztes Gebiet von den drei westlichen Besatzungsmächten abhängig. Auch nach Inkrafttreten des Deutschland-Vertrags wird die Politik der Bundesrepublik im grundsätzlichen Einklang mit den Westmächten sein. [...] Somit kommt eine Politik ‚sich möglichst weit vom Osten und Westen abzusetzen' [offensichtlich Zitat aus einem Hentig-Bericht] für die Bundesrepublik nicht in Frage."[39] Der Erlass Hallsteins sprach einen außenpolitischen Grundsatzkonflikt der frühen Bundesrepublik an: Hentig warb für eine deutsche Politik „zwischen" Ost und West und knüpfte damit an ältere Traditionen an.[40] Hallstein – ohnehin ein Außenseiter im Auswärtigen Amt, da kein Berufsdiplomat, sondern Universitätsprofessor – war dagegen ein überzeugter Vertreter von Adenauers Politik der Westbindung.

Der umfangreiche Nachlass Hentigs ist eine aussagekräftige Quelle, weil er seine Motive und Überzeugungen klarer hervortreten lässt: Aus Hentigs Briefwechseln wird noch unverstellter deutlich, dass er nicht nur mit der Bonner Indonesienpolitik dissentierte, sondern der Außenpolitik Konrad Adenauers insgesamt ablehnend gegenüberstand. Viele seiner Korrespondenzpartner waren Männer, die in den vorherigen politischen Systemen – Kaiserreich, Weimarer Republik und auch NS-Diktatur – wichtige Ämter bekleidet hatten. Hierzu gehörten der frühere Reichskanzler Franz von Papen, der ehemalige deutschnationale Reichsinnenminister (1927/28) Walter von Keudell, der NSDAP-„Abtrünnige" und spätere Emigrant Hermann Rauschnig sowie der frühere Generaloberst Eberhard von Mackensen, dem Hentig 1952 zur Freilassung aus alliierter Strafhaft gratulierte.[41] Nach Herkunft und Laufbahn waren sie Angehörige

---

38 PA AA, B 11, 1408. Botschafter v. Hentig, Jakarta: Schriftbericht Nr. 352/52 „Indonesien und Deutschlands Verantwortlichkeit" vom 26.9.1952.
39 PA AA, B 11, 1408. Staatssekretär Hallstein: Drahterlass an die Botschaft Jakarta vom 18.3.1953 (Abschrift). Dieser Drahterlass bezog sich auf: Botschaft Jakarta: Schriftbericht Nr. 161/53 vom 25.2.1953 (im Archiv nicht auffindbar).
40 Hentig stand damit im AA nicht alleine. Zu den Differenzen von Diplomaten mit der Adenauer-Regierung in den fünfziger Jahren siehe: Conze, Amt, S. 641–647.
41 Vgl. Botschafter v. Hentig: Brief an Reichsminister a. D. Walter von Keudell vom 15.10.1952; Botschafter v. Hentig: Brief an Eberhard von Mackensen vom 15.10.1952: „Sie werden in der Welt, die sie

vormaliger Eliten, die mit den neuen Verhältnissen unzufrieden waren, vor allem mit der aus ihrer Sicht einseitigen Westorientierung der Adenauer-Regierung. Gegen die Westintegration ausrichten konnten diese – entweder pensionierten oder fernab der politischen Machtzentren tätigen – Männer freilich kaum etwas; der Tonfall der Korrespondenzen ist resignativ.[42]

Hentig pflegte auch seine alten Verbindungen in den Nahen Osten. Er schaltete seinen früheren Mitarbeiter Alim Idris, der von 1916 bis 1945 für das Orientreferat des Auswärtigen Amts gearbeitete hatte und Anfang der fünfziger Jahre in Kairo für die Arabische Liga tätig war, in ein brisantes Vorhaben ein. Dieses richtete sich gegen eine Entscheidung der Adenauer-Regierung, die sowohl für die politische Kultur der Bundesrepublik als auch für ihr Ansehen im westlichen Ausland enorm wichtig war.[43] Hentig betrieb dabei mit beachtlicher Eigenmächtigkeit „eine Art Gegendiplomatie"[44] gegen das Luxemburger Abkommen zwischen der Bundesrepublik Deutschland und Israel. Das Abkommen sah die Zahlung von 3,5 Milliarden DM an Israel und an jüdische Opfer des Nationalsozialismus vor.[45] Schon auf seiner Hinreise nach Jakarta, also im Juni 1952, hatte Hentig einen Zwischenhalt in Ägypten eingelegt und sich mit Alim Idris getroffen. Im Anschluss an einen Bonn-Aufenthalt Anfang 1953 plante Hentig erneut, auf der Rückreise nach Indonesien in Ägypten Station zu machen. Am 8. Februar 1953 wollte er in Kairo zu Gesprächen weilen, darunter auch mit Amin al-Husseini, dem Großmufti von Jerusalem. Staatssekretär Hallstein erfuhr durch die Botschaft in Kairo von dem Vorhaben. Sofort erteilte er Hentig die Weisung, von dem Besuch in Kairo abzusehen und sich künftig derlei Absichten genehmigen zu lassen.[46] Hentig antwortete an Hallstein: „Ihre mich etwas befremdende, aber natürlich sehr wertvolle Weisung vom 4.2. habe ich hier erhalten. [...] Ihre – ich weiß nicht worauf zurückzuführende – Befürchtung hät-

---

jetzt sehen, nicht alles gut finden. Manche Enttäuschungen, die wir gehabt haben, werden Sie nachholen. Aber Sie werden nun wenigstens wieder an unserem Leben, Kämpfen und Leiden unmittelbar teilnehmen dürfen." Beide Briefe in PA AA, NL Hentig, 166. Briefwechsel mit Rauschnig in PA AA, NL Hentig, 173.

42 An den früheren Reichskanzler von Papen schrieb Hentig: „Es ist sehr freundlich von Ihnen, dass Sie mir noch nützliche Arbeit wünschten. Allerdings ist mir zweifelhaft, ob ich sie hier wirklich werde leisten können, so dringend und tageswichtig die Fragen sind, die wir hier zu lösen hätten. [...] unsere Industrie ist mehr auf Einzelgeschäfte als eine Politik auf lange Zeit und unvermeidliche Opfer abgestellt. Eine solche Politik müsste der Bund machen, doch davon merken wir nichts. Die allgemeine Tendenz ist nicht anzustoßen. In einem Lande, das aber um die Befreiung von noch sehr starken ihm angelegten kolonialen Fesseln kämpft, eine fast oder sogar ganz bestimmt unlösbare Aufgabe." PA AA, NL Hentig, 166. Botschafter v. Hentig: Brief an Franz von Papen vom 15.10.1952.

43 Hentig warb in Bonn auch dafür, den gebürtigen Turko-Tataren Idris entweder erneut zu beschäftigen oder ihm eine Rente zu gewähren. Vgl. Briefe in: PA AA, NL Hentig, 166.

44 Conze, Amt, S. 579–581, hier S. 580.

45 Lappenküper, Außenpolitik, S. 9.

46 Conze, Amt, S. 580.

te ich zerstreuen können."⁴⁷ Später stellte sich heraus, dass Hentig die arabischen Staaten dazu aufgefordert hatte, ihre Eingaben gegen das deutsch-israelische Abkommen fortzusetzen.⁴⁸ Hentigs Memoiren schweigen sich über seine Aktivitäten in Ägypten sowie deren Motive aus. Selbst wenn es sich um eine weniger sensible Angelegenheit als die des deutsch-israelischen Verhältnisses gehandelt hätte, so lag allein schon in dem eigenmächtigen Vorgehen gegen den Willen der Bundesregierung eine erhebliche Verletzung der Amtspflichten eines weisungsgebundenen Diplomaten.

Zusätzlich zu allen Miss- und Unverständnissen zwischen dem Botschafter und seiner Behörde verlief auch die Zusammenarbeit innerhalb der Botschaft in Jakarta alles andere als konfliktfrei: Im Mai 1953 bat Horst Böhling, der Stellvertreter des Botschafters, offiziell bei der Personalabteilung des Auswärtigen Amts darum, nicht mehr mit Hentig zusammenarbeiten zu müssen.⁴⁹ Auslöser der Bitte war ein Streit zwischen Hentig und Böhling im Büro des Botschafters, bei dem es zu Handgreiflichkeiten gekommen war.⁵⁰ Das Auswärtige Amt berief Böhling aus Jakarta ab, sein Nachfolger wurde Elgar von Randow.⁵¹ Angesichts seiner Entfremdung mit dem Auswärtigen Amt nahte auch Hentigs Abschied aus Indonesien.⁵² Er ersuchte Ende September 1953 um die Kündigung seines Dienstvertrages, sobald er „sich ohne Schaden für die eingeleiteten Arbeiten und die von uns zu vertretende Sache zurückziehen" könne.⁵³ Seine Kündigung wurde am 4. Februar 1954 angenommen.⁵⁴

---

47 PA AA, NL Hentig, 166. Botschafter v. Hentig, z. Zt. Frankfurt am Main: Telegramm an Staatssekretär Hallstein vom 7.2.1953.
48 Conze, Amt, S. 581. Das am 20.9.1952 unterzeichnete Abkommen wurde im März 1953 vom Deutschen Bundestag ratifiziert, vgl. Lappenküper, Außenpolitik, S. 9.
49 PA AA, NL Hentig, 99. Gesandtschaftsrat Böhling, Jakarta: Schreiben an die Personalabteilung des AA vom 22.5.1953.
50 Über die genauen Umstände der Szene liegen nur die beiden subjektiven Berichte des Botschafters und seines Stellvertreters vor: Böhling bezichtigte Hentig des tätlichen Angriffs, Hentig Böhling der Beleidigung und des Vertrauensbruchs. Der Botschafter vermutete, Böhling sei aufgrund einer Nierenerkrankung von Hysterie befallen, und schrieb dem AA-Abteilungsleiter v. Welck, um ihn „über die psychologischen Grundlagen des Falles Böhling aufzuklären". Vgl. PA AA, NL Hentig, 99. Botschafter v. Hentig, Jakarta: Privatdienstschreiben an Ministerialdirektor v. Welck vom 28.5.1953. Sämtliche andere Privatdienstschreiben zu diesem Vorgang ebenfalls in: PA AA, NL Hentig, 99.
51 Zum Werdegang von Elgar von Randow (1904–1977): Jurist, 1926 Eintritt in den Auswärtigen Dienst, 1930–1933 Gesandtschaft Peking, 1933–1939 Generalkonsulat Shanghai; 1935 NSDAP-Mitglied (zuvor schon 1925/26); 1939–1941 AA-Vertreter beim Generalstab der Luftwaffe, 1941–1945 Dienststelle Shanghai der Botschaft in China, 1945–1947 amerikanische Internierung in China und Deutschland, 1947–1952 Angestelltentätigkeit; 1952 Wiedereintritt in den Auswärtigen Dienst; 1953–1957 Botschaftsrat in Jakarta, 1957–1962 Gesandter und später Botschafter in Rangun, 1962–1964 Referatsleiter im AA, 1964–1969 Generalkonsul in Kalkutta. Vgl. Biographisches Handbuch, Bd. 3, S. 565 f.
52 In seinen Erinnerungen schreibt Hentig unumwunden, dass sein Verhältnis zur Bonner Zentrale „weniger erfreulich" war, vgl. Hentig, Dienstreise, S. 402.
53 PA AA, NL Hentig, 166. Botschafter v. Hentig, Jakarta: Privatdienstschreiben an das AA vom 29.9.1953.
54 PA AA, B 80-500, 1100. Botschafter v. Hentig, Jakarta: Schriftbericht Nr. 198/54 vom 9.3.1954.

Nach Hentigs Rückkehr aus Indonesien kam es zu dem von ihm seit Langem erbetenen Gespräch mit Adenauer. Der nun ehemalige Botschafter verfasste danach, auf ausdrücklichen Wunsch des Bundeskanzlers, eine Aufzeichnung über Indonesien und die bundesdeutsche Indonesienpolitik.[55] Als das Papier Adenauer im Juni 1954 vorgelegt wurde, fügte Abteilungsleiter Welck Hentigs Thesen mehrere Seiten kritischer Anmerkungen bei.[56] Welck kommentierte: Hentig stehe der in Indonesien diskutierten Bildung eines neutralistischen Blocks asiatischer und arabischer Länder „mit deutlich antiwestlicher Spitze" positiv gegenüber und gehe „offenbar sogar so weit, eine Beteiligung der Bundesrepublik an einem derartigen Staatenblock in Erwägung zu ziehen".[57] Noch im gleichen Jahr nahm Hentig eine Beratertätigkeit für die Regierung des Königreichs Saudi-Arabien auf, die er zwei Jahre lang ausübte.[58] 1961 gehörte er zu den Mitbegründern der neutralistischen „Vereinigung Deutsche Nationalversammlung", die politisch heterogene Kräfte unter dem Rubrum eines bündnisfreien Gesamtdeutschlands zu sammeln bestrebte.[59] Zum Nachfolger Hentigs als Botschafter in Jakarta wurde Helmut Allardt bestimmt, mit dem Hentig zuvor in Streit über die „Antara-Affäre" geraten war.[60] Es gehört zu den leisen Ironien der Personalpolitik, dass Allardt als Botschafter von seiner vormals zurückhaltenden Linie abwich und nun selbst für ein stärkeres bundesdeutsches Engagement in Indonesien plädierte.[61]

Relikte, Fortschritte und heikle Anliegen:
Kriegszustand, Altvermögen, Handelsabkommen und Militärinstrukteure

Die bundesdeutsche Indonesienpolitik der frühen Jahre sah sich vor das Problem gestellt, zwei miteinander verbundene Relikte aus dem Zweiten Weltkrieg zu bewältigen: das juristische Problem des Kriegszustandes sowie der Umgang mit den kriegsbedingt

---

55 PA AA, B 11, 110. Bundeskanzler Adenauer: Schreiben an Staatssekretär Hallstein vom 18.6.1954.
56 PA AA, B 11, 110. Botschafter a. D. v. Hentig: Aufzeichnung für Bundeskanzler Adenauer vom 16.6.1954.
57 PA AA, B 11, 110. Gesandter v. Welck: Vermerk vom 26.6.1954.
58 Hentig, Dienstreise, S. 402–439.
59 Hierzu: Gallus, Neutralisten, S. 271–273.
60 Zum Werdegang von Helmut Allardt (1907–1987): Jurist, 1936 Eintritt in den Auswärtigen Dienst, Tätigkeiten u. a. in der Handelspolitischen Abteilung, in Teheran, Kopenhagen und Ankara, 1939 NSDAP-Mitgliedschaft; 1944–1946 Internierung; 1952 Wiederaufnahme in den Auswärtigen Dienst, 1954–1958 Botschafter in Jakarta, 1958–1960 Tätigkeit für die EWG-Kommission, 1960–1963 Handelspolitische Abteilung des AA, 1963–1967 Botschafter in Madrid, 1967–1968 Leiter der Politischen Abteilung I, 1968–1972 Botschafter in Moskau, 1972 Eintritt in den Ruhestand. Vgl. Biographisches Handbuch, Bd. 1, S. 21 f.
61 Zu den weiteren Ironien gehörte, dass Allardt auf seinem letzten Posten, ähnlich wie Hentig, ständig mit der Bundesregierung dissentierte: Die „neue Ostpolitik" der sozialliberalen Bundesregierung hielt Allardt als Botschafter in Moskau (1968–1972) für naiv und den Sowjets zu entgegenkommend. Siehe: Allardt, Tagebuch, insbesondere S. 378–397.

enteigneten Vermögen deutscher Staatsangehöriger in Indonesien. Als Schwierigkeit sollte sich die Verbindung der Vermögensfrage mit der völkerrechtlichen Frage erweisen, ob zwischen Deutschland und Indonesien je ein Kriegszustand bestanden habe und, falls ja, in welcher Form dieser aufgehoben werden müsse. Nach dem Angriff der deutschen Wehrmacht auf die Niederlande am 10. Mai 1940 hatten die Behörden im damaligen Niederländisch-Indien das Eigentum dort lebender deutscher Staatsangehöriger als „Feindvermögen" entschädigungslos eingezogen. Ende 1950 hatte ein Mitarbeiter eines Hamburger Handelshauses Kontakt zu amtlichen Stellen in Jakarta aufgenommen und Möglichkeiten einer Vermögensrückgabe eruiert. Der Ostasiatische Verein informierte die Bundesregierung, dass Jakarta grundsätzlich eine Rückgabe befürwortete. Allerdings vertrete das indonesische Justizministerium die Auffassung, „dass alles erst in einem Friedensvertrag geregelt werden" müsse.[62]

Geschäftsträger Böhling wurde in der Sache im Mai 1952 im Justizministerium vorstellig und stieß eigenen Angaben zufolge auf eine entgegenkommende Haltung.[63] Doch die indonesische Position erwies sich als taktierend und hinhaltend. Die Rechtslage war unter anderem deshalb unklar, da keines der niederländisch-indonesischen Übergangsabkommen Vorschriften enthielt, unter die man die deutschen Rückgabeforderungen hätte subsumieren können. Aus diesem Grund hielt sich die indonesische Regierung „für berechtigt, mit dem deutschen Vermögen nach freiem Belieben zu verfahren".[64] Zwar erklärten sowohl die Regierung in Jakarta als auch der indonesische Geschäftsträger in Bonn, Zain, sich der Frage wohlwollend anzunehmen; gleichzeitig argumentierten indonesische Beamte aber, die Vermögensfrage sei so lange offen, als der – angeblich formell fortbestehende – Kriegszustand zwischen Deutschland und Indonesien nicht offiziell beendet sei.[65]

Nach Bonner Auffassung hatte niemals Krieg zwischen beiden Ländern geherrscht, da Indonesien seine Staatlichkeit erst 1949 erlangte und sich ein Kriegszustand bei Staatensukzession nicht auf den Rechtsnachfolger übertrage.[66] Überdies galt nach herrschender Völkerrechtslehre ein Kriegszustand zwischen zwei Staaten dann als beendet, wenn diese Staaten diplomatische Beziehungen zueinander aufnahmen. Jedoch gab es einen Unterschied zwischen dem völkerrechtlichen „äußeren" Kriegszustand und einem innerstaatlichen Kriegszustand. Letzterer musste durch ein „Gesetz, Dekret oder eine Proklamation" beendet werden.[67] Die bundesdeutsche Seite

---

[62] PA AA, B 11, 834. Ostasiatischer Verband Hamburg-Bremen: Rundschreiben „Das deutsche Eigentum in Indonesien" vom 23.1.1951.
[63] PA AA, B 11, 834. Gesandtschaftsrat Böhling, Jakarta: Schriftbericht Nr. 8/52 vom 2.5.1952.
[64] PA AA, B 11, 834. Abteilung V: Aufzeichnung „Das deutsche Vermögen in Indonesien" (ohne Verfasser und Datum). Eingangsstempel der Abteilung III des AA vom 13.2.1953, Tgb.-Nr. III 3131/53.
[65] PA AA, B 11, 834. Botschafter v. Hentig, Jakarta: Schriftbericht Nr. 619/52 vom 30.12.1952.
[66] PA AA, B 80–500, 1100. Abteilung V: Aufzeichnung vom 11.12.1952 und Drahterlass Nr. 17 an die Botschaft Jakarta vom 4.3.1953.
[67] PA AA, B 11, 834. Botschafter v. Hentig, Jakarta: Schreiben an Staatsrat Helfferich vom 12.11.1952.

bat die Regierung Indonesiens im Oktober 1952 förmlich um eine solche Feststellung.[68] Außenminister Mukarto sicherte zu, er werde einen förmlichen Kabinettsbeschluss über das Nicht-Bestehen des Kriegszustandes beantragen. Allerdings äußerte Mukarto gewisse Bedenken, die Bundesrepublik als Interessenvertreterin aller deutschen Vermögensinhaber, indirekt daher auch möglicher Ansprüche aus der DDR, anzuerkennen.[69] Über den Gesamtumfang der enteigneten deutschen Vermögen gingen die Angaben auseinander: Laut der indonesischen Nachrichtenagentur Antara bezifferte Bonn diesen auf 180 Millionen niederländische Gulden – nach dem Wechselkurs der frühen fünfziger Jahre rund 200 Millionen DM oder 47 Millionen US-Dollar.[70] Andere Quellen gingen nur von Werten zwischen 50 und 90 Millionen indonesischer Rupien aus, damals 20 bis 36 Millionen DM.[71]

Der angekündigte Beschluss der indonesischen Regierung wurde immer wieder verschleppt. Indonesien war acht Jahre nach der bedingungslosen Kapitulation der Wehrmacht das einzige Land der Welt, das sich formell noch im Kriegszustand mit Deutschland sah. Etwas ratlos ließ die Rechtsabteilung des Auswärtigen Amts die Botschaft wissen, es sei eine „Erklärung über Nichtbestehen [des] Kriegszustandes bisher von keinem anderen Staate abgegeben" worden, „da ähnliche Schwierigkeiten wie in Indonesien in anderen Staaten nicht bestehen" würden.[72]

Inzwischen war eine Bonner Delegation in Jakarta eingetroffen, um die Modalitäten eines deutsch-indonesischen Handelsabkommens auszuarbeiten. In dieser Situation versuchte die Bundesregierung, die Lage mit einer vom Bundespresseamt verbreiteten Mitteilung zu klären, wonach „zwischen der Republik Indonesien und der Bundesrepublik kein Kriegszustand bestanden" habe.[73] Die prompte Reaktion aus Indonesien war nicht im Sinne des Auswärtigen Amts. Das indonesische Außenministerium widersprach der deutschen Position ausdrücklich. Die Deutsche Presse-Agentur meldete am 3. März 1953, das indonesische Außenministerium habe verlauten lassen, die Republik Indonesien sei als Rechtsnachfolgerin Niederländisch-Indiens „noch ‚im Kriegszustand' mit Deutschland".[74] „Gut unterrichteten Kreisen" zufolge stünden gar die Frage einer Friedenskonferenz sowie nach Reparationen im Raum und schließlich: „[...] separate deutsch-indonesische Verhandlungen über die beschlagnahmten deutschen Vermögenswerte könnten gegenwärtig nicht geführt

---

68 PA AA, B 80–500, 1100. Botschaft Jakarta: Verbalnote an das Außenministerium der Republik Indonesien vom 16.10.1952.
69 PA AA, B 11, 834. Botschafter v. Hentig, Jakarta: Drahtbericht Nr. 14 vom 20.2.1953.
70 PA AA, B 11, 834. Antara-Meldung vom 15.1.1953.
71 PA AA, B 11, 834. Notiz Nr. 15699/54.
72 PA AA, B 80–500, 1100. Abteilung V: Brieftelegramm an die Botschaft Jakarta vom 13.2.1953.
73 PA AA, B 80–500, 1100. Presse- und Informationsamt der Bundesregierung: Mitteilung vom 25.2.1953.
74 PA AA, B 80–500, 1100. dpa-Meldung vom 3.3.1953.

werden; die Frage könnte erst auf einer Friedenskonferenz zur Sprache kommen".[75] Grundlage der dpa-Meldung waren entsprechende Mitteilungen der indonesischen Nachrichtenagenturen ANETA und Antara. Ein hoher Beamter des Außenministeriums in Jakarta bestätigte auf Nachfrage von Botschafter Hentig die Aussage, wonach der Kriegszustand weiterhin bestehe.[76]

Am Tag nach der Unterzeichnung des deutsch-indonesischen Handelsabkommens (22. April 1953) trafen Außenminister Mukarto und Ministerialrat Daniel, der Delegationsleiter aus Bonn, zusammen. Im Gespräch stellte der Außenminister klar, dass zwar kein Kriegszustand im eigentlichen Sinne herrsche, jedoch „der Krieg zwischen Holland und dem Deutschen Reich noch gewisse Rechtsfolgen" habe, „die Indonesien berücksichtigen müsse".[77] Das Auswärtige Amt hielt die bundesdeutsche Position in mehreren völkerrechtlichen Kurzgutachten fest und überreichte der indonesischen Botschaft in Bonn ein Memorandum: Im Sinne der Bundesregierung sei es, wenn sich Jakarta der Auffassung anschließen würde, dass keinerlei Kriegszustand herrsche.[78]

Doch die gegensätzlichen Positionen blieben einstweilen bestehen. Die Juristen des Auswärtigen Amts waren sich im Klaren darüber, dass die indonesische Regierung fürchtete, das sequestrierte Eigentum zurückgeben zu müssen, ohne weitere Bedingungen stellen zu können. Zugleich verwies das Auswärtige Amt auf die relativ schwache Position der Bundesregierung, solange das Besatzungsstatut in der Bundesrepublik noch galt: Regierungsamtliche Verhandlungen über die Rückgabe von sequestrierten Vermögen bedurften bis 1955 der Genehmigung der Alliierten Hohen Kommission. Daher sei in der Zwischenzeit vor allem darauf zu achten, dass die beschlagnahmten Vermögen nicht „liquidiert", also zu Geld gemacht würden.[79] Zusätzlich kompliziert wurde die Angelegenheit durch die ungeklärten Pensionsansprüche von rund 200 Deutschen, die einst in der Verwaltung von Niederländisch-Indien gedient hatten und 1940 aufgrund ihrer Nationalität „unehrenhaft" entlassen wurden.[80] Die Frage des Kriegszustands sollte noch über drei Jahre lang offenbleiben. Auch wenn Sukarno den Informationen der Botschaft zufolge das offizielle Festhalten an der Kriegsfiktion „lächerlich" fand, konnte das „amtliche" Indonesien seine Auffassung durchsetzen.[81] Die Rechtsabteilung des Auswärtigen Amts wurde zusehends ungehalten über die Lage. Der Zustand bei der Vermögensfrage sei „äußerst unbe-

---

75 Ebenda.
76 PA AA, B 80–500, 1100. Botschafter v. Hentig, Jakarta: Drahtbericht Nr. 16 vom 3.3.1953.
77 PA AA, B 80–500, 1100. Ministerialrat Daniel, BMWi: Vermerk vom 23.4.1953.
78 PA AA, B 11, 834. VLR v. Haeften: Aufzeichnung „Frage des Kriegszustands mit Indonesien, beschlagnahmte deutsche Vermögenswerte in Indonesien und deutsche Pensionsansprüche" vom 21.5.1953 und Memorandum vom 12.5.1953.
79 PA AA, B 80–500, 1100. Abteilung V: Schrifterlass Nr. 4137/53 an die Botschaft Jakarta vom 26.3.1953.
80 PA AA, B 80–500, 1100. VLR v. Haeften: Aufzeichnung vom 12.5.1953.
81 PA AA, B 80–500, 1100. Botschafter v. Hentig, Jakarta: Schriftbericht Nr. 198/54 vom 9.3.1954.

friedigend" und das indonesische Vorgehen „unvereinbar mit dem indonesischen Wunsch, sich mit Hilfe deutscher Bankkredite vom holländischen Einfluss zu lösen", schrieb das Auswärtige Amt im Oktober 1954 nach Jakarta.[82] Der neue Botschafter Allardt setzte auf sanften Druck und wies seine Gesprächspartner immer wieder darauf hin, der „groteske Kriegszustand" müsse beendet werden, bevor an deutsche Hilfen für Indonesien zu denken sei.[83]

Im August 1955 ließ das Auswärtige Amt die indonesische Botschaft erneut wissen, dass eine Klärung des Problems dringend erwünscht sei. Die indonesische Regierung bot schließlich an, der Bundesregierung offiziell mitzuteilen, es habe niemals Krieg zwischen der Bundesrepublik und Indonesien bestanden.[84] Doch diese Aussage weckte bei der AA-Rechtsabteilung Bedenken wegen der darin wahrgenommenen Mehrdeutigkeit: „Sie könnte besagen, dass es sich auf beiden Seiten um staatliche Neugründungen handelt, zwischen denen ein Kriegszustand gar nicht möglich war. Eine derartige Auslegung entspräche aber nicht der von der Bundesregierung stets vertretenen These, wonach das Deutsche Reich nicht untergegangen ist."[85] Im Sinne des Anspruchs, allein die Bundesrepublik könne für das fortbestehende Gesamt-Deutschland sprechen, forderte man Jakarta auf, in der offiziellen Mitteilung „Bundesrepublik" durch „Deutschland" zu ersetzen. Die Lösung verzögerte sich wiederum. Im Herbst 1956 teilte Allardt der Zentrale mit, er glaube nicht, dass es sich bei der Verschleppung der Kriegs- und Vermögensfrage „um bösen Willen handelt, sondern um die Unzulänglichkeit der gesamten indonesischen Administration und den Mangel an Unterhändlern, die überhaupt fähig sind, juristische Fragen zu beantworten".[86] Intern galt der Kriegszustand dem Auswärtigen Amt als ein „Schönheitsfehler, der den tatsächlich bestehenden freundschaftlichen Beziehungen" nicht entspräche.[87] Ende des Jahres 1956 sah Allardt „gewisse Fortschritte", nachdem er den Ausbau der deutsch-indonesischen Beziehungen von einer Klärung abhängig gemacht hatte.[88] Am 30. Januar 1957 schließlich teilte das indonesische Außenministerium der deutschen Botschaft in einer Note mit, „that there has never existed a state of war between the Republic of Indonesia and Germany".[89]

---

82 PA AA, B 11, 834. VLR Gnodtke: Schrifterlass Nr. 62552/54 an die Botschaft Jakarta vom 23.10.1954. Siehe auch: PA AA, B 80–500, 1100. Botschaftsrat v. Randow, Jakarta: Schriftbericht Nr. 689/54 vom 20.8.1954.
83 PA AA, B 80–500, 1100. Botschafter Allardt, Jakarta: Schriftbericht Nr. 314/55 vom 6.4.1955.
84 PA AA, B 80–500, 1100. Botschafter Allardt, Jakarta: Privatdienstschreiben an Ministerialdirektor v. Grolman vom 29.9.1955.
85 PA AA, B 80–500, 1100. LR I Meyer-Lindenberg: Schrifterlass Nr. 4101/55 an die Botschaft Jakarta vom 19.12.1955.
86 PA AA, B 12, 1399. Botschafter Allardt, Jakarta: Schriftbericht Nr. 1085/56 vom 31.10.1956.
87 PA AA, B 12, 1363. Abteilung 7: Aufzeichnung über Indonesien vom 22.9.1956.
88 PA AA, B 80–500, 1100. Botschafter Allardt, Jakarta: Schriftbericht Nr. 1249/56 vom 6.12.1956.
89 PA AA, B 80–500, 1100. Generalsekretär Subandrio, Ministerium für Auswärtige Angelegenheiten (*Menteri Luar Negeri Indonesia*): Note vom 30.1.1957 an die Botschaft der Bundesrepublik Deutschland.

Die bundesdeutsche Seite hatte sich hinsichtlich der Formulierung „Deutschland" statt „Bundesrepublik" durchgesetzt; ein Erfolg der indonesischen Seite war es, dass die Frage der Vermögensrückgabe ausdrücklich von der Frage des Kriegszustandes abgetrennt wurde. Der Umgang mit dem sequestrierten Eigentum blieb offen. Die ungelöste Frage der Altvermögen kehrte in den folgenden anderthalb Jahrzehnten gelegentlich wieder auf die Tagesordnung der deutsch-indonesischen Beziehungen zurück.[90] Offensichtlich wurde in den siebziger Jahren von Seiten der Bundesrepublik endgültig der Versuch aufgegeben, eine Rückgabe der deutschen Altvermögen zu erreichen.[91]

Abgesehen von den bisher beschriebenen Querelen gab es auch praktische Fortschritte in den deutsch-indonesischen Beziehungen. Das sehr starke Interesse der indonesischen Regierung an guten Wirtschaftsbeziehungen zu Deutschland stand außer Frage.[92] Ein Warenverkehrsabkommen hatten die Bundesrepublik und Indonesien schon im Dezember 1950 geschlossen, noch vor der Aufnahme diplomatischer Beziehungen – dies war das erste selbstständige internationale Abkommen der jungen Republik Indonesien überhaupt.[93] Beide Seiten beabsichtigten, die wirtschaftliche Zusammenarbeit durch einen darüber hinausreichenden Handelsvertrag auszubauen. Die Botschaft spielte nur eine Nebenrolle in den eigentlichen Verhandlungen: Geführt wurden sie von einer aus Bonn angereisten Delegation unter Ministerialrat Kurt Daniel vom Bundesministerium für Wirtschaft. Die Gespräche begannen am 23. Februar 1953.[94] Den Indonesiern war vor allem daran gelegen, mit der Bundesrepublik „direkte Handelsbeziehungen" zu etablieren, sich also aus dem niederländisch kontrollierten Handelsregime zu lösen.[95]

Da sich Anfang der fünfziger Jahre die Liberalisierung des Welthandels noch nicht als allgemeines Leitbild durchgesetzt hatte, spielten bei Handelsverträgen Fragen der Kontingentierung eine wichtige Rolle: Bei den Verhandlungen in Jakarta ging es zunächst um die Quotierung indonesischer Einfuhren in die Bundesrepublik. Sie wurde erst einmal auf einen Jahresgesamtwert von 300 Millionen Gulden festgesetzt. Die indonesische Seite wollte innerhalb dieser Gesamtsumme eine möglichst hohe Exportmenge für Kautschuk und Palmöl durchsetzen. Die deutsche Delegation war wieder-

---

90 PA AA, B 12, 1395. Ende 1960 berichtete die Botschaft Jakarta von ihrem Eindruck, „dass man auf indonesischer Seite zu weiteren Verhandlungen nicht bereit" sei und „die Vermögensfrage als abgeschlossen" betrachte, vgl. Botschaftsrat Seeliger, Jakarta: Schriftbericht Nr. 1047/60 „Beschlagnahmtes deutsches Vermögen in Indonesien" vom 29.11.1960.
91 Bundesarchiv (BArch), B 126, 57306. BMF, Referat VI A 7: Vermerk „Deutsches Vorkriegsvermögen in Indonesien" vom 18.6.1973.
92 PA AA, B 11, 109. Ausschnitt aus den Bonner Privat-Informationen Nr. VI/53 vom 31.1.1953.
93 PA AA, B 11, 893. Oberregierungsrat (ORR) Schueller: Vermerk „Wirtschaftsverhandlungen mit der Republik Indonesien" vom 13.12.1950.
94 PA AA B 11, 109. Botschaft Jakarta: Schriftbericht Nr. 216/53 [Datum unleserlich, Eingang AA 8.4.1953].
95 PA AA, B 11, 893. Ministerialrat Daniel, z. Zt. Jakarta: Drahtbericht Nr. 15 vom 23.2.1953.

um eher an einer möglichst hohen Importmenge an Kopra interessiert.[96] Angesichts der Devisenknappheit Indonesiens kam Bonn der Bitte entgegen, für Indonesien eine aktive Handelsbilanz festzuschreiben: Interne Vermerke sahen vor, die Exporte der Bundesrepublik nach Indonesien auf 255 Millionen Gulden zu begrenzen, Indonesien also eine „Aktivspitze" von 45 Millionen zuzugestehen. Das Bonner Wirtschaftsministerium gab der Delegation Spielraum, Indonesien maximal sogar eine Aktivspitze von 100 Millionen Gulden zuzugestehen.[97]

Die deutschen Unterhändler gewannen dennoch den Eindruck, die indonesische Seite wollte die deutschen Einfuhren – unabhängig von den zugestandenen indonesischen Ausfuhren – möglichst minimieren, um durch einen Exportüberschuss ihre Devisenlage zu verbessern.[98] Zusätzlich brachten die Indonesier – trotz der eigentlich schon verabredeten Kontingentierung der indonesischen Einfuhr auf 300 Millionen Gulden – den Wunsch vor, die Bundesrepublik möge den indonesischen Export komplett und ohne Gegenleistungen liberalisieren, das heißt keine Mengenbeschränkungen festschreiben. Die Verhandlungen standen Ende März kurz vor dem Scheitern und wurden bis Mitte April „zur Klärung prinzipieller Fragen" unterbrochen.[99] Nach der Wiederaufnahme der Verhandlungen gelang trotzdem rasch eine Einigung. Dem indonesischen Export nach Westdeutschland wurden tatsächlich keine quantitativen Beschränkungen auferlegt. Für die Dauer der Devisenprobleme Indonesiens wurde eine indonesische Aktivspitze – also ein garantierter Abstand zwischen Exporten und Importen – von 45 Millionen Gulden garantiert. Das Gesamthandelsvolumen sollte sich auf 640 Millionen Gulden belaufen. Am 22. April 1953 wurde das Handelsabkommen unterzeichnet.[100]

Das Abkommen wurde 1955 verlängert und mit einem Zusatzprotokoll versehen. 1957 wurde ein Abkommen über wirtschaftliche und technische Zusammenarbeit zwischen Indonesien und der Bundesrepublik geschlossen.[101] Im Auswärtigen Amt ging man davon aus, Indonesien und die Bundesrepublik hätten die Voraussetzungen für eine „ideale Partnerschaft" wegen der Komplementarität ihrer jeweiligen Volkswirtschaften: Indonesien exportierte Kautschuk, Kopra, Zinn, Tabak, Kaffee und Gewürze; die Bundesrepublik lieferte Maschinen, Metallwaren, chemische Güter und diverse elektrische Geräte. Bis Mitte der fünfziger Jahre wuchs das bilaterale Handelsvolumen

---

96 PA AA, B 11, 893. Ministerialrat Daniel, z. Zt. Jakarta: Drahtbericht Nr. 20 vom 6.3.1953.
97 PA AA, B 11, 893. Ministerialrat Daniel, z. Zt. Jakarta: Drahtbericht Nr. 23 vom 20.3.1953.
98 PA AA, B 11, 893. Ministerialrat Daniel, z. Zt. Jakarta: Drahtbericht Nr. 26 vom 26.3.1953.
99 PA AA, B 11, 893. Abteilung IV: Pressemitteilung vom 15.4.1953.
100 PA AA, B 80–500, 194. Abschrift des Handels- und Zahlungsabkommen zwischen der Republik Indonesien und der Bundesrepublik Deutschland vom 22.4.1953.
101 PA AA, B 80–500, 482. Bundesministerium für Wirtschaft: Runderlass Außenwirtschaft Nr. 63/55 vom 27.7.1955 und Bundesministerium für Wirtschaft: Runderlass Außenwirtschaft Nr. 58/57 vom 25.11.1957.

zwischen der Bundesrepublik und Indonesien von 492,2 Millionen DM (1952) auf 573,0 Millionen DM (1955) an.[102]

Sehr viel heikler als die Wirtschaftsbeziehungen war ein anderes indonesisches Anliegen, nämlich eine Zusammenarbeit mit Bonn in militärpolitischen Fragen. Als Außenminister Mukarto Ende 1952 in der Bundesrepublik war, empfing ihn Konrad Adenauer zu einem Gespräch. Mukarto sprach vom „besonderen Wunsch" der indonesischen Regierung, „deutsche Sachverständige auf allen Gebieten zuzuziehen, vor allem aber auf militärischem Gebiet, wo die bisherigen holländischen Berater durch andere ausländische Sachverständige ersetzt werden sollen".[103] Das Protokoll hielt fest: „Der Herr Bundeskanzler legt Wert darauf, dass diese indonesischen Probleme intensiv beachtet werden und dass alles getan wird, so weit wie möglich den indonesischen Wünschen entgegenzukommen."[104] Im Auswärtigen Amt überwog die Zurückhaltung. Hasso von Etzdorf von der Politischen Abteilung äußerte Bedenken, dass die Holländer „sich auf das Heftigste gegen das Eindringen deutscher Sachverständiger sträuben" würden.[105] Gut zwei Wochen nach dem Gespräch zwischen Adenauer und Mukarto erkundigte sich ein niederländischer Diplomat bei Etzdorf nach dem Stand der Dinge. Der Niederländer wollte wissen, ob es stimme, dass Adenauer dem indonesischen Außenminister versprochen habe, ihn in der Frage der Militärberater mit der Dienststelle Blank in Verbindung zu setzen. Etzdorf verneinte dies und versicherte, „dass wir das deutsch-indonesische Verhältnis immer in einem Rahmen halten würden, der für Holland erträglich sei". Die Beziehungen zu Den Haag genössen Vorrang.[106] Etzdorf wies seine niederländischen Kollegen allerdings darauf hin, amtliche deutsche Stellen müssten bei dem indonesischen Vorhaben eingeschaltet bleiben, da Indonesien sonst auf eigene Faust „Abenteurer und andere unqualifizierte Leute" rekrutieren würde. Aus diesem Grund sollte der indonesischen Botschaft ein seriöser deutscher Ansprechpartner vermittelt werden.[107] Ende Januar 1953 empfahl das Auswärtige Amt den Indonesiern Generalmajor a. D. Rudolf von Gersdorff als möglichen Vertrauensmann, um geeignete Militärberater zu rekrutieren.[108]

Obwohl die niederländische Militärmission zum Ende des Jahre 1953 aus Indonesien abgezogen wurde, kam die indonesisch-deutsche Zusammenarbeit über Besprechungen nicht hinaus. Niederländische Diplomaten zeigten sich beunruhigt über

---

102 PA AA, B 12, 1363. Referat 740: Aufzeichnung über Indonesien vom 22.9.1956.
103 AAPD 1952, Dok. 240, S. 732. Ministerialdirektor Blankenhorn: Aufzeichnung vom 1.12.1952.
104 Ebenda.
105 AAPD 1952, Dok. 240, S. 732. Etzdorfs Notiz zur Aufzeichnung vom 1.12.1952.
106 PA AA, B 11, 745. VLR I v. Etzdorf: Vermerk vom 19.12.1952.
107 PA AA, B 11, 745. VLR I v. Etzdorf: Aufzeichnung für Staatssekretär Hallstein vom 29.12.1952.
108 AAPD 1953, Dok. 43, S. 129 f. LR I Böker: Aufzeichnung vom 31.1.1953. Böker war sich im Gespräch mit dem indonesischen Gesandten einig, dass die Angelegenheit „sehr delikat" sei. Hallstein erteilte die Weisung, die niederländische Botschaft „noch nicht" über die Empfehlung Gersdorffs zu informieren. Gersdorff gehörte zu den Männern des 20.7.1944 und entkam der Verfolgung nach dem gescheiterten Hitler-Attentat.

die Möglichkeit eines deutschen Engagements für Indonesien. Den Haags Geschäftsträger Henri Arnold Helb sprach in Bonn das Thema gegenüber Hasso von Etzdorf immer wieder an. Mittlerweile, so Helb, rücke eine militärische Eskalation im niederländisch-indonesischen Konflikt um Westneuguinea in den Bereich des Möglichen. Sollten in dieser Situation deutsche Militärinstrukteure in Indonesien wirken, werde dies zu einer Belastung der Beziehungen zwischen den Niederlanden und der Bundesrepublik führen. Nach der Besprechung mit dem niederländischen Geschäftsträger verfasste Etzdorf einen Vermerk für Hallstein, wonach es im Bonner Interesse liege, „nach Möglichkeit zu verhindern, dass wir gegenüber den Holländern in ein ähnliches Dilemma geraten wie jetzt gegenüber England durch unsere ‚Partisanenausbilder' in Ägypten".[109] Zu weiteren Irritationen kam es, als Ulrich de Maizière vom Amt Blank das Auswärtige Amt darauf hinwies, in München habe sich eine „Interessengemeinschaft Indonesien" formiert, welche ehemalige Wehrmachtsoffiziere für Indonesien rekrutieren wolle. Auch de Maizière war der Meinung, eine Entsendung von Militärberatern nach Südostasien sei nicht wünschenswert: Unter anderem argumentierte er, die geplante „Europaarmee" brauche sämtliches qualifiziertes Personal.[110]

Der Willensbildungs- und Entscheidungsprozess in der Militärberaterfrage ist aus dem offenen und dem offengelegten Aktenmaterial nicht lückenlos rekonstruierbar. Als sicher kann jedoch gelten, dass Bonn die indonesischen Anfragen aus Rücksicht auf Den Haag – und auch aus mit der westdeutschen Wiederbewaffnung zusammenhängenden personalpolitischen Gründen – im Sande verlaufen ließ. Das Thema wurde schließlich von keiner Seite mehr aufgegriffen. Der seltsame Umstand, dass die indonesische Regierung sich um die Militärberatung durch eine fremde Macht bemühte, mit der sie nach eigener Rechtsauffassung zu dieser Zeit noch im Krieg stand, ist – außer von Sukarno selbst – von niemandem angesprochen worden.[111]

Das Auftreten der DDR in Indonesien 1954

Vor Mitte der fünfziger Jahre hatten die Sowjetunion und ihre Satelliten in den allermeisten dekolonisierten Staaten noch kaum Profil gezeigt. In Indien, mit dem seit 1947 diplomatische Beziehungen bestanden, begann die UdSSR erst ab 1955 politisch aktiv zu werden; nach Indonesien entsandte Moskau sogar erst 1954 einen Botschafter,

---

109 PA AA, B 11, 745. VLR I v. Etzdorf: Vermerk vom 1.6.1953.
110 PA AA, B 11, 745. Abteilung III: Aufzeichnung vom 13.6.1953. „Europaarmee" bezeichnete die deutschen Kontingente für die geplante Europäische Verteidigungsgemeinschaft (EVG), die allerdings im August 1954 von der französischen Nationalversammlung abgelehnt wurde. Ende des Jahres 1953 wandte sich der indonesische Botschafter in Kairo an dort tätige deutsche Militärinstrukteure, um sie für eine Tätigkeit in Indonesien zu gewinnen. Die Botschaft riet ab. Siehe: PA AA, B 11, 745. Botschaftsrat v. Mirbach, Kairo: Schriftbericht Nr. 3732/53 vom 26.11.1953.
111 PA AA, B 11, 745. Botschafter v. Hentig, Jakarta: Schriftbericht 183/53 vom 5.3.1953.

als die Amerikaner dort schon jahrelang präsent waren.[112] Die Gründe dafür, dass Indonesien anfangs „nicht sehr weit oben auf der Prioritätenliste der sowjetischen Führung stand"[113], lagen unter anderem an Stalins Desinteresse für die überseeische Welt. Chruschtschow, der sich im innerparteilichen Machtkampf nach Stalins Tod durchgesetzt hatte, fand dagegen in den dekolonisierten Ländern ein neues Aktionsfeld sowjetischer Außenpolitik.[114]

Der Umstand, dass Indonesien im Kalten Krieg zwischen Ost und West neutral bleiben wollte, während die Bundesrepublik ein Frontstaat in diesem Konflikt war, belastete 1954 erstmals das bilaterale Verhältnis. In diesem Jahr begann ein deutsch-deutscher Kleinkrieg in Jakarta: Nachdem die DDR bis dato nicht in Indonesien präsent gewesen war, gelang es Ost-Berliner Stellen 1954, eine Vertretung in Indonesien zu eröffnen. Am 13. Februar 1954 wurde eine DDR-Delegation nach Jakarta eingeladen, um Gespräche über ein Handelsabkommen zu führen. Als die bundesdeutsche Botschaft vom Eintreffen der Delegation erfuhr, bat Hentig den indonesischen Außenminister Sunario darum, nichts zu unternehmen, was von der Abordnung als diplomatische Anerkennung interpretiert werden könnte.[115] Einen knappen Monat später erkundigte sich Sunario, ob die Bundesregierung „ernste Einwendungen gegen den eventuellen Abschluss [eines] Handelsabkommens Indonesiens mit der Sowjetzone habe". Diplomatische Beziehungen Indonesiens zu Ost-Berlin seien ohnehin nicht geplant.[116] Hallstein wies daraufhin die Botschaft telegraphisch an, in dieser Angelegenheit bei der indonesischen Regierung zu demarchieren und den „dortigen Außenminister nicht im Zweifel darüber zu lassen, dass [die] Bundesregierung Abschluss Handelsabkommen Indonesien mit Sowjetzone nicht stillschweigend hinnehmen könnte, sondern darin Haltung sehen müsste, die geeignet wäre, Fortbestehen und weiteren Ausbau guten Verhältnisses Bundesrepublik-Indonesien ernstlich zu beeinträchtigen. Abschluss solchen Handelsabkommens würde von Sowjetzone als de-facto-Anerkennung ausgelegt werden und Sowjetzone überdies zu neuen Forderungen [...] ermutigen."[117]

Aus den DDR-Akten geht hervor, dass die bundesdeutsche Intervention wahrscheinlich teilweise Erfolg hatte: Zwar konnte die DDR-Außenhandelskammer am 9. Juni 1954 ein Warenaustauschabkommen mit der indonesischen Handelsorganisation

---

112 Das Gupta, Südasienpolitik, S. 46. Zum schleppenden Beginn der sowjetisch-indonesischen Beziehungen siehe: Boden, Grenzen, S. 37–65.
113 Boden, Grenzen, S. 62.
114 Zur sowjetischen Außenpolitik nach Stalins Tod siehe: Mastny, Soviet Foreign Policy, S. 318.
115 PA AA, B 11, 1408. Botschafter v. Hentig, Jakarta: Schriftbericht Nr. 239/53 vom 18.3.1954.
116 PA AA, B 11, 1409. Botschaftsrat v. Randow, Jakarta: Drahtbericht Nr. 25 vom 15.4.1954. Sunario ging irrtümlich davon aus, dass die Bundesrepublik selbst Handelsverträge mit den Staaten des Ostblocks geschlossen habe.
117 PA AA, B 11, 1409. Staatssekretär Hallstein: Drahterlass Nr. 30 an die Botschaft Jakarta vom 23.4.1954.

abschließen.[118] Zugleich durfte eine „Außenstelle der Kammer für Außenhandel der DDR" in Jakarta eröffnet werden. Doch die DDR konnte nicht – „entgegen vorheriger mündlicher Zusage" – das von ihr gewünschte Handels- und Zahlungsabkommen auf Regierungsebene schließen. Das indonesische Außenministerium verweigerte seine Zustimmung.[119] Die Angelegenheit war für die Bundesregierung trotzdem ärgerlich, weil die DDR zuvor – abgesehen vom „Sonderfall" Finnland – mit keinem anderen Staat außerhalb des kommunistischen Blocks einen Handelsvertrag hatte abschließen können.[120] Ende 1954 gelang es den westdeutschen Diplomaten, die „vertrauliche Geschäftsordnung" der DDR-Handelsvertretung zu beschaffen. Aus der Geschäftsordnung gehe eindeutig hervor, berichtete Botschafter Allardt, dass die Vertretung auch politische Aufgaben wahrnehme. In den ersten Monaten ihrer Anwesenheit in Jakarta seien allerdings die „sowjetzonalen Vertreter kaum hervorgetreten".[121]

Mitte der fünfziger Jahre wurden damit die eigentlichen politischen Interessen der Bundesregierung in Indonesien virulent: nämlich die Eindämmung derjenigen Kräfte in diesem Land, die im weitesten Sinne einer deutschen Wiedervereinigung zu den Bedingungen der Bundesrepublik entgegenstanden, ob dies nun DDR-Diplomaten oder indonesische Kommunisten waren. Indonesien war kein Einzelfall: In so wichtigen Ländern wie Indien und Ägypten konnte die DDR ebenfalls 1954 Handelsvertretungen einrichten.[122] Aufgrund der bundesdeutschen „Frontstellung" gegen die Sowjetunion und den Kommunismus begann die der kommunistischen PKI nahestehende Presse, die Bundesrepublik anzugreifen. Auf bestimmte Publikationen reagierte Bonn resolut: Nachdem ein Artikel der kommunistischen Zeitung *Nanyang Post* vom Juli 1954 über das angebliche Wiedererstarken des deutschen Militarismus geschrieben und Adenauer mit Hitler gleichgesetzt hatte, reichte die Botschaft auf Weisung des Auswärtigen Amts offiziell Beschwerde beim indonesischen Außenministerium ein.[123] Die Angelegenheit wurde dem Generalstaatsanwalt zugeleitet. Zwar wurde der Herausgeber der Zeitung polizeilich vorgeladen und vernommen; eine Anklage unterblieb jedoch

---

118 Boden, Grenzen, S. 63.
119 PA AA, MfAA, A 9363, Mikrofiche Bl. 039–046, hier Bl. 040. Schedlich, Jakarta: Bericht über den Stand der Beziehungen zwischen der DDR und der Republik Indonesien im 4. Quartal 1957 (ohne Datum). Im Dezember 1956 waren die Bemühungen Ost-Berlins um einen regierungsamtlichen Handelsvertrag schließlich erfolgreich. Vgl. ebenda. Schedlich, Jakarta: Bericht über den Stand der Beziehungen zwischen der DDR und der Republik Indonesien im 4. Quartal 1957 (ohne Datum).
120 PA AA, B 11, 1409. Referat 353: Vermerk vom 5.5.1954.
121 PA AA, B 12, 95. Botschafter Allardt, Jakarta: Schriftbericht Nr. 1119/54 vom 30.12.1954.
122 Berggötz, Nahostpolitik, S. 424; Das Gupta, Südasienpolitik, S. 102.
123 Hier und im Folgenden siehe Dokumente in: PA AA, B 11, 1408. Botschaft Jakarta: Schriftbericht Nr. 625/54 „Antideutsche kommunistische Propaganda in Indonesien" vom 26.7.1954; LR I Böhling: Schrifterlass an die Botschaft Jakarta vom 9.8.1954; Botschaftsrat v. Randow, Jakarta: Schriftbericht Nr. 749/54 vom 3.9.1954; Botschaft Jakarta: Schriftbericht Nr. 994/54 „Angriffe gegen den Bundeskanzler" vom 22.11.1954.

aus formalen Gründen – da es sich bei dem Angegriffenen nicht um ein Staatsoberhaupt handelte.

2 Wahrnehmungen und Wahrnehmungsmuster in der Berichterstattung

In der Einleitung ist begründet worden, warum auch die Wahrnehmungen der Akteure ausführlich thematisiert werden sollen. Für die Analyse dieser Arbeit ist es vorteilhaft, dass erstens viele Berichte vorhanden sind, die über die jeweiligen Perzeptionen direkten Aufschluss geben, und dass die Diplomaten jener Zeit recht urteilsstark schrieben. Andererseits ist auffällig, dass der frühere, „literarische" (hier ragen besonders Berichte des Botschaftsrates Elgar von Randow heraus) und wertungsfreudige Duktus der Botschaftsberichte seit etwa Mitte der sechziger Jahre allmählich von einem nüchtern-technokratischen Duktus verdrängt wurde. Bereits die kursorische Durchsicht des Ende der siebziger und Anfang der achtziger Jahre entstandenen Schriftverkehrs ergibt, dass sich diese Tendenz fortsetzte. Viele Berichte des hier berücksichtigten Zeitraums von 1952 bis 1961 waren zwar gewiss urteilsstark; dennoch hatten Bonns Diplomaten zu dieser Zeit insofern noch einen unbefangeneren Blick auf Indonesien und seine Politiker, da hier noch kein deutschlandpolitischer Krisenherd entstanden war (wie nach 1961).

Indonesien: „Volkscharakter", entstehende Nation und Krisenland

Im amtlichen Schriftverkehr treten die folgenden Charakterisierungen Indonesiens auf: Indonesien als „unbekanntes Land", über das im Westen ein beklagenswert niedriger Wissensstand herrscht; Indonesien als im Entstehen begriffene „junge Nation"; da die Ausgangsbedingungen schwierig waren, erscheint Indonesien zugleich als Krisenland, das unter Separatismus und einer unzuverlässigen politischen Klasse zu leiden hatte. Schließlich wird gelegentlich der „Volkscharakter" der Indonesier thematisiert. Bei letztgenanntem Thema schrieben damalige Diplomaten zuweilen stark verallgemeinernde Wertungen, die aus heutiger Sicht befremden. Jedoch ist die Betrachtung Indonesiens nicht so stereotyp und undifferenziert, wie es eine „postkoloniale" Lesart erwarten ließe. Erkenntniskritisch muss berücksichtigt werden, dass Ansichten über „die" Indonesier ganz überwiegend aus Begegnungen mit gehobenen Schichten in Jakarta zustande gekommen sind.[124]

---

[124] Kritisch zum Wert diplomatischer Berichterstattung und zu den Problemen einer *epistemic community* von Diplomaten: End, Diplomatie, S. 29–31.

Indonesien gehörte zu den Ländern, über die das Wissen auch in gebildeten Kreisen der Bundesrepublik gering war, gerade im Vergleich zu anderen asiatischen Ländern wie Japan, China und Indien. Ein Indiz für das geringe Wissen war, dass noch Mitte der fünfziger Jahre in deutschen Zeitungen gelegentlich von „Niederländisch-Indien" die Rede war oder Indonesien mit Indochina verwechselt wurde.[125] Werner-Otto von Hentig, der erste Botschafter der Bundesrepublik Deutschland in Jakarta (1952–1954), sah in dieser Ignoranz auch deshalb einen Makel, weil er annahm, Deutsche und Indonesier verbinde eine Art geistige Verwandtschaft:

> „Fast wichtiger als all diese Momente ist eine nicht zu unterschätzende, im vollen Umfang vielleicht nicht in Deutschland bekannte kulturelle Verbindung. Dem Indonesier eignet ein philosophischer Zug, den er bei uns wieder zu finden glaubt. Durch die Kenntnis des Holländischen fällt es ihm leicht, die deutsche Sprache zu lernen. [...] Es ist erstaunlich, wie viele Indonesier noch die deutsche Literatur beherrschen und sich auch noch mit deutschen Fragen befassen, ja unsere letzten Schicksale mit innersten Anteil und Bewunderung beobachten. Hier liegen für uns ganz eigenartige Ansatzpunkte."[126]

Diese Ausführungen waren allerdings die Ausnahme unter den Indonesien-Perzeptionen. Vorherrschend waren die – in den Berichten mit reicher Metaphorik umschriebenen – Phänomene des Entstehens einer Nation und der damit verbundene Krisenweg. Der zweite Botschafter (1954–1958), Helmut Allardt, sah Indonesien in einem organischen Prozess. In einem Referat vor Kollegen umschrieb er diesen Prozess mit Metaphern des menschlichen Lebensalters:

> „So ist es meine Aufgabe, über 3000 Inseln zu sprechen, deren Bevölkerung erst dabei ist, sich diejenigen Formen staatlicher und sozialer Organisationen zu schaffen, in denen sie zu leben wünscht. Indonesien ist, mit anderen Worten, mit einem Kinde zu vergleichen, das mitten in seinen natürlichen Entwicklungsproblemen steht – Problemen, die erst überwunden sein müssen, bis aus dem Kind ein Erwachsener geworden ist. Nicht unwichtig ist, dass dieses, um im Bilde zu bleiben, übrigens sehr liebenswerte und intelligente, wenn auch dem Ernst des Lebens nicht sonderlich zugetane Kind in den Besitz der größten Erbschaft gekommen ist, die in Asien im Zeitalter des Antikolonialismus vergeben wurde. Die Welt – vor allem auch die westliche, die 300 Jahre lang alles getan hat, um die Entwicklung des besagten Kindes zu hemmen – beobachtet daher nicht ohne Besorgnis, welchen Gebrauch es von dieser seiner Erbschaft machen wird. Das indonesische Inselreich mit rund 2 Millionen Quadratkilometern und 80 Millionen Menschen, die sich jährlich um 1,5 Millionen vermehren, übt mit seinem enormen Potenzial an Rohstoffen und auf Grund seiner geographischen Lage eine außerordentlich starke Anziehungskraft nach Ost und West aus, eine Anziehungskraft, die diesem Lande allein aus wirtschaftlichen Gründen eine immer stärkere Rolle in Asien zuweist."[127]

---

125 PA AA, B 11, 1408. Botschafter v. Hentig, Jakarta: Schriftbericht Nr. 352/52 „Indonesien und Deutschlands Verantwortlichkeit" vom 26.9.1952.
126 PA AA, NL Hentig, 166. Botschafter v. Hentig, Jakarta: Schriftbericht Nr. 140/52 „Allgemeine Lage Indonesiens und unsere sich daraus ergebenden Aufgaben" vom 30.7.1952.
127 PA AA, AV Tokio, 6767. Botschafter Allardt, Jakarta: Referat über Indonesien. Protokoll der Konferenz der Missionschefs im asiatisch-pazifischen Raum vom 18.–23.2.1957, S. 283.

In diesen heute altväterlich klingenden Worten fasst Allardt drei verbreitete Perzeptionen der politischen Grundbedingungen Indonesiens zusammen: Seine Modernisierungsprobleme, seinen Ressourcenreichtum und seine wachsende politische Rolle. Gleichzeitig wird dem „Volkscharakter" ein „kindlicher Unernst" zugeschrieben. Dieser, sowie die gelegentlich beschriebene „Friedfertigkeit" und „Leichtlebigkeit"[128] der Indonesier stehen in einem bemerkenswerten Kontrast zu der andernorts ausführlich geschilderten Gewaltsamkeit und Instabilität des Landes. Staatssekretär Hallstein gab seine Wahrnehmungen nach einem Indonesien-Besuch folgendermaßen wieder: „Der zusammengefasste Eindruck aus diesen und vielen anderen Gesprächen [...] ist der, dass das Land noch nach einem rechten Gebrauch der ihm zugefallenen Selbstständigkeit sucht. [...] Für das Böse im Kommunismus hat kaum ein Mensch ein Gefühl. Dem Volkscharakter ist es fremd, die Dinge ernst zu nehmen. Die fast spielerische Gelassenheit, mit der das von der Natur verwöhnte Volk auch an schwierige Fragen herantritt, ist keine bloße Form der Ablenkung."[129]

Auch wenn viele Berichte einerseits hervorhoben, dass Indonesien ein sehr heterogener Staat mit verschiedenen Volksgruppen ist, schienen die Autoren andererseits doch von charakteristisch indonesischen Eigenschaften auszugehen. Neben dem genannten „Unernst" und der „Kindlichkeit" gehörte dazu auch die angebliche „Empfindlichkeit" der Indonesier: Vom „mimosenhaft empfindlichen Nationalismus der Indonesier" war schon 1952 im Zusammenhang mit dem Schacht-Gutachten die Rede.[130] Im Zusammenhang mit außenwirtschaftlichen Fragen ging die Botschaft – in einer typischen Nebenbemerkung – davon aus, „die empfindlichen und stets misstrauischen Indonesier werden sich verletzt fühlen".[131] Indonesien leide unter einem „Minderwertigkeitskomplex".[132] Die diagnostizierten Ressentiments und Komplexe erzeugten den „national-chauvinistischen Argwohn dieses typischen Entwicklungslandes".[133]

Als besonders schweres Erbe der niederländischen Kolonialherrschaft galt die fehlende Tradition von Staatlichkeit und der Mangel an politischem, juristischem, ökonomischem und technischem Sachverstand. Hentig wie Allardt äußerten den Vorwurf an die Niederlande, keine brauchbaren administrativen Strukturen hinterlassen und zu wenig für die Bildung der Indonesier geleistet zu haben.[134] Als Folge machten Bonns Diplomaten – in heutiger Terminologie gesprochen – Staatsversagen und

---

128 PA AA, B 11, 1411. Botschafter v. Hentig, Jakarta: Schriftbericht Nr. 813/53 vom 21.10.1953.
129 PA AA, B 1, 114. Staatssekretär Hallstein, z. Zt. Jakarta: Drahtbericht Nr. 9 vom 7.2.1957. Das Telegramm war allerdings von Hallstein gemeinsam mit Botschafter Allardt verfasst worden, sodass nicht klar ist, ob dies Hallsteins eigene „Erkenntnisse" waren.
130 PA AA, B 11, 108. Abteilung III: Aufzeichnung vom 13.2.1952.
131 BArch, B 102, 57325. VLR Seeliger: Schreiben an das BMWi vom 14.6.1956.
132 PA AA, B 12, 1352. Botschafter Allardt, Jakarta: Schriftbericht Nr. 430/56 vom 26.4.1956.
133 PA AA, B 12, 1348. Botschafter v. Mirbach, Jakarta: Schriftbericht Nr. 1105/60 „Indonesien 1960" vom 20.12.1960.
134 PA AA, B 11, 1408. Botschafter v. Hentig, Jakarta: Schriftbericht Nr. 352/52 „Indonesien und Deutschlands Verantwortlichkeit" vom 26.9.1952; PA AA, AV Tokio, 6767. Botschafter Allardt, Jakarta:

2 Wahrnehmungen und Wahrnehmungsmuster in der Berichterstattung — 77

eine entsprechend schlechte Sicherheitslage in Indonesien aus.[135] Die Botschaft stellte Anfang 1956 in einer ausführlichen Bestandsaufnahme über die vielen Krisengebiete fest: „Innerhalb der letzten 8 Monate ist die allgemeine Sicherheit in Indonesien unverändert schlecht geblieben. Hauptunruheherde des ‚Darul Islam' [eine orthodox-islamische Gruppe] sind weiterhin West-Java, Süd- und Mittel-Sulawesi und Aceh (Nord-Sumatra). Völlig ruhig ist eigentlich nur das – stark kommunistisch eingestellte – Ost-Java!"; im Norden Sumatras habe *Darul Islam* einen „Islamitischen Staat Indonesien" gegründet, „der bereits eine Verfassung besitzt, eigenes Geld herausgibt und sogar eine illegale Vertretung in Singapore unterhält".[136] Neben den religiös motivierten Kriegern des *Darul Islam* gebe es weitere Krisengebiete mit Aufständischen anderer Ideologien und Interessen: Außer den Süd-Molukken gehöre auch Bali dazu. Allerdings würden die dortigen Unruhen „von Regierungsseite möglichst bagatellisiert und vertuscht".[137] Wie schlecht es um die Sicherheitslage bestellt war, wurde vom Botschafter selbst in einem sehr konkreten Sinne „wahrgenommen": Als Helmut Allardt im Juli 1955 zu einem offiziellen Besuch auf der Insel Sulawesi eintraf, wurde seine Wagenkolonne auf der Fahrt in die Provinzhauptstadt Makassar von Freischärlern beschossen. Der Botschafter entging nur knapp den Kugeln, die vermutlich von Männern des *Darul Islam* abgefeuert wurden. Allardt war höchstwahrscheinlich nur zufällig ins Visier der Attentäter geraten, die andere Insassen in der Limousine vermuteten.[138] Dem Vorfall wurde von beiden Regierungen bewusst wenig Publizität gegeben.[139]

Ab 1956/57 vermittelte die fortlaufende Berichterstattung der Botschaft einen Eindruck von Indonesien als vielfach fragmentiertem Krisenland mit „kreuz und quer durcheinanderlaufenden Interessengegensätzen der Parteien, Provinzen, Militärs und Persönlichkeiten".[140] Einerseits gab es die stark zentrifugalen Tendenzen durch Separatisten, die sich von der Zentrale in Jakarta absetzen wollten. Der Botschafter konstatierte – vor allem im Hinblick auf die Lage auf Sumatra – sogar eine „völli-

---

Referat über Indonesien. Protokoll der Konferenz der Missionschefs im asiatisch-pazifischen Raum vom 18.–23.2.1957, S. 284.

135 Vgl. folgende Dokumente in PA AA, B 11, 109. Gesandtschaftsrat Böhling, Jakarta: Schriftbericht Nr. 36/53 vom 9.1.1953 und Schriftbericht Nr. 110/53 vom 5.2.1953; Botschafter v. Hentig, Jakarta: Schriftbericht Nr. 433/53 vom 24.6.1953; Referat 309: Vermerk vom 24.5.1954; PA AA, B 12, 1352. Referat 309: Aufzeichnung „Republik der Süd-Molukken" vom 11.4.1956.
136 PA AA, B 12, 1352. Botschafter Allardt, Jakarta: Schriftbericht Nr. 13/56 „Bandenwesen in Indonesien" vom 4.1.1956.
137 Ebenda; siehe weitere Berichte in: PA AA, B 12, 1352: Botschafter Allardt, Jakarta: Schriftbericht Nr. 406/56 vom 20.4.1956 und Botschafter Allardt, Jakarta: Schriftbericht Nr. 1091/56 vom 31.10.1956.
138 PA AA, B 11, 1411. Botschafter Allardt, Jakarta: Drahtbericht Nr. 32 vom 13.7.1955. Der Überfall wird ausführlicher beschrieben in: Allardt, Kulissen, S. 181–184.
139 PA AA, B 1, 114. Botschafter Allardt, Jakarta: Schreiben an Bundesminister v. Brentano vom 23.7.1955.
140 PA AA, B 12, 1353. Botschaftsrat v. Randow, Jakarta: Schriftbericht Nr. 281/57 vom 14.3.1957.

ge Macht- und Bedeutungslosigkeit der Zentralregierung von Java".[141] Zum anderen war die Lage auch in der Hauptstadt verfahren, da es den verschiedenen Kräften nicht gelang, zu einem funktionierenden Regierungs- und Verwaltungshandeln zu kommen.[142] Als nach dem Rücktritt des Kabinetts Sastroamidjojo im März 1957 über ganz Indonesien der Kriegs- und Belagerungszustand verhängt wurde, sah es für die Botschaft kurzzeitig nach einer sehr gefährlichen Entwicklung und einem Sturz ins völlige Chaos aus. Trotzdem blieb Indonesiens Lage einstweilen relativ stabil, wenn auch das Jahr 1957 einen „bisher nie dagewesenen Rekord an schwersten Krisenerscheinungen" markierte.[143] Angesichts der permanenten Krise Indonesiens befürchtete die Botschaft jedoch, Jakarta könnte dem Kommunismus als „reife Frucht in die Hand fallen" und Indonesien sich auflösen; die hochproblematische Situation lasse Prognosen über die weitere Entwicklung unmöglich erscheinen.[144]

1955 hatte es noch nach einer hoffnungsvolleren, demokratischen Zukunft Indonesiens ausgesehen: Die für den Herbst 1955 angesetzten ersten Parlamentswahlen waren für die Bonner Diplomaten Anlass, sich grundsätzlich mit der politischen Kultur und den politischen Strukturen Indonesiens auseinanderzusetzen. Die demokratischen Wahlen im zweitgrößten entkolonialisierten Land der Erde erschienen als „historischer Schritt aus der Revolution in den Aufbau des Landes".[145] Als wesentliche Charakteristika der indonesischen Politik galten die starke Personenzentriertheit und die geringe Rolle von Parteiprogrammatik trotz real vorhandener ideologischer Unterschiede.[146] Hentig hatte zwei Jahre vor den ersten Parlamentswahlen noch „die allgemeine Einstellung der Bevölkerung" beklagt, „die kein Interesse an den Wahlen nimmt [sic!], weil sie keine politische Erziehung" erfahren habe.[147] Botschafter Allardt dagegen beschrieb kurz vor den Wahlen im September 1955 positive Aspekte dieses vermeintlichen Mangels:

> „Fest steht jedenfalls, dass der Wahlkampf [in Indonesien] sich nach wesentlich zivilisierteren Riten abspielt, als dies in Europa oder Amerika der Fall zu sein pflegt, und dem Wähler bzw. dem Wahlagitator ‚mangels politischer Schulung' vorläufig noch jede Einsicht dafür fehlt, dass jemand, der eine andere politische Ansicht vertritt als er selbst, ein Lump ist, dessen sachliche Argumente am besten mit Handgreiflichkeiten beantwortet werden sollen. So ermangeln hier

---

141 PA AA, B 12, 1352. Botschafter Allardt, Jakarta: Schriftbericht Nr. 100/57 vom 24.1.1957.
142 PA AA, B 12, 1353. Botschaftsrat v. Randow, Jakarta: Schriftbericht Nr. 262/57 vom 7.3.1957.
143 PA AA, B 12, 1353. Botschafter Allardt, Jakarta: Schriftbericht Nr. 89/58 vom 27.1.1958. Dieser Bericht wurde Staatssekretär, Außenminister und dem Bundespräsidenten vorgelegt.
144 PA AA, B 12, 1353. Botschafter Allardt, Jakarta: Schriftbericht Nr. 89/58 vom 27.1.1958.
145 PA AA, B 12, 1352. Botschafter Allardt, Jakarta: Schriftbericht Nr. 430/56 vom 26.4.1956.
146 PA AA, B 11, 1408. Gesandtschaftsrat Böhling: Aufzeichnung vom 15.9.1952, in: Anlage zu Botschafter v. Hentig, Jakarta: Schriftbericht Nr. 318/52 vom 16.9.1953: „Politik wird von Menschen gemacht, in Indonesien mehr als wo anders. Den Parteiprogrammen kommt daher keine besonders große Bedeutung zu."
147 PA AA, B 11, 1408. Botschafter v. Hentig, Jakarta: Schriftbericht Nr. 991/53 „Wahlen in Indonesien" vom 12.12.1953.

alle Wahlversammlungen derjenigen Attribute wie Saalschutz, Zwischenrufern, persönliche Verunglimpfungen der Gegner, bewaffnete Zusammenstöße etc., die in anderen Ländern fast schon zum normalen Bild einer Wahlveranstaltung zu gehören pflegen."[148]

Dies ist nicht die einzige Stelle, an der Allardt die Friedfertigkeit und Zivilität der Indonesier in politischen Dingen lobte – der Kontrast zur Berichterstattung über Indonesien als Land einer gewalterschütterten Dauerkrise ist schon erwähnt worden. Die Spannung zwischen den Wahrnehmungen der „Friedfertigkeit" einerseits und „Krise" andererseits integrierte Allardt zur „bisher stets bewährten Erkenntnis: Der Topf Indonesiens ist immer am Kochen, aber er kocht nie über".[149] An anderer Stelle beobachtete der Bonner Botschafter im indonesischen Parlament bei den rivalisierenden politischen Kräften einen „im Grunde friedlichen, stets zum Ausgleich bereiten" Geist und das Vorhandensein eines „gesunden Instinktes für den eigentlichen Sinn demokratischer Spielregeln". Niemals sei es in kontroversen Parlamentsdebatten zu „Verbalinjurien" gekommen – „ein Umstand, der die meisten Parlamente weit zivilisierterer Staaten beschämen müsste".[150] Gleichzeitig diagnostizierte Allardt auch Apathie und „berechtigtes" Misstrauen gegen die politische Klasse Indonesiens.[151]

Über die Wahrnehmungen der politischen Kultur, der Strukturen und Ereignisse Indonesiens hinausgehend, machten sich die Botschafter Hentig und Allardt auch Gedanken über die weltpolitische und welthistorische Bedeutung Indonesiens. Hier rückte insbesondere Allardt die Bedeutung Indonesiens ins Paradigmatische für das Werden einer Nation sowie als Laboratorium der Modernisierungs- und Entwicklungsprozesse eines dekolonisierten Landes:

„Ohne die Bedeutung dieses Landes für die Weltgeschichte überschätzen zu wollen, wird es für denjenigen, der hier lebt, immer augenscheinlicher, dass es nur wenige Staaten geben wird, in denen sich das Werden aller Dinge und die Entwicklung einer amorphen Masse von Menschen zu einer Nation so von Grund auf verfolgen und studieren lassen, wie in Indonesien. Ob es sich um den Aufbau der Verwaltung, die Bildung einer öffentlichen Meinung, die Formung des sozialen Aufbaus, die Frage Zentralismus oder Föderalismus, die Adaption ausländischer politischer, wirtschaftlicher oder sozialer Ideologien handelt, ob die Zukunft des Landes in Bezug auf seine Emanzipation, seine außenpolitische Unabhängigkeit oder seine Anlehnung an dritte Staaten, die wirtschaftliche Erschließung, der Aufbau der Armee, die Prinzipien der Demokratie oder die Funktionsfähigkeit des Parlamentarismus zur Diskussion stehen – in allen Fällen ist deutlich, dass die Suche nach dem richtigen geraden Wege erst begonnen hat."[152]

---

148 PA AA, B 11, 1408. Botschafter Allardt, Jakarta: Schriftbericht Nr. 825/55 „Indonesien vor den Wahlen" vom 22.9.1955.
149 PA AA, B 12, 1353. Botschafter Allardt, Jakarta: Schriftbericht Nr. 11/57 „Innerpolitische Krise Indonesiens" vom 3.1.1957.
150 PA AA, B 12, 1352. Botschafter Allardt, Jakarta: Schriftbericht Nr. 430/56 vom 26.4.1956.
151 PA AA, B 11, 1408. Botschafter Allardt, Jakarta: Schriftbericht Nr. 825/55 vom 22.9.1955.
152 PA AA, B 12, 1352. Botschafter Allardt, Jakarta: Schriftbericht Nr. 824/56 vom 16.8.1956.

Will man die amtlich-diplomatischen Indonesienwahrnehmungen daraufhin analysieren, was sie über den Standort der Perzipienten aussagen, so muss das Urteil differenziert ausfallen: Einerseits begegnet einem häufig ein Ton von Herablassung oder eine bestenfalls gönnerhafte Sicht. Viele diplomatische Berichte lassen eurozentrische Wahrnehmungsmuster erkennen, die aufgrund der durchscheinenden, unreflektierten Überlegenheitsvorstellungen befremdlich wirken. Dass sich alle Berichte auf eine profunde Kenntnis des jeweiligen Themas und von Indonesien in all seiner Komplexität stützen konnten, darf bezweifelt werden. Unabhängig von diesen Fragen geht aus den Berichten hervor, dass der Informiertheit ausländischer Diplomaten – sicher auch der indonesischen Behörden – über die Vorgänge in den entlegeneren Teilen Indonesiens aufgrund der mangelnden Kommunikationsinfrastruktur auch gewisse logistische Grenzen gesetzt waren.[153] Andererseits lässt sich aus vielen Berichten auch durchaus ein hohes Maß an Sympathie und Anerkennung für Indonesien ablesen, das sich nicht in „Gönnerhaftigkeit" erschöpft. Allgemein ist wohl die Schlussfolgerung zulässig, dass bundesdeutsche Diplomaten in den fünfziger und sechziger Jahren ein größeres Selbstvertrauen in ihre eigene Urteilskraft und Wirkungsmacht hatten, als dies in späteren Jahren der Fall sein sollte. Auch wenn man aus heutiger Sicht hinter manche Wortwahl und viele Wertungen ein geistiges Fragezeichen setzen möchte, muss anerkannt werden, dass dahinter in einigen Fällen wohl auch das Ansprechen von realen Missständen stand.

Wenn es um das Indonesienbild geht, fällt aus heutiger Warte die Abwesenheit vor allem *einer* gängigen Zuschreibung auf: Das mittlerweile fast klischeehaft verwendete Attribut vom „größten islamischen Land der Welt" fehlte in den fünfziger und sechziger Jahren noch – offensichtlich ist dies erst nach 1979 mit der Revolution im Iran und der allgemeinen Re-Islamisierung als besonderes Merkmal Indonesiens „entdeckt" worden. Der Islam, die Religiosität der Indonesier und auch die Bedeutung der anderen Religionen (Christentum, Hinduismus, Buddhismus, daneben auch autochthone Religionen und Bräuche) werden zwar öfters erwähnt, jedoch fast immer in innenpolitischen Zusammenhängen. Weltpolitisch war die Islamität Indonesiens nur bedeutsam, als die islamischen Organisationen als Barriere gegen kommunistischen Einfluss galten oder soweit es um pan-islamische Solidarität mit Ländern wie Ägypten und Algerien ging. Bei Letzterem zeitigten jedoch „Bündnisfreiheit" und „Antikolonialismus" wohl die stärkeren Bindungen. Sukarno wurde als zwar privat religiöser Mensch, in politischer Hinsicht jedoch als Laizist wahrgenommen – weshalb er die Skepsis streng religiöser Kreise auf sich zog.

---

153 Vgl. PA AA, B 12, 1353. Botschafter Allardt, Jakarta: Schriftbericht Nr. 11/57 „Innerpolitische Krise Indonesiens" vom 3.1.1957.

Sukarno: Charismatiker, Charmeur und Demagoge

Sukarno war aufgrund von Amt und Persönlichkeit der mit Abstand auffälligste Indonesier und der einzige, über den auch in (west-)deutschen Medien ein klar konturiertes Bild bestand. Das amtliche Bild von Sukarno wurde im Wesentlichen von denjenigen Deutschen geprägt, die ihn am häufigsten persönlich erlebten, nämlich dem jeweiligen Botschafter und seinem Stellvertreter. Besonders Helmut Allardt schrieb längere Charakterisierungen Sukarnos, die nicht selten Staatssekretär Hallstein und Minister Brentano, zuweilen sogar Adenauer und Bundespräsident Heuss vorgelegt wurden.

Die früheste Wertung der bundesdeutschen Botschaft war von Horst Böhling verfasst worden: Sukarno sei „ein sehr guter Redner", „sehr belesen" und „als alter Freiheitskämpfer in weiten Kreisen des Volkes" populär. „Der Präsident ist eine gewinnende Persönlichkeit. Er sprich gut Deutsch und liebt es, sich in dieser Sprache zu unterhalten. Schätzt Malerei und bildende Künste."[154] Sukarno galt im Auswärtigen Amt später – in einer 1963 für Bundespräsident Heinrich Lübke verfassten Charakteristik – als Verkörperung „für viele Charakterzüge des malaiischen Menschen".[155] Hierzu gehörten angeblich „Stolz, Eitelkeit, eine bis zur Besessenheit gehende Hartnäckigkeit, Träumerei, Verkennung der Grenzen zwischen Möglichem und Unmöglichem, Verschlagenheit und Großzügigkeit bis zur Verschwendung wie auch Stammesgefühl und Verpflichtungsbewusstsein gegenüber dem Clan. Die Möglichkeiten des Verhaltens reichen von überraschender Anpassungsbereitschaft bis zum Amoklauf."[156]

Die Wahrnehmung und Wertung Sukarnos war nicht zu trennen von seiner jeweiligen Rolle in der indonesischen Politik. Je mehr Sukarno zur dominierenden Gestalt Indonesiens wurde – die Einführung der „gelenkten Demokratie" 1957 war hier die entscheidende Zäsur – und je mehr sich seine Außenpolitik gegen westliche Länder richtete, desto negativer wurde auch das Sukarno-Bild bei der Botschaft und entsprechend beim Auswärtigen Amt. Natürlich hing die Wahrnehmung des indonesischen Präsidenten auch von den jeweiligen Botschaftern und ihren Stellvertretern ab: Hentig und Böhling hatten Sukarno noch positiv bewertet, Allardts Sukarno-Bild war negativ und trübte sich immer weiter ein, von Randows Bild war etwas weniger negativ. Dietrich Freiherr von Mirbach, Botschafter von 1959 bis 1963,[157] und Hilmar Bassler, Stell-

---

154 PA AA, B 11, 1408. Gesandtschaftsrat Böhling, Jakarta: Aufzeichnung vom 15.9.1952.
155 PA AA, B 1, 222. Informationsmappe für den Staatsbesuch des Bundespräsidenten in der Republik Indonesien vom 28.10.–3.11.1963.
156 Ebenda.
157 Zum Werdegang von Dietrich Freiherr von Mirbach (1907–1977): Jurist, 1933 NSDAP-Mitglied, 1935 Eintritt in den Auswärtigen Dienst; 1935–1937 Botschaft Ankara, 1937/38 Generalkonsulat Danzig, 1938/39 Wirtschaftspolitische Abteilung, 1939–1943 Gesandtschaft Bukarest, 1943/44 Büro des Staatssekretär; keine näheren Angaben über Tätigkeit 1944–1945; nach 1945 kaufmännische und Referententätigkeit; 1952 Wiedereintritt in den Auswärtigen Dienst, 1952–1955 Botschaft Kairo, 1955–1959 Re-

vertreter von 1957 bis 1960,[158] sahen Sukarno sehr negativ. Die späteren Botschafter Gerhard Weiz (1963/64) und Luitpold Werz (1964–1966) fanden ihr höchstwahrscheinlich schon vor der Ausreise nach Jakarta negatives Sukarno-Bild dort bestätigt. Das positive Sukarno-Bild, das Lübke nach seinem Indonesien-Besuch 1963 hatte, wurde in den sechziger Jahren von so gut wie niemandem mehr in Bonn geteilt. Schäfer hat am Rande seines Aufsatzes über die deutsch-deutsche Wahrnehmung des Umsturzes in Indonesien 1965/66 darauf hingewiesen, dass die Diplomaten der Bundesrepublik und diejenigen der DDR in ihrer kritischen Beurteilung des „Abenteurers" Sukarno einig waren.[159] Auch wenn – mit abnehmender Tendenz – positive Züge Sukarnos ausgemacht werden, wie seine grundsätzliche Germanophilie oder sein „gewinnendes Wesen": Das amtliche Bild von Sukarno war schon in den fünfziger Jahren überwiegend ein negatives, lange bevor Indonesien zum deutschlandpolitischen Problemfall wurde. Allen voran Botschafter Allardt kritisierte mit zunehmender Schärfe, dass Sukarno die wirtschaftliche Entwicklung des Landes sträflich vernachlässigte und stattdessen die Massen durch flammende Reden aufhetzte. Seine mangelnde wirtschaftspolitische Kompetenz ließ Sukarno als ungeeigneten Mann an der Spitze eines Entwicklungslandes erscheinen: Sukarno hatte den deutschen Botschafter offen wissen lassen, nichts von Ökonomie zu verstehen und es nicht als seine Aufgabe zu betrachten, Indonesien „in den Wohlstand zu führen". Seine Mission sei es, aus der disparaten Inselgruppe „eine Nation zu formen" und ihren Bewohnern beizubringen, „als Indonesier zu fühlen und Indonesisch zu sprechen".[160]

Doch es war nicht einfach nur Sukarnos Politik, an der sich Bonner Offizielle störten. Aus vielen Berichten spricht eine deutliche Abneigung gegen das Unverantwortliche, Unseriöse, Unkonstruktive und Fanatische an Sukarnos Persönlichkeit. Sicherlich spiegelten sich in dieser Abneigung die Wertvorstellungen eines konservativ-gehobenen Diplomatenmilieus, dem eine Person wie Sukarno in so gut wie jeder Hinsicht suspekt sein musste. Die damals noch jüngste deutsche Vergangenheit ist eine häufige Vergleichsfolie der diplomatischen Berichterstattung: Bei Allardts Schilderungen des charismatischen, durch seine Redekunst die Massen aufpeitschenden Machthabers ist dem Botschafter stets der Vergleich zu Hitler und Goebbels präsent und auch das Misstrauen gegen leicht zu beeinflussende, hysterisierte Volksmassen.

---

feratsleiter in Abteilung 2 und 3, 1959–1963 Botschafter in Jakarta, 1963–1965 Botschafter zur besonderen Verwendung, 1965–1970 Botschafter in Neu-Delhi; 1970–1972 Botschafter in Ottawa, 1972 Eintritt in den Ruhestand. Vgl. Biographisches Handbuch, Bd. 5, S. 260 f.

158 Zum Werdegang von Hilmar Bassler (1907–1971): Jurist, 1936 NSDAP-Mitglied, 1939 Eintritt in den Auswärtigen Dienst, 1939–1945 Tätigkeiten in der Presse- und der Politischen Abteilung mit Ostasienbezug; 1945–1947 Internierung, 1947–1950 Tätigkeiten in Industrie und Handel; 1952 Wiedereintritt in den Auswärtigen Dienst, 1952–1954 Leitung des Referats A2a, 1954–1957 Generalkonsulat Hongkong, 1957–1960 Botschaftsrat in Jakarta, 1960–1968 Leiter des Ostasien-Referats 710/IB5, 1968–1970 Botschafter in Jakarta; 1970 Versetzung in den einstweiligen Ruhestand. Vgl. ebenda, Bd. 1, S. 81–83.

159 Schäfer, Two Germanies, S. 100.

160 Allardt, Kulissen, S. 177.

Allardt hat der Person Sukarnos sowohl in seinen Botschaftsberichten als auch in seinen Memoiren relativ viel Platz eingeräumt. Dabei fällt auf, das seine „Gegenwartsberichterstattung" zwischen 1954 und 1958 deutlich negativer ausfiel als die Retrospektive seiner 1979 erschienenen Erinnerungen. In der Rückblende nach über 20 Jahren heißt es: „Sukarno [...] war ein Volkstribun wie aus dem Bilderbuch; gefährlicher Demagoge, charmanter Causeur, Playboy, aber auch fanatischer Patriot mit mehr Verdiensten um sein Land, als sie dem Entmachteten und inzwischen Verstorbenen heute zugebilligt werden."[161]

In einem achtseitigen Bericht an das Auswärtige Amt setzte sich Allardt Anfang 1956 mit Sukarnos Persönlichkeit auseinander. Die Grundthese war, dass Sukarno seine Machtposition der andauernden Krise und der Instabilität im Land verdanke. Da ihm eine Konsolidierung schaden würde, sei er nicht an ihr interessiert.[162] Sukarno sei ein „ewiger Revolutionär, der seine Position seinem – auch in Deutschland und den USA wirksam zur Geltung gebrachten – persönlichen Charme und seiner unübertrefflichen rhetorischen Demagogie verdankt".[163] Als einprägsames Beispiel für die von Sukarno verwendeten „Methoden der Massenbeeinflussung" und „auch dafür, wie gut Sukarno seinen Goebbels studiert hat", diente Allardt eine Rede Sukarnos im Herbst 1955.[164] Obwohl Sukarno eigentlich aufgrund des geltenden Belagerungszustands das Halten von Wahlreden untersagt war, erschien er in einer Massenversammlung und rief dem Auditorium zu: „Wollt Ihr also, dass ich spreche?", was dieses stürmisch bejaht habe. Der bundesdeutsche Botschafter fühlte sich an die Sportpalast-Rede vom Februar 1943 erinnert: „Die Parallele zu Vorbildern in der deutschen Geschichte ist zwingend, und nur wenig Phantasie gehört dazu, um sich vorzustellen, welche Antwort Sukarno erhalten würde, wenn er beispielsweise die Frage stellen würde: Wollt Ihr den totalen Krieg gegen die Holländer?" Es sei wahrscheinlich, dass Sukarno diese Frage stellen werde „sobald ihm der Zeitpunkt dafür geeignet erscheint".[165] In seinen Memoiren schwächte Allardt den Goebbels-Bezug ab. Zwar schreibt er, Sukarno sei von Joseph Goebbels' Methoden der Massenbeeinflussung fasziniert gewesen und habe sich beim deutschen Botschafter sogar nach dem Privatleben des Propagandaministers erkundigt. Andererseits, so Allardt, habe Sukarno nicht einmal „entfernt" die „machiavellische Verschlagenheit geschweige denn schurkische Bösartigkeit" von Goebbels an sich gehabt.[166]

---

[161] Ebenda, S. 175.
[162] PA AA, B 12, 1350. Botschafter Allardt, Jakarta: Schriftbericht Nr. 107/56 „Präsident Sukarno und sein Einfluss auf das politische Geschehen in Indonesien" vom 3.2.1956.
[163] PA AA, B 12, 1352. Botschafter Allardt, Jakarta: Schriftbericht Nr. 824/56 vom 16.8.1956.
[164] PA AA, B 12, 1350. Botschafter Allardt, Jakarta: Schriftbericht Nr. 107/56 „Präsident Sukarno und sein Einfluss auf das politische Geschehen in Indonesien" vom 3.2.1956.
[165] Alle wörtlichen Zitate aus: PA AA, B 12, 1350. Botschafter Allardt, Jakarta: Schriftbericht Nr. 107/56 „Präsident Sukarno und sein Einfluss auf das politische Geschehen in Indonesien" vom 3.2.1956.
[166] Allardt, Kulissen, S. 176, 179.

Die mangelnde Seriosität Sukarnos im Politischen wie im Privaten werde zwar auch von der indonesischen Elite kritisiert, doch beeindruckten Sukarnos „demagogische Schlagworte" die breite Masse mehr als die seriösen Appelle von Ministerpräsident Ali Sastroamidjojo, wonach ernsthafter am Aufbau des Landes gearbeitet werden müsse.[167] Sukarnos Eskapaden und seine Annäherung an die Kommunisten würden zunehmend auf – noch verdeckten – Widerstand in der Armee treffen.[168] In der Folgezeit sah Allardt sich in seiner Beurteilung bestätigt: Sukarno hetze gegen die Niederländer, tue aber nichts für die Modernisierung des Landes.[169] Nach einer zehntägigen Reise zu verschiedenen Inseln Indonesiens, auf die er den Präsidenten zusammen mit anderen Botschaftern begleitet hatte, schilderte Allardt Sukarno in einem ausführlichen Bericht in drastischen Worten: „Sukarno ist weder ein Staatsmann, kaum ein Politiker, eher ein Volkstribun, ein politischer Agitator, der in der revolutionären Periode Indonesiens und im Zusammenhang mit der Staatwerdung Leistungen vollbracht hat, die ihm in der Geschichte des Landes seinen Platz sichern werden. Seitdem aber wachsen sich seine Person und sein Einfluss von Jahr zu Jahr mehr zu einer öffentlichen Gefahr aus."[170] Sukarno verwandle „eine völlig friedfertige Menge, die von ihm kaum mehr als den Namen kennt, in wenigen Minuten in einen zu allem bereiten tobenden Mob".[171]

„[...] der rote Faden seiner Hetzreden ist und bleibt der Kampf gegen Kolonialismus, Imperialismus und gegen die Holländer. Konstruktive Gedanken liegen ihm fern, teils aus einem offenbaren Mangel an wirklicher Bildung, teils, weil seine Revoluzzermentalität sich unbewusst dagegen sträuben mag, an der Herstellung geordneter Zustände mitzuwirken. So liegt es in der Natur der Dinge, dass er die Kritik der Intelligenz in demselben Maße herausfordert, in dem er seine Position als Idol der Masse immer stärker ausbaut. [...] Die Hassausbrüche gegen den (westlichen) Kolonialismus, seine mit jeder Rede hemmungsloser werdenden Drohungen, seine kaum noch an die Masse, sondern an den Mob adressierten Aufrufe, gefährden nicht nur die Holländer, sondern den weißen Mann überhaupt und darüber hinaus jede Bemühungen einsichtiger Armee- und Regierungskreise, die Lage zu konsolidieren."[172]

---

167 PA AA, B 12, 1352. Botschafter Allardt, Jakarta: Schriftbericht Nr. 1189/56 vom 21.11.1956.
168 PA AA, B 12, 1352. Botschafter Allardt, Jakarta: Schriftbericht Nr. 1210/56 vom 28.11.1956. Bericht wurde Staatssekretär, Außenminister und dem Bundespräsidenten vorgelegt.
169 PA A, B 12, 1347. Botschafter Allardt, Jakarta: Schriftbericht Nr. 843/56 vom 23.8.1956.
170 PA AA, B 12, 1350. Botschafter Allardt, Jakarta: Schriftbericht Nr. 1146/57 vom 20.11.1957. Dieser Bericht wurde nicht nur Staatssekretär Hallstein und Minister v. Brentano, sondern auch Bundeskanzler Adenauer und Bundespräsident Heuss vorgelegt.
171 Ebenda.
172 Ebenda. Allardt berichtet davon, dass Sukarnos Kenntnisse des nationalsozialistischen Gedankenguts sich nicht auf politische Literatur beschränkten, sondern „ihm auch erlaubten, während unserer gemeinsamen Reise seine Umgebung, und insbesondere den jugoslawischen Botschafter mit akzent- und fehlerfreiem Vortrag des Horst-Wessel-Liedes und anderer nationalsozialistischer Marschlieder zu vergnügen".

Innenpolitisch nähere sich Sukarno den Kommunisten an: Obwohl „das kommunistische Prinzip" keinesfalls seinen persönlichen Wünschen entspräche, hoffe er mittels der kommunistischen Organisationen seine Basis zu verbreitern und so „im Spiel" der indonesischen Politik zu bleiben. Allardt schloss seinen Bericht mit den Worten: „Falls es nicht gelingt, Sukarno endlich aus dem politischen Geschehen des Landes auszuschalten, muss in Kürze mit schweren inneren Auseinandersetzungen, einer Zunahme der zentrifugalen Tendenzen und einer weitgehenden Lähmung des wirtschaftlichen Lebens gerechnet werden."[173] Von der Reise berichtete Allardt auch in seinen Memoiren, allerdings in wesentlich milderem Ton.[174]

Seit Ende 1956 – nach Sukarnos Reise durch kommunistische Länder – ging Allardt davon aus, das indonesische Staatsoberhaupt strebe längerfristig eine Diktatur nach sowjetischem oder chinesischem Vorbild an.[175] Tatsächlich begann Sukarnos „gelenkte Demokratie" je nach Lesart entweder 1957, als das Amt des Vizepräsidenten faktisch beseitigt und der Kriegs- und Belagerungszustand verhängt wurde, oder 1959, als Sukarno zusätzlich das Amt des Regierungschefs übernahm.[176] Der ab 1957 amtierende Außenminister Subandrio äußerte gegenüber Allardt, Sukarnos Zusteuern auf eine autoritäre „gelenkte Demokratie" (*demokrasi terpimpin*) ergebe sich aus seiner Frustration über die dem indonesischen Staatsoberhaupt auferlegten verfassungsmäßigen Beschränkungen.[177] Der bundesdeutsche Botschafter sah Indonesien „angesichts der systematischen Westirian-Heim ins Reich-Propaganda" und „einem immer stärker ins kommunistische Fahrwasser abgleitenden und dank seiner Popularität gefährlich demagogischen" Sukarno in eine „immer bedenklicher werdende Lage" geraten.[178]

Während Allardt an Sukarno hauptsächlich die fehlenden staatsmännischen Qualitäten und die Gefährdung der indonesischen Entwicklung kritisierte, befasste sich sein Stellvertreter Elgar von Randow gelegentlich auch mit Sukarnos Privatle-

---

173 Ebenda. Es war ein makabrer Zufall, dass Allardt schon bald über Kräfte berichten musste, die Sukarno schnellstens ausschalten wollten: Zwei Wochen nach seinem ausführlichen Bericht drahtete er die Nachricht über ein Handgranaten-Attentat auf Sukarno am 30.11.1957, das von orthodoxen Muslimen ausgeführt worden war. Auf Empfehlung Allardts sandte Bundespräsident Heuss Sukarno ein Telegramm. Im Mai 1958 wurden die Attentäter in Jakarta vor Gericht gestellt. Vgl. PA AA, B 12, 1350. Botschafter Allardt, Jakarta: Drahtbericht Nr. 67 vom 2.12.1957; PA AA, B 12, 1350. Botschafter Allardt, Jakarta: Schriftbericht Nr. 443/58 vom 17.5.1958.
174 Allardt, Kulissen, S. 180 f.
175 PA AA, B 12, 1352. Botschafter Allardt, Jakarta: Schriftbericht Nr. 1189/56 vom 21.11.1956.
176 Das Standardwerk von Ricklefs zieht 1957 als Zäsur zwischen dem „demokratischen Experiment" und der „gelenkten Demokratie", vgl. Ricklefs, Indonesia, S. 257. Siehe auch: PA AA, B 12, 1353. Botschaftsrat v. Randow: Drahtbericht Nr. 23 vom 15.3.1957; PA AA, B 12, 1350. Botschafter v. Mirbach, Jakarta: Schriftbericht Nr. 428/59 vom 6.5.1959.
177 PA AA, B 12, 1350. Botschafter Allardt, Jakarta: Schriftbericht Nr. 1146/57 vom 20.11.1957.
178 PA AA, B 12, 95. Botschafter Allardt, Jakarta: Schriftbericht Nr. 1120/57 vom 13.11.1957.

ben.¹⁷⁹ In einem mit dem Betreff „‚Liaisons dangereuses' des Präsidenten Sukarno" versehenen Bericht, der Hallstein und Brentano vorgelegt wurde, thematisierte Randow die politischen Auswirkungen, welche die „leichte Entflammbarkeit des Präsidenten für weibliche Reize" zeitigen könnten. Sukarno habe zeitweilig eine Beziehung zu einer „russischen Blondine" unterhalten, die ursprünglich von der sowjetischen Regierung als Dolmetscherin auf Sukarnos Reise in die UdSSR abgeordnet war. Randow erwähnt „Vorstellungen" aus Sukarnos Umfeld, wonach es sich um eine sowjetische Agentin handeln könnte.¹⁸⁰

Das Missverhältnis von rhetorischer Begabung und mangelnder politischer Seriosität bewertete der stellvertretende Botschafter ähnlich wie sein Vorgesetzter Allardt, doch offenbar konnte er sich der Faszination Sukarnos weniger entziehen als Allardt. Anlässlich der Feiern zum zwölften Jahrestag der Unabhängigkeitserklärung Indonesiens berichtete Randow nach Bonn:

> „‚Ein Gott ist der Mensch, wenn er träumt, ein Bettler wenn er nachdenkt'. An dieses schöne Wort Hölderlins wurde ich erinnert, als ich am 17. August [...] drei Meter entfernt von ihm sitzend den Präsidenten Sukarno zu seinem Volke sprechen hörte [...] Es war eine überaus ernste Rede, mit der Sukarno zwei Stunden lang das ‚Jahr der Entscheidung' und mit ihm das ‚Neue Leben' der Nation einleitete; eine faszinierende Mischung aus maulgerechter Kapuzinerpredigt und dithyrambischem Höhenflug der Seele; aus bitterem, enttäuschtem Nach-Denken der vergangenen 12 Jahre mit ihrem anfänglichen großen revolutionären Schwung und ihrem allmählichen Absinken in die sumpfigen Niederungen menschlicher Eigensucht, Trägheit und Zänkereien und dem leidenschaftlichen Appell an die unvergänglichen Werte des Menschen und der Nation; aus banalen Binsenweisheiten, Slogans, politischem Klischee und Hymnus auf den dynamischen Idealismus. [...] sicher war die Rede etwas unzusammenhängend, simplifiziert, auf Massenwirkung berechnet, etwas selbstgerecht und selbstgefällig, kurz: eine typische Sukarno-Rede. Aber sie enthielt das, was einem Volke, das sich auf dem falschen Wege befindet [...] gesagt werden musste. [...] Und darüber hinaus hat die Rede eines gezeigt: Sukarno ist kein verkappter Kommunist. Sein nationalistischer Idealismus ist unvereinbar mit der kommunistischen Ideologie."¹⁸¹

Über die inneren Spannungen Indonesiens schrieb Randow, man könne „sich bei dem, was Sukarno in Bewegung gesetzt hat, des unheimlichen Gedankens an den

---

179 PA AA, B 12, 1350. Botschaftsrat v. Randow, Jakarta: Schriftbericht Nr. 816/54 vom 24.9.1954: „In der hiesigen Öffentlichkeit wirbelt die erst vor wenigen Tagen allgemein bekannt gewordene Tatsache, dass der indonesische Staatspräsident Sukarno bereits im Juni d. J., ohne sich von seiner augenblicklichen und sehr populären Ehefrau scheiden zu lassen, ein zweite Frau geheiligt hat, sehr viel Staub auf. [...] Für das Ansehen und die politische Stellung des Präsidenten ist diese ganze breite Erörterung seines Privatlebens keinesfalls zuträglich. Wenn auch vom Standpunkt der Religion nichts gegen den Entschluss Sukarnos eingewendet werden kann, so stehen die moderner eingestellten Kreise, insbesondere die organisierten Frauen, auf dem Standpunkt, dass sich seine Handlungsweise mit seiner exponierten Stellung schlecht vereinbaren lasse."
180 PA AA, B 12, 1350. Botschaftsrat v. Randow, Jakarta: Schriftbericht Nr. 925/57 „‚Liaisons dangereuses' des Präsidenten Sukarno" vom 14.9.1957.
181 PA AA, B 12, 1347. Botschaftsrat v. Randow, Jakarta: Schriftbericht Nr. 835/57 vom 22.8.1957.

Zauberlehrling nicht erwehren, der die Geister, die er rief, nicht mehr los wurde".[182] Bei anderer Gelegenheit bemerkte Randow, hinter Sukarnos „auf eine allgemeine, revolutionär-emotionale Reaktion spekulierende Parole: Ich kenne keine Parteien mehr, ich kenne nur noch Indonesier" stehe als eigentliche Position des Staatschefs: „Ich kenne nur noch Sukarno".[183] Dietrich Freiherr von Mirbach, ab 1959 Botschafter der Bundesrepublik in Jakarta, und sein Stellvertreter Hilmar Bassler schilderten Sukarno als eitlen Schwätzer: „Zweieinhalb Stunden waren zerredet, rund 16 000 Worte herausgedonnert und 160 Mal soll das Wort ‚Revolution' gefallen sein"[184], Sukarno könne „seine einmal verletzte Eitelkeit nicht niederkämpfen"[185] – so lauteten typische Urteile. Sukarnos Eigenschaft, sich in seinen Reden von seinen eigenen Worten fortreißen zu lassen, ist Thema vieler weiterer Berichte, ebenso seine Neigung zu Schlagworten und unbelegten Behauptungen.[186]

Auch wenn es über keinen anderen Indonesier nur annähernd so viele Charakterisierungen gibt – gleich, wie die Autoren Sukarno bewerteten, an seiner Interessantheit gab es offenbar keinen Zweifel –, gab es Beschreibungen anderer Indonesier, die mit den Schilderungen Sukarnos kontrastierten. Als „Gegenfiguren" treten in den Schilderungen Ministerpräsident Sastroamidjojo, Vizepräsident Hatta und Außenminister Abdulgani auf. Andere Indonesier wurden meist nur sehr knapp charakterisiert.

Ministerpräsident Ali Sastroamidjojo (amtierte von 1953 bis 1955 und 1956/57) bildete in der Berichterstattung einen monotonen Kontrapunkt zum mal charmanten, mal hetzerischen Sukarno: Allardt beschrieb Sastroamidjojo als Träger einer „missgelaunten Hausbackenheit"[187] und als „trockenen, unpopulären, aber ausgeglichenen und nüchtern-sachlichen"[188] Funktionärstypus. Andernorts lobte er „dessen integre Persönlichkeit" und „stets sachliche Haltung, mit der er über den Parteien stand und der der gute Verlauf der Konferenz von Bandung nicht zum wenigsten zu verdanken ist". Sastroamidjojo fehlten jedoch „Elan und die konstruktive politische Phantasie".[189]

Die nach Sukarno wichtigste Gründergestalt Indonesiens war Mohammed Hatta. Die früheste Charakterisierung Hattas war ähnlich dem ursprünglich positiven Sukarno-Bild, das Hentig und Böhling einnahmen: „Wie Sukarno ist auch er als alter Vorkämpfer für die Unabhängigkeit Indonesiens in weiten Teilen des Volkes beliebt. [...] Spricht gut Deutsch. Ist belesen; interessiert sich für deutsche Litera-

---

182 PA AA, B 12, 1353. Botschaftsrat v. Randow, Jakarta: Schriftbericht Nr. 231/57 vom 28.2.1957.
183 PA AA, B 12, 1353. Botschaftsrat v. Randow, Jakarta: Schriftbericht Nr. 262/57 vom 7.3.1957.
184 PA AA, B 12, 1357. Botschafter v. Mirbach, Jakarta: Schriftbericht Nr. 763/59 vom 22.8.1959.
185 PA AA, B 12, 1394. Botschaftsrat Bassler, Jakarta: Schriftbericht Nr. 78/59 vom 21.1.1959.
186 PA AA, B 12, 1357. Botschaftsrat Seeliger, Jakarta: Schriftbericht Nr. 988/60 vom 14.11.1960.
187 PA AA, B 11, 1408. Botschafter Allardt, Jakarta: Schriftbericht Nr. 825/55 vom 22.9.1955.
188 PA AA, B 12, 1352. Botschafter Allardt, Jakarta: Schriftbericht Nr. 430/56 vom 26.4.1956.
189 PA AA, B 12, 1352. Botschafter Allardt, Jakarta: Schriftbericht Nr. 680/55 vom 29.7.1955.

tur und Wissenschaft, insbesondere auf dem Gebiet der Soziologie und Geschichte. Freundliche, gewinnende Erscheinung, schöne Frau, die auch politisch hervortritt, und zwei Kinder."[190] Später erscheint Mohammed Hatta in den Berichten Allardts als ein intelligenter und seriöser Staatsmann, dem die Demagogie Sukarnos fern liegt, „der laute Worte verabscheut und sich als kritisch-nüchterner Geist bemüht, die Probleme seines Landes zu erfassen und das richtige Rezept [...] für Indonesien zu finden".[191] Allardt lobte an Hatta insbesondere dessen „umfangreiche volkswirtschaftlichen Kenntnisse"; gleichzeitig sei zu bedauern, dass Hatta nicht die Popularität seines Gegenspielers Sukarno besitze.[192] Besonders in der Zeit nach den indonesischen Parlamentswahlen von 1955 äußerte die Botschaft wiederholt den Wunsch und zugleich die schwindende Hoffnung, „die staatserhaltenden Kräfte" um Hatta möchten sich am Ende durchsetzen.[193] Der Bruch zwischen Sukarno und Hatta Ende 1956, bei dem Letzterer die Vizepräsidentschaft niederlegte und dieses Amt unbesetzt blieb, konnte schließlich nicht mehr überraschen: Hatta sei sich darüber im Klaren, „dass er im Schatten des demagogischen Staatspräsidenten Sukarno auf die Führung der Nation nur sehr wenig Einfluss ausüben kann [...]".[194] Ein Comeback Hattas wurde zwar von der Botschaft immer wieder für möglich gehalten: Er galt als Mann, „auf den alle mit Sukarno unzufriedenen Kreise als den Retter aus der Not schauen".[195] Angesichts des persönlichen Zerwürfnisses der beiden „Gründerväter" galt eine Rückkehr Hattas aber als immer unwahrscheinlicher: „Die Beziehungen zwischen ihm und Sukarno sind völlig verhärtet."[196]

Ruslan Abdulgani, Außenminister von 1955 bis 1957, gehört zu den weiteren indonesischen Politikern, die positiv bewertet wurden. Laut Allardt war Abdulgani „einer der wenigen fähigen sympathischen und gedankenreichen Figuren des hiesigen öffentlichen Lebens"[197], zeichnete sich durch ungewöhnliche „Entscheidungs- und Verantwortungsfreudigkeit" aus und hege gegenüber Außenminister Brentano „freundschaftliche Empfindungen".[198] Einen Prozess gegen Abdulgani wegen einer Korruptionsaffäre, der zu seiner vorübergehenden Absetzung führte, sah Allardt als gezielte Kompromittierung aus politischen Gründen. Als Abdulgani Anfang 1957 wieder das

---

190 PA AA, B 11, 1408. Gesandtschaftsrat Böhling, Jakarta: Aufzeichnung vom 15.9.1952.
191 PA AA, B 12, 1350. Botschafter Allardt, Jakarta: Schriftbericht Nr. 1146/57 vom 20.11.1957.
192 PA AA, B 12, 1350. Botschafter Allardt, Jakarta: Schriftbericht Nr. 107/56 „Präsident Sukarno und sein Einfluss auf das politische Geschehen in Indonesien" vom 3.2.1956.
193 PA AA, B 12, 1347. Botschafter Allardt, Jakarta: Schriftbericht Nr. 1159/57 vom 21.11.1957.
194 PA AA, B 12, 1350. Botschafter Allardt, Jakarta: Schriftbericht Nr. 1218/56 vom 28.11.1956.
195 PA AA, B 12, 1353. Botschaftsrat v. Randow, Jakarta: Schriftbericht Nr. 231/57 vom 28.2.1957.
196 PA AA, B 12, 1393. Botschafter v. Mirbach, Jakarta: Schriftbericht Nr. 287/60 vom 1.4.1960.
197 PA AA, B 12, 1352. Botschafter Allardt, Jakarta: Schriftbericht Nr. 851/56 vom 23.8.1956.
198 PA AA, B 12, 1353. Botschafter Allardt, Jakarta: Schriftbericht Nr. 4/57 vom 3.11.1957. Der Bericht wurde auch Hallstein, v. Brentano, Adenauer und Heuss vorgelegt.

Außenministerium übernahm, berichtete die Botschaft nach Bonn, er sei für das Amt „sehr geeignet" und „für uns ein wünschenswerter Partner".[199]

Die positiv-vergleichend herausgestellten Eigenschaften von Nüchternheit, Augenmaß und Vernunft bei Sastroamidjojo, Hatta und Abdulgani bildeten ein Gegenbild zur negativen Sukarno-Perzeption. Wendet man auf die hier zitierten Schilderungen Sukarnos und seines – angenommenen – Selbstbildes durch Bonner Diplomaten die bekannte weberianische Typologie von politischer Herrschaft an, kommt Sukarno dem Idealtypus des charismatischen Herrschers sehr nahe.[200] Beobachtungen amerikanischer Diplomaten weisen in die gleiche Richtung.[201]

Die Rolle der Bundesrepublik Deutschland in Indonesien

Zu den relevanten Wahrnehmungen gehört schließlich auch die Art und Weise, wie deutsche Diplomaten in der Botschaft und Zentrale in Bonn die eigene Rolle in Indonesien beurteilten. Nicht wenige Papiere enthalten eine – explizite oder implizite – Selbstbeobachtung. Von dieser Selbstbeobachtung nicht immer klar zu trennen ist die vermutete Deutschlandwahrnehmung in Indonesien. Diese muss hier insofern etwas vorsichtiger beurteilt werden, als diese Arbeit ja keinen Zugang zu internen indonesischen Quellen hat: Daher geht es eher um die bundesdeutsche Resonanz der indonesischen Deutschland-Wahrnehmungen als um eine „ungefilterte" Perzeption des amtlichen Indonesien. Eine andere, an dieser Stelle nur skizzierbare „Resonanz der Resonanz" waren die gelegentlichen indonesischen Beschwerden über die Berichterstattung einiger deutscher Medien. Am Schluss dieses Unterkapitels soll es auch um die Wahrnehmung der bundesdeutschen Indonesienpolitik durch zwei andere Akteure gehen, nämlich Großbritannien und die DDR.

Das der Indonesienpolitik zugrundeliegende Selbstbild der Bonner Politik und die dazu passende Kommunikationsstrategie bestand – wie in der gesamten außereuropäischen Welt – in einer Betonung der eigenen Zurückhaltung, die sich bemühte, auch nur den Anschein von Großmachtpolitik zu vermeiden: Das Auswärtige Amt ließ etwa die Kontaktpersonen einer gegen Sukarno gerichteten, antikommunistischen Gegenregierung auf Sumatra 1958 wissen, „die Bundesrepublik sei keine Weltmacht und könne und wolle nicht Schiedsrichter bei Problemen spielen, die nicht unmittelbar ihre Interessen berührten".[202] Die Formel, die Bundesrepublik verfolge im Fernen

---

199 PA AA, B 12, 1352. Botschaftsrat v. Randow, Jakarta: Schriftbericht Nr. 317/57 vom 28.3.1957. Der Bericht wurde Hallstein und v. Brentano vorgelegt.
200 Siehe: Max Weber: Die drei reinen Typen der legitimen Herrschaft, in: Hanke, Max Weber, S. 737.
201 FRUS, 1955–1957, Vol. XII, Doc. 254, S. 422. Botschafter Allison, Jakarta: Telegramm an das State Department vom 26.8.1957: "Sukarno obviously looks upon himself as the father of the Indonesian people."
202 PA AA, B 12, 1350. VLR I Schmidt-Horix: Aufzeichnung vom 28.5.1958. Der in Bonn gegenüber Referatsleiter Schmidt-Horix auftretende Kontaktmann der sogenannten PRRI-Regierung war der in

Osten keine machtpolitischen Ambitionen, tritt in vielen Variationen auf. Dass das Amt ein in der Sache „realistisches" Verständnis von Außenpolitik hatte, und es in Indonesien (wie in anderen Teilen Asiens) klare außenwirtschaftliche, deutschland- und weltpolitische Interessen Bonns durchzusetzen galt, wird ebenso eindeutig ausgedrückt. In einem internen Tätigkeitsbericht formulierte das Südostasienreferat auch das Motiv, Stabilität zu schaffen: „Die Bundesrepublik sieht es als eine ihrer vornehmsten Aufgaben an, zur Festigung der staatlichen Struktur und zur Hebung des Lebensstandards der Völker des asiatischen Raumes einen Beitrag zu leisten."[203] Dazu kam mit der zunehmenden Entfremdung Indonesiens von anderen westlichen Ländern eine Verantwortung der Bundesrepublik, die Position des Westens treuhänderisch zu vertreten.[204]

Die betonte außenpolitische Zurückhaltung in fernen Weltregionen ergab sich natürlich nicht nur aus der Interessenlage, sondern auch aus einem historisch bedingten deutschen Macht- und Vertrauensverlust. Die Außenpolitik des wilhelminischen Deutschland und erst recht diejenige NS-Deutschlands waren für Bonns Diplomaten – trotz aller personellen Kontinuitäten und eines hin und wieder „wilhelminisch" anmutenden Habitus – negative Bezugspunkte.[205] Gleichwohl war die jüngste deutsche Vergangenheit, anders als in den westlichen Ländern und in Osteuropa, in einem Land wie Indonesien keine Bürde. Die Diplomaten der Bundesrepublik fühlten sich in Indonesien als Repräsentanten eines Landes, dem Wohlwollen, wenn nicht sogar hohes Ansehen entgegengebracht wurde: Allgemein habe der deutsche Name in Asien einen guten Klang.[206] Dieses Ansehen gründe sich unter anderem auf den hervorragenden Ruf deutscher Produkte und den schnellen wirtschaftlichen Aufstieg nach 1945, der die „jungen asiatischen Nationen" sehr beeindruckt habe. Deutschland gelte auch als Land hervorragender kultureller und wissenschaftlicher Leistungen.[207]

Es lassen sich drei Motive und Anknüpfungspunkte aus der deutschen Geschichte unterscheiden, die in Indonesien im Sinne einer positiven Deutschlandwahrneh-

---

Indonesien lebende deutsche Arzt Eduard Zwick. Mit seiner Tätigkeit für die Gegenregierung auf Sumatra beschäftigen sich mehrere Berichte des AA, u. a. PA AA, B 12, 1354. VLR I Schmidt-Horix: Aufzeichnung vom 6.3.1958.

203 PA AA, B 12, 1400. VLR I Schmidt-Horix: Entwurf für Tätigkeitsbericht „Der Mittlere Osten und Südostasien" vom 15.10.1957.

204 Siehe: PA AA, B 12, 1381. Botschafter Allardt, Jakarta: Schriftbericht Nr. 1224/56 vom 29.11.1956; PA AA, B 12, 1361. Botschafter v. Mirbach, Jakarta: Schriftbericht Nr. 606/61 vom 15.6.1961.

205 Etwa PA AA, B 12, 1361. Botschafter v. Mirbach, Jakarta: Schriftbericht Nr. 606/61 vom 15.6.1961: „[…] da unsere Kolonialzeit ziemlich vergessen ist und wir trotz der wilhelminischen und hitleristischen Epochen im Allgemeinen nicht als Imperialisten hier gelten."

206 PA AA, B 12, 1400. VLR I Schmidt-Horix: Entwurf für Tätigkeitsbericht „Der Mittlere Osten und Südostasien" vom 11.10.1958.

207 PA AA, B 12, 1400. LR I Schmidt-Horix: Tätigkeitsbericht „Der Mittlere Osten und Südostasien" vom 15.10.1957.

mung wirkten.²⁰⁸ Erstens die vielfach zitierte „koloniale Unverdächtigkeit". Den postkolonialen indonesischen Eliten schien diese „Unbelastetheit" der Deutschen eine Art Gütesiegel zu sein, da die prägende Erfahrung der indonesischen Führungsschicht der Unabhängigkeitskrieg gegen eine halsstarrige Kolonialmacht gewesen war. Gerade das Fehlen einer kolonialen Vergangenheit der Bundesrepublik in Südostasien – Botschafter Mirbach sprach treffender von der „vergessenen Kolonialzeit"²⁰⁹ Deutschlands – war also, etwas paradox, eine nutzbare Ressource, um in Indonesien Einfluss zu nehmen. Von dieser Ressource konnte freilich auch die DDR profitieren, zumal sie keine Rücksicht auf die Interessen westeuropäischer Länder in Asien nehmen musste.

Das zweite Motiv, der rasche Aufstieg aus den Trümmern des Zweiten Weltkrieges, war hingegen ein genuin westdeutsches Phänomen. Die Aufbauleistung, die dabei gemachten Erfahrungen und die dadurch geschaffenen Ressourcen – vor allem die Schaffung einer weltweit aktiven Exportwirtschaft nur wenige Jahre nach dem völligen Zusammenbruch – machten die Bundesrepublik vor allem für indonesische Wirtschaftsfachleute zu einem interessanten Partner. Das „Wirtschaftswunder" galt schon Mitte der fünfziger Jahre als imponierend. Nach Indonesien gelangten offenbar auch übertriebene Vorstellungen vom Reichtum der Bundesrepublik, wonach die Westdeutschen „noch begüterter seien als die Amerikaner".²¹⁰

Ein drittes, meist unausgesprochenes Motiv war sehr viel heikler als die beiden vorgenannten. Da der von Hitler-Deutschland begonnene Weltkrieg als unbeabsichtigte Nebenfolge die Entkolonialisierung beschleunigt hatte, erfreute sich auch dieser Teil der deutschen Geschichte in Indonesien eines gewissen Wohlwollens. Dieser Umstand wurde von Bonns Diplomaten gelegentlich angedeutet, aber nur selten explizit beschrieben oder gar als Ressource politischer Kommunikation verwendet.²¹¹

---

208 Dazu allgemeiner: Frey, Dekolonisierung, S. 187.
209 PA AA, B 12, 1361. Botschafter v. Mirbach, Jakarta: Schriftbericht Nr. 606/61 vom 15.6.1961.
210 PA AA, B 12, 1365. Pressereferent Weiss, Jakarta: Aufzeichnung „Die politische Öffentlichkeitsarbeit in Indonesien" (ohne exaktes Datum, 1961 entstanden).
211 Eindeutig angesprochen wird dieses Motiv 1965 in einem persönlichen Bericht des Botschafters Werz an Außenminister Schröder, siehe ACDP, 01-483-290/2. Botschafter Werz, Jakarta: Aufzeichnung für Bundesminister Schröder vom 30.12.1965: „Während meiner Tätigkeit in Buenos Aires, Madrid und Kolumbien und ebenso in Südostasien, habe ich mit Überraschung festgestellt, welch' hohes Maß an Achtung Deutschland trotz oder vielleicht wegen des verlorenen Krieges genießt. Die Siege der deutschen Truppen, die Namen der einzelnen Heerführer sind überall noch in Erinnerung. Dass all' dies mit einer fürchterlichen Niederlage endete, scheint keine Rolle zu spielen, ja uns eher Sympathien einzubringen. Seltsamerweise verblassen demgegenüber auch alle Greueltaten, die im deutschen Namen durch Deutsche begangen wurden. Hinzu kommt im Falle Indonesien, dass die Indonesier uns zwar nicht direkt ihre Unabhängigkeit zu verdanken haben, dass wir aber doch durch den von uns begonnenen Zweiten Weltkrieg dafür kausal geworden sind. Ohne uns würden wahrscheinlich die Holländer immer noch Indonesien beherrschen. Wir können dafür sicher keinen Dank erwarten, aber unterschwellig mag bei manchen Indonesiern, die ihre Freiheit sehr hoch einschätzen, doch ein gewisses Dankgefühl mitschwingen, das Sukarno auch veranlasst, Hitler jeweils mit einem gewissen

Bei all dem sollte berücksichtigt werden, dass das Bild von den damals noch sehr jungen politischen Systemen „Bundesrepublik" und „DDR" zwar analytisch von dem allgemeinen indonesischen Bild Deutschlands als historisch-kultureller Nation unterschieden werden kann, diese Wahrnehmungen in der Praxis jedoch ineinander übergingen. Der stellvertretende Ministerpräsident Leimena teilte dem deutschen Botschafter hierzu mit, es sei „für einen Indonesier so gut wie ausgeschlossen", sich in der Frage der Anerkennung oder Nicht-Anerkennung der DDR „eine eigene Meinung zu bilden".[212] Dies klang insofern überzeugend, da es aus indonesischer Sicht gewiss näherliegendere Probleme gab als die deutsche Teilung; zudem konnte man sich so gegen das Drängen beider Seiten absichern, deutschlandpolitisch Farbe zu bekennen.

Eine Aufzeichnung des Auswärtigen Amts fasst die amtliche Beurteilung der eigenen Position in Indonesien zusammen: „Die Bundesrepublik Deutschland erfreut sich unter den europäischen Nationen unbestreitbar der größten Sympathien, da sie trotz ihres vorbehaltlosen Bekenntnisses zum Westen weder mit dem schärfstens bekämpften Kolonialismus noch mit der nicht minder verrufenen ‚militanten Blockbildung' identifiziert wird."[213] Botschafter Allardt folgerte 1956 aus der historischen wie gegenwartsbezogenen „kolonialen Unbelastetheit" sogar, dass die bundesdeutschen Beziehungen „zu den jungen Nationen einen casus sui generis" darstellten.[214] Bonn, so Allardt, könne in Indonesien „eine besonders dankbare Aufgabe" wahrnehmen.[215] Hallstein drahtete bei seinem Jakarta-Aufenthalt 1957 nach Bonn: „Von allem Deutschen spricht man mit besonderer Anerkennung."[216] Sukarno rühmte im April 1961 die Bundesrepublik Deutschland als eines der wichtigsten Länder der Welt.[217] In einem Telegramm an Karl Carstens ging Georg Ferdinand Duckwitz, der spätere Staatssekretär Willy Brandts, 1961 von der eigenen Popularität als objektivem Zustand aus: „In Anbetracht der Tatsache, dass von allen westlichen Staaten die Bundesrepublik

---

Wohlwollen zu zitieren. Wir können also davon ausgehen, dass hier wie auch in anderen Ländern Südostasiens die Deutschen beliebt oder wenigstens weniger unbeliebt sind als andere Weiße. Für die Hauptaufgabe unserer Politik, die Wiedervereinigung Deutschlands, ist damit eine günstige Ausgangsposition vorhanden, für den besonderen Fall der Verteidigung unserer Position gegenüber den eifrigen Bestrebungen der sowjetisch besetzten Zone, ihre hiesige Position zu bessern, allerdings nur bedingt. Denn auch die Zonenvertreter können von der positiven Einstellung Indonesiens zu Deutschland ausgehen und daraus Kapital schlagen."
212 PA AA, B 12, 1363. Botschafter Allardt, Jakarta: Schriftbericht Nr. 1043/57 „Gedanken zur Ausgestaltung der deutsch-indonesischen Beziehungen" vom 17.10.1957.
213 PA AA, B 12, 1363. Abteilung 7: Aufzeichnung über Indonesien vom 22.9.1956.
214 PA AA, B 12, 1358. Botschafter Allardt, Jakarta: Schriftbericht Nr. 1211/56 „Vertretung der deutschen Presse in Südostasien" vom 28.11.1956; PA AA, B 11, 1408. In fast gleichlautenden Worten: Botschafter Allardt, Jakarta: Schriftbericht Nr. 835/55 vom 22.9.1955.
215 PA AA, B 12, 1352. Botschafter Allardt, Jakarta: Schriftbericht Nr. 430/56 vom 26.4.1956.
216 PA AA, B 1, 114. Staatssekretär Hallstein, z. Zt. Jakarta: Drahtbericht Nr. 9 vom 7.2.1957.
217 PA AA, B 12, 1365. Meldung Nr. 0504-017 der Nachrichtenagentur PIA, unter Az.: 709-82.03/92.16.

das größte Ansehen in Indonesien genießt und daher über gewisse Einwirkungsmöglichkeiten verfügt [...]."[218] Es ließen sich viele weitere Beispiele für das echte oder vermutete „große Ansehen" Deutschlands zitieren und auch für die Rolle der deutschen Sprache in Indonesien.[219]

Ein Spezialfall unter den Perzeptionen der bundesdeutschen Indonesienpolitik sind die Wahrnehmungen innerhalb des Auswärtigen Dienstes. Die Zentrale in Bonn beobachtete routinemäßig die Arbeit der Botschaft in Jakarta und diese wiederum das Handeln der Zentrale. Ein Prüfungsbericht der Zentrale stellte im Juni 1956 fest, die Botschaft Jakarta arbeite „fast zu viel" und habe „eher zu viele als zu wenige Kontakte". Helmut Allardt führe ein straffes Regiment; Absicht der Botschaft sei es offenbar, „möglichst umfassend und laufend" zu berichten; die Zahl der Berichte – pro Monat rund 100 Stück – könne „etwas eingeschränkt werden".[220] In die umgekehrte Richtung monierte Allardt, ohne dieses Wort zu verwenden, einen gewissen „Ökonomismus" der Bonner Indonesienpolitik, der unsensibel für die nicht-materiellen Bedürfnisse in Indonesien sei:

> „Wir hingegen geben uns häufig der Illusion hin, dass die Beziehungen zwischen Deutschland und Indonesien nur aus Warenlieferung und Warenabnahme, verbunden mit Übernahme von Kreditgarantien, bestehen, ohne viel Rücksicht darauf zu nehmen, dass die freundschaftlichen Empfindungen, die man hier den Deutschen [...] entgegenbringt, behutsam gepflegt und die zahlreichen Minderwertigkeitskomplexe einer jungen farbigen Nation verständnisvoll berücksichtigt werden müssen. [...] Wir verlangen zwar, dass Indonesien den deutschen Standpunkt in der Frage der Wiedervereinigung und der Nichtanerkennung der DDR akzeptiert, und wir drohen, gestützt auf unser stärkeres Wirtschaftspotenzial, mit Repressalien und Abbruch der Beziehungen, ohne uns der Dürftigkeit solcher Argumentation oder des Umstands bewusst zu sein, dass wir zum Kampf gegen den Kommunismus und um die deutsche Wiedervereinigung auch Asien brauchen und er hier sicherlich nicht nur mit Handelsstatistiken gewonnen werden kann. Es wäre auch ein Irrtum, anzunehmen, dass freundliche Beziehungen mit einem Staat wie Indonesien etwa mit der Abgabe bedeutender Kredite oder Unterstützungen à fonds perdu gleichzusetzen sind. Bekanntlich haben die Amerikaner mit der Methode, Freundschaft gegen Dollars einzukaufen, vor allem in Asien deprimierend schlechte Erfahrungen gemacht. Geschenke verstärken im Allgemeinen bei den Beschenkten das Gefühl der Unterwertigkeit [...]."[221]

---

218 PA AA, B 12, 1371. Ministerialdirektor Duckwitz, z. Zt. Colombo: Drahtbericht Nr. 20 an Staatssekretär Carstens vom 5.2.1961.
219 Zum Beispiel deutsche Diplomaten aus London: „Wie ich von indonesischer Seite erfahre, werden als wichtigste diplomatische Vertretungen Indonesiens folgende – wenn auch nicht in dieser Reihenfolge – angesehen: New Delhi, Peking, Washington, London, Bonn und Moskau." PA AA, B 11, 1409. Diplomatische Vertretung London: Schriftbericht Nr. 1429/54 vom 27.1.1954.
220 PA AA, B 12, 1363. AA: Prüfungsbericht Jakarta vom 4.6.1956.
221 PA AA, B 12, 1363. Botschafter Allardt, Jakarta: Schriftbericht Nr. 1043/57 „Gedanken zur Ausgestaltung der deutsch-indonesischen Beziehungen" vom 17.10.1957. Der Bericht wurde auch Hallstein und v. Brentano vorgelegt.

Auch Allardts Nachfolger Dietrich Freiherr von Mirbach mahnte die AA-Zentrale, man dürfe nicht in Passivität verfallen und müsse Verständnis für indonesische Positionen bekunden.[222]

Unverstanden oder böswillig missverstanden fühlten sich indonesische Regierungskreise – die häufig des Deutschen mächtig waren – wiederholt von der westdeutschen Presse. Die indonesische Resonanz auf die Indonesien-Wahrnehmung deutscher Medien fiel entsprechend kritisch aus: Der Informationsdienst der indonesischen Botschaft in Bonn beklagte Ende 1957 eine verzerrte, negative Indonesienberichterstattung. Ein Fernsehbericht habe den Eindruck entstehen lassen, „Indonesien sei ein von Kannibalen bewohntes, unkultiviertes Land" und ein „Land von Amokläufern": Sukarno sei „fast nur mit verzerrtem Gesicht und in wilder Rednerpose zu sehen" gewesen. Die Botschaft wies darauf hin, dass sogar zahlreiche deutsche Anrufer und Briefeschreiber beim indonesischen Generalkonsulat in Hamburg ihr Missfallen über die Berichterstattung durch das deutsche Fernsehen bekundet hätten.[223] Auch Allardt und Randow kritisierten die dramatisierende, „verantwortungslose Berichterstattung"[224] bestimmter Medien über Indonesien sowie die kritiklose, einseitige Übernahme tendenziöser Meldungen über Indonesien aus niederländischen, britischen und australischen Medien.[225]

Das Thema, wie Beobachter aus dritten Staaten die westdeutsche Rolle in Indonesien perzipierten, kann mangels Quellen nur umrissen werden. Es soll hier um die Beobachtungen zweier Akteure gehen: einmal um die Wahrnehmung britischer Diplomaten, zum anderen um den Blick von DDR-Emissären auf ihren Hauptgegner und auch auf die eigene Rolle.

Die historisch größte Kolonialmacht hatte einen sehr selbst- und traditionsbewussten auswärtigen Dienst mit langer Erfahrung in Asien. Der britische Blick auf die Asien- und Indonesienpolitik der neugegründeten Bundesrepublik hatte daher auch etwas von der Sicht des Etablierten auf einen Newcomer. Allgemein waren viele britische Beobachter beeindruckt von der raschen deutschen „Rückkehr" auf die außereuropäische Bühne, insbesondere im außenwirtschaftlichen Gebiet. Die Londoner *Times* schrieb 1956: „Kein Land hat sich besser der wirtschaftlichen Konsequenzen und Chancen der asiatischen Revolution bedient als Westdeutschland. Die Deutschen bedurften keines Nehru oder Sukarno, um die neue Bedeutung Asiens zu begreifen. Überall haben ihre Handelsvertreter das Ende des Kolonialismus ausgenutzt."[226] Wie

---

222 PA AA, B 12, 1361. Botschafter v. Mirbach, Jakarta: Schriftbericht Nr. 606/61 vom 15.6.1961.
223 PA AA, B 12, 1358. Informationsdienst aus Indonesien. Herausgegeben von der Informationsabteilung der Botschaft der Republik Indonesien. Ausgabe Nr. 1/V vom Januar 1958.
224 PA AA, B 12, 1350. Botschaftsrat v. Randow, Jakarta: Schriftbericht Nr. 324/57 vom 28.3.1957.
225 PA AA, B 12, 1358. Botschafter Allardt, Jakarta: Schriftbericht Nr. 1211/56 „Vertretung der deutschen Presse in Südostasien" vom 28.11.1956; PA AA, B 12, 1354. Botschafter Allardt, Jakarta: Schriftbericht Nr. 224/58 „Deutsche Presse über Indonesien" vom 7.3.1958.
226 Zitiert nach: Der Spiegel, 6.6.1956, S. 30.

schwierig das Verhältnis zwischen London und Bonn im Falle des Nahen Ostens war, hat Berggötz in seiner Untersuchung zur Nahostpolitik der Adenauerzeit gezeigt.[227] Unter anderem, weil die Bundesrepublik schon Ende der fünfziger Jahre Großbritannien in allen ökonomischen Leistungsindikatoren übertroffen hatte, sahen britische Diplomaten- und Wirtschaftskreise die (West-)Deutschen als unliebsame Konkurrenten in den arabischen Staaten, in der Türkei und im Iran. Das *Foreign Office* hatte einen sehr kritischen Blick auf die Bonner Außenwirtschaftspolitik und verfolgte zeitweise eine Art Obstruktionstaktik dagegen. Berggötz nennt Großbritannien sogar einen „negativen Bestimmungsfaktor" der Bonner Nahostpolitik.[228] In Indonesien war dies – zumindest vor der Malaysia-Krise ab 1963 – nicht der Fall. Trotz gewisser Besorgnisse britischer Geschäftsleute sah das *Foreign Office* das Engagement der Bundesrepublik in Indonesien im Zusammenhang der globalen Blockkonfrontation grundsätzlich positiv: "[...] the Federal Government [die deutsche Bundesregierung] is concerned, as we are, to keep the Indonesians on the right side of the fence."[229]

1956 sah die britische Botschaft in Bonn den erwähnten Topos „kolonialer Unverdächtigkeit" als eine den Deutschen angenehme Vorstellung über ihre Stellung in Asien, derer sich Sukarno bediene: "Sukarno was quick to seize on the Germans' own favourite belief about their position in Asia, namely, that Germany is not viewed with suspicion because she has no colonial associations."[230] Indonesischen Beteuerungen, die Bundesrepublik sei in einer „favourable position", da sie nicht den Malus einer kolonialen Vergangenheit hatte, notierten britische Diplomaten auch an anderer Stelle.[231] Britische Geschäftsleute bemerkten die angeblich starke bundesdeutsche Betriebsamkeit in Indonesien.[232]

Die DDR-Diplomatie war insofern ein geradezu polarer Gegensatz zum britischen *Foreign Service*, als sie kaum auf institutionelle und personelle Erfahrung bauen konnte. Vorrangige Aufgabe der Abgesandten Ost-Berlins war es, die Isolation des kleineren deutschen Staates zu durchbrechen. Bemerkenswert am Schriftverkehr des DDR-Außenministeriums ist die Abwechslung zwischen der verbindlichen marxistisch-leninistischen Geschichtsphilosophie, deren formelhafte Sprache auch in eher nebensächliche Tatsachenberichte eindrang, und der gelegentlich ebenso anzutreffenden nüchternen Betrachtung über die Grenzen der eigenen Möglichkeiten. Die Tätigkeit der Diplomaten Ost-Berlins bewegte sich zwischen „Klassenauftrag"

---

227 Berggötz, Nahostpolitik, S. 252, 258–266.
228 Ebenda, S. 266.
229 TNA-PRO, FO 371, 160525. Botschafter Steel, Bonn: Bericht Nr. 143 an das Foreign Office vom 11.7.1961.
230 TNA-PRO, FO 371, 124530. Botschaft des Vereinigten Königreichs Bonn: Bericht Nr. 214 an das Foreign Office vom 9.7.1956.
231 TNA-PRO, FO 371, 160525. Botschafter Steel, Bonn: Bericht Nr. 143 an das Foreign Office vom 11.7.1961.
232 TNA-PRO, FO 371, 135888. Schreiben von L. F. Nutell an J. Doyle vom 13.11.1958.

und Realpolitik. Die Notwendigkeit einer völkerrechtlichen Anerkennung der DDR wurde gewissermaßen altruistisch begründet: „Im Kampf gegen die Gefährdung des Friedens durch die aggressive Politik des westdeutschen Militarismus und Imperialismus dient jede Stärkung der Deutschen Demokratischen Republik der Festigung der internationalen Sicherheit und liegt darum auch im Interesse aller friedliebenden Staaten Europas und Asiens."[233] Andererseits formulierte man als einen Aspekt der DDR-Indonesienpolitik auch die „Versorgung der Wirtschaft der DDR mit wichtigen Rohstoffen und Konsumgütern sowie [den] Absatz industrieller Produkte unserer Volkswirtschaft".[234] An anderer Stelle werden diese Ziele nahezu wortgleich dem „westdeutschen Imperialismus" zugeschrieben.[235]

Grundsätzlich fühlten sich die Vertreter des SED-Regimes in Indonesien ebenso willkommen wie ihre westdeutschen „Kollegen". Trotzdem musste die DDR-Vertretung in regelmäßigen Abständen vermelden, dass die Bereitschaft des offiziellen Jakarta zur Verbesserung der Beziehungen mit Ost-Berlin nur so weit reichte, als dabei „keine Benachteiligung der Beziehungen Indonesiens zu Westdeutschland eintritt". Die indonesische Regierung sei gewillt, „das westdeutsche Industriepotenzial bei der Industrialisierung ihres Landes zu nutzen" – daher werde die Anerkennung der DDR, trotz vorhandener Sympathien, nachrangig behandelt.[236] Kritisiert wurde mangelndes und falsches Bewusstsein der Indonesier: „Die aggressive Rolle und die tatsächliche politische Situation in Westdeutschland sind in Indonesien weitgehendst [sic!] unbekannt. Von indonesischer Seite wird Westdeutschland als eine antikoloniale Macht betrachtet."[237] Die Bonner Regierung und die „hinter ihr stehenden westdeutschen Konzerne" versuchten zunehmend, „die demokratische Entwicklung" Indonesiens aufzuhalten.[238] Auch begännen die „Industrie- und Bankenmonopole" der Bundesrepublik, aus dem niederländisch-indonesischen Konflikt um Westirian Vorteile zu ziehen; Ziel sei es, die bisher von niederländischen Unternehmen eingenommenen Stellungen zu

---

233 PA AA, MfAA, A 9363, Mikrofiche Bl. 008–010, hier Bl. 008. Aide Memoire (ohne Verfasser und Datum).
234 PA AA, MfAA, A 9363, Mikrofiche Bl. 021. Ministerium für Auswärtige Angelegenheiten: Aufzeichnung „Die Beziehungen der DDR zur Republik Indonesien" vom 27.12.1957 (ohne Verfasser).
235 PA AA, MfAA, A 9363, Mikrofiche Bl. 295–298, hier Bl. 295. Ministerium für Auswärtige Angelegenheiten: Aufzeichnung „Die Beziehungen Westdeutschlands zu Indonesien" (ohne Verfasser und Datum).
236 PA AA, MfAA, A 9363, Mikrofiche Bl. 092–114, hier Bl. 102, 114. Hauptabteilung III: „Informationen über Indonesiens Beziehungen zu beiden deutschen Staaten und Haltung zur Deutschlandfrage" (ohne Verfasser und Datum).
237 PA AA, MfAA, A 9363, Mikrofiche Bl. 295–298, hier Bl. 295, 298. Ministerium für Auswärtige Angelegenheiten: Aufzeichnung „Die Beziehungen Westdeutschlands zu Indonesien" (ohne Verfasser und Datum).
238 PA AA, MfAA, A 9363, Mikrofiche Bl. 092–114, hier Bl. 097. Hauptabteilung III: „Informationen über Indonesiens Beziehungen zu beiden deutschen Staaten und Haltung zur Deutschlandfrage" (ohne Verfasser und Datum).

übernehmen. Der DDR-Diplomatie wachse die Aufgabe zu, diese fatale westdeutsche Rolle in Indonesien zu demaskieren.[239] Knapp vier Jahre nach der Eröffnung eines DDR-Handelsbüros in Jakarta fasste ein Bericht des DDR-Außenministeriums zusammen, was erreicht wurde und was noch zu erreichen sei:

> „Insgesamt kann man feststellen, dass die Kontakte zwischen unseren beiden Staaten im Jahre 1957 gefestigt und vertieft wurden. Diese Darstellung darf jedoch nicht darüber hinwegtäuschen, dass bei der Bevölkerung Indonesiens und insbesondere bei Regierungskreisen noch Illusionen hinsichtlich des Charakters des westdeutschen Staates und auch der Politik der SPD bestehen. Auf Grund dessen ist die Herbeiführung einer Veränderung der Haltung der indonesischen Regierung zur DDR vor allem von folgenden Faktoren abhängig: 1. Vom Sieg der fortschrittlichen Bewegung in Indonesien über die reaktionären Kräfte 2. Von der Entlarvung des imperialistischen Charakters der Politik der Bundesrepublik und der Rolle, die die SPD-Führung in diesem Zusammenhang spielt 3. Von der Fähigkeit der DDR, Indonesien auf wirtschaftlichem und kulturellem, besonders auf wissenschaftlichem Gebiet, Hilfe zu leisten."[240]

Bei aller gegenseitigen Feindschaft stimmten die deutschen Diplomaten aus Bonn und Ost-Berlin dahingehend überein, die führenden Kreise Indonesiens seien leichtgläubig und machten sich Illusionen: Insbesondere seien sie sich nicht im Klaren über den sinisteren Charakter des jeweils anderen Teils von Deutschland. Aus Bonner Sicht verkannten die Indonesier das Böse im Kommunismus, aus Ost-Berliner Sicht die „Gefährlichkeit des westdeutschen Imperialismus und Neokolonialismus".[241]

3 Nach 1955: Politisierung der Indonesienpolitik?

1955 als zweifache Zäsur: Deutsche Rückkehr auf die internationale Bühne – Indonesien als Akteur der Weltpolitik?

1955 erlebten sowohl die Bundesrepublik Deutschland als auch die Republik Indonesien außenpolitische Zäsuren. Das Inkrafttreten des Deutschlandvertrages, der NATO-Beitritt der Bundesrepublik, Adenauers Moskau-Reise mit der Aufnahme diplomatischer Beziehungen zur UdSSR und die daran anschließende Festlegung auf die Hallstein-Doktrin wurden in Kapitel II.1 dargestellt. Infolge der vom Kreml nunmehr propagierten deutschlandpolitischen „Zwei-Staaten-Theorie" und Chruschtschows neu erwachtem Interesse an den dekolonisierten Ländern begann auch Ost-Berlin ab

---

[239] PA AA, MfAA, A 9363, Mikrofiche Bl. 295–298, hier Bl. 295. Ministerium für Auswärtige Angelegenheiten: Aufzeichnung „Die Beziehungen Westdeutschlands zu Indonesien" (ohne Verfasser und Datum).
[240] PA AA, MfAA, A 9363, Mikrofiche Bl. 020. Hauptabteilung II/2: Bericht „Entwicklung der Beziehungen der DDR zu Indonesien" vom 27.12.1957 (z. T. wortgleich: HA II/2, Bericht vom 23.1.1957 über den Stand der Beziehungen im IV. Quartal 1957, ebenfalls in A 9363).
[241] PA AA, MfAA, A 16129. Generalkonsul Gahlich, Jakarta: Aktenvermerk vom 6.9.1962.

1955, die „Dritte Welt" als neue Front der globalen Systemkonkurrenz zu entdecken. Es wurden erstmals DDR-Regierungsmitglieder auf Reisen in Länder außerhalb der kommunistischen Staatenwelt geschickt: DDR-Handelsminister Heinrich Rau besuchte im Herbst 1955 Indien und Ägypten.[242]

Doch die Hallstein-Doktrin sicherte bis auf Weiteres die weitgehende internationale Isolierung der DDR. Bonns Abbruch der diplomatischen Beziehungen zu Jugoslawien infolge der Belgrader Anerkennung der DDR im Oktober 1957 wurde auch in Indonesien aufmerksam beobachtet. Sowohl die jugoslawische als auch die bundesdeutsche Botschaft sandten Noten an das Außenministerium in Jakarta, in dem sie ihre Positionen darlegten. Dies führte zu zwei Sitzungen des indonesischen Kabinetts, bei denen deutschlandpolitische Fragen diskutiert wurden. Die Botschaft brachte in Erfahrung, dass sich Teilnehmer „recht aggressiv über die deutsche Reaktion auf die jugoslawische Anerkennung der DDR geäußert" hätten und der Meinung seien, „der Abbruch der Beziehungen sei ein typischer an kolonialistische Zeiten erinnernder Versuch, dritten Staaten Vorschriften über ihre internen Angelegenheiten zu machen".[243] Es sei der Vorschlag im Raum gestanden, die afro-asiatischen Staaten sollten darauf „scharf reagieren"; andere Teilnehmer hätten Verständnis für die bundesdeutsche Position bekundet und geäußert, die Bundesrepublik und Indonesien säßen „im gleichen Boot". Das indonesische Kabinett beschloss, bei der Nicht-Anerkennung der DDR zu bleiben.[244]

Seit der Bandung-Konferenz 1955 war Sukarno zum ständigen Kommentator des internationalen Geschehens geworden, vom dem die deutsche Frage ein wichtiger Teil war. Hallstein-Doktrin und Bandung-Konferenz hatten zwar prima facie wenig miteinander zu tun: Im einen Falle erdachten Juristen einer deutschen Behörde ein völkerrechtliches und zugleich interessenpolitisches Instrument, damit der demokratische Teil den undemokratischen Teil Deutschlands isolieren könne. Im anderen Falle trafen sich die afrikanischen und asiatischen Staaten, um darüber zu beraten, wie eine neuerliche Abhängigkeit von den stärkeren Staaten zu vermeiden sei. Jedoch waren es die bündnisfreien und dekolonisierten Staaten, in denen es bei der internationalen Etablierung oder Nicht-Etablierung der DDR, je nach Perspektive, am meisten zu gewinnen oder zu verlieren gab. Mitte der fünfziger Jahre standen hierbei die asiatischen und arabischen Staaten im Vordergrund, da Afrika südlich der Sahara noch kaum dekolonisiert war und die lateinamerikanischen Staaten unter dem bestimmenden Einfluss der USA standen.

Adenauer hat dem indischen Premierminister Nehru gegenüber geäußert, „dass meine Kenntnisse über die asiatischen Probleme nicht allzu tief seien".[245] Doch so-

---

242 Spanger, Staaten, S. 161–164.
243 PA AA, B 12, 95. Botschafter Allardt, Jakarta: Schriftbericht Nr. 1077/57 „Indonesische Reaktion auf den Abbruch der Beziehungen mit Jugoslawien" vom 28.10.1957.
244 Ebenda.
245 Adenauer, Erinnerungen, Bd. 3, S. 182.

wohl die Bandung-Konferenz als auch seine Moskau-Reise vom September 1955 hatten die Asienwahrnehmung des Bundeskanzlers beeinflusst.[246] Während des Moskau-Besuchs sprach Adenauer mit Chruschtschow über die allgemeine Weltlage. Die hier von Chruschtschow angeblich geäußerten Sorgen vor China machten einen langanhaltenden Eindruck auf Adenauer.[247] Ob der sowjetische Parteichef wirklich etwas Derartiges gesagt hatte oder ob der Bundeskanzler nicht Äußerungen Chruschtschows im Lichte seines eigenen China-Bildes (über-)interpretiert hatte, muss hier offenbleiben.[248] Auf jeden Fall ließ Adenauer der Gedanke nicht los, dass ein sino-sowjetischer Konflikt wahrscheinlich sei und dass eines Tages der chinesische Druck auf die Sowjetunion hinreichend stark werden könnte, um die Kreml-Herren zu Konzessionen in Europa zu zwingen.[249] Eine wichtige Rolle bei Adenauers Einschätzung des sino-sowjetischen Verhältnisses spielte das von ihm schon vor der Moskau-Reise gelesene Buch *Grenzen der Sowjetmacht* (1954) des österreichischen Internisten Wilhelm Starlinger, der von 1945 bis 1953 in sowjetischer Gefangenschaft gewesen war.[250] In der westdeutschen Öffentlichkeit wuchs mit der Genfer Indochina-Konferenz von 1954 und der Bandung-Konferenz 1955 das Bewusstsein für die steigende Bedeutung Asiens. Sie fand ihren Niederschlag in der Erscheinung entsprechender Schriften auf dem Büchermarkt, so das Buch *Die Stunde Asiens* (1955) von Wolf Schenke, eines publizistisch sehr aktiven „Neutralisten" mit nationalsozialistischer Vergangenheit und guten Kontakten in verschiedene politische Lager.[251] Wenngleich Schenke mit seinen Vorstellungen einer europäisch-asiatischen „großen Friedensfront"[252] eine Außenseiterposition vertrat, erwarteten Adenauer und andere außenpolitische Akteure der Bundesrepublik zumindest eine Auswirkung von Vorgängen in Asien auf Europa. Dies galt umso mehr, als Chruschtschow und die DDR um 1955 die dekolonisierte Welt als neues Betätigungsfeld entdeckten.[253] Im März 1955 hatte Adenauer einem gewissen David

---

246 Ebenda, Bd. 2, S. 451.
247 Ebenda, Bd. 2, S. 528 f. Vgl. auch: ebenda, Bd. 3, S. 188: „Ich wies [den indischen Ministerpräsidenten Nehru] darauf hin, dass Chruschtschow mir gegenüber sehr klar seine Sorge wegen China geäußert hätte."
248 Dazu: Kilian, Moskau, S. 141–144.
249 Schwarz, Adenauer 1952–1967, S. 221 f., 731. Zu Adenauers China-Wahrnehmung ausführlich: Troche, Ostasienpolitik, S. 59–79. Adenauer erwähnte in Besprechungen diesen Aspekt seines „Datscha-Gesprächs" mit Chruschtschow so häufig, dass der Dolmetscher Hermann Kusterer in seinen Protokollen nur noch das Kürzel „Mosk 55" dafür verwendete, ohne das von Adenauer jeweils Gesagte mitzuschreiben, vgl. Troche, Ostasienpolitik, S. 62.
250 Starlinger erwartete, der von China ausgehende Bevölkerungsdruck auf den sowjetischen Fernen Osten werde „früher oder später ohne Rücksicht auf eine scheinbar gleiche Ideologie China und Russland gegeneinander stellen", wodurch „sich eine totale Veränderung der großpolitischen Weltlage ergeben" werde. Die UdSSR müsse in Europa „Rückendeckung" sichern angesichts der „drohenden Überrollung" aus Ostasien, vgl. Starlinger, Sowjetmacht, S. 119 f.
251 Schenke, Stunde Asiens; siehe auch: Gallus, Neutralisten, S. 195–203, 287–295.
252 Zitiert nach: Gallus, Neutralisten, S. 198.
253 Gray, Hallstein Doctrine, S. 399; Scholtyseck, DDR, S. 17.

Lancashire, der in Neu-Delhi ansässig war und den Kanzler brieflich nach seiner Einschätzung der weltpolitischen Rolle Indiens gefragt hatte, geschrieben:

> „Ich glaube, dass schon in wenigen Jahren Indien im weltpolitischen Geschehen eine große Rolle spielen wird. Das Gleiche gilt meines Erachtens auch für Indonesien, das, wie ich gehört habe, sehr stark kommunistisch infiltriert ist. Sicher ist die Zusammenkunft der selbstständigen Länder Asiens und Afrikas ein Ereignis von sehr großer geschichtlicher Bedeutung. Ich kann mich aber nicht des Bedenkens entschlagen, dass der Versuch eines zu schnellen Fortschrittes zu Rückschlägen führen muss."[254]

So war es kein Zufall, dass mit Sukarno und Nehru zwei der wichtigsten Politiker der afro-asiatischen und bündnisfreien Welt 1956 nach Bonn kamen.[255] Die Initiative, Sukarno auf der Reise auch die Bundesrepublik besuchen zu lassen, war gleichwohl zuerst von indonesischer Seite ausgegangen. Der indonesische Staatschef absolvierte 1956 ein intensives Reiseprogramm mit einer großen West- und einer großen Ostreise. Die Bundesrepublik war die letzte Station seiner Westreise, die ihn zuvor in die Vereinigten Staaten, nach Kanada, Italien, in die Schweiz und zu Papst Pius XII. geführt hatte.[256]

Indonesische Offizielle hatten gegenüber Botschafter Allardt durchblicken lassen, dass Sukarno nicht nur für Indonesien werben wollte, sondern auch per Augenschein das westlich-marktwirtschaftliche mit dem östlich-kommunistischen System vergleichen wollte. Allardt riet dringend, Sukarnos Wunsch nach einer Einladung zu entsprechen.[257] Von einem Sukarno-Besuch sei der „größte Nutzen" zu erwarten, gerade weil Sukarno im Anschluss kommunistische Länder besuchen werde. Am 25. April 1956 wurde die Einladung für den Juni des gleichen Jahres überreicht.[258] Allardt betonte, die Weltreise Sukarnos – nach dessen eigenen Worten eine „Entdeckungsfahrt" – stehe in wesensmäßigen Zusammenhang mit dem seit der Bandung-Konferenz gestiegenen weltpolitischen Prestige Indonesiens und mit dem gestiegenen Selbstbewusstsein des Landes nach den demokratischen Wahlen vom Herbst 1955 sowie der Aufkündigung aller Verträge mit der alten Kolonialmacht Niederlande.[259] Auf bundesdeutscher Seite bestand ein starkes Interesse, Sukarno in deutschland- und berlinpolitischer

---

254 StBKAH, Nachlass Konrad Adenauer I-10.28b, Bl. 345–346. Schreiben von Konrad Adenauer an David Lancashire, Neu-Delhi, vom 31.3.1955. Um wen es sich bei David Lancashire handelte, konnte leider nicht herausgefunden werden.
255 Zum Staatsbesuch Nehrus vom 13.–16.7.1956 siehe: Das Gupta, Südasienpolitik, S. 133–135. Im Gegensatz zum Besuch Sukarnos hat Adenauer den Nehru-Besuch ausführlich in seinen Erinnerungen thematisiert, vgl. Adenauer, Erinnerungen, Bd. 2, S. 177–196.
256 PA AA, B 12, 1391. Botschaft beim Heiligen Stuhl: Schriftbericht Nr. 2167/56 vom 19.6.1956.
257 PA AA, B 12, 1367. Botschafter Allardt, Jakarta: Schriftbericht Nr. 371/56 „Besuch des indonesischen Staatspräsidenten in Deutschland" vom 13.4.1956.
258 PA AA, B 12, 1367. Botschafter Allardt, Jakarta: Drahtbericht Nr. 15 vom 9.4.1956; Schriftbericht Nr. 371/56 vom 13.4.1956; Schriftbericht Nr. 424/56 vom 26.4.1956.
259 PA AA, B 12, 1367. Botschafter Allardt, Jakarta: Schriftbericht Nr. 478/56 vom 14.5.1956.

Hinsicht zu sensibilisieren: Die Bundesregierung, Berlins Regierender Bürgermeister Otto Suhr und auch der indonesische Konsul in West-Berlin drängten auf einen offiziellen Besuch in der „Frontstadt".[260] Sukarno selbst legte besonderen Wert darauf, eine Rede vor Studenten zu halten; Grewes Erinnerungen zufolge war er auch sehr an der Ehrendoktorwürde einer deutschen Universität interessiert.[261]

Die Wirtschaftsexperten der indonesischen Reisedelegation waren vor allem an Besuchen in westdeutschen Industrieanlagen und Bildungseinrichtungen interessiert. Sie machten sich Hoffnungen auf mehr Direkthandel mit der Bundesrepublik und auf die Gewährung von Krediten.[262] Das Auswärtige Amt blieb zurückhaltend. Die AA-Länderabteilung ging davon aus, an einer intensiven Erörterung von Wirtschafts- und Währungsfragen bestehe „auf deutscher Seite kein Interesse"; die angesetzte Unterredung von Adenauer und Brentano mit Sukarno sollte daher ohne Wirtschaftsminister Erhard stattfinden.[263]

Der Besuch Sukarnos fand vom 18. bis zum 26. Juni 1956 statt. Außer Bonn und Berlin besuchte er Düsseldorf, Duisburg, Essen, Frankfurt, Hamburg, Heidelberg, München, Stuttgart, Wiesbaden und Wolfsburg. Am ersten Tag seines Besuches traf Sukarno mit Heuss und Adenauer zusammen. Der Kanzler sicherte Sukarno zu, die Bundesregierung werde den indonesischen Aufbaubemühungen „mit Rat und Tat helfend zur Seite" stehen.[264] Die von Sukarno auf Deutsch gehaltene Rede an der Universität Heidelberg am 22. Juni 1956 bildete einen Höhepunkt des Staatsbesuchs. Sukarno sprach unter dem Titel „Nichts ist stärker als eine wirklich geeinte Nation!". In seiner Rede hob er „Parallelen" zwischen der Geschichte der deutschen und indonesischen Nation hervor und äußerte seine Hoffnung: „Möge auch Ihnen, meine deutschen Freunde, in ihrem Ringen um die nationale Einheit Erfüllung zur Seite stehen".[265] Schon vor der Ankunft in der Bundesrepublik hatte Sukarno davon gesprochen, „dass er den Kampf des deutschen Volkes um die Wiedervereinigung in tiefer Seele verstehe und billige".[266] Über das politische Gespräch zwischen Sukarno und Adenauer am 25. Juni 1956 ließen sich weder im Bundesarchiv noch im Politischen Archiv des Auswärtigen Amts Aufzeichnungen finden. Der von Hallstein für

---

260 PA AA, B 12, 1367. Dienststelle Berlin des AA: Schriftbericht Nr. 840 vom 30.4.1956.
261 Grewe, Rückblenden, S. 301. Beides wurde ihm gewährt: einen Doktor *honoris causa* erhielt Sukarno von der Technischen Universität Berlin, als Ort für Sukarnos Rede wurde die Ruprecht-Karls-Universität Heidelberg ausgewählt.
262 PA AA, B 12, 1367. Botschafter Allardt, Jakarta: Schriftbericht Nr. 533/56 vom 30.5.1956.
263 PA AA, B 12, 1367. Abteilung III: Aufzeichnung „Besprechungen mit dem indonesischen Staatspräsidenten Sukarno am 25. Juni von 10:15-12:00 h im Haus des Bundeskanzlers" vom 20.6.1956.
264 BArch, B 136, 3590. Ansprache des Bundeskanzlers anlässlich des Frühstücks am 18.6.1956.
265 „Nichts ist stärker als eine wirklich geeinte Nation!" Wünsche des indonesischen Staatspräsidenten für die Wiedervereinigung des deutschen Volkes. Abgedruckt in: PA AA, B 12, 1367. Bulletin des Presse- und Informationsamts der Bundesregierung (26.6.1956), Nr. 115/S. 1129. Siehe auch: Harsono, Sukarno Era, S. 260.
266 PA AA, B 12, 1367. Generalkonsul Granow, Singapur: Schriftbericht Nr. 261/56 vom 16.5.1956.

den Bundeskanzler gefertigte Sprechzettel hielt als Gesprächsthemen fest: „Allgemeiner ‚tour d'horizon' unter besonderer Berücksichtigung des Ost-West-Verhältnisses", „Frage der Wiedervereinigung und der Nichtanerkennung der sog. ‚DDR'", „Kulturfragen" sowie die noch ausstehende indonesische Erklärung über das Nicht-Bestehen des Kriegszustands (siehe oben).[267] In einer Besprechung mit dem indonesischen Außenminister Abdulgani lobte Brentano die Worte Sukarnos zur deutschen Frage:

> „Zu Beginn der Besprechung dankte der Herr Bundesminister für das besondere Interesse, das der indonesische Staatspräsident in seiner Heidelberger Rede für die deutschen Probleme und insbesondere das der Wiedervereinigung bekundet habe. Die Worte über die Verurteilung des Kolonialismus ‚in jeder Form', der Hinweis darauf, dass künstlich geteilte Nationen eine der Hauptquellen derzeitiger Spannung seien, und schließlich die Bereitschaft der indonesischen Regierung, alles in ihrer Macht Stehende zu tun, um aus ihrer unabhängigen und weder dem östlichen noch dem westlichen Machtblock zugehörigen Position an der Beseitigung dieser Spannung mitzuwirken, seien von ungeheurer Bedeutung für die Bundesrepublik."[268]

Brentano und Hallstein dankten den Indonesiern auch für deren Bereitschaft, das deutsche Wiedervereinigungsproblem in Moskau anzusprechen. Hallstein unterstrich, man dürfe Pankow kein Veto in der Frage der Wiedervereinigung geben, da sich die SED-Regierung über ihre Chancenlosigkeit bei gesamtdeutschen freien Wahlen im Klaren sei. Der anwesende indonesische Botschafter Zain bemerkte, „dass, wenn Asien sich für deutsche Probleme interessieren solle, auch Deutschland sich mehr nach Asien orientieren müsste", worauf Hallstein auf die erst kürzlich gewonnene außenpolitische Handlungsfähigkeit verwies. Recht bemerkenswert waren die Worte von Brentano, die Bundesrepublik gehöre „einstweilen [...] noch nicht zu den Nationen, die wie Indonesien ‚non-committed' seien, und dies werde sich erst dann ändern, wenn die Wiedervereinigung vollzogen sei".[269]

Sukarnos neuntägiger Besuch in der Bundesrepublik Deutschland verlief zur vollen Zufriedenheit der Bundesregierung. Das Auswärtige Amt sprach in einem internen Abschlussbericht von einem „unerwartet großen Erfolg" dieses „überaus wichtigen Ereignisses"; die „besondere Lage Indonesiens" und das „hohe Ansehen" der Bundesrepublik in diesem Land lasse einen weiteren Ausbau der Beziehungen vor allem zur indonesischen Presse ratsam erscheinen.[270] Die Botschaft in Jakarta berichtete darüber, dass Sukarnos deutschlandpolitische Position nach seiner Rückkehr von Außenminister Abdulgani im Parlament dargelegt wurde. Nach den Worten von Parlamentspräsident Sartono habe Sukarno in seiner Eigenschaft „als erfolgreicher Kämpfer für

---

[267] BArch, B 136, 3590, Staatssekretär Hallstein: Vermerk Tgb.-Nr. 741/56 für Bundeskanzler Adenauer vom 23.6.1956 (auch in: PA AA, B 1, 114).
[268] PA AA, B 1, 155. Botschafter Allardt, z. Zt. Bonn: Vermerk für Minister v. Brentano vom 24.6.1956.
[269] Ebenda.
[270] PA AA, B 12, 1367. Abteilung 4: Aufzeichnung „Besuch Staatspräsident von Indonesien" vom 4.7.1956.

die Unabhängigkeit seines Landes und als echte politische Persönlichkeit" nicht an der deutschen Frage „vorübergehen können, weil er den Zustand der Trennung als unnatürlich und gegen die Grundsätze der Humanität gerichtet empfinde".[271] Gut einen Monat nach Sukarnos Staatsbesuch sagte Adenauer dem australischen Premierminister Menzies im vertraulichen Gespräch, der indonesische Präsident „habe in Bonn keinen schlechten Eindruck gemacht". Im Gegensatz zu Indiens Nehru sei Sukarno in puncto Sowjetunion „nicht so zurückhaltend mit seiner Kritik gewesen".[272] Kurzzeitig sah es aus, als wolle Ministerpräsident Sastroamidjojo ebenfalls noch 1956 die Bundesrepublik bereisen. Das Auswärtige Amt reagierte zurückhaltend und verwies intern auf die zu erwartenden Kreditwünsche Indonesiens, denen Bonn nicht entgegenkommen könne und wolle. Botschafter Allardt warnte dagegen vor Verstimmungen und bat um die Ermächtigung, Sastroamidjojo einladen zu dürfen. Der Besuch kam schließlich nicht zustande – wohl vor allem aufgrund der unruhigen inneren Lage Indonesiens.[273]

An die Westreise Sukarnos schloss sich die „Ostreise" an, auf der Indonesiens Präsident die Sowjetunion und die Volksrepublik China für je zwei Wochen besuchte.[274] Nach seiner Rückkehr aus den beiden kommunistischen Großreichen zeigte sich Sukarno – im Vier-Augen-Gespräch mit Botschafter Allardt – von China wesentlich stärker beeindruckt als von der UdSSR: In der Sowjetunion, so Sukarno, bestehe „zwischen Regime und Bevölkerung eine Riesenkluft".[275] Im Kontrast dazu, so Botschafter Allardt, habe bei Sukarno und seiner Reisegruppe „der Besuch in Rotchina offenbar stärkste Eindrücke hinterlassen".[276] Der Aufenthalt in der Volksrepublik war für Sukarno offenkundig nicht nur der Höhepunkt seiner Reisen, sondern auch eine Inspiration, dem Beispiel Mao Tse-tungs zu folgen und die Massen im Dienste der eigenen Ideologie zu mobilisieren.[277]

---

271 PA AA, B 12, 1367. Botschaft Jakarta (Hans Kersting i. V.): Schriftbericht Nr. 715/56 „Vermittlerrolle des Staatspräsidenten Sukarno in der Frage der Wiedervereinigung Deutschlands" vom 12.7.1956.
272 PA AA, B 130, 8503. VLR I Longerich: Aufzeichnung vom 17.7.1956 über die Besprechung von Bundeskanzler Adenauer mit Premierminister Menzies am 16.7.1956.
273 Dokumente in: PA AA, B 12, 1367A. Botschafter Allardt, Jakarta: Schriftbericht Nr. 907/56 „Besuch des Ministerpräsidenten in der Bundesrepublik" vom 13.9.1956; Botschafter Allardt, Jakarta: Drahtbericht Nr. 51 vom 17.9.1956; Botschafter Allardt, Jakarta: Drahtbericht Nr. 56 vom 16.10.1956; Ministerialdirigent Harkort: Vermerk „Besuch des indonesischen Ministerpräsidenten im Dezember 1956" vom 6.10.1956; Ministerialdirektor v. Welck: Aufzeichnung „Einschränkung der Besuche führender Persönlichkeiten in der Bundesrepublik" vom 8.10.1956.
274 PA AA, B 12, 1391. Botschaft Moskau: Schriftbericht „Besuch des indonesischen Staatspräsidenten Sukarno in der Sowjetunion" vom 15.9.1956.
275 PA AA, B 12, 1382. Botschafter Allardt, Jakarta: Schriftbericht Nr. 34/57 „Gespräch mit Staatspräsident Sukarno" vom 10.1.1957. Der Bericht wurde Staatssekretär Hallstein und Minister v. Brentano vorgelegt.
276 PA AA, B 12, 1391. Botschafter Allardt, Jakarta: Schriftbericht Nr. 1069/56 vom 25.10.1956.
277 PA AA, B 12, 1391. Generalkonsul Dittmann, Hongkong: Schriftbericht Nr. 969/56 vom 26.10.1956. Dieser Bericht wurde von Minister v. Brentano gelesen.

Indonesien als Objekt der Weltpolitik?
Indonesienpolitik der Supermächte und Kalter Krieg im maritimen Südostasien

Der US-Regierung galt Indonesien Mitte der fünfziger Jahre als strategisch wichtiger und zugleich fragiler Staat. Die wesentlichen Überlegungen der amerikanischen Indonesienpolitik bezogen sich auf die Rolle Indonesiens in der afro-asiatischen Staatenwelt und seine Rolle bei der amerikanischen Eindämmungspolitik gegenüber dem sino-sowjetischen Block – der sich damals nach außen hin noch einheitlich präsentierte. Die wichtige Frage, ob und in welchem Maße Washington Indonesien Militärhilfe und Kredite zukommen lassen sollte, hing vor allem von der außenpolitischen Zuverlässigkeit und der innenpolitischen Stabilität des Inselstaats ab. Als Ärgernis für Washington stellte sich der Westirian-Konflikt zwischen den Niederlanden und Indonesien dar. Die Westneuguinea-Frage stellte die Amerikaner vor die Schwierigkeit, sowohl auf die antikoloniale Haltung Indonesiens (und anderer asiatischer Staaten) als auch auf die Interessen der westlichen Verbündeten Niederlande und Australien Rücksicht zu nehmen.[278] Zum Verdruss insbesondere Den Haags zogen sich die Amerikaner auf eine neutrale Position zurück: Außenminister John Foster Dulles erklärte seinem indonesischen Amtskollegen, aus Sicht Washingtons seien im Westneuguinea-Konflikt weder der „legal case" noch der „moral case" eindeutig zu beantworten.[279]

Washington beobachtete die indonesische Innenpolitik mit wachsender Beunruhigung: Amerikanische Diplomaten- und Geheimdienstkreise hielten es für möglich, Java könne aufgrund der dort starken PKI, der allgemeinen Instabilität und wirtschaftlichen Not sowie der zwielichtigen Positionierung Sukarnos bald kommunistisch dominiert werden. Vor den Wahlen 1955 setzte Washington daher Hoffnungen auf einen Erfolg der islamischen Masyumi-Partei.[280] Die von Allen Dulles, dem jüngeren Bruder des Außenministers, geführte *Central Intelligence Agency* (CIA) war nach der Bandung-Konferenz 1955 zu Geheimoperationen in Indonesien ermächtigt worden. Im Wahlkampf unterstützte die CIA die Masyumi mit rund einer Million Dollar.[281] Zur Be-

---

[278] FRUS, 1955–1957, Vol. XII, Docs. 98, 106, 104. Botschafter Cumming, Jakarta: Brief an das State Department vom 20.5.1955, Telegramm an das State Department vom 16.8.1955; Botschafter Matthew, Den Haag: Telegramm an das State Department vom 12.8.1955. Australiens Außenminister Casey erklärte im März 1957 gegenüber Heinrich von Brentano, „Australien sei an der Frage Westneuguinea stärkstens interessiert, da das Verbleiben der Holländer dort für die Verteidigung Australiens von entscheidender Bedeutung sei. Deshalb unterstütze Australien die Holländer in dieser Frage nachdrücklich." PA AA, B 1, 156. Aufzeichnung über Gespräch zwischen Bundesminister v. Brentano und Außenminister Casey am 18.3.1957.
[279] FRUS, 1955–1957, Vol. XII, Doc. 158, S. 271. Gesprächsmemorandum „U.S.-Indonesian Relations", Department of State, vom 17.5.1956.
[280] Siehe: FRUS, 1955–1957, Vol. XII, Doc. 88, 95. NIE 65-55 „Probable Developments in Indonesia during 1955" vom 1.3.1955, NSC 5518 „U.S. Policy on Indonesia" vom 3.5.1955.
[281] Weiner, CIA, S. 201.

deutung Indonesiens bei der globalen Eindämmung der Sowjetunion erklärte John Foster Dulles Anfang 1956 in einer internen Besprechung, Indonesien sei „one of the most important areas to our interest and that it was so important we might have to consider very drastic steps if the situation slipped".[282] Von den strategischen Überlegungen nicht völlig zu trennen waren die wirtschaftlichen Interessen der USA am rohstoffreichen Indonesien, die einhergingen mit großer Skepsis gegenüber der indonesischen Wirtschaftspolitik. Für Unruhe bei den Amerikanern und bei anderen westlichen Regierungen sorgte die unilaterale Entscheidung Indonesiens vom Sommer 1956, sämtliche ausstehende Schuldenzahlungen an die Niederlande einzustellen. Auch im Kontext der Enteignung des Suez-Kanals durch den ägyptischen Staatschef Nasser im selben Jahr befürchtete man in westlichen Hauptstädten, die eigenen Investitionen in Ländern der „Dritten Welt" seien nun nicht mehr sicher.[283]

Das Misstrauen gegen westlich geführte Militärbündnisse im asiatisch-pazifischen Raum und gegen den amerikanischen „Missionarismus" beförderte ab Mitte der fünfziger Jahre bei Teilen der öffentlichen Meinung Indonesiens den Antiamerikanismus. Botschafter Allardt berichtete, dass vor allem Dulles auf besondere Abneigung stoße. Die amerikanischen Hilfeleistungen an Indonesien änderten daran wenig.[284] Zwar sah es 1956 – Dulles besuchte Indonesien, Sukarno die USA – kurzfristig nach einer Verbesserung der amerikanisch-indonesischen Beziehungen aus. Der Staatsbesuch in den USA, Sukarnos erster in einem westlichen Land, war auf immerhin 17 Tage angesetzt.[285] Pro-westliche Kreise Indonesiens hofften, Sukarno würde mit einem positiveren Amerikabild zurückkehren.[286] Tatsächlich verstärkte die Sukarno-Reise aber eher das gegenseitige Misstrauen.[287] Mit Eisenhower und Dulles fand Sukarno – eigenen Worten zufolge – keine gemeinsame Sprache, überdies fühlte sich der prestigebewusste Sukarno in den USA nicht mit der gebührenden Achtung behandelt.[288] Die Ablehnung eines indonesischen Kreditwunsches durch die US-Regierung dürfte ihn zusätzlich gekränkt haben.

Als sich der Konflikt separatistischer Gruppen auf Sumatra mit Sukarnos Regierung verschärfte, entwickelte man im *State Department* Szenarien für den Fall eines Auseinanderbrechens der indonesischen Republik. Im Mai 1957 diskutierte ein Memorandum der Fernostabteilung, welche Vor- und welche Nachteile eine Dis-

---

282 FRUS, 1955–1957, Vol. XII, Doc. 132, S. 224 f. Memorandum des Director of the Office of Southeast Asian Affairs an Assistant Secretary of State for Far Eastern Affairs vom 3.1.1956.
283 Vgl. FRUS, 1955–1957, Vol. XII, Docs. 171, 172, 173, 176, 180. Außenminister Dulles: Telegramm an US-Botschaft Jakarta vom 14.8.1956; Botschafter Cumming, Jakarta: Telegramm an das State Department vom 16.8.1956 und vom 18.8.1956; Botschafter Barbour, London: Telegramm an das State Department vom 25.8.1956; Botschafter Matthews, Den Haag: Telegramm an das State Department vom 2.10.1956.
284 PA AA, B 12, 1381. Botschafter Allardt, Jakarta: Schriftbericht Nr. 78/56 vom 26.1.1956.
285 PA AA, B 12, 1367. Gesandter v. Kessel, Washington: Drahtbericht Nr. 448 vom 19.4.1956.
286 PA AA, B 12, 1367. Botschafter Allardt, Jakarta: Schriftbericht Nr. 478/56 vom 14.5.1956.
287 Roadnight, Eisenhower Years, S. 135–139.
288 Sukarno, Autobiography, S. 276–278, 295 f.

membration Indonesiens für die amerikanischen Interessen habe. Summa summarum ging das Papier zwar davon aus, „that a break-up of the Republic of Indonesia would not serve U.S. policy objectives in the area". Doch als einen der positiven Effekte eines möglichen *break-up* sah das *State Department*, dass der Einflussbereich von Sukarno verkleinert würde. Der indonesische Präsident sei bestenfalls „a highly unreliable political influence", insbesondere wegen seiner „obsession with colonialism, his suspicion of the former colonial powers of Western Europe, his apparent obliviousness to the internal and external communist menace".[289] Schon 1953 hatten Präsident Eisenhower und Außenminister Dulles Überlegungen angestellt, wonach ein Auseinanderbrechen Indonesiens einem territorial intakten Indonesien unter kommunistischer Herrschaft vorzuziehen sei. Die sie leitende Analogie war der kommunistische Sieg in China 1949, bei dem der Fortbestand der territorialen Integrität Chinas von Washington überbewertet worden sei – mit dem Resultat, dass ein Fünftel der Menschheit zur Beute des Kommunismus wurde.[290] Im Verlauf des Jahres 1957 verlor Sukarno weiter an Kredit: Im August notierte Dulles, die USA sollten ihre Neutralität im niederländisch-indonesischen Konflikt überdenken; angesichts von Sukarnos „pro-Communist trend" sei es nahezu absurd, gegenüber dem indonesischen Ansinnen, seine Macht auf ein weiteres Gebiet auszudehnen, neutral zu bleiben.[291] Angesichts der unterschiedlichen Haltung der beiden Supermächte im Westirian-Konflikt – Neutralität der Amerikaner, volle Unterstützung der indonesischen Position durch die Sowjetunion und ihre Satelliten – sah man Sukarno immer mehr in Richtung Moskau tendieren. Im August 1957 teilte Sukarno dem amerikanischen Botschafter John Moore Allison mit, im Falle einer Kurskorrektur Washingtons in der Westirian-Frage ließen sich die indonesischen Massen in begeisterte Pro-Amerikaner verwandeln.[292] Wie im Falle der bundesdeutschen Diplomatie kam es auch im weltpolitisch ungleich mächtigeren *United States Foreign Service* zu Missverständnissen und Meinungsverschiedenheiten zwischen Zentrale und Botschaft: Allison vertrat eine weniger konfrontative Linie als die Dulles-Brüder und ließ Washington wissen, jegliche Hoffnung auf eine antikommunistische Regierung in Indonesien sei „größte Selbsttäuschung", selbst wenn Sukarno völlig von der Bühne verschwinde.[293] Da sich Botschafter Allison immer weiter von der Indonesienpolitik Dulles' entfernte

---

289 FRUS, 1955–1957, Vol. XII, Doc. 230, S. 381. Memorandum des Deputy Director of the Office of Southwest Pacific Affairs (Mein) an Assistant Secretary of State for Far Eastern Affairs (Robertson) vom 17.5.1957.
290 Kahin/Kahin, Subversion, S. 75 f.
291 FRUS, 1955–1957, Vol. XII, Doc. 251. Memorandum des Secretary of State an Deputy Assistant Secretaries for Far Eastern Affairs (Jones) and International Organization Affairs (Walmsley) vom 21.9.1957.
292 FRUS, 1955–1957, Vol. XII, Doc. 254. Botschafter Allison, Jakarta: Telegramm an das State Department vom 26.8.1957 (11:00 Uhr).
293 FRUS, 1955–1957, Vol. XII, Doc. 255, S. 42. Botschafter Allison, Jakarta: Telegramm an das State Department vom 26.8.1957 (13:00 Uhr). Ausführlicher zu den amtlichen Unstimmigkeiten über die einzu-

und zudem mit den CIA-Vertretern in Jakarta im Streit lag, wurde er im Januar 1958 abgelöst.[294] Die Dissonanzen im US-Apparat blieben der deutschen Botschaft ebenso wenig verborgen wie Washingtons Gedankenspiele, den indonesischen Gesamtstaat zu desintegrieren.[295]

Anfang 1958 griffen die Amerikaner durch eine verdeckte CIA-Operation in den seit Langem schwelenden inneren Konflikt Indonesiens ein.[296] CIA-Agenten versorgten abtrünnige Gruppen des indonesischen Militärs auf Sumatra und Sulawesi mit Waffen und einem Rundfunksender.[297] Am 10. Februar 1958 stellten Armeeoffiziere ein Ultimatum an Sukarno: Sie forderten, Sukarno solle die verfassungswidrige Machtanmaßung seiner „gelenkten Demokratie" beenden und sich auf die verfassungsmäßige Rolle des Präsidentenamts beschränken; Mohammed Hatta solle bis zu Neuwahlen ein neues Kabinett bilden. Die Rebellen beschuldigten Sukarno, zusammen mit den Kommunisten Indonesien politisch und ökonomisch in eine verhängnisvolle Lage zu führen.[298] Als das Ultimatum von Jakarta abgelehnt wurde, erklärten sich die Rebellen am 15. Februar 1958 zur „revolutionären Regierung der Republik Indonesien" (*Pemerintahan Revolusioner Republik Indonesia*, PRRI). Im Gegenzug begannen die indonesischen Streitkräfte unter Führung von General Nasution, den Aufstand niederzuschlagen. Das entschlossene Vorgehen des Militärs überraschte die amerikanischen Entscheidungsträger, die eine passive Haltung von Armee und Zentralgewalt erwartet hatten.[299] Die bis dato größte Geheimoperation der Amerikaner, bei der CIA-Flugzeuge sogar Kampfeinsätze zur Unterstützung der Rebellen flogen, scheiterte bald. Nach dem Abschuss eines amerikanischen Piloten über der Insel Ambon am 18. Mai 1958 ließ sich die direkte Involvierung der USA in den PRRI-Aufstand nicht mehr leugnen. Washington stellte umgehend die Unterstützung der Rebellen ein.[300]

Bis Mitte 1958 wurden die PRRI-Kräfte so weit zurückgedrängt, dass die Anti-Sukarno-Front die Zentralregierung nicht mehr ernstlich bedrohen konnte.[301] In Europa versuchte die PRRI, Kontakte zur Bundesregierung aufzunehmen – jedoch wurde ihr dies vom Auswärtigen Amt aus „Rücksicht auf unsere Beziehungen zur indonesischen Zentralregierung" verweigert.[302] Obwohl die USA eine gegen Sukarno gerichtete Aufstandsbewegung aktiv unterstützt hatten, gelang es nach der amerikanischen

---

schlagende US-Indonesienpolitik informieren: Roadnight, Indonesia, S. 144–150; Kahin/Kahin, Subversion, S. 91–98.
294 Roadnight, Indonesia, S. 150; Kahin/Kahin, Subversion, S. 98; Weiner, CIA, S. 204.
295 PA AA, B 12, 1354. Botschafter Allardt, Jakarta: Schriftbericht Nr. 61/58 vom 22.1.1958.
296 Siehe dazu: Conboy, Covert Operations.
297 Weiner, CIA, S. 206 f.
298 Kahin/Kahin, Subversion, S. 136–140.
299 Roadnight, Indonesia, S. 157.
300 Weiner, CIA, S. 212 f.; Westad, Global Cold War, S. 128–130.
301 PA AA, B 12, 1351. Botschafter v. Mirbach, Jakarta: Schriftbericht Nr. 954/59 vom 15.10.1959.
302 PA AA, B 12, 1350. VLR I Schmidt-Horix: Drahterlass Nr. 666 an die Botschaft Jakarta vom 3.6.1958.

„Kehrtwendung"[303] recht schnell, wieder eine einigermaßen stabile Arbeitsbeziehung zu Jakarta herzustellen. Im April 1961 besuchte Sukarno wieder die USA und traf mit dem neuen Präsidenten Kennedy zusammen.[304] Freilich hatten die Amerikaner Einfluss und Ansehen in Indonesien eingebüßt und Sukarnos Annäherung an Moskau und Peking befördert.

Die nach dem Tod Stalins einsetzende Flexibilisierung und bedingte Entideologisierung der Moskauer Außenpolitik wirkte sich auch auf Indonesien aus.[305] Im September 1954 eröffnete die Sowjetunion eine Botschaft in Indonesien.[306] Der Amtsantritt des sowjetischen Botschafters Schukow – eines Neffen des gleichnamigen Marschalls aus dem Zweiten Weltkrieg – erschien Bonns Botschafter Helmut Allardt allerdings misslungen. Viele indonesische Politiker nahmen Anstoß an der Größe der sowjetischen Botschaft: 60 entsandte Sowjetbeamte in Jakarta standen in einem gewissen Missverhältnis zu den acht indonesischen Diplomaten in Moskau. Ein heikles Kapitel der sowjetisch-indonesischen Beziehungen war die konträre Haltung der jeweiligen politischen Systeme zur Religion.[307] Die islamischen Parteien, welche der kommunistischen Supermacht insbesondere aufgrund ihres Staatsatheismus misstrauten, fürchteten die Sowjetisierung Indonesiens und gründeten nach der Herstellung der diplomatischen Beziehungen eine „antikommunistische Front".[308] Bei seiner Ansprache anlässlich der Beglaubigung des Sowjetbotschafters hob Sukarno nicht zufällig die Bedeutung der indonesischen Staatsideologie *Pancasila* hervor – mit dem Glauben an Gott als erster der fünf Säulen.[309]

Nach der Formalisierung der indonesisch-sowjetischen Beziehungen führte Sukarnos Besuchsdiplomatie ihn 1956 auch in die Sowjetunion. Dieser Besuch (dem 1959, 1961 und 1964 weitere folgten)[310] war in Indonesien umstritten. Nach Ansicht der bundesdeutschen Botschaft war Sukarno in ein Dilemma geraten: Einerseits durfte er die Armee und die islamischen Organisationen nicht durch eine zu freundliche Haltung gegenüber Moskau misstrauisch machen, andererseits konnte er es sich nicht leisten, durch eine zu kühle Haltung die indonesischen Kommunisten zu verärgern.[311] Ein gutes Beispiel für die gewachsene sowjetische Flexibilität war ein Artikel, den Sukarno anlässlich seines Besuches in der Parteizeitung *Prawda* ver-

---

303 PA AA, B 12, 1351. Botschafter v. Mirbach, Jakarta: Schriftbericht Nr. 954/59 vom 15.10.1959.
304 FRUS, 1955–1957, Vol. XXIII, Doc. 172, S. 382–391. Zum Treffen von Kennedy und Sukarno siehe: Memorandum „Conversation between President Kennedy and President Sukarno of Indonesia" vom 24.4.1961.
305 Boden, Soviet Aid, S. 113 f.
306 PA AA, B 11, 504. Botschaftsrat v. Randow, Jakarta: Schriftbericht Nr. 742/54 vom 2.9.1954.
307 Vgl. Boden, Grenzen, S. 277–295.
308 PA AA, B 11, 504. Botschaftsrat v. Randow, Jakarta: Schriftbericht Nr. 802/54 vom 17.9.1954
309 PA AA, B 11, 504. Botschaftsrat v. Randow, Jakarta: Schriftbericht Nr. 815/54 vom 24.9.1954.
310 Boden, Grenzen, S. 130.
311 PA AA, B 12, 1391. Botschafter Allardt, Jakarta: Schriftbericht Nr. 929/56 vom 20.9.1956 und Botschafter Allardt, Jakarta: Schriftbericht Nr. 963/56 vom 26.9.1956.

öffentlichen durfte: Darin beschrieb er „Besonderheiten des Weges der asiatischen Völker zur Verwirklichung der sozialen Gerechtigkeit" in einer Weise, die nicht der marxistisch-leninistischen Ideologie entsprach, und er erwähnte – im Zentralorgan der KPdSU – erneut ausdrücklich „den Glauben an einen allmächtigen Gott" als integralen Bestandteil der indonesischen Staatslehre *Pancasila*.[312] Die bundesdeutsche Botschaft in Moskau schloss daraus, der Kreml wolle es vermeiden, beim Werben um die asiatischen Länder „ideologische Bedingungen zu stellen".[313]

Auch materiell zeigte sich Moskau entgegenkommend. Anlässlich des Besuchs von Sukarno 1956 wurde ein sogenanntes Generalabkommen geschlossen, das die Handelsbeziehungen und die sowjetischen Hilfsleistungen an Indonesien regelte.[314] Darin enthalten war auch ein Kredit von 100 Millionen US-Dollar mit zehnjähriger Laufzeit bei einer Verzinsung von 2,5 Prozent.[315] Im gleichen Jahr hatte die Eisenhower-Administration Sukarno einen Kredit abgeschlagen. Da das starke Misstrauen der islamischen Parteien gegenüber der Sowjetunion zu einer Verzögerung der Ratifizierung des Kreditabkommens durch das indonesische Parlament führte, begann die Auszahlung des Geldes erst Anfang 1959.[316] Bei Chruschtschows Besuch in Indonesien 1960 wurde ein neuer Kredit von 250 Millionen US-Dollar vereinbart, erneut zu Vorzugsbedingungen.[317] Die sowjetischen Kredite, das sich verschlechternde Verhältnis Sukarnos zu den USA, die nach 1956/57 einbrechenden Wirtschaftsbeziehungen zu den Niederländern sowie die Enteignung niederländischen Vermögens in Indonesien spielten der Sowjetunion in die Hände. Ende der fünfziger Jahre sah es aus, als würde sich Indonesien endgültig von den westlich-kapitalistischen Ländern abnabeln und den Weg in ein sozialistisches Wirtschaftsmodell nach sowjetischem Muster einschlagen.[318] Insgesamt beliefen sich die sowjetischen Hilfen zwischen 1959 und 1965 auf rund 789 Millionen Rubel (dies entsprach ungefähr 875 Millionen US-Dollar[319]). Die beachtliche Quantität der sowjetischen Gelder wurde jedoch nicht in Qualität übersetzt. Fehlallokationen, Ineffektivität und Verschwendung machten aus der sowjetischen Wirtschaftshilfe ein für die Modernisierung Indonesiens nahezu unwirksames Instrument. 88 Prozent der Kredite gingen in die Aufrüstung der indonesischen Streitkräfte mit sowjetischen Waffen. Die verbleibenden zwölf Prozent flossen hauptsächlich in Prestigeprojekte, die keine weiteren Werte generierten. Von 27 geplanten Projekten wurden bis 1965 nur drei fertiggestellt. Das auffälligste sowjetisch finanzierte

---

312 PA AA, B 12, 1391. Botschaft Moskau: Schriftbericht „Veröffentlichung eines Artikels des indonesischen Staatspräsidenten Sukarno in der ‚Prawda'" vom 13.10.1956.
313 Ebenda.
314 Boden, Grenzen, S. 160.
315 Boden, Soviet Aid, S. 115; Boden, Grenzen, S. 179.
316 Boden, Soviet Aid, S. 113, 116.
317 Ebenda, S. 115.
318 Boden, Grenzen, S. 162–165.
319 Eigene Berechnung.

Projekt stand mitten in Jakarta: Die 15 Millionen US-Dollar teure Senyan-Sportanlage mit ihrem 100 000 Zuschauer fassenden Stadion.[320]

Wirkungsvoller als die größtenteils unvollendeten Zivilprojekte war die sowjetische Militärhilfe an Indonesien. Sie fügte sich in das Bild der während der Regentschaft Chruschtschows stetig wachsenden sowjetischen Rüstungsexporte in die „Dritte Welt".[321] Der von der CIA unterstützte PRRI-Aufstand Anfang 1958 beschleunigte die indonesisch-sowjetische Annäherung bei der Frage der Rüstungsgüter.[322] Angesichts der maritimen Militärtopographie Indonesiens ersuchte das indonesische Militär um die Belieferung mit Kampf- und Transportflugzeugen, Zerstörern, Torpedobooten, Unterseebooten und Seeminen. Wirtschafts- und modernisierungspolitisch brachte die sowjetisch finanzierte Aufrüstung zwar keinen Mehrwert – im Gegenteil bedeuteten die hohen Unterhaltskosten eine zusätzliche Belastung für den indonesischen Staatshaushalt. Jedoch gewann hierdurch Sukarnos Konfrontationspolitik an Schlagkraft und das Militär an Einfluss.[323]

Aus Sicht des Kremls waren die Investitionen in Sukarnos Indonesien ein großer Fehlschlag. Nicht nur dahingehend, dass die Gelder in unproduktive Sektoren verschwanden – dies war in der sowjetischen Planwirtschaft keine Besonderheit –, sondern vor allem deshalb, weil Sukarno sich nicht „engagieren" ließ.[324] Aus weltpolitischen, innenpolitischen und persönlichen Gründen neigte Sukarno in den späten Jahren seiner Regentschaft China immer eindeutiger zu. Im zunächst latenten, später offenen sino-sowjetischen Zerwürfnis bedeutete dies gleichermaßen eine Absage an das westliche wie an das sowjetische Ordnungs- und Modernisierungsmodell. Mit dem Umsturz von 1965/66 endete der zuvor bereits stark geschwundene sowjetische Einfluss in Indonesien vollständig.[325]

Bonns Diplomaten blieb die nach Stalins Tod veränderte sowjetische Asienpolitik nicht verborgen. Um 1955/56 beobachteten sie das Ausgreifen des sowjetischen Kommunismus nach Südostasien mit Sorge: Mit der „Reise der Sowjetführer [Bulganin und Chruschtschow] nach Indien und Birma hat die Sowjetunion den Kalten Krieg nach Mittel- und Südostasien getragen".[326] Andernorts hielt das Auswärtige Amt fest: „Bedeutendstes und gefährlichstes politisches Ereignis in diesem Raum seit Herbst letzten Jahres ist die erheblich verstärkte Aktivität des kommunistischen Blocks."[327] Dieses Eindringen treffe in Südostasien „in einen Raum, in dem bereits vorher die üb-

---

320 Zahlen nach: Boden, Soviet Aid, S. 118–120.
321 Boden, Militärhilfepolitik, S. 468.
322 Boden, Grenzen, S. 203–209.
323 Boden, Militärhilfepolitik, S. 471.
324 Boden, Soviet Aid, S. 124.
325 Haslam, Russia's Cold War, S. 226–229.
326 PA AA, B 12, 1363. Abteilung III: Aufzeichnung vom 4.2.1956.
327 PA AA, B 12, 1358. VLR v. Mirbach: „Deckblatt Mittlerer Osten und Südostasien" (ohne Datum) zur Aufzeichnung Az. 309.210-00/334/56.

lichen kommunistischen Zersetzungsmethoden mit nicht unerheblichen Erfolgen angewandt worden waren", so etwa in Indonesien mit seinem kommunistischen Stimmenanteil von fast 20 Prozent bei den Wahlen von 1955.[328]

Die sowjetkommunistische Offensive sei „bei Weitem der wesentlichste Faktor und eigentlich sogar der einzig wichtige Faktor, mit dem sich unsere Politik im Mittleren Osten und in Südostasien auseinandersetzen muss".[329] Die Bundesrepublik sei zur Eindämmung sino-sowjetischer Infiltration besonders geeignet, „da nicht mit dem Odium des Kolonialismus belastet, Nichtmitglied SEATO und Bagdad-Pakt" sowie aufgrund des Ansehens deutscher Kultur und Wirtschaft. Als „auf Dauer wahrscheinlich einzig wirksame Waffe gegen Kommunismus" galt die Hebung des Lebensstandards in den asiatischen Ländern.[330] Dem Auswärtigen Amt stellte sich die Frage, wie die Bundesrepublik zur Eindämmung des sowjetischen Einflusses beitragen könne. Als Gegenmaßnahmen schlug Dietrich Freiherr von Mirbach, Leiter des Südostasienreferates (und späterer Botschafter in Jakarta), vor: Die Bundesrepublik solle die Besucherdiplomatie intensivieren, die Wirtschaftsbeziehungen und die wirtschaftlichen Hilfen verstärken sowie Broschüren und Filme verbreiten.[331]

Im Februar 1957 trafen sich alle im asiatisch-pazifischen Raum tätigen Missionschefs der Bundesrepublik zu einer Konferenz in Tokio. Die Fernost-Botschafterkonferenz ist interessant für die Frage, wie die Bonner Diplomaten Asien im internationalen System des Kalten Krieges beurteilten: Soweit ersichtlich, fand auf dieser Zusammenkunft die erste systematische Bestandsaufnahme der bundesdeutschen Asienpolitik und der Bedeutung Asiens für die Weltpolitik statt.[332] Vorher hatte es Erörterungen zu partiellen Themen gegeben, die für die Bundesrepublik kurzfristig drängend wurden, wie etwa den Korea-Krieg ab 1950 oder die Genfer Indochina-Konferenz 1954.[333]

AA-Staatssekretär Hallstein eröffnete die Konferenz mit einem Generalreferat, in dem er Multilateralität, Bündnistreue und das Streben nach der deutschen Wiedervereinigung als wichtigste Motive der Bonner Außenpolitik hervorhob. Hallstein konstatierte, die sowjetische Diplomatie sei dazu übergegangen, anstelle von Drohungen mit Gewalt „feinere Methoden der kompetitiven Koexistenz" einzusetzen. Die westliche Allianz müsse auf die neue sowjetische Strategie der „politischen Infiltration"

---

[328] PA AA, B 12, 1358. LR I Schmidt-Horix: Aufzeichnung „Die politisch-psychologische Offensive des Sowjetblocks im Mittleren Osten und [in] Südostasien" vom 9.3.1956.
[329] PA AA, B 12, 1358. VLR v. Mirbach: „Deckblatt Mittlerer Osten und Südostasien" (ohne Datum) zur Aufzeichnung Az. 309.210-00/334/56.
[330] Hier und im Folgenden ebenda.
[331] Ebenda.
[332] PA AA, AV Tokio, 6767. Generalkonsul Dittmann, Hongkong: Referat über China. Protokoll der Konferenz der Missionschefs im asiatisch-pazifischen Raum vom 18.–23.2.1957.
[333] Zur Bedeutung Koreas für Adenauers Analyse der Weltlage siehe: Adenauer, Erinnerungen, Bd. 1, S. 346–349, 376, 470 f. Zu Indochina u. a.: Ebenda, Bd. 2, S. 255, 374.

und der „wirtschaftspolitischen Werbung und Verführung" in den Entwicklungsländern mit einer koordinierten Gegenbewegung antworten.[334]

Hallstein schnitt auch die beherrschenden Themen der „Dritten Welt" und Asiens an: In den dekolonisierten Ländern sah er den Nationalstaatsgedanken, welcher im Westen am „Verblassen" sei, eine „merkwürdig späte Blüte" treiben.[335] Den „Neutralismus" der Afro-Asiaten kritisierte Hallstein als einen Wertneutralismus, der gleichgültig bleibe gegenüber dem Unterschied zwischen kommunistischem Block und freier Welt.[336] Aufgrund der steigenden Bedeutung der afro-asiatischen Staaten müsse die Bundesrepublik zusammen mit anderen europäischen Ländern „um die Seele dieser afro-asiatischen Völker ringen".[337] Skeptisch beurteilte Hallstein die Aussichten, die Wiedervereinigungspolitik über die Vereinten Nationen voranzutreiben. Er befürchtete, bestimmte Akteure könnten die deutsche Frage mit „dubiosen anderen Vereinigungsanliegen" verknüpfen: Als „extremes Beispiel" nannte Hallstein mögliche Erklärungen. Die „Wiedervereinigung arabischen Territoriums" erfordere es, Israel zu zerschlagen.[338] Botschafter Allardt pflichtete dem Staatssekretär bei: Sobald sich die UN mit der Frage der deutschen Teilung befasste, würden indonesische Diplomaten das Thema mit dem aus ihrer Sicht gleichgelagerten Westneuguinea-Problem verbinden. Allardt warnte vor einem solchen „Kuhhandel", bei dem die indonesische Unterstützung der Bundesrepublik mit einem Entgegenkommen bei der indonesischen Westneuguinea-Politik entlohnt werden müsse.[339]

Allardt stellte in seinem Referat über Indonesien heraus, wie sehr der Antikolonialismus „einer der bestimmenden Faktoren des indonesischen Denkens und der indonesischen Einstellung zum Westen" geworden sei.[340] Im Allgemeinen habe es der kommunistische Osten in Indonesien leicht, da das antikoloniale Ressentiment der Indonesier ein nahezu ausschließlich antiwestliches sei. Zudem gelte der Kommunismus als denkbares Instrument der Modernisierung rückständiger Gesellschaften. Sehr zum Nachteil des Kommunismus wirkte sich gleichwohl die starke Religiosität Indo-

---

334 PA AA, AV Tokio, 6767. Staatssekretär Hallstein: Generalreferat über die außenpolitische Lage der Bundesrepublik. Protokoll der Konferenz der Missionschefs im asiatisch-pazifischen Raum vom 18.–23.2.1957, S. 2–25, hier S. 9.
335 Ebenda, hier S. 5.
336 PA AA, AV Tokio, 6767. Diskussion III im Protokoll der Konferenz der Missionschefs im asiatisch-pazifischen Raum vom 18.–23.2.1957, S. 353.
337 PA AA, AV Tokio, 6767. Staatssekretär Hallstein: Generalreferat über die außenpolitische Lage der Bundesrepublik. Protokoll der Konferenz der Missionschefs im asiatisch-pazifischen Raum vom 18.–23.2.1957, S. 2–25, hier S. 11.
338 Ebenda.
339 PA AA, AV Tokio, 6767. Staatssekretär Hallstein: Diskussion zum Generalreferat über die außenpolitische Lage der Bundesrepublik von Staatssekretär Hallstein. Protokoll der Konferenz der Missionschefs im asiatisch-pazifischen Raum vom 18.2.–23.2.1957, S. 34.
340 PA AA, AV Tokio, 6767. Botschafter Allardt, Jakarta: Referat über Indonesien. Protokoll der Konferenz der Missionschefs im asiatisch-pazifischen Raum vom 18.–23.2.1957, S. 283–295, hier S. 289 f.

nesiens aus. Allardt sah es als mögliche politische Rolle der Bundesrepublik – die aus indonesischer Sicht „zwischen den Fronten" von kommunistischem Osten und kolonialistischem Westen stehe –, in Indonesien als vertrauenswürdiger „Mittler" im westlichen und europäischen Interesse zu wirken.[341] Die damit verbundenen Aufgaben, etwa bei der Förderung der deutschen Sprache in Indonesien, seien dringlicher als die Förderung der Geschäftsbeziehungen. Diese liefen auch ohne die Hilfe der Wirtschaftsdiplomatie: Allardt verwies auf den bundesdeutschen Anteil von jeweils zehn Prozent am indonesischen Im- und Export, bei einem indonesischen Gesamthandelsvolumen von rund sieben Milliarden DM.[342]

Hatte Allardt den damaligen Botschafter Hentig 1952 noch zur Zurückhaltung bei der Indonesienpolitik gemahnt, so plädierte er nun nachdrücklich für mehr Aktivität der Bundesrepublik. In einem ausführlichen Bericht vom Oktober 1957, der in Bonn stark beachtet wurde, gab er als übergeordneten Grund an, „dass wir zum Kampf gegen den Kommunismus und um die deutsche Wiedervereinigung auch Asien brauchen".[343] Dieser Kampf sei nicht allein mit monetären Mitteln zu gewinnen. Als geeignete nicht-wirtschaftliche Mittel, die antikommunistischen Kräfte in Indonesien zu stärken, schlug Allardt vor: Ministerbesuche aus Bonn, Einladung indonesischer Journalisten und Parlamentarier in die Bundesrepublik sowie die Entsendung von Deutschlehrern nach Indonesien. Hallstein stimmte Allardts Anregungen zu und entschied, sie sollten „so weit möglich verwirklicht werden".[344]

Allerdings ist fraglich, ob Allardts Berichterstattung direkte Auswirkungen hatte. Mit der Entsendung hochrangiger Besucher oder der Vergabe größerer Geldsummen hielt sich Bonn jedenfalls noch so lange zurück, bis Indonesien um 1960/61 zu einem deutschlandpolitischen „Kriegsschauplatz" wurde. Obwohl mit Sukarno 1956 ein Staatsoberhaupt die Bundesrepublik besucht hatte, ließ der lange erwünschte Besuch eines bundesdeutschen Ministers bis 1961 auf sich warten. Übereinstimmende Anregungen der indonesischen Regierung und der bundesdeutschen Botschaft, Ludwig Erhard möge auf seiner Asienreise 1958 auch Jakarta besuchen, wurden nicht gehört. Jakarta lastete dies allerdings nicht nur den Deutschen, sondern auch der „Inaktivität" des indonesischen Botschafters in Bonn, Zairin Zain, an.[345] In die gegenläufige Richtung gab es einen stärkeren Besucherverkehr. Ab der zweiten Hälfte der fünfziger Jahre wurden indonesische Zeitungs- und Rundfunkjournalisten auf Kosten der Bundesregierung zu längeren Besuchen in die Bundesrepublik eingeladen, um auf diese

---

341 Ebenda, S. 292 f.
342 Ebenda, S. 292 f.
343 PA AA, B 12, 1363. Botschafter Allardt, Jakarta: Schriftbericht Nr. 1043/57 „Gedanken zur Ausgestaltung der deutsch-indonesischen Beziehungen" vom 17.10.1957 (auch in: PA AA, B 12, 95).
344 PA AA, B 12, 1363. VLR Schmidt-Horix: Schrifterlass an die Botschaft Jakarta vom 19.10.1957.
345 PA AA, B 12, 1363. Botschaftsrat Bassler, Jakarta: Schriftbericht Nr. 879/58 „Mögliche Abberufung von Botschafter Zain?" vom 10.10.1958.

Weise die eigenen Positionen zu „multiplizieren".[346] Ein fester Programmbestandteil der Besuchsprogramme war der Besuch Berlins: Der Kontrast zwischen dem prosperierenden freien Westteil und dem unfreien Ostteil der deutschen Hauptstadt sollte Gästen den Unterschied von freier Welt und kommunistischer Diktatur konkret vor Augen führen.[347]

Die Bundesrepublik und der niederländisch-indonesische Konflikt um Westneuguinea

Seit 1949 beharrte die indonesische Regierung darauf, dass Niederländisch-Neuguinea als *Irian Barat* (Westirian) Bestandteil der indonesischen Nation sei. Den Haag entgegnete stets, dass die „Übertragung der Territorialhoheit über Neuguinea an Indonesien unvereinbar mit den Wünschen und Interessen der einheimischen Bevölkerung sei", da deren christliche Führungsschicht die niederländische Verwaltung einer indonesischen vorziehe.[348] Die sprachlich heterogenen Papua wiesen mit der ihrerseits sehr heterogenen, jedoch mehrheitlich malaiisch-islamischen Bevölkerung Indonesiens kaum ethnische, religiöse und kulturelle Gemeinsamkeiten auf. Von beiden Konfliktparteien wurden viele weitere Argumente vorgebracht, um den jeweils eigenen Anspruch zu legitimieren, Westirian bzw. Westneuguinea zu regieren – die jeweils verwendete Bezeichnung konnte schon andeuten, mit welcher der beiden Positionen man sympathisierte.[349] Auf der *Round Table Conference* über die Unabhängigkeit Indonesiens gelang bis Ende 1949 keine einvernehmliche Lösung der Neuguinea-Frage.[350] Die Entscheidung wurde vertagt. Mehrere Versuche, das Problem in bilateralen Verhandlungen zu lösen, blieben ergebnislos. 1955/56 scheiterte die letzte niederländisch-indonesische Konferenz über das Streitthema Westneuguinea.[351]

---

346 PA AA, B 12, 1363. Botschafter Allardt, Jakarta: Schriftbericht Nr. 1073/58 „Einladung indonesischer Redakteure in die Bundesrepublik" vom 30.10.1957.
347 PA AA, B 12, 1400. Referat 711: Aufzeichnung „Betreuung ausländischer Gäste" vom 5.9.1959; siehe auch: PA AA, B 12, 1363. Botschafter Allardt, Jakarta: Schriftbericht Nr. 113/57 „Material über die Entwicklung in Osteuropa" vom 31.1.1957.
348 PA AA, B 11, 621. Generalkonsul du Mont, Amsterdam: Schriftbericht Nr. 181/50 „Neu-Guinea" vom 21.12.1950.
349 Siehe: Lijphart, Decolonization, S. 22–35.
350 Über den Westneuguinea-Konflikt gibt es zahlreiche Darstellungen. Das Buch von Lijphart, Decolonization, über die niederländische Neuguineapolitik bis 1962 gehört immer noch zu den lesenswertesten. Eine ausführliche Darstellung des Konflikts im internationalen Kontext bietet: Penders, Debacle. Penders widerspricht Lijpharts These, emotionale und nichtrationale Gründe hätten das niederländische Festhalten an Westneuguinea motiviert. Für eine Darstellung der britischen Position im Westneuguinea-Konflikt siehe: Tarling, Dispute.
351 Siehe Berichte in: PA AA, B 11, 1411. Botschaft Den Haag: Schriftbericht „Niederländisch-indonesische Regierungskonferenz in Den Haag eröffnet" vom 13.12.1955; Generalkonsulat Genf: Schriftbericht Nr. 945/55 „Niederländisch-indonesische Verhandlungen in Genf" vom 20.12.1955. Lijphart, Decolonization, S. 16.

Das Ringen mit den Niederlanden um Westirian war bis 1962 eines der zentralen innen- und außenpolitischen Themen Indonesiens. Materialien über den Konflikt füllen viele Aktenbände des Auswärtigen Amts.[352] Häufig ging es dabei um Irritationen und Dilemmata. Der Wunsch nach guten Beziehungen zu beiden Konfliktparteien führte beinahe unvermeidlich in Loyalitätskonflikte. Zwar waren die Niederlande der Bundesrepublik in fast jeder Hinsicht näher – nicht nur als Nachbar und ab Mai 1955 als NATO-Verbündeter, sondern auch als der damals größte bilaterale Handelspartner.[353] Jedoch fand der Westneuguinea-Konflikt ja nicht im nordatlantischen Bündnisgebiet statt, sodass Bonn mit guten Argumenten eine neutrale Position einnehmen konnte. Hinzu kam, dass die Bundesrepublik als damaliges Nichtmitglied der Vereinten Nationen kein Stimmrecht in der UN-Vollversammlung besaß, in der die Westirian-Frage wiederholt zur Debatte stand, und sich daher auch nicht für ihr Abstimmungsverhalten rechtfertigen musste. Schließlich blieben – zumindest nach außen hin – auch Großbritannien und die USA neutral; Frankreich neigte dagegen deutlich der niederländischen Position zu.[354]

Bundesregierung und Auswärtiges Amt vermieden anfangs jegliche Äußerung zum niederländisch-indonesischen Konflikt. Der Länderabteilung und der Rechtsabteilung des Auswärtigen Amts erschien es 1954 „wenig zweckmäßig [...], in dieser Angelegenheit gegenüber der einen oder der anderen Seite Partei zu ergreifen. Wir werden daher eine Stellungnahme nach Möglichkeit vermeiden und, falls dies auf die Dauer nicht möglich ist, uns ebenfalls als ‚neutral' erklären."[355] Auch wenn sich die Bundesrepublik nach außen hin zurückhielt, gab es intern tendenziell zwei unterschiedliche Positionen: Das Bundeskanzleramt, das AA-Westeuropareferat und die Botschaft Den Haag wollten vor allem auf die Niederlande Rücksicht nehmen. Die andere Position – ihre Vertreter waren das für Südostasien zuständige AA-Referat 709 und die Botschaft in Jakarta – gingen davon aus, dass die Niederlande ohnehin auf verlorenem Posten standen, und empfahlen, sich angesichts der deutschlandpolitischen und außenwirtschaftlichen Bedeutung Indonesiens nicht dem Verdacht kolonialer Komplizenschaft auszusetzen. Die Rechtsabteilung des Auswärtigen Amts nahm an, dass in völkerrechtlicher Hinsicht „den niederländischen Argumenten das größere Gewicht zuzumessen sein dürfte".[356]

---

352 Eine „amtliche" deutschsprachige Kurzdarstellung der Geschichte des Westneuguinea-Konflikts lieferte: PA AA, B 12, 1347. Botschaft Den Haag: Schriftbericht „Geschichte des Neuguinea-Konflikts" vom 20.8.1958.
353 PA AA, B 12, 1354. Ministerialdirigent v. Bargen: Aufzeichnung für Bundesminister v. Brentano vom 8.1.1958.
354 PA AA, B 12, 1347. Diplomatische Vertretung Paris: Schriftbericht Nr. 3818/54 „Holländisch-indonesischer Streit um West-Neuguinea" vom 29.9.1954.
355 PA AA, B 11, 414. Referat 309: Aufzeichnung „Streitfrage der politischen Zugehörigkeit West-Neuguineas (West-Irians)" vom 6.10.1954.
356 PA AA, B 80-500, 385. LR I Bünger: Vermerk „Politische Zugehörigkeit West-Neuguinea" vom 20.7.1954.

Sowohl Indonesien als auch die Niederlande bemühten sich während des gesamten Konflikts, auf Drittstaaten einzuwirken. Unter der Vielzahl an Fällen seien im Folgenden einige prominente Beispiele angeführt: Indonesien reichte 1957 eine Protestnote an die sechs Gründungsmitglieder der durch die Römischen Verträge geschaffenen Europäischen Wirtschaftsgemeinschaft (EWG) ein, da Niederländisch-Neuguinea in den gemeinsamen Markt einbezogen wurde.[357] Die belgische Regierung entwarf eine gemeinsame Antwortnote der sechs EWG-Gründungsmitglieder, der sich die bundesdeutsche Seite anschloss.[358] Diese abgestimmte Reaktion auf den indonesischen Protest dürfte eine der allerersten operativen Schritte dessen gewesen sein, was später als europäische Außenbeziehungen bezeichnet werden sollte. Intern wurde jedoch auch zu bedenken gegeben, dass sich die bisher neutrale Bundesrepublik „vorbehaltlos den juristischen Standpunkt der Niederlande" zu eigen gemacht habe.[359]

Die Niederländer beobachteten institutionelle Aspekte der Bonner Südostasiendiplomatie sehr aufmerksam: Eine geplante Dienstreise von Botschafter Allardt nach Westneuguinea wurde zum deutsch-niederländischen Politikum, das zwischen Bonn und Den Haag auf Ministerebene geklärt werden musste: Außenminister Brentano ordnete schließlich an, die Reise zu unterlassen.[360] 1959 sollten im Auswärtigen Amt die Länderzuständigkeiten zwischen den einzelnen Referaten präziser voneinander abgegrenzt werden: Das Süd- und Südostasienreferat 709 behandelte Indonesien, das Ostasien-Referat 710 unter anderem die „Niederländischen Besitzungen in Asien", von denen ja nur noch Niederländisch-Neuguinea übrig geblieben war. Sachlogisch und geographisch schien die vom Auswärtigen Amt vorgesehene Zuteilung Westneuguineas zu Referat 709 schlüssig, da sich das Gebiet unzweifelhaft in Südost- und nicht in Ostasien (im engeren Sinne) befand. Niederländische Diplomaten sprachen jedoch ihre Bedenken aus: Mit Westneuguinea sollte sich nicht dasjenige Referat befassen, das auch für Indonesien zuständig war. Das Auswärtige Amt kam diesen Einwänden entgegen und beließ die Zuständigkeit für Westirian bei Referat 710.[361]

Die indonesische Regierung versuchte – wie schon im Unabhängigkeitskampf der vierziger Jahre – die Vereinten Nationen als Plattform für die eigene Position zu nutzen. Zu den UN-Vollversammlungen 1954, 1955, 1956 und 1957 ließen Indonesiens Diplomaten das Thema auf die Tagesordnung setzen. Der durch die Dekolonisierung voranschreitende Zuwachs an UN-Mitgliedern begünstigte die indonesische Position. Die pro-indonesischen Anträge konnten zwar jedes Mal eine Mehrheit der Stimmen

---

[357] PA AA, B 12, 1347. Ministerialdirektor v. Welck: Aufzeichnung (Entwurf) „Belgischer Antwortentwurf auf die indonesische Protestnote betreffend Einbeziehung Niederländisch-Neuguineas in den Gemeinsamen Markt" vom 10.9.1957.
[358] PA AA, B 12, 1347. Botschafter Ophüls, Brüssel: Drahtbericht Nr. 295 vom 13.9.1957.
[359] PA AA, B 12, 1347. Abteilung III: Vermerk für Abteilung II vom 10.9.1957.
[360] PA AA, B 12, 1363. Ministerialdirektor Welck: Drahterlass Nr. 66 an die Botschaft Jakarta vom 26.11.1956.
[361] PA AA, B 12, 1400. LR I Döring: Vermerk „Ordnungsplan der Zentrale" vom 28.12.1959.

in der Generalversammlung gewinnen, verfehlten aber die notwendige Zweidrittelmehrheit.[362]

Parallel zur Zunahme der inneren Spannungen und zur Etablierung der autoritären „gelenkten Demokratie" verschärfte Indonesien 1957 den Kurs im Westirian-Konflikt. Rechtlich problematische Druckmittel waren die physische Sicherheit niederländischer Staatsbürger und das niederländische Eigentum in Indonesien: Diese seien nach indonesischer Auffassung, so beobachtete Botschafter Allardt schon 1955, „Gegenwerte für die Freigabe Westirians [...], die die Holländer nachdenklich stimmen müssten".[363] Im Oktober 1957 bildete sich in Jakarta ein aus Jugendlichen bestehendes „Aktionskomitee zur Befreiung Westirians" unter Führung von Informationsminister Sudibjo. In einer der ersten Aktionen des Komitees wurden in Jakarta Häuser, Betriebe und Fahrzeuge von Niederländern mit Losungen wie „Tod den Holländern" und „wartet nicht, bis ein Blutbad kommt" beschmiert.[364] Kurz darauf drohte die indonesische Regierung den Niederländern im Land Repressalien an für den Fall, dass die UN-Vollversammlung einen pro-indonesischen Antrag zur Westneuguinea-Frage ablehnen würde.[365] Dieser von 19 Staaten eingebrachte Antrag, der die Niederlande zur Aufnahme von Verhandlungen über Westirian aufforderte, verfehlte am 29. November 1957 die qualifizierte Mehrheit.[366]

Die Reaktion in Indonesien auf die Abstimmungsniederlage erfolgte umgehend. Angehörige nationalistischer und kommunistischer Gewerkschaften besetzten Unternehmen, die sich in niederländischem Eigentum befanden. Am 5. Dezember 1957 ordnete das indonesische Justizministerium die Ausweisung von 46 000 niederländischen Staatsangehörigen an.[367] Bei den Ausgewiesenen handelt es sich mehrheitlich um – nach damaligem Sprachgebrauch – „farbige" Staatsangehörige, die noch niemals zuvor in den Niederlanden gewesen waren.[368]

Das Vorgehen gegen niederländisches Eigentum in Indonesien brach die etablierten wirtschaftlichen Bindungen an das frühere Mutterland. Indonesien musste sich im Zuge der absichtlich verschlechterten Beziehungen zu den Niederlanden nach neuen Partnern umsehen – der damalige Außenminister Sunario hatte schon 1955 mitgeteilt, Indonesien wolle „das Schwergewicht seiner Bindungen an Europa, das bisher in Holland gelegen habe, in die Bundesrepublik" verlagern.[369] Nach

---

362 Lijphart, Decolonization, S. 16 f.
363 PA AA, B 11, 1411. Botschafter Allardt, Jakarta: Schriftbericht Nr. 831/55 „Indonesisches Westirian-Programm für die diesjährige Vollversammlung der UNO" vom 23.9.1955.
364 PA AA, B 12, 1347. Botschafter Allardt, Jakarta: Schriftbericht Nr. 1093/57 vom 30.10.1957.
365 PA AA, B 12, 1347. Botschafter Allardt, Jakarta: Schriftbericht Nr. 1158/57 vom 21.11.1957.
366 Ricklefs, Indonesia, S. 261.
367 Ebenda, S. 261.
368 PA AA, B 12, 1347. Botschaft Den Haag: Schriftbericht „Geschichte des Neuguinea-Konflikts" vom 20.8.1958.
369 PA AA, B 80-500, 1100. Botschafter Allardt, Jakarta: Schriftbericht Nr. 314/55 vom 6.4.1955.

der Verschärfung der Konfrontation mit Den Haag diskutierte die indonesische Regierung Ende 1957 über die Beziehungen zur Bundesrepublik. Sunarios Nach-Nachfolger als Außenminister, Subandrio, sagte zu Botschafter Allardt, es seien „in der Tat nur die Deutschen, die vielleicht auch in der Lage sind, im Westen für unsere Politik und unsere Lage etwas Verständnis zu verbreiten, bevor es zu spät ist". Allardt entgegnete dem Minister, dass es angesichts der Enteignungspolitik dafür möglicherweise schon zu spät sei.[370] Auch der indonesische Geschäftsträger in Bonn erklärte dem Auswärtigen Amt, „in Europa setzte Indonesien seine ganze Hoffnung auf die Bundesrepublik, von deren Kooperation die wirtschaftliche Entwicklung seines Landes weitgehend abhängig sein werde". Der bislang über die Niederlande laufende Handel solle in Zukunft verstärkt über die norddeutschen Hansestädte laufen.[371]

Aller erklärten Neutralität zum Trotz schien die Bundesrepublik Deutschland unversehens zum Begünstigten des indonesisch-niederländischen Konflikts zu werden. Die Regierung der Niederlande war sich dieser Tendenz bewusst und intervenierte entsprechend beim deutschen Nachbarn. Das Außenministerium bat den deutschen Botschafter in Den Haag, Hans Mühlenfeld, „dringend, Bundesregierung namens niederländische Regierung aufzufordern, im Indonesien-Konflikt nichts zu unternehmen, was indonesischerseits als Ermutigung aufgefasst werden" und die westliche Solidarität schwächen könnte.[372] Mühlenfeld wies den niederländischen Staatssekretär van der Beugel darauf hin, jede schroffe Zurückweisung indonesischer Anliegen könne dem kommunistischen Block in die Hände spielen. Van der Beugel habe entgegnet, die Entwicklungen in Indonesien seien ohnehin „nicht mehr aufzuhalten"; Mühlenfeld meldete nach Bonn, die Bundesregierung solle den Westneuguinea-Konflikt „nicht ausschließlich aufgrund niederländischer Interessen und Wünsche" beurteilen; zwar sei momentan Zurückhaltung geboten, jedoch müsse man in erster Linie einen Erfolg des Kommunismus in Indonesien verhindern und auch die „bedeutenden Handelsmöglichkeiten" für die Bundesrepublik Deutschland im Auge behalten.[373] Das Auswärtige Amt sicherte dem Botschafter der Niederlande in Bonn zu, man wolle keineswegs die niederländischen Probleme in Südostasien ausnutzen. Allerdings sei die Bundesregierung in „einer besonderen Lage", da Jakarta die indonesisch-deutschen Wirtschaftsbeziehungen ausbauen wolle.[374] Etwas später trug der niederländische Botschafter im Auswärtigen Amt die explizite Bitte vor, die Bundesrepublik möge sich etwaigen Ansinnen Indonesiens verweigern, die bisherige Rolle der Niederländer zu übernehmen. Zusätzlich ersuchte er darum, bis dato in den Niederlanden studie-

---

370 PA AA, B 12, 1347. Botschafter Allardt, Jakarta: Schriftbericht Nr. 1120/57 vom 13.11.1957.
371 PA AA, B 12, 1354. VLR Schmidt-Horix: Aufzeichnung vom 5.12.1957. Diese Aufzeichnung wurde Staatssekretär Hallstein vorgelegt.
372 PA AA, B 12, 1354. Botschafter Mühlenfeld, Den Haag: Drahtbericht Nr. 145 vom 7.12.1957.
373 Ebenda.
374 PA AA, B 12, 1354. Ministerialdirektor v. Welck: Aufzeichnung für Staatssekretär vom 11.12.1957.

rende Indonesier nicht an deutschen Universitäten aufzunehmen.[375] Die Handelspolitische Abteilung des Auswärtigen Amts gab Außenminister Brentano im Januar 1958 einige Empfehlungen, wie mit niederländischen Bedenken und indonesischen Wünschen umzugehen sei:

> „Hierzu ist grundsätzlich zu bemerken, dass die Rücksicht auf unseren größten Handelspartner und NATO-Verbündeten Holland der Bundesrepublik gebietet, irgendwelche Maßnahmen auf Regierungsebene zu vermeiden, die gegen die holländischen Interessen gerichtet sind. Auf der anderen Seite kann es nicht im Interesse des Westens liegen, den Indonesiern jede Hilfe bei dem Versuch der Wiederherstellung geordneter wirtschaftlicher Verhältnisse zu versagen, da eine solche Haltung Indonesien zweifellos in die offenen Arme der kommunistischen Ostblockstaaten treiben würde. Bei aller Loyalität gegenüber unserem holländischen Partner sollten wir uns daher unsere Handlungsfreiheit gegenüber Indonesien nicht völlig nehmen lassen, sondern unsere, von keinen kolonialen Vorurteilen belastete, handelspolitische Situation dazu nutzen, um auf dem Wege privater, rein geschäftlicher Abmachungen der deutschen Wirtschaft dazu beizutragen, dass Indonesien nicht in östliche Abhängigkeit gerät."[376]

In ihrem Willen, die Wirtschaftsbeziehungen zur Bundesrepublik stark auszubauen, hatten indonesische Regierungskreise freilich unterschätzt, wie sehr die gegen Niederländer gerichtete Enteignungspolitik auch auf deutsche Unternehmen abschreckend wirken musste. Diese blieben reserviert, was das Indonesiengeschäft anging.[377] Die Zurückhaltung ließ den indonesischen Ministerpräsidenten sogar mutmaßen, die Bundesrepublik habe „im Zuge geheimer NATO-Beschlüsse" Wirtschaftssanktionen gegen Indonesien verhängt – was Bonns Botschafter Allardt in Jakarta überzeugend dementieren konnte.[378]

Eine Folge des indonesisch-niederländischen Konflikts führte 1958/59 allerdings zu einer Begünstigung der bundesdeutschen Wirtschaft: Die Entscheidung, den indonesischen Tabakmarkt von Amsterdam nach Bremen zu verlegen. Gegen alle niederländischen Einwände setzten hier sowohl die privatwirtschaftliche als auch die amtliche deutsche Seite selbstbewusst eigene Interessen durch. Ende 1958 hatten die Indonesier erklärt, den Tabakverkauf aus Amsterdam abziehen zu wollen. Es wurden mehrere mögliche neue Standorte geprüft, von denen schließlich Bremen und Antwerpen übrig blieben. Als deutlich wurde, dass Bremen nur noch in Konkurrenz zu Antwerpen stand, wandten sich im November 1958 Vertreter des Bremischen Se-

---

375 PA AA, B 12, 1354. Ministerialdirektor v. Welck: Vermerk für Staatssekretär und Bundesminister „Vorgänge in Indonesien" vom 23.12.1957.
376 PA AA, B 12, 1354. Ministerialdirigent v. Bargen: Aufzeichnung für Bundesminister v. Brentano vom 8.1.1958.
377 PA AA, B 12, 1354. Ministerialdirektor Harkort: Aufzeichnung „Besuch des indonesischen Botschafters" vom 14.4.1958. Vgl. den Artikel „Skepsis im Indonesienhandel". Frankfurter Allgemeine Zeitung, 11.12.1957.
378 PA AA, B 12, 1354. Botschafter Allardt, Jakarta: Schriftbericht Nr. 27/58 „Deutsch-indonesische Wirtschaftsbeziehungen" vom 8.1.1958.

nats an das Bundeswirtschaftsministerium und an das Auswärtige Amt. In einem Schreiben an Wirtschaftsminister Erhard wies der Bremische Außenhandelssenator Helmken auf die „sehr große wirtschaftliche Bedeutung" des bisher über die Niederlande laufenden Tabakhandels hin, der den gesamten europäischen Zigarrenmarkt mit Java- und Sumatratabaken versorgte. Aufgrund des bereits beschlossenen Abzugs von den niederländischen Handelsplätzen könne eine aktive Werbung für Bremen als neuen Standort nicht als „unfreundlicher Akt gegenüber Holland" gelten.[379] Senator Helmken und Staatsrat Barth baten darum, die Botschaft in Jakarta bei der indonesischen Regierung demarchieren zu lassen und so auf die Verlegung nach Bremen hinzuwirken. Staatssekretär van Scherpenberg sicherte ihnen Unterstützung „in vorsichtiger Form" zu.[380] Intern ließ der Staatssekretär wissen, die Gewinnung der Indonesier sei zwar hauptsächlich die Aufgabe Bremens; man solle jedoch die indonesische Seite auch auf die gute Zusammenarbeit mit der Bundesrepublik hinweisen und eventuell „andeuten, dass sich bei einer Entscheidung für Antwerpen in der Bundesrepublik ‚Änderungen der Geschmacksrichtungen' zeigen könnten".[381] Die Botschaft in Jakarta erhielt Weisung, das Bremische Anliegen zu unterstützen und bei der Regierung Indonesiens „unser Interesse an der Wahl Bremens zu bekunden".[382] Darüber hinaus wurden Vertreter der Bremer Tabakwirtschaft ohne Absprache mit den staatlichen deutschen Stellen in Indonesien aktiv.[383] Am 20. Dezember 1958 teilte der Botschafter Zain in Bonn mit, die indonesische Regierung habe sich für Bremen entschieden.[384] Da jedoch die Rechtslage unklar war und Fragen der Exportabsicherung offengeblieben waren, schien bis zuletzt ein indonesisches Umschwenken möglich.[385] Bremens Bürgermeister Wilhelm Kaisen bat daher Bundeskanzler Adenauer um die volle Rückendeckung des Bundes für das Ansinnen der Hansestadt.[386]

Am 13. Februar 1959 wurde in Jakarta von einer Delegation des Bremer Tabakhandels und von Vertretern der Republik Indonesien der Vertrag über die Verlegung

---

379 PA AA, B 12, 1363. Senator Helmken: Schreiben an Bundesminister Erhard vom 26.11.1958.
380 PA AA, B 61-411, 109. Staatssekretär van Scherpenberg: Aufzeichnung „Verlegung des indonesischen Tabakmarkts" vom 2.12.1958.
381 PA AA, B 12, 1363. Ministerialdirigent Harkort: Vermerk vom 1.12.1958.
382 PA AA, B 61-411, 109. Ministerialdirigent Harkort: Schrifterlass an die Botschaft Jakarta vom 10.12.1958; PA AA, B 12, 1363. Ministerialdirigent v. Bargen: Aufzeichnung vom 29.1.1959.
383 PA AA, B 61-411, 109. Ministerialdirigent v. Bargen: Aufzeichnung „Verlegung des Handels von Java- und Sumatratabaken von Amsterdam/Rotterdam nach Bremen" vom 29.1.1959.
384 PA AA, B 12, 1363. Ministerialdirigent v. Bargen: Drahterlass Nr. 98 an die Botschaft Jakarta vom 20.12.1958; PA AA, B 61-411, 109. Botschaftsrat Bassler, Jakarta: Drahtbericht Nr. 84 vom 22.12.1959.
385 PA AA, B 61-411, 109. LR I v. Holleben: Aufzeichnung „Verlagerung des indonesischen Tabakmarktes" vom 9.2.1959.
386 PA AA, B 61-411, 109. Bürgermeister Kaisen: Fernschreiben an Bundeskanzler Adenauer vom 9.2.1959.

des Tabakmarktes unterzeichnet.[387] Niederländische Stellen reagierten indigniert. Die Botschaft in Bonn legte mehrfach förmlichen Protest gegen das Vorgehen der Bundesregierung ein: Man habe mit „Bestürzung vernommen, dass der diplomatische Vertreter der Bundesrepublik in Jakarta" – nach Allardts Abschied war dies übergangsweise Botschaftsrat Hilmar Bassler – an einem Festessen aus Anlass eines Abkommens teilgenommen habe, bei dem „von niederländischen Unternehmern entwendete[n] Waren" verhandelt worden seien.[388] In einem weiteren Schreiben an Außenminister Brentano drückte die niederländische Botschaft „die ernste Enttäuschung der niederländischen Regierung" darüber aus, dass Bonns Diplomaten in Jakarta das amtliche Interesse an einer Verlegung des Tabakmarktes nach Bremen explizit bekundet hatten. Durch die Bitte, Bremen als Standort zu wählen, habe die Bundesregierung „zumindest mittelbar" den Versuch unterstützt, „für den unrechtmäßig erworbenen Tabak eine Absatzmöglichkeit zu finden".[389] Der für Indonesien als zukünftiger Botschafter vorgesehene Dietrich Freiherr von Mirbach erhielt vor seiner Abreise aus Bonn Besuch des niederländischen Geschäftsträgers, der ihm das Missfallen seiner Regierung über die Indonesiendiplomatie der Bundesregierung verdeutlichte.[390] Man wies die deutsche Seite immer wieder darauf hin, dass der in Bremen zu verkaufende Tabak überwiegend von enteigneten Plantagen stammte, die vor 1958 im Besitz niederländischer Staatsbürger gewesen waren: Da nach Auffassung Den Haags das indonesische Enteignungsgesetz völkerrechtswidrig sei, gingen die am Kauf von entsprechenden Plantagenerzeugnissen interessierten Unternehmen das Risiko einer Beschlagnahme ihrer widerrechtlich erworbenen Produkte ein.[391] Viele der von den Nationalisierungen betroffenen niederländischen Plantageneigentümer schalteten Zeitungsanzeigen, in denen sie mögliche Geschäftspartnern Indonesiens mit Klagen drohten, sofern diese aus den Enteignungen Vorteile zögen.[392]

Die zuständigen Bonner Ministerien – neben dem Auswärtigen Amt das Wirtschafts-, das Finanz- und das Justizministerium – hatten sich vor der Vertragsunterzeichnung auf eine diskrete Förderung des Bremer Tabakgeschäfts verständigt; die Frage, wie die Tabaksendungen gegen eine mögliche Beschlagnahme finanziell gesichert werden sollten, spielte dabei eine wichtige Rolle. Eine Ministervorlage für Brentano vom Februar 1959 hielt Interessenlage und Vorgehensweise fest:

„In der gestrigen von Ministerialdirektor Dr. Reinhardt einberufenen Abteilungsleiterbesprechung über die Verlegung des indonesischen Tabakmarktes nach Bremen waren sich die Vertre-

---

387 PA AA, B 61-411, 109. Botschaftsrat Bassler, Jakarta: Drahtbericht Nr. 24 vom 13.2.1959; PA AA, B 57, 210. Botschaftsrat Bassler, Jakarta: Schriftbericht Nr. 181/59 vom 18.2.1959.
388 PA AA, B 61-411, 109. Niederländische Botschaft Bonn: Verbalnote an das AA vom 24.2.1959.
389 PA AA, B 61-411, 109. Niederländische Botschaft Bonn: Schreiben an Bundesminister v. Brentano vom 25.3.1959. Abgelegt unter: MB-344/59.
390 PA AA, B 61-411, 109. VLR I v. Mirbach: Vermerk vom 19.2.1959.
391 PA AA, B 61-411, 109. Niederländische Botschaft Bonn: Verbalnote an das AA vom 10.3.1959.
392 „Indonesien-Handel: Flucht aus Amsterdam". Der Spiegel, 20.5.1959, S. 46 f.

ter der beteiligten Ressorts darüber einig, dass das Projekt von erheblicher volkswirtschaftlicher Bedeutung und daher förderungswürdig sei. Es handelt sich dabei ja nicht um ein einmaliges Geschäft, sondern um die Schaffung eines neuen Umschlagplatzes für den indonesischen Tabak auf viele Jahre oder Jahrzehnte hinaus. Von Seiten des Bundeswirtschaftsministeriums wurde daher sehr gedrängt, eine Absicherung des Beschlagnahmerisikos zu schaffen. [...] Für das Auswärtige Amt habe ich die politischen Bedenken gegen ein Hervortreten der Bundesregierung in diesem Zusammenhang vorgetragen und angeregt, die Frage möglichst in der Zuständigkeit des Bremer Senats zu lassen."[393]

Die Botschaft der Bundesrepublik in Den Haag warnte davor, „die Holländer würden es uns tödlich übel nehmen, wenn das Beschlagnahmerisiko durch Hermes [staatliche Exportkreditversicherung] abgesichert werden würde".[394] Die Holländer empfänden eine staatliche deutsche Absicherung des „ihnen geraubten Gutes" als „unerträgliche Zumutung"; zu bedenken sei, wie leicht angesichts der deutsch-niederländischen Vergangenheit von der Presse antideutsche Ressentiments angefacht werden könnten.[395] Auf eine Bundesbürgschaft für die Bremer Kaufleute wurde verzichtet.[396]

Zwei niederländische Tabakunternehmen versuchten mittels einer einstweiligen Verfügung den Verkauf von einigen tausend Ballen Sumatratabak im Wert von über zehn Millionen Mark in Bremen zu verhindern. Der Fall war insofern kompliziert, als er deutsches, niederländisches und indonesisches Recht sowie allgemeines Völkerrecht berührte.[397] Die Anträge auf eine einstweilige Verfügung scheiterten sowohl im April 1959 vor dem Landgericht Bremen als auch zweitinstanzlich im August 1959 vor dem Hanseatischen Oberlandesgericht Bremen.[398] Die Richter sahen die indonesischen Nationalisierungen nicht als Verstoß gegen das Völkerrecht, da für die Enteignungen ausdrücklich Entschädigungen vorgesehen seien.[399] Im Juni 1959 hatte die indonesische Regierung ihre Richtlinien für die Nationalisierungen präzisiert: Demnach würden den betroffenen Niederländern Kompensationen gezahlt, „wenn die politische Lage es gestatte".[400] Unterdessen wurden die Enteignungen von Tabak-, Kautschuk-, Kaffee-, Tee- und Zuckerrohrplantagen niederländischer Unternehmen fortgesetzt.[401] Als niederländische Behörden erneut in Bonn intervenierten, lehnte es das Auswärtige

---

393 PA AA, B 61-411, 109. Ministerialdirigent v. Bargen: Aufzeichnung für Bundesminister v. Brentano vom 4.2.1959. Brentano notierte auf die Vorlage: „Vor jeder Beschlussfassung möchte ich informiert werden".
394 PA AA, B 61-411, 109. LR I v. Holleben: Aufzeichnung „Indonesischer Tabakmarkt: Holländische Reaktionen" vom 11.2.1959.
395 Ebenda.
396 PA AA, B 12, 1376. AA: Verbalnote an die Königlich-Niederländische Botschaft Bonn vom 13.3.1959.
397 Die Zeit, 7.8.1959, S. 4.
398 PA AA, B 61-411, 109. LR I v. Holleben: Vorlage für Staatssekretär „Niederländisch-Indonesischer Tabakstreit" vom 11.2.1960.
399 Die Zeit, 28.8.1959, S. 4.
400 PA AA, B 12, 1376. Botschafter v. Mirbach, Jakarta: Schriftbericht Nr. 634/59 vom 15.7.1959.
401 PA AA, B 80-500, 385. Botschafter v. Mirbach, Jakarta: Schriftbericht Nr. 521/59 vom 3.6.1959.

Amt aus „grundsätzlichen Erwägungen" ab, juristische Diskussionen über das Urteil im Bremer Tabakstreit zu führen.[402] Der Umsatz des Tabakmarktes in Bremen betrug allein zwischen 1959 und 1961 600 Millionen DM.[403] Niederländische Versuche, ihn zurückzugewinnen, beschäftigen das Auswärtige Amt bis in die siebziger Jahre.[404]

Erfolglos blieben auch die niederländischen Versuche, den Verkauf von militärisch nutzbaren Gütern an Indonesien zu verhindern. Die indonesische Kriegsmarine hatte 1959 bei einer Bremer Werft den Auftrag zum Bau von acht unbewaffneten Schnellbooten erteilt; die indonesische Luftwaffe hatte bei einem deutschen Unternehmen 2500 Fallschirme bestellt. Auf eine Note der niederländischen Botschaft, die Bundesregierung möge die Lieferung der Güter unterbinden, entgegnete das Auswärtige Amt: Die Bundesregierung habe niederländische Einwände „eingehend geprüft", sehe sich jedoch aus rechtlichen Gründen nicht in der Lage, die Ausfuhr zu verhindern, da es sich dabei im rechtlichen Sinne nicht um Kriegswaffen handele; die für alle NATO-Länder geltenden Beschränkungen der Warenausfuhr in Ostblockstaaten fänden auf Indonesien keine Anwendung.[405] Neben den 1959 ausgelieferten Schnellbooten verkauften deutsche Firmen auch Schusswaffen und Munition nach Indonesien: Im Jahr 1960 wurden 12 500 Sturmgewehre vom Typ G 3 mit 12,5 Millionen Schuss Munition exportiert, 1961 84 Maschinengewehre vom Typ MG 42. Daneben lieferten deutsche Firmen auch Stahlhelme und Funksprechanlagen nach Indonesien.[406]

Von 1958 an stagnierte die indonesische Konfrontationspolitik in der Westneuguinea-Frage für rund zweieinhalb Jahre. In der Vollversammlung der Vereinten Nationen im Herbst 1958 verzichtete Indonesien nach vier erfolglosen Versuchen darauf, nochmals über einen Westirian-Antrag abstimmen zu lassen.[407] In Den Haag wollte man Anzeichen erkannt haben, dass die USA einer indonesischen Invasion Westneuguineas nicht tatenlos zusehen würde, da hier strategische Interessen Washingtons im Pazifik berührt würden.[408] Im Auswärtigen Amt keimte vorübergehend die Hoffnung, die Indonesier würden angesichts der schlechten Wirtschaftslage, die durch die Sequestrierung niederländischen Eigentums herbeigeführt worden war, zur Einsicht kommen, sich mit der Westirian-Kampagne selbst zu schaden.[409] Aufgrund der

---
402 PA AA, B 61-411, 109. LR I Meyer-Lindenberg: Vermerk vom 28.10.1959 und AA: Verbalnote an die Königlich Niederländische Botschaft vom 17.2.1960.
403 PA AA, B 12, 1377. Staatsrat Richter, Bevollmächtigter der Hansestadt Bremen beim Bund: Memorandum über den Bremer Tabakmarkt, Anlage zum Schreiben an Ministerialdirektor Krapf vom 8.11.1961.
404 PA AA, B 61-IIIB7, 779. Botschafter Balken, Jakarta: Schriftbericht Nr. 245/72 vom 29.2.1972.
405 PA AA, B 12, 1376. AA: Verbalnote an die Niederländische Botschaft Bonn vom 19.4.1959.
406 PA AA, B 12, 1387. Referat 413: Vermerk vom 5.4.1962.
407 PA AA, B 12, 1347. Botschaftsrat Bassler, Jakarta: Schriftbericht Nr. 724/58 vom 20.8.1958.
408 PA AA, B 12, 1347. Botschaft Den Haag: Schriftbericht Az. Pol. 709-92.16 vom 24.9.1958.
409 Siehe Berichte in: PA AA, B 12, 1347. Ministerialdirektor Duckwitz: Aufzeichnung „Indonesisches Kabinett zur Westirian-Frage: Einleitung einer Entspannungspolitik gegenüber Holland?" vom 30.8.1958; Botschaftsrat Bassler, Jakarta: Schriftbericht Nr. 724/58 vom 20.8.1958.

maritim-insularen Struktur Indonesiens war es besonders nachteilig, dass die traditionsreiche Reederei *Koninklijke Paketvaart Maatschappij* (KPM) Ende 1957 enteignet wurde, die zuvor die Schifffahrt zwischen den indonesischen Inseln betrieben hatte. Zwar besaß die staatliche indonesische Transportgesellschaft *Pelayaran Nasional Indonesia* viele Schiffe; jedoch gab es kaum ausgebildetes indonesisches Personal, das diese betreiben konnte. Der indonesische Außenhandel brach 1958 nicht nur im Verhältnis zu den Niederlanden ein: Auch die Importe und Exporte der Bundesrepublik gingen jeweils um gut 40 Prozent zurück – ähnlich sah es mit den Handelspartnern USA, Großbritannien und Japan aus. Lediglich das indonesisch-chinesische Handelsvolumen nahm zu.[410]

Obwohl bei Sukarno nach wie vor der Wille zur Auseinandersetzung mit den Niederlanden bestand, absorbierte insbesondere der PRRI-Aufstand (siehe voriges Kapitel) seit Februar 1958 die Kräfte von Armee und Regierung. Ihrerseits war die Rebellion auf Sumatra ein indirektes Resultat der antiholländischen Konfrontation: Die selbsternannte Revolutionsregierung PRRI wandte sich explizit gegen die dilettantische Umsetzung der Enteignungen und gegen das dadurch ausgelöste Chaos. Zwar beharrten die Rebellen darauf, dass Westirian zu Indonesien gehöre, doch sie erklärten auch, freundschaftliche Beziehungen zu den Niederlanden herstellen zu wollen. Der Kampf gegen die PRRI und diverse andere Rebellionen zwischen 1957 und 1961 band zwar einerseits starke Kräfte der indonesischen Armee; andererseits gewann das Militär hier wichtige Erfahrungen für eine spätere Fortsetzung der Westirian-Kampagne.[411] 1961 gelang es der Armee, die Reste des PRRI-Aufstands auf Sumatra zu beenden. Ergänzt wurden die militärischen Operationen durch eine großzügige Amnestie für sämtliche Rebellengruppen.[412]

Nach der vorübergehenden Ruhephase ging Indonesien im Westneuguinea-Konflikt wieder in die Offensive. Am 17. August 1960, dem indonesischen Nationalfeiertag, erklärte Sukarno den Abbruch der diplomatischen Beziehungen zu den Niederlanden. Anlass war die Entsendung des niederländischen Flugzeugträgers *Karel Doorman* in Richtung Westneuguinea.[413] Botschafter Mirbach erlebte die indonesische Regierung als „Gefangene der von ihr erzeugten Massenhysterie".[414] Moralische und materielle Unterstützung erhielt Sukarnos Politik aus Moskau: Chruschtschow nutzte die Vollversammlung der Vereinten Nationen vom Herbst 1960 zu einer lautstarken Kampagne gegen den „schändlichen Kolonialismus" des Westens.[415] Militärhilfen aus der

---

410 PA AA, B 61-411, 155. Botschafter v. Mirbach, Jakarta: Schriftbericht 422/59 vom 5.5.1959.
411 Lijphart, Decolonization, S. 19.
412 PA AA, B 12, 1348. Botschafter v. Mirbach, Jakarta: Schriftbericht Nr. 972/61 „Abschluss der Rebellion in Indonesien" vom 18.9.1961. Mirbach erwähnte in seinem Bericht die offiziell genannten Opferzahlen von über 30 000 Toten in den Jahren zwischen 1957 und 1961.
413 PA AA, B 12, 1385. Botschafter v. Mirbach, Jakarta: Drahtbericht Nr. 96 vom 17.8.1960.
414 PA AA, B 12, 1385. Botschafter v. Mirbach, Jakarta: Drahtbericht Nr. 108 vom 2.9.1960.
415 PA AA, B 12, 1386. Botschafter Kroll, Moskau: Drahtbericht Nr. 1477 vom 20.10.1960.

Sowjetunion erlaubten Indonesien eine weitere Aufrüstung: General Nasution kehrte Anfang 1961 von einem Moskau-Besuch mit einem Kredit von 450 Millionen US-Dollar für militärische Mittel zurück.[416]

Einen weiteren externen Motivationsschub erhielt die indonesische Westirian-Kampagne aus Indien: Die militärische Einnahme Goas und der beiden anderen portugiesischen Restkolonien auf dem Subkontinent durch indische Truppen im Dezember 1961 verfehlten nicht ihren Eindruck auf Sukarno. Er drohte nun öffentlich mit einer Invasion Westirians. Um die Jahreswende 1961/62 begannen bewaffnete „Inkursionen" der Indonesier nach Westneuguinea. Ab März 1962 kam es häufiger zu indonesischen See- und Luftlandungen und zu kleineren Gefechten mit der zwischenzeitlich verstärkten niederländischen Garnison.[417]

In Washington stieg die Sorge, das maritime Südostasien könnte Schauplatz eines Krieges zwischen einem NATO-Staat und dem zweitgrößten blockfreien Land werden. Den Haag hatte sich von seinem NATO-Verbündeten USA mehr Unterstützung erhofft. Besonders störte sich die niederländische Regierung an amerikanischen Waffenlieferungen nach Indonesien. Vertreter der US-Regierung entgegneten, dies sei der einzige Weg, um noch einen gewissen Einfluss in Jakarta zu behalten und so die Lage zu stabilisieren.[418] Auch in Bonn beschwerten sich die Niederländer, nachdem angeblich eines der 1959 an Indonesien gelieferten Schnellboote – entgegen indonesischer Zusicherungen – gegen niederländische Streitkräfte eingesetzt worden sei. Staatssekretär Carstens wies die Botschaft Jakarta an, bei der Regierung Indonesiens auf eine Einhaltung der Absprachen hinzuwirken, wonach die Boote nicht gegen die Niederländer eingesetzt würden.[419] Das indonesische Außenministerium widersprach der niederländischen Darstellung und sicherte zu, die Boote für die „militärische Befreiung Westirians" weder einsetzen zu wollen noch einsetzen zu können.[420] Anders als die Amerikaner erteilte die Bundesregierung ab Ende 1961 – im Einklang mit den europäischen NATO-Partnern – keine Ausfuhrgenehmigungen mehr für Kriegswaffen und sonstige Rüstungsgüter nach Indonesien.[421] Botschafter Mirbach warnte das Auswärtige Amt vor einem Ansehensverlust bei zu restriktivem Umgang mit indonesischen Ausrüstungswünschen. Westneuguinea sei ein „koloniales Residuum, in das wir unseren kolonielosen Ruf nicht mit Hilfe der Holländer noch investieren

---

416 Ricklefs, Indonesia, S. 269 f.
417 Lijphart, Decolonization, S. 20.
418 PA AA, B 150, 438. Vertretung der Bundesrepublik Deutschland bei der NATO, Paris: Schriftbericht „Waffenlieferungen an Indonesien" vom 30.1.1962.
419 PA AA, B 150, 437. Staatssekretär Carstens: Drahterlass an die Botschaft Jakarta vom 19.1.1962. Tatsächlich waren die bei dem Seezwischenfall vom 15.1.1962 eingesetzten indonesischen Boote sowjetischer Herkunft, vgl. Penders, Debacle, S. 344.
420 PA AA, B 150, 439. Botschafter v. Mirbach, Jakarta: Drahtbericht Nr. 8 vom 2.2.1962.
421 PA AA, B 150, 461. Ministerialdirektor Allardt: Aufzeichnung „Waffenlieferungen an Indonesien" vom 15.10.1962.

sollten".[422] Dass die Bundesrepublik im Unterschied zu Großbritannien, Belgien und Dänemark kein formelles Embargo gegen Indonesien verhängt habe, sei politisch wertvoll. Der Botschafter ging so weit zu schreiben, er sei „dankbar, dass ich seit über einem halben Jahr über diese Zusammenhänge [die Bestimmungen zur Rüstungsausfuhr] nicht mehr informiert werde". So könne er „den Indonesiern gegenüber dumm tun, obwohl sie mir das vom Sachlichen her gesehen auf die Dauer nicht immer abnehmen".[423]

Ähnlich wie die Unabhängigkeit Indonesiens 1949 wurde der Konflikt um Westirian unter amerikanischer Vermittlung – und amerikanischem Druck – diplomatisch gelöst. Die seit Anfang 1961 amtierende US-Regierung von John F. Kennedy war über den Linkskurs Sukarnos und über die starke Anlehnung Indonesiens an die Sowjetunion beunruhigt. In Washington setzte sich die Ansicht durch, Indonesien werde in diesem Konflikt ohnehin gewinnen und die USA sollten nicht Partei für die zum Scheitern verurteilte Sache der Niederlande ergreifen. Die niederländischen Vorstellungen schienen Washington zunehmend sekundär gegenüber der Absicht, Indonesien nicht vollends in die sowjetische Machtsphäre gelangen zu lassen. 1961 erklärten sich die Niederlande zwar bereit, den Papua auf Neuguinea die Selbstbestimmung unter UN-Aufsicht zu ermöglichen; eine Übertragung der Souveränitätsrechte auf Indonesien lehnte der von Außenminister Luns vorgestellte Plan jedoch strikt ab.[424] Ab Anfang 1962 übernahm US-Justizminister Robert Kennedy, der jüngere Bruder des Präsidenten, eine Vermittlertätigkeit im niederländisch-indonesischen Konflikt.[425] Im März begannen in der Nähe von Washington niederländisch-indonesische Gespräche unter Leitung des amerikanischen Diplomaten Ellsworth Bunker. Dieser stellte im April einen Plan vor, nachdem Westneuguinea zunächst einer UN-Interimsverwaltung, dann indonesischer Verwaltung unterstellt werden sollte. Nach einigen Jahren sollten die Papua über den Verbleib bei Indonesien abstimmen.[426] Der Bunker-Plan fand die sofortige Zustimmung Indonesiens. Außenminister Subandrio bat bei Botschafter Mirbach, die Bundesregierung möge – wie Washington und London – den Niederländern raten, einer Einigung auf Grundlage des Bunker-Plans zuzustimmen.[427] Doch die niederländische Regierung lehnte nach wie vor die Übergabe Westneuguineas an Indonesien ab: Außenminister Luns nannte die indonesischen Ansprüche „absurd" und

---

422 PA AA, B 12, 1387. Botschafter v. Mirbach, Jakarta: Schriftbericht Nr. 553/62 „Ausfuhr von Kriegsmaterial nach Indonesien" vom 21.5.1961.
423 Ebenda. Die niederländische Regierung hatte wiederholt gegen Waffenlieferungen seiner NATO-Verbündeten an Indonesien protestiert, vgl. AAPD 1962, Dok. 4, S. 40. VLR I v. Stechow: Aufzeichnung „7. Abteilungsleiter-Ausschusssitzung betreffend Rüstungskäufe des BMVtg im Ausland am 17.1.1962" vom 4.1.1962.
424 Penders, Debacle, S. 336.
425 PA AA, B 12, 1387. Botschafter v. Mirbach, Jakarta: Schriftbericht Nr. 217/62 vom 22.2.1962.
426 Penders, Debacle, S. 357–363.
427 PA AA, B 150, 445. Botschafter v. Mirbach, Jakarta: Drahtbericht Nr. 50 vom 10.4.1962.

tadelte auf dem NATO-Rat in Athen im Mai 1962 ausdrücklich die Haltung Washingtons.[428] Luns' scharfe Worte gegen die USA trugen dazu bei, die niederländische Position in Washington weiter zu schwächen.[429] Regierungskreise in Washington machten aus ihrer weltpolitisch bedingten Kalkulation keinen Hehl. Botschafter Wilhelm Grewe beschrieb seine Eindrücke von der amerikanischen Indonesienstrategie wie folgt:

> „Im Übrigen wird sowohl im State Department als auch im Weißen Haus betont, dass die Verhinderung des Abgleitens Indonesiens in das kommunistische Lager entscheidend sei. Demgegenüber könne die Frage, wann und in welcher Form den 700 000 Papuas in Neu-Guinea die Selbstbestimmung zugestanden werde, kaum ins Gewicht fallen. [...] Die Auswirkungen eines offenen Konflikts zwischen Indonesien und Holland und der sich daraus ergebenden Verwicklung der Weltmächte, auf Vietnam, auf Laos, und den Rest Südostasiens seien unabsehbar. Die gemäßigten Elemente Indonesiens würden in einem Krieg vernichtet werden. Einen unnötigeren Krieg würde es in der Geschichte nicht gegeben haben."[430]

Unter dem Eindruck indonesischer Invasionsdrohungen und aufgrund der eindeutigen Haltung der Kennedy-Regierung gab das niederländische Kabinett Ende Juli 1962 seinen Widerstand auf. Am 15. August 1962 wurde im UNO-Hauptquartier in New York ein Abkommen zwischen den Niederlanden und Indonesien unterzeichnet: Ab dem 1. Oktober 1962 überließen die Niederlande Westneuguinea einer UN-Interimsverwaltung. Am 1. Januar 1963 verließen die letzten niederländischen Militäreinheiten die Insel, ehe das Gebiet am 1. Mai des Jahres an Indonesien übergeben wurde.[431]

Regierung und weite Teile der niederländischen Öffentlichkeit fühlten sich von den USA verraten. Den Haag warf den Amerikanern vor, Indonesien über Gebühr unterstützt und mit dem Vertrag vom 15. August 1962 Sukarnos aggressive Außenpolitik honoriert zu haben. Der niederländische Botschafter bei der NATO warf seinem amerikanischen Kollegen vor, durch die Haltung Washingtons wüssten alle Länder jetzt, „dass auch Aggressionen gegen einen NATO-Partner vom Westen hingenommen würden".[432] Es verwundert nicht, dass niederländische Diplomaten die britisch-amerikanischen Schwierigkeiten in Indonesien ab 1963/64 mit einer kaum verhohlenen Schadenfreude begleiteten. Auf einem anderen Blatt steht, dass die Durchsetzung der indonesischen Position vor allem zu Lasten der Papua-Bevölkerung in Westneuguinea ging, die – abgesehen von der Farce des sogenannten *Act of Free Choice* von 1969 – niemals gefragt wurde, ob sie zu Indonesien gehören wolle. Mit der scheinbaren Lösung

---

428 PA AA, B 150, 448. Bundesminister Schröder und Botschafter Melchers, z. Zt. Athen: Drahtbericht Nr. 21 vom 6.5.1962.
429 Penders, Debacle, S. 364 f.
430 PA AA, B 150, 450. Botschafter Grewe, Washington: Drahtbericht Nr. 1648 vom 2.6.1962. Siehe auch: PA AA, B 12, 1362. Ministerialdirektor Krapf: Vermerk für Bundesminister Schröder vom 4.6.1962.
431 Lijphart, Decolonization, S. 21.
432 PA AA, B 150, 458. Botschaftsrat Schulze-Boysen, Paris-NATO: Schriftbericht „Niederländisch-Neuguinea" vom 7.9.1962.

des Westirian-Problems von 1962 nahm ein seither andauernder Konflikt zwischen den Papua und der indonesischen Zentralgewalt seinen Ausgang.[433]

Für die Bundesregierung waren 1960/61 in Indonesien gewisse deutschlandpolitische Probleme entstanden (siehe nächstes Kapitel), die noch mehr Rücksichtnahme auf die indonesischen Positionen erforderlich machten. Jedoch schienen mit dem Ende des Westneuguinea-Konflikts die Dilemmata zwischen der bündnispolitischen Loyalität und den eigenen Interessen vorerst vorüber zu sein. Doch da die Sympathien der westdeutschen Presse überwiegend bei der Position Den Haags lagen, bereitete der Westneuguinea-Konflikt Bonn auch noch nach seiner erzwungenen Beilegung Schwierigkeiten. Indonesische Offizielle zeigten sich befremdet über die „betont kritische Würdigung [des] Westirian-Abkommens" durch bundesdeutsche Medien. Das Handelsministerium machte daher deutlich, dass der indonesische Tabakhandel nicht für immer in Bremen bleiben müsse. Linksstehende Kreise Indonesiens sahen sich in ihrem negativen Urteil über die Bundesrepublik bestätigt.[434]

Auch wenn Sukarno im Dezember 1962 die Aufhebung des seit 1957 geltenden Belagerungszustandes verkündete:[435] Die Lösung des Westirian-Konflikts im indonesischen Sinne trug nicht zu einer Beruhigung der Lage in Indonesien bei. Im Gegenteil erzeugte die durch die Westirian-Kampagne geschaffene innenpolitische Dynamik beinahe zwangsläufig weitere außenpolitische Konfrontationen. Die drei wichtigsten politischen Kräfte Indonesiens – das Militär, die Kommunisten und Sukarno selbst – hatten auch nach 1962 kein Interesse an einer „Rückkehr zur Normalität". Die Armee fürchtete die Aufhebung des Kriegsrechts und eine Kürzung ihres großzügigen Etats. Die Kommunisten fürchteten eine Abkehr von „Antiimperialismus" und Massenmobilisation sowie eine Annäherung an den Westen. Sukarno fürchtete, eine De-Mobilisierung Indonesiens würde den „revolutionären Geist" und die Nationswerdung erlahmen lassen.[436] Der amerikanische Botschafter Jones urteilte, mit dem Triumph über die Niederländer habe Sukarno zwar einen Sieg errungen, jedoch ein wichtiges Thema verloren.[437] Die Gründung der Malaysischen Föderation sollte Sukarno schon 1963 ein neues Thema liefern.

Der deutsch-deutsche „kalte Kleinkrieg" in Jakarta bis zum Beginn der bilateralen Kapitalhilfe 1961

Seitdem die DDR 1954 eine Handelsmission in Jakarta eingerichtet hatte, bemühten sich die Ost-Berliner Emissäre um die Gunst der indonesischen Führung – das Fernziel

---

433 Vgl. Cribb/Brown, Indonesia, S. 160–163.
434 PA AA, B 12, 1362. Botschafter v. Mirbach, Jakarta: Drahtbericht Nr. 132 vom 21.8.1962.
435 Pauker, Indonesia 1962, S. 70 f.
436 Gedanken übernommen von: Ricklefs, Indonesia, S. 271 f.
437 Zitiert nach: Leifer, Foreign Policy, S. 74.

war die volle völkerrechtliche Anerkennung der DDR. Umgekehrt machte die Beobachtung der mit sieben Männern besetzten DDR-Außenstelle einen zunehmend wichtigen und arbeitsintensiven Teil der Arbeit der Bonner Botschaft in Jakarta aus. In der grundsätzlichen Einschätzung Indonesiens als neben Indien und Ägypten wichtigstes Land der ungebundenen Welt waren sich die Bundesregierung und die SED-Führung einig. Als Ziele der DDR-Indonesienpolitik schrieb das Ministerium für Auswärtige Angelegenheiten (MfAA) 1957 fest:

> „Unter Berücksichtigung der Lage Indonesiens geht die Außenpolitik der DDR gegenüber Indonesien von folgenden Gesichtspunkten aus: 1. Hilfeleistungen zur Festigung der Souveränität und wirtschaftlichen Unabhängigkeit des indonesischen Staates sowie der sozialen und kulturellen Entwicklung des indonesischen Volkes, 2. Versorgung der Wirtschaft der DDR mit wichtigen Rohstoffen und Konsumgütern sowie Absatz industrieller Produkte unserer Volkswirtschaft, 3. Festigung der internationalen Stellung der DDR durch Herstellung diplomatischer Beziehungen zwischen der DDR und Indonesien."[438]

Die Versuche, in Indonesien politisch Fuß zu fassen, beschränkten sich nicht auf Jakarta. Auch über ihre Vertretungen in Moskau, Peking, Prag und Hanoi versuchte die DDR, Kontakte zu indonesischen Diplomaten aufzunehmen. Am 13. August 1956 erging über Ost-Berlins Botschaft in Peking eine Einladung an Sukarno zu einem Staatsbesuch in der DDR. Die Offerte wurde eine Woche später abgelehnt.[439] Im Rahmen ihrer noch sehr eng begrenzten Möglichkeiten bot die DDR Indonesien finanzielle Hilfen an: 1956 vergab Ost-Berlin einen Kredit für eine Zuckerfabrik in Yogyakarta und entsandte zum Aufbau rund 50 Techniker. Die Montage der Anlage blieb gleichwohl „beträchtlich hinter den vereinbarten Terminen" zurück.[440] Doch die US-Botschaft in Jakarta mahnte angesichts der Zuckerfabrik und anderer Hilfen aus dem Ostblock in Washington an, weitere amerikanische Hilfen zur Stärkung der prowestlichen Kräfte in Indonesien ins Auge zu fassen.[441]

Ab 1956 hielten die Quartalsberichte der DDR-Handelsvertretung in Jakarta regelmäßig fest, die Beziehungen zu Indonesien hätten sich „günstig entwickelt". Anlass zur Hoffnung bot einerseits die relative Stärke der indonesischen Kommunisten: Bei verschiedenen Kommunalwahlen errang die PKI beträchtliche Stimmengewinne und wurde zum Beispiel 1958 auf Borneo vielerorts zur stärksten Partei.[442] Zum anderen

---

438 PA AA, MfAA, A 9363, Mikrofiche Bl. 39–46, hier Bl. 40. Schedlich, Jakarta: Bericht über den Stand der Beziehungen zwischen der DDR und der Republik Indonesien im 4. Quartal 1957 (ohne Datum).
439 PA AA, MfAA, A 9364, Mikrofiche Bl. 12–20, hier Bl. 18. DDR-Handelsvertretung Jakarta: Bericht über die Beziehungen zwischen der DDR und der Republik Indonesien vom 18.10.1956.
440 PA AA, B 12, 95. Botschafter Allardt, Jakarta: Schriftbericht Nr. 983/57 „Organisation und Tätigkeit von Vertretungen der Sowjetblockstaaten in Ländern außerhalb des Ostblocks" vom 2.10.1957.
441 FRUS, 1955–1957, Vol. XXII, Doc. 155, S. 264. US-Botschaft Jakarta: Telegramm an das Department of State vom 11.5.1956.
442 PA AA, B 12, 1358. Botschaft Jakarta: Schriftbericht „Tätigkeit der kommunistischen Parteien in der freien Welt: Indonesien" vom 31.10.1958.

näherte sich Sukarno innen- wie außenpolitisch den Kommunisten an. Freudig vermerkten die DDR-Repräsentanten in Jakarta, Sukarno habe sich bei seinem ersten Aufenthalt in Moskau 1956 positiv über die sowjetische Deutschlandpolitik geäußert, Adenauers Politik dagegen ausdrücklich missbilligt.[443]

Als Sukarno einen schärferen Kurs gegen die vormalige Kolonialmacht Niederlande einschlug, sah die DDR ihre Chance gekommen, über den „Antiimperialismus" Gemeinsamkeiten mit Indonesien zu finden. Die Eskalation des Westirian-Konflikts begleitete die DDR-Vertretung mit propagandistischen Solidaritätsadressen für die „Rückgabe" des niederländisch gehaltenen Westteils Neuguineas. Diese Bekundungen gingen so weit, den Indonesiern eine Ablösung der Niederländer im Import- und Exportgeschäft anzubieten – dies wäre der DDR freilich schon aus logistischen Gründen nicht möglich gewesen. Botschafter Allardt mahnte dennoch, die propagandistisch-psychologische Wirkung der lautstarken DDR-Solidaritätserklärungen nicht zu unterschätzen.[444] Zugleich ging es Ost-Berlins Auslandspropaganda darum, die vermeintliche koloniale Komplizenschaft des „Bonner Regimes" mit den Niederlanden, ja die „Bonner militaristische und faschistische Politik" überhaupt zu entlarven.[445] Der Versuch der DDR, sich das Großthema der nationalen Ehre Indonesiens anzueignen, war allerdings nur mäßig erfolgreich. Bis Ende der fünfziger Jahre gelangen der DDR keine größeren Geländegewinne in Indonesien. Mit Befriedigung vermerkten die Dienstinstruktionen für den – Anfang 1959 in Jakarta akkreditierten – neuen Botschafter Dietrich Freiherr von Mirbach, die Anstrengungen „der Außenstelle der sowjetzonalen Kammer für Außenhandel", auch nur das Zwischenziel von konsularischen Beziehungen zu erreichen, hätten „zu keinem Erfolg geführt". Die Regierung Indonesiens beabsichtige nicht, „die gegenwärtigen Beziehungen zu beiden Teilen Deutschlands" zu ändern.[446] Sichtbar wurde dies 1959, als das indonesische Kabinett den Wunsch von DDR-Ministerpräsident Otto Grotewohl, Indonesien zu besuchen, mit der expliziten Begründung zurückwies, man wolle gegenüber Bonn jede Missstimmung vermeiden.[447]

Schon unter Helmut Allardt (1954–1958) hatte die Botschaft fortlaufend auf die weltpolitische Bedeutung Indonesiens hingewiesen; seit Sukarnos Staatsbesuch vom Juli 1956 machte sie ein gesteigertes indonesisches Interesse an Fragen der deutschen Wiedervereinigung aus.[448] Dennoch stufte die Bundesregierung die Bedeutung Indo-

---

443 PA AA, MfAA, A 9363, Mikrofiche Bl. 53–56. Schedlich, Jakarta: Bericht vom 4.4.1957 über die Beziehungen der DDR zur Republik Indonesien im 1. Quartal 1957.
444 PA AA, B 12, 1354. Botschafter Allardt, Jakarta: Schriftbericht Nr. 1199/57 vom 10.12.1957.
445 PA AA, MfAA, A 16070. DDR-Generalkonsulat Jakarta: Jahresbericht 1960 vom 28.12.1960.
446 PA AA, B 12, 95. Referat 700: Dienstinstruktionen für den Botschafter der Bundesrepublik in Jakarta vom 24.1.1959.
447 Ebenda.
448 PA AA, AV Tokio, 6767. Diskussion zum Generalreferat über die außenpolitische Lage der Bundesrepublik von Staatssekretär Hallstein. Protokoll der Konferenz der Missionschefs im asiatisch-pazifischen Raum vom 18.2.–23.2.1957, S. 34.

nesiens noch nicht als so hoch ein, dass sie einen Minister nach Jakarta entsandte. Der erste hochrangige Besucher aus der Bundesrepublik war 1956 der SPD-Parteivorsitzende und Bonner Oppositionsführer Erich Ollenhauer, der sich vom 11. bis zum 16. November in Indonesien aufhielt. Dabei traf er neben Sukarno Vertreter der sozialistischen PSI, welche ähnlich der SPD in den fünfziger Jahren einen entschiedenen Antikommunismus vertrat. In einer abschließenden Pressekonferenz äußerte sich Ollenhauer ablehnend über den Kolonialismus und forderte für alle Völker das Recht auf Selbstbestimmung.[449] Politisch gewichtiger als Ollenhauers Visite war der Besuch Walter Hallsteins im Februar 1957. Dabei traten erstmals Differenzen zwischen der indonesischen und der bundesdeutschen Seite über den Charakter der DDR hervor. In der Rückschau lässt sich hier der Beginn einer schleichenden Entfremdung festmachen. Hallstein führte Besprechungen mit Sukarno, Ministerpräsident Sastroamidjojo und seinem indonesischen *counterpart* Subandrio, dem Generalsekretär im Außenministerium. Sukarno erwies sich gegenüber Hallstein und Allardt – ganz anders als bei seiner Deutschlandreise im Vorjahr – als schwieriger Gesprächspartner.

> „Das Gespräch mit dem Präsidenten Sukarno drehte sich um die Frage der Wiedervereinigung Deutschlands, die Sukarno selbst anschnitt und an der er das Gespräch hartnäckig festhielt. Der Schlüssel zur Lösung liege bei Verhandlungen mit Pankow. Sukarno bestätigte, dass er bei seinem Besuch in Moskau mit Bulganin und Khrushchev [sic!] über die Wiedervereinigung gesprochen habe, wobei auch von unserem Memorandum die Rede gewesen sei. Als entscheidenden Punkt hätten die Sowjets nicht unsere Zugehörigkeit zur NATO erklärt, sondern die Anerkennung Pankows. Sukarno versucht eine Analogie zu seinen Verhandlungen mit von Holland ausgehaltenen Teilregierungen zu ziehen. […] Er ließ erkennen, dass er Verständnis dafür hätte, dass das Satellitensystem durch die Preisgabe Pankows ins Wanken kommen würde. […] Der Hinweis auf die Ereignisse in Ungarn wurde von Sukarno flüchtig mit der Bemerkung abgetan, in Ungarn betrügen die Verluste 25 000 Menschen, während die Holländer 40 000 Indonesier umgebracht hätten."[450]

In seinem Telegramm an Adenauer und Brentano fasste Hallstein die Begegnung mit dem indonesischen Präsidenten zusammen: „Sukarno war allen geduldig vorgetragenen Gegenargumenten unzugänglich, sodass ich den Eindruck habe, dass er sich auf Verhandlungen mit Pankow festgelegt hat."[451] Eine diplomatische Anerkennung der DDR durch Indonesien schien 1957 allerdings noch außerhalb jeder Diskussion zu stehen.[452] Derweil entschied 1958 das Ministerium für Auswärtige Angelegenheiten in Ost-Berlin, Indonesien zu einem der Zielländer ihres „Anerkennungsplans" zu machen. Die anderen vier waren Ägypten, Syrien, Indien und Birma.[453]

---

449 PA AA, B 12, 1358. Botschafter Allardt, Jakarta: Schriftbericht Nr. 1197/56 vom 22.11.1956.
450 PA AA, B 1, 114. Staatssekretär Hallstein, z. Zt. Jakarta: Drahtbericht Nr. 9 vom 7.2.1957.
451 Ebenda.
452 PA AA, B 12, 1368. Botschafter Allardt, Jakarta: Drahtbericht Nr. 63 vom 11.11.1957.
453 Kilian, Hallstein-Doktrin, S. 33.

Auch nachdem im November 1958 der mittlerweile zum Außenminister aufgestiegene Subandrio in der Bundesrepublik zu – sehr allgemein gehaltenen – Gesprächen mit Brentano zusammentraf, änderte sich nichts an der Bonner Zurückhaltung in der Besuchsdiplomatie.[454] Die Mahnungen der Botschaft in Jakarta und der indonesischen Botschaft in Bonn, endlich einen Ministerbesuch vorzusehen, blieben einstweilen ohne Konsequenzen.[455] Etwas weniger zurückhaltend als bei der Entsendung hochrangiger Besucher, keineswegs aber hochambitioniert, war die Bundesregierung in ihrer Entwicklungspolitik. Hatte Allardt 1957 darauf verwiesen, „die Frage der Anerkennung der sogenannten DDR" sei für Jakarta „in erster Linie ein Rechenexempel" (was allerdings in einer gewissen Spannung zu den eigenen Aussagen im gleichen Bericht stand)[456], so beschränkte sich die westdeutsche Hilfe noch auf kleinere Vorhaben. Die wichtigsten Projektierungen in Indonesien waren der Bau einer Zahnklinik in Medan, der Einrichtung einer Werkmeisterschule in Palembang sowie ein „Reyon-Projekt", also ein Vorhaben zur Herstellung von Viskosefasern.[457] Die Botschaft Jakarta riet dazu, die technische Hilfe für Indonesien nicht allzu aggressiv in die politische Öffentlichkeitsarbeit einzubeziehen. Die Indonesier würden die Maßnahmen umso mehr wertschätzen, je weniger ihnen mit den „marktschreierischen Methoden vornehmlich des Ostblocks" und dessen überdeutlicher „Mahnung zur Verbeugung vor dem großzügigen Spender" Publizität gegeben werde; als Bezeichnung sei „Zusammenarbeit" (*kerjasama*) der „Hilfeleistung" (*banutan*) vorzuziehen.[458]

Bis 1960 verhielt sich die indonesische Regierung gegenüber der DDR reserviert. Sie tat dies im Wesentlichen, weil sie immer noch hoffte, die Bundesrepublik Deutschland werde die abgebrochenen Wirtschaftsbeziehungen mit den Niederlanden substituieren. Subandrio sprach der Bundesrepublik über die Wirtschaftsbeziehungen hinausgehend auch eine politische Mittlerrolle zwischen dem Westen und Asien zu.[459] Die Einrichtung eines DDR-Generalkonsulats in Ägypten – dem neben Indien am meisten beachteten neutralistischen Staat – löste im Januar 1959 keine Nachahmungsabsicht in Indonesien aus.[460] Die indonesische Regierung lehnte Ende 1959 einen Antrag der DDR-Handelsvertretung ab, nach Kairoer Vorbild in den

---

454 PA AA, B 12, 1368. Abteilung 7: Aufzeichnung „Besuch des indonesischen Außenministers Subandrio in Bonn" vom 25.11.1958.
455 PA AA, B 12, 1361. Bundespresseamt an AA: Fernschreiben Nr. 7068 vom 20.10.1960.
456 PA AA, B 12, 1363. Botschafter Allardt, Jakarta: Schriftbericht Nr. 1043/57 „Gedanken zur Ausgestaltung der deutsch-indonesischen Beziehungen" vom 17.10.1957.
457 PA AA, B 61-411, 274. BMWi, Referat VB6: Aufzeichnung „Technische Hilfeleistung für Indonesien" vom 29.6.1959.
458 PA AA, B 61-411, 274. Botschafter v. Mirbach, Jakarta: Schriftbericht Nr. 612/59 „Publizistische Auswertung der deutschen Förderungsmaßnahmen für die Entwicklungsländer" vom 2.7.1959.
459 PA AA, B 12, 1368. Botschafter Allardt, Jakarta: Drahtbericht Nr. 63 vom 11.11.1957.
460 PA AA, B 12, 95. Botschaftsrat Bassler, Jakarta: Schriftbericht Nr. 49/59 „Indonesien und die Errichtung eines ostzonalen Generalkonsulats in Kairo" vom 14.1.1959.

Rang eines Generalkonsulats erhoben zu werden.[461] Ein indonesischer Spitzenbeamter ließ allerdings gegenüber Botschafter Mirbach durchblicken, es werde „immer schwerer, sich den Vorstellungen des Ostblocks und der hiesigen SBZ-Handelsvertretung zu entziehen". Die Existenz der DDR könne nicht ständig ignoriert werden.[462] Mirbach gab Bonn zu Bedenken, dass aus indonesischer Sicht bei der bundesdeutschen Hilfe für Entwicklungsländer ein Missverhältnis zwischen Versprechungen und Praxis bestehe; Indonesien fühle sich „von uns als Entwicklungsland minderer Güte klassifiziert".[463] In einer Unterredung mit Mirbach konkretisierte Subandrio die Wahrnehmungen seiner Regierung: Jakarta befinde sich spätestens seit 1959 wegen seiner Ablehnung einer Anfrage des DDR-Ministerpräsidenten Otto Grotewohl, auf einer großangelegten Reise auch Indonesien zu besuchen, „erheblich in Vorleistung".[464] Grotewohl wurde auf seiner Tour durch die wichtigsten bündnisfreien Staaten in Kairo, Bagdad, Neu-Delhi und Rangun willkommen geheißen und traf sich unter anderem mit Nasser und Nehru zu Besprechungen.[465] Im Hinblick auf das Verhalten der anderen Ungebundenen lag in der indonesischen Weigerung, den ehemaligen Sozialdemokraten Grotewohl zu empfangen, tatsächlich ein beträchtliches Zugeständnis an die Bundesregierung. Zu den „Vorleistungen" der indonesischen Regierung zählte neben der Konsulatsfrage und der Ablehnung Grotewohls auch die Zurückweisung von Annäherungsversuchen einer DDR-Delegation in China.[466] Als Außenminister Brentano 1960 im Bundestag – auf die Ermahnung eines Abgeordneten hin – äußerte, die Beziehungen zu Indonesien seien „wohlbegründet und sehr freundlich" und gäben keinen Anlass zu Beschwerden, erlaubte sich Botschafter Mirbach eine etwas andere Akzentuierung als sein Dienstherr: Mirbach referierte die Mitteilung von Subandrio an den deutschen Publizisten Klaus Mehnert, wonach die Beziehungen zwischen der Bundesrepublik und Indonesien zwar der Form nach „ausgezeichnet" seien, es ihnen jedoch an „Herzlichkeit" mangele.[467] Zugleich be-

---

[461] PA AA, B 80-500, 374. Botschafter v. Mirbach, Jakarta: Drahtbericht Nr. 4 vom 5.2.1960; PA AA, B 12, 95. Botschafter v. Mirbach, Jakarta: Schriftbericht Nr. 100/60 „Aktivitäten der SBZ in Indonesien" vom 2.2.1960.
[462] PA AA, B 12, 95. Botschafter v. Mirbach, Jakarta: Schriftbericht Nr. 100/60 „Aktivitäten der SBZ in Indonesien" vom 2.2.1960.
[463] Ebenda.
[464] PA AA, B 12, 1361. Botschafter v. Mirbach, Jakarta: Aufzeichnung „Unterredung mit dem indonesischen Außenminister" vom 13.2.1960.
[465] Gray, Cold War, S. 92–95. Während Grotewohl in Ägypten und Bagdad erhebliche Prestigegewinne für Ost-Berlin erreichte (u. a. ein DDR-Generalkonsulat in Kairo), bereiteten ihm die Inder einen kühlen Empfang.
[466] PA AA, B 12, 1361. Botschafter v. Mirbach, Jakarta: Aufzeichnung „Unterredung mit dem indonesischen Außenminister" vom 13.2.1960.
[467] PA AA, B 12, 1366. Botschafter v. Mirbach, Jakarta: Schriftbericht Nr. 416/60 „Deutsch-indonesische Beziehungen" vom 9.5.1960.

richtete die Botschaft, „dass die SBZ sich [...] veranlasst fühlt ,die Tourenzahl höher zu schrauben'".[468]

Im Sommer 1960 zeigte die „mangelnde Herzlichkeit" praktische Konsequenzen für die Nichtanerkennungspolitik der Bundesregierung. Zwischen dem 15. und dem 20. August besuchte eine aus Diplomaten und Journalisten bestehende Ost-Berliner Delegation Indonesien. Geleitet wurde sie vom DDR-Gesundheitsminister und stellvertretendem Ministerpräsidenten Max Sefrin, einem Politiker der Ost-CDU. Das Auswärtige Amt, das vorab von dem Besuch erfahren hatte, erwog kurzzeitig, Botschafter Mirbach während der Anwesenheit der DDR-Abordnung aus Jakarta abzuziehen. Schließlich wurde eine solche Maßnahme jedoch verworfen. Der zuständige Referatsleiter Hilmar Bassler verwies selbstkritisch auf die lange Reihe von verpassten Gelegenheiten, die Indonesier durch eine Kombination von Besuchs- und Wirtschaftsdiplomatie freundlicher zu stimmen.[469] Die DDR-Abordnung wurde zweimal von Sukarno empfangen und nahm an den Feierlichkeiten zum 15. Jahrestag der Unabhängigkeitserklärung Indonesiens teil. Ihre Anwesenheit fand starke Beachtung in der indonesischen Presse.[470]

Der Besuch der „hochoffiziell"[471] auftretenden Delegation brachte der DDR einen Erfolg und der Bundesrepublik ein Ärgernis: Indonesien vereinbarte mit den Ost-Berliner Emissären, das seit 1954 bestehende Büro der ostdeutschen Außenhandelskammer in ein Generalkonsulat umzuwandeln. Bekanntgegeben wurde die Entscheidung ausgerechnet am indonesischen Nationalfeiertag, dem 17. August, und zudem gleichzeitig mit dem Abbruch der diplomatischen Beziehungen zu den Niederlanden.[472] In Bonn legte Referatsleiter Bassler dem indonesischen Botschafter Zain dar, diese beiden Gesichtspunkte seien „besonders befremdend"; die Bundesregierung habe die indonesische Entscheidung „angesichts der freundschaftlichen Beziehungen" zwischen Bonn und Jakarta weder erwartet, noch könne sie diese verstehen. Zain – der laut Bassler über die konsularischen Beziehungen zur DDR alles andere als erfreut war und Sukarno sogar seinen Rücktritt angeboten habe – verwies auf die Vernachlässigung Indonesiens durch Bonn, allerdings auch auf die ideologische Verhärtung Sukarnos.[473]

---

[468] PA AA, B 12, 95. Botschafter v. Mirbach, Jakarta: Schriftbericht Nr. 643/60 „Sowjetzonale Aktivität" vom 22.7.1960.
[469] PA AA, B 12, 1384. VLR I Bassler: Vermerk vom 11.8.1960.
[470] Siehe Berichte in: PA AA, B 12, 95. Botschafter v. Mirbach, Jakarta: Schriftbericht Nr. 738/60 „Auftreten einer SBZ-Delegation in Indonesien" vom 23.8.1960 und Schriftbericht Nr. 792/60 „Indonesische Presse zum Besuch der SBZ-Delegation" vom 7.9.1960.
[471] PA AA, B 12, 95. Botschafter v. Mirbach, Jakarta: Schriftbericht Nr. 738/60 vom 23.8.1960.
[472] Nach anderen Angaben wurde der Austausch diplomatischer Beziehungen erst am 20.8.1960 vereinbart, vgl. PA AA, B 12, 1361. LR Loer: Aufzeichnung „Einstellung Sukarnos zur Deutschland-Frage" vom 6.9.1961.
[473] PA AA, B 12, 1384. VLR I Bassler: Aufzeichnung vom 24.8.1960.

Am 6. Oktober 1960 nahm das DDR-Generalkonsulat unter Leitung von Kurt Nier seine Arbeit auf.[474] Ende des Jahres berichtete es nach Ost-Berlin, sein Bestehen sei „politisch ein großer Erfolg, da damit ein gewisser Durchbruch im südostasiatischen Raum erzielt wurde, der auch Auswirkungen auf andere Länder" habe – allerdings gebe es in Indonesien nach wie vor starke Kräfte, die aus Rücksicht auf die Bundesrepublik „gegen eine volle Normalisierung der Beziehungen zur DDR" eintreten, weswegen die Etablierung des Generalkonsulats das „maximal mögliche Ergebnis" darstelle.[475] Die DDR-Vertreter nutzten ihren neugewonnenen Spielraum, um ihre Reichweite auszudehnen: Ab November 1960 boten sie deutsche Sprachkurse in Jakarta an. Mirbach warnte, dadurch werde „das Monopol der Bundesrepublik am Deutschunterricht in Indonesien [...] zum ersten Mal durchbrochen".[476] Die britische Botschaft in Jakarta beurteilte die Herstellung konsularischer Beziehungen als „important first step towards the establishment of full diplomatic relations, at which the East Germans have been longing for a long time".[477]

Die Bundesregierung suchte den Schaden zu begrenzen: Das Auswärtige Amt übergab der indonesischen Botschaft Bonn ein Aide-Memoire mit der Bitte, im Zusammenhang mit dem Konsulat einige juristische Fragen klarzustellen.[478] Die indonesischen Antworten befriedigten die westdeutsche Seite weitgehend: In rechtlicher Hinsicht bestand ein wesentlicher Unterschied des DDR-Generalkonsulats zu den anderen Generalkonsulaten in Indonesien. War es sonst allgemein üblich, ein formelles Exequatur durch den Staatspräsidenten erteilen zu lassen, hatte der DDR-Vertreter im Oktober 1960 nur ein Schreiben des indonesischen Außenministers erhalten. Überdies enthielt das Schreiben eine „Vorbehaltsklausel über die völkerrechtliche Nichtanerkennung" der DDR.[479] Die AA-Rechtsabteilung war daher der Auffassung, der DDR-Vertreter Kurt Nier sei im völkerrechtlichen Sinne kein Konsul, sondern führe nur diesen Titel und rangiere im konsularischen Korps an niedrigster Stelle.[480]

Die Botschaft in Jakarta notierte in ihrem Jahresbericht für 1960 über die Veränderung vom August 1960: „Die deutsch-indonesischen Beziehungen sind im Berichts-

---

474 PA AA, B 80-500, 374. Botschafter v. Mirbach, Jakarta: Chi-Brief Nr. 71/60 „Errichtung eines SBZ-Generalkonsulats in Jakarta" vom 18.10.1960.
475 PA AA, MfAA, A 16070. DDR-Generalkonsulat Jakarta: Jahresbericht 1960 vom 28.12.1960.
476 PA AA, B 12, 95. Botschafter v. Mirbach, Jakarta: Schriftbericht Nr. 985/60 „Weiter gesteigerte Aktivität der SBZ in Indonesien" vom 14.11.1960.
477 TNA-PRO, FO 371, 153739. Botschaft des Vereinigten Königreichs Jakarta: Bericht an das Foreign Office Nr. 1903/60 vom 23.8.1960.
478 PA AA, B 12, 1386. Botschafter v. Mirbach, Jakarta: Schriftbericht Nr. 1078/60 „Verhältnis Indonesiens zur SBZ" vom 6.12.1960.
479 PA AA, B 12, 1386. Referat 501: Schreiben an das Referat 709 „Verhältnis Indonesien/SBZ" vom 17.1.1961.
480 PA AA, B 12, 1386. Referat 501: Schreiben an das Referat 709 „Verhältnis Indonesien/SBZ. Hier: Rechtsstellung des ‚Generalkonsuls' der SBZ in Jakarta" vom 6.12.1960.

jahr erstmalig von politischen Spannungen nicht frei gewesen."[481] Jedoch sei es auch der Vernachlässigung durch Bonn zuzurechnen, dass Jakarta schließlich dem Drängen der DDR nachgegeben habe. Angesichts der „Linksentwicklung" Sukarnos und einiger seiner Gefolgsleute sei sogar eine volle diplomatische Anerkennung des anderen Teils Deutschlands zu befürchten gewesen; vor allem Außenminister Subandrio sei es zu danken, Sukarno von einem solchen Schritt abgehalten zu haben.[482] Dieses Urteil entsprach inhaltlich weitgehend der Wahrnehmung der DDR: Während Sukarno als Teil des „progressiven" Lagers „für weitergehende Schritte zugänglich" gewesen sei, habe er die ablehnende Haltung „reaktionärer" Elemente in der Regierung gegen eine weitere Annäherung an Ost-Berlin nicht überwinden können.[483] In diesem Zusammenhang wurde erwähnt, dass das indonesische Außenministerium nicht an der Einrichtung eines indonesischen Generalkonsulats in der DDR interessiert sei. Auch in dieser Frage hoffte man auf Sukarno.[484]

Die Existenz eines DDR-Generalkonsulats in Jakarta rückte Indonesien in den kleinen Kreis der Staaten, in denen ein Ausbruch des zweiten deutschen Staates aus seiner internationalen Isolation zwar nicht in unmittelbarer Nähe, aber doch im Bereich des mittelfristig Erreichbaren schien. In jedem Fall war dies ein beträchtlicher Erfolg für Ost-Berlin: Vor dem August 1960 war es dem SED-Regime nur in zwei „neutralen" Hauptstädten gelungen, ein Generalkonsulat einzurichten, nämlich in Kairo und Damaskus.[485] Die wachsende Präsenz von DDR-Vertretern stellte erhöhte Anforderungen an die bundesdeutschen Gegenspieler. Die Nichtanerkennungspolitik gegenüber der DDR war mehr als eine von der Bundesregierung festgelegte Gesamtstrategie. Die Isolierung der DDR erforderte ein Mikromanagement, das von der Arbeitsebene des Auswärtigen Amts übernommen wurde. Die Botschaft in Jakarta nahm ihre Aufgabe ausgesprochen ernst und verfolgte sie mit einem scharfen Blick für Details. Nach eigener Einschätzung befand sich die bundesdeutsche Botschaft seit 1960 in einem „kalten Kleinkrieg" mit der DDR-Mission.[486] Exemplarisch für die Kuriosität, die dieser Kleinkrieg annehmen konnte, sind die von Botschafter Mirbach in einem bemerkenswert selbstdistanzierten Bericht geschilderten Szenen auf einer indonesischen Buchausstellung im April 1960, also noch vor der Existenz des DDR-Generalkonsulats:

> „Vom 21. bis 25. April 1960 hat auf Veranlassung des indonesischen Übersetzerverbandes in Jakarta eine Ausstellung von Büchern stattgefunden, die aus dem Indonesischen in andere Sprachen oder aus anderen Sprachen ins Indonesische übersetzt wurden. [...] bemerkenswert ist aber die beinahe tragikomische Form, die hier der Wettbewerb zwischen den Vertretern der beiden

---

481 PA AA, B 12, 1348. Botschafter v. Mirbach, Jakarta: Schriftbericht Nr. 1105/60 „Indonesien 1960" vom 20.12.1960.
482 Ebenda.
483 PA AA, MfAA, A 16070. DDR-Generalkonsulat Jakarta: Jahresbericht 1960 vom 28.12.1960.
484 Ebenda.
485 Siehe Gray, Cold War, S. 147 f., 151.
486 PA AA, B 12, 1361. Referat 709: Aufzeichnung „Südostasien" vom 21.3.1961.

Deutschland um die Aufmerksamkeit der Öffentlichkeit annehmen kann: Die SBZ hatte ebenfalls ein rundes Dutzend Druckschriften aufgefahren. Die Ausstellungsleitung hatte diesen Beitrag [...] auf dem langen ‚internationalen' Tisch neben dem der Bundesrepublik platziert, ein Vorgehen, gegen das schwerlich etwas einzuwenden war, denn als Ordnungsprinzip galt die Sprache. Einer meiner Mitarbeiter [...] stellte fest, dass die deutschen Werke aus West und Ost unter den Schildern der beiden Deutschland kunterbunt durcheinander lagen. Er schob sie zurecht, ordnete das Häuflein seiner heimischen Produktion und rückte den östlichen Nachbarstapel auf zwei Zentimeter Distanz. Kaum hatte er sich in eine andere Ecke des Saales zurückgezogen, da erschien ein Abgesandter der SBZ-Vertretung und arrangierte nunmehr sein ebenso karges Aufgebot attraktiver in die Breite, eine Aktion, die die Bundesrepublik mindestens vier Zentimeter kostete. Die Ausstellung dauerte fünf Tage, in deren Verlauf aus beiden Lagern im Abstand von wenigen Stunden reitende Boten ausgesandt wurden, um dafür zu sorgen, dass die Demarkationslinie erhalten bleibt."[487]

Durch die Einrichtung des DDR-Konsulats wurde der Bundesregierung und dem Auswärtigen Amt deutlich, dass die deutsch-deutsche Rivalität in Indonesien vermehrte Anstrengungen erfordern würde. Vor allem die Ostabteilung (Abteilung 7) des AA drängte darauf, „dass wir der Entwicklung in Indonesien, dem zweitgrößten Land der ungebundenen Welt, mehr Aufmerksamkeit widmen sollten".[488] Die indonesische Führung rechnete mit einem baldigen Nachlassen der bundesdeutschen Verstimmung. Nach wie vor wartete sie ungeduldig auf einen Ministerbesuch aus Bonn.[489] Ein indonesischer Diplomat in Bonn ließ im Januar 1961 wissen, der deutsche Botschafter in Jakarta gehe „schweren Zeiten" entgegen.[490]

Die Bundesregierung reagierte – anders als bei späteren Vorfällen – auf die indonesische „Unbotmäßigkeit" nicht mit Vergeltung, sondern mit einer Taktik des Entgegenkommens: Ende 1960 wurde die Entsendung einer hochrangigen Delegation nach Südostasien beschlossen, die unter anderem in Indonesien über deutsche Hilfsgelder verhandeln sollte. Eigentlich hätte Außenminister Brentano die Delegation leiten sollen. Aufgrund einer Lungenentzündung Brentanos musste er jedoch von Hans-Joachim von Merkatz, dem Bundesminister für Vertriebene sowie für Angelegenheiten des Bundesrates, vertreten werden. Die Reise führte vom 22. Januar bis zum 8. Februar 1961 nach Birma, Thailand, Malaya, Indonesien und Ceylon.[491]

Freilich ist die Entscheidung, Indonesien zu einem Empfängerland westdeutscher Zuwendungen zu machen, nicht allein aus der Einrichtung eines DDR-Generalkon-

---

487 PA AA, B 12, 95. Botschafter v. Mirbach, Jakarta: Schriftbericht Nr. 391/60 „Buchausstellung des indonesischen Übersetzerverbandes" vom 3.5.1960.
488 PA AA, B 12, 1361. Abteilung 7: Vermerk „Schwerpunktprogramm der Bundesregierung. Hier: Indonesien" vom 22.11.1960.
489 PA AA, B 12, 1384. VLR I Bassler: Aufzeichnung vom 27.10.1960; PA AA, B 12, 1361. Botschaftsrat Seeliger, Jakarta: Schriftbericht Nr. 940/60 „Pressemeldung über Ausbleiben eines deutschen Ministerbesuchs" vom 31.10.1960.
490 PA AA, B 12, 1386. Abteilung 7: Vermerk vom 25.1.1961.
491 PA AA, B 12, 1361. Referat 709: Aufzeichnung „Südostasien: Die Reise des Bundesministers Dr. von Merkatz" vom 21.3.1961.

sulats zu erklären. Der konsularische „Geländegewinn" der DDR in Indonesien fiel zusammen mit dem Beginn der bundesdeutschen bilateralen Kapitalhilfe an die Länder der „Dritten Welt". Die Jahre 1960/61 werden häufig als Geburtsstunde einer nennenswerten Entwicklungspolitik der Bundesrepublik gesehen, auch wenn es schon in den fünfziger Jahren entwicklungspolitische Maßnahmen gegeben hatte.[492] Bodemer verweist in seiner Untersuchung der Anfänge deutscher Entwicklungspolitik darauf, dass die Bundesregierung in den fünfziger Jahren den Vorrang privatwirtschaftlicher Förderung der Entwicklungsländer betonte. Öffentlichen Leistungen sollte nur eine ergänzende Funktion zukommen. Dementsprechend wurden auch staatliche Maßnahmen indirekter Exportförderung als „Entwicklungshilfe" deklariert.[493] Gegen staatliche Kapitalhilfe im engeren Sinne wurden Argumente ordnungs-, haushalts- und außenpolitischer Art angeführt. Dennoch gehörte die Bundesrepublik schon in den fünfziger Jahren zu den Gebern „echter Entwicklungshilfe" und war zwischen 1957 und 1959 sogar das Land, das in absoluten Zahlen die höchsten Beiträge an multilaterale Entwicklungshilfeinstitutionen zahlte.[494] Der Vorzug multilateraler vor bilateraler Entwicklungshilfe lag unter anderem darin, dass hier die direkte Verantwortlichkeit für aufwändige und riskante Projekte in den jeweiligen Ländern nicht übernommen werden musste.[495] Erstmals waren 1956 50 Millionen DM des Bundeshaushalts explizit „zur Förderung unterentwickelter Länder" vorgesehen worden. Charakteristisch für die fünfziger Jahre war ferner die Betonung der technischen Hilfe (im Unterschied zur Kapitalhilfe). Diese technische Hilfe fand vor allem durch die Einrichtung von Ausbildungsstätten zur beruflichen Schulung von Fachkräften statt.[496] Die für Indonesien einschlägigen Beispiele einer Zahnklinik und einer Handwerksschule sind bereits erwähnt worden.

Die Zurückhaltung der Bundesregierung bei der Aufnahme bilateraler Kapitalhilfe setzte sie zunehmend der Kritik und schließlich auch dem Druck der westlichen Verbündeten aus, insbesondere durch die Eisenhower-Administration in ihrer Spätzeit. Auch der im November 1960 gewählte Präsident John F. Kennedy sah die „Dritte Welt" als entscheidenden Schauplatz der globalen Systemkonkurrenz: Entsprechend forderte er die Verbündeten der USA zu mehr Anstrengungen und zu einem *burden sharing* bei der amerikanisch orchestrierten Modernisierungsoffensive auf. Mit der Festlegung auf jährliche Entwicklungshilfebeiträge 1960 und der Einrichtung des Bundesministeriums für wirtschaftliche Zusammenarbeit (unter Walter Scheel) 1961 vollzog die Bundesrepublik den Eintritt „in den Kreis der westlichen Kapitalgeber".[497] Zwischen 1960 und 1965 leistete sie insgesamt 10,95 Milliarden DM an öffentlichen

---

492 Schwarz, Entwicklungshilfe, S. 723–739.
493 Bodemer, Entwicklungshilfe, S. 27, 79.
494 Ebenda, S. 32.
495 Gray, Cold War, S. 117.
496 Bodemer, Entwicklungshilfe, S. 27, 30 f.
497 Ebenda, S. 32–44.

bi- und multilateralen Leistungen an Länder der „Dritten Welt". Dazu kamen private Leistungen von mehr als 5,57 Milliarden DM.[498]

Bodemer wie Gray halten fest, dass es nicht ausschließlich allianz- oder deutschlandpolitische Motive waren, die die Bundesregierung zum Einstieg in die bilaterale Entwicklungshilfe bewegten.[499] Entwicklungspolitik war und ist ein „Mehrzweckinstrument"[500], an dem unterschiedliche staatliche, halb-staatliche und private Akteure aus unterschiedlichen Beweggründen mitwirken. Neben den Imperativen des Kalten Krieges und des Alleinvertretungsanspruchs gab es auch starke exportpolitische, außerdem humanitär-altruistische und sogar währungspolitische Motive: Durch den um 1960 vorhandenen westdeutschen Exportüberschuss war die Deutsche Mark im Kontext der festen Wechselkurse des Bretton-Woods-Systems unter Aufwertungsdruck geraten. Der mit der Entwicklungshilfe verbundene Kapitalexport linderte diesen Druck.[501]

Die (west-)deutsche Entwicklungshilfe wies einige Besonderheiten auf: Im Unterschied zur französischen und zur britischen Entwicklungshilfe beschränkte sie sich nicht auf bestimmte Regionen, sondern erfolgte nach dem – später oft kritisierten – „Gießkannenprinzip" einer weltweiten Präsenz. Dieses Prinzip verdankte sich deutschlandpolitischen Handlungszwängen, einer allgemeinen sicherheitspolitischen Strategie ebenso wie der abgebrochenen kolonialen Tradition Deutschlands. In dieser Hinsicht ähnelte die westdeutsche am ehesten der amerikanischen Entwicklungspolitik.[502] Die westdeutschen Kredite wurden jeweils für bestimmte Projekte vergeben: Die Auswahl der durch Bonn finanzierten Projekte sollte grundsätzlich auf Basis einer vom Empfängerstaat zu erstellenden Vorschlagsliste erfolgen. Die eingereichten Vorschläge wurden danach von einem interministeriellen Steuerungskomitee beurteilt. Die Bundesregierung zahlte die Kredite nicht einfach aus, sondern vergab sie in Form von Plafonds, also Zuwendungen bis zu einer festgelegten Höchstgrenze.[503] Ferner – hier war die Bundesrepublik großzügiger als die meisten anderen Geber – bestand keine Bindung der Hilfsgelder an Importe aus der Bundesrepublik.[504] Die Hilfen sollten auf die begünstigten Regierungen wirken, aber auch auf die öffentliche Meinung: „To maximize the favorable publicity, West German dignitaries preferred to announce new aid agreements during extended tours to the affected regions."[505] Aus diesem Grunde nahm nicht nur der Leiter der Ostabteilung, Georg Ferdinand Duckwitz, an der Südostasien-Mission von Minister Merkatz teil, sondern auch

---

498 Ebenda, S. 185.
499 Gray, Cold War, S. 116, 120 f.; Bodemer, Entwicklungshilfe, S. 43–67.
500 Nuscheler, Entwicklungspolitik, S. 673.
501 Zur zeitgenössischen Diskussion des Zusammenhangs von Entwicklungshilfe und Währungspolitik siehe: Stohler, Jaques: „Wer soll die Preisstabilität bezahlen?" Die Zeit, 22.7.1960, S. 9.
502 Bodemer, Entwicklungshilfe, S. 54.
503 Diehl, Presse, S. 260.
504 Gray, Cold War, S. 123.
505 Ebenda, S. 121.

Fachleute für politische Öffentlichkeitsarbeit wie Karl-Günther von Hase und Günter Diehl.[506] Unter den insgesamt 23 Delegationsmitgliedern waren 14 Journalisten.[507]

Die DDR ergriff schon vor dem Merkatz-Besuch Gegenmaßnahmen. Zehn Tage vor der Ankunft des westdeutschen Ministers ließ das DDR-Generalkonsulat Jakarta „in einem quantitativ bisher nicht von ihm und kaum von anderen Stellen erreichten Ausmaß mit Plakaten und Spruchbändern" schmücken, die für eine von der DDR organisierte Textilausstellung warben.[508] Die Ausstellung verzichtete auf politische Propaganda und präsentierte sich, so Botschafter Mirbach, in ihren Modenschauen „eher sexbetont".[509] Mit bis zu 80 000 Besuchern – darunter Sukarno – brachte die Textilausstellung einen weiteren großen „Prestige- und Sympathieerfolg der SBZ".[510] Zusätzlich leisteten die ostdeutschen evangelischen Kirchen eine Kleidungs- und Medikamentenspende an die Bevölkerung Sumatras.[511]

Der dreitägige Aufenthalt in Indonesien stellte laut Auswärtigem Amt „die wichtigste Etappe der Südostasienreise" der Merkatz-Delegation dar.[512] Merkatz traf unter anderem mit Sukarno, Außenminister Subandrio und Verteidigungsminister Nasution zusammen. Letzterer erhielt eine Einladung zu einem Deutschlandbesuch und auch Sukarno wurde erklärt, die Bundesrepublik würde ihn stets willkommen heißen.[513] Die Bonner Abordnung stellte umgekehrt „mit Erstaunen fest, welch große Hoffnungen man [in Indonesien] auf eine Zusammenarbeit mit Deutschland setzt".[514] Für die bilateralen Beziehungen bedeutete die Merkatz-Reise einen großen Schritt: Die Bundesregierung stellte Indonesien als Kapitalhilfe einen Kredit von 100 Millionen DM zur Verfügung. Hinzu kam ein „besonderer Plafond" von weiteren 100 Millionen an Bundesbürgschaften und -garantien für den deutschen Export nach Indonesien (Bundesbürgschaften kommen bei öffentlichen Geschäftspartnern zur Anwendung, Bundesgarantien bei privaten). Zudem vereinbarten die Regierungen den Ausbau der techni-

---

506 Diehl, Presse, S. 256–279.
507 PA AA, B 12, 1361. Referat 709: Aufzeichnung „Südostasien: Die Reise des Bundesministers Dr. von Merkatz" vom 21.3.1961.
508 PA AA, B 12, 1386. Botschafter v. Mirbach, Jakarta: Schriftbericht Nr. 75/61 „Aktivitäten der SBZ in Indonesien" vom 24.1.1961.
509 PA AA, B 12, 1386. Botschafter v. Mirbach, Jakarta: Schriftbericht Nr. 124/61 „Sowjetzonale Aktivität in Indonesien. Hier: Textilausstellung in Jakarta" vom 13.2.1961.
510 Ebenda.
511 PA AA, B 12, 1386. Botschafter v. Mirbach, Jakarta: Schriftbericht Nr. 75/61 vom 24.1.1961.
512 PA AA, B 12, 1361. Referat 709: Aufzeichnung vom 21.3.1961.
513 Nasution kam im Juni 1961 zu einem Besuch in die Bundesrepublik. Offensichtlich nahm auch der damalige Generalmajor und spätere Staatschef Suharto an der Delegationsreise teil, um über mögliche Waffenlieferungen an Indonesien zu sprechen. Der indonesische Wunsch nach der Lieferung von Panzerabwehrraketen wurde allerdings abgewiesen. AAPD 1962, Dok. 4, S. 41. VLR I v. Stechow: Aufzeichnung „7. Abteilungsleiter-Ausschusssitzung betreffend Rüstungskäufe des BMVtg im Ausland am 17.1.1962" vom 4.1.1962.
514 PA AA, B 12, 1361. Referat 709: Aufzeichnung „Südostasien: Die Reise des Bundesministers Dr. von Merkatz" vom 21.3.1961.

schen Zusammenarbeit; zu den bislang in Angriff genommenen Projekten kam noch der Aufbau eines Forstingenieurinstituts.[515]

Die Merkatz-Reise war das wichtigste bundesdeutsch-indonesische Ereignis seit der Aufnahme diplomatischer Beziehungen 1952 und dem Sukarno-Staatsbesuch in Bonn 1956. Auch wenn es einige kritische Kommentare aus südostasiatischen Diplomatenkreisen gab, galt die Mission in Bonn als Erfolg.[516] Hans-Joachim von Merkatz unterrichtete nach seiner Rückkehr ausführlich das Bundeskabinett.[517] In der Folgezeit blieb er ein Ansprechpartner indonesischer Stellen und sprach sich gegenüber der Bundesregierung im Zweifelsfall dafür aus, indonesischen Wünschen entgegenzukommen. So befürwortete Merkatz nach einer persönlichen Bitte des indonesischen Botschafters im April 1962 die Lieferung von Rüstungsgütern deutscher Unternehmen an Indonesien, darunter Fallschirme und Übungsmunition.[518]

Die auf der Südostasienreise abgegebenen Hilfszusagen erforderten eine intensive Nachbereitung durch die Arbeitsebenen verschiedener Ministerien in Bonn und Jakarta. Im März 1961 traf ein gemischter deutsch-indonesischer Regierungsausschuss aus Beamten zu Besprechungen weiterer Arbeitsschritte zusammen. Die Bundesregierung erneuerte ihre Absicht, „nach Kräften zur wirtschaftlichen Entwicklung Indonesiens – auch im Rahmen des Achtjahresplans – beizutragen".[519] Geplant war noch für 1961 die Entsendung einer Regierungsdelegation nach Indonesien, um die Einzelheiten der bilateralen Wirtschaftsbeziehungen auszuhandeln.

Die weitreichenden Zusagen erforderten eine interne Festlegung der Bonner Ministerialbürokratie, welche Absichten und welches Vorgehen mit den Hilfsgeldern verbunden sein sollten. Als Grundsatz für die Projektförderung in Entwicklungsländern galt dem Wirtschaftsministerium, dass „nur solche Vorhaben berücksichtigt werden" könnten, die geeignet seien, das Wirtschaftswachstum im jeweiligen Land zu befördern. Die technische und betriebswirtschaftliche Ausgereiftheit von Projekten sollte ein entscheidendes Kriterium sein, um die Förderungswürdigkeit zu beurteilen. Um die richtigen Anreize zu setzen, sollten „keinesfalls" die Gesamtsummen „auf einmal transferiert [werden], sondern in Teilbeträgen, je nach dem Fortschreiten des Aufbaus des jeweiligen Projekts".[520] Im Grundsatz vertrat das stärker sicherheits- und allianzpolitisch denkende Auswärtige Amt dieselbe Linie: Brentano hatte 1959 an Adenauer

---

515 PA AA, B 61–411, 225. Gemeinsames Protokoll über die Sitzung des gemischten deutsch-indonesischen Regierungsausschusses am 14.3.1961 im Bundesministerium für Wirtschaft.
516 „Unser Kommentar: Minister von Merkatz' Südostasienbesuch – ein psychologischer Fehler?" AAE Asien-Afrika-Europa GmbH Nr. 5/1961 vom 25.1.1961.
517 KPBR 14 (1961), S. 101. 139. Sitzung des Bundeskabinetts am 16.2.1961.
518 PA AA, B 12, 1395. Ministerialdirigent Groepper: Aufzeichnung „Lieferungen aus der Bundesrepublik nach Indonesien" vom 6.4.1962.
519 PA AA, B 61–411, 225. Gemeinsames Protokoll über die Sitzung des gemischten deutsch-indonesischen Regierungsausschusses am 14.3.1961 im Bundesministerium für Wirtschaft.
520 PA AA, B 61–411, 225. BMWi: Aufzeichnung „Erläuterungen über die Ausgestaltung der langfristigen Finanzhilfe der Bundesrepublik Deutschland" vom 28.4.1961.

geschrieben, „auch eine aus primär außenpolitischen Motiven gewährte Hilfe" könne ihren Zweck nur erfüllen, „wenn sie in einem doppelten Sinn wirtschaftlich vernünftig" sei, also sowohl aus Sicht des Geberlandes wie aus der des Empfängerlandes.[521] Diese Kriterien sollten sich schon wenig später als schwer vereinbar mit deutschland- und stabilitätspolitischen Imperativen erweisen.

Im Zuge der nunmehr aufgewerteten Beziehungen wechselte der indonesische Botschafter in Bonn: Auf Zahir Zain folgte Lukman Hakim, der zuvor Finanzminister und Gouverneur der indonesischen Nationalbank gewesen war. Die Wahl eines Wirtschaftsfachmanns war Ausdruck der indonesischen Prioritäten.[522] Anlässlich der Vereidigung des neuen Botschafters Lukman Hakim – in Jakarta, vor seiner Abreise nach Bonn – pries Sukarno am 2. April 1961 die Bundesrepublik Deutschland „als eines der wichtigsten Länder der Welt". Für Indonesien sei es „deshalb von größter Bedeutung, gute Beziehungen zu ihr zu unterhalten". Sukarno, so eine Nachrichtenagentur, „erging sich noch in weiteren Lobpreisungen der deutschen kulturellen und wirtschaftlichen Leistungen".[523] In Anbetracht dieser Entwicklungen stellte Botschafter Mirbach im Juni 1961 fest: „Die deutsch-indonesischen Beziehungen haben durch den Besuch des Bundesministers von Merkatz und seiner Delegation einen spürbaren Auftrieb erhalten."[524] Zugleich warnte er davor, sich gleichsam auf den Lorbeeren auszuruhen:

> „Wir dürfen jedoch nicht der Auffassung anheimfallen, dass wir durch diesen Besuch eine Hypothek abgetragen hätten, dass wir nunmehr befriedigt die Däumchen drehen könnten. Wir haben, da unsere Kolonialzeit ziemlich vergessen ist und wir trotz der wilhelminischen und hitleristischen Epochen im Allgemeinen nicht als Imperialisten hier gelten, da wir zudem durch das Treiben Pankows dazu gehetzt werden, auch für den Westen die Verpflichtung übernommen ‚bei der Stange zu bleiben'. […] Ich möchte nicht in den Ruf geraten, ‚Indonesien-minded' zu sein. Aber ein Blick auf die Landkarte sollte es jedem verständlich machen, dass nach dem Verlust von Laos Indonesien mehr als bisher an Gewicht gewinnen muss. Ein Abrutschen Indonesiens in das östliche Lager würde alle Bemühungen des Westens um die Freiheit des südostasiatischen Ländergürtels umsonst machen. Wollen wir daher unser politisches Interesse und unsere Entwicklungshilfe gezielt ansetzen, dann wage ich zu behaupten, dass die Neutralität der Malakka-Straße kaum weniger wichtig für den Westen ist als die Verteidigung des Bosporus. Dem Erfinder der ‚Guided Democracy' [Sukarno] seinen titoistischen ‚Sozialismus à la Indonesia' auszureden, dürfte uns sowieso nicht gelingen, jedoch müssen wir viel Mühe und Geld darauf verwenden, ihn im politischen Gleichgewicht zu halten."[525]

Die Worte des Botschafters über „viel Mühe und Geld" sollten sich schon bald als zutreffend erweisen.

---

521 BArch, B 136, 2982. Bundesminister v. Brentano: Schreiben an Bundeskanzler Adenauer vom 23.10.1959.
522 PA AA, B 12, 1365. Ministerialdirektor Duckwitz: Aufzeichnung für Staatssekretäre vom 4.3.1961.
523 PA AA, B 12, 1365. Meldung Nr. 0504-017 der Nachrichtenagentur PIA.
524 PA AA, B 12, 1361. Botschafter v. Mirbach, Jakarta: Schriftbericht Nr. 606/61 vom 15.6.1961.
525 Ebenda.

IV Konfrontation und Krisen (1961–1966)

1 Die Zuspitzung der deutsch-deutschen Konkurrenz und der Beginn der bilateralen Kapitalhilfe für Indonesien (1961–1963)

Berlin-Krise, Belgrader Blockfreien-Konferenz und Indonesiens Distanzierung von der Alleinvertretungspolitik 1961

1961 war ein Jahr tiefer Zäsuren. Die Abriegelung des Ostsektors von Berlin am 13. August zerstörte alle Hoffnungen auf eine Wiedervereinigung Deutschlands in absehbarer Zeit. Der Bau der Berliner Mauer markierte deutschlandpolitisch „die tiefste Zäsur"[1] seit der zweifachen Staatsgründung auf deutschem Boden 1949. Darüber hinaus bedeutete die Mauer ein Erstarren und eine Erkaltung – im Sinne abnehmender Eskalationsgefahr – der europäischen Front des Ost-West-Konflikts, die ja auch eine innerdeutsche Front war. Der Erfinder der Hallstein-Doktrin, Wilhelm Grewe, stellte rückblickend fest, Deutschland und Berlin seien zwischen 1945 und dem vorläufigen Ende der Berlin-Krise 1961/62 „der zentrale Krisenherd der Weltpolitik gewesen"; nach Überwindung der Berlin- und der Kuba-Krise 1962 hätten sich die Supermächte stillschweigend auf die Beibehaltung des europäischen Status quo geeinigt, da jeder Versuch einer Änderung unkontrolliert hätte eskalieren können.[2]

Der Kalte Krieg verlagerte sich seit Anfang der sechziger Jahre zunehmend in die „Dritte Welt", wo er auch mit Waffengewalt ausgefochten wurde: Bezeichnenderweise hatte der neue US-Präsident John F. Kennedy schon in seiner ersten *State of the Union*-Ansprache vom 30. Januar 1961 erklärt, der Kampf um die Freiheit würde nunmehr vor allem in Asien, Afrika und Lateinamerika entschieden. Deutschland und Berlin erwähnte er nicht.[3] Die mit dem sogenannten afrikanischen Jahr 1960 nochmals angewachsene „Dritte Welt" war sich ihrer mannigfaltigen Gefährdungen durch die Blockkonfrontation wohlbewusst. Die dekolonisierten Staaten suchten ihren Anspruch zu institutionalisieren, sich einerseits aus dem globalen Kalten Krieg herauszuhalten und andererseits einen gewissen Einfluss auf die Weltpolitik nehmen zu können: Aus diesem Grund wurde für den Spätsommer 1961 in Belgrad eine Gipfelkonferenz zur Gründung des *Non-Aligned Movement* (NAM) einberufen. Sukarno sah Indonesien und sich selbst an der Spitze dieser Bewegung. Sukarnos weltpolitischer Ehrgeiz und sein Konfrontationsdrang bedeutete für die bundesdeutsche Alleinvertretungspolitik eine semi-permanente Krise in Indonesien: Mit dem Jahr 1961 begann ein fast fünf Jahre andauernder ständiger Wechsel zwischen Eskalation und Entspannung in der Frage, ob der Alleinvertretungsanspruch im größten südostasiatischen

---
1 Winkler, Westen, S. 204.
2 Grewe, Weltpolitik, S. 45.
3 Grewe, Rückblenden, S. 458.

Land eine Niederlage erleiden würde. Freilich nimmt sich dieser Teil der Geschichte harmlos aus im Vergleich zu den Erschütterungen in Indonesien zur selben Zeit. Es ist keine Übertreibung, die erste Hälfte der sechziger Jahre als Indonesiens Weg in die Katastrophe zu sehen.

Das Jahr 1961 hatte für die Beziehungen zwischen Indonesien und der Bundesrepublik aussichtsreich begonnen. Der Besuch von Minister Merkatz brachte Indonesien Prestige und materielle Hilfe; die Bundesrepublik konnte ihre ökonomische Überlegenheit gegenüber der DDR öffentlichkeitswirksam demonstrieren. Im Vorfeld der Belgrader Konferenz der Blockfreien warb die Bundesregierung für ihre deutschlandpolitischen Positionen: Über ihre Botschaften ließ sie an die Teilnehmerstaaten Memoranda verteilen, die das Recht auf Selbstbestimmung für das gesamte deutsche Volk forderten.[4] Der politische Referent der indonesischen Botschaft teilte Referatsleiter Bassler in Bonn mit, „die Anerkennung des Selbstbestimmungsrechts auch für Deutschland sei die Grundlage des Kampfes gegen den Kolonialismus".[5] Seiner Ansicht nach habe die Bundesregierung ihre Forderungen nach dem Selbstbestimmungsrecht noch nicht deutlich genug vorgebracht und es versäumt, auf diese Weise „die Sowjets in den Augen der afro-asiatischen Völker überzeugend ins Unrecht" zu setzen; in Belgrad werde sich Indonesien „mit Entschiedenheit für eine Anerkennung des Selbstbestimmungsrechts" in der deutschen Frage einsetzen.[6] Auch Sukarno und Subandrio wurden diese deutschlandpolitischen Papiere überreicht.[7] Alle Botschaften und Konsulate der Bundesrepublik erhielten zusätzlich eine Zusammenstellung der bundesdeutschen Argumente, um davon gegenüber Persönlichkeiten des Gastlandes „so ausgiebig wie möglich Gebrauch zu machen".[8]

Unter anderem, weil die Berlin-Krise sehr viel Aufmerksamkeit absorbierte, unterliefen der Bundesregierung im Vorfeld der Blockfreien-Konferenz Nachlässigkeiten; als nachteilig erwies sich auch, dass es seit 1957 keinen bundesdeutschen Botschafter mehr in Belgrad gab.[9] Von westdeutschen Journalisten und einigen Diplomaten wurde bemängelt, dass in dem regierungsamtlichen Informationsmaterial, das die Staats- und Regierungschefs überzeugen sollte, auf ein psychologisch und emotional wirksames Element völlig verzichtet wurde, nämlich auf Fotografien der Berliner Mauer und der Flüchtlingsbewegungen von Ost nach West. Der Effekt der nüchternen, völkerrechtlich argumentierenden Memoranda blieb begrenzt. Zudem konnten die Texte nicht aufwiegen, dass die DDR vor der Konferenz Sonderbotschafter in wichtige Hauptstädte entsandt hatte: Der SED-Chefideologe Kurt Hager reiste zusammen mit dem stellvertretenden DDR-Außenminister Paul Wandel nach Neu-Delhi und Jakarta,

---

4 Gray, Cold War, S. 126.
5 PA AA, B 12, 1361. VLR I Bassler: Aufzeichnung vom 10.8.1961.
6 Ebenda.
7 PA AA, B 12, 1361. Botschaftsrat Seeliger, Jakarta: Drahtbericht Nr. 194 vom 23.8.1961.
8 PA AA, B 12, 46. Staatssekretär Carstens: Runderlass vom 2.9.1961.
9 Vgl. Das Gupta, The Non-Aligned, S. 151 f.

um vor dem westdeutschen „Militarismus" und der Gefahr eines dritten Weltkrieges zu warnen.[10] Auch wenn Teile des indonesischen Apparates Bonn gegenüber wohlwollend waren, so galt die Staatsspitze mehr und mehr als deutschlandpolitischer Problemfall: Mirbachs Stellvertreter Seeliger berichtete, „die Aussicht auf eine Unterstützung von indonesischer Seite muss als gering bezeichnet werden"; Sukarno betrachte jeden „Hinweis auf einen sowjetischen Neokolonialismus als unwillkommene Verwässerung seines Kampfes gegen den ‚alten Imperialismus'".[11]

Auf der am 1. September 1961 begonnenen Konferenz in Belgrad zeigte sich, wie fern die Mehrheit der blockfreien Staaten der Position der Bundesregierung stand. Sukarno gehörte zu den lautstärksten Proponenten einer neu ausgerichteten Deutschlandpolitik der „Dritten Welt". Abgesehen von Gastgeber Tito und dem ghanaischen Präsidenten Nkrumah näherte sich keiner der 25 teilnehmenden Staats- und Regierungschefs den sowjetisch-ostdeutschen Positionen so sehr an wie Sukarno: In seiner Rede bezeichnete er die „De-facto-Souveränität von zwei Deutschland [als] eine ‚unumgängliche Realität'", weshalb man die „bestehende Lage formalisieren oder legalisieren" solle. Sukarno forderte darüber hinaus, die Blockfreien sollten deutschlandpolitische Vorschläge ausarbeiten, auf deren Grundlage die Großmächte die Berlin-Krise beilegen sollten.[12] Im Auswärtigen Amt sah man besorgt, dass Sukarno der „sowjetischen Zweistaatentheorie bedenklich nahe" komme; angeblich habe er sogar die anderen Staats- und Regierungschefs zu einer Resolution bewegen wollen, die „eine gemeinsame Anerkennung Pankows durch die blockfreien Staaten zum Inhalt" habe – auf diese Weise solle die Bundesregierung zur Abkehr von der Hallstein-Doktrin gezwungen werden.[13] Bonn schrieb das Nicht-Zustandekommen einer solchen Resolution dem positiven Einfluss Nehrus und Nassers zu.[14]

Insgesamt hatte die Bundesrepublik Deutschland – trotz ihrer Gewährung bilateraler Kapitalhilfe und des offensichtlichen Unrechts der Berliner Mauer – einen Misserfolg erlitten, während der DDR mangelnde Ressourcen und fragwürdige Methoden nicht zum Nachteil gereicht hatten. Die Alleinvertretungspolitik der Bundesregierung hatte eine schwere Probe zu bestehen – doch die befürchtete Welle von DDR-Anerkennungen blieb aus. Eine der Bonner Reaktionen auf „Belgrad" bestand darin, die Entwicklungshilfe explizit mit der Hallstein-Doktrin zu verbinden: Am 6. September 1961

---

10 PA AA, B 12, 1361. Botschaftsrat Seeliger, Jakarta: Drahtbericht Nr. 198 vom 23.8.1961 und Drahtbericht Nr. 204 vom 28.8.1961. Zur DDR-Diplomatie im Vorfeld der Blockfreien-Konferenz siehe: Gray, Cold War, S. 126, und Lüthi, Non-Aligned Movement, S. 203–111.
11 PA AA, B 12, 1361. Botschaftsrat Seeliger, Jakarta: Chi-Brief „Selbstbestimmungsrecht für die Deutschen" vom 18.8.1961.
12 Alle Zitate aus: PA AA, B 12, 1361. LR Löer: Aufzeichnung „Einstellung Sukarnos zur Deutschland-Frage" vom 6.9.1961.
13 PA AA, B 12, 1361. LR Löer: Aufzeichnung „Einstellung Sukarnos zur Deutschland-Frage" vom 6.9.1961.
14 Siehe: PA AA, B 12, 1361. LR Löer: Aufzeichnung „Einstellung Sukarnos zur Deutschland-Frage" vom 6.9.1961; Botschaft Paris: Drahtbericht Nr. 988 vom 4.9.1961.

verkündete ein Regierungssprecher, die Bundesregierung werde im Falle einer Anerkennung der DDR nicht nur die diplomatischen Beziehungen abbrechen, sondern zusätzlich alle Hilfszahlungen einstellen. Ausdrücklich begrüßt wurde von der Bundesregierung, dass die Blockfreien den Neokolonialismus verurteilt hatten, da „die Gewaltherrschaft Ulbrichts in der sowjetischen Besatzungszone eindeutig eine Form des Neokolonialismus sei".[15]

Indonesien rückte nun auch in den Blick des Bundeskanzleramts: Hans Globke, als Staatssekretär im Bundeskanzleramt für die wichtigsten deutschlandpolitischen Fragen zuständig, warnte Adenauer:

> „Der indonesische Staatspräsident Sukarno hat in Belgrad und auch vorher zahlreiche nicht im Interesse der Bundesrepublik liegende Auffassungen vertreten. Die deutsche Botschaft in Jakarta befürchtet, dass Sukarno in Kürze zur Anerkennung von Pankow schreiten wird. Um dem entgegenzutreten, schlägt Minister von Brentano vor, Minister von Merkatz, der Sukarno von seinem Besuch in Jakarta gut kennt, zusammen mit dem Botschafter in Jakarta, Freiherrn von Mirbach, der zurzeit in der Bundesrepublik ist, nach Wien zu entsenden, wo Sukarno sich am 8. und 9. September 1961 aufhält. Minister von Brentano erhofft sich davon bei der Eitelkeit Sukarnos eine positive Wirkung dahin, dass die Anerkennung Pankows zum mindesten geraume Zeit hinausgezögert würde."[16]

In Begleitung von Botschafter Mirbach traf Merkatz am 9. September 1961 mit Sukarno und Subandrio in Wien zusammen. In einem halbstündigen Gespräch bat er darum, die indonesische Haltung zum bundesdeutschen Alleinvertretungsanspruch zu klären. Sukarno versprach zwar, keine Initiative zu einer völkerrechtlichen Anerkennung der DDR zu ergreifen. Von seinen Äußerungen auf der Belgrad-Konferenz über „zwei Deutschland" wollte er aber nicht abgehen. Zudem ließ er über indonesische Nachrichtenagenturen verlauten, die Frage der Anerkennung anderer Staaten sei grundsätzlich eine Entscheidung Indonesiens, nicht der Bundesrepublik.[17] Während die SED-Zeitung *Neues Deutschland* meldete, Merkatz' persönliche Intervention bei Sukarno sei „gescheitert", räumte der DDR-Generalkonsul Nier intern ein, die Reise des Ministers nach Wien sei „nicht ganz ergebnislos" verlaufen.[18]

Auf die Beruhigung folgte bald Irritation. Bei der UN-Generaldebatte vom Oktober 1961 forderte Außenminister Subandrio die Anerkennung der „Realitäten" in

---

15 Gray, Cold War, S. 128–130.
16 BArch, B 136, 3636. Staatssekretär Globke, Bundeskanzleramt: Vermerk für Bundeskanzler Adenauer vom 6.9.1961.
17 PA AA, B 12, 1361. Botschaftsrat Seeliger, Jakarta: Schriftbericht Nr. 951/61 vom 13.9.1961, mit Anlagen. Siehe auch: Gray, Cold War, S. 129, unter Berufung auf ein Dokument der französischen Botschaft in Bonn.
18 „Sukarno: Indonesien lässt sich seine Außenpolitik nicht von Bonn vorschreiben". Neues Deutschland, 12.9.1961; aus: PA AA, B 12, 1357; PA AA, MfAA, A 16129. Generalkonsul Nier, Jakarta: Fernschreiben Nr. 368 vom 23.11.1961.

Gestalt zweier deutscher Staaten.[19] Die Staaten des Ostblocks versuchten zunehmend, auf dem Wege persönlicher Diplomatie die bündnisfreien Länder auf eine bestimmte deutschlandpolitische Linie festzulegen: Im Oktober 1961 hielt sich der Staatsratsvorsitzende der Volksrepublik Polen, Aleksander Zawadzki, zu einem offiziellen Besuch in Indonesien auf. Im zentraljavanischen Yogyakarta hielt er eine scharfe Rede gegen den „Revanchismus" der Bundesrepublik. Durch seine bloße Anwesenheit und die Anrede Zawadzkis als „mein Kamerad" schien Sukarno die Aussagen des polnischen Staatsoberhauptes zu billigen.[20] Im gemeinsamen polnisch-indonesischen Abschlusskommuniqué machte sich Sukarno ausdrücklich die Ansicht zu eigen, „that any successful solution of it should start with the acceptance of the fact of the existence of two German states and their present existing frontiers including the Oder-Neisse frontier"; West-Berlin solle in eine „freie Stadt" umgewandelt werden.[21] Die Botschaft befand, Sukarno habe mit dem Zawadzki-Kommuniqué den sowjetischen Standpunkt „wohl übernommen".[22]

Für den Oktober 1961 war eigentlich der Besuch einer Bonner Regierungsdelegation geplant, um die indonesische Regierung bei der Projektwahl für die Merkatz-Zusagen zu beraten. In einem zweiten Schritt sollte eine weitere Delegation (diesmal der Kreditanstalt für Wiederaufbau) Indonesien bereisen und die endgültige Finanzierungszusage vorbereiten.[23] Angesichts der neuerlichen, aus Sicht der Bundesregierung skandalösen deutschlandpolitischen Verlautbarungen aus Indonesien regte die Botschaft Jakarta an, den vorgesehenen Arbeitsbesuch und die Verhandlungen über die zugesagten Gelder zu überprüfen.[24] Carstens erteilte am 26. Oktober 1961 die Weisung nach Jakarta, Subandrio aufzusuchen und ihm darzulegen, dass der Besuch und die Verhandlungen auf einen „späteren, durch keine Meinungsverschiedenheiten belasteten Zeitpunkt" verlegt werden müssten.[25] Die Bundesregierung sei über das Kommuniqué „befremdet", da sich Jakarta für eine Politik ausspreche, die die deutsche Teilung vertiefe und auf die „Auslieferung von 16 Millionen Deutschen an eine Gewaltherrschaft hinauslaufe" – „Befürwortern der Spaltung Deutschlands" könne keine Wirtschaftshilfe gewährt werden.[26]

Der indonesische Botschafter in Bonn beeilte sich zu erklären, dass eine Anerkennung der DDR durch Indonesien nicht geplant sei: Das Zawadzki-Kommuniqué sei kaum von Bedeutung und eher „an die Adresse der Neutralisten gerichtet gewesen,

---

[19] PA AA, B 12, 1361. Botschafter Knappstein, New York: Drahtbericht Nr. 543 vom 9.10.1961.
[20] PA AA, B 61-411, 225. Botschaftsrat Seeliger, Jakarta: Drahtbericht Nr. 250 vom 10.10.1961.
[21] PA AA, B 61-411, 225. Botschaftsrat Seeliger, Jakarta: Drahtbericht Nr. 251 vom 11.10.1961.
[22] PA AA, B 12, 1361. Botschaftsrat Seeliger, Jakarta: Drahtbericht Nr. 254 vom 14.10.1961.
[23] PA AA, B 61-411, 225. Ergebnisbericht über die Sitzung des Referentenausschusses für Kapitalhilfe vom 8.9.1961, ohne Verfasser- und Datumsangabe.
[24] PA AA, B 61-411, 225. Botschaftsrat Seeliger, Jakarta: Drahtbericht Nr. 254 vom 14.10.1961.
[25] PA AA, B 12, 1361. Staatssekretär Carstens: Drahterlass an die Botschaft Jakarta vom 26.10.1961.
[26] Ebenda.

um diesen zu gefallen und den Beweis für eine unabhängige politische Meinung zu erbringen".[27] Als Botschafter Mirbach im indonesischen Außenministerium vorstellig wurde, wiederholte Subandrio die Zusicherung, Indonesien werde die DDR „derzeit" nicht anerkennen; dringend bat der indonesische Außenminister bei Mirbach darum, den Besuch der Regierungsdelegation nicht zu vertagen. Auch Mirbach sah für diesen Fall die Gefahr einer „politischen Kurzschlussreaktion".[28]

Kurz darauf teilte der indonesische Botschafter mit, Subandrio sei von den Ausführungen Mirbachs sehr beeindruckt worden. „Ihm sei auch klar geworden, dass durch das Spielen mit der De-jure-Anerkennung der DDR die deutsche Wirtschaftshilfe für Indonesien ernstlich gefährdet werde. Die Erklärung Subandrios, dass die indonesische Regierung die DDR derzeit nicht anerkennen werde, sei echt und vom Wunsche getragen, die deutsch-indonesischen Beziehungen nicht zu gefährden."[29] Der Ausdruck „derzeit" verdeutliche nur, dass die indonesische Regierung aus grundsätzlichen Erwägungen heraus keine Verpflichtung eingehen wolle.[30] Im Auswärtigen Amt schlussfolgerte man, die indonesische Regierung halte an ihrer Ansicht fest, es existierten zwei deutsche Staaten (mit der Konnotation: zwei Völkerrechtssubjekte gleicher Legitimität); jedoch wolle sie es aus pragmatischen Erwägungen bei dieser Feststellung belassen, ohne daraus die Konsequenz einer formellen DDR-Anerkennung zu ziehen.[31]

Nach einer Diskussion zwischen Auswärtigem Amt, Bundeswirtschaftsministerium und dem Bundesministerium für wirtschaftliche Zusammenarbeit fiel die Entscheidung, die Delegation unter Ministerialdirigent Daniel vom Wirtschaftsministerium – er hatte schon 1953 Verhandlungen in Jakarta geführt – im November 1961 doch nach Indonesien fahren zu lassen.[32] Die Bonner Delegation wurde bei ihrer Ankunft in Jakarta am 24. November aus Gründen der „Wiedergutmachung" besonders festlich empfangen.[33] Die Gespräche verliefen erfolgreich. Am 6. Dezember 1961 wurde ein Protokoll über deutsch-indonesische Wirtschaftsbeziehungen unterzeichnet.[34] Darin wurden die sogenannten Merkatz-Zusagen in Höhe von 100 Millionen DM an langfristiger projektgebundener Kapitalhilfe und von 100 Millionen DM an Regierungsbürgschaften bestätigt.[35] Mirbach vermerkte zufrieden, der Aufenthalt der Delegation sei

---

27 PA AA, B 12, 1361. VLR I Bassler: Aufzeichnung vom 27.10.1961.
28 PA AA, B 12, 1361. Botschafter v. Mirbach, Jakarta: Drahtbericht Nr. 268 vom 2.11.1960.
29 PA AA, B 12, 1365. VLR I Bassler: Aufzeichnung vom 10.11.1961.
30 Ebenda.
31 PA AA, B 61-411, 225. LR Jirka: Aufzeichnung vom 4.11.1961.
32 PA AA, B 61-411, 225. Ministerialdirektor Allardt: Drahterlass Nr. 113 an die Botschaft Bangkok (für Ministerialdirigent Daniel) vom 7.11.1961.
33 PA AA, B 61-411, 225. Botschafter v. Mirbach, Jakarta: Drahtbericht Nr. 278 vom 25.11.1961.
34 PA AA, B 61-411, 226. Ministerialdirigent Daniel, z. Zt. Jakarta: Drahtbericht Nr. 285 vom 7.12.1961.
35 Vgl. PA AA, B 61-411, 226. Referat 411: Aufzeichnung „Kapitalhilfe für Indonesien" vom 12.11.1962; PA AA, B 61-411, 225. VLR I Berger: Aufzeichnung „Entwicklungshilfe für Indonesien" vom 15.11.1962.

„auch unter politischen Aspekten positiv verlaufen": Die vorherige Verschiebung der Verhandlungen wegen Sukarnos deutschlandpolitischer Sprunghaftigkeit habe wie ein „gelungener Schreckschuss" gewirkt.[36]

Die bundesdeutsche Entwicklungshilfe für Indonesien zwischen Hindernissen, Opportunität und (Un-)Rentabilität: Das Beispiel Lampong

1962 sollte die Wirtschaftshilfe für Indonesien eigentlich in die Phase ihrer Umsetzung treten. Der Konkretisierung der Merkatz-Zusagen standen jedoch zwei politische Hindernisse entgegen: Zum einen hielt die „Anerkennungsoffensive" der DDR und ihrer Verbündeten an. Staatsbesucher aus sozialistischen Ländern nutzten ihre Aufenthalte in Indonesien, um Sukarno zu Erklärungen zu bewegen, die als Scheitern der bundesdeutschen Alleinvertretungspolitik gewertet werden konnten. Ost-Berlin verfolgte eine Kommunikationsstrategie, die die Bundesrepublik in die Mächte des „Neokolonialismus" einreihte.[37] Zweitens führte der 1961/62 eskalierende Konflikt um Westneuguinea (siehe oben) dazu, dass die Bundesrepublik wegen ihrer Hilfen für Indonesien fürchten musste, die niederländische Regierung zu verärgern. Etwas gelindert wurden die bundesdeutschen Schwierigkeiten mit den Niederlanden allerdings dadurch, dass die USA Bonn ausdrücklich zum Engagement in Indonesien ermutigten.

Von den politischen Komplikationen abgesehen, gab es auch sachbezogene Schwierigkeiten bei der Umsetzung der Entwicklungsprojekte: Die zuständigen Bonner Ministerien empfanden die indonesische Bürokratie als erratisch und hielten die von ihr vorgeschlagenen Projekte nicht für überzeugend. Bei der Merkatz-Reise waren 200 Millionen DM an Hilfen zugesagt worden; allerdings reichten indonesische Stellen im Herbst 1961 eine Liste mit über 50 Projekten und entsprechenden Kosten von über 900 Millionen DM ein, „ohne Angabe irgendwelcher Prioritäten".[38] Zudem gab es in den indonesischen Ministerien einige Missverständnisse und Uminterpretationen der Bonner Zusagen.[39] Zusätzlich trübten die unübersehbar werdende Überschuldung Indonesiens und seine hohe Inflation das makroökonomische Umfeld der bundesdeutsch finanzierten Entwicklungsprojekte ein.[40]

---

36 PA AA, B 61-411, 226. Botschafter v. Mirbach, Jakarta: Drahtbericht Nr. 287 vom 8.12.1961.
37 PA AA, MfAA, A 16129, Mikrofiche Bl. 005–006. MfAA, 2. Außereuropäische Abteilung/Sektion Indonesien: Referat „Die neokolonialistische Politik Westdeutschlands – eine Gefahr für den Weltfrieden" vom 23.11.1961 (ohne Verfasserangabe).
38 PA AA, B 61-411, 225. Ministerialdirektor Allardt: Drahterlass Nr. 157 an die Botschaft Jakarta vom 12.10.1961.
39 PA AA, B 61-411, 225. Botschaftsrat Seeliger, Jakarta: Schriftbericht Nr. 986/61 „Finanzkredit und Hermes-Sonderplafond für Indonesien" vom 25.9.1961.
40 PA AA, B 61-411, 226. Kreditanstalt für Wiederaufbau: „Zur gesamtwirtschaftlichen Lage und Entwicklung Indonesiens", Bericht vom 15.10.1962; PA AA, B 12, 1362. Botschafter v. Mirbach, Jakarta: Schriftbericht Nr. 1133/62 „Die Finanzlage Indonesiens" vom 23.10.1962.

Zwei Monate nach dem Indonesien-Aufenthalt der Regierungsdelegation unter Ministerialdirigent Daniel beobachtete Mirbach, dass maßgebliche indonesische Kreise ernste Zweifel daran hegten, dass es der Bundesregierung mit ihren Hilfszusagen ernst sei.[41] Der Botschafter drängte auf eine schnelle Umsetzung, da die bundesdeutsche Wirtschaftshilfe auch für die westliche Stellung insgesamt wichtig sei:

> „Die durch die Krise um Westirian den Westen ohnehin benachteiligende politische Konstellation scheint die Sowjetunion entschlossen für ihre Zwecke zu nutzen. […] Der Westen sollte angesichts dieser Aktivität die wenigen ihm gegebenen Möglichkeiten, sich hier zur Geltung zu bringen, ohne Zögern nutzen. Als einziger westeuropäischer Staat hat die Bundesrepublik namhafte Entwicklungshilfe angeboten und damit ein Mitspracherecht in südostasiatischen Angelegenheiten begründet. Die Aktivierung dieser Hilfe würde nicht nur unsere Position gegenüber dem Ostblock entscheidend stärken, sie würde auch die indonesische Regierung stärker an den Westen binden und die Präsenz der Bundesrepublik im Archipel zu einem Zeitpunkt politischer Entscheidungen von eigener Wichtigkeit offensichtlich machen."[42]

Anlässlich des Antrittsbesuchs des neuen indonesischen Botschafters Lukman Hakim bei dem seit Herbst 1961 amtierenden Außenminister Gerhard Schröder hielt das AA-Ministerbüro fest, Indonesiens Regierung verstehe zwar die Bonner Neutralität im Westirian-Konflikt, jedoch habe es „ernste Belastungen" gegeben, „als wir während [des] Neuguinea-Konflikts auch solche Lieferungen an [die] indonesische Wehrmacht verboten bzw. blockierten, die kein Rüstungsmaterial sind".[43] Über ein Jahr nach der Asienreise von Minister Merkatz erschöpfte sich die bundesdeutsche Entwicklungspolitik für Indonesien im Wesentlichen immer noch in Absichtserklärungen. Der zuständige interministerielle Referentenausschuss für Kapitalhilfe entschied im März 1962 über mehrere indonesische Vorschläge und wählte unter anderem das Projekt einer Staatseisenbahn als förderungswürdig aus. Bemängelt wurde allgemein, dass die Unterlagen für die indonesischen Projekte lückenhaft waren.[44]

Die Kreditanstalt für Wiederaufbau (KfW) setzte schließlich die schon länger geplante Entsendung von Fachleuten nach Indonesien für Mai 1962 an, um so die einzelnen Projekte vor Ort zu überprüfen.[45] Doch sowohl bei der KfW als auch im Bundesministerium für wirtschaftliche Zusammenarbeit gab es Befürchtungen, die Expertenmission nach Indonesien könne von niederländischer Seite als Affront aufgefasst werden. Rolf Otto Lahr, als zweiter AA-Staatssekretär für Wirtschafts- und Entwicklungsfragen zuständig, widersprach mit dem Argument, die niederländische Regierung müsse verstehen, „dass Indonesien nicht aus der deutschen Entwicklungshilfe

---

41 PA AA, B 61-411, 226. Botschafter v. Mirbach, Jakarta: Schriftbericht Nr. 211/62 vom 17.2.1962.
42 Ebenda.
43 PA AA, B1-MB, 222. Aufzeichnung „Antrittsbesuch des Botschafters von Indonesien" für Bundesminister Schröder vom 28.5.1962.
44 PA AA, B 61-411, 226. Referat 211: Aufzeichnung „Kapitalhilfe für Indonesien" vom 12.11.1962.
45 BArch, B 136, 2982. Referat 6, Bundeskanzleramt: Aufzeichnung „Entwicklungshilfe für Indonesien" vom 5.5.1962.

ausgeklammert werden könne", zumal es sich um Zusagen aus der Zeit vor der Eskalation des Westirian-Konflikts handele.⁴⁶ Eine rasche Entsendung der Kommission sei geboten, da sich indonesische Kreise bereits über die nicht erfüllten Versprechen beklagt haben „und diese Klage im Zusammenhang mit der SBZ-Frage erwähnt" worden sei.⁴⁷

Die Entscheidung lag beim Bundeskanzler. Sein Staatssekretär Globke gehörte zu den Bedenkenträgern und notierte auf einer Vorlage handschriftlich seine Empfehlung, „die Angelegenheit hinauszuzögern".⁴⁸ Adenauer fürchtete tatsächlich eine Verstimmung der Niederlande und entschied am 11. Mai 1962, die KfW-Mission zurückzustellen.⁴⁹ Aufzeichnungen der britischen Botschaft in Bonn berichten davon, dass die niederländische Regierung mehrfach direkt bei Globke oder Adenauer intervenierte, um westdeutsche Hilfen für Indonesien zu verhindern.⁵⁰ Nach Adenauers Entscheidung machten Auswärtiges Amt und Bundeswirtschaftsministerium deutlich, dass sie die Fortführung der Entwicklungszusammenarbeit mit Indonesien für dringend erforderlich hielten. Ludwig Erhards Staatssekretär Westrick appellierte an seinen Kollegen Globke, im Sinne guter politischer Beziehungen zu Indonesien bei Adenauer auf eine Reisegenehmigung für die Sachverständigengruppe hinzuwirken. Es gehe schließlich um die Einhaltung fester Zusagen.⁵¹ Außenminister Schröder schrieb an den Bundeskanzler, die zweimal verschobene Mission solle nicht erneut verzögert werden, da dies „höchstwahrscheinlich den ohnehin sehr schwachen Stand der pro-westlichen Elemente in der indonesischen Planbehörde und Regierung weiter erschweren" und für „das politische Verhältnis Indonesiens zur Bundesrepublik ungünstige Auswirkungen haben" werde.⁵²

Einige Tage später äußerte der indonesische Botschafter Lukman Hakim gegenüber Ostasien-Referatsleiter Bassler seinen Unmut über die „besorgniserregende Verschlechterung" des bilateralen Verhältnisses und wies unverblümt darauf hin, eine Rücknahme schon erteilter Zusagen könne „das Ende der deutsch-indonesischen Beziehungen bedeuten".⁵³ Die Bonner Indonesienpolitik und deren unnötige Annäherung an niederländische Positionen gebe den Indonesiern „mancherlei Rätsel auf" – offenbar wisse die Bundesregierung nicht, dass erst die harte Haltung der Niederlan-

---

46 Ebenda.
47 Ebenda.
48 Ebenda.
49 BArch, B 136, 2982. Referat 6, Bundeskanzleramt: Aufzeichnung vom 4.6.1962.
50 TNA-PRO, FO 371, 163553. Botschaft des Vereinigten Königreichs Bonn: Bericht Nr. 1031 an das Foreign Office vom 27.10.1962.
51 BArch, B 136, 2982. Staatssekretär Westrick, Bundesministerium für Wirtschaft: Schreiben an Staatssekretär Globke, Bundeskanzleramt, vom 25.5.1965.
52 BArch, B 136, 2982. Bundesminister Schröder: Schreiben an Bundeskanzler Adenauer vom 25.5.1962.
53 PA AA, B 12, 1362. VLR I Bassler: Aufzeichnung vom 2.6.1962.

de Sukarno in die Arme des Ostblocks getrieben habe; bei einer Fortsetzung dieser holländischen Politik könne, so Hakim, „aus Indonesien ein zweites Kuba" werden.[54]

Davon alarmiert, vertrat der zuständige Abteilungsleiter im Auswärtigen Amt den Standpunkt, die „strikte Neutralität" der Bundesregierung gegenüber dem Westneuguinea-Problem solle gewahrt bleiben. Keinesfalls empfehle es sich, auf Seiten der Niederlande „in dem Schlussakt des Neuguineakonflikts Partei zu ergreifen und die indonesische Regierung gegen uns herauszufordern" – die niederländische Position in diesem Konflikt sei ohnehin „als verloren zu betrachten".[55] Die vom Bundeskanzleramt verfügte Verzögerung der Verhandlungen würde „unserer Stellung in Jakarta einen nicht wieder gutzumachenden Schaden zufügen und der SBZ wie dem Ostblock einen politischen Erfolg schenken".[56] Ebenso mahnten die Botschaftsdepeschen aus Jakarta zur Eile bei der Erfüllung der erteilten Hilfezusagen.[57]

Im Bundeskanzleramt dachte man rasch um. Adenauer wurde unterrichtet, die Niederländer hätten „lediglich die Zusage verlangt und erhalten", Bonn werde Indonesien keine militärisch nutzbare Projekthilfe gewähren; im Übrigen seien auch die USA der Meinung, dass von westlicher Seite „mehr als bisher getan werden müsse", um Indonesien nicht außen- und innenpolitisch in Richtung Kommunismus abgleiten zu lassen.[58] Adenauer ließ sich umstimmen: Am 6. Juni 1962 fasste das Bundeskabinett nach Vorträgen der beiden Staatssekretäre Müller-Armack (BMWi) und Carstens (AA) den Beschluss, „dass die Ressorts ermächtigt werden, die Ausführung der gemachten Zusage in behutsamer und möglichst unauffälliger Weise fortzuführen".[59]

Die interministerielle Koordination war alles andere als einwandfrei verlaufen: Nachfragen und Antwortschreiben kreuzten sich und das Bundeskanzleramt war nicht immer über den aktuellen Stand im Bilde. Noch *nach* dem Kabinettsbeschluss vom 6. Juni erkundigte sich Adenauers Ministerialdirigent Osterheld (der Leiter des außenpolitischen Büros im Bundeskanzleramt) beim Auswärtigen Amt, ob die Expertenreise nach Indonesien opportun sei und wie die völkerrechtlichen Beziehungen zwischen Indonesien und den Niederlanden aussähen.[60]

Intern kritisierten Botschafter Mirbach und Referatsleiter Bassler die „seit Jahren verschleppte Entwicklungshilfe" und sprachen der indonesischen Verstimmung hier-

---

54 Ebenda.
55 PA AA, B 12, 1362. Ministerialdirektor Krapf: Vermerk für Bundesminister Schröder vom 4.6.1962. Staatssekretär Carstens notierte am 7.6.1962, der Vermerk sei aufgrund des am 6.6.1962 gefassten Kabinettsbeschlusses obsolet.
56 PA AA, B 12, 1362. Ministerialdirektor Krapf: Vermerk für Bundesminister Schröder vom 4.6.1962.
57 BArch B 136, 2982. Botschafter v. Mirbach, Jakarta: Drahtbericht Nr. 81 vom 7.6.1962.
58 BArch, B 102, 2982. Referat 6, Bundeskanzleramt: Aufzeichnung „Entwicklungshilfe für Indonesien" vom 4.6.1962.
59 KPBR 15 (1962), S. 285. 31. Sitzung des Bundeskabinetts am 6.6.1962.
60 BArch, B 136, 2982. Ministerialdirektor Osterheld, Bundeskanzleramt: Schreiben an das Ministerbüro des AA vom 7.6.1962 und VLR I Bassler: Aufzeichnung vom 14.6.1962.

über eine gewisse Berechtigung zu.[61] Die Expertendelegation konnte schließlich mit monatelanger Verspätung im Juli 1962 nach Indonesien reisen, um dort die Projekte zu prüfen. Der Prüfbericht der KfW verzögerte sich allerdings und lag auch noch vier Monate nach der Rückkehr der Fachleute nicht vor. Die KfW galt dem Auswärtigen Amt als überlastet.[62] Immerhin konnte mit der Zahnklinik in Medan am 31. Juli 1962 ein schon länger bearbeitetes Projekt der technischen Hilfe eingeweiht werden. Der deutsche Beitrag hierzu war mit 700 000 DM vergleichsweise bescheiden gewesen. Das Projekt der Staatseisenbahn hatte freilich eine andere Dimension: Für dieses Vorhaben wurden schließlich 55 Millionen DM von den insgesamt 100 Millionen DM der von Minister Merkatz 1961 zugesagten Kapitalhilfe vergeben. 15 Millionen gingen an Bewässerungsanlagen. Abgelehnt wurde dagegen das indonesische Ansinnen, die verbleibenden 30 Millionen DM Kapitalhilfe für das – bereits durch Hermes-Bürgschaften geförderte – Projekt einer Hochofenanlage in Lampong im Süden Sumatras zu vergeben.[63]

Die Idee einer Hochofenanlage in Lampong war 1957/58 entstanden. Die Standortwahl war politisch motiviert, da jede der drei wichtigsten Gebiete Indonesiens – Java, Sumatra, Kalimantan/Borneo – am Aufbau der indonesischen Stahlindustrie beteiligt werden sollte. Das Werk Lampong sollte ein in Tjilegon auf Java (von sowjetischem Geld) gebautes Stahlwerk mit Roheisen beliefern.[64] Der Gedanke, die Bundesrepublik solle den Bau unterstützen, war erstmals vom indonesischen Aufbauminister Saleh bei einem Deutschlandbesuch 1960 vorgebracht worden.[65]

Über die projektierte Verhüttungsanlage gerieten nicht nur Deutsche und Indonesier, sondern auch die Bonner Ministerien untereinander in Konflikt. Lampong entwickelte sich zu einem Lehrbuchbeispiel für die Divergenz und Inkompatibilität der von unterschiedlichen Akteuren verfolgten Ziele. Die Imperative des Alleinvertretungsanspruchs und die Erfordernisse einer technisch und betriebswirtschaftlich stimmigen Entwicklungspolitik waren schon untereinander kaum auf einen gemeinsamen Nenner zu bringen; erst recht waren sie es nicht mit den staatlich gelenkten Industrialisierungsversuchen des *sosialisme à la Indonesia*. Die von Sukarno eingeleitete Wirtschaftspolitik Indonesiens hatte sich schon seit 1957 hemmend auf die Wirt-

---

61 Siehe Dokumente in: PA AA, B 12, 1362. VLR I Bassler: Aufzeichnung „Entwicklungshilfe der Bundesrepublik für Indonesien" vom 5.7.1962 und Botschafter v. Mirbach, Jakarta: Schriftbericht Nr. 663/62 „Förderungsmaßnahmen für Indonesien" vom 22.6.1962.
62 PA AA, B 61-411, 225. VLR I Berger: Aufzeichnung „Entwicklungshilfe für Indonesien" vom 15.11.1962.
63 PA AA, B 12, 1362. Referat 411: Zuschrift an Referat 710 „Mögliche Auswirkungen einer Anerkennung der SBZ durch Indonesien auf die Wirtschaftsbeziehungen zur Bundesrepublik" vom 5.12.1962; PA AA, B 37, 173. LR I v. Fischer-Lossainen: Aufzeichnung „Entwicklungshilfe für Indonesien, insbesondere Lampong-Projekt" vom 26.4.1963.
64 BArch, B 102, 113416. BMWi, Unterabteilung III C: Vermerk „Hochofenwerk Lampong" vom 5.11.1962.
65 PA AA, B 37, 173. Anlage zur Kabinettssache des AA vom 25.7.1963.

schaftsbeziehungen zu marktwirtschaftlich ausgerichteten Ländern ausgewirkt.[66] Die grundverschiedenen ordnungspolitischen Vorstellungen in Bonn und Jakarta änderten nichts am hohen politischen Wert des Hochofens auf Sumatra: In den Worten des Auswärtigen Amts hat es in den Beziehungen zu Indonesien „von Anbeginn kein Projekt gegeben, das so von den politischen Beziehungen bestimmt wurde und diese so entscheidend beeinflusst hat wie das Lampong-Projekt".[67]

Im Juli 1960 sprach Minister Saleh mit Ludwig Erhard über den Ausbau der wirtschaftlichen Zusammenarbeit. Nachdem der interministerielle Hermes-Ausschuss schon 1960 einen Antrag der Krupp AG auf eine Bürgschaft für Lampong über 38 Millionen DM genehmigt hatte, wurden bei dem Merkatz-Besuch vom Januar 1961 nochmals 100 Millionen DM an Hermes-Bürgschaften für – laut Abschlusskommuniqué – „bestimmte besprochene Projekte erteilt".[68] Die indonesische Seite fasste dies als Unterstützung des Lampong-Projekts auf. Die Reise der Delegation unter Ministerialdirigent Daniel nach Indonesien im November 1961 brachte keine abschließende Entscheidung.[69] In Bonn stieg die Skepsis hinsichtlich des Vorhabens. Im Februar 1962 lehnte der Hermes-Ausschuss einen weiteren Antrag von Krupp auf Bürgschaften über 68 Millionen DM ab; im November genehmigte er aber einen Krupp-Antrag über 42,5 Millionen DM.[70]

Gegen die Förderung sprachen mehrere Gründe: Die weite, nur auf dem Seeweg zu überwindende Entfernung von Hochofen- und Stahlwerk schuf hohe Zusatzkosten, zumal bei der mangelhaften Infrastruktur Indonesiens. Nach Schätzungen des Bundesministeriums für Wirtschaft verteuerte sich der „Roheiseneinsatz im Stahlwerk Tjilegon um ca. 15 DM pro Tonne".[71] Ein Grund der Entscheidung für Lampong als Standort war ursprünglich gewesen, dass in der Nähe große Erzvorkommnisse vermutet wurden. Bei der Exploration stellte sich jedoch heraus, dass die Erzlager im Süden Sumatras nur 2–3 Prozent der zuvor angenommenen Menge ausmachten. Es sei nicht sinnvoll, so das Bundeswirtschaftsministerium, „auf einer derart geringen Erzbasis ein Hochofenwerk aufzubauen".[72] Die geplante Anlage würde auch deshalb nicht rentabel sein, da sie im Verhältnis zu den entstehenden Bau- und Betriebskosten viel zu wenig Roheisen produzieren würde.[73] Die indonesische Regierung hatte das deutsche Unternehmen Ruhrconsulting beauftragt, das Lampong-Werk zu planen. Die Firma

---

[66] Für eine knappe Übersicht über die indonesische Wirtschaftsgeschichte zwischen 1957 und 1966 siehe: Bevan/Collier, Nigeria and Indonesia, S. 226–234.
[67] PA AA, B 37, 173. VLR I Bassler: Aufzeichnung vom 10.7.1963.
[68] PA AA, B 37, 173. Anlage zur Kabinettssache des AA vom 25.7.1963.
[69] PA AA, B 61-411, 226. Ministerialdirigent Daniel, z. Zt. Jakarta: Drahtbericht Nr. 285 vom 7.12.1961.
[70] PA AA, B 37, 173. Anlage zur Kabinettssache des AA vom 25.7.1963.
[71] BArch, B 102, 113416. BMWi, Unterabteilung III C: Vermerk „Hochofenwerk Lampong" vom 5.11.1962.
[72] Ebenda.
[73] Siehe dazu auch den wesentlich später entstandenen Bericht: PA AA, B 37, 173. Ministerialdirigent Pauls: Aufzeichnung „Indonesien. Hier: Bundesbürgschaften für Lampong" vom 8.6.1965.

wies hin „auf das ungünstige Verhältnis der Erzeugungskosten gegenüber dem Weltmarktpreis": Die Kosten des indonesisch erzeugten Roheisen hätten etwa 60 Prozent über dem Preis von importiertem Roheisen gelegen.[74] Ein weiteres strategisches Argument sprach gegen eine westdeutsche Förderung der Verhüttungsanlage: Sie sollte ein Vorschaltbetrieb für das von der UdSSR gebaute Stahlwerk auf Java sein; die dortige sowjetische Betriebsleitung hätte es also vermocht, „die Erzeugnisse der Hochofenanlage in Lampong nach Belieben zu diskreditieren".[75]

In zwei Briefen vom November 1962 und vom Januar 1963 räumte Aufbauminister Saleh ein, dass es gewisse Schwierigkeiten bei dem Lampong-Projekt gebe. Dennoch bekräftigte der Minister die Absicht seiner Regierung, den Bau der Anlage durchzuführen. Saleh schlug Erhard vor, über die im Grundsatz bereits bewilligten 42,5 Millionen DM hinaus zusätzlich 19 Millionen DM Hermes-Bürgschaften und 19 Millionen DM Kapitalhilfe – beide aus der Merkatz-Zusage von 1961 – zu gewähren.[76] Erhards Staatssekretär Westrick antwortete, dass in Bonn „ernsthafte Zweifel" bestehen, ob die vorhandene Planung „für Indonesien den größtmöglichen Nutzen haben wird"; die Bundesregierung sei jedoch bereit, gegebenenfalls Alternativen zu prüfen und zu finanzieren. Als Zeichen des guten Willens entsandte Westrick den Ministerialdirigenten Walter Solveen, einen Fachmann aus dem Wirtschaftsministerium, zur Begutachtung nach Indonesien.[77] Solveen absolvierte seine Dienstreise im Dezember 1962. Sein eigentlicher Auftrag war, der indonesischen Regierung das Projekt Lampong auszureden.[78] Dies sollte ihm nicht gelingen. Solveen berichtete Staatssekretär Westrick über seine Gespräche:

> „Man nahm meine Ausführungen zwar mit Interesse auf, aber erklärte zum Schluss, man wolle trotzdem zunächst das Hochofenwerk bauen [...] Als ich auf die fragwürdige Wirtschaftlichkeit des Projekts zu sprechen kam, erklärte Herr Saleh, wie zuvor seine Mitarbeiter, dass ihm dies vollauf bekannt und für die indonesische Regierung von geringem Interesse sei. Sie werde das Hochofenwerk bauen, wobei er andeutete, entweder mit, aber auch ohne deutsche Mithilfe. Er zeigte sich ungehalten über die lange Zeit, die inzwischen vergangen sei, ohne dass eine Entscheidung getroffen worden wäre. [...] Ein Rücktritt von dem Objekt sei für ihn und die Regierung nicht möglich, da es einen Prestigeverlust für die Indonesier bedeute. [...] Zusammenfassend muss ich meinen Eindruck dahin wiedergeben, dass mit Minister Saleh kein ernsthaftes Gespräch zustande kam, da er nicht gewillt war, auf meine Argumente einzugehen."[79]

---

74 BArch, B 102, 113416. BMWi, Unterabteilung III C: Vermerk „Hochofenwerk Lampong" vom 5.11.1962.
75 PA AA, B 37, 173. Referat I B 5: Vermerk „Entwicklungshilfe für Indonesien. Hier: Bundesbürgschaft für die Errichtung einer Roheisenanlage in Lampong" vom 22.3.1963.
76 BArch, B 102, 113416. Minister Saleh: Schreiben an Ludwig Erhard vom 13.11.1962.
77 BArch, B 102, 113416. Staatssekretär Westrick: Schreiben an Minister Saleh vom 3.12.1962.
78 PA AA, B 61-411, 226. Aufzeichnung „Deutsch-indonesische Wirtschaftsbeziehungen", Anlage 1 zu Abteilung 7: Unterlage für ein Gespräch des Herrn Bundesministers mit Staatspräsident Sukarno vom 18.11.1962.
79 BArch, B 102, 113416. Ministerialdirigent Solveen: Bericht „Verhandlungen mit der indonesischen Regierung über das Hochofenwerk Lampong" vom 10.1.1963.

Das Auswärtige Amt argumentierte gegen das Wirtschaftsministerium, dass – gemessen an den politischen Interessen Bonns in Indonesien – allen Wirtschaftlichkeitsaspekten „nur untergeordnete Bedeutung" zukomme; eine Verweigerung der Garantien würde dagegen das Verhältnis zu Jakarta in fataler Weise verschlechtern.[80] Die Botschaft in Jakarta setzte sich besonders vehement für eine Förderung des Hochofens ein, um die westdeutsche Position in Indonesien zu erhalten. Im März 1963 wurde sie von der AA-Zentrale gewarnt, die Durchsetzung der Lampong-Garantien werde „äußerst schwierig" werden.[81] Das Finanz-, das Wirtschafts- sowie das Entwicklungshilfeministerium lehnten sie wie gehabt ab.[82] Auch im Bundeskanzleramt überwog die Ablehnung: Der zuständige Ministerialdirigent Prass äußerte, die indonesischen Forderungen seien ein „Erpressungsversuch, dem nicht nachgegeben werden sollte"; Lampong sei ein „klassisches Beispiel dafür, wie Entwicklungshilfe nicht betrieben werden sollte"; Bonn habe sich durch „eigenes Fehlverhalten in eine Situation hineinmanövriert, die uns praktisch keinen Rückzug mehr gestatte".[83]

Ende Juni 1963 kam Aufbauminister Saleh abermals nach Bonn. Er traf nicht nur Staatssekretär Westrick, sondern auch Adenauer zu einem Höflichkeitsbesuch. Saleh erklärte sich bereit, keine bundesdeutsche Kapitalhilfe mehr für Lampong zu fordern – auf die Gewährung der Hermes-Bürgschaften beharrte er aber. In ähnlicher Weise bekräftigten Bundeskanzleramt, Finanzministerium, Wirtschaftsministerium und das Entwicklungshilfeministerium ihre Ablehnung der Hermes-Garantien gegen das sie befürwortende Auswärtige Amt.[84] Da sich die Ministerien untereinander nicht einigen konnten, wurde das Lampong-Dossier mehrfach dem Bundeskabinett zur Entscheidung vorgelegt. Auch hier war eine Verständigung schwierig, da die Minister und Staatssekretäre wortgetreu die jeweiligen Präferenzen ihrer Apparate vortrugen. Der Streit entzündete sich an der Frage, ob der ökonomischen Rentabilität oder der politischen Zweckmäßigkeit der höhere Wert beizumessen sei. Allerdings war auch strittig, ob bei der Durchsetzung des Alleinvertretungsanspruchs in Indonesien eher Härte oder Entgegenkommen erfolgversprechend sein würden.

Bei der Kabinettssitzung am 3. Juli 1963 gab es „keine einheitliche Auffassung".[85] Wirtschafts-Staatssekretär Westrick hob hervor, „dass das Bundesministerium für Wirtschaft eine Hermes-Garantie in Höhe von nahezu 100 Millionen DM für die ge-

---

80 BArch, B 136, 2982. Ministerialdirigent Pauls: Schreiben an die Mitglieder des interministeriellen Ausschusses für Entwicklungspolitik vom 22.3.1963.
81 PA AA, B 37, 173. Ministerialdirektor Sachs: Drahterlass an die Botschaft Jakarta vom 29.3.1963.
82 PA AA, B 37, 173. Anlage zur Kabinettssache des AA vom 25.7.1963.
83 Handschriftliche Notizen von Ministerialdirigent Prass (Bundeskanzleramt): BArch, B 136, 2982. BMWi, Referat VA4: Schreiben an die Mitglieder des interministeriellen Ausschusses für Entwicklungspolitik vom 22.3.1963; BArch, B 136, 2982. Protokoll der 63. Sitzung des Lenkungsausschusses vom 28.3.1963.
84 BArch, B 136, 2982. Ministerialdirigent Prass, Bundeskanzleramt: Vermerk für Staatssekretär Globke „Hochofenwerk für Lampong" vom 2.7.1963.
85 PA AA, B 37, 173. Anlage zur Kabinettssache des AA vom 25.7.1963.

plante Anlage ablehne, weil sie unstreitig unwirtschaftlich sei"; AA-Staatssekretär Carstens wandte ein, es ginge ja nicht um die Ausgabe staatlicher Gelder, „sondern nur um die Gewährung einer Hermes-Garantie". Er räumte ein, dass die Bundesregierung in eine „Zwangslage" geraten sei, da schon 42 Millionen fest zugesichert worden seien; „angesichts der Vorgespräche" sei eine Zustimmung zu dem Projekt unumgänglich. Der das Projekt vorantreibende Chairul Saleh gehöre immerhin zu den „verlässlichen Freunden des Westens" in der indonesischen Politik. Nachdem sich Staatssekretär Walter Grund vom Bundesministerium für Finanzen (BMF) ebenfalls gegen die Lampong-Garantien aussprach, erreichte Carstens immerhin, dass das Vorhaben nicht endgültig abgelehnt wurde.[86]

Im Auswärtigen Amt fürchtete man, eine Verweigerung der Unterstützung für Salehs „Herzensangelegenheit" Lampong könnte zu seinem Sturz führen und den Chef der kommunistischen PKI, Dipa Nusantara Aidit, stärken.[87] Auch Sukarno deutete an, dass ihn ein Rückzug der Bundesrepublik aus der Lampong-Förderung so sehr verärgern könne, dass er sich hinsichtlich der DDR-Anerkennung an keine Zusagen mehr gebunden fühle.[88] Wirtschaftsverbände äußerten ihre Sorge, eine Zurückweisung könne sich nicht nur auf die politischen, sondern auch die wirtschaftlichen Beziehungen zu Indonesien negativ auswirken. Zu denken sei etwa an einen Abzug des indonesischen Tabakmarktes aus Bremen.[89] Das Auswärtige Amt versuchte die anderen Ministerien mit einem weiteren Argument für das geplante Hochofenwerk zu gewinnen: Eine Ablehnung der Hermes-Bürgschaften unter Verweis auf die unklare finanzielle Lage Indonesiens würde die Bundesrepublik in die „moralische Pflicht" setzen, sich an dem 1963 eingeleiteten Stabilisierungsprogramm für Indonesien des Internationalen Währungsfonds (IWF) zu beteiligen. Da dies nicht in Form von Garantien oder Bürgschaften, sondern in Form von direkten Zahlungen geschehen müsse, sei das Ausfallrisiko höher als bei den Lampong-Garantien.[90] Das Stabilisierungsprogramm des IWF war eingeleitet worden, da Auslandsverschuldung und Zahlungsbilanzdefizit Indonesiens immer bedrohlichere Formen annahmen.[91]

Am 31. Juli 1963 setzte sich das Bundeskabinett erneut mit der Vergabe von Hermes-Bürgschaften für das Hüttenwerk auseinander: unter anderem, da Adenauer zu bedenken gab, „dass 42,5 Mio. DM – gemessen an anderen Beträgen – nicht als beson-

---

86 Zitiert nach: KPBR 16 (1963), S. 293–294. 82. Sitzung des Bundeskabinetts vom 3.7.1963.
87 PA AA, B 37, 173. Referat III B 7: Vermerk „Errichtung des Stahlwerks Lampong" vom 17.5.1963.
88 PA AA, B 37, 173. VLR I Bassler: Aufzeichnung vom 26.6.1963.
89 PA AA, B 37, 173. Dr. Rohland, Ruhr-Consulting GmbH: Fernschreiben an Bundesminister Scheel und Staatssekretär Westrick vom 9.7.1963.
90 PA AA, B 37, 173. Referat III B 7: Sprechzettel „Entwicklungshilfe für Indonesien" vom 30.7.1963.
91 Siehe die Dokumente in: PA AA, B 61-IIIB7, 40: Botschafter Knappstein, Washington: Drahtbericht Nr. 587 vom 1.3.1963; Botschaftsrat Seeliger, Jakarta: Schriftbericht Nr. 683/63 „Die indonesische Auslandsverschuldung" vom 8.7.1963; Referat III B 7: Vermerk „Indonesien: deutscher Beitrag zum Stabilisierungsprogramm" vom 6.9.1963.

ders hoch anzusehen seien und dass eine entsprechende Zusage an die indonesische Regierung nun einmal erfolgt sei", stimmten die Minister einer Hermes-Bürgschaft für Lampong zu.[92] Mit Unterstützung Adenauers (dessen Abschied als Bundeskanzler kurz bevorstand) hatte sich die politische Linie des Auswärtigen Amts gegen die Mehrheit der anderen Ministerien durchgesetzt. Dass die politischen Argumente die ökonomisch-technischen überlagerten, war auch dadurch bedingt, dass dem verantwortlichen Chairul Saleh in Bonn zugetraut wurde, einst „an der Spitze Indonesiens zu stehen".[93]

Bei allem Verständnis für politische Erwägungen kritisierte die *Frankfurter Allgemeine Zeitung* die Vergabe von Hermes-Garantien für ein offenkundig unsinniges Projekt als „unerfreulich" und nannte es „unverständlich", dass Bonn Indonesien nicht davor bewahrt habe, den Irrweg überflüssiger industriepolitischer „Nationaldenkmäler" zu beschreiten.[94] Schon bevor das Bundeskabinett die Garantien genehmigte, hatte sich die indonesische Regierung bereit erklärt, die „fragwürdige Wirtschaftlichkeit" der Lampong-Anlage gegenüber deutschen Stellen schriftlich zu bestätigen.[95] Auch im Entwicklungshilfeausschuss des Deutschen Bundestages wurde das Lampong-Projekt 1963 kritisch diskutiert; der Abgeordnete Baade (SPD) nannte das Stahlwerk einen „klassischen Fall von Entwicklungshilfe, wie sie nicht gemacht werden soll".[96]

Über die gewährten Garantien von 42,5 Millionen DM hinaus war eigentlich kein Beitrag mehr zum Aufbau der indonesischen Stahlindustrie vorgesehen. Zwischenzeitlich hatte sich Indonesien um Unterstützung durch eine französische Firmengruppe bemüht; Paris hatte französische Staatsgarantien für Lampong jedoch abgelehnt.[97] Mitte 1964 trat die indonesische Regierung jedoch erneut an Bonn mit der Bitte heran, die Garantien für Lampong von 42,5 Millionen DM auf rund 80 Millionen DM zu erhöhen. Die Reaktionen in Bonn auf dieses Ansinnen waren vorhersehbar: Während Wirtschafts- und Finanzministerium keine neuen Gelder bewilligen wollten, drängte die Politische Abteilung I des Auswärtigen Amts darauf, den indonesischen Wünschen rasch entgegenzukommen, weil „die Frage der deutschen Beteiligung an Lampong zu einem Politikum erster Ordnung für die deutsch-indonesischen Beziehungen geworden" sei. Man dürfe Bonns Freund Chairul Saleh in dieser Prestigefrage nicht im Stich lassen.[98] Die AA-Wirtschaftsabteilung (III) sah dies in etwas abgeschwächter Form genauso. Für eine Zurückweisung der indonesischen Unterstützungswünsche werde

---

92 KPBR 16 (1963), S. 319–320. 86. Sitzung des Bundeskabinetts vom 31.7.1965.
93 BArch, B 136, 2982. Referat III B 7: Anlage zur Kabinettssache des AA vom 25.7.1963.
94 Frankfurter Allgemeine Zeitung, 14.8.1963.
95 PA AA, B 37, 173. LR I Blumenfeld: Aufzeichnung „Hüttenwerk Lampong" vom 31.1.1963.
96 PA-DBT 3122 A4/27-Prot. 3. Kurzprotokoll der 27. Sitzung des Ausschusses für Entwicklungshilfe am 17.10.1963 in Bonn. Deutscher Bundestag, 4. Wahlperiode (1961–1965).
97 PA AA, B 37, 173. Referat III B 7: Aufzeichnung „Beteiligung durch Hermesbürgschaften am Hochofenwerk Lampong" vom 15.2.1965.
98 PA AA, B 37, 173. VLR I Bassler: Aufzeichnung vom 20.5.1964.

Bonn einen politischen Preis zahlen müssen.⁹⁹ Im Krisenjahr 1965 sollte das Lampong-Werk erneut in den Vordergrund der Bonner Anstrengungen rücken, mit wirtschaftlichen Mitteln seine Nichtanerkennungspolitik durchzusetzen. Nachdem die Arbeit an dem Großprojekt aufgrund der inneren Wirren Indonesiens 1965/66 zum Stehen gekommen war, wurde das Lampong-Werk schließlich in den siebziger Jahren unter Beteiligung deutscher Unternehmen gebaut.¹⁰⁰

Zunehmende deutschlandpolitische Schwierigkeiten zwischen der Bundesrepublik und Indonesien (1962/63)

1962 ließ das Auswärtige Amt eine interne Studie zur weltweiten Beliebtheit der Bundesrepublik Deutschland anstellen. Indonesien gehörte laut der Erhebung zu den schwierigen Ländern. Die Bundesrepublik Deutschland hatte zwar kein Imageproblem in der öffentlichen Meinung oder bei der indonesischen Intelligenz, wohl aber bei Regierungskreisen: „In der politischen Wertschätzung bei der indonesischen Regierung rangiert die Bundesrepublik verhältnismäßig tief [...] Bei der Bevölkerung ist die Stellung des Westens noch stärker als die des Ostblocks, der jedoch aufholt. Das Ansehen der deutschen Wirtschaft ist stärker als das politische. Die deutschen Waren sind geschätzt. Die deutsche Frage bewegt die Öffentlichkeit dagegen nur mäßig."¹⁰¹

Zu einem vorhersagbaren Ärgernis für Bonn wurden die Indonesienbesucher aus sozialistischen Ländern – insbesondere durch deren Abschlusskommuniqués. Im Oktober 1962 weilte der rumänische Präsident Gheorgiu-Dej zu einem zwölf Tage dauernden Staatsbesuch in Indonesien. In seiner Rede vor dem indonesischen Parlament griff er die Bundesrepublik scharf an: „Hitler-Generäle" würden hier militärische Abenteuer vorbereiten, West-Berlin werde nach Besatzungsstatut regiert und diene als NATO-Basis für aggressive Handlungen gegen sozialistische Staaten; all dies gefährde den „Weltfrieden" und drohe Europa sowie die ganze Welt in die Katastrophe eines nuklearen Krieges zu stürzen. Die Lösung sei die Anerkennung der Existenz *zweier* deutscher Staaten und die Umwandlung Berlins in eine entmilitarisierte „freie" Stadt.¹⁰² Botschafter Mirbach demarchierte umgehend beim indonesischen Außenministerium, um gegen die Ausfälle des rumänischen Staatsoberhauptes zu protestieren. Der Botschafter wies darauf hin, dass verbale Angriffe eines Staatsbesuchers auf Drittstaaten, mit denen das gastgebende Land freundschaftliche Beziehungen

---

99 Ebenda.
100 Persönliche Mitteilung von Botschafter a. D. Hans-Joachim Hallier am 17.9.2012. In den eingesehenen Akten des AA konnte der Verfasser nichts über den Fortgang des Lampong-Projekts finden.
101 PA AA, B 1, 381. LR I Wieckert: Aufzeichnung „Das Ansehen der Bundesrepublik Deutschland im Ausland" vom 29.6.1962.
102 PA AA, B 12, 1387. Auszug aus der Rede des Präsidenten der Volksrepublik Rumänien, Anlage zum Schriftbericht Nr. 1070/62 der Botschaft Jakarta vom 6.10.1962.

unterhält, nicht zum Usus bei Staatsbesuchen gehörten.[103] Das einige Tage später veröffentlichte indonesisch-rumänische Abschlusskommuniqué forderte dazu auf, die Überreste des Zweiten Weltkrieges in Europa zu tilgen. Jakarta und Bukarest erklärten übereinstimmend, das „deutsche Problem" müsse durch Verhandlungen gelöst werden und jede erfolgreiche Lösung „must start with the acceptance of the fact of the existance of two Germanies within their present borders". Berlin solle eine freie, neutrale und entmilitarisierte Stadt werden. Auch sei die deutsche Wiedervereinigung zwischen Indonesiern und Rumänen diskutiert worden. In dieser Frage drückte nur die indonesische Regierung ihre Hoffnung aus, dass die Deutschen einst friedlich wiedervereinigt werden könnten.[104]

Mirbach hatte schon vorab den für das Kommuniqué zuständigen Vizeaußenminister Suwito Kusumowidagdo „vor überspitzten politischen Unfreundlichkeiten gegen uns gewarnt". Suwito wiederum sprach gegenüber dem deutschen Diplomaten über die „unverschämte Aufdringlichkeit" der Rumänen und versicherte, die Oder-Neiße-Linie werde keine Erwähnung finden.[105] Besonders unerfreulich war, dass der für Bonn annehmbare Entwurf Suwitos von Sukarno persönlich abgelehnt worden war. Der Präsident wollte einen Text, der seine auf der Belgrader Blockfreien-Konferenz vom September 1961 geäußerte deutschlandpolitische Linie bekräftigte.[106] In Anbetracht der feindseligen Haltung deutscher Medien gegenüber Sukarno und der schleppenden Umsetzung der Merkatz-Zusagen war Mirbach der Meinung, die Bundesrepublik sei mit dem Kommuniqué nicht allzu schlecht bedient. Er riet von weiteren Interventionen ab.[107] Statt seiner intervenierten die USA aus eigenem Antrieb und überreichten der indonesischen Regierung eine diplomatische Note, die das Befremden Washingtons darüber ausdrückte, dass sich Indonesien als „only nation outside [the] Soviet bloc to give such support to Soviet policies on Berlin and Germany" positioniert hatte.[108] Meldungen aus Moskau ließen das Auswärtige Amt befürchten, es könne der sowjetischen Führung gelingen, „Sukarno für die Mitzeichnung eines Sonderfriedens mit der SBZ zu gewinnen".[109]

Die Gesprächsaufzeichnungen der häufigen Begegnungen von Botschafter Mirbach und Außenminister Subandrio dokumentieren die fortschreitende Entfremdung. Anfang November 1962 erkundigte sich Subandrio abermals nach dem Stand der westdeutschen Entwicklungshilfe für Indonesien und danach, ob die „zögernde Realisierung" der Zusagen deutschlandpolitische Gründe habe. Mirbach unterstrich, die Bundesrepublik werde sich zwar an ihre eingegangenen Verpflichtungen halten. Zugleich

---

103 PA AA, B 12, 1387. Botschafter v. Mirbach, Jakarta: Schriftbericht Nr. 1070/62 vom 6.10.1962.
104 Das Kommuniqué wurde abgedruckt in: The Indonesian Herald, 13.10.1962; aus: PA AA, B 12, 1387.
105 PA AA, B 80-500, 374. Botschafter v. Mirbach, Jakarta: Drahtbericht Nr. 160 vom 12.10.1962.
106 PA AA, B 61-411, 226. Botschaft Jakarta: Drahtbericht Nr. 162 vom 15.10.1962.
107 PA AA, B 80-500, 374. Botschafter v. Mirbach, Jakarta: Drahtbericht Nr. 160 vom 12.10.1962.
108 PA AA, B 12, 1362. Anlage zur Aufzeichnung von VLR I Bassler vom 19.10.1962.
109 PA AA, B 12, 1387. Botschafter Kroll, Moskau: Drahtbericht Nr. 592 vom 23.7.1962.

kritisierte er die „Kette von indonesischen politischen Unfreundlichkeiten gegenüber der Bundesrepublik" seit Sukarnos Rede auf der Belgrader Konferenz, die den für die Entwicklungshilfe aufkommenden deutschen Steuerzahler an die Grenze des Zumutbaren führe. Mirbach sprach zudem von seinem „sehr unguten Gefühl" angesichts der beiden bevorstehenden Staatsbesuche aus Jugoslawien und der Tschechoslowakei.[110]

Als weitere Belastung der regierungsamtlichen Beziehungen erwies sich die im Laufe des Jahres 1962 immer negativer werdende Berichterstattung der deutschen Presse über die indonesische Politik. Kritik und Spott richteten sich vor allem gegen die Person Sukarnos. Der eher zufällig zum Indonesien-Fachmann gewordene Minister Merkatz schlug vor, eine Sammlung positiver deutscher Presseartikel über Indonesien zusammenzustellen und so den „anderen Stimmen" Gehör zu verschaffen.[111] Staatssekretär Lahr antwortete ihm, das Problem der negativen Indonesien-Berichterstattung bereite dem Auswärtigen Amt große Sorge.[112] In Jakarta erging sich Subandrio im August 1962 gegenüber Mirbach „in heftigsten Vorwürfen" wegen der angeblichen „Verleumdungen und Gehässigkeiten insbesondere gegenüber Präsident Sukarno" der westdeutschen Medien. Subandrio sah es unter diesen Umständen als „kaum zumutbar" an, Sukarno in deutschland- und berlinpolitischer Hinsicht umzustimmen.[113]

Einen erneuten Anlass zur Intervention gab es, als mit Gustav Hertzfeld im Herbst 1962 ein neuer Mann an die Spitze des DDR-Generalkonsulats Jakarta trat. Zwar wurde ihm – wie seinen Vorgängern – kein Exequatur durch den Präsidenten erteilt, sondern nur ein Zulassungsschreiben durch den Außenminister übergeben. Allerdings enthielt dieses Schreiben nicht mehr den Zusatz, dass Indonesien die DDR völkerrechtlich nicht anerkenne. Die Bundesregierung erklärte sich abermals „befremdet" und bat die indonesische Regierung, die Sachlage gegenüber dem „Zonen-Vertreter" unmissverständlich klarzustellen.[114] Der Vorgang sei „gravierend" für die deutsch-indonesischen Beziehungen.[115] Der Spitze des Auswärtigen Amts wurde deutlich, dass die Bundesrepublik handeln musste. Staatssekretär Carstens riet seinem Minister, das persönliche Gespräch mit Sukarno zu suchen:

„Eine Reihe von Nachrichten deuten darauf hin, dass Indonesien zurzeit wieder einmal das von unserem Standpunkt aus schwächste Glied in der Kette der nichtgebundenen Staaten ist. Zuletzt berichtete Botschafter Bottler aus Rangun, man halte dort für möglich, dass die Sowjets Indonesien für die Unterzeichnung des Separatvertrages mit der Zone gewinnen könnten. Das deutsch-

---
110 PA AA, B 61-411, 226. Botschafter v. Mirbach, Jakarta: Schriftbericht Nr. 1183/62 „Gespräch mit Außenminister Subandrio über deutsch-indonesische Beziehungen" vom 2.11.1962.
111 PA AA, B 12, 1349. Bundesminister v. Merkatz: Schreiben an Staatssekretär Lahr vom 5.9.1962.
112 PA AA, B 12, 1349. Staatssekretär Lahr: Schreiben an Bundesminister v. Merkatz vom 18.9.1962.
113 PA AA, B 12, 1349. Botschafter v. Mirbach, Jakarta: Drahtbericht Nr. 137 vom 27.8.1962.
114 PA AA, B 80-500, 374. Botschafter v. Mirbach Jakarta: Schriftbericht Nr. 995/62 vom 18.9.1962; PA AA, B 61-411, 226. Ministerialdirektor Jansen: Drahterlass an die Botschaft Jakarta vom 16.11.1962.
115 PA AA, B 80-500, 374. Botschafter v. Mirbach, Jakarta: Drahtbericht Nr. 178 vom 20.11.1962.

indonesische Verhältnis war von jeher außerordentlich schwierig. Es ist durch den West-Guinea-Konflikt erheblich belastet worden. Vor allem steht uns Sukarno selbst sehr negativ gegenüber. Unter diesen Umständen sollte die Gelegenheit wahrgenommen werden, dass der Herr Minister Sukarno einen Besuch macht, wenn beide voraussichtlich gleichzeitig ca. am 23. November in Bangkok sind. [...]."[116]

Minister Schröder, der Bundespräsident Lübke auf dessen Staatsbesuch in Thailand begleitete, traf den privat in Bangkok weilenden Sukarno am 22. November 1962. Der Minister war von seinen Diplomaten vor den möglicherweise fatalen Folgen einer fortdauernden Nicht-Erwiderung von Sukarnos Deutschlandbesuch von 1956 gewarnt worden.[117] Das seit über sechs Jahren andauernde Ausbleiben eines solchen deutschen Staatsbesuchs habe Sukarnos Eitelkeit verletzt – erst recht, nachdem Lübkes Gegenbesuch in Thailand nur zwei Jahre nach der Deutschlandvisite des thailändischen Königspaares von 1960 stattgefunden habe.[118]

Die wichtigste Mitteilung des Bonner Außenministers an Sukarno suchte Abhilfe zu schaffen: Schröder stellte ihm für den Herbst 1963 einen Staatsbesuch Heinrich Lübkes in Aussicht.[119] Dies bedeutete, dass Sukarno zum ersten Mal Gastgeber eines westlichen Staatsoberhauptes sein würde. Der indonesische Präsident reagierte „sehr erfreut" auf die Ankündigung und erblickte darin einen „Beweis für das Interesse der Bundesregierung an der Vertiefung freundschaftlicher Beziehungen zu Indonesien".[120] Sukarno und der ebenfalls anwesende Subandrio erklärten zwar, an der Vorstellung von zwei deutschen Staaten festzuhalten. Die beiden Indonesier beteuerten jedoch, dessen ungeachtet solle es beim Status quo der indonesischen (Nicht-)Beziehungen zur DDR bleiben.[121] Staatssekretär Carstens erkundigte sich einige Tage später, inwieweit sich die Zusammenkunft von Bangkok schon auf die Stimmung in Indonesien ausgewirkt habe.[122] Die Botschaft antwortete, dass das Treffen Sukarno-Schröder medial vielbeachtet und positiv bewertet worden sei.[123]

Trotz der vorläufigen Entspannung überlegte das Auswärtige Amt, wie für den Fall einer indonesischen Anerkennung der DDR zu verfahren sei. Zwar bemerkte die AA-Wirtschaftsabteilung, angesichts des positiv verlaufenen Gesprächs zwischen Schrö-

---

116 PA AA, B 2, 87. Staatssekretär Carstens: Vermerk für Bundesminister Schröder vom 9.11.1962.
117 PA AA, B 12, 1387. VLR I Bassler: Aufzeichnung für Bundesminister Schröder vom 7.11.1962.
118 PA AA, B 61-411, 226. Abteilung 7: Unterlage für ein Gespräch des Herrn Bundesministers mit Staatspräsident Sukarno vom 18.11.1962.
119 PA AA, B 37, 19. Botschafter v. Holleben: Vermerk „Zweite Asienreise des Herrn Bundespräsidenten im Jahre 1963" vom 13.12.1962.
120 PA AA, B 80-500, 374. Bundesminister Schröder, z. Zt. Bangkok: Fernschreiben Nr. 203 vom 24.11.1962.
121 Ebenda.
122 PA AA, B 80-500, 374. Staatssekretär Carstens: Drahterlass Nr. 142 an die Botschaft Jakarta vom 29.11.1962.
123 PA AA, B 80-500, 374. Botschafter v. Mirbach, Jakarta: Drahtbericht Nr. 184 vom 30.11.1962 und Drahtbericht Nr. 187 vom 2.12.1962.

der und Sukarno bestehe zu solchen Planungen kein „akuter Anlass".[124] Beunruhigend klangen allerdings gewisse Informationen im Vorfeld eines Besuchs des Vizepräsidenten von Jugoslawien. Der jugoslawische Botschafter in Jakarta hatte gegenüber einem westlichen Diplomaten von seinen Erfahrungen aus Belgrad erzählt, wie man sich schrittweise der DDR-Anerkennung annähern und trotzdem Gelder aus der Bundesrepublik beziehen könne.[125]

Schon im Vorfeld entsprechender Versuchungen Jakartas sollte klargestellt werden, dass die Anwendung der Hallstein-Doktrin auch das Ende aller Wirtschaftsbeziehungen bedeuten würde. Indonesien wäre hierdurch ungleich empfindlicher getroffen worden als Jugoslawien, an dem 1957 die Hallstein-Doktrin vollzogen worden war.[126] Die in einem amtlichen Briefwechsel vom September 1962 festgelegte „Wohlverhaltensklausel" für die bundesdeutsche Entwicklungshilfe bot eine entsprechende Handhabe.[127] Auf diese Weise wurde im Januar 1963 mit Kuba verfahren, nachdem das Castro-Regime seine ohnehin guten Beziehungen zur DDR formalisiert hatte: Bonn brach nicht nur die diplomatischen, sondern zusätzlich alle konsularischen Beziehungen zu Havanna ab und hob einen 1953 geschlossenen Handelsvertrag auf.[128]

Der Besuch des jugoslawischen Vizepräsidenten Kardelj im Dezember 1962 in Jakarta verlief aus bundesdeutscher Sicht vergleichsweise unproblematisch. Die abschließende indonesisch-jugoslawische Presseerklärung war „wesentlich weicher" als die vorangegangenen Kommuniqués.[129] Doch sofern das Auswärtige Amt gehofft hatte, bereits die Ankündigung des Lübke-Besuches habe Jakarta umgestimmt, so sah es sich schon im Januar 1963 eines Besseren belehrt. Diesmal führte der Besuch von Antonin Novotny, Staatspräsident der Tschechoslowakei, zu Irritationen. Das Abschlusskommuniqué vom 17. Januar 1963 ähnelte demjenigen des rumänisch-indonesischen vom Oktober 1962, sprach allerdings nicht von „two Germanies", sondern von „two German states", die es anzuerkennen gelte. Aus amtlicher Sicht der Bundesrepublik war die zweite Formel problematischer, da sich der Alleinvertretungsanspruch ja da-

---

124 PA AA, B 150, 466. Abteilung 4: Aufzeichnung „Maßnahmen auf wirtschaftlichem Gebiet im Falle einer Anerkennung der SBZ durch Indonesien" vom 28.11.1962.
125 PA AA, B 12, 1362. Botschafter v. Mirbach, Jakarta: Schriftbericht Nr. 1250/62 „Jugoslawischer Botschafter über Beziehungen zur Bundesrepublik" vom 19.11.1962. Ministerialdirektor Jansen notierte handschriftlich auf die Vorlage: „Also Schuss vor den Bug angebracht!".
126 PA AA, B 12, 1362. Referat 411: Zuschrift an Referat 710 „Mögliche Auswirkungen einer Anerkennung der SBZ durch Indonesien auf die Wirtschaftsbeziehungen zur Bundesrepublik" vom 5.12.1962.
127 PA AA, B 12, 1362. Referat 411: Zuschrift an Referat 710 „Wirtschaftliche Folgen der Anerkennung der SBZ durch Jugoslawien" vom 5.12.1962. Eine „Wohlverhaltensklausel" hatte im Falle Jugoslawiens 1957 noch nicht bestanden, weshalb vor Abbruch der diplomatischen Beziehungen gemachte vertragliche Zusagen eingehalten wurden; hinzu kamen gewisse Folgen des Zweiten Weltkrieges wie die Entschädigung für jugoslawische Zwangsarbeiter, die einen stärker moralischen Aspekt hatten, vgl. ebenda.
128 Gray, Cold War, S. 138 f.
129 PA AA, B 12, 1362. Botschafter v. Mirbach, Jakarta: Drahtbericht Nr. 198 vom 19.12.1962.

gegen richtete, dem von der SED beherrschten Gebiet die Staatsqualität zuzusprechen und nicht gegen die „Germanizität" dieses Gebietes. Überdies forderte die Erklärung erneut die Umwandlung von West-Berlin in eine „freie", neutrale und entmilitarisierte Stadt.[130] Im DDR-Außenministerium wusste man die indonesische Stellungnahme gerade aufgrund der vorigen Gespräche zwischen Schröder und Sukarno in Bangkok, durch die die DDR-Anerkennung scheinbar wieder in die Ferne gerückt war, „hoch zu schätzen".[131]

Nach dem Novotny-Kommuniqué entschied sich das Auswärtige Amt für eine Maßnahme der Eskalation. Botschafter Dietrich von Mirbach – dessen turnusgemäße Versetzung ohnehin für 1963 anstand – wurde „schnellstmöglich" zur Rückkehr nach Bonn berufen, um dort persönlich Bericht zu erstatten. Carstens wies ihn an, vor seiner Abreise im indonesischen Außenministerium deutlich zu machen, dass die fortgesetzten Empfehlungen, die Bundesrepublik solle die deutsche Teilung akzeptieren, „nicht hinnehmbar" seien. Die Bundesregierung erklärte sich „enttäuscht" und kündigte an, ihre Beziehungen zu Indonesien „überprüfen" zu wollen.[132]

Mirbach übergab Subandrio am 5. Februar 1963 eine Note der Bundesregierung, in der diese ihre Positionen erläuterte. Subandrio versicherte Mirbach bei diesem „Abschiedsbesuch", den der Botschafter als ein freundliches Streitgespräch ohne jeden Neuigkeitswert schilderte, Indonesien habe seine Haltung in der Anerkennungsfrage nicht geändert.[133] Am 5. März 1963 sicherte Botschafter Hakim Bonn namens der indonesischen Regierung zu, „dass sie nicht die Absicht habe, die nationalen Gefühle der Bevölkerung der Bundesrepublik zu verletzen". Indonesische Regierungskreise vermieden es nun für längere Zeit, die Bundesregierung im Hinblick auf die deutsche Frage und auf Berlin zu verärgern.[134] Die deutsch-indonesischen Beziehungen des Jahres 1963 wurden bestimmt von den Vorbereitungen für den Staatsbesuch von Heinrich Lübke, die Umsetzung der Hilfszusagen sowie der beginnenden *konfrontasi* gegen Malaysia.

---

130 TNA-PRO, FO 371, 169187. Auszug zitiert nach: Botschaft des Vereinigten Königreichs Jakarta: Bericht Nr. 10322 an das Foreign Office vom 7.2.1963.
131 PA AA, MfAA, A 16089, Mikrofiche Bl. 19 f. MfAA: Vertrauliche Dienstsache 147/63 vom 22.4.1963 (ohne Verfasserangabe).
132 PA AA, B 37, 57. Staatssekretär Carstens: Drahterlass an die Botschaft Jakarta vom 30.1.1963.
133 BArch, B 136, 2982. Botschafter v. Mirbach, Jakarta: Drahtbericht Nr. 21 vom 6.2.1963.
134 PA AA, B 1, 222. Abschnitt „Die politischen Beziehungen zwischen der Bundesrepublik und Indonesien" in der Informationsmappe für den Staatsbesuch des Bundespräsidenten in der Republik Indonesien vom 28.10.–3.11.1963.

2 Rettungsversuche, Rücksichtnahmen und Irritationen (September 1963 bis September 1964)

Der Beginn von Indonesiens Konfrontationspolitik gegen Malaysia und Großbritannien (1963)

Als der malayische Premierminister Tunku Abdul Rahman im Mai 1961 den Plan verkündete, Singapur, Sarawak (Nordwestborneo), Sabah (Nordborneo), Brunei und Malaya unter dem Namen Malaysia zu einer Föderation zusammenzuführen, regte sich noch kein Widerspruch von indonesischer Seite. Bis zur Jahreswende 1962/63 hatte sich allerdings die Wahrnehmung in Jakarta völlig verändert: Das Projekt der Malaysischen Föderation wurde nicht mehr als weiterer Schritt der Dekolonisierung, sondern als Form des britischen Neokolonialismus begriffen.[135] Am 20. Januar 1963 erklärte der indonesische Außenminister Subandrio offiziell den Beginn der *konfrontasi*, einer gegen die Etablierung Malaysias gerichteten Konfrontationspolitik mit propagandistischen, diplomatischen und auch militärischen Maßnahmen. Die indonesische Regierung knüpfte damit begrifflich an den wenige Monate zuvor beendeten Konflikt um Westneuguinea an.[136] Das indonesische Verhältnis zu den Niederlanden hatte sich dagegen schon Anfang 1963 verbessert: Im März nahmen Jakarta und Den Haag ihre diplomatischen Beziehungen wieder auf.[137]

Die britische Regierung unter Harold Macmillan nahm die indonesischen Drohungen gegen Malaysia ernst. Wichtig war den Briten, auch die Amerikaner, Australier und Neuseeländer in eine gemeinsame Abwehrfront gegen Indonesien einzureihen. Unbeabsichtigt beschleunigte Sukarnos Konfrontationspolitik sogar die Gründung der Malaysischen Föderation: Westminster und Whitehall hielten einen britischen Beitrag zur Verteidigung eines unabhängigen Malaysia für weltpolitisch „unverdächtiger" als die Verteidigung einer britischen Kolonie, die Nordborneo bis 1963 noch war.[138] Es darf vermutet werden, dass die Briten damit aus der Beobachtung der bitteren Erfahrungen der Niederländer im Westneuguinea-Konflikt gelernt hatten. In einer Vorlage für Gespräche mit den anderen drei angelsächsischen Mächten ging das *Foreign Office* davon aus, westliche Nachgiebigkeit gegenüber Indonesien werde Sukarno dazu ermutigen, nach Malaysia als nächstes Portugiesisch-Timor und Australisch-Papua (Ostneuguinea) ins Visier seiner Expansionsbestrebungen zu nehmen. Auch die schlechten Erfahrungen mit einer nachgiebigen Haltung gegenüber expansionistischen Machthabern spielte für britische

---

135 Liow, Indonesia-Malaysia Relations, S. 97 f.
136 PA AA, B 37, 76. Botschafter v. Mirbach, Jakarta: Drahtbericht (ohne Nummerierung) vom 21.1.1963.
137 PA AA, B 37, 75. VLR I Bassler: Aufzeichnung vom 11.1.1963; PA AA, B 37, 57. Botschafter Löns, Den Haag: Schriftbericht „Wiederaufnahme der diplomatischen Beziehungen zwischen den Niederlanden und Indonesien" vom 19.3.1963.
138 Subritzky, Confronting Sukarno, S. 43.

Diplomaten eine gewisse Rolle: Ein hoher Beamter des *Foreign Office* vernahm bei Sukarnos öffentlichen Ankündigungen einen „Hitlerite flavour".[139] Bei der Kennedy-Administration fand allerdings die düstere britische Einschätzung vorerst kaum Zustimmung; der amerikanische Botschafter in Jakarta, Howard Jones, sprach sich für eine Verständigung mit Sukarno aus. Auch die Australier waren zunächst eher skeptisch gegenüber der britischen Lagebeurteilung, der sie sich später jedoch anschlossen.[140]

Die bald einsetzenden Inkursionen bewaffneter indonesischer Gruppen in den malaysischen Teil Borneos führten am 12. April 1963 erstmals zu einem Gefecht mit britischen Soldaten.[141] Am 9. Juli 1963 schlossen Großbritannien und Malaya – in Vertretung des damals noch nicht bestehenden Malaysia – eine Verteidigungsvereinbarung ab, dem Australien nach der Etablierung Malaysias beitrat.[142] Im selben Jahr kaufte die australische Regierung von den USA Kampfflugzeuge. Das australische Militär erarbeitete Pläne für Luftangriffe auf Ziele in Indonesien, die sich im Ernstfall insbesondere gegen die indonesischen Luftstreitkräfte richten sollten.[143] Parallel zu den bewaffneten Zusammenstößen auf Borneo wurden verschiedene diplomatische Bemühungen unternommen, den Konflikt beizulegen. Eine einwöchige Konferenz in Manila brachte am 5. August 1963 keine Lösung, sondern nur einen Formelkompromiss.[144]

Für die deutschland- und allianzpolitischen Interessen der Bundesrepublik Deutschland im südostasiatischen Raum war es misslich, dass Indonesien erneut in Gegensatz zu einem NATO-Staat geriet, der überdies zu den Viermächten gehörte. Am 6. September 1963 fanden in London Konsultationen zwischen dem *Foreign Office* und dem Auswärtigen Amt statt, die sich ausschließlich mit Asien befassten. Die deutsche Seite schlug vor, auch über Indonesien zu sprechen.[145] Die Briten erläuterten ihre Politik in Südostasien: Zumindest für die nächsten Jahre rechneten sie mit einer feindseligen Haltung Indonesiens gegenüber Malaysia; weitere Vorfälle auf Borneo seien zu erwarten. Großbritannien sei bereit, hohe Militärausgaben aufzubringen, um den südostasiatischen Raum zu stabilisieren. Skeptisch schätzten die Briten die Erfolgsaussichten von Wirtschaftshilfen für Indonesien ein – Sukarno könne nicht

---

139 Ebenda, S. 43.
140 Ebenda, S. 45–52.
141 Ebenda, S. 53.
142 PA AA, B 37, 76. Botschafter Ritter, Canberra: Schriftbericht „Australische Beistandsverpflichtungen gegenüber Malaysia" vom 26.9.1963.
143 Catley/Dugis, Australian Indonesian Relations, S. 87.
144 Siehe Dokumente in: PA AA, B 37, 79. Botschaftsrat Schenk, Manila: Drahtbericht Nr. 49 vom 6.8.1963; Botschafter Weiz, Jakarta: Drahtbericht Nr. 159 vom 8.8.1963. Der Umstand, dass bis Anfang August 1963 mehr als dreimal so viele Drahtberichte von Jakarta nach Bonn versandt wurden als von Manila nach Bonn, verweist auf die Ereignisdichte in Indonesien.
145 PA AA, AV London, 140. Ministerialdirigent Böker: Drahterlass Nr. 419 an die Botschaft London vom 27.8.1963.

„für den Westen gewonnen werden".¹⁴⁶ Selbst wenn die Briten explizit nur die amerikanischen Hilfen nannten, lag darin implizite Kritik auch an den westdeutschen Zuwendungen: „Wenn man schon glaube, Indonesien westliche Wirtschaftshilfen geben zu müssen", so die britischen Diplomaten, solle zumindest gewährleistet werden, damit nicht den „Kampf gegen Malaysia" zu subventionieren.¹⁴⁷ Der Bonner Referatsleiter Hilmar Bassler wandte ein, „dass gerade bei Einstellung der westlichen Wirtschaftshilfe ein totaler Zusammenbruch der indonesischen Wirtschaft drohe und dadurch die kommunistische Partei in Indonesien an die Macht gelangen könne"; Bassler hob die „schwierige Situation" hervor, in der sich die Bundesregierung mit Blick auf Indonesiens deutschlandpolitische Rolle und die starken Anstrengungen der DDR befand.¹⁴⁸ Anschließend befanden britische Diplomaten unter sich, „that the German attitude towards the Indonesian problem was thoroughly unsound from our point of view".¹⁴⁹

Die zunächst für den 31. August geplante Gründung Malaysias wurde auf den 16. September 1963 verschoben. Die Bundesregierung war ausdrücklich um die Entsendung eines deutschen Vertreters zu den Gründungsfeierlichkeiten gebeten worden und schickte den in Schweden akkreditierten Botschafter Granow, der zwischen 1953 und 1958 in Singapur und Kuala Lumpur tätig gewesen war.¹⁵⁰ In Jakarta erklärte Subandrio, Indonesien könne Malaysia nicht anerkennen. Der indonesische Botschafter verließ Kuala Lumpur. Der bisherige malayische, nun malaysische Botschafter in Jakarta sagte einen geplanten Empfang zur Staatsgründungsfeier ab und begab sich ebenfalls auf die Heimreise.¹⁵¹ Die Geschehnisse in Jakarta eskalierten: Am 18. September 1963 stürmte eine Menschenmenge das Gelände der dortigen britischen Botschaft, verwüstete das Kanzleigebäude und legte Feuer. Das Botschaftspersonal wurde mit Steinen und Flaschen beworfen. Briten und Australier begannen damit, ihre Staatsangehörigen aus Indonesien zu evakuieren.¹⁵²

Außenminister Schröder wurde von seinem Ministerialapparat ausführlich zur Lage unterrichtet: Sukarnos Fernziel sei es, „einen von Jakarta dominierten malaiischen Großraum" zu schaffen; der Malaysia-Konflikt werde den Westen wahrscheinlich erneut vor die Wahl stellen, „ob er Indonesien dem Ostblock überlassen will, oder ob er sich wieder zu einer Vermittlung mit politischen Opfern bereitfindet, um seine

---

146 PA AA, AV London, 140. Protokoll über die deutsch-britischen Gespräche in London über den Fernen Osten sowie Süd- und Ostasien vom 6.9.1963.
147 Ebenda.
148 Ebenda.
149 TNA-PRO, FO 371, 172115. Foreign Office: Schreiben an die Botschaft des Vereinigten Königreichs Bonn vom 9.10.1963.
150 PA AA, B 37, 79. Botschafter Granow, Stockholm: Schriftbericht Nr. 1290/63 „Meine Teilnahme als Sonderbotschafter an den Feierlichkeiten zur Errichtung des Bundesstaats Malaysia" vom 10.10.1963.
151 PA AA, B 37, 57. Botschafter Weiz, Jakarta: Drahtbericht Nr. 233 vom 16.9.1963.
152 PA AA, B 37, 57. Botschafter Weiz, Jakarta: Drahtbericht Nr. 249 vom 20.9.1963.

Position im südostasiatischen Raum nicht aufs Spiel zu setzen".[153] Der bevorstehende Lübke-Besuch könne zur „Bereinigung der Gegensätze" in Südostasien beitragen. Die Ministervorlage hielt fest, dass der Konflikt bislang „unsere Stellung in Indonesien" nicht beeinträchtigt habe – und dies auch deshalb, weil Malaysia bei der Asienreise des Bundespräsidenten nicht berücksichtigt wurde und weil die Bundesregierung zu den Ausschreitungen gegen die britische Botschaft nicht Stellung genommen habe.[154]

Trotz der bis dahin alles in allem erfolgreichen Bemühungen, die Position der Bundesrepublik in Indonesien zu halten und zu festigen, zeigten sich Bonns Diplomaten ratlos, was Indonesiens Weg auf längere Sicht betraf: „Die Energie, mit der Indonesien seine Konfrontation mit Malaysia fortsetzt und verschärft, vermag nicht über den Mangel eines durchdachten außenpolitischen Programmes hinwegzutäuschen". In der kritischen Situation, die durch den Abbruch der Beziehungen zu Malaysia und durch die empfindliche Belastung des indonesisch-britischen Verhältnisses geschaffen wurde, traten die organisatorischen und personellen Mängel der indonesischen Außenpolitik deutlich hervor.[155] Angesichts der durch die Politik Sukarnos bewirkten Spaltung der malaiischen Völker sowie der Entfremdung Indonesiens vom Westen und von Indien sei Maos China der wahre Profiteur der *konfrontasi*. In dieses Bild fügten sich Hinweise, dass sich die Sowjetunion von Sukarno zu distanzieren beginne: Eine geplante anti-malaysische Demonstration von indonesischen Studenten in Moskau war von den Sowjetbehörden verboten worden.[156]

Das Auswärtige Amt wollte sich im Malaysia-Konflikt an eine neutrale Linie halten, die sich – nach Einschätzung des Südostasienreferates I B 5 – während des Westirian-Konflikts bewährt hatte: Auch damals habe Bonn nicht dem niederländischen Druck nachgegeben, die Wirtschafts- und Entwicklungsbeziehungen zu Indonesien einzuschränken oder zu unterbrechen.[157] Abgesehen von dem Balanceakt, weder die britische noch die indonesische Regierung zu verärgern, hatten Bonner Regierungskreise noch eine weitere Sorge in Bezug auf die indonesisch-malaysische Konfrontation: Angesichts der begrenzten Kapazitäten Großbritanniens war abzusehen, dass die erforderliche britische Militärpräsenz in Südostasien früher oder später auf Kosten der

---

153 PA AA, B 37, 57. Ministerialdirektor Jansen: Aufzeichnung „Die Lage in Indonesien" für Bundesminister Schröder vom 4.10.1963.
154 Ebenda.
155 PA AA, B1-MB, 222. Botschafter Weiz, Jakarta: Schriftbericht Nr. 1043/63 „Außenpolitische Lage Indonesiens nach dem Bruch mit Malaysia" vom 7.10.1963.
156 Ebenda.
157 PA AA, B 37, 80. VLR I Bassler: Aufzeichnung „Die Gründung Malaysias, der Maphilindo-Plan, die Haltung der Bundesregierung zum Konflikt zwischen Indonesien und Malaysia" vom 13.12.1963: „Diese Haltung ist richtig gewesen, da die Bundesregierung von einer Parteinahme für die Niederlande ihre Position in Indonesien verloren hätte. Die gleiche Folge würde eintreten, wenn die Bundesregierung ihre bilateralen Beziehungen zu Indonesien von einer Rücksichtnahme auf Großbritannien und Malaysia bestimmen ließe."

britischen Truppenstärke in Deutschland gehen würde.[158] Tatsächlich trat eine solche militärpolitische Rückwirkung des südostasiatischen Konflikts auf Mitteleuropa im Sommer 1964 ein, als die Briten in Deutschland stationierte Truppen nach Malaysia verlegten.[159]

Der Staatsbesuch Heinrich Lübkes in Indonesien (Oktober/November 1963)

Dietrich Freiherr von Mirbach hatte – nachdem er wegen des Nowottny-Kommuniqués Anfang 1963 zur Berichterstattung nach Bonn bestellt worden war – im Mai 1963 Jakarta nach vier Jahren Dienstzeit endgültig verlassen. Am 23. Juli 1963 trat Gerhard Weiz den Posten des Botschafters der Bundesrepublik Deutschland in Indonesien an.[160] Die Dienstinstruktionen von Außenminister Schröder für den neuen Botschafter hoben hervor: „Sie vertreten die Bundesrepublik in einem Lande, das einen maßgebenden Einfluss in der Gruppe der ungebundenen, blockfreien Staaten ausübt. Staatspräsident Sukarno fühlt sich berufen, Indonesien politisch, militärisch und wirtschaftlich allmählich zu der vorherrschenden Macht in Südostasien aufzubauen."[161] Der DDR sei es mit sowjetischer Hilfe gelungen, „ihre Stellung in Indonesien allmählich zu konsolidieren".[162]

Sukarno war im November 1962 von Schröder ein Staatsbesuch Lübkes zugesagt worden.[163] Indonesien stand eine Premiere bevor: In den vierzehn Jahren nach der Unabhängigkeit von 1949 hatte noch kein westliches Staatsoberhaupt Indonesien besucht. Dieser Mangel an Aufmerksamkeit hatte gewiss zu Sukarnos wachsender Abneigung gegen den Westen beigetragen. Abgesehen von der deutschlandpolitischen Dringlichkeit eines Staatsbesuchs in Indonesien gab es einen wichtigen protokollarischen Grund. Lübke hatte 1962 seine erste Reise nach Ostasien absolviert. Indonesi-

---

158 PA AA, B 37, 57. Botschafter v. Etzdorf, London: Drahtbericht Nr. 857 vom 30.9.1963.
159 Catley/Dugis, Australian Indonesian Relations, S. 123.
160 Zum Werdegang von Gerhart Weiz (1906–1983): Jurist, 1935 Eintritt in den Auswärtigen Dienst, 1936/37 an der Gesandtschaft Bern; 1937 NSDAP-Mitglied; 1937–1942 an der Botschaft Buenos Aires, 1942–1945 wohl in Argentinien und Portugal (keine näheren Angaben über Tätigkeit nach Abbruch der deutsch-argentinischen diplomatischen Beziehungen im Januar 1942), 1945/46 Internierung, 1946 Mitarbeiter im Institut für internationales Recht der Universität Bonn, 1947–1948 völkerrechtlicher Berater der Verteidigung bei den Nürnberger Prozessen; 1949 Direktor und Chefsyndikus der Firma Henschel in Kassel; 1949 Einritt ins Bundeskanzleramt, 1951 ins AA, u. a. Vertreter des AA bei der Londoner Schuldenkonferenz 1953, 1953–1955 Länderabteilung, 1955–1960 Botschafter in Caracas, 1960–1963 Leiter des Referates 415 (Südamerika), 1963/64 Botschafter in Jakarta, 1964–1970 Generalkonsul in Sao Paulo, 1970 Eintritt in den Ruhestand. Vgl. Biographisches Handbuch, Bd. 5, S. 221 f.
161 PA AA, B 37, 53. Bundesminister Schröder: Dienstinstruktionen für Botschafter Weiz vom 28.10.1963.
162 Ebenda.
163 PA AA, B 37, 19. Botschafter v. Holleben: Vermerk „Zweite Asienreise des Herrn Bundespräsidenten im Jahre 1963" vom 13.12.1962.

en war verständlicherweise verstimmt darüber, dass seinerzeit Thailand als Besuchsziel vorgezogen worden war, obwohl der Besuch des thailändischen Königspaares in Deutschland erst 1960 stattgefunden hatte, Sukarnos Staatsbesuch dagegen schon 1956.[164] Auf der ersten Asienreise Lübkes war Indonesien unter anderem noch aus Rücksicht auf die Niederlande ausgespart worden. Entsprechendes konnte sich Bonn 1963 nicht mehr leisten. Sowohl die Protokoll- als auch die Politische Abteilung des Auswärtigen Amts beurteilten einen Aufenthalt Lübkes in Indonesien für die ohnehin geplante zweite Ostasienreise 1963 als „unumgänglich", da sich Indonesien sonst brüskiert fühlen müsste. Carstens wurde gebeten, „die Zustimmung des Herrn Bundespräsidenten insbesondere bezüglich der Notwendigkeit eines Besuches in Indonesien herbeiführen zu wollen".[165] Die anderen Ziele waren denkbar unproblematisch: Iran, Japan und die Philippinen waren der westlichen Allianz verbunden und unterstützten die deutschlandpolitischen Anliegen Bonns regelmäßig vor den Vereinten Nationen und anderen Gremien.[166]

Der anstehende Besuch Lübkes in Indonesien wurde von der britischen Diplomatie aufmerksam begleitet. Bei aller objektiv unterschiedlichen Interessenlage des Vereinigten Königreichs und der Bundesrepublik in Indonesien, die nicht verschwiegen wurde, respektierten und berücksichtigten London und Bonn die jeweils andere Position: Britische Diplomaten mahnten in ihren Aufzeichnungen, die besondere bundesdeutsche Situation im Auge zu behalten, die Bonns Diplomaten schwierige Abwägungen zwischen Bündnistreue und Alleinvertretungspolitik zumute. Die Bundesregierung sondierte, ob der – Sukarno enorm aufwertende – Indonesien-Besuch auch im Sinne der Verbündeten sein würde, oder wenigstens ihren Interessen nicht abträglich. Aus dem *State Department* verlautete, die USA begrüßten die Indonesienreise Lübkes. Diese sei geeignet, die westliche Position zu stärken und ein Gegengewicht zu den zahlreichen Besuchen aus dem Ostblock zu bilden. Freilich zeigte sich auch Washington „äußerst besorgt" über die Lage in Indonesien und legte dem Bundespräsidenten nahe, bei Sukarno für mehr Zurückhaltung zu werben.[167]

Mit dem fast nahtlosen Übergang vom Westneuguinea- zum Malaysia-Konflikt hatte Großbritannien die Niederlande als den am meisten in die Bonner Indonesienpolitik involvierten Bündnispartner abgelöst. Daher baten deutsche Stellen schon Anfang des Jahres 1963, also noch vor der drastischen Verschlechterung des britisch-indonesischen Verhältnisses, beim *Foreign Office* um eine Beurteilung, wie sinnvoll

---

[164] PA AA, B 1, 284. VLR Graf Welczeck: Aufzeichnung vom 11.3.1963.
[165] Ebenda.
[166] Siehe Dokumente in: PA AA, B 37, 18. Botschaft Manila: Aufzeichnung „Die Außenpolitik der Philippinen", Anlage zu Schriftbericht Nr. 460/63 vom 26.8.1963; Botschaft Manila: Schriftbericht Nr. 721/63 „Staatsbesuch des Herrn Bundespräsidenten auf den Philippinen vom 18.–23.11.1963" vom 27.11.1963.
[167] PA AA, B1, 242. LR I Müller: Vermerk für Bundesminister Schröder „Gespräch des amerikanischen Botschafters mit dem Herrn Bundespräsidenten" vom 28.10.1963.

ein Besuch Lübkes in Indonesien sei. Das Auswärtige Amt argumentierte gegenüber den Briten, ein Staatsbesuch in Indonesien sei nicht nur im westdeutschen, sondern im gesamten westlichen Interesse. London stimmte dem unter der Voraussetzung zu, dass die Gelegenheit genutzt würde, um in der Malaysia-Frage mäßigend auf Sukarno einzuwirken.[168] Auch waren die Briten daran interessiert, dass wenigstens noch ein westliches Land den Kontakt zu Jakarta hielt. Das *Foreign Office* gab der britischen Botschaft in Bonn zur Leitlinie für Gespräche mit den deutschen Kollegen:

> "The only factor which could cause us any concern would be if the Indonesians were able to exploit a German visit to suggest that the German Government were in some way sympathetic towards Indonesian opposition to Malaysia [...] provided that the Indonesians are not allowed to exploit the visit for anti-Malaysian propaganda, we ourselves could not have any possible objections to the visit and would, on the whole, tend to welcome it as serving the general Western interest of trying to hold Indonesia back from the edge of the Communist precipice."[169]

Die britische Botschaft in Jakarta sah den geplanten Staatsbesuch etwas skeptischer: "Seen from here, the pros and cons are fairly evenly balanced [...] that there might be slight marginal benefits of an intangible kind is undeniable; but the chances of a shambles are also depressingly evident."[170]

Das Problem des Auswärtigen Amts lag weniger in etwaigen britischen Bedenken, sondern darin, dass sich Lübke trotz seines großen Interesses für die Länder der „Dritten Welt" und trotz seiner Reisefreudigkeit keineswegs darauf freute, nach Indonesien zu reisen und Sukarno kennenzulernen. Obwohl die Zusage an Indonesien längst ergangen war, schien es immer wieder möglich, als könne Lübke aufgrund seines Widerwillens gegen Sukarno die Reise doch noch absagen.[171] Nach den vom indonesischen Staat mindestens geduldeten, wenn nicht sogar angestifteten Gewalttaten gegen die britische Botschaft am 18. September 1963 stellte sich den Bonner Ministerialen die Frage, ob der Staatsbesuch noch zu vertreten war. Hätte London die diplomatischen Beziehungen zu Indonesien abgebrochen, so wäre ein Festhalten an dem Staatsbesuch einem Affront gleichgekommen. Das Auswärtige Amt bat die Briten, über den Stand der britisch-indonesischen Beziehungen auf dem Laufenden gehalten zu werden.[172] Dem Bundespräsidialamt lagen offenkundig detaillierte Informationen vor, wonach die Ausschreitungen in Jakarta sorgfältig orchestriert worden waren. Dementsprechend waren die Deutschen und vor allem Lübke selbst nach britischem

---

168 TNA-PRO, FO 371, 169187. Foreign Office: Schreiben CG 103162/2 an die Botschaft des Vereinigten Königreichs Bonn vom 19.4.1963.
169 Ebenda.
170 TNA-PRO, FO 371, 169187. Botschaft des Vereinigten Königreichs Jakarta: Bericht Nr. 10322 an das Foreign Office vom 17.4.1963.
171 TNA-PRO, FO 371, 169187. Botschaft des Vereinigten Königreichs Bonn: Bericht Nr. 1069 an das Foreign Office vom 30.3.1963.
172 TNA-PRO, FO 371, 172115. Botschaft des Vereinigten Königreichs Bonn: Telegramm Nr. 963 an das Foreign Office vom 19.9.1963.

Eindruck „anxious to know what our intentions were" – unter Umgehung des Auswärtigen Amts fragte das Bundespräsidialamt direkt bei der britischen Botschaft in Bonn nach, wie London die Lage beurteile.[173]

Trotz des Niederbrennens ihrer Botschaft waren die Briten um Entspannung bemüht und entschieden sich gegen einen Abbruch der diplomatischen Beziehungen.[174] In London bestand unter anderem die Sorge, dieser Schritt würde zur sofortigen Enteignung der Niederlassungen von Shell, Unilever, Dunlop, British American Tobacco, HSBC und anderer britischer Unternehmen führen.[175] Über den Lübke-Besuch hielt das *Foreign Office* fest, „we should be equally happy either if the President cancelled his visit or if he went, provided in that case he took the opportunity to express in forthright terms German concern at Indonesian conduct".[176] Weniger erfreut zeigten sich die Briten über die Möglichkeit, die Indonesier könnten glauben, die Zerstörung einer diplomatischen Vertretung hätte keinerlei Einfluss auf die bundesdeutschen Zuwendungen.[177] Die Briten gingen vor dem Besuch – zu Recht – davon aus, dass Lübke und die meisten seiner Beamten eine große Abneigung gegen die indonesische Außenpolitik im Allgemeinen und gegen die Person Sukarnos im Besonderen hegten: "The Germans have assured us that President Lübke's distaste for the visit and his personal dislike of President Sukarno will make it impossible for the Indonesians to misinterpret the normal courtesies of a state visit."[178] Von deutscher Seite erfuhren die Briten, man müsse Lübke sogar eher zügeln als ermutigen, gegenüber Sukarno Unmut über die Krawalle zu äußern. Dem britischen Botschafter hatte Lübke am Rande der Abschiedszeremonie für Konrad Adenauer gesagt, dass er sich nicht auf seine Indonesienreise freue.[179] Der Bundespräsident habe „the dimmest view" von Sukarno.[180] Weitere westdeutsche Hilfszusagen an Indonesien seien nicht geplant.[181] Für eine leichte Irritation bei britischen Diplomaten sorgte jedoch, dass malaysische Diplomaten das Bundespräsidialamt und das Auswärtige Amt nicht überzeugen konnten, Malaysia in die Asienreise Lübkes einzuschließen. Als Grund wurde deutscherseits angegeben,

---

173 TNA-PRO, FO 371, 172115. Botschaft des Vereinigten Königreichs Bonn: Bericht Nr. 1069 an das Foreign Office vom 27.9.1963.
174 PA AA, B 37, 57. Ministerialdirektor Jansen: Aufzeichnung für Staatssekretär Carstens vom 20.9.1963.
175 PA AA, B 37, 57. Botschafter Weiz, Jakarta: Drahtbericht Nr. 249 vom 20.9.1963.
176 TNA-PRO, FO 371, 172115. Foreign Office: Schreiben an die Botschaft des Vereinigten Königreichs Bonn vom 1.10.1963.
177 Ebenda.
178 TNA-PRO, FO 371, 169249. Foreign Office: Telegramm Nr. 2048 an die Botschaft des Vereinigten Königreichs Jakarta vom 19.10.1963.
179 TNA-PRO, FO 371, 169249. Botschaft des Vereinigten Königreichs Bonn: Bericht Nr. 303 an das Foreign Office vom 17.10.1963.
180 TNA-PRO, FO 371, 172115. Botschaft des Vereinigten Königreichs Bonn: Bericht an das Foreign Office vom 4.10.1963.
181 Ebenda.

dass der Flughafen von Kuala Lumpur nicht für die Präsidentenmaschine ausgelegt sei.[182] Das *Foreign Office* besprach intern sowie mit malaysischen Diplomaten, inwieweit Lübkes Reiseroute politisch ausgenutzt werden könnte. Die britische Botschaft in Jakarta gab zu bedenken, es sei zu befürchten, „that considerable capital will be made by the Indonesians of visit here to the exclusion of Malaysia".[183]

Die Unterlagen, die das Auswärtige Amt dem Bundespräsidenten zur Vorbereitung des Staatsbesuchs vorlegten, vermittelten ein kritisches Bild Sukarnos und seiner Politik.[184] Alle Signale einer Ermutigung Sukarnos in der Malaysia-Konfrontation sollten dringend unterbleiben: Bewusst wurde auf eine militärische Begleitperson für den Staatsbesuch verzichtet, ebenso auf einen Besuch Lübkes einer militärischen Anlage in Indonesien.[185] Diese Zurückhaltung war jedoch alles andere als eine Solidarisierung mit Malaysia. Die britischen Diplomaten hatten richtig vermutet, dass Kuala Lumpur nicht allein wegen seiner begrenzten Flughafenkapazität übergangen wurde (wenngleich dieses Problem nicht erfunden war). Das Südostasienreferat riet am 16. September 1963 – dem Tag, an dem die Föderation Malaysia ausgerufen wurde – wegen der unerwartet scharfen Reaktion aus Jakarta dazu, den eigentlich geplanten Kurzbesuch Lübkes in Malaysia zu überprüfen.[186] Schon am Tag darauf riet das Referat vom Besuch ab. Eine solche Stippvisite würde von Sukarno „als eine demonstrative Herausforderung aufgefasst werden" und somit den „politischen Zweck des Staatsbesuchs in Indonesien" unterminieren. Malaysia solle erst im Rahmen einer dritten Asienreise Lübkes um 1964/65 besucht werden.[187] Das Bundespräsidialamt verschob den Besuch. Tatsächlich fand er erst im März 1967 statt, nach der Beendigung des Malaysia-Konflikts. Die britische Anregung, der Bundespräsident möge Malaysia im Anschluss an den Indonesien-Besuch eine freundschaftliche Mitteilung übersenden, wurde vom Auswärtigen Amt mit der Begründung abgelehnt, ein solcher Schritt würde den deutschlandpolitischen Zweck des Staatsbesuchs in Indonesien konterkarieren.[188]

Der zweite deutsche Staat war bei dem beginnenden Staatsbesuch nicht nur im politischen, sondern auch im physischen Sinne „präsent": Bei der Ankunft des Bundespräsidenten am 28. Oktober 1963 wäre es beinahe zu einem Eklat gekommen. Der DDR-Generalkonsul Hertzfeld hatte durch einen Irrtum des indonesischen Protokolls

---

[182] TNA-PRO, FO 371, 169249. Foreign Office: Telegramm Nr. 2048 an die Botschaft des Vereinigten Königreichs Jakarta vom 19.10.1963.
[183] TNA-PRO, FO 371, 169249. Botschaft des Vereinigten Königreichs Jakarta: Telegramm Nr. 1370 an das Foreign Office vom 21.10.1963.
[184] PA AA, B 1, 222. Informationsmappe für den Staatsbesuch des Bundespräsidenten in der Republik Indonesien vom 28.10. bis zum 3.11.1963.
[185] PA AA, B 37, 19. VLR I Bassler: Vermerk „Asienreise des Herrn Bundespräsidenten" vom 10.9.1963.
[186] PA AA, B 37, 19. VLR I Bassler: Aufzeichnung vom 16.9.1963.
[187] PA AA, B 37, 19. VLR I Bassler: Aufzeichnung vom 17.9.1963.
[188] PA AA, B 37, 19. LR Fröwis: Aufzeichnung „Staatsbesuch des Herrn Bundespräsidenten in Indonesien. Hier: Britische Anregung einer Botschaft an den Ministerpräsidenten Malaysias" vom 24.10.1963.

eine Einladung zur Begrüßungszeremonie auf dem Flughafen von Jakarta erhalten. Er erschien tatsächlich und reihte sich in das diplomatische Corps ein, als Lübkes Flugzeug landete. Ein Handschlag des Staatsoberhauptes der Bundesrepublik Deutschland mit einem Vertreter des „Zonenregimes" wäre aus Bonner Sicht ein ernster diplomatischer Unfall gewesen und aus Ost-Berliner Sicht ein bemerkenswerter Erfolg im Kampf gegen die „Alleinvertretungsanmaßung". Im letzten Moment war es jedoch dem Botschaftsreferenten Klaus Blech gelungen, durch das indonesische Protokoll Hertzfeld zum Verlassen des Flughafens zu drängen.[189] Nach diesem Zwischenfall war der bis zum 3. November 1963 währende Besuch des Bundespräsidenten aus Bonner Sicht „gelungen". Der bundesdeutschen Delegation, der auch Schröder und Carstens angehörten, wurde ein großes Programm geboten. Schon kurz nach seiner Ankunft äußerte Lübke, ihm sei vor der Reise ein unzulängliches und verzerrtes Indonesienbild vermittelt worden.[190] Das gemeinsame indonesisch-deutsche Abschlusskommuniqué vom 2. November bekräftigte das Selbstbestimmungsrecht der Völker und das Ziel der deutschen Wiedervereinigung.[191]

Das amtliche Bonn zog eine positive Bilanz. Auch wenn vor der Reise aus mehrerlei Gründen ernste Einwände gegen einen Besuch Indonesiens gemacht worden seien, sei der Besuch wegen der „labilen" deutschlandpolitischen Haltung Sukarnos dringend angezeigt gewesen. Eher sekundär, aber doch nicht zu vernachlässigen seien die langfristigen wirtschaftspolitischen Interessen an Indonesien. Das Risiko habe sich gelohnt, da die Erwartungen an die Indonesienreise sich „voll erfüllt" hätten:[192]

> „Sukarno zeigte sich von der liebenswürdigsten Seite. Er ging auf unsere Vorschläge, in der Deutschlandfrage keine unsere Interessen schädigenden Erklärungen abzugeben, ein. Er bekannte sich zum Selbstbestimmungsrecht der Völker und versprach, die Wiedervereinigung voll zu unterstützen. Das Entgegenkommen Sukarnos ist eine auffällige Änderung seiner bisherigen Politik, die sich gerade im Verhältnis zu uns seit 1959 mehr und mehr zugunsten der SBZ entwickelt hat. Die Gründe für diese Wendung dürften in dem Wunsch Sukarnos zu finden sein, die Isolierung, in die Indonesien durch den Malaysia-Konflikt geraten war, zu überwinden, und sein Interesse an der Aufrechterhaltung freundschaftlicher Beziehungen zu dem für ihn aus wirtschaftlichen Gründen wichtigen Westen zu demonstrieren. [...] Das günstige Ergebnis des Staatsbesuchs in Indonesien wird jedoch nur dann in Zukunft politisch für uns von Nutzen sein, wenn jetzt alle Möglichkeiten zu einer Verbesserung der deutsch-indonesischen Beziehungen ausgenutzt werden. Hierzu gehören insbesondere eine schnelle Realisierung der Indonesien zugesagten Entwicklungshilfe und des ebenfalls grundsätzlich zugesagten Beitrags für das Stabilisierungsprogramm der indonesischen Wirtschaft."[193]

---

189 Persönliche Mitteilung von Botschafter a. D. Hallier am 17.9.2012.
190 PA AA, B 37, 52. Botschafter Weiz, Jakarta: Schriftbericht Nr. 1154/63 vom 7.11.1963.
191 Hierzu: PA AA, B 80-V1, 374. Bundesminister Schröder, z. Zt. Hongkong: Drahtbericht Nr. 24 vom 4.11.1963; PA AA, B 37, 19. VLR I Hille: Aufzeichnung „Die politischen Ergebnisse der Reise des Herrn Bundespräsidenten" vom 3.12.1963.
192 PA AA, B 37, 19. VLR I Hille: Aufzeichnung vom 3.12.1963.
193 Ebenda.

Das *Foreign Office* zog eine weniger positive Bilanz des Staatsbesuchs. Schon während Lübkes Aufenthalt hatte die britische Botschaft in Bonn einen Zwischenbericht geschrieben, wonach es keine Hinweise darauf gebe, dass Lübke oder einer seiner Begleiter „has yet said anything particularly helpful so far as we are concerned over Malaysia or Indonesian behaviour as regards our embassy in Jakarta".[194] In einer Rückschau auf den Staatsbesuch stellten Londons Diplomaten fest, dass die vor der Reise erstellten Memoranda mit ihren düsteren Beschreibungen Sukarnos und Indonesiens kontraproduktiv gewirkt hatten: Die deutsche Delegation und vor allem Lübke selbst kamen in der Erwartung eines sehr unangenehmen Besuchs nach Indonesien. Nun waren sie positiv überrascht von der Gastfreundschaft und Herzlichkeit der Indonesier und der Schönheit des Landes.[195] Lübke, so ein britischer Berichterstatter in Jakarta, habe sich vom Charme Sukarnos und der Indonesier einnehmen lassen. Die Aufzeichnungen der Briten schrieben dies auch dem Umstand zu, dass Lübke nicht gerade als Musterbeispiel eines scharfsinnigen Politikers bezeichnet werden könne.[196] Der britische Außenminister Butler teilte seinem deutschen Kollegen Schröder mit, die Briten seien „schockiert" darüber, wie sehr sich Lübke von Sukarno habe beeindrucken lassen.[197] In einem Gespräch mit dem amerikanischen Außenminister Dean Rusk nannte Butler Lübke „incredibly naïve and full of praise for Sukarno"; der Brite erläuterte dem amerikanischen Kollegen, dass sich London in Bezug auf Indonesien große Sorgen hinsichtlich einer „common front" des Westens mache.[198]

Als ungewöhnlich – gemessen am außenpolitischen Gebaren Indonesiens – empfanden es die Briten insbesondere, dass der Bundespräsident Sukarno zu einem neuen Besuch in die Bundesrepublik eingeladen hatte.[199] Der britische Hochkommissar in Australien ließ den deutschen Botschafter Ritter in Canberra wissen, dass die Bundesrepublik sich nun offenkundig zur indonesischen Position bekannt habe. London „müsse zur Kenntnis nehmen, dass es hier [im Malaysia-Konflikt] nun auch Deutschland und Japan gegen sich habe".[200] Ein internes, als *top secret* klassifiziertes Papier des britischen Außenministers beklagte das Verhalten wichtiger Verbündeter:

> "There are some signs that the Indonesian leaders are beginning to realise that their policy of aggressive confrontation towards their small neighbour is hurting themselves; but this is unlikely in itself to bring about any substantial change of policy on the part of President Sukarno unless he

---

194 TNA-PRO, FO 371, 169249. Botschaft des Vereinigten Königreichs Jakarta: Bericht „Visit to Indonesia of President Lübke" vom 31.10.1963.
195 TNA-PRO, FO 371, 169249. Botschaft des Vereinigten Königreichs Jakarta: Bericht vom 9.11.1963.
196 Ebenda.
197 AAPD 1964, Dok. 15, hier S. 83. VLR Kusterer: Aufzeichnung „Gespräch des Bundesministers Schröder mit dem britischen Außenminister Butler am 16.1.1964" vom 18.1.1964.
198 FRUS, 1961–1933, Vol. XXIII, Doc. 349. Gesprächsaufzeichnung Rusk-Butler vom 19.11.1963.
199 TNA-PRO, FO 371, 169249. Botschaft des Vereinigten Königreichs Jakarta: Telegramm Nr. 1418 an das Foreign Office vom 4.11.1963.
200 PA AA, B 37, 19. Botschafter Ritter, Canberra: Drahtbericht Nr. 51 vom 22.11.1963.

> can be brought to feel that the United States attitude is more wholeheartedly with us. Nor are any other Western Governments (notably Germany and Japan) likely to stop trying to conciliate Indonesia as long as the United States government hesitate to commit themselves. [...] we should continue to attempt to persuade our reluctant allies, the United States first and foremost, and the Germans, our other NATO allies and the Japanese, that the possibility of influencing Sukarno does not rest on pandering to his threat to turn Communist but rather that failure to stand up to him now will only increase the risk of Indonesia becoming Communist later. [...] An important element, for instance, is persuading other countries, particularly our Western allies, to give Malaysia diplomatic support and to deny Indonesia arms and aid. The denial of economic aid is particularly important, because of the acute economic difficulties already being experienced by Indonesia, which her Government are beginning to realise may prove impossible to alleviate while confrontation continues. So far the response to such requests to our allies has been half-hearted, since we have so far supported these requests only by reasoned argument. If we were to apply sufficient pressure, we might obtain greater co-operation. To take an extreme case, West Germany would probably comply if we threatened to recognise East Germany. Even without going so far, we could secure much additional co-operation by making Indonesia a kind of 'King Charles' head' in our diplomacy throughout the world and refusing our co-operation on issues affecting the interests of other countries, unless those countries adopted an acceptable attitude towards Indonesia."[201]

Sukarno hatte auf den Bundespräsidenten einen bleibenden Eindruck gemacht. Wegen der offenkundig so verschiedenen Persönlichkeiten des Westfalen Lübke und des Javaners Sukarno waren viele Beobachter verwundert, wie gut sich die beiden Staatsoberhäupter verstanden. (Man mag gewisse Gemeinsamkeiten der zwei Staatsoberhäupter darin erkennen, dass beide viel Spott zu ertragen hatten.) Das Hamburger Nachrichtenmagazin *Der Spiegel* gab in einem süffisant gehaltenen Artikel Äußerungen Lübkes auf einer Veranstaltung des Ostasiatischen Vereins vom März 1964 wie folgt wieder: „Sukarno wollte ich erst gar nicht besuchen, denn das sollte ja so ein schrecklicher Mensch sein, aber dann habe ich ihn kennengelernt und festgestellt, dass er ein ganz prächtiger Kerl ist."[202] Unstrittig entwickelte Heinrich Lübke durch den Besuch ein persönliches Interesse an Indonesien und wurde während des indonesischen Konfrontationskurses zu einem Fürsprecher des Landes, nicht selten mit Mahnungen an die Adresse der Angloamerikaner. Anlässlich der Trauerfeierlichkeiten für den am 22. November 1963 ermordeten John F. Kennedy nach Washington gereist, verwendete sich Lübke im Gespräch mit dem neuen US-Präsidenten Johnson für die Sache Indonesiens:

> "President Luebke said there was one additional item on his mind. He had recently come back from a trip to Iran, Indonesia, Japan and the Philippines. He had been particularly struck by the problems in Indonesia, a country of 100 million people but in very poor shape economically. It was the latter factor which tended to push the government and people of Indonesia toward

---

[201] TNA-PRO, CAB 129, 116. Secretary of State for Foreign Affairs: Memorandum „Policy toward Indonesia" vom 6.1.1964.
[202] „Wenn das Volk ruft". Der Spiegel, 20.5.1964, S. 28.

Moscow. He was convinced it was necessary for all of us in the free world to hold Indonesia. He believed Sukarno had no personal tendency to go toward Moscow and would go in that direction only if there was no alternative."[203]

Lübke bat Johnson, die amerikanische Indonesienpolitik im Sinne einer Förderung von pro-westlichem *goodwill* erneut zu überprüfen.[204] Auch in der Folgezeit schaltete sich Lübke immer wieder persönlich in die Indonesienpolitik ein. Im Dezember 1963 teilte Lübke dem in Bonn weilenden britischen Außenminister Butler mit, seiner Ansicht nach sei niemand so gut geeignet, den Kommunismus in Indonesien abzuwehren wie Sukarno. Dieser hege keine grundsätzliche Abneigung gegen Großbritannien. Der Bundespräsident regte sogar an, Großbritannien könne sich an einer „Anleihe zur Stabilisierung der indonesischen Währung" beteiligen. Der englische Minister ließ Lübke wissen, zwar schätze man in London seine Bemühungen, die Spannungen zu vermindern, „gegenwärtig sehe aber die britische Regierung die Haltung Sukarnos nicht in gleicher Weise wie der Herr Bundespräsident". Butler verwies auch auf die öffentliche Meinung in Großbritannien, die nach den Ereignissen verständlicherweise sehr negativ gegen Indonesien eingestellt sei.[205] Im Mai 1964 sprach der Bundespräsident ausführlich mit dem malaysischen Botschafter über den Konflikt in Südostasien. Lübke warb für vertrauensbildende Maßnahmen zwischen Jakarta und Kuala Lumpur und wiederholte seinen Eindruck, dass sich Sukarno grundsätzlich mit wohlmeinenden Absichten trage. Dem Botschafter bot der Bundespräsident an, „einem Vertreter Indonesiens gut zuzureden".[206] Während der krisenhaften Zuspitzung in Indonesien teilte der Bundespräsident im Juni 1965 dem Botschafter Australiens in Bonn mit, bei dem eskalierenden Malaysia-Konflikt „wäre manches zu vermeiden gewesen", wenn die Briten Sukarno rechtzeitig entgegengekommen wären.[207]

Walter Ulbricht forderte einen Bericht seines Konsuls in Jakarta über den Lübke-Besuch an und erbat Vorschläge, wie die DDR reagieren sollte.[208] Die DDR-Führung unternahm einen neuen Versuch, in Südostasien Terrain zu gewinnen – dieses Mal unter Einsatz von Kapitalhilfe. Im Laufe des Jahres 1964 vergab Ostberlin günstige Kre-

---

[203] FRUS, 1961–1963, Vol. XV, Doc. 242, S. 634–639. Gesprächsmemorandum „German-US Relations" vom 26.11.1963.
[204] AAPD 1963, Dok. 429, S. 1493. Bundesminister Schröder, z. Zt. Washington: Fernschreiben Nr. 3420 vom 26.11.1963.
[205] BArch, B 122, 5469. Aufzeichnung vom 19.12.1963 über das Gespräch von Bundespräsident Lübke mit Außenminister Butler am 9.12.1963.
[206] BArch, B 122, 5469. Referat ZA5: Aufzeichnung vom 29.5.1964.
[207] BArch, B 122, 5469. Referat ZA5: Aufzeichnung vom 29.6.1965 über Gespräch des Bundespräsidenten mit dem australischen Botschafter Blakeney am 28.6.1965.
[208] PAAA, MfAA, A 16129. Generalsekretär Ulbricht: Schreiben an den stellvertretenden Außenminister Schwab vom 8.11.1963.

dite im Gegenwert von über 22 Millionen US-Dollar an Indonesien.[209] Schon im Januar 1964 reiste der stellvertretende DDR-Ministerpräsident Bruno Leuschner in Begleitung des stellvertretenden Außenministers Wolfgang Kiesewetter und weiterer Funktionäre nach Indonesien.[210] Leuschner wurde zwar von Sukarno und Subandrio empfangen, erreichte bei ihnen aber keine offizielle Stellungnahme im Sinne der „Zwei-Staaten-Theorie".[211] Aufgrund eines gleichzeitigen Besuchs von Robert Kennedy erhielt die Abordnung nur wenig publizistische Beachtung. Die DDR-Delegation trat ihre Rückreise früher als geplant an.[212]

Die DDR versuchte, die Mission doch noch zu einem Teilerfolg zu machen: Nach Abschluss des Leuschner-Besuchs verbreitete die Ost-Berliner Nachrichtenagentur ADN (Allgemeiner Deutscher Nachrichtendienst), Sukarno habe gegenüber den DDR-Emissären seine erstmals auf der Belgrad-Konferenz geäußerte Position bekräftigt, dass die „Deutschlandfrage auf Grundlage der bestehenden Realitäten, d. h. der Existenz von zwei deutschen Staaten und auf dem Wege friedlicher Verhandlungen zwischen ihnen gelöst werden müsse".[213] Nach Ansicht des Auswärtigen Amts handelte es sich hier „um eine grobe Indiskretion Leuschners", da Sukarno nicht aus einem amtlichen Kommuniqué, sondern aus einem Privatgespräch zitiert wurde. Die indonesische Regierung habe sich dagegen – zumindest der Form nach – „korrekt verhalten".[214] Um jeden Anschein eines neuerlichen deutschlandpolitischen Dissenses zwischen Bonn und Jakarta zu vermeiden, wollte das Auswärtige Amt eine ausdrückliche öffentliche Klarstellung der Indonesier, wonach sich die offizielle Position zur Deutschland-Frage nicht geändert habe. Der indonesische Botschafter Lukman Hakim erklärte sich im Namen seiner Regierung hierzu zwar grundsätzlich bereit. Jedoch verband er dies kaum verklausuliert mit materiellen Forderungen: In Jakarta wachse die Enttäuschung darüber, dass die Bundesregierung bisher genauere Erklärungen über die in Aussicht gestellten Gelder zur Entwicklungs- und Stabilisierungshilfe schuldig geblieben sei.[215] Aus Bonner Sicht verschleppte das indonesische Außenministerium wochenlang eine dringende Angelegenheit, die eine schnelle Reaktion erfordert hätte.[216] Die indonesische Regierung veröffentlichte schließlich ein Doku-

---

[209] BArch, B 136, 6261. Hans Klein: Vermerk für Bundesminister Westrick „Mögliche Anerkennung der SBZ durch Indonesien" vom 8.1.1965. Siehe auch: AAPD 1965, Dok. 60, Anm. 13, und: Gray, Cold War, S. 152–154.
[210] PA AA, B 37, 1. Antara-Meldung vom 20.1.1964.
[211] PA AA, B 37, 1. VLR I Bassler: Aufzeichnung vom 31.1.1964.
[212] PA AA, B 37, 1. Botschafter Weiz, Jakarta: Schriftbericht Nr. 105/54 „Besuch einer SBZ-Regierungsdelegation unter Führung des stellvertretenden Ministerratsvorsitzenden Bruno Leuschner vom 19.–27.1. ds. Js." vom 28.1.1964.
[213] PA AA, B 37, 1. VLR I Bassler: Drahterlass Nr. 336 Plurex vom 28.1.1964.
[214] PA AA, B 37, 1. Ministerialdirektor Jansen: Aufzeichnung vom 31.1.1964.
[215] PA AA, B 37, 1. VLR I Bassler: Aufzeichnung vom 5.2.1964.
[216] Ministerialdirigent Böker hielt am 19.2.1964 auf einer Aufzeichnung handschriftlich fest, es bestehe an der Spitze des AA „Einigkeit, dass die indonesische Regierung veranlasst werden muss, das

ment, das einem Dementi der von der DDR-Delegation verbreiteten Version zumindest nahekam und das die politische Verbindlichkeit des Sukarno-Lübke-Kommuniqués vom November 1963 bekräftigte.[217] Das Auswärtige Amt war zwar nicht vollständig mit Form und Inhalt der Erklärung zufrieden, entschied aber, die Sache „auf sich beruhen zu lassen".[218]

Der Staatsbesuch Lübkes mochte die bilateralen Beziehungen verbessert haben, doch die Bonner Ungewissheit über Indonesiens deutschlandpolitischen Kurs war Anfang 1964 zurückgekehrt. Walter Fröwis, der Indonesienreferent im Auswärtigen Amt, konstatierte im März 1964, das DDR-Generalkonsulat übe „unter Duldung der indonesischen Regierung faktisch sämtliche Funktionen einer diplomatischen Vertretung mittlerer Größe" aus; zu einer „echten" Botschaft fehle nur noch „der protokollarische Rang".[219] Sukarno habe ein positives Bild von der DDR und empfange den Ost-Berliner Generalkonsul häufiger als den Bonner Botschafter.[220] Botschafter Weiz machte seit Anfang 1964 bei der DDR-Diplomatie in Jakarta eine „fieberhafte Aktivität auf allen politischen Ebenen" aus: Generalkonsul Hertzfeld erscheine nunmehr sogar auf solchen Veranstaltungen, „zu denen er keine Einladung erhalten hatte".[221] Die DDR verkünde bei jeder sich bietenden Gelegenheit ihre „antiimperialistische" Solidarität mit Indonesien in der Malaysia-Frage. Zudem, so der Bonner Botschafter, könne sich Ost-Berlin auf seine Verbündeten verlassen: „Solches ‚Block-Verhalten' haben die Indonesier von westlicher Seite dagegen in der Deutschlandfrage nie zu spüren bekommen, was ihnen – wie aus Gesprächen immer wieder hervorgeht – den Eindruck vermittelte, dass den USA und den übrigen Verbündeten der Bundesrepublik das Deutschlandproblem weit weniger wichtig erscheint, als der Sowjetunion und ihren Freunden."[222]

Angesichts der Gefahr für die Alleinvertretungspolitik in Indonesien entschloss sich das Auswärtige Amt, den Botschafterposten in Jakarta neu zu besetzen. Einige Fundstellen lassen den Schluss zu, dass Botschafter Gerhard Weiz aus Bonner Sicht seiner Aufgabe nicht gewachsen war. Seine Reaktion auf den Besuch und die Erklärungen der DDR-Delegation von Bruno Leuschner wurden vom Südostasienreferat als

---

vorgeschlagene Dementi herauszugeben. Ein Staatsbesuch Sukarnos [zu dem Lübke bei seinem Besuch in Indonesien eingeladen hatte] in Deutschland ist sonst kaum denkbar." PA AA, B 37, 1. Referat I B 5: Aufzeichnung vom 18.2.1964.
217 PA AA, B 37, 1. Indonesische Botschaft Bonn: Presseerklärung Nr. 1/64 vom 21.2.1964.
218 So Staatssekretär Carstens handschriftlich auf: PA AA, B 37, 1. Ministerialdirigent Böker, Aufzeichnung „Presse-Erklärung der indonesischen Regierung über angebliche Äußerungen Präsident Sukarnos anlässlich des Leuschner-Besuchs" vom 21.2.1964.
219 PA AA, B 38, 115. LR I Fröwis: Vermerk „Status und Aktivität der SBZ-Vertretung in Indonesien" vom 5.3.1964.
220 Ebenda.
221 PA AA, B 37, 2. Botschafter Weiz, Jakarta: Schriftbericht Nr. 367/64 „Gesteigerte SBZ-Aktivität in Indonesien seit dem Staatsbesuch des Herrn Bundespräsidenten" vom 24.3.1964.
222 Ebenda.

ungeschickt empfunden.²²³ Nach nur rund zehn Monaten in Indonesien wurde Weiz im Juni 1964 abberufen. Ursprünglich war der Sinologe und Jurist Karl Bünger für Jakarta vorgesehen worden.²²⁴ Warum statt seiner Luitpold Werz ausgesucht wurde, ist aus den zugänglichen Akten nicht ersichtlich.²²⁵ Den Erinnerungen des Diplomaten Hallier zufolge war Werz von Staatssekretär Carstens mit dem Auftrag nach Indonesien entsandt worden, eine Anerkennung der DDR um jeden Preis zu verhindern.²²⁶

Sukarnos „radikale" Außenpolitik in einer veränderten internationalen Konstellation

Sukarno und große Teile der politischen Elite Indonesiens beanspruchten seit der Bandung-Konferenz von 1955 eine gewisse weltpolitische Sprecherrolle für ihr Land. Ab 1963 griffen Sukarnos welt- und regionalpolitische Ambitionen allerdings noch weit über den vielbeschworenen „Geist von Bandung" hinaus. Mit der militärischen Eskalation des Malaysia-Konflikts ging eine umfassende Radikalisierung der indonesischen Außenpolitik einher: Sukarno weitete die antimalaysische Kampagne aus zu einer generellen Konfrontation gegen die *old established forces* oder *Nekolim*. In Washington galt Indonesien nun als dem Westen stärker feindselig als fast jedes andere Land außer China und dessen engste Verbündete.²²⁷

Von der Außenpolitik nicht zu trennen war die innere Mobilisierung Indonesiens, mit der Sukarno den „revolutionären Geist" des Unabhängigkeitskampfes neu entfachen wollte. Die seit 1956/57 verschärfte Auseinandersetzung um die Grundausrichtung Indonesiens zwischen den revolutionären „Solidaristen" um Sukarno und den pro-westlichen „Administratoren" um Hatta, die den Schwerpunkt auf die ökonomische Modernisierung legen wollten, schien damit endgültig zugunsten des ersteren

---

223 PA AA, B 37, 1.VLR I Bassler: Vermerk für Ministerialdirektor Jansen vom 4.2.1964.
224 KPBR 17 (1964), S. 337. 128. Sitzung des Bundeskabinetts am 24.6.1964.
225 Zum Werdegang von Luitpold Werz (1907–1973): Jurist, 1933 Eintritt in den Auswärtigen Dienst; 1934 NSDAP-Mitglied; 1933–1939 Tätigkeiten in der Presseabteilung, den Abteilungen II und III, beim Protokoll sowie in Barcelona, Sydney und Pretoria. 1939–1944 Vizekonsul in Lourenço Marques, 1944–1945 in der Politischen Abteilung und Referatsleiter in der Gruppe Inland II. 1945/46 Internierung, 1949–1953 Tätigkeit im Bundespräsidialamt, 1953 Wiedereintritt in den Auswärtigen Dienst, 1953–1956 an der Botschaft Buenos Aires, 1956–1960 an der Botschaft Madrid, 1960–1962 stellvertretender Leiter der Abteilung 3, 1962–1964 Botschafter in Bogota, 1964–1966 Botschafter in Jakarta. 1966 Leiter der Abteilung II, 1966–1969 der Abteilung IV. 1969–1971 Botschafter in Buenos Aires, 1972 Eintritt in den Ruhestand. Vgl. Biographisches Handbuch, Bd. 5, S. 252 f.
226 Hallier, Erinnerungen, S. 103; persönliche Mitteilung von Botschafter a. D. Hans-Joachim Hallier am 17.9.2012. Zur Mission von Werz in Jakarta siehe auch: PA AA, B 61-IIIB7, 262. LR I Fröwis: Kurzprotokoll vom 7.1.1965 über den ersten Teil der Hausbesprechung „Aktionsprogramm Indonesien" vom 22.12.1964.
227 FRUS, 1964–1968, Vol. XXVI, Doc. 78, S. 167. State Department: Runderlass vom 22.10.1964.

Lagers entschieden.[228] Im Auswärtigen Amt ging man seit dem Beginn der antimalaysischen, antibritischen Konfrontationspolitik davon aus, Indonesien strebe die Hegemonie in Südostasien an.[229] Im Laufe des Jahres 1964 verschlechterten sich die Beziehungen zwischen Indonesien und den USA drastisch: Schon während der ersten Monate der Johnson-Präsidentschaft näherte sich die US-Indonesienpolitik deutlich den Positionen Londons an. Die steigende amerikanische Involvierung in Vietnam war dabei ein wesentlicher Faktor.[230] Nachdem Washington im Zusammenhang des Malaysia-Konflikts mit einer Einstellung seiner Hilfen an Jakarta gedroht hatte, rief Sukarno im März 1964 während einer öffentlichen Rede in Gegenwart des amerikanischen Botschafters auf Englisch aus: „go to hell with your aid!".[231] Im August 1964 untersagte der US-Senat alle weiteren Hilfen an Indonesien.[232] Gegen Ende des Jahres 1964 ging man im *US State Department* davon aus, „that the UK and US interests there [Indonesien] and in Southeast Asia generally are the same".[233]

Sukarnos Radikalisierung fiel in eine Zeit der weltpolitischen Umbrüche, in der sich die strikte Bipolarität der fünfziger Jahre lockerte: Die Berlin-Krise von 1958 bis 1961 und die noch gefährlichere Krise um sowjetische Atomraketen auf Kuba 1962 hatten die konkrete Gefahr eines nuklearen Schlagabtauschs der Supermächte sehr anschaulich vor Augen geführt und dazu beigetragen, dass die amerikanisch-sowjetischen Beziehungen in die Frühphase ihrer *Détente* traten. In der Rückschau versinnbildlichen die Berlin- und die Kuba-Krise das „Erkalten" des Ost-West-Konflikts in Europa und seine Verlagerung in die „Dritte Welt". Im Sinne einer – graduellen und einstweilen noch sehr bedingten – Annäherung zwischen Moskau und Washington wirkten zudem andere Konvergenzen: Beide sorgten sich vor einer nuklearen „Proliferationskaskade", bei der es immer mehr Atommächte geben würde; der Kreml wollte insbesondere die nukleare Bewaffnung der Bundesrepublik verhindern. Das sogenannte Atomteststopp-Abkommen, das im Oktober 1963 in Kraft trat, wurde und wird häufig als Zäsur gewertet, mit der die *Détente* begann.[234]

Zudem beunruhigte der unberechenbare und radikale Aktivismus von Maos China beide Supermächte. Die US-Regierung sah im Einfluss Chinas auf Vietnam und Indonesien ein noch größeres Problem als im Einfluss der UdSSR. Die Erosion des sino-sowjetischen Bündnisses hatte Mitte der fünfziger Jahre begonnen und war spätestens

---

228 Zum Unterschied zwischen „Administratoren" und „Solidaristen" vgl. Anwar, Indonesia, S. 137–141. Die Autorin vertritt die Ansicht (S. 139), dass die Indonesienpolitik der USA und der Niederlande in den fünfziger Jahren die Position der prowestlichen „Administratoren" unterminiert habe.
229 PA AA, B 37, 53. Bundesminister Schröder: Dienstinstruktionen für Botschafter Weiz vom 28.10.1963.
230 Jones, U.S. Relations, S. 250–252.
231 Ebenda, S. 277.
232 Vgl. FRUS, 1964–1968, Vol. XXVI, Doc. 59, Anm. 4.
233 FRUS, 1964–1968, Vol. XXVI, Doc. 90. Memorandum für Assistant Secretary Bundy vom 2.12.1964.
234 Mastny, Test Ban Treaty, S. 3–25; Trachtenberg, Great Power Politics, S. 483.

1960 auch für westliche Beobachter klar erkennbar geworden. Nachdem der Besuch einer hochrangigen chinesischen Delegation in Moskau 1963 ergebnislos verlaufen war, wurde das Verhältnis der beiden größten kommunistischen Mächte offen feindselig.[235] Schon 1964 traf Peking erste Vorkehrungen für den Fall eines sowjetischen Angriffs; 1967 erhöhte die sowjetische Führung die Truppenpräsenz an der Grenze zu China.[236] Der sowjetische Ministerpräsident Kossygin vertraute 1967 dem amerikanischen Präsidenten Johnson und dem britischen Premierminister Wilson an, nicht die NATO, sondern China sei die größte Bedrohung des Weltfriedens.[237] Im Auswärtigen Amt sah man 1963 die zentrifugalen Tendenzen im Lager des Gegners so: „Es gibt heute keinen monolithischen kommunistischen Block mehr und keine einheitlich vom Kreml geleitete kommunistische Weltpartei mehr. [...] Es existieren heute zwei Zentren der kommunistischen Weltbewegung – Peking und Moskau".[238] Aus damaliger westlicher Perspektive waren vor allem die machtpolitischen Aspekte interessant; im Rückblick erscheint der sino-sowjetische Konflikt auch deshalb aufschlussreich, weil er allein durch seine Existenz die Attraktivität, Plausibilität und Legitimität des Marxismus-Leninismus als weltpolitisches Projekt unterminierte.[239]

Für Südostasien bedeutete der sino-sowjetische Konflikt den Übergang zu einer triangulären Konstellation, bei der die USA, die UdSSR und China nach Einflussgewinn bei gleichzeitiger Zurückdrängung der jeweils anderen zwei Mächte strebten: Indonesien hatte hierbei eine strategische Schlüsselstellung. Die Sowjetunion und ihre europäischen Satellitenstaaten unterstützten zwar nach außen hin die Anti-Malaysia-Kampagne Sukarnos. So griff der erste stellvertretende Ministerpräsident Mikojan bei einem Indonesien-Besuch im Juni 1964 den britischen „Neokolonialismus" scharf an: Die britische Politik in Malaysia sei die Entsprechung zur amerikanischen Politik in Südvietnam.[240] Dennoch war für Außenstehende erkennbar, dass die sowjetische Unterstützung über „Lippenbekenntnisse" nicht wesentlich hinausging.[241] Anders als die Westirian-Kampagne unterstützte Moskau Sukarnos Anti-Malaysia-Kampagne nur halbherzig; ein Grund war deren Ablehnung durch wichtige blockfreie Länder wie Indien.

Es waren vor allem der Kurs Sukarnos und die wachsende Bedeutung der zu Mao statt zu Moskau tendierenden mitgliederstarken *Partai Komunis Indonesia*, die Indonesien ab 1963 eng an die Volksrepublik China rücken ließen: China schien

---

235 Für zeitgenössische Beobachtungen siehe: „Konflikt Moskau-Peking" (Titelgeschichte). Der Spiegel, 3.4.1963; Steiner, China to the Left of Russia, S. 625–637.
236 Radchenko, Sino-Soviet Split, S. 364–369.
237 Westad, Global Cold War, S. 165.
238 PA AA, B 1, 222. Abteilung I: Aufzeichnung „Die innere Lage des Ostblocks", Mappe 2 zu den Konsultationsgesprächen in Tokio im Oktober 1963.
239 Radchenko, Sino-Soviet Split, S. 349.
240 PA AA, B 37, 80. Botschafter Weiz, Jakarta: Drahtbericht Nr. 155 vom 26.6.1964.
241 PA AA, B 37, 16. Botschaftsrat Seeliger, Jakarta: Schriftbericht Nr. 395/64 vom 3.4.1964.

„on the offensive in the Third World".[242] Chinas Popularität bei radikalen und linksnationalistischen Regierungen der „Dritten Welt" – neben Indonesien etwa Algerien, Nordvietnam und vorübergehend auch Kuba – verdankte sich Maos Ablehnung der sowjetischen Politik „friedlicher Koexistenz" und seiner Forderung, stattdessen die Konfrontation gegen den „Imperialismus" zu verschärfen. Peking unterstützte selbsterklärte Antiimperialisten in Afrika und Asien auch finanziell; am stärksten das angrenzende Nordvietnam.[243] Strategisch wie symbolisch bedeutsam war zudem, dass China seit dem Oktober 1964 Nuklearmacht war – als einziges Land des „globalen Südens", ehe Indien 1974 folgen sollte.[244] Die Zündung der ersten chinesischen Atombombe fand in derselben Woche statt, in der Nikita Chruschtschow von den eigenen Genossen gestürzt wurde.[245] Botschafter Weiz beurteilte im Mai 1964 die chinesisch-indonesischen Beziehungen als „gegenwärtig besser und enger denn je"; lediglich mit China und seinen asiatischen Verbündeten Nordkorea und Nordvietnam habe Indonesien noch eine gewisse Interessenparallelität, wobei auch diese nicht von Dauer sein werde. Auf längere Sicht ließe sich Sukarnos Vision, in Südostasien „unter Ausschaltung raumfremden Einflusses eine großmalaiische Ordnung unter Anerkennung der indonesischen Präponderanz aufzurichten", nicht mit der weltrevolutionären Politik der chinesischen Kommunisten vereinbaren.[246]

Der sino-sowjetische Konflikt und die nach 1963 abkühlenden Beziehungen zwischen Moskau und Jakarta machten das Bestreben Ostberlins komplizierter, ohne es jedoch Bonn einfacher zu machen. Im DDR-Außenministerium sah man den ideologischen Einfluss Chinas auf Indonesien grundsätzlich als Hemmnis im Kampf gegen den „westdeutschen Imperialismus".[247] Generalkonsul Hertzfeld schien die maoistisch beeinflusste PKI zeitweise „viel zurückhaltender" in der Frage der DDR-Anerkennung zu sein als bestimmte bürgerliche Kreise in Jakarta.[248] Einige Monate später beurteilte das MfAA die PKI jedoch wieder als die wichtigste Kraft in Indonesien, die die Bemühungen um die Anerkennung der DDR unterstütze.[249] Es gibt keinen Hinweis, dass die Bundesregierung den sino-sowjetischen Konflikt als Vorteil für die eigene Nichtanerkennungspolitik wahrnahm.[250] Immerhin warfen die

---

242 Westad, Global Cold War, S. 163.
243 Smith, Pericentric Framework, S. 584 f.
244 Gavin, Nuclear Proliferation, S. 405, 411.
245 Dazu: Savranskaya/Taubman, Soviet Foreign Policy, S. 138–140, 147 f.
246 PA AA, B 37, 57. Botschafter Weiz, Jakarta: Schriftbericht Nr. 573/64 vom 11.5.1964.
247 PAAA, MfAA, A 16129. 6. Abteilung: Aufzeichnung vom 28.5.1965.
248 PAAA, MfAA, A 16072. Generalkonsul Hertzfeld: Bericht vom 14.10.1964.
249 PAAA, MfAA, A 16073. 2. Abteilung, Sektion Indonesien: Aufzeichnung „Neueste Entwicklungen in Indonesien" vom 24.5.1965.
250 Vgl. BArch, B 136, 6261. Hans Klein: Vermerk für Bundesminister Westrick „Mögliche Anerkennung der SBZ durch Indonesien" vom 8.1.1965.

chinesischen Kommunisten den Sowjets vor, die DDR in der Anerkennungsfrage zu „verraten".[251]

Während sich die sino-sowjetischen Beziehungen in den sechziger Jahren rapide verschlechterten, nahm in weniger dramatischer Form auch der Zusammenhalt des westlichen Bündnisses ab. So war die Bundesrepublik im Kreis der westlichen Partner aufgrund ihres Junktims zwischen Entspannungspolitik und der deutschen Wiedervereinigung zunehmend isoliert. In der Bundesrepublik führte die seit dem Bau der Berliner Mauer eingetretene Ernüchterung über die westlichen Verbündeten dazu, nach neuen Wegen der innerdeutschen Beziehungen und einer dynamischeren Ostpolitik Ausschau zu halten: Egon Bahrs 1963 gehaltene Rede über einen möglichen „Wandel durch Annäherung" gab diesen Bemühungen eine griffige Formel.[252]

Zudem gab es nicht nur im kommunistischen, sondern auch im westlichen Lager starke Tendenzen, die einst unbestrittene Führungsmacht in Frage zu stellen: In deutlichem Kontrast zu Großbritannien, das seinen weltpolitischen Bedeutungsverlust durch die *special relationship* zu den USA kompensierte, suchte Frankreich unter der Präsidentschaft Charles de Gaulles (1958–1969) die Abgrenzung von den Vereinigten Staaten und eine Revision des bipolaren Status quo.[253] De Gaulle erwies sich (wie schon im Zweiten Weltkrieg) für Amerikaner und Briten als schwieriger Partner: Er legte 1963 sein Veto gegen den britischen Beitritt zur Europäischen Wirtschaftsgemeinschaft ein, forderte die Neutralisierung Indochinas und zog Frankreich 1966 aus der militärischen NATO-Kommandostruktur ab. Neben der Absicht, durch Prestigepolitik der „historischen Größe" Frankreichs gerecht zu werden, motivierten den General auch starke „realpolitische" Überlegungen: So bei seiner Entscheidung vom Februar 1964, diplomatische Beziehungen mit der Volksrepublik China aufzunehmen und dafür die Beziehungen zur Republik China auf Taiwan – im Jahr 1964 immerhin noch Vetomacht im UN-Sicherheitsrat – zu beenden. De Gaulle ging, ähnlich wie Adenauer, früh davon aus, dass sich der Konflikt zwischen China und der Sowjetunion weiter verschärfen würde und dies Moskau dem Westen gegenüber zu größerem Entgegenkommen zwingen könne. Zudem wollte de Gaulle eine gewisse Rolle Frankreichs im asiatisch-pazifischen Raum erhalten und sah Interessenkonvergenzen mit China in der Ablehnung des in den sechziger Jahren von den Supermächten vorangetriebenen Atomwaffensperrvertrages.[254] Dem General gelang in den sechziger Jahren mit seiner Abgrenzung von Washington und London sowie mit seinen zahlreichen außenpolitischen Initiativen eine bemerkenswerte Volte: Das zuvor wegen der Kriege in Indochina, Algerien und am Suezkanal als blutige Kolonialmacht verrufene Frankreich ver-

---

251 Vgl. den Artikel (ohne Namen): „Undermining the GDR's Position". Peking Review Nr. 35 vom 30.8.1963.
252 Vgl. Schöllgen, Deutsche Außenpolitik, S. 89.
253 Bozo, France, S. 158–178.
254 Dazu: Garret, China Card, S. 52–80.

besserte rasch sein Image in der „Dritten Welt". Zu den neuen Sympathisanten gehörte Sukarnos Indonesien. Die französische Anerkennung der Volksrepublik China und die französischen Vorschläge zur Neutralisierung von Laos und Vietnam wurden sehr gelobt, und auch sonst fand de Gaulles Abgrenzung von Washington und London Gefallen.[255] Jakarta bemühte sich um eine Intensivierung der Beziehungen zu Frankreich; regierungsnahe Medien priesen die Außenpolitik de Gaulles und entdeckten französisch-indonesische Gemeinsamkeiten, so etwa den „nicht-chauvinistischen Nationalismus" beider Länder.[256]

Die indonesische Führung rechnete sich offensichtlich gute Chancen aus, in einer weniger stark von der amerikanisch-sowjetischen Bipolarität bestimmten Weltpolitik durch Annäherung an China und Frankreich an Einfluss zu gewinnen. Im April 1964 besuchte Subandrio Paris und traf sowohl de Gaulle als auch Außenminister Couve de Murville. Greifbare Ergebnisse brachten die Zusammenkünfte nicht.[257] Paris reagierte auf die indonesischen Avancen eher zurückhaltend. Französische Regierungsvertreter sicherten Verteidigungsminister General Nasution im Dezember 1963 zwar Neutralität im Konflikt mit Malaysia zu und wollten grundsätzlich bereits eingegangene Vereinbarungen über Waffenlieferungen an Indonesien einhalten. Aus Rücksicht auf London sollte es jedoch während des Malaysia-Konflikts keine neuen Rüstungsexporte nach Indonesien geben.[258] Im Juni 1964 stellte die französische Regierung alle Waffen- und Munitionslieferungen nach Indonesien ein.[259]

In seiner Rede zum Unabhängigkeitstag am 17. August 1964 deklarierte Sukarno ein „Jahr des gefährlichen Lebens".[260] „Dies war", so die deutsche Botschaft, „wohl nicht so sehr als eine Feststellung, sondern eher als ein Befehl an die indonesische Nation im Hinblick auf die Konfrontation gegen Malaysia zu verstehen."[261] Ein wichtiges Forum für die indonesische Führung, ihre Politik darzustellen und Ressourcen zu mobilisieren, war die zweite Gipfelkonferenz der Blockfreien-Bewegung im Oktober 1964 in Kairo. Malaysia, obgleich kein Mitglied einer multilateralen Allianz, war nicht zu dieser Konferenz eingeladen worden.[262] Sukarno hielt in Kairo eine aggressive Ansprache unter dem Motto „Die Ära der Konfrontation".

---

255 PA AA, B 37, 57. Botschafter Weiz, Jakarta: Schriftbericht Nr. 119/64 vom 3.2.1964.
256 PA AA, B 37, 57. Botschafter Weiz, Jakarta: Schriftbericht Nr. 49/64 vom 14.1.1964.
257 Vgl. Dokumente in: PA AA, B 37, 57. Botschaft Paris: Schriftberichte vom 10.4.1964 und vom 17.4.1964.
258 PA AA, B 37, 57. Botschafter Weiz, Jakarta: Schriftbericht Nr. 49/64 vom 14.1.1964. DDF 1963, Dok. 232. Gesprächsprotokoll General Nasution-Außenminister Couve de Murville.
259 PA AA, B 37, 80. Botschafter Böhling, Kuala Lumpur: Drahtbericht Nr. 53 vom 10.7.1964; PA AA, B 37, 175. Botschafter Werz, Jakarta: Schriftbericht Nr. 908/65 „Indonesisch-französisches Verhältnis" vom 3.8.1965.
260 Vickers, Indonesia, S. 150, verweist auf die Anleihe Sukarnos bei Mussolinis *vivere pericoloso*.
261 PA AA, B 37, 80. Botschaftsrat Seeliger, Jakarta: Schriftbericht Nr. 1118/64 „Malaysia-Konflikt" vom 8.9.1964.
262 PA AA, B 37, 17. Botschafter Böhling, Kuala Lumpur: Drahtbericht Nr. 89 vom 26.9.1964.

Insgesamt konnte Indonesien allerdings keine besondere Unterstützung aus der Blockfreien-Konferenz ziehen; stattdessen zeigte sich die fortschreitende Isolierung Indonesiens unter den Blockfreien. Außenminister Subandrio erläuterte nach seiner Rückkehr, „dass es nur verständlich sei, dass gewisse Neider versuchten, Indonesiens wichtige Rolle auf der Konferenz zu schmälern".[263] Das Auswärtige Amt diagnostizierte zunehmende weltpolitische Divergenzen bei den Staaten der „Dritten Welt". Der nachlassende Zusammenhalt sei auch dem Fehlen einer von allen Seiten anerkannten Autorität der „Dritten Welt" geschuldet, seitdem Indiens Premierminister Nehru im Mai 1964 gestorben war.[264] Ein aus Bonner Sicht positiver Aspekt des Kairoer Gipfeltreffens war die weitgehende Nicht-Thematisierung der Deutschlandfrage – die 1961 in Belgrad von vielen neutralistischen Staaten scharf formulierte Kritik am bundesdeutschen Alleinvertretungsanspruch wiederholte sich nicht.[265]

In Südostasien eskalierte 1964 – außer dem Krieg in Vietnam – auch die indonesisch-malaysische Konfrontation: Nach Angriffen indonesischer Fallschirmjäger auf Süd-Malaysia trug die malaysische Regierung im September 1964 den Konflikt vor die UN. Der Weltsicherheitsrat befasste sich in mehreren Sitzungen mit dem indonesisch-malaysischen Antagonismus. Vertreter von Indonesien, Malaysia und den Philippinen durften als betroffene Staaten den ständigen Mitgliedern des Sicherheitsrates ihre jeweilige Position darlegen.[266] Der Repräsentant Malaysias schilderte detailliert die Vielzahl bewaffneter Angriffe indonesischer Kämpfer auf malaysisches Hoheitsgebiet und präsentierte eine Auswahl an sistierten Waffen. Er verteidigte die Präsenz britischer Truppen angesichts der indonesischen Aggression sowie mit dem souveränen Recht Malaysias, die Zugehörigkeit zu Verteidigungsbündnissen selbst zu wählen.[267] Hingegen ordnete der Repräsentant Indonesiens den Konflikt „in einen breiten historischen Zusammenhang" ein, namentlich in das Ringen um die „politische und kulturelle Einheit des malayischen [sic!] Volkes", die „durch Kolonialismus und Imperialismus zweier Kolonialmächte zerrissen" worden sei.[268] Die indonesische Regierung kombinierte also antiimperialistische Rhetorik mit einer pan-malaiischen Botschaft. Umgekehrt musste sich Sukarnos Regierung nun selbst Neoimperialismus vorwerfen lassen.[269]

---

263 PA AA, B 37, 17. Botschaftsrat Seeliger, Jakarta: Schriftbericht Nr. 1353/64 vom 26.10.1964.
264 PA AA, B 37, 17. Botschafter Federer, Kairo: Schriftbericht Pol. IB4-83.03/0 vom 15.10.1964.
265 PA AA, B 37, 17. VLR I Schirm: Aufzeichnung „Die zweite Konferenz der ungebundenen Staaten in Kairo vom 5.–10.10.1964 und das Deutschlandproblem" vom 30.10.1964. Vgl. auch: Lüthi, Non-Aligned Movement, S. 112–116.
266 PA AA, B 37, 80. Gesandter v. Braun, New York: Drahtbericht Nr. 498 vom 10.9.1964.
267 PA AA, B 37, 80. Gesandter v. Braun, New York: Drahtbericht Nr. 508 vom 15.9.1964.
268 PA AA, B 37, 80. Gesandter v. Braun, New York: Drahtbericht Nr. 498 vom 10.9.1964.
269 PA AA, B 37, 80. Excerpts from the Malaysian delegate's arraignment of Indonesia for aggression before the UN Security Council, 14.9.1964.

Erwartungsgemäß fand der südostasiatische Frontverlauf seine Entsprechung im weltpolitischen Antagonismus: Die USA verurteilten Indonesien und erklärten, die Vereinten Nationen könnten die „Gewaltanwendung gegen Malaysia nicht dulden"; die Sowjetunion erkannte dagegen die „indonesische Darstellung als einzig richtige an", da der britische Kolonialismus Indonesien bedrohe; Indonesien sei „Vorkämpfer für die Freiheit der Völker Südostasiens" und die Sympathien der UdSSR gehörten „den Freiheitskämpfern, fremde Einmischung sei auszuschalten".[270] Die Sowjetunion verhinderte das Zustandekommen einer UN-Resolution schließlich durch ihr Veto. Dennoch wurde der Umstand, dass außer der UdSSR und der CSSR alle ständigen und nicht-ständigen Mitglieder des Weltsicherheitsrates für die Resolution gestimmt hatten, als Erfolg Malaysias und Niederlage Indonesiens gewertet.[271] Der Umstand, dass die Sowjetunion und ihr tschechoslowakischer Vasall gegen die Resolution gestimmt hatten, lag weniger an ihrer Begeisterung für die *konfrontasi*; vielmehr wollte Moskau der Volksrepublik China und der indonesischen PKI keinen Anlass liefern, die Sowjetunion und ihre Verbündeten als konfliktscheue „Revisionisten" zu brandmarken, denen der Antiimperialismus abhandengekommen war.[272]

Im September 1964 durchquerten amerikanische und britische Flottenverbände die Sundastraße zwischen Sumatra und Java. Die indonesische Regierung erklärte dies zu einer Bedrohung der eigenen Sicherheit. Gleichzeitig überreichte der amerikanische Botschafter in Indonesien Sukarno ein Schreiben von US-Präsident Johnson, in dem er ihn vor einer weiteren Eskalation der Lage warnte.[273] Doch schon Ende Oktober 1964 berichtete der Vertreter Malaysias bei den Vereinten Nationen, dass es seit der UN-Debatte über den Konflikt elf neue indonesische Angriffe auf Malaysia gegeben habe.[274] Die weltpolitischen Hintergründe des Jahres 1964 machen die Gespanntheit aller Akteure nachvollziehbar: Die indonesische Regierung warf den Briten vor, einen Zwischenfall provozieren zu wollen, um einen Vorwand zum militärischen Handeln gegen Indonesien zu besitzen – als Vorbild diene das amerikanische Eingreifen gegen Nordvietnam, dem der Zwischenfall im Golf von Tonkin im August 1964 vorangegangen war.[275] Das Auswärtige Amt vermutete, dass sich Sukarno durch das amerikanische Eingreifen in den Vietnamkrieg eher bestärkt sehen würde, seine aggressive „Crush-Malaysia"-Politik fortzuführen.[276] In dieser Situation könne lediglich

---
270 PA AA, B 37, 80. Gesandter v. Braun, New York: Drahtbericht Nr. 500 vom 11.9.1964.
271 PA AA, B 37, 80. Gesandter v. Braun, New York: Drahtbericht Nr. 514 vom 17.9.1964. Nichtständige Mitglieder waren 1964: Bolivien, Brasilien, Elfenbeinküste, Marokko, Norwegen und die Tschechoslowakei.
272 Green, Indonesia, the United Nations and Malaysia, S. 82.
273 PA AA, B 37, 80. Botschaftsrat Seeliger, Jakarta: Drahtbericht Nr. 247 vom 14.9.1964.
274 PA AA, B 37, 80. Botschafter Böhling, Kuala Lumpur: Schriftbericht Nr. 898/64 „Indonesische Aggressionshandlungen" vom 9.11.1964.
275 PA AA, B 37, 80. Gesandter v. Braun, New York: Drahtbericht Nr. 508 vom 15.9.1964.
276 PA AA, B 37, 80. Referat I B 5: Aufzeichnung „Konflikt zwischen Indonesien und Malaysia (Einwirkung auf Sukarno)" (ohne Datum).

die niederländische Regierung eine Vermittlerrolle übernehmen. Die Bundesregierung sei dazu aufgrund ihrer deutschlandpolitischen Interessen in Indonesien nicht in der Lage: Sukarnos schwankende Haltung mache es für Bonn unmöglich, „ihn zu einem Nachgeben gegenüber Malaysia zu überreden, weil ein solcher Ratschlag von ihm als Parteinahme für Malaysia ausgelegt würde" – automatischer Profiteur würde die DDR sein.[277]

3 Das Jahr der Krisen (September 1964 bis September 1965)

William Glenn Gray beurteilt die Jahre 1964 und 1965 als den „Apex" der globalen Bonner Aktivitäten zur Abwehr einer DDR-Anerkennung in der „Dritten Welt", also als ihren Höhe- und Scheitelpunkt. Unter der Kanzlerschaft Ludwig Erhards wurde die Alleinvertretungspolitik weniger flexibel ausgelegt als zuvor: Bonn beantwortete nunmehr *jede* Form von Annäherungen an die DDR mit Sanktionen, auch wenn es dabei um konsularische Beziehungen ging: Als Anfang 1964 ein DDR-Generalkonsulat in Colombo eingerichtet wurde, beendete die Bundesregierung alle Kapitalhilfe für Ceylon, vertrat also eine wesentlich härtere Linie als im Falle des Generalkonsulats in Jakarta 1960. Staatssekretär Carstens legte die „neuen Maßnahmen" zur internationalen Durchsetzung der DDR-Nichtanerkennung im Juni 1964 in einem Runderlass dar.[278] In der Rückschau erscheint die Zeit um 1964/65 als der Beginn einer Modifizierung und schließlich der Abkehr von der Hallstein-Doktrin.[279]

Im Januar 1964 hatte der damals noch amtierende Botschafter Gerhard Weiz festgehalten, die DDR habe in der Anerkennungsfrage bislang nicht in dem Maße profitiert, wie es durch den „stark linksneutralistischen Kurs der Regierung Sukarno" eigentlich zu erwarten gewesen wäre. Einstweilen wirkten vor allem die dem Kommunismus abgeneigten Teile der indonesischen Bürokratie als „Gegengewicht gegen Annäherungsversuche" Ost-Berlins.[280] Doch bis Ende des Jahres 1964 war Indonesien zu einem der schwierigsten Probleme für die Bonner Alleinvertretungsdiplomatie geworden.[281] Im Jahr 1965 kamen schließlich wie unter einem Brennglas die Schwierigkeiten der bundesdeutschen Außenpolitik gegenüber der „Dritten Welt" zusammen. Von der Öffentlichkeit stärker als die Entwicklungen in Indonesien wurde freilich die

---

277 Ebenda.
278 AAPD 1964, Dok. 171. Staatssekretär Carstens: Runderlass „Alleinvertretungs-Politik der Bundesregierung; hier: neue Maßnahmen zu ihrer Durchsetzung" vom 18.6.1964.
279 Gray, Cold War, S. 162, 172 f.
280 PA AA, B 37, 57. Botschafter Weiz, Jakarta: Schriftbericht 38/64 „Vertretungen der SBZ in Ländern außerhalb des kommunistischen Bereichs; hier: Indonesien" vom 13.1.1964.
281 Gray, Cold War, S. 169: "As 1964 drew to a close, Sukarno's Indonesia moved to the top of Bonn's 'danger' list, and it seemed unlikely that the opening of an Indonesian consulate in East Berlin could long be averted."

sogenannte Nahostkrise der Bonner Außenpolitik beachtet, die sich im Zusammenhang mit dem Besuch Walter Ulbrichts in Ägypten und der Aufnahme diplomatischer Beziehungen zwischen der Bundesrepublik und Israel entfaltete. Teils in Wechselwirkung zur „Nahostkrise", teils auf endogene Faktoren zurückzuführen, bestand Bonns Indonesienpolitik bis zum Herbst 1965 in einer nahezu ununterbrochenen Anstrengung, die Nichtanerkennung der DDR und damit einen tragenden Pfeiler seiner Deutschlandpolitik zu erhalten. Die Entwicklungs- und Wirtschaftshilfen wurden in diesem Jahr vollständig politisiert. Auf Fragen der Rentabilität und „Nachhaltigkeit" nahm zumindest das Auswärtige Amt keine Rücksicht mehr; einziger Zweck wurde es, die Gefahr einer DDR-Anerkennung auf monetärem Wege abzuwenden.

Dieser semi-permanente Krisenmodus der (deutsch-)deutschen Indonesiendiplomatie war freilich Teil eines viel größeren und wesentlich dramatischeren Zusammenhanges: Indonesien bewegte sich im Jahr 1965 am Rande des Abgrunds, ehe die lange schwelenden inneren Konflikte ab dem Herbst 1965 ausbrachen und in ein Blutbad von gewaltigen Ausmaßen mündeten. Die deutschen Diplomaten vor Ort wussten, dass sie sich in einem scharf polarisierten Land befanden: Der neu nach Indonesien entsandte Botschafter Luitpold Werz berichtete am Tag seines Antrittsbesuchs bei Sukarno, dem 4. Dezember 1964, von einem gewalttätigen Übergriff kommunistischer Aktivisten und dem Einschreiten des Militärs. Er habe gehört, die indonesische Armee sei für den Fall eines kommunistischen Aufruhrs „bereit, sofort einzugreifen und glaubt, die Kommunisten im Handumdrehen erledigen zu können".[282] Es hatte also Warnzeichen für die später eingetretene Entwicklung gegeben.

Das Bundeskabinett hatte schon im Dezember 1963 grundsätzlich beschlossen, 30 Millionen DM an neuen Hilfen für Indonesien bereitzustellen.[283] Diese Hilfen sollten jedoch im Rahmen einer multilateralen Unterstützung Indonesiens ausgezahlt werden und abhängen von der „Zustimmung der übrigen Geberländer und eine[r] positive[n] Beurteilung der wirtschaftlichen Lage"[284] durch den Internationalen Währungsfonds. Da der eskalierende Malaysia-Konflikt eine Erfüllung dieser Bedingungen verhinderte, wurde der Kabinettsbeschluss vorerst nicht umgesetzt.[285] Obwohl die Bedingungen auch im September 1964 nicht erfüllt waren – sondern sich die Umstände eher verschlechtert hatten –, plädierten das Auswärtige Amt, das Entwicklungshilfeministerium und auch das Bundeswirtschaftsministerium in einem gemeinsamen Papier dafür, das Bundeskabinett solle aus deutschlandpolitischen Gründen die Auszahlung eines Kapitalhilfekredits von 15 Millionen DM an Indonesien noch vor der Kairoer Blockfreien-Konferenz im Oktober 1964 genehmigen. Das Bundesfinanzministerium hielt dies für nicht vertretbar: Das BMF argumentierte dabei nicht – wie

---

282 BArch, B 122, 5469. Botschafter Werz, Jakarta: Drahtbericht Nr. 370 vom 4.12.1964.
283 KPBR 16 (1963), S. 472–473. 104. Sitzung des Bundeskabinetts vom 18.12.1963.
284 Vgl. KPBR 17 (1964), S. 405.
285 Ebenda.

sonst üblich – haushaltspolitisch, sondern verwies bemerkenswerterweise auf die zu erwartende Verstimmung der britischen Regierung.[286]

Am 16. September 1964 beriet das Bundeskabinett über die mögliche Kapitalhilfe von 15 Millionen DM. Die interministeriellen Meinungsverschiedenheiten verliefen entlang der gewohnten Linien: Wirtschaftsminister Schmücker und Finanzminister Dahlgrün äußerten Bedenken. AA-Staatssekretär Carstens betonte demgegenüber, dass „die Bundesrepublik in Indonesien ein sehr großes Kapital an *goodwill* investiert habe, das durch eine Ablehnung der Kapitalhilfe verlorenginge".[287] Auch Entwicklungshilfeminister Scheel plädierte für deren Gewährung. Das Kabinett beschloss die Erteilung der Hilfen – allerdings sollte diese Entscheidung zunächst nicht öffentlich bekanntgegeben werden.[288] Im *Foreign Office* war man indigniert über das Bonner „Bestechungsgeld" für Indonesien. Die britische Botschaft in Bonn erhielt die Weisung aus London, die Vergabe neuer Mittel an Indonesien zu monieren: Diese sei „bound to undo some of the good done by international disapproval of Indonesian aggression", müsse aufgefasst werden „as a unilateral gesture of German dissent from general Western policy" und vertrüge sich nicht mit der britischen Bitte an alle NATO-Partner, Indonesien keine Hilfen mehr zu gewähren.[289]

„Wir sind noch einmal davongekommen": Ein indonesisches Generalkonsulat in Ost-Berlin?

Sofern sich die Bundesregierung Hoffnungen auf ein schnelles deutschlandpolitisches Entgegenkommen der indonesischen Führung gemacht hatte, folgte die Ernüchterung schon bald: Eine DDR-Delegation unter Leitung von Johannes Dieckmann, Präsident der DDR-Volkskammer und Mitglied der Blockpartei LDPD (Liberal-Demokratische Partei Deutschlands), bereiste Indonesien vom 30. November bis zum 12. Dezember 1964. Der hochrangige Besuch fiel zusammen mit der Übergabe des Beglaubigungsschreibens an den neuen Bonner Botschafter Luitpold Werz. Dieckmann legte sich keine Zurückhaltung auf: Ausdrücklich protestierte er gegen den Alleinvertretungsanspruch der Bundesrepublik und erklärte, Botschafter Werz „verträte in Indonesien nicht das deutsche Volk, sondern nur die Imperialisten und Reaktionäre Deutschlands".[290]

Am 1. Dezember 1964 wurden in Bonn Agenturmeldungen bekannt, wonach der indonesische Aufbauminister Saleh erklärt haben sollte, im folgenden Jahr würde

---

[286] BArch, B 136, 2982. Bundeskanzleramt, Referat 6: Vermerk für die Kabinettssitzung „Entwicklungshilfe für Indonesien" vom 11.9.1964.
[287] KPBR 17 (1964), S. 405. 135. Sitzung des Bundeskabinetts vom 16.9.1964.
[288] Ebenda.
[289] TNA-PRO, FO 371, 177959. Foreign Office: Telegramm Nr. 938 an die Botschaft Bonn vom 25.9.1964.
[290] PA AA, B 37, 2. Botschafter Werz, Jakarta: Drahtbericht Nr. 378 vom 11.12.1964.

Indonesien diplomatische Beziehungen zur DDR aufnehmen.[291] Tatsächlich hatte Saleh in seiner Funktion als Vorsitzender des indonesischen Volkskongresses die Dieckmann-Delegation empfangen, die erneut ihre „antiimperialistische" Solidarität gegen Malaysia bekundet und ihren Wunsch nach der Erhebung des DDR-Konsulats zur Botschaft geäußert hatte. Saleh hatte erwidert, die Beziehungen zwischen Ost-Berlin und Jakarta sollten gefestigt werden und er werde der indonesischen Regierung eine „solche Anhebung" empfehlen.[292] Werz meldet nach Bonn, Salehs Worte an die Ost-Berliner Emissäre könnten durchaus als „höfliches asiatisches Nein" gewertet werden. Erforderlich seien nun eine direkte Ansprache Sukarnos und möglichst auch die Zusicherung neuer Gelder an Indonesien.[293] Vom Verlauf des Dieckmann-Besuchs alarmiert, legte die Politische Abteilung des Auswärtigen Amts den beiden Staatssekretären Carstens und Lahr ein Papier zur „Krise der deutsch-indonesischen Beziehungen" vor, das sofortige Demarchen empfahl.[294] Carstens erteilte umgehend eine entsprechende Weisung an Botschafter Werz:

> „Ich bitte Sie, bei Ihrem bevorstehenden Gespräch mit Sukarno [...] das Befremden der Bundesregierung über den der SBZ-Delegation bereiteten Empfang zum Ausdruck zu bringen. Das von der indonesischen Regierung widerspruchslos zugelassene Auftreten der SBZ-Delegation müsse nicht nur in Indonesien, sondern auch in der deutschen Öffentlichkeit den Eindruck erwecken, dass die indonesische Regierung sich mit dem Gedanken trage, ihre Beziehungen zur SBZ zu ändern. Dieser Eindruck werde verstärkt durch angebliche Erklärungen von Chaerul Saleh über einen bevorstehenden Botschafteraustausch zwischen Indonesien und der SBZ. Ich bitte Sie zu erklären, dass die Bundesregierung über die Äußerungen von Chaerul Saleh äußerst betroffen sei. [...] Die indonesische Regierung wisse, dass unsere Beziehungen zu Indonesien in sämtlichen Bereichen bestimmt würden durch die indonesische Haltung zur Deutschlandfrage. Ich bitte Sie darauf hinzuwirken, dass Sukarno einen Empfang Dieckmanns ablehnt."[295]

Werz traf Saleh noch am Abend des 2. Dezember 1964. Saleh wies die Vorhaltungen des Bonner Botschafters zurück und gab an, seine angeblichen Äußerungen über die Umwandlung des Konsulats in eine Botschaft seien „frei erfunden", eine Änderung der Beziehungen zur DDR „gegenwärtig" nicht geplant. Überdies habe die Dieckmann-Delegation, so Saleh, „keinen guten Eindruck gemacht, sie habe ‚preußisch' gewirkt". Seinerseits nutzte der indonesische Minister die Gelegenheit, die Lieferung bestimmter deutscher Güter anzumahnen, die angeblich aufgrund des Malaysia-Konflikts verweigert würde. In eine Metapher von javanischen Vulkanausbrüchen gekleidet, warn-

---

291 PA AA, B 37, 2. VLR I Bassler: Drahterlass Nr. 217 an die Botschaft Jakarta vom 1.12.1964.
292 PA AA, B 37, 2. Botschafter Werz, Jakarta: Drahtbericht Nr. 366 vom 2.12.1964.
293 Ebenda.
294 PA AA, B 37, 2. Ministerialdirektor Jansen: Aufzeichnung „Krise der deutsch-indonesischen Beziehungen" vom 2.12.1964.
295 PA AA, B 37, 2. Staatssekretär Carstens: Drahterlass Nr. 220 an die Botschaft Jakarta vom 2.12.1964.

te Saleh Werz vor den möglichen fatalen Folgen einer Nicht-Berücksichtigung indonesischer Anliegen.[296]

Am 9. Dezember 1964 wurde der indonesische Botschafter in Bonn, Lukman Hakim, im Auswärtigen Amt empfangen und über das „Befremden" der Bundesregierung wegen des Ablaufs des Dieckmann-Besuchs unterrichtet. Der Indonesier wurde vor „schweren Störungen in unseren beiderseitigen Beziehungen" gewarnt und gebeten, seiner Regierung „die Dringlichkeit unserer Bitte" bekannt zu machen.[297] Zwei Tage später empfing Bundespräsident Lübke den Botschafter, um ihm dieselben Anliegen nochmals in freundlicherem Ton vorzutragen. Hakim versäumte nicht, beide Male auf die indonesischen Besorgnisse über die wirtschaftspolitische Zurückhaltung Bonns hinzuweisen, insbesondere auf die Nicht-Vergabe von Hermes-Bürgschaften wegen des Malaysia-Konflikts.[298]

Seine Bemerkungen verfehlten ihre Wirkung nicht: Die Politische Abteilung I des Auswärtigen Amts und die Botschaft in Jakarta drängten gegenüber Minister Schröder und den beiden Staatssekretären darauf, die Restriktionen bei den Hermes-Bürgschaften umgehend zu lockern, da sonst die Bonner „Position in Indonesien unhaltbar" würde.[299] Die „bedenklichen Verfallserscheinungen der indonesischen Wirtschaft" und das damit verbundene Ausfallrisiko seien zwar nicht zu bestreiten, doch abermals müsse politischen Erwägungen Vorrang eingeräumt werden: „Wir können es uns nicht leisten, durch die SBZ aus Indonesien herausgedrängt zu werden und damit das Signal für andere afro-asiatische Staaten zur Aufnahme diplomatischer Beziehungen zu Pankow zu geben. Wegen unserer politischen Schwierigkeiten in Indonesien werden wir [...] Verständnis in Großbritannien wegen Malaysia fordern müssen [...]."[300]

Unterdessen hatte die von Dieckmann geleitete Volkskammer-Abordnung ihren Besuch dazu genutzt, immer wieder die volle diplomatische Anerkennung der DDR zu fordern und dies mit der antiimperialistischen Solidarität Ost-Berlins im Geist der *new emerging forces* begründet. Werz hielt es für möglich, dass die „Lautstärke und das massive Vorbringen" der immer gleichen Forderungen in Jakarta eher für Verärgerung als für positive Resonanz gesorgt hätten.[301] Am 14. Dezember meldete Werz nach Bonn: „Dieckmann, der bis zuletzt insistierte, ist heute mit seiner Delegation ohne Anerkennung abgereist. Wir sind noch einmal davongekommen."[302] Allerdings warnte der Botschafter, „die Aufnahme diplomatischer Beziehungen mit der Sowjetzone"

---

[296] PA AA, B 37, 2. Botschafter Werz, Jakarta: Drahtbericht Nr. 367 vom 3.12.1964.
[297] PA AA, B 37, 2. VLR I Bassler: Aufzeichnung „Demarchen gegenüber dem indonesischen Botschafter in Bonn, Lukman Hakim" vom 14.12.1964.
[298] Ebenda.
[299] PA AA, B 37, 2. Ministerialdirektor Jansen: Aufzeichnung für Staatssekretär und Minister vom 14.12.1964.
[300] Ebenda.
[301] PA AA, B 37, 2. Botschafter Werz, Jakarta: Drahtbericht Nr. 378 vom 11.12.1964.
[302] PA AA, B 80-V1, 957. Botschafter Werz, Jakarta: Drahtbericht Nr. 382 vom 14.12.1964.

sei „nur noch eine Frage der Zeit, wenn wir nicht – wie ich es seit meinem Eintreffen fortgesetzt und bisher ohne Erfolg vorgeschlagen habe – unsere Stellung mit einer Politik der verstärkten Wirtschaftshilfe verteidigen".[303]

Zur Jahreswende schien die Stellung der Bundesrepublik wiederum in die Defensive zu geraten: Die Beziehungen zwischen Indonesien und der DDR hatten sich seit dem Dieckmann-Besuch dergestalt entwickelt, dass dem Auswärtigen Amt „die Zulassung eines indonesischen Generalkonsulats in Ost-Berlin eine beschlossene Sache zu sein"[304] schien – die indonesische Führung glaube, sich diesen Schritt unterhalb der diplomatischen Anerkennung erlauben zu können, ohne einen völligen Bruch mit Bonn zu provozieren. Indonesien sehe sich insofern in einer günstigen Stellung, da es ein starkes bundesdeutsches Interesse am Erhalt des Tabakmarktes in Bremen gebe und überdies die Bundesregierung die Rückzahlung der an Indonesien vergebenen Kredite in Höhe von insgesamt knapp 500 Millionen DM nicht gefährden wolle. Referatsleiter Bassler sah die „indonesische Rechnung [...] gegen uns" aufgehen, da die Bundesregierung umständehalber nicht über probate Mittel verfüge, angemessen auf die Etablierung eines indonesischen Konsulats in Pankow zu reagieren. Eine folgenlose Hinnahme müsse jedoch andere Staaten animieren, es Indonesien gleichzutun.[305] Carstens bat Ende Dezember 1964 Botschafter Hakim nochmals zu sich und wies ihn darauf hin, „eine amtliche Vertretung Indonesiens in Ostberlin würde von der Bundesregierung als ein Akt gegen vitale deutsche Interessen angesehen werden"; alle Bemühungen um eine Vertiefung der freundschaftlichen Beziehungen wären „dadurch zunichte gemacht".[306]

Ein indonesisches Generalkonsulat in Ost-Berlin wäre wohl die letzte Etappe auf dem Weg zum endgültigen Durchbruch der DDR in Indonesien gewesen. Zur Jahreswende 1964/65 gab Vizeaußenminister Suwito die Ansicht Sukarnos dahingehend wieder, dass er eine Anerkennung der DDR ernsthaft erwäge. Als Motiv Sukarnos wirke erstens, dass auch die Großmächte USA, UdSSR und Großbritannien nicht für die Überwindung der deutschen Teilung seien. Zweitens sei Sukarno verärgert über das angeblich gebrochene Versprechen, das Lampong-Projekt zu finanzieren und aufzubauen.[307] Die Aussicht, die Nichtanerkennungspolitik in Indonesien durchzu-

---
303 PA AA, B 37, 2. Botschafter Werz, Jakarta: Schriftbericht Nr. 1554/64 vom 16.12.1964.
304 PA AA, B 38, 115. VLR I Bassler: Aufzeichnung „Eröffnung eines indonesischen Generalkonsulats in Ost-Berlin" vom 28.12.1964. Bassler wandte sich an Staatssekretär Carstens „mit der Bitte um Entscheidung".
305 Ebenda.
306 PA AA, B 80-V1, 957. Staatssekretär Carstens: Drahterlass an die Botschaft Jakarta vom 29.12.1964; PA AA, B 80-V1, 957. Staatssekretär Carstens: Aufzeichnung „Eröffnung eines indonesischen Generalkonsulats in Ost-Berlin" für Bundesminister Schröder vom 4.1.1965.
307 PA AA, B 130, 2655A. Meldung aus Jakarta an Bundeskanzleramt, AA, BMVtdg, BMWi: „Möglichkeit der Aufnahme diplomatischer Beziehungen zwischen Indonesien und SBZ" vom 8.1.1965. Kontrollnummer: 021/1/65 geheim. Bei dieser Meldung handelt es sich wohl um ein Fernschreiben des BND.

halten, wurde in Bonn pessimistisch beurteilt. Hans Klein, nach seiner Tätigkeit als Presseattaché in Indonesien nun im Bundeskanzleramt tätig, notierte zu Jahresbeginn für den Bundeskanzler: „Die volle diplomatische Anerkennung der sogenannten deutschen Demokratischen Republik [sic!] durch die Republik Indonesien rückt fast unaufhaltsam näher."[308]

„Aktionsprogramm Indonesien":
Ein neuer Sonderplafond und intensivere Kommunikation

Notwendig schien der Bundesregierung ein letzter Versuch, die Etablierung eines indonesischen Generalkonsulats in Ost-Berlin abzuwenden. Die konkreten Maßnahmen sollten laut Referatsleiter Bassler auf unterschiedlichen Ebenen erfolgen: Der Bundespräsident solle sich in einem persönlichen Schreiben an Sukarno wenden; Bonn solle befreundete asiatische Staaten um ihre Fürsprache bei den Indonesiern bitten; und schließlich sei in jedem Fall die Vergabe neuer Gelder notwendig.[309] Horst Osterheld, der Leiter des außenpolitischen Büros im Bundeskanzleramt, stimmte diesen Vorschlägen zu.[310]

Die Vergabe neuer Wirtschaftshilfen an Indonesien war allerdings wegen der ernsten politisch-institutionellen Krise Indonesiens schwierig: Bemerkenswerterweise hatte die indonesische Regierung bis Ende 1964 noch nicht auf die im September 1964 zugesagte Kapitalhilfe von 15 Millionen DM reagiert.[311] Nach Ansicht der AA-Wirtschaftsabteilung lag dies an der Uneinigkeit verschiedener indonesischer Ressorts über die Verwendung der Gelder.[312] Referatsleiter Bassler rief die Staatssekretäre des Auswärtigen Amts dazu auf, alle ökonomischen Bedenken dem Primat der Alleinvertretungspolitik unterzuordnen – führende Kreise Indonesiens fragten nicht mehr, „ob die SBZ ein zweiter deutscher Staat ist, mit dem man diplomatische Beziehungen aufnehmen könnte, sondern, warum Indonesien nicht mit dem progressiven Deutschland (der Zone) die guten amtlichen – sprich diplomatischen – Beziehungen unterhält". Im Gegensatz zur DDR habe die Bundesrepublik nicht die Möglichkeit, Indonesiens Haltung in der Malaysia-Frage propagandistisch zu unterstützen. Da-

---

308 BArch, B 136, 6261. Hans Klein: Vermerk für Bundesminister Westrick „Mögliche Anerkennung der SBZ durch Indonesien" vom 8.1.1965. Diese Aufzeichnung hat Bundeskanzler Erhard am 30.1.1965 vorgelegen.
309 PA AA, B 38, 115. VLR I Bassler: Aufzeichnung „Eröffnung eines indonesischen Generalkonsulats in Ost-Berlin" vom 28.12.1964.
310 BArch, B 136, 6261. Ministerialdirigent Osterheld: Vermerk vom 14.1.1965.
311 PA AA, B 61-IIIB7, 262. Ministerialdirigent Pauls: Drahterlass Nr. 233 an die Botschaft Jakarta vom 19.12.1964.
312 PA AA, B 37, 2. Abteilung III: Aufzeichnung „Wirtschaftspolitische Maßnahmen, um die Errichtung eines indonesischen Generalkonsulats in Ost-Berlin zu verhindern" vom 29.12.1964.

her bliebe ihr nur eine Möglichkeit: „Der Einsatz weiterer Wirtschaftshilfe als letztes Mittel, die indonesische Regierung von der Anerkennung der Zone abzuhalten."[313]

Angesichts der heiklen Lage setzte der für Südostasien zuständige Unterabteilungsleiter Alexander Böker zur Jahreswende 1964/65 ein eigenes „Aktionsprogramm Indonesien" ein.[314] Die Lage in Indonesien, so Böker, sei ein „entscheidender Testfall" – sowohl bezüglich der „allgemeinen Ausrichtung des Landes im Ost-West-Konflikt" als auch für „das besondere deutsche Anliegen". Der aus Indonesien angereiste Botschafter Werz warnte vor einer möglichen „Kettenreaktion in Südostasien" und forderte unter anderem, der indonesischen Regierung einen zusätzlichen Kredit-Plafond von rund 100 Millionen DM anzubieten. Referatsleiter Bassler stimmte Werz' Forderungen zu.[315]

Im Zusammenhang des „Aktionsprogramms Indonesien" wurde im Januar 1965 erstmals offen ausgesprochen, dass sich das Auswärtige Amt auf die Schlussphase von Sukarnos Regentschaft einstellte; bis zum Tod des – Berichten zufolge – ernsthaft kranken Sukarno müsse der deutschlandpolitische Status quo gehalten werden. Gerade die Phase der Agonie bedeute jedoch besondere Gefahren. Das „Aktionsprogramm Indonesien" verfolgte sein Ziel also auf kurze bis allenfalls mittelfristige Sicht.[316] Im Auswärtigen Amt herrschten keine Illusionen über den budgetären Zustand in Indonesien: „Bei der Beurteilung der wirtschaftlichen Lage Indonesiens kam er [Unterabteilungsleiter Pauls] zu dem Schluss, dass Indonesien praktisch vor dem finanziellen Ruin stehe. Es beständen Zahlungsverpflichtungen von 250 Millionen Dollar bei einem Devisenbestand von 40–45 Millionen Dollar. Die Bundesrepublik habe bisher Garantien über einen Betrag von 500 Millionen DM [entsprach etwa 125 Millionen US-Dollar] übernommen."[317] Pauls warnte vor einer noch weiteren Ausdehnung der indonesischen Staatsverschuldung für den Fall der neuerlichen Gewährung eines Son-

---

313 PA AA, B 37, 2. VLR I Bassler: Aufzeichnung „Gefahr einer Anerkennung der SBZ durch Indonesien" vom 13.1.1965.
314 PA AA, B 61-IIIB7, 262. LR I Fröwis: Vermerk „Hausbesprechung ‚Aktionsprogramm Indonesien'" vom 7.1.1965. – Zum Werdegang von Alexander Böker (1912–1997): Studium der Rechts- und Staatswissenschaft, Philosophie und Volkswirtschaftslehre, verließ Deutschland 1938 aus Opposition zur NS-Diktatur und lebte anschließend in Großbritannien und den USA. Promotion zum PhD bei Heinrich Brüning in Harvard, Tätigkeit als Assistent und Journalist. 1948 Rückkehr nach Deutschland, 1949 Einberufung in das Bundeskanzleramt und in den neuen Auswärtigen Dienst. 1953–1956 Botschaft Paris, 1956–1958 Leiter des AA-Westeuropareferates, 1958–1963 Politischer Direktor beim NATO-Generalsekretariat; 1963–1968 Leiter der AA-Unterabteilung I B; 1968–1971 Beobachter der Bundesrepublik bei den Vereinten Nationen, 1971–1977 Botschafter beim Heiligen Stuhl. Vgl. Internationales Biographisches Archiv 31/1997 vom 21.7.1997. https://www.munzinger.de/search/go/document.jsp?id=00000013082.
315 PA AA, B 61-IIIB7, 262. LR I Fröwis: Protokoll vom 7.1.1965 über den ersten Teil der Hausbesprechung „Aktionsprogramm Indonesien" vom 22.12.1964.
316 PA AA, B 37, 171. Protokoll vom 18.1.1965 über den zweiten Teil der Hausbesprechung „Aktionsprogramm Indonesien" vom 11.1.1965 (Verfasser unleserlich).
317 Ebenda.

derplafonds. Botschafter Werz hielt Pauls seine Ansicht entgegen, dass „alles getan werden [sollte], um ein Übergleiten Indonesiens in das kommunistische Lager zu verhindern".[318]

Am 18. Januar 1965 beschloss das Bundeskabinett in einer Sondersitzung, Indonesien einen neuen Sonderplafond von 100 Millionen DM zu gewähren.[319] Dies bedeutete, dass die Bundesregierung mit bis zu 100 Millionen DM für die Exporte deutscher Unternehmen nach Indonesien haftete. Kontroversen über die von einigen Ministern als zu nachgiebig empfundene Politik gegenüber Indonesien blieben nicht aus, wie das Sitzungsprotokoll dokumentiert:

> „Der Bundesminister für Wirtschaft teilt mit, dass der Bundesminister des Auswärtigen ihn aus politischen Gründen schriftlich um seine Zustimmung zur Verstärkung der wirtschaftlichen Zusammenarbeit mit Indonesien gebeten habe. Es gehe dabei vor allem um einen langfristigen Sonderplafond von 100 Millionen DM für Bundesbürgschaften im Indonesien-Geschäft. Ein solcher Schritt könne wirtschaftlich kaum verantwortet werden. Sollte ihm aus politischen Gründen zugestimmt werden, so müsse das Kabinett hierfür die Verantwortung übernehmen. Nach Auffassung des Bundesministers des Auswärtigen solle mit den vorgeschlagenen Maßnahmen der akuten Gefahr vorgebeugt werden, dass die indonesische Regierung die SBZ anerkennt und mit dieser diplomatische Beziehungen aufnimmt. Der Bundesminister des Auswärtigen bemerkt ergänzend, dass der deutsche Botschafter am 25. Januar 1965 von Präsident Sukarno empfangen werde, der in seiner Einstellung zur Deutschlandfrage schwankend geworden sei. [...] Der Bundesminister für Wirtschaft bemerkt, dass der Bundespräsident bei seinem Besuch in Indonesien im November 1963 eine Zusage gegeben habe. Der Bundesminister für wirtschaftliche Zusammenarbeit spricht sich grundsätzlich gegen neue Verpflichtungen gegenüber Indonesien aus. Es sei zu entscheiden, ob nicht in ähnlichen Fällen eine härtere Linie verfolgt werden solle, zumal auch der Osten bei seiner Entwicklungshilfe härter auf politisch unliebsames Verhalten der begünstigten Länder reagiere. Da gegenüber Indonesien eine Zusage gegeben sei, empfehle er, die vorgeschlagenen Maßnahmen langsam und behutsam anlaufen und erkennen zu lassen, dass es sich dabei um ein Entgegenkommen der Bundesrepublik handle. Das Kabinett stimmt dem vorgeschlagenen Sonderplafonds mit dieser Maßgabe zu. Der Bundeskanzler bittet, nach dem Empfang des deutschen Botschafters bei Präsident Sukarno das Problem nochmals unter grundsätzlichen Gesichtspunkten im Kabinett zu erörtern."[320]

Das Auswärtige Amt – und damit die politische Position – hatte sich gegenüber der ökonomischen Position durchgesetzt. Das Bekanntwerden des Kabinettsbeschlusses löste allerdings kritische Nachfragen amerikanischer Diplomaten in Bonn und Jakarta an ihre deutschen Kollegen aus.[321] Intern hatte der Unterabteilungsleiter Rolf Pauls zuvor gewarnt, eine neuerliche Zusage von Mitteln der Bundesrepublik müssten von Malaysia und von den Angloamerikanern als Affront empfunden werden.[322] Immer häu-

---

318 Ebenda.
319 KPBR 18 (1965), S. 64–65. Sondersitzung (135a.) des Bundeskabinetts am 18.1.1965.
320 Ebenda.
321 PA AA, B 130, 2650A. Botschafter Werz, Jakarta: Drahtbericht Nr. 34 vom 27.1.1965.
322 PA AA, B 37, 171. Protokoll vom 18.1.1965 über den zweiten Teil der Hausbesprechung „Aktionsprogramm Indonesien" vom 11.1.1965.

figer musste die Indonesienpolitik der Bundesregierung gegenüber westlichen Bündnispartnern erläutert werden: Die Diplomaten verwendeten auf Nachfragen ihrer Kollegen für die Wirtschaftshilfen an Indonesien Sprachregelungen wie „politische Notwehrmaßnahme".[323] Das Bundespräsidialamt legte rasch das erwünschte Schreiben Lübkes vor. Es war als ein persönlicher Appell formuliert, der Sukarno den Ernst des Anliegens klarmachen sollte:

> „Ich bitte Sie, Herr Präsident, daher zu verstehen, dass Ihre Beziehungen zur Sowjetischen Besatzungszone das größte nationale Anliegen des deutschen Volkes berühren und dass es in dieser Frage im Verhältnis der Bundesregierung zu Indonesien wie zu allen anderen Staaten keinen Kompromiss geben kann. Zur Wahrung der deutschen Einheit, dieses wichtigsten Lebensinteresses des deutschen Volkes, ist die Bundesregierung gezwungen, ihre vielfältigen Beziehungen zu einem Lande einer grundlegenden Überprüfung zu unterziehen, das die Spaltung Deutschlands fördert. Ich vertraue allerdings darauf, dass Ihre Regierung die Aufnahme diplomatischer Beziehungen zur Sowjetischen Besatzungszone nicht ernsthaft in Erwägung zieht und auch nicht die Eröffnung eines indonesischen Generalkonsulats in Berlin (Ost) plant, womit Indonesien als erster Staat ebenfalls eine Entwicklung einleiten würde, die die Bundesregierung aus ihrer Verantwortung vor dem ganzen deutschen Volk nicht hinnehmen könnte."[324]

Am 26. Januar 1965 wurde Werz von Sukarno empfangen, um den Brief des Bundespräsidenten zu übergeben. Sukarno wiederholte seine Ansicht, die deutsche Frage könne nur durch Verhandlungen zwischen den Deutschen gelöst werden, wobei von der Realität zweier deutschen Staaten auszugehen sei.[325] Werz fragte daraufhin nach eigener Darstellung – „da eine Einigung mit Sukarno über das Deutschlandproblem nicht zu erzielen war" – nach Sukarnos Antwort auf den Brief Lübkes: Sukarno „wand sich und sagte, ich erwartete von ihm eine plötzliche Entscheidung". Der bundesdeutsche Botschafter äußerte sein Nicht-Verstehen des Umstandes, dass ein Freiheitsheld wie Sukarno keinen Sinn habe „für den Freiheitskampf der Deutschen"; „nach längerer Debatte, in der er auch noch einen abwegigen Vergleich mit Indochina zog, sagte mir Sukarno schließlich, er müsse sich die Antwort gründlich überlegen".[326] Werz lud Sukarno absprachegemäß sogar zu einem Besuch in die Bundesrepublik ein und sagte, „dass sich der Herr Bundespräsident freuen würde, ihn [Sukarno] in Deutschland zu sehen"[327] – ein Hinweis darauf, wie sehr die Bundesregierung zur Verteidigung ihrer deutschlandpolitischen Stellung in Indonesien bereit war, auch Irritationen bei den USA und vor allem Großbritannien in Kauf zu nehmen. Der Botschafter schilderte seinen Eindruck, Sukarno sehe sich in der Anerkennungsfrage unter erheblichem Druck: Einerseits werde er von der starken PKI zur Anerkennung gedrängt; andererseits wün-

---

323 PA AA, B 37, 173. Botschaftsrat Seeliger: Schriftbericht Nr. 197/65 „100 Mio. DM Plafond" vom 16.2.1965.
324 PA AA, B 37, 2. Bundespräsident Lübke: Schreiben an Staatspräsident Sukarno (ohne Datierung).
325 PA AA, B 130, 2650A. Botschafter Werz, Jakarta: Drahtbericht Nr. 31 vom 26.1.1965.
326 Ebenda.
327 Ebenda.

sche er vermutlich nicht den völligen Bruch mit der Bundesrepublik Deutschland.[328] Angesichts der Sympathien für die Bundesrepublik bei bestimmten Teilen der indonesischen Elite strebte Werz danach, so viele wichtige Personen wie möglich „für uns zu mobilisieren". Er pflegte insbesondere den Kontakt zur indonesischen Armeeführung, unter anderem zu Oberbefehlshaber Yani.[329] Zu den Ansprechpartnern gehörte auch Handelsminister Adam Malik (der spätere Außenminister der Suharto-Regierung). Malik teilte Werz mit, eigentlich habe Sukarno schon 1961 die DDR anerkennen wollen, wovon er, Malik, ihn abgehalten habe. Zugleich zeigte sich Malik in der Anerkennungsfrage „sehr kampfesfreudig und versicherte, wir hätten hier Freunde".[330]

Zusätzlich zu ihren bilateralen Bemühungen versuchte die Bundesregierung, durch eine Aktivierung der prowestlichen Regierungen Japans, Pakistans und der Philippinen ihre deutschlandpolitische Stellung in Indonesien wieder zu festigen. Staatssekretär Carstens wies die Botschaft in Tokio an, die japanische Regierung zu bitten, sie möge den Indonesiern „empfehlen, den Plan, in Pankow ein Generalkonsulat zu eröffnen, zurückzustellen".[331] Der japanische Vizeaußenminister hielt daraufhin dem indonesischen Botschafter „in sehr ernster und nachdrücklicher Weise die schwerwiegenden Folgen" vor, welche „die Einrichtung eines indonesischen Generalkonsulats in Ostberlin für die Beziehungen zwischen Indonesien und der Bundesrepublik haben müßten". Eine Vermeidung solcher Irritationen sei auch im japanischen Interesse.[332] Der japanische Botschafter in Jakarta fragte Sukarno nach seiner Haltung zur DDR. Als dieser äußerte, die Einrichtung eines Generalkonsulats in Ost-Berlin ernsthaft zu erwägen, wurde er von dem Japaner gewarnt, dies würde „große Unruhe schaffen und schwere Folgen haben".[333]

Carstens legte dem pakistanischen Außenminister Zulfikar Ali Bhutto in Bonn bei einem Gespräch über Asien „unsere Schwierigkeiten mit Indonesien" dar. Da Pakistan gute Beziehungen zu Indonesien unterhielt, sagte Bhutto Carstens zu, sich bei Sukarno für die Sache der Bundesrepublik zu verwenden.[334] Carstens bat die Botschaft in Karatschi, beim pakistanischen Außenministerium diskret darum zu bitten, Sukarno und Subandrio möglichst die „Eröffnung indonesischen Generalkonsulats in Pankow auszureden", wobei jeder Eindruck einer verzweifelten Lage Bonns vermieden werden sollte.[335] Als Subandrio zu einem Besuch in die pakistanische Hauptstadt kam, sprach

---

328 Ebenda: „Als er mich zur Tür begleitete, sagte mir Sukarno: ‚Sie verursachen mir viel Kopfzerbrechen' (headache). Ich antwortete ihm: ‚Herr Präsident, sie verursachen mir heartache.'"
329 PA AA, B 130, 2650A. Botschafter Werz, Jakarta: Drahtbericht Nr. 37 vom 28.1.1965. Yani gehörte zu den am 1.10.1965 ermordeten Generälen.
330 PA AA, B 130, 2650A. Botschafter Werz, Jakarta: Drahtbericht Nr. 33 vom 27.1.1965.
331 PA AA, B 37, 2. Staatssekretär Carstens: Drahterlass Plurex Nr. (nicht lesbar) vom 28.12.1964.
332 PA AA, B 38, 115. Botschafter Dittmann, Tokio: Drahtbericht Nr. 5 vom 6.1.1965.
333 PA AA, B 130, 2650A. Botschafter Werz, Jakarta: Drahtbericht Nr. 33 vom 27.1.1965.
334 PA AA, B 130, 2591A. Staatssekretär Carstens: Vermerk „Indonesien" vom 15.1.1965.
335 PA AA, B 130, 2591A. Staatssekretär Carstens: Drahterlass Nr. 25 an die Botschaft Karachi vom 16.2.1965.

Bhutto ihn auf die Frage des möglichen indonesischen Generalkonsulats in Ost-Berlin an. Subandrio erklärte seinem pakistanischen Kollegen, einstweilen „den Schritt nicht tun" zu wollen.[336]

Nach Gesprächen des bundesdeutschen Botschafters in Manila, Johann Karl von Stechow, mit dem philippinischen Außenminister Mauro Mendez demarchierte auch der philippinische Botschafter in Jakarta in der Angelegenheit des Generalkonsulats.[337] Der Botschafter sprach mit drei indonesischen Ministern. Die zurückfließenden Informationen waren disparat: Während sich Vizepremierminister Leimena rezeptiv verhielt, sagte Außenminister Subandrio dem philippinischen Diplomaten, der Beschluss, ein indonesisches Generalkonsulat in Ost-Berlin einzurichten, sei schon gefasst und es gehe nur noch darum, einen geeigneten Generalkonsul zu finden. Vizeaußenminister Suwito hinwiederum sagte ihm, Sukarno habe nach der Unterredung mit Werz vom 26. Januar die Weisung erteilt, vorerst kein Konsulat in Ost-Berlin vorzusehen.[338] Die deutsche Botschaft in Manila – die wochenlang die philippinischen Vermittlungsbemühungen begleitet und die philippinische Diplomatie immer wieder um Hilfe gebeten hatte[339] – sah schließlich Anfang März keinen Anlass zur Beunruhigung mehr: Die Indonesier hätten den Filipinos bedeutet, die philippinische Demarche sei insofern überflüssig geworden, da der Plan eines Generalkonsulats in Ost-Berlin vorerst aufgegeben worden sei.[340]

Der Austritt Indonesiens aus den UN und die Südostasien-Konferenz des Auswärtigen Amts

Zum Jahresbeginn 1965 wurde Malaysia turnusgemäß anstelle der Tschechoslowakei als nicht-ständiges Mitglied in den Weltsicherheitsrat aufgenommen. Daraufhin setzte die indonesische Regierung ihre Drohung in die Tat um, die Mitgliedschaft Indonesiens bei den Vereinten Nationen zu beenden.[341] Übergeben wurde die Austrittserklärung am 21. Januar 1965.[342] Über die Frage, ob Sukarno die Maßnahme „vorher mit Rotchina abgestimmt" hatte, bestand keine Klarheit.[343] Der indonesische Austritt aus

---
336 PA AA, B 130, 2591A. Botschafter Scholl, Karachi: Drahtbericht Nr. 43 vom 19.2.1965.
337 Siehe Dokumente in: PA AA, B 130, 2591A. Botschafter v. Stechow, Manila: Drahtbericht Nr. 8 vom 18.1.1965 und VLR I Bassler: Aufzeichnung „Philippinischer Schritt in Jakarta" für Staatssekretär Carstens vom 20.1.1965.
338 PA AA, B 130, 2591A. Botschafter Werz, Jakarta: Drahtbericht Nr. 93 vom 5.3.1965.
339 PA AA, B 130, 2591A. Botschafter v. Stechow, Manila: Drahtbericht Nr. 26 vom 6.3.1965.
340 PA AA, B 130, 2591A. Botschafter v. Stechow, Manila: Drahtbericht Nr. 25 vom 5.3.1965.
341 PA AA, B 37, 175. Botschaftsrat Caspari, New York: Drahtbericht Nr. 2 vom 1.1.1965; PA AA, B 37, 175. Botschaftsrat Seeliger, Jakarta: Drahtbericht Nr. 4 vom 8.1.1965.
342 PA AA, B 37, 175. Gesandter v. Braun, New York: Drahtbericht Nr. 54 vom 22.1.1965. Indonesien erklärte zudem seinen Austritt aus UNESCO, UNICEF und der Welternährungsorganisation FAO.
343 PA AA, B 37, 175. Botschaftsrat Seeliger, Jakarta: Drahtbericht Nr. 10 vom 12.1.1965.

den Vereinten Nationen traf nicht nur fast alle Staaten, sondern auch das UNO-Generalsekretariat unvorbereitet.[344] Da die UN-Charta – im Gegensatz zur Völkerbundkonvention – keine Bestimmung über eine mögliche Beendigung der Mitgliedschaft enthält, beschäftigte die Frage der Zulässigkeit eines UN-Austritts auch die akademische Völkerrechtslehre.[345] Die UNO veröffentlichte im Frühling 1965 eine Liste mit ihren Mitgliedern, auf der Indonesien nicht mehr enthalten war; insofern schien sie den Austritt für rechtsgültig zu halten.[346] Indonesien ist bis heute der einzige Staat geblieben, der auf eigenes Betreiben die Vereinten Nationen verlassen hat; die Republik China verließ 1971 die UN unfreiwillig. Im September 1965 trat Indonesien schließlich noch aus dem Internationalen Währungsfonds, aus der Weltbank und aus der kriminalpolizeilichen Kooperationsstelle Interpol aus.[347]

Auf viele Beobachter wirkte der indonesische Austritt aus den Vereinten Nationen irrational und wie eine „Kurzschlusshandlung"[348]: Der Kabinettschef des UN-Generalsekretärs, Chakravarthi V. Narasimhan, äußerte vertraulich gegenüber dem deutschen Gesandten von Braun, „Sukarno sei nach allen Indizien ein ernstlich kranker Mann", der „im Affekt gehandelt" habe und „wohl bei dieser Aktion seiner Sinne nicht mächtig" gewesen sei.[349] Auch die deutsche Botschaft in Jakarta schilderte Wahrnehmungen und Befürchtungen indonesischer Regierungskreise, wonach Sukarnos „verschlimmerte physische Konstitution [...] ihn bisweilen nicht mehr Umfang und Tragweite seiner Entschlüsse überschauen" ließe.[350] Im Auswärtigen Amt sah man zwei mögliche Szenarien für die weiteren Beziehungen zu Jakarta: Entweder würde Indonesien noch näher an China rücken, eine „Auslieferung an die UN-Außenseitergruppe

---

344 Über die kuriosen Umstände des Austritts informierte der Kabinettschef von UN-Generalsekretär U Thant den bundesdeutschen Diplomaten Caspari, vgl.: PA AA, B 130, 2591A. Botschaftsrat Caspari, New York: Drahtbericht Nr. 6 vom 4.1.1965: „U Thants Kabinettschef Narasimhan [...] teilte mir mit, er sei in der Silvesternacht durch den hiesigen indonesischen Botschafter Palar gegen Mitternacht telefonisch aus dem Schlaf geweckt worden. Dieser habe ihm ein gutes Neues Jahr gewünscht und ihm anschließend mitgeteilt, er habe den Auftrag, Indonesiens Austritt aus den Vereinten Nationen zu erklären, was er hiermit tue. Narasimhan deutete mir an, er habe diese Mitteilung zunächst nicht ernst nehmen können. [...] Auf meine weitere Frage, ob ein Austritt eines Staates aus den Vereinten Nationen überhaupt möglich sei, erwiderte Narasimhan, er habe über diese Frage ein Gutachten der Rechtsabteilung der Vereinten Nationen angefordert."
345 Livingstone, Withdrawal, S. 637–346; Nizard, Retrait de l'Indonésie, S. 498–528.
346 Livingstone, Withdrawal, S. 646.
347 PA AA, B 37, 175. Botschafter Werz, Jakarta: Schriftbericht Nr. 1097/65 „Indonesiens Austritt aus Weltbank und IWF" vom 13.9.1965; PA AA, B 37, 175. Botschaftsrat Heimsoeth, Jakarta: Schriftbericht Nr. 1174/65 „Austritt Indonesiens aus Interpol" vom 30.9.1965.
348 PA AA, B 37, 175. VLR I Bassler: Aufzeichnung „Der Austritt Indonesiens aus der UNO, sich daraus evt. auf die deutsch-indonesischen Beziehungen ergebenden Folgen" vom 4.1.1965.
349 PA AA, B 37, 175. Gesandter v. Braun, New York: Drahtbericht Nr. 20 vom 8.1.1965.
350 PA AA, B 37, 175. Botschaftsrat Seeliger, Jakarta: Schriftbericht Nr. 11/65 „Indonesien und die Vereinten Nationen" vom 4.1.1965.

um Rotchina"³⁵¹ erleben, und sich vom Rest der Welt weitgehend isolieren, oder aber den Versuch unternehmen, eine völlige Isolierung zu verhindern und gerade deshalb die Verbindung zur Bundesrepublik zu erhalten.³⁵² Denn: „Die verbliebenen Beziehungen Indonesiens zur westlichen Welt haben für Sukarno jetzt einen Wert wie nie zuvor. Diese Überlegung könnte, wenn sie in Jakarta an die maßgeblichen Mitarbeiter um Sukarno geschickt herangetragen wird, Sukarno davon abhalten, die Beziehungen zu uns gerade in diesem Augenblick zu gefährden."³⁵³

Das andere Szenario lag in der Befürchtung, gerade der UN-Austritt lasse „eine weitere Radikalisierung Indonesiens erwarten, in deren Verlauf auch eine Anerkennung der SBZ nicht ausgeschlossen" sei.³⁵⁴ Die Botschaft in Jakarta machte bei Sukarnos Außenpolitik „messianisch-irreale Züge"³⁵⁵ aus – der indonesische Präsident denke „in Visionen: Im Kampf der guten und der bösen Kräfte der realen Welt kehrt für ihn die Welt des javanischen Wajang-Spieles mit dem Widerstreit guter und böser Mächte wieder."³⁵⁶ Der Anspruch Sukarnos und seiner Getreuen, Indonesien in den Kreis der Großmächte zu erheben, schlug sich in Erklärungen nieder, ein eigenes Nuklearwaffen- und ein eigenes Raumfahrtprogramm anzustreben.³⁵⁷ Der chinesische Kernwaffenversuch vom Oktober 1964 war von Jakarta ausdrücklich begrüßt worden; auf Sukarnos Ablehnung stieß dagegen die nukleare Rüstung der sogenannten *Nekolims*.³⁵⁸

Mitte Januar wurde die nächste Aktion von Sukarnos „radikaler Außenpolitik" bekannt. Mit Rückwirkung zum 1. Januar 1965 brach Indonesien die diplomatischen Beziehungen zu Portugal ab.³⁵⁹ Damit bekräftigte Sukarno seine Reputation als An-

---

351 PA AA, B 37, 175. Botschaftsrat Seeliger, Jakarta: Drahtbericht Nr. 10 vom 12.1.1965.
352 PA AA, B 37, 175. VLR I Bassler: Aufzeichnung vom 4.1.1965.
353 Ebenda.
354 PA AA, B 130, 2655A. Meldung aus Jakarta an Bundeskanzleramt, AA, BMVg, BMWi: „Möglichkeit der Aufnahme diplomatischer Beziehungen zwischen Indonesien und SBZ" vom 8.1.1965. Kontrollnummer: 021/1/65 geheim (ohne Verfasser). Vermutlich handelt es sich um ein Fernschreiben des BND.
355 PA AA B 37, 175. Botschaftsrat Seeliger, Jakarta: Schriftbericht Nr. 28/65 „Indonesiens Austritt aus den Vereinten Nationen" vom 11.1.1965. Zur Einschätzung der japanischen Regierung vgl. PA AA, B 37, 175. Botschafter Dittmann, Tokio: Drahtbericht Nr. 18 vom 15.1.1965.
356 PA AA B 37, 175. Botschaftsrat Seeliger, Jakarta: Schriftbericht Nr. 28/65 „Indonesiens Austritt aus den Vereinten Nationen" vom 11.1.1965.
357 Der Spiegel, 25.12.1963, S. 11: „Die Politik des indonesischen Staatschefs Sukarno wird immer verwegener. Obgleich sich die wirtschaftliche Lage ständig verschlechtert […] will Sukarno eine Atomstreitmacht aufbauen und mit den Sowjets und Amerikanern in der Weltraumfahrt konkurrieren, um sein Inselreich zu ‚wahrer Größe und Glück' zu führen. Sukarnos Großmachttraum wird von in Jakarta akkreditierten Westdiplomaten darauf zurückgeführt, dass sich der Gesundheitszustand des Diktators zusehends verschlechtere und er sich immer mehr am Rat seiner Hofastrologen orientiere."
358 PA AA, B 37, 258. Botschafter Luedde-Neurath, Jakarta: Schriftbericht Nr. 843/66 „Angebliche indonesische Atombombe und die indonesische Haltung zu Atomversuchen" vom 12.7.1966.
359 PA AA, B 37, 175. Botschafter Werz, Jakarta: Drahtbericht Nr. 13 vom 15.1.1965.

tikolonialist: Das von dem rechtsautoritären Salazar-Regime regierte Portugal war in der afro-asiatischen Welt als blutige Kolonialmacht verrufen. Die Botschaft in Lissabon vermutete, dass Sukarno freie Hand für die Besetzung Portugiesisch-Timors haben wolle.[360] Bald darauf überraschte Sukarno japanische Besucher mit der Ankündigung, Indonesien strebe eine nukleare Bewaffnung an und sei schon „bald in der Lage", eine solche zu schaffen.[361] Indonesien nahm nun auch eine zunehmend feindselige Haltung gegenüber den USA und gegenüber der militärischen Präsenz der USA in Südostasien ein.[362]

Die zuvor wechselhaften indonesisch-chinesischen Beziehungen erreichten Anfang 1965 mit dem UN-Austritt Indonesiens den „Höhepunkt der gegenseitigen Annäherung".[363] Indonesien war bis 1965 zu einem der Hauptschauplätze der sino-sowjetischen Rivalität geworden.[364] Die Sowjetunion versuchte auch in Indonesien, „dem Einfluss Chinas nach Möglichkeit entgegenzuwirken".[365] Ein entschiedener Gegner der sowjetischen „Eindämmungsstrategie" gegen China war jedoch die kommunistische PKI, die aufgrund ihres pro-maoistischen Kurses laut deutscher Botschaft „zu einem offenen hemmungslosen Propagandafeldzug gegen die Sowjetunion angetreten" sei.[366] Zur Feier ihres 45-jährigen Bestehens im Mai 1965 lud die PKI noch Vertreter der sowjetischen Kommunisten ein; ansonsten wurden allerdings ausschließlich kommunistische Parteien eingeladen, die sich auf Peking statt Moskau festgelegt hatten. Repräsentanten der SED oder sonstige Gäste aus der DDR waren nicht erwünscht.[367] Dass die Sowjetführung im Mai 1965 Botschafter Michailow, der vormals Minister gewesen war, in Jakarta durch einen weniger profilierten Diplomaten ersetzte, wertete die indonesische Regierung laut Werz als einen Hinweis darauf, Moskau habe „das Rennen um Indonesien und damit um eine wichtige Stimme im asiatischen Konzert aufgegeben".[368]

---

[360] PA AA, B 130, 2591A. Botschafter Schaffarczyk, Lissabon: Drahtbericht Nr. 14 vom 21.1.1965. – Tatsächlich sollte das Suharto-Regime 1976 das unabhängig gewordene Osttimor besetzen und annektieren.
[361] PA AA, B 37, 175. Botschafter Werz, Jakarta: Drahtbericht Nr. 25 vom 21.1.1965.
[362] PA AA, B 37, 175. Botschaftsrat Heimsoeth, Jakarta: Drahtbericht Nr. 134 vom 9.4.1965; PA AA, B 37, 175. Botschaftsrat Heimsoeth, Jakarta: Schriftbericht Nr. 392/65 „Indonesiens Beziehungen zu den Vereinigten Staaten; Entsendung des Sonderbotschafters Bunker" vom 30.3.1965.
[363] PA AA, B 37, 175. Botschafter Werz, Jakarta: Schriftbericht Nr. 1088/65 „Stand der indonesisch-chinesischen Beziehungen" vom 13.9.1965.
[364] PA AA, B 32, 224. Botschaftsrat Heimsoeth, Jakarta: Schriftbericht Nr. 387/65 „Beziehungen Indonesiens zur Sowjetunion" vom 29.3.1965.
[365] PA AA, B 32, 224. Botschaftsrat Heimsoeth, Jakarta: Schriftbericht Nr. 387/65 vom 29.3.1965.
[366] Ebenda.
[367] Schäfer, Two Germanies, S. 102.
[368] PA AA, B 37, 175. Botschafter Werz, Jakarta: Schriftbericht Nr. 638/65 „Indonesische-sowjetische Beziehungen" vom 31.5.1965.

Sukarno forcierte nach dem Verlassen der Vereinten Nationen sein Vorhaben, in Gestalt der *Conference of the New Emerging Forces* (CONEFO), eine Gegenorganisation zur UNO zu schaffen. Nach Einschätzung von Werz stellte das CONEFO-Konzept eine Außenprojektion des von Sukarno vertretenen *Nasakom*-Prinzips dar, der proklamierten „Dreiheit nationaler, religiöser und kommunistischer Gruppen" im Inneren Indonesiens; die „Blockfreiheit" im Wortsinne habe er zugunsten seiner idiosynkratischen Vorstellungen aufgegeben.[369] Die maßgeblich von China und Indonesien angestoßene „zweite Bandung-Konferenz", also eine Zusammenkunft afro-asiatischer Staaten, hätte eigentlich 1965 in Algier tagen sollen. Aufgrund organisatorischer Mängel und der inneren Unruhen Algeriens fand sie nicht statt. Die von Sukarno und Peking propagierte Form der „Dritten Welt" war damit gescheitert.[370]

Die von Sukarno propagierte Frontstellung der *NEFOS* gegen die *OLDEFOS* stieß auf Widerstand bei gemäßigten Blockfreien wie Indien. Im Laufe des Jahres 1965 verschlechterten sich daher auch Indonesiens Beziehungen zu Indien, was sich unter anderem in Polemik der gelenkten indonesischen Presse gegen das Verhalten der indischen Regierung äußerte.[371] Im September 1965 gab es Ausschreitungen gegen die indische Botschaft in Jakarta. Beim diplomatischen Korps in der indonesischen Hauptstadt wuchs angesichts der gewalttätigen Massen die Verunsicherung, „zumal keiner weiß, wann die ‚Volkswut', spontan oder gesteuert, sich gegen seine eigenen Amtsgebäude oder seine Residenz richten kann".[372] Die Beziehungen zwischen Indonesien und den USA erreichten im August 1965 einen Tiefpunkt, als die amerikanischen Konsulate in Medan und Surabaya von Randalierern angegriffen wurden; der Abbruch der diplomatischen Beziehungen zwischen Washington und Jakarta schien eine Frage der Zeit.[373]

Zum 1. Februar 1965 setzte das Auswärtige Amt in Bonn eine mehrtägige Botschafterkonferenz zum Thema „Die Krisensituation in Südostasien" an. Inhaltliche Schwerpunkte waren Vietnam und Indonesien.[374] Die Ansprache Schröders zur Eröffnung der Konferenz hob die Ziele der westdeutschen Asienpolitik, ihre Erfolge und die Proble-

---

[369] PA AA, B 37, 176. Botschafter Werz, Jakarta: Schriftbericht Nr. 603/65 „Sukarnos afro-asiatische Politik – Zielsetzung und Chancen" vom 21.5.1965.
[370] Vgl. Westad, World History, S. 330; Brazinsky, Sino-American Rivalry, S. 214–223; Friedman, Sino-Soviet Competition, S. 145–147.
[371] PA AA, B 37, 175. Botschafter Werz, Jakarta: Schriftbericht Nr. 725/65 „Sukarnos afro-asiatischer Führungsanspruch und das indonesisch-indische Verhältnis" vom 21.6.1965.
[372] PA AA, B 37, 175. Botschafter Werz, Jakarta: Schriftbericht Nr. 1156/65 „Indonesische Ausschreitungen gegen die indische Botschaft" vom 24.9.1965.
[373] Vgl. FRUS, 1964–1968, Vol. XXVI, Doc. 129: Memorandum „Further Deterioration in Relations with Indonesia" vom 3.8.1965; Doc. 130: Memorandum „Avoidance of Panic Regarding Indonesia" vom 3.8.1965.
[374] PA AA, AV Tokio, 6766. Protokoll der Süd- und Ostasienkonferenz vom 1.–4.2.1965 im AA. Thema: „Die Krisensituation in Südostasien".

me der Alleinvertretungspolitik – insbesondere in Indonesien – hervor.[375] Über Sukarno hielt die Ministervorlage fest:

> „Die westliche Präsenz in Südostasien wird weiter durch Sukarno gefährdet. [...] Sukarnos Austritt aus der UNO, seine neuerdings laufende Abstimmung mit Peking und die Fortsetzung der subversiven Tätigkeit gegen Malaysia lassen befürchten, dass er von seinem Ziel, Malaysia zu zerschlagen, nicht abgehen wird. [...] Für die Bundesregierung ergibt sich folgende Lage: [...] Kann die Anerkennung der SBZ aufgehalten werden, wenn wir uns neutral verhalten und weiter die Erwartungen Indonesiens auf eine wirtschaftliche Zusammenarbeit mit uns erfüllen? Die Möglichkeiten einer Unterstützung britischer Interessen sind begrenzt. Das Ziel unserer Politik muss es sein, den Malaysia-Konflikt und die Endphase des Sukarno-Regimes durchzustehen, ohne dass wir unsere Stellung in Indonesien vor der SBZ räumen müssen."[376]

Carstens eröffnete die Diskussion zum Komplex Indonesien und Malaysia mit folgenden Worten:

> „Hier ist es für die deutsche Politik sehr viel schwieriger als im Vietnam-Komplex, sich vollkommen herauszuhalten. Denn wir haben unsere Verbindungen zu Indonesien sorgfältig gepflegt. Noch vor gut einem Jahr war der Bundespräsident auf einem Staatsbesuch dort, wir haben Indonesien in beträchtlichem Umfange Wirtschaftshilfe gewährt und immer wieder erwogen, weitere Versprechungen [...] zu machen. Wir haben das alles getan, weil wir in Indonesien eines der führenden Länder in dem Block der nicht-gebundenen Staaten sahen, und weil wir außerdem den besonders hartnäckigen Anstrengungen der SBZ in diesem Lande und in diesem Raume entgegentreten wollten. Diese unsere bisherige Politik bringt uns in einen gewissen Gegensatz mit

---

375 PA AA, B 130, 2651A. VLR I Bassler: Aufzeichnung „Stichworte für die einführende Ansprache des Herrn Ministers auf der Botschafterkonferenz" vom 25.1.1965 (hat Carstens am 28.1., Minister Schröder am 29.1.1965 vorgelegen): „Die gegenwärtige Botschafterkonferenz dient dazu, unser großes Interesse an den Vorgängen in Ostasien zu unterstreichen. [...] Die Aufgabe der Konferenz wird zunächst darin liegen, dass wir uns ein Bild von dem Ausmaß der Krise in Süd-Ostasien, und zwar von den beiden Brandherden Süd-Vietnam und Malaysia/Indonesien machen [...] Die Aufgabe und das Ziel unserer Außenpolitik war bisher im Großen und Ganzen sehr einfach. Sie konnte in drei Punkten umrissen werden: a. Erhaltung und Förderung der politischen und wirtschaftlichen Stabilität der Länder Ostasiens zwecks Erhaltung des Weltfriedens, b. Förderung und Ausbau unserer wirtschaftlichen Interessen, c. Wahrung unseres Alleinvertretungsanspruchs gegenüber der SBZ. Die vergangenen Jahre bestätigen, dass wir unsere Aufgabe erfüllt haben. Die Bundesregierung hat für die Erhaltung der politischen und wirtschaftlichen Stabilität erhebliche Beiträge geleistet. Nach den Vereinigten Staaten steht sie mit ihren Leistungen für Südasien an zweiter Stelle. [...] Erfolgreich ist die Bundesregierung auch in der Wahrung ihres Alleinvertretungsanspruchs gewesen. Nirgends ist es der SBZ gelungen, die staatliche Anerkennung durchzusetzen, wenngleich nicht zu leugnen ist, dass die Bemühungen der SBZ, besonders im letzten Jahr, ein Ausmaß erreicht haben, das uns zu besonderen Abwehranstrengungen – besonders in Indonesien – zwingen wird."
376 PA AA, B 130, 2651A. VLR I Bassler: Aufzeichnung „Stichworte für die einführende Ansprache des Herrn Ministers auf der Botschafterkonferenz" vom 25.1.1965. Staatssekretär Carstens strich aus der Ministervorlage von Bassler den Satz: „Sollten wir dies nicht berücksichtigen, wird Indonesien die SBZ anerkennen, was, abgesehen von den damit verbundenen politischen Folgen, zu erheblichen Verlusten: Einstellung des Schuldendienstes, ca. 500 Mio. DM und Rückverlegung des Tabakmarktes nach Rotterdam [sic! recte: Amsterdam] (Jahresumsatz 270 Mio. DM) führt."

anderen uns befreundeten Ländern. Wie die Reaktion in Malaysia ist, ist dargelegt worden. Aber auch von englischer Seite hören wir doch in regelmäßigen Abständen eine zunehmende Sorge, dass wir für Indonesien zu viel tun könnten. Das wird uns in noch massiverer Form von Australien deutlich gemacht. Wie soll sich unser Land nun in diesem Konflikt verhalten angesichts unserer besonderen Interessen, die wir in Indonesien, aber auch in Malaysia zu vertreten haben?"[377]

Die Diskussionen zeigten, dass die Sympathien von Bonns Diplomaten ganz überwiegend auf malaysischer Seite lagen. Der aus Tokio angereiste Botschafter Herbert Dittmann kritisierte seinen Kollegen Werz dafür, Sukarno noch zu positiv charakterisiert zu haben.[378] Werz sprach sich in seinem Referat dafür aus, der DDR-Anerkennung durch Indonesien mittels einer „Kombination aus Schocktherapie und pfleglicher Behandlung" entgegenzuwirken.[379] Zu den bemerkenswertesten Diskussionsbeiträgen gehörte derjenige von Ministerialdirigent Alexander Böker, der Indonesien als Paradigma für die Reformbedürftigkeit der Hallstein-Doktrin auffasste:

„Ich möchte versuchen, etwas Licht auf dieses Problem zu werfen, indem ich Sie bitte, mir einen Augenblick bei der Vorstellung zu folgen, dass wir kein geteiltes Land wären, und welche Politik wir dann als Deutsche in diesem Raum gegenüber dem malaysisch-indonesischen Konflikt verfolgen sollten. [...] Das würde bedeuten – wenn wir kein geteiltes Land wären – dass wir eine sehr sorgfältig abwägende Politik zwischen Malaysia einerseits und Indonesien andererseits treiben müssten. Wir könnten Malaysia eine gewisse Unterstützung in diesem Konflikt nicht versagen und müssten uns von Sukarno in dem gegenwärtigen Stadium seiner Politik der Gewaltanwendung und Subversion abwenden. [...] Wir müssten dabei aber trotzdem im Auge behalten, dass unser langfristiges, nicht nur weltpolitisches, sondern auch national-deutsches Interesse letztlich natürlich auf Seiten Indonesiens liegt [...] Die Tatsache, dass wir ein geteiltes Land sind, zwingt uns zu einer Verzerrung jener Politik, die wir eigentlich unter den eben angeführten Prämissen in diesem Raume vertreten müssten. Sie zwingt uns dazu, dass wir Malaysia vernachlässigen und uns von ihm distanzieren. Sie zwingt uns zu einem sehr unangenehmen Zeitpunkt dazu, unser Staatsoberhaupt zu einem Staatsbesuch nach Jakarta zu schicken, nachdem gerade die britische Botschaft abgebrannt war. Sie zwingt uns ferner dazu, Sukarno immer wieder bittstellend nachzulaufen. Wir werden mehr und mehr in die unwürdige Stellung gedrängt, gegenüber Sukarno sowohl gegenüber befreundeten Ländern wie England, Malaysia und Australien. Deshalb glaube ich, und das ist der langen Rede kurzer Sinn, dass wir vielleicht gerade an dem Beispiel Indonesien uns einmal überlegen müssten, bis zu welchem Punkt wir es uns noch leisten können, uns durch unsere bisher verfolgte Deutschlandpolitik in Positionen hineinzumanövrieren, die vielleicht letzten Endes nicht mehr ganz zu rechtfertigen und zu vertreten sind."[380]

Bundespräsident Lübke und Bundeskanzler Erhard wurden über die Ergebnisse der Konferenz unterrichtet. Dem Bundeskanzler wurde geraten: Obwohl alle Bemühungen um eine friedliche Beilegung des Malaysia-Konflikts „an der unnachgiebigen Hal-

---

[377] PA AA, AV Tokio, 6766. Mitschrift zur Diskussion über den Indonesien-Malaysia-Konflikt, S. 24. Die Protokolle der Konferenz „Die Krisensituation in Südostasien" vom 1.–4.2.1965.
[378] Ebenda.
[379] Ebenda.
[380] Ebenda.

tung Sukarnos" gescheitert seien, dürfe die Bundesrepublik dennoch keinesfalls „gegen Indonesien Partei [...] ergreifen". Die im Referentenentwurf noch enthaltene Konzession „wenn auch an unseren Sympathien für Malaysia und die britischen Verteidigungsanstrengungen in Südostasien keine Zweifel bestehen" strich Carstens eigenhändig aus.[381] Die auf der Konferenz aufgestellten Thesen zur Asienpolitik wurden an besonders wichtige Vertretungen – neben Washington, Moskau, London, Paris und New York-UN auch Kairo, Neu-Delhi und Jakarta – verschickt.[382] Das Auswärtige Amt mahnte abermals die Einhaltung der schwierigen Balance zwischen pro-westlicher Grundhaltung und speziellen Imperativen der Wiedervereinigungspolitik an.[383]

Hinsichtlich der britischen und australischen Vorbehalte gegen die bundesdeutsche Indonesienpolitik lag das Auswärtige Amt richtig: Der britische Botschafter in Bonn drahtete Ende Januar nach London, bei den Deutschen bestehe ein gefährlicher Unwille (*dangerous reluctance*), die Gefahren der indonesischen Konfrontationspolitik zur Kenntnis zu nehmen; deutsche Diplomaten seien „prejudiced in favour of Indonesia".[384] Im Vorfeld der Krisenkonferenz vom Februar 1965 versuchte Botschafter Sir Frank Roberts, Einfluss auf die Haltung der Bundesregierung zur Indonesien-Malaysia-Frage allgemein und zur möglichen Lieferung deutscher Dornier-Transportflugzeuge an Indonesien im Speziellen zu nehmen. Roberts verglich gegenüber Carstens den britischen Schutz für Malaysia mit dem britischen Schutz für Deutschland: Die britischen Verteidigungsanstrengungen in Südostasien machten einen Abzug britischer Einheiten aus der Bundesrepublik nötig, weshalb die Bundesregierung sich nicht auf den Standpunkt stellen könne, der Konflikt betreffe sie nicht.[385] Das Thema der Dornier-Flugzeuge wurde auch von Premierminister Harold Wilson bei seiner

---

[381] PA AA, B 130, 2650A. Bundesminister Schröder: Schreiben an Bundeskanzler Erhard vom 25.2.1965 (Entwurf).
[382] PA AA, B 130, 2650A. Thesen zur deutschen Außenpolitik in Süd- und Ostasien. Anlage zu VLR I Bassler: Drahterlass Nr. 710 Plurex vom 16.2.1965.
[383] Ebenda: „In dem Malaysia-Konflikt dürfte das Recht auf malaysischer, die Zukunft – auf sehr lange Sicht gesehen – vermutlich auf großmalaiischer, d. h. indonesischer Seite liegen. Wir sollten daher neben den auf Grund seiner prowestlichen Einstellung besonders freundschaftlichen Beziehungen zu Malaysia unser langfristiges Interesse an Indonesien nie aus dem Auge verlieren. [...] Der klügste Kurs wäre der, uns offener Stellungnahmen möglichst zu enthalten und, wenn Schweigen nicht möglich ist, auf die Charta der VN, die Prinzipien des Völkerrechts sowie auf die Maphilindo-Idee zu verweisen. Anders stellte sich das Problem, wenn wir durch eine offene Anerkennung des Pankow-Regimes durch Sukarno oder durch eine von uns eingeleitete Modifizierung unserer Deutschland-Politik größere Handlungsfreiheit zurückgewännen. Auch in diesem Falle aber sollten wir versuchen, langfristige Positionen in Indonesien zu erhalten und auszubauen."
[384] TNA-PRO, FO 371, 183021. Botschaft des Vereinigten Königreichs Bonn: Telegramm Nr. 99 an das Foreign Office vom 28.1.1965 „German Attitude to Indonesian Malaysian Confrontation in View of Hallstein Doctrine".
[385] TNA-PRO, FO 371, 183021. Botschaft des Vereinigten Königreichs Bonn: Telegramm Nr. 99 an das Foreign Office vom 28.1.1965 „German Attitude to Indonesian Malaysian Confrontation in View of Hallstein Doctrine".

Zusammenkunft mit Ludwig Erhard in London (am Rande der Trauerfeierlichkeiten für den kurz zuvor verstorbenen Winston Churchill) angesprochen.[386] Einige Monate später äußerte der Botschafter Australiens bei einem Empfang durch Bundespräsident Lübke, Canberra empfinde es als „bedauerlich", wenn die in Indonesien durch die Drosselung der Entwicklungsgelder anderer Länder „entstandene Lücke durch die Bundesrepublik gefüllt würde".[387]

Die Nichtanerkennungspolitik vor dem Scheitern?

In der westdeutschen Öffentlichkeit besonders spektakulär wahrgenommen und kontrovers diskutiert wurde die sogenannte Nahostkrise der bundesdeutschen Alleinvertretungsposition 1964/65 – die bis dahin wohl schwerste Krise der Außenpolitik der Bundesrepublik. Die zentrale Rolle der arabischen Staaten, insbesondere von Nassers Ägypten, für die globale Durchsetzung des Alleinvertretungsanspruchs stand seit den fünfziger Jahren außer Frage. Verkompliziert wurde die Bonner Nahostpolitik durch das besondere Verhältnis zu Israel, zu dem bis Mitte der sechziger Jahre noch keine diplomatischen Beziehungen bestanden – ein Zustand, der sowohl in den USA als auch in der westdeutschen Öffentlichkeit zunehmend als unerfreulich empfunden wurde.[388]

Einstweilen dienten streng geheime Waffenlieferungen aus der Bundesrepublik an Israel als gewisse Substitution für diplomatische Beziehungen und auch zur Kompensation für die – aus deutschland- und wirtschaftspolitischen Gründen – recht engen Beziehungen Bonns zu den arabischen Staaten. Als die Rüstungsexporte im Oktober 1964 bekannt wurden, schien die Stellung der Bundesrepublik in den Ländern der Arabischen Liga aufs höchste gefährdet: In einem offensichtlichen Akt der Vergeltung lud Nasser im Januar 1965 SED-Chef Walter Ulbricht zu einem Besuch nach Ägypten ein.[389] Durch den am 24. Februar beginnenden Ägyptenbesuch des in Bonn als „Spalter Deutschlands" verachteten Ulbricht war die DDR zwar noch nicht völkerrechtlich anerkannt, wohl aber enorm aufgewertet worden. Als die Bundesregierung im März 1965 entschied, bei Israel um die Aufnahme diplomatischer Beziehungen zu ersuchen und beide Länder diese am 12. Mai 1965 herstellten, brachen die meisten arabischen Staaten – Ägypten, Algerien, Irak, Jemen, Jordanien, Kuwait, Libanon, Saudi-Arabien, Syrien und Sudan – ihre diplomatischen Beziehungen zur Bundesrepublik ab. Die Regierung von Ludwig Erhard wirkte in der „Nahostkrise" sprunghaft und getrieben.[390]

---

386 AAPD 1965, Dok. 47, S. 226.
387 BArch, B 122, 5469. Referat ZA5: Aufzeichnung vom 29.6.1965 über Gespräch des Bundespräsidenten mit dem australischen Botschafter Blakeney am 28.6.1965.
388 Gray, Cold War, S. 170 f.
389 Ebenda, S. 171–174; Lappenküper, Außenpolitik, S. 21.
390 Gray, Cold War, S. 177–182; Schöllgen, Deutsche Außenpolitik, S. 111–114.

Indonesiens Deutschlandpolitik trat im Frühjahr 1965 in eine gewisse Wechselwirkung zu dieser „Nahostkrise". Indonesien und Ägypten hatten als Führungsländer der blockfreien Bewegung eine Mischung aus kooperativem und konkurrierendem Verhältnis. Nicht von ungefähr fürchtete die Bundesregierung den Einfluss von Nassers Verhalten auf Sukarno; die beiden Männer galten in Bonn nach dem Tod Nehrus als die wichtigsten Führer der Blockfreien.[391] Zwar dementierte das indonesische Außenministerium zuvor von Regierungskreisen in Jakarta verbreitete Meldungen, wonach Ulbricht auch nach Indonesien eingeladen werden sollte. Gleichwohl unterstrich Vizeaußenminister Suwito, dass die Einladung Ulbrichts nach Ägypten, vermittelt durch die „Solidarität Indonesiens mit befreundeten islamischen Staaten Nordafrikas", neue Impulse für verstärkte Beziehungen Jakartas zur DDR geben könnte.[392]

Sukarno nahm zumindest verbal eine scharfe Haltung ein. So bezeichnete er nun die Bundesrepublik Deutschland wegen ihrer Israelpolitik als „imperialistische Macht".[393] Werz hielt es unter diesen Umständen für möglich, Sukarno würde in einem spektakulären Akt den arabischen Staaten gewissermaßen die Schau stehlen und sich an die Spitze der DDR-Anerkennung stellen, um seinen Führungsanspruch im afro-asiatischen Lager zu demonstrieren.[394] Die PKI schlug vor, Ulbricht auch nach Indonesien einzuladen; Sukarno schien diesem Vorhaben nicht abgeneigt.[395] Am 6. April 1965 nahm das indonesische Parlament einstimmig eine Resolution an, „[...] in der die indonesische Solidarität mit dem Widerstand der arabischen Staaten gegen eine wirtschaftliche und militärische Unterstützung Israels durch die Bundesrepublik Deutschland erklärt und die indonesische Regierung aufgefordert wird, zusammen mit den arabischen Staaten die diplomatischen Beziehungen zur Bundesrepublik Deutschland zu überprüfen, falls Letztere in der Unterstützung Israels und Malaysias fortfahre".[396] Das Parlament hatte zwar seit Sukarnos Durchsetzung der „gelenkten Demokratie" kaum noch Einfluss; insofern hatte die Entschließung nur deklaratorischen Charakter. Für die Stellung der Bundesrepublik im inner-indonesischen Gefüge war jedoch bedenklich, dass die Kräfte des politischen Islam gemeinsam mit den Kommunisten und gegen Bonn gestimmt hatten: Der erste Entwurf für die Parlaments-

---

[391] TNA-PRO, FO 371, 183021. Botschaft des Vereinigten Königreichs Bonn: Telegramm Nr. 99 an das Foreign Office vom 28.1.1965 „German Attitude to Indonesian Malaysian Confrontation in View of Hallstein Doctrine": "The Ministry of Foreign Affairs [gemeint ist das AA] are at present more than usual preoccupied with the maintenance of the Hallstein doctrine and their eyes are firmly fixed upon the danger that Sukarno may establish a Consulate-General in East Berlin to the exclusion of all other considerations. These preoccupations have been increased by Nasser's invitation to Ulbricht, since the Germans regard Sukarno and Nasser as the main leaders of the uncommitted world."
[392] PA AA, B 130, 2591A. Botschafter Werz, Jakarta: Drahtbericht Nr. 93 vom 5.3.1965.
[393] PA AA, B 37, 176. Botschafter Werz, Jakarta: Schriftbericht Nr. 603/65 vom 21.5.1965.
[394] Ebenda.
[395] PA AA, MfAA, A 16084. 2. Abteilung: Information über die indonesische Reaktion auf den Besuch Walter Ulbrichts in der VAR vom 22.3.1965.
[396] PA AA, B 37, 171. Botschaftsrat Heimsoeth, Jakarta: Drahtbericht Nr. 130 vom 7.4.1965.

entschließung enthielt sogar eine ausdrückliche Verurteilung des „amerikanischen, westdeutschen und englischen Imperialismus" – nach eigener Darstellung hatte ein Beamter des indonesischen Außenministeriums diese Passage wieder „herausverhandelt".[397]

Anfang Mai 1965 erhielt die Botschaft alarmierende Neuigkeiten. Ein indonesisches Kabinettsmitglied, das bei einem Gespräch zwischen Sukarno und dem sich in Indonesien aufhaltenden Botschafter Hakim anwesend war, teilte mit:

> „[...] dass Sukarno den Botschafter anwies, sich darauf einzurichten, dass Indonesien in etwa zwei Monaten diplomatische Beziehungen zur SBZ aufnehmen werde. Nach der mit Bezugsbericht [Drahtbericht Nr. 154 vom 30.4.1965 geheim] mitgeteilten Information ist dies nunmehr die zweite Warnung, die mir aus engstem Kreis um Sukarno darüber zugeht, dass dieser die Anerkennung der SBZ vorbereitet. Zweimonatsfrist kann sich nur auf Algierkonferenz beziehen. Offenbar rechnet Sukarno damit, dass in Algier Durchbruch SBZ in Anerkennungsfrage auf breiter Front erfolgt und dass wir gegenüber geschlossener Staatengruppe nicht mit Abbruch diplomatischer Beziehungen reagieren. [...] SBZ hat ihre Kampagne zur Aufnahme diplomatischer Beziehungen in Indonesien, von gesamter Linkspresse massiv unterstützt, bedeutend verstärkt. Unsere psychologische Lage ist jetzt durch vereinte islamisch-kommunistische Agitation wegen Israelfrage erheblich verschlechtert, wir werden immer häufiger auch in offiziellen Verlautbarungen in die Reihe der NEOCOLIM eingereiht."[398]

Am 16. Mai warnte die US-Botschaft in Bonn das Auswärtige Amt „mit der Bitte um streng vertrauliche Behandlung", dass Sukarno binnen zweier Wochen Beziehungen zu Ost-Berlin aufnehmen wolle. Den Abbruch der diplomatischen und wirtschaftlichen Beziehungen zu Bonn nehme er billigend in Kauf.[399] Das Auswärtige Amt warnte die Botschaft in Jakarta und bat sie um eine Stellungnahme.[400] Das *State Department* in Washington reichte Informationen weiter, wonach die bald zu erwartende indonesische Anerkennung der DDR motiviert war von einer Solidaritätsdemonstration für die arabischen Staaten in der Israel-Frage – auf diese Weise hoffte Sukarno, die arabischen Staaten in der Malaysia-Frage auf die Seite Indonesiens zu ziehen.[401]

Die Bundesregierung ersuchte wiederum die japanische Regierung, Indonesien von einer Anerkennung der DDR abzubringen: Die Japaner sollten Sukarnos Regierung deutlich machen, dass „die Anerkennung der SBZ [...] weit über die Maßnahmen der arabischen Staaten hinausgehen und Indonesien in der Weltöffentlichkeit zu

---

397 PA AA, B 38, 114. Botschaftsrat Heimsoeth, Jakarta: Drahtbericht Nr. 131 vom 7.4.1965.
398 PA AA, B 130, 2591A. Botschaftsrat Heimsoeth, Jakarta: Drahtbericht Nr. 174 vom 10.5.1965.
399 PA AA, B 130, 2655A. Ministerialdirigent Böker: Aufzeichnung „Mögliche Aufnahme von diplomatischen Beziehungen zwischen Jakarta und Pankow" vom 18.5.1965. Die US-Regierung hatte aus Gründen des Quellenschutzes nur das AA und den BND unterrichtet, nicht aber die Botschaft in Jakarta. Staatssekretär Carstens notierte noch am 18.5.1965 auf die Vorlage: „Wir müssen Jakarta eine Warnung geben" (Hervorhebung im Original).
400 PA AA, B 130, 2655A. Ministerialdirigent Böker: Drahterlass Nr. 133 an die Botschaft Jakarta vom 19.5.1965.
401 PA AA, B 130, 2655A. Gesandter Lilienfeld, Washington: Drahtbericht Nr. 1328 vom 21.5.1965.

einem kommunistischen Staat stempeln" würde.⁴⁰² Laut Werz lehnte Sukarno mittlerweile die Politik des *non-alignment* ab und erhoffe sich dreierlei Vorteile von einer DDR-Anerkennung: Sie würde ihn vom Druck von China, der Sowjetunion und der indonesischen PKI befreien; sein isoliertes Land gewönne einen weiteren Verbündeten; zudem könne er innenpolitisch aus diesem kühnen Schritt „agitatorisch Kapital schlagen".⁴⁰³ Die heikle Lage in Indonesien kam auch auf der Sitzung des Bundeskabinetts am 26. Mai 1965 zur Sprache:

> „Bundesminister Dr. Westrick äußert gewisse Besorgnisse über die Politik der Bundesregierung in Indonesien. Die Bundesregierung müsse überlegen, was sie tun könne, um noch rechtzeitig zu versuchen, Einfluss auf die Entwicklung zu nehmen. Bundesminister Dr. Schröder teilt diese Beurteilung. Er äußert sich über die Möglichkeiten, die nach Auffassung des Auswärtigen Amts für die Bundesregierung in Betracht kommen. Die Entscheidung solle in einem Gespräch mit dem Bundeskanzler getroffen werden, das er in den nächsten Tagen zu führen gedenke. Nach kurzer Erörterung, an der sich die Bundesminister Schröder, Scheel und Westrick beteiligen, stimmt das Kabinett zu."⁴⁰⁴

Werz berichtete ans Auswärtige Amt, sowohl prowestliche Indonesier als auch viele Diplomaten empfänden „schwere Sorge" angesichts der Lage in Indonesien und teilten „das Gefühl, dass die Dinge einem Höhepunkt" zutrieben.⁴⁰⁵ Im Kreise seiner Minister habe sich Sukarno erneut für die Anerkennung der DDR ausgesprochen; der Botschafter Indiens in Jakarta sei der Ansicht, „Sukarno habe aufgrund des Persönlichkeitskults jeden Kontakt mit der Wirklichkeit verloren".⁴⁰⁶ Einen Tag darauf berichtete Werz über die neuesten Entwicklungen nach Bonn:

> „Entscheidungen Sukarnos werden immer mehr einsame, erratische Entschlüsse, bestimmt durch wechselnde Einflüsterungen, Stimmungen, ja wohl auch Weissagungen. Wahrheitsgehalt der mir übermittelten Nachrichten deshalb schwer zu überprüfen. Kürzlich fragte SBZ-Generalkonsul bei einem Flugplatzempfang Sukarno: ‚Wann werden sie die DDR anerkennen?'. Sukarno: ‚It's only a matter of time'. Eine solche Präsidentenäußerung kann alles oder nichts bedeuten. Lukman Hakim, der mich gestern aufsuchte, unmittelbar nachdem er sich bei Sukarno verabschiedet hatte (er will Ende Mai wieder in Bonn sein), bezeichnete die Lage als ernst, aber nicht hoffnungslos. Minister Malik, bei dem ich gestern war: ‚Deutschland hat hier noch viele Freunde.' Er schien sein und unser Spiel noch nicht für verloren zu halten. Dass arabische Staaten SBZ nicht anerkannten, dürfte für Sukarno kein Hinderungsgrund, sondern eher ein Anreiz sein, da er es liebt, in derartigen Aktionen zu führen, wenn er damit irgendwie Prestige gewinnen kann, läge

---

402 PA AA, B 130, 2655A. Ministerialdirektor Meyer-Lindenberg: Drahterlass Nr. 225 Plurex vom 20.5.1965.
403 PA AA, B 130, 2655A. Botschafter Werz, Jakarta: Drahtbericht Nr. 204 „Möglichkeit der SBZ-Anerkennung durch Sukarno" vom 26.5.1965.
404 PA AA, B 130, 2586A. Auszug aus dem Kurzprotokoll über die 166. Kabinettssitzung der Bundesregierung am 26.5.1965. Auch abgedruckt in: 166. Sitzung des Bundeskabinetts vom 26.5.1965. KPBR 18 (1965), S. 247–248.
405 PA AA, B 130, 2655A. Botschafter Werz, Jakarta: Drahtbericht Nr. 189 vom 20.5.1965.
406 Ebenda.

deshalb im Bereich des Möglichen. Versuche, für die nächste Woche einen Termin bei Sukarno zu bekommen und erbitte hierfür Sprachregelung bzw. persönliche Unterrichtung, insbesondere darüber, ob wir auf Anerkennung der SBZ mit Abbruch der Beziehungen antworten würden."[407]

Der letzte Satz zeigt die von Werz – und auch von Bassler – schon länger erwogene flexible Linie, wonach selbst bei einer vollen diplomatischen Anerkennung der DDR die Präsenz der Bundesrepublik in Indonesien ratsam sei – und zwar sowohl aus außenwirtschaftlichen wie aus strategisch-allianzpolitischen Gründen.

Doch am 26. Mai entspannte sich die Situation unerwartet schnell: Japanische Spitzenbeamte hatten sich einige Tage zuvor „ohne Zögern" bereit erklärt, sich für die Interessen der Bundesregierung einzusetzen.[408] Es war offensichtlich die japanische Intervention bei den Indonesiern, die eine für Bonn günstige Entwicklung im indonesischen Außenministerium herbeiführte.[409] Von ihren japanischen Kollegen erhielt die Botschaft in Tokio die Zusicherung, „Indonesien beabsichtige nicht, einen derartigen Schritt [DDR-Anerkennung] zu unternehmen".[410] Auch aus der indonesischen Botschaft in Bonn gab es Signale, wonach Sukarno in der Anerkennungsfrage den Argumenten der Bundesregierung doch noch aufgeschlossen sei; nicht aus Überzeugung, wohl aber im Hinblick auf das materielle Interesse Indonesiens.[411]

„Bis an die Grenze des Vertretbaren gehen": Wirtschaftshilfen im Dienst der Nichtanerkennungspolitik

Abgesehen von den zahllosen direkten Interventionen und der ständigen Drohung mit dem Abbruch der Beziehungen standen 1965 materielle Zuwendungen im Mittelpunkt der Alleinvertretungspolitik: Nachdem die Bundesregierung Anfang 1965 den Sonderplafond von 100 Millionen DM eingeräumt, also Exportgarantien für das Indonesiengeschäft deutscher Unternehmen erteilt hatte, wurde das Thema des geplanten Stahlwerks in Lampong wieder aktuell. Aufbau- und Industrieminister Saleh zeigte sich im Gespräch mit dem Wirtschaftsreferenten an der deutschen Botschaft Jakarta entschlossen, das Werk in Lampong auf jeden Fall zu bauen. Saleh kritisierte die Bundesregierung als zu zögerlich bei der Pflege ihrer Wirtschaftsbeziehungen zu Indonesien. Wirtschaftsreferent Berninger hielt dem entgegen, dass die Bundesrepublik der zweitgrößte Handelspartner Indonesiens sei; die DDR könne da – allem rhetorischem

---

407 PA AA, B 130, 2655A. Botschafter Werz, Jakarta: Drahtbericht Nr. 190 vom 21.5.1965.
408 PA AA, B 130, 2655A. Botschafter Dittmann, Tokio: Drahtbericht Nr. 142 vom 22.5.1965.
409 PA AA, B 37, 178. LR I Fischer: Gesprächsunterlagen zum Besuch des ehemaligen japanischen Ministerpräsidenten Nobusuke Kishi vom 22.9.1965: „Japan hat sich erfolgreich für uns bei Sukarno eingesetzt und erreicht, dass Indonesien die Eröffnung eines Generalkonsulats in Pankow zurückstellt."
410 PA AA, B 130, 2655A. Botschafter Dittmann, Tokio: Drahtbericht Nr. 146 vom 26.5.1965.
411 PA AA, B 1, 223. VLR I Bassler: Aufzeichnung vom 14.6.1965. Hat Schröder am 19.6.1965 vorgelegen.

Eifer zum Trotz – nicht entfernt mithalten, da sie auf den Weltmärkten praktisch keine Rolle spiele.[412] Gut einen Monat später verlangte Saleh von Werz eine „eindeutige Antwort" der Bundesregierung hinsichtlich des Lampong-Werks, damit er sich im Fall einer Ablehnung an einen anderen Staat wenden könne. Für diesen Fall, so Saleh, erwartete man in Indonesien die Finanzierung eines Ausweichprojektes, beispielsweise einer Ölraffinerie. Der Schwebezustand sei den „deutsch-indonesischen Beziehungen nicht zuträglich".[413] Worauf Saleh mit seiner Bemerkung anspielte, war nicht schwer zu deuten.

Sehr kurzfristig kündigte sich für März 1965 eine indonesische Delegation unter Leitung von Finanzminister Muhammad Hasan und Vizeaußenminister Oemarjadi an. Sie reiste nach Bonn, um über die Ausgestaltung des 100-Millionen-DM-Plafonds zu verhandeln und über den Fortgang des Lampong-Projektes zu sprechen.[414] Die Politische Abteilung des Auswärtigen Amts sah in dem unerwarteten Besuch aus Jakarta vor allem die Chance, „einer den Vorgängen in Kairo vergleichbaren Krise der deutsch-indonesischen Beziehungen vorzubeugen".[415] Außenminister Schröder traf Hasan und Oemarjadi am 16. März. In allgemeinen, aber sehr freundlichen Worten versicherten sich beide Seiten ihrer gegenseitigen Wertschätzung. Die aus Sicht der Bundesregierung wichtigste Aussage von Minister Hasan lautete: „Er könne versichern, dass die indonesische Regierung keine Verschlechterung der Beziehungen zur Bundesregierung wünsche. Sie beabsichtige nicht, die SBZ anzuerkennen und in der Deutschlandfrage ihre Politik irgendwie zu ändern."[416] Schröder vermied jede kritische Nachfrage zur indonesischen Malaysia-Politik. Auf die Frage Hasans, „wie die Bundesregierung sich gegenüber der kolonialistischen Politik Großbritanniens verhalten werde", sagte Schröder, er teile nicht die Sichtweise „kolonialistischer" Intentionen der Briten. Und: „Die Bundesregierung habe keinerlei Verbindung zum britischen Handeln in Süd-Ostasien, sie sei dort auch keine Engagements eingegangen."[417]

Die Verhandlungen mit der indonesischen Delegation wurden auf deutscher Seite von Staatssekretär Lahr geleitet. Oemarjadi stellte klar, der wichtigste Grund für die

---

412 PA AA, B 37, 173. Botschaft Jakarta: Aktenvermerk „Besprechung mit Dr. Chairul Saleh" vom 27.1.1965.
413 PA AA, B 37, 173. Botschafter Werz, Jakarta: Drahtbericht Nr. 77 vom 26.2.1965. Ministerialdirigent Böker hob diese Passage hervor und notierte „in der Tat!".
414 PA AA, B 37, 173. Ministerialdirigent Graf v. Hardenberg: Aufzeichnung „Indonesien" vom 2.3.1965. Hasan war Mitglied der islamischen Partei Nahdlatul Ulama (NU) und fungierte unter anderem auch als Verwalter von Sukarnos Privatvermögen, vgl. PA AA, B 61-IIIB7, 259. Botschafter Werz, Jakarta: Drahtbericht Nr. 86 vom 5.3.1965.
415 PA AA, B 37, 173. Ministerialdirektor Meyer-Lindenberg: Aufzeichnung „Besuch des indonesischen Finanzministers Hasan beim Herrn Minister" vom 10.3.1965.
416 PA AA, B 37, 173. VLR I Bassler: Aufzeichnung „Gespräch zwischen dem indonesischen Finanzminister Hasan, dem stellvertretenden Außenminister Oemarjadi und dem Herrn Minister" vom 16.3.1965.
417 Ebenda.

Deutschlandreise sei die Beteiligung der Bundesrepublik am Lampong-Projekt: „Die Frage sei inzwischen in Indonesien zu einer nationalen Angelegenheit geworden und nicht mehr eine Frage von wirtschaftlicher Rentabilität."[418] Die Indonesier baten darum, eine Erhöhung der Garantien für Lampong separat zu gewähren, also nicht aus dem Sonderplafonds von 100 Millionen DM vom Januar 1965.[419]

Schröder unterstützte die Beteiligung der Bundesrepublik am Bau von Lampong. Indem es einen eigenen Beitrag zu dem wirtschaftlich und technisch weniger sinnvollen, aber prestigepolitisch hoch aufgeladenen Projekten leistete, hoffte Bonn sich „über den kritischen Punkt hinwegzuhelfen und eine Krise zu vermeiden".[420] Schon auf seiner Sitzung am 17. März 1965 beriet das Bundeskabinett über diese Frage. Außenminister Schröder warb „trotz der wirtschaftlichen Bedenken gegen das Projekt" für die Zustimmung seiner Ministerkollegen zu einer Ausweitung der Bundesbürgschaften für das Stahlwerk. In Indonesien müsse, so Schröder, „aus politischen Gründen bis an die Grenze des Vertretbaren gegangen werden".[421] Die Bundesminister stimmten schließlich der Erhöhung des Garantierahmens für das Lampong-Projekt von 37,5 Millionen auf 80 Millionen DM zu. Entwicklungshilfeminister Scheel enthielt sich der Stimme.[422]

Nach der Kabinettssitzung sprach Staatssekretär Lahr mit Vizeaußenminister Oemarjadi. Neben der Erhöhung der Lampong-Garantien auf 80 Millionen DM – die, wie von den Indonesiern erwünscht, außerhalb des 100-Millionen-Sonderplafonds stattfand – kündigte er weiteres Entgegenkommen bei der Umsetzung der Kapitalhilfe (die im September 1964 gewährt worden war) und des Sonderplafonds an. Unumwunden erwähnte Lahr den rein politischen Charakter der Geldzusagen: Die Bundesregierung erwarte im Gegenzug eine Unterstützung ihrer „delikaten Situation" durch Indonesien, unter anderem auf der bevorstehenden Konferenz der afro-asiatischen Staaten in Algier.[423] Die Ergebnisse der Wirtschaftsverhandlungen fanden in der indonesischen Presse ein positives Echo.[424]

---

[418] PA AA, B 37, 173. Referat III B 7: Aufzeichnung „Wirtschaftsverhandlungen mit einer indonesischen Delegation am 15., 16. und 17.3.1965 im Auswärtigen Amt" vom 18.3.1965.
[419] PA AA, B 61-IIIB7, 259. VLR Schoettle: Aufzeichnung „Wirtschaftsverhandlungen mit einer indonesischen Delegation am 15. und 16.3.1965 im Auswärtigen Amt unter Leitung von Herrn Staatssekretär Lahr" vom 15.3.1965.
[420] PA AA, B 37, 173. Ministerialdirektor Sachs: Sprechzettel für die Kabinettssitzung am Mittwoch, den 17.3.1965.
[421] KPBR 18 (1965), S. 135. 157. Sitzung des Bundeskabinetts vom 17.3.1965.
[422] Ebenda.
[423] PA AA, B 37, 173. Referat III B 7: Aufzeichnung „Gespräch von Staatssekretär Lahr mit stv. Außenminister Minister Oemarjadi vom 17.3.1965" vom 20.3.1965. – Die geplante Konferenz der afro-asiatischen Staaten in Algier kam schließlich nicht zustande, vgl. PA AA, B 37, 258. Botschafter Luedde-Neurath, Jakarta: Schriftbericht Nr. 681/66 „Indonesien und die Vereinten Nationen" vom 2.6.1966.
[424] PA AA, B 37, 173. Botschaftsrat Heimsoeth, Jakarta: Schriftbericht Nr. 397/65 „Deutsch-indonesische Wirtschaftsverhandlungen in Bonn; hier: Presse-Echo" vom 22.3.1965; PA AA, B 61-IIIB7, 259. Botschaftsrat Heimsoeth, Jakarta: Schriftbericht Nr. 390/65 vom 30.3.1965.

Im Mai 1965 reiste eine Abordnung unter Walter Solveen vom Wirtschaftsministerium nach Indonesien, um sich über Stand und Perspektiven des Lampong-Projekts ein Bild zu machen.[425] Solveen war schon Ende 1962 in Indonesien gewesen; seinerzeit war er mit dem Auftrag angereist, die indonesische Regierung von dem Vorhaben einer Verhüttungsanlage auf Sumatra abzubringen (siehe Kapitel IV.1).[426] An den schlechten Rahmenbedingungen hatte sich nichts geändert. Auf Sumatra war naturgemäß noch immer nicht genügend Kohle für eine Verhüttung vorhanden; die erforderlichen Zugangsstraßen waren nicht gebaut worden, sondern befanden sich in der Planungsphase; eine seriöse Gesamtkostenrechnung lag nicht vor.[427] Im Gespräch mit der Bonner Delegation unterstrich Saleh, dass sich am Willen der indonesischen Regierung, den Bau durchzuführen, nichts geändert habe. Neben dem Aufbau einer eigenen Stahlindustrie zur Verringerung der Importabhängigkeit sei auch die Besiedelung von Sumatra ein wichtiges Ziel des Großprojekts.[428] In *einer* Hinsicht hatte die indonesische Regierung auf Solveens kritischen Lampong-Bericht von 1963 reagiert, der untere anderem die zu geringen Kapazitäten des Werks bemängelt hatte: Statt der damals vorgesehenen 35 000 Tonnen Roheisen pro Jahr war nun die Erzeugung von 100 000 Tonnen Roheisen vorgesehen.[429] Nach wie vor erwarteten die Indonesier von der Bundesregierung entweder eine Unterstützung Lampongs oder eines noch zu bestimmenden Ausweichprojekts.[430] Während Delegationsleiter Solveen „die gesamte Angelegenheit ‚mit vorsichtigem Optimismus'" beurteilte[431], an seiner Skepsis aber keinen Zweifel ließ, empfahl Botschafter Werz im Falle Lampongs „eine baldige, wenn irgend mögliche positive Entscheidung" zu treffen.[432]

---

[425] PA AA, B 37, 173. Botschafter Werz, Jakarta: Schriftbericht Nr. 592/65 „Deutsche Delegation für den Hochofen Lampong" vom 18.5.1965.
[426] BArch, B 102, 113416. Ministerialdirigent Solveen: Bericht „Verhandlungen mit der indonesischen Regierung über das Hochofenwerk Lampong" vom 10.1.1963.
[427] PA AA, B 37, 173. Ministerialdirigent Pauls: Aufzeichnung „Indonesien. Hier: Bundesbürgschaften für Lampong" vom 8.6.1965.
[428] BArch, B 102, 113418. BMWi, Unterabteilung III C: „Vorläufiger Bericht über die Reise einer deutschen Delegation nach Indonesien zwecks Prüfung des neuen Lampong-Projekts" vom 30.7.1965. Indonesien benötigte Mitte der sechziger Jahre jährlich etwa 400 000 Tonnen Eisen und Stahl, wobei es ausschließlich importierte. Der durchschnittliche Einkaufspreis lag bei rund 500 DM pro Tonne. Vor allem aus diesen Gründen wollte die Regierung eine eigene Stahlproduktion aufbauen, vgl. BArch, B 102, 113418. Schreiben von Dipl.-Ing. Heinrich Schmieding, Salzgitter Industriebau GmbH, an Ministerialdirigent Solveen vom 18.5.1965.
[429] BArch, B 102, 113418. BMWi, Unterabteilung III C: Vorläufiger Bericht vom 30.7.1965 über die Reise einer deutschen Delegation nach Indonesien zwecks Prüfung des neuen Lampong-Projekts.
[430] PA AA, B 37, 173. Botschafter Werz, Jakarta: Schriftbericht Nr. 592/65 „Deutsche Delegation für den Hochofen Lampong" vom 18.5.1965.
[431] PA AA, B 37, 173. Ministerialdirigent Pauls: Aufzeichnung „Indonesien: Bundesbürgschaften für Lampong" vom 8.6.1965.
[432] PA AA, B 37, 173. Botschafter Werz, Jakarta: Schriftbericht Nr. 592/65 „Deutsche Delegation für den Hochofen Lampong" vom 18.5.1965.

Auch als Finanzminister Hasan und Vizeaußenminister Oemarjadi Ende Mai 1965 die Botschaft um eine Aufstockung der erst im Januar 1965 gewährten Kredit-Plafonds von 100 auf 120 Millionen DM baten, riet Werz dem Auswärtigen Amt „im Interesse der Erhaltung unserer Position" zur raschen Bewilligung.[433] Die Wirtschaftsabteilung des Auswärtigen Amts warnte hingegen vor dem „starken Widerstand der Ressorts", der gegen die neuen Forderungen aus Indonesien zu erwarten sei.[434] Unterstützung erhielt Werz – wie üblich – von der Politischen Abteilung des Auswärtigen Amts, namentlich von Referatsleiter Bassler: Dieser hielt der skeptischen Wirtschaftsabteilung vor, es sei alles zu vermeiden, was in Indonesien zu „einer Verschärfung oder Enttäuschung über die Haltung der Bundesregierung" führen könnte.[435]

Minister Schröder schloss sich im deutschlandpolitischen Krisenjahr 1965 in aller Regel den Vorschlägen seines Ministeriums an; gegenüber seinen Ministerkollegen befürwortete er die Vergabe weiterer Mittel an Indonesien.[436] Gelegentliche Interventionen von Seiten der britischen und der australischen Regierung gegen Bonns Unterstützung des Lampong-Projekts, etwa im Juni 1965 bei Bundespräsident Lübke, scheinen die Bundesregierung und das Auswärtige Amt nicht beirrt zu haben.[437] Am 21. Juli 1965 beschloss die Bundesregierung, Indonesien anlässlich des Nationalfeiertags am 17. August ein Geschenk darzubringen. Tatsächlich übermittelt wurde das Geschenk – ein Hospitalboot zur medizinischen Versorgung entlegener Gebiete – allerdings erst 1968.[438]

„Vorübergehende Festigung unserer Stellung in Jakarta":
Der Besuch von Minister Schwarz in Indonesien im August 1965

Die Bundesregierung wollte ihr besonderes Interesse an Indonesien durch die Entsendung eines Bundesministers zu den Feierlichkeiten anlässlich des 20. Jahrestages der Unabhängigkeitserklärung vom 17. August 1945 demonstrieren. Die Frage der Beteiligung am indonesischen Nationalfeiertag wurde in Bonn zu einer Chefsache. Bundeskanzler Erhard schrieb Außenminister Schröder am 8. Juli 1965:

> „Wir sind seit langer Zeit im Gespräch darüber, was im Hinblick auf den 20. Jahrestag des Bestehens der Republik Indonesien geschehen soll. Inzwischen höre ich, dass die SBZ der indonesischen Regierung bereits notifiziert hat, dass sie durch eine prominente Persönlichkeit bei den

---

433 PA AA, B 37, 173. Botschafter Werz, Jakarta: Drahtbericht Nr. 213 vom 31.5.1965.
434 PA AA, B 37, 173. VLR Schoettle: Schreiben an das Referat I B 5 vom 1.6.1965.
435 PA AA, B 37, 173. VLR I Bassler: Schreiben an das Referat III B 7 vom 3.6.1965.
436 PA AA, B 61-IIIB7, 259. Bundesminister Schröder: Schreiben an den Staatssekretär des Bundeskanzleramts vom 18.7.1965.
437 PA AA, B 1, 218. Ministerialdirigent Simon: Vermerk für Bundesminister Schröder vom 28.6.1965.
438 KPBR 18 (1965), S. 316. 173. Sitzung des Bundeskabinetts vom 21.7.1965. Siehe auch: KPBR 18 (1965), S. 15.

Feierlichkeiten vertreten sein wird. Ich bedaure, dass wir dadurch in den Verdacht geraten, erst durch die Reaktion der SBZ zu einer Aktivität unsererseits veranlasst worden zu sein. Ich bitte Sie, mir sehr bald konkrete Vorschläge für unser Verhalten zu machen."[439]

Schröder sprach sich in seiner Antwort an den Bundeskanzler dafür aus, zu den Feierlichkeiten den Chef des Bundeskanzleramts, Ludger Westrick, zu entsenden.[440] Auch wenn Erhard Indonesien nach eigenen Worten hohe Bedeutung zumaß, wollte er in der Hochphase des Wahlkampfes (am 19. September 1965 fand die Bundestagswahl statt) keinen Tag auf seinen Kanzleramtschef verzichten. Die Wahl fiel daher auf Werner Schwarz, den Bundesminister für Landwirtschaft.[441] Referatsleiter Bassler zeigte sich darüber in einem privaten Schreiben an Botschafter Werz nicht besonders angetan – die Entsendung von Schwarz, der bei der Bundestagswahl 1965 nicht mehr antrat, war für ihn „kein Volltreffer".[442]

Unterdessen hatten sich etwa zwei Wochen vor den Feierlichkeiten des 17. August die Dinge in der Anerkennungsfrage wiederum zugespitzt: Die Aufnahme diplomatischer Beziehungen zwischen Indonesien und der DDR schien nur noch eine Frage der Zeit. Das Auswärtige Amt hatte mehrere beunruhigende Dinge erfahren: Nach Informationen der US-Botschaft in Jakarta habe Sukarno „Vorbereitungen zur Anerkennung der SBZ angeordnet"; angeblich habe er seinen Botschaftern auf einer Konferenz mitgeteilt, er könne Ost-Berlin nicht mehr länger „mit Verzögerungsargumenten hinhalten" – für einen Erfolg der geplanten *Conference of the New Emerging Forces* sei eine sofortige Anerkennung der DDR notwendig.[443] Eine nicht näher spezifizierte „US-Quelle" war sich sicher: „Die Frage der Anerkennung der Zone ist für Indonesien kein politisches Problem mehr. Sukarno hat sich in dieser Sache entschieden. Sein einziges Anliegen ist, den wirtschaftlichen Schaden für Indonesien auf ein Minimum zu beschränken."[444] Die DDR hatte bis dato ihre Wirtschaftshilfen für Indonesien enorm erhöht: Sie baute unter anderem ein Planetarium, zehn Rundfunkstationen, lieferte Lastwagen und Busse und hatte Indonesien einen Kredit von 52 Millionen US-Dollar bewilligt.[445] Die Politische Abteilung des Auswärtigen Amts beurteilte die Aussichten, die Alleinvertretungsposition in Jakarta noch zu halten, skeptisch:

> „Falls bei der oben bezeichneten Lage überhaupt noch eine Möglichkeit besteht, die Anerkennung der SBZ durch Indonesien zu verhindern, so wohl nur noch, wenn Sukarno und allen maßgeblichen indonesischen Politikern so bald und unmissverständlich wie möglich klargemacht

---

439 BArch, B 136, 6261. Bundeskanzler Erhard: Schreiben an Bundesminister Schröder vom 8.7.1965.
440 BArch, B 136, 6261. Bundesminister Schröder: Schreiben an Bundeskanzler Erhard vom 9.7.1965.
441 BArch, B 136, 6261. Bundeskanzler Erhard: Schreiben an Bundesminister Schröder vom 12.7.1965.
442 PA AA, NL Werz, 1. VLR I Bassler: Privatdienstschreiben an Botschafter Werz vom 19.7.1965.
443 PA AA, B 130, 2650A. Abteilung II: Aufzeichnung „Indonesien: Geplanter Besuch deutscher Goodwill-Mission" vom 3.8.1965.
444 PA AA, B 130, 2650A. Abteilung II: Aufzeichnung vom 3.8.1965.
445 Ebenda.

wird, dass die Anerkennung der Zone den sofortigen Abbruch sämtlicher, insbesondere auch der wirtschaftlichen Beziehungen zur Folge haben werde. Der dann drohende Verlust unserer hohen Investitionen sollte uns daran nicht hindern. Denn versuchten wir sie auf Kosten unserer politischen Konsequenz zu retten, würde unsere Entwicklungshilfe ihren besonderen Effekt für unsere Deutschland-Politik in den meisten Entwicklungsländern weitgehend verlieren. Die Waffe der Hallstein-Doktrin wäre dann stumpf."[446]

Staatssekretär Lahr bat Minister Schwarz vor seiner Abreise, in Jakarta keinen Zweifel daran zu lassen, dass eine Anerkennung der DDR das Ende aller diplomatischen und wirtschaftlichen Beziehungen zu Bonn bedeuten würde.[447]

Doch im Gegensatz zu allen Befürchtungen verlief der Besuch aus Bonner Sicht rundum erfolgreich. Die Schwarz-Delegation blieb sogar länger in Indonesien als geplant. In einem Zwischenbericht vermeldete Werz nach Bonn, die Feierlichkeiten seien zwar durch ein „selbst für hiesige Verhältnisse unvorstellbares Durcheinander" beeinträchtigt worden, andererseits jedoch auch so „glanzvoll, wie dies nur in Indonesien möglich ist" verlaufen.[448] Der Besuch, die Wirtschaftshilfen sowie die Grundsteinlegung für ein neues Botschaftsgebäude der Bundesrepublik hätten ein großes publizistisches Echo gefunden; den Indonesiern sei „klar geworden, dass es die Bundesrepublik noch gibt" – mit dem Ergebnis, „dass zurzeit keine akute Gefahr für unsere Position besteht".[449] Sukarno empfing Schwarz am 22. August. Der Präsident bedankte sich nicht nur mit „sehr herzlichen Worten" für das zugedachte Hospitalschiff, sondern ließ sich gar zur Aussage hinreißen, der Aufbau Indonesiens sei „weitgehend durch deutsche Hilfe möglich geworden".[450] Der Botschafter vermerkte dazu:

> „Dieses Overstatement ist für mich ein wertvolles Anzeichen dafür, dass die unablässigen Bemühungen der letzten Monate, durch unsere Kredithilfen den uns gewogenen Beratern Sukarnos Argumente zu geben, Erfolg gehabt haben. Sukarno, der sonst wirtschaftlichen Überlegungen wenig Gewicht beimisst, scheint von dem Wert der Wirtschaftsbeziehungen zur Bundesrepublik Deutschland nunmehr überzeugt. Wir werden diesen Eindruck nur erhalten können, wenn wir unsere Bemühungen fortsetzen und verstärken. [...] Die Unterredung [mit Sukarno] verlief in so herzlicher Form, dass kein Anlass bestand, Sorgen wegen einer möglichen Aufwertung der SBZ und die daraus zu ziehenden Folgerungen vorzubringen."[451]

Durch die Beteiligung am Nationalfeiertag, so Werz nach der Abreise von Schwarz, habe die Bundesrepublik „eine Schlacht in der Abwehr der SBZ-Bemühungen um diplomatische Aufwertung, aber noch nicht den Krieg gewonnen"; wenngleich die „Auf-

---

446 Ebenda.
447 PA AA, B 130, 2655A. Staatssekretär Lahr: Schreiben an Bundesminister Schwarz vom 4.8.1965.
448 PA AA, B 130, 2650A. Botschafter Werz, Jakarta: Drahtbericht Nr. 334 vom 20.8.1965.
449 Ebenda. Der US-Botschafter Green nannte das bundesdeutsche Botschaftsgebäude aufgrund seiner prestigepolitisch bedingten Überdimensionierung in seinen Memoiren „the Hallstein Heights", vgl. Green, Indonesia, S. 27.
450 PA AA, B 130, 2650A. Botschafter Werz, Jakarta: Drahtbericht Nr. 337 vom 23.8.1965.
451 Ebenda.

nahme diplomatischer Beziehungen zur SBZ durch Indonesien" hinausgeschoben sei, seien weitere Anstrengungen notwendig, um die bundesdeutsche „Position in Indonesien zu halten".[452] Schwarz schrieb nach seiner Rückkehr an das Bundeskanzleramt: „Ich bin der Überzeugung, dass Botschafter Dr. Werz seine sehr schwierige Mission mit großer Geschicklichkeit wahrnimmt [...] Wir dürfen den Besuch als einen Erfolg für uns buchen."[453]

Obgleich die Botschaft in ihrem zähen Abwehrkampf eine Atempause einlegen konnte – Ministerialdirigent Böker meldete Carstens eine „vorübergehende Festigung unserer Stellung in Jakarta"[454] – war dieser Erfolg angesichts der Verhältnisse in Indonesien fragil; mit Gegenmaßnahmen der DDR war stets zu rechnen.[455] Im Auswärtigen Amt verwies man zunehmend auf den in doppelter Hinsicht transitorischen Charakter der Anstrengungen in Indonesien: Deren Zeithorizont sei auf die Veränderung entweder der inneren Lage Indonesiens oder aber der deutschlandpolitischen Strategie der Bundesrepublik begrenzt. Es gelte, „die Stellung in Indonesien so lange zu halten, bis größere politische Entscheidungen fallen, etwa die Bildung einer neuen indonesischen Regierung nach dem Tode Sukarnos oder eine Neuformulierung des Alleinvertretungsrechts der Bundesregierung".[456]

Am 27. September 1965, also drei Tage vor dem Umsturzversuch und seinem blutigen Nachspiel, berichtete Botschafter Werz ausführlich über die Eigenarten Indonesiens und den offenkundig verlorenen Realitätssinn seines Staatsoberhauptes:

> „,Das Schicksal der Menschheit wurde bis vor Kurzem von Washington und Moskau entschieden; es entscheidet sich jetzt in Washington, Moskau, Peking und Jakarta' (Sukarno am 21.9.1965). Äußerungen wie dieser lassen sich viele ähnliche zugesellen, in denen Sukarno und seine Gehilfen dem indonesischen Bürger ein Weltbild vermitteln, das Indonesien als Mittelpunkt und Maß aller Dinge darstellt. Indonesien ist der ‚Leuchtturm der Menschheit' für die Schaffung einer neuen vollkommenen Weltordnung (Sukarno am 3.4.1965); Indonesien hält die moralische Führung der Welt (Subandrio am 8.3.1965) und war bereits eine große und starke Kulturnation, als die Völker Europas noch in Höhlen und Wäldern hausten (Sukarno am 23.8.1965).
> [...] Sukarnos außenpolitisches Verhalten bietet ein paradoxes Bild: Übersteigertes messianisches Selbstbewusstsein kontrastiert mit flagranter Missachtung der herkömmlichen Normen zwischenstaatlichen Verkehrs. Ein weltferner Idealismus, der Indonesien die Hervorbringung eines ‚homo novus' als Gabe an die Menschheit zur Aufgabe macht, sieht die ersten Züge dieses neuen Menschen in China verwirklicht. [...] Aus dem Sturzbach des synkretistischen, ideologischen Gedankenguts, der sich täglich über das indonesische Volk ergießt, und mit dem politische Entscheidungen motiviert, verbrämt und postuliert werden, lassen sich zwei grundlegende

---

452 PA AA, B 80-V1, 957. Botschafter Werz, Jakarta: Schriftbericht Nr. 999/65 „Deutsche Teilnahme an der indonesischen Unabhängigkeitsfeier " vom 24.8.1965.
453 BArch, B 136, 6261. Bundesminister Schwarz: Schreiben an Bundesminister Westrick vom 27.8.1965.
454 BArch, B 136, 6261. Ministerialdirigent Böker: Aufzeichnung „Vorübergehende Festigung unserer Stellung in Jakarta" vom 2.9.1965. Der Bericht wurde dem Staatssekretär vorgelegt.
455 PA AA, B 38, 115. Botschafter Werz, Jakarta: Drahtbericht Nr. 355 vom 27.8.1965.
456 PA AA, B 38, 115. Ministerialdirigent Böker: Aufzeichnung vom 2.9.1965.

Ansprüche des von Sukarno repräsentierten Staats herausschälen: Indonesien akzeptiert keine internationalen Verhaltensnormen, die sich in einer kolonialen Vergangenheit gebildet haben und an deren Entstehung Indonesien nicht mitgewirkt hat. Dies bezieht sich auf den gesamten Komplex des Völkerrechts (Ausdehnung der Küstengewässer, Gesandtschaftsrecht) einschließlich so allgemeiner Rechtsgrundsätze wie ‚pacta sunt servanda'. [...] Ferner erkennt Sukarno als einzige Norm seines Handelns das ‚Gesetz der indonesischen Revolution' an. Dieses Gesetz ist nirgendwo definiert. Es dient zur Begründung so radikaler außenpolitischer Entscheidungen wie der Konfrontation gegen Malaysia, des Austritts aus den Vereinten Nationen und des gemeinsamen Kampfes mit China gegen die ‚NEKOLIM'. Es ist letztlich die Reflektion der persönlichen und zunehmend erratisch werdenden Vorstellungen eines Staatsführers, für den die Zukunft den sozialistischen Ländern gehört und der bei aller Betonung der nationalen Eigenständigkeit Indonesien auf der Seite des ‚Fortschritts' wissen möchte. [...] die indonesische Revolution ist zum zentralen Begriff politischen Denkens und Handelns geworden. Sie stellt, wie unzählige Mal von Sukarno ausgeführt, die französische Revolution ebenso wie die russische Oktoberrevolution an weltgeschichtlicher Bedeutung in den Schatten. Der Appell an die indonesische Revolution ist in seiner täglichen Wiederholung fast zu einer magisch-beschwörenden Zauberformel geworden, wie dies nur aus der javanischen Geistesgeschichte verständlich ist. [...]

Wir können einen dem Westen innerlich ablehnend gegenüberstehenden Sukarno nicht auf unseren Standpunkt festlegen. Juristischen und moralischen Bindungen kann sich Sukarno von heute auf morgen unter Berufung auf das Revolutionsgesetz entziehen. Demgegenüber können wir versuchen, uns für Sukarno unentbehrlich zu machen. Unser wirtschaftlicher Beitrag ist für Indonesien schon heute lebensnotwendig. Wir müssen unsere wirtschaftlichen Leistungen fortsetzen, um Sukarno die Anerkennung der SBZ aus Gründen der Staatsräson unmöglich zu machen. Wir müssen Sukarnos Prestigebedürfnis durch Entsendung hochrangiger Besucher und durch Einladungen entgegenkommen. Wir müssen schließlich diejenigen Gruppen zu stärken versuchen, die noch politische Hemmfunktionen ausüben und die im Interesse von Indonesiens Zukunft an einer Aufrechterhaltung und Pflege der Beziehungen zu uns interessiert sind. Sukarnos maßloser Subjektivismus und die dadurch heraufbeschworenen Gefahren sind das Kennzeichen einer ausklingenden Herrschaftsepoche. Wir müssen in dieser von Extremen regierten Übergangsphase in Indonesien unsere Position unter allen Umständen halten."[457]

In einem ebenfalls am 27. September von Werz verfassten Bericht über die innere Lage Indonesiens hielt der Botschafter fest, die Situation sei „durch ein Wiederaufleben der Gegensätze von links und rechts" gekennzeichnet. Doch noch bliebe „das innenpolitische Gleichgewicht trotz einander widersprechender Maßnahmen der Regierung mühsam gewahrt". Abschließend hielt Werz fest:

„Wenn man davon ausgeht, dass angesichts der wirtschaftlichen Notlage und der verbreiteten Unruhe Indonesien einer starken und entschlossenen Führung bedarf, so muss man die gegenwärtige Lage mit einer gewissen Sorge betrachten. Allerdings – in Indonesien ist alles anders. Bisher hat dieses Land, sein Volk und seine Staatsführung alle noch so fundierten düsteren Prognosen

---

[457] PA AA, B 130, 2655A. Botschafter Werz, Jakarta: Schriftbericht Nr. 1150/65 „Indonesiens Außenpolitik und Sukarnos moralisch-politische Handlungsweise" vom 27.9.1965.

scheitern lassen; irgendwie geht – ohne Aufstand der Massen und ohne Zusammenbruch – das Leben weiter."[458]

Als diese beiden Schriftberichte von Werz am 1. Oktober 1965 im Auswärtigen Amt eingingen, hatte sich die zuvor geschilderte Konstellation Indonesiens buchstäblich über Nacht dramatisch verändert – die Herrschaft Sukarnos war tatsächlich im Ausklang begriffen, das zuvor mühsam gehaltene Gleichgewicht zerstört.

4 Der 1. Oktober 1965 und die indonesischen Massaker von 1965/66

Die mysteriösen Geschehnisse in der Nacht vom 30. September auf den 1. Oktober 1965 sind insofern die tiefste Zäsur in der Geschichte Indonesiens nach der Unabhängigkeit, als sie das Ende der Epoche Sukarnos und den Beginn der Epoche Suhartos einleiteten.[459] Die Bedeutung des Coups vom 1. Oktober 1965 lag in dem für alle sichtbaren Zusammenbruch der von Sukarno propagierten *Nasakom*, also der Integration der fundamental verschiedenen Ordnungsvorstellungen von nationalistischen, religiösen und kommunistischen Gruppen. Lediglich die persönliche Autorität Sukarnos hatte das hochfragile und weitgehend fiktive *Nasakom*-Konzept noch bis in den Herbst 1965 aufrechterhalten können. Ausländischen Beobachtern war die feindselige Wachsamkeit, mit der sich das indonesische Militär und die PKI gegenüberstanden, seit Langem ebenso wahrnehmbar wie die Entschlossenheit der Armeeführung, kommunistischen Machtansprüchen gegebenenfalls gewaltsam den Weg zu versperren.[460] Mit einer blutigen Auseinandersetzung zwischen Armee und Kommunisten war zu rechnen – die Möglichkeit eines Bürgerkrieges war seit den fünfziger Jahren thematisiert worden, wobei gelegentlich Vergleiche zur Konfrontation zwischen der chinesischen Linken um Mao Tse-tung und der chinesischen Rechten um Chiang Kaishek in Shanghai 1927 gezogen wurden: Hilmar Bassler, damals noch stellvertretender Botschafter in Jakarta, gab 1958 die Befürchtung des „totalen staatlichen Zusammenbruchs" wieder, den die indonesischen Sukarno-Kritiker wegen dessen verfehlter Politik hegten.[461] Bassler berichtete seinerzeit von Plänen des indonesischen Militärs um General Nasution, im Konfliktfall die Macht an sich zu reißen.[462] Anfang des Jahres

---

458 PA AA, B 37, 169A. Botschafter Werz, Jakarta: Schriftbericht Nr. 1151/65 „Innenpolitische Situation Indonesiens" vom 27.9.1965. Hat Bundesminister Schröder am 24.10.1965 vorgelegen.
459 Elson, Suharto, S. 110.
460 PA AA, B 130, 2650A. Botschafter Werz, Jakarta: Drahtbericht Nr. 37 vom 28.1.1965.
461 PA AA, B 12, 1347. Botschaftsrat Bassler, Jakarta: Schriftbericht Nr. 736/58 vom 23.8.1958.
462 Ebenda: „Diese apokalyptische Version seiner [Sukarnos] Gegner verliert jedoch manche ihrer Schrecknisse, wenn man berücksichtigt, dass in der Armee Kräfte sichtbar werden, die als Träger der militärischen Macht und als kompromisslose Gegner des Kommunismus vielleicht doch in der Lage

1965 erfuhr die Spitze des Auswärtigen Amts von der Botschaft Jakarta, die indonesische Armee sei „heute die einzige Machtkonzentration, die imstande und wohl auch willens ist, gewaltsame kommunistische Umsturzversuche zu unterbinden".[463]

Die „Bewegung 30. September" und der Coup vom 1. Oktober 1965: Forschungsstand und offene Fragen

Es würde den Umfang dieser Arbeit überschreiten, Hintergrund und Hergang des Umsturzversuchs vom 1. Oktober 1965 mit seinen vielen ungeklärten Fragen und die unterschiedlichen Interpretationen dieses Ereignisses erschöpfend zu diskutieren. Es können hier nur einige als gesichert geltende Umstände und der entsprechende Forschungsstand zusammenfassend referiert werden. Als Grundlage dient dabei die minutiös rekonstruierende Monographie von John Roosa (2006), die neues Quellenmaterial erschlossen hat.[464]

In den frühen Morgenstunden des 1. Oktober 1965 drangen von Armeeoffizieren geführte Kommandos in die Domizile von sieben als Antikommunisten bekannten Generäle ein und versuchten, diese zu entführen. Dabei wurden drei der Generäle noch an ihrem jeweiligen Wohnort niedergeschossen oder bajonettiert – höchstwahrscheinlich, weil sie gegen die Entführer Widerstand leisteten.[465] Der siebte und höchstrangige zur Entführung vorgesehene General, Verteidigungsminister Nasution, entkam den Kidnappern.[466] Sowohl die sterbenden als auch die noch lebenden Entführungsopfer wurden nach Lubang Buaya gebracht, einem etwas mehr als zehn Kilometer vom Zentrum Jakartas entfernt liegenden Hain in der Nähe des Luftwaffenflugplatzes Halim, wo sich die Hintermänner der Aktion in der Nacht des 30. September versammelt hatten.[467] In Lubang Buaya töteten die Entführer die übrigen drei Generäle und den ebenfalls entführten Adjutanten von Nasution. Über die genaueren

---

sein können, der unheilvollen Entwicklung im Lande eine Wendung zu geben. [...] Die politische Zielsetzung der Armeeführung ist darauf gerichtet, die Ausgangsposition für eine mögliche Machtübernahme auszubauen. Ob und wann es zu einer solchen Aktion kommt und ob dies wie nach früherem Muster die Form eines Staatsstreichs haben wird, lässt sich nicht voraussagen. Nasution [...] dürfte, wenn er sich zum Handeln entschließt, seine Aktionen mit generalstabsmäßiger Genauigkeit vorbereiten."

463 PA AA, B 37, 169A. Botschafter Werz, Jakarta: Schriftbericht Nr. 51/65 „Die indonesischen Streitkräfte in der gegenwärtigen innenpolitischen Auseinandersetzung" vom 8.3.1965. Hat Carstens am 1.5.1965 und Schröder am 5.5.1965 vorgelegen.
464 Roosa, Pretext. Siehe dazu die Rezension von Crouch, Fatal Errors.
465 Cribb/Brown, Indonesia, S. 99; Roosa, Pretext, S. 40.
466 Cribb/Brown, Indonesia, S. 98 f., 103; Roosa, Pretext, S. 37. General Nasution konnte auf ein benachbartes Grundstück flüchten. Nasutions fünfjährige Tochter wurde von den Kidnappern angeschossen und starb wenige Tage später an den Folgen ihrer Verwundung. Es starben auch einer seiner Leibwächter sowie sein Adjutant Leutnant Tendean.
467 Roosa, Pretext, S. 36.

Umstände ist wenig bekannt; es ist jedoch davon auszugehen, dass alle entführten Generäle bis spätestens 10 Uhr vormittags tot waren.[468] Ihre Leichen wurden in einen ausgetrockneten Brunnen geworfen. Die indonesische Armeeführung hatte einen schweren Schlag erlitten: Bei den Ermordeten handelte es sich um den Oberkommandeur Generalleutnant Yani und fünf weitere Mitglieder des Generalstabs, namentlich Suprapto, Harjono, Parman, Panjaitan und Soetojo.[469]

Ebenfalls am Morgen des 1. Oktober bezogen rund 1000 Soldaten Posten auf dem zentralen Merdeka-Platz in Jakarta; die örtliche Rundfunkstation wurde besetzt.[470] Gegen 7:15 Uhr wurde über Radio eine kurze Botschaft verlesen, wonach eine „Bewegung 30. September" (*Gerakan Tiga Puluh September*) einen Präventivschlag ausgeführt habe, um einer gegen Präsident Sukarno und gegen die Republik gerichteten Verschwörung eines „Rates der Generäle" und der amerikanischen CIA zuvorzukommen.[471] Als Führer der bis dahin unbekannten „Bewegung 30. September" identifizierte sich Oberstleutnant Untung, ein Bataillonskommandeur in Sukarnos Leibgarde *Tjakrabirawa*. Die Mitteilung hob hervor, die „Bewegung 30. September" sei eine ausschließlich inner-militärische Angelegenheit. Die Kernbotschaft lautete, mittlere Offiziersränge hätten sich gegen die eigene Generalität erhoben, um Präsident Sukarno und sein politisches Programm zu schützen.[472] Zudem wurde die Schaffung eines „Revolutionsrates" angekündigt, dem offensichtlich gewisse exekutive Funktionen obliegen sollten; die „Bewegung 30. September" gelobte den Idealen der indonesischen Revolution vom August 1945 ihre Treue.[473] Inmitten einer verwirrenden Lage meldete die Botschaft am 1. Oktober in einem ersten Fernschreiben nach Bonn, es sei auffällig, „dass Sukarno nichts von sich hören lässt".[474]

Nach der ersten Rundfunkbotschaft schwieg die „Bewegung 30. September" für etwa fünf Stunden. Erst um die Mittagszeit wurden weitere Meldungen ausgestrahlt.[475] Darin konkretisierte die Bewegung die Zusammensetzung und die Aufgaben des zuvor angekündigten „Indonesischen Revolutionsrates": Dem „Revolutionsrat" wurde nunmehr die volle Autorität im Staate zugesprochen; das amtierende indonesische

---

[468] Ebenda, S. 40.
[469] Ebenda, S. 36 f.
[470] Ebenda, S. 35.
[471] Für die Transkribierung und Übersetzungen wichtiger Verlautbarungen im Zusammenhang mit dem 1.10.1965 siehe: Selected Documents Relating, S. 131–204.
[472] Initial Statement of Lieutenant Colonel Untung, S. 134: "[...] this movement is solely a movement within the Army directed against the Council of Generals which has stained the name of the Army and harbored evil designs against the Republic of Indonesia and President Sukarno. Lieutenant Colonel Untung considers this movement as an obligation for him as a member of the Tjakrabirawa which has the duty to protect the President and the Republic of Indonesia."
[473] Ebenda, S. 134 f. Siehe auch: Roosa, Pretext, S. 34 f.
[474] PA AA, B 37, 169A. Botschaftsrat Heimsoeth, Jakarta: Drahtbericht Nr. 417 vom 1.10.1965 (in Bonn um 9:10 Uhr MEZ eingegangen).
[475] Roosa, Pretext, S. 47.

Kabinett wurde für abgesetzt erklärt.[476] Zu Mitgliedern des Revolutionsrates wurden 45 Personen bestimmt. Sie repräsentierten ein heterogenes politisches Spektrum: Unter ihnen befanden sich die bisherigen Minister Subandrio und Leimena, Offiziere, Vertreter der Moslemparteien sowie mehrere Kommunisten.[477]

Bemerkenswert war der Unterschied zur ersten Verlautbarung einige Stunden zuvor: Sukarno wurde nun mit keinem Wort mehr erwähnt; indem sie das von ihm ernannte Kabinett eigenmächtig für entlassen erklärte, beraubte die „Bewegung" Sukarno implizit seiner konstitutionellen Kompetenzen als Staats- und Regierungschef. Während sich die „Bewegung 30. September" in den Morgenstunden noch als Schutzmacht Sukarnos geriert hatte, deutete nun einiges auf einen revolutionären Umsturz hin.[478] Botschaftsrat Harald Heimsoeth äußerte nach dieser zweiten Rundfunksendung die Vermutung, den Kommunisten sei es gelungen, „in den unteren Rängen der Armee einen Ansatzpunkt der Unzufriedenheit mit der ‚luxuriösen und korrupten Generalsclique' zu finden".[479]

Woran konnte diese verwirrende Inkohärenz gelegen haben? Gesichert ist, dass Präsident Sukarno – der die Nacht nicht im Präsidentenpalast verbracht hatte und daher von seinen selbsterklärten „Beschützern" lange Zeit nicht ausfindig gemacht werden konnte – irgendwann zwischen 9 und 10 Uhr auf dem Luftwaffenstützpunkt Halim eintraf und mit Vertretern der „Bewegung 30. September" sprach. Roosa geht davon aus, dass er sich gegenüber der Bewegung zwar nicht feindselig gezeigt, ihr allerdings seine explizite Unterstützung versagt habe; der Umstand, dass sechs Männer der Armeeführung ermordet worden waren, könnte dabei den Ausschlag gegeben haben.[480] Sukarno blieb noch bis zum Abend des 1. Oktober auf der Basis Halim; es gibt keine Hinweise darauf, dass ihn die Männer der „Bewegung" in irgendeiner Weise bedrängt oder festgehalten hätten.[481] Nach Lage der Dinge ist es wahrscheinlich, dass die „Bewegung 30. September" – nachdem die eigentlich erwartete Unterstützung durch Sukarno ausgeblieben war – gewissermaßen die Flucht nach vorne antrat und durch die Benennung des sogenannten Revolutionsrates die politische Basis für den Umsturzversuch nachträglich zu verbreitern suchte.[482] Generalmajor Suharto, der Kommandeur der strategischen Eingreifreserve *Kostrad* in Jakarta, hatte sich am Morgen des 1. Oktober an die Spitze des Vorgehens gegen die „Bewegung 30. September" gestellt. Schnell gewannen die Truppen Suhartos die Oberhand und warfen den Umsturzversuch nieder, ohne auf starken Widerstand zu stoßen. Sukarno hatte Ha-

---

476 Decree No. 1, S. 136 f.
477 Roosa, Pretext, S. 48 f.
478 Ebenda, S. 47.
479 PA AA, B 37, 169A. Botschaftsrat Heimsoeth, Jakarta: Drahtbericht Nr. 421 vom 1.10.1965 (in Bonn um 13:45 Uhr MEZ eingegangen).
480 Roosa, Pretext, S. 40, 50–54.
481 Ebenda, S. 53 f., 59.
482 Ebenda, S. 215–219.

lim deshalb verlassen, weil Suharto per Kurier eine Stürmung des Flugplatzes durch Spezialeinheiten angekündigt hatte. In den Morgenstunden des 2. Oktober ergriffen die Anführer der „Bewegung" die Flucht.[483] Die Botschaft berichtete, die *Tjakrabirawa*-Einheiten hätten „ihre Positionen in Jakarta weitgehend räumen müssen", Suharto haben den Oberbefehl über die Streitkräfte übernommen.[484] Der Coup Untungs war erkennbar „endgültig gescheitert".[485]

Insgesamt hatte die obskure „Bewegung 30. September" am 1. Oktober vier Aktionen in Jakarta ausgeführt: Die Entführung und Ermordung der Generäle; die Besetzung des Merdeka-Platzes; die Besetzung der Rundfunkstation, der die Ausstrahlung von insgesamt vier kurzen Verlautbarungen folgten, die untereinander gewisse Unstimmigkeiten aufwiesen; schließlich der – gescheiterte – Versuch, Sukarno unter ihren „Schutz" zu stellen, wobei hier offenbleiben muss, welche Art „Schutz" die Bewegung dabei im Sinn hatte.[486]

Die Bemühungen der Forschungsliteratur, die Hintergründe der mysteriösen Ereignisse des 1. Oktober 1965 sichtbar zu machen, sollen hier knapp skizziert und mit den zeitgenössischen Wahrnehmungen kontrastiert werden. Die schon erwähnte Monographie von Roosa (2006) sowie die aus einschlägigen Konferenzen hervorgegangenen Sammelbände von McGregor/Kammen (2012) und von Schäfer (2013) geben den aktuellen Forschungsstand wieder.[487] Die Deutungen der „Bewegung 30. September" lassen sich, leicht modelliert, folgendermaßen charakterisieren:[488]

1. Die „Bewegung 30. September" als großangelegter Putschversuch der gesamten PKI und der ihr nahestehenden Organisationen, um in Indonesien eine kommunistische Herrschaft zu errichten; die Volksrepublik China habe dabei eine Rolle als externer Helfer gespielt. Dies ist die offizielle Version der „neuen Ordnung" Suhartos; in einer kaum modifizierten Form wird sie heute noch von großen Teilen des demokratischen Indonesien vertreten.[489]

2. Die entgegengesetzte These einer „false flag operation": Demnach sei die „Bewegung 30. September", inklusive der Entführung und Ermordung der Generäle, vom indonesischen Militär selbst inszeniert worden, um so einen Vorwand für die eigene Machtübernahme und die Vernichtung der PKI zu haben. Suharto habe dabei die entscheidende Rolle gespielt. Diese These wurde von dem marxistisch orientieren niederländischen Historiker Wim Wertheim vertreten.[490]

---

[483] Ebenda, S. 59 f.
[484] PA AA, B 37, 169A. Botschaftsrat Heimsoeth, Jakarta: Drahtbericht Nr. 424 vom 2.10.1965.
[485] PA AA, B 37, 169A. Botschaftsrat Heimsoeth, Jakarta: Drahtbericht Nr. 425 vom 3.10.1965.
[486] Roosa, Pretext, S. 40 f.
[487] Ebenda, passim; Kammen/McGregor, Mass Violence; Schäfer/Wardaya, Indonesia and the World.
[488] In diesem Zusammenhang danke ich Prof. Vincent Houben für wichtige Hinweise. – Für eine ausführliche Darstellung der verschiedenen Thesen zum 30.9./1.10.1965 siehe: Crouch, Politics, S. 101–134.
[489] Roosa, Pretext, S. 62–69.
[490] Wertheim, Whose Plot?, S. 197–215; Roosa, Pretext, S. 75–81.

3. Die zuerst von Benedikt Anderson und Ruth McVey in dem 1972 veröffentlichten sogenannten *Cornell Paper* vertretene These einer „internal army affair": Die „Bewegung 30. September" sei das Vorgehen unzufriedener mittlerer Offiziersränge gegen die eigene Generalität gewesen; es habe keine Beteiligung der PKI gegeben.[491]
4. Die in mehreren Variationen vertretene These, die „Bewegung 30. September" sei ein personell überschaubares Bündnis zwischen den mittleren Offiziersrängen und Teilen der PKI-Führung gewesen, um die pro-westlichen Generäle auszuschalten. Eine komplette Übernahme der Macht sei nicht das Ziel gewesen. Insgesamt liege sowohl in der Vorgeschichte als auch im Ablauf des 30. September/1. Oktober 1965 ein komplexes Zusammenspiel von unterschiedlichen Akteuren. Diese Komplexität erklärt auch die vielen Inkohärenzen. Als die Aktion der „Bewegung" gescheitert war, habe das Militär um Suharto die Gelegenheit genutzt, die PKI gewaltsam auszuschalten und Sukarno zu entmachten. Diese These wird von den renommierten Indonesienhistorikern Harold Crouch, Robert Cribb, Robert Edward Elson und John Roosa vertreten.[492]
5. Schließlich gab es auch die These, die „Bewegung 30. September" sei Teil eines „präsidialen Staatsstreichs" gewesen: Sukarno habe sich konservativer Militärs entledigen wollen, um freie Hand für seinen innen- und außenpolitischen Linkskurs zu haben.[493]

Die letztgenannte These mag zwar eine gewisse Plausibilität bezüglich denkbarer Motive Sukarnos haben; allerdings gibt es hierfür kaum mehr Indizien als die Umstände, dass Oberstleutnant Untung als Offizier in Sukarnos Palastgarde diente und dass Sukarno auf dem Flugplatz Halim anwesend war.[494] Sukarnos Verhalten am Vormittag des 1. Oktober und die Rundfunkverlautbarungen der „Bewegung 30. September" am frühen Nachmittag sprechen deutlich dagegen. Für viele westliche Beobachter schien die These einer Beteiligung Sukarnos an der „Bewegung" überzeugend, hatten sie doch ohnehin ein negatives Bild des „pro-kommunistischen" indonesischen Staatschefs.[495] Die Kreise um Suharto behandelten die Rolle Sukarnos in dem Putschversuch mit einer geradezu auffälligen Ambiguität. Die These einer Mittäterschaft Sukarnos war implizit präsent, jedoch nicht Teil der offiziellen Version des späteren Suharto-Regimes. Vermutlich wollte man Sukarno eine gewisse legitimierende Rolle als zen-

---

[491] Anderson/McVey, Preliminary Analysis; Roosa, Pretext, S. 70–73.
[492] Crouch, Army and Politics; Cribb/Brown, Indonesia, S. 97–100; Roosa, Pretext, S. 73–74; Elson, Suharto, S. 110–118.
[493] Vgl. Dake, Red Banteng; Roosa, Pretext, S. 276.
[494] Cribb/Brown, Indonesia, S. 99 f.
[495] Etwa bei: PA AA, B 37, 169A. Botschafter Werz, Jakarta: Schriftbericht Nr. 1376/65 „Kommunistischer Staatsstreichversuch in Indonesien; Hintergrund des Putsches der ‚Bewegung 30. September'" vom 15.11.1965.

trale Figur des indonesischen Nationalismus belassen. Andererseits wollten Suharto und seine Mitstreiter den Sukarnoismus beseitigen; in der gewissen Zweideutigkeit und Offenheit ließen sich beide konfligierenden Ziele miteinander vereinbaren.[496]

Die vom indonesischen Militär propagierte These eines – mit Unterstützung Chinas – von langer Hand geplanten Putsches der PKI zur Schaffung eines kommunistischen Indonesien ist kaum haltbar. Dagegen sprechen folgende Gründe: Erstens hat die Armeeführung niemals überzeugende Beweise für eine Urheberschaft der kompletten PKI-Führung vorgelegt, erst recht nicht für diejenige der gesamten PKI.[497] Roosa hat darauf hingewiesen, dass das Suharto-Regime insgesamt drei unterschiedliche Darstellungen des Putschversuches vertreten habe, die untereinander Inkonsistenzen und Widersprüche aufweisen.[498] Zweitens gibt es keine Hinweise auf eine Vorbereitung der PKI zu einer Machtübernahme, zum Beispiel durch die Aufstellung von militärisch bewaffneten Verbänden; die PKI-Führung hätte wissen müssen, dass sie dem Militär in einer direkten Konfrontation hoffnungslos unterlegen gewesen wäre. Drittens kann die These eines kommunistischen Staatsstreichs nicht überzeugend einordnen, warum nicht-kommunistische Offiziere wie Untung und Supardjo die operative Führung einer solchen Aktion hätten einnehmen sollen.[499]

Ebenso wenig ist die These einer *false flag operation* des indonesischen Militärs oder von Suharto alleine haltbar: Es gibt auch hierfür kaum mehr Indizien als die spekulative und anachronistische Rückprojektion, wonach der sich nachträglich als Nutznießer eines bestimmten Ereignisses Herausstellende auch der zuvor Verursachende gewesen sein müsse. Ein Anlass für die Spekulation um Suharto als „Mastermind" eines inszenierten kommunistischen Putsches ist gewesen, dass er nicht auf der Entführungsliste der Untung-Gruppe stand. Die überzeugendere Erklärung hierfür ist wohl, dass Suharto von den Entführern als nicht wichtig genug empfunden wurde und vor dem 1. Oktober 1965 über kein klares politisches Profil verfügte, sondern als anpassungsbereit galt.[500] Möglicherweise rechneten die Hintermänner der „Bewegung 30. September" sogar mit der Unterstützung durch Suharto.[501] John Roosa zählt weitere Gründe auf, die gegen einen raffinierten, von Suharto gesponnenen Plot sprechen: Es hätte hierfür hunderter zuverlässiger Doppelagenten und eines trotz aller unbekannten Variablen perfekt funktionierenden „Drehbuches" bedurft: Suharto erschiene gleichsam als strategisches und logistisches Genie, das mehrere teils antagonistische Gruppen zuerst gegeneinander ausgespielt und am Ende dergestalt instrumentalisiert hätte, dass aus den Vorgängen er alleine als Sieger hervorginge und überdies keinerlei auffälligen Spuren hinterlassen hätte. Der alles andere als geradlinige

---

496 Hierzu: Brooks, Ghosts, S. 61–99.
497 Roosa, Pretext, S. 65–67.
498 Roosa, Narratives, S. 26 f., 29–32; Roosa, Pretext, S. 63–65.
499 Roosa, Pretext, S. 65.
500 Cribb/Brown, Indonesia, S. 101; Roosa, Pretext, S. 80.
501 Roosa, Pretext, S. 5.

Verlauf des 1. Oktober 1965 spricht allerdings nicht für einen reibungslos ablaufenden Meisterplan. Wenn es Zweck der „Bewegung 30. September" gewesen sein sollte, die PKI zu diskreditieren, so bleibt überdies unerklärlich, warum die Rundfunkverlautbarungen keinen politischen Bezug zum Kommunismus herstellten, sondern mehrfach betonten, es handele sich um eine rein inner-militärische Angelegenheit.[502] Interessanterweise wurde die These einer Verschwörung antikommunistischer Militärs – meistens wurde zusätzlich eine unterstützende bis führende Rolle der CIA oder anderer westlicher Geheimdienste angenommen – fast ausschließlich von westlichen Akademikern vertreten, nicht aber in internen Aufzeichnungen kommunistischer Staaten.[503] Sie fand auch keine Resonanz bei überlebenden PKI-Anhängern: Die Berichte etwa von PKI-Kadern, die sich ins Ausland abgesetzt hatten, verwiesen darauf, dass sie die Beteiligung von Teilen der Parteiführung an den Planungen der „Bewegung 30. September" für wahrscheinlich hielten.[504] Der bundesdeutsche Botschafter wusste gut zwei Jahre nach dem Scheitern der Bewegung zu berichten, die Untergrund-PKI leugne „heute nicht mehr ihre Verantwortung für den Putschversuch".[505]

Auch wenn viele Fragen zum 1. Oktober 1965 als ungeklärt gelten müssen, erscheinen die auf die Arbeiten von Cribb, Crouch und Roosa zurückgehenden Erklärungen am stichhaltigsten: Die „Bewegung 30. September" war demnach eine von den Offizieren um Oberstleutnant Untung und einigen PKI-Führern, darunter Generalsekretär Aidit, vorbereitete Entführungsaktion gegen die pro-westlichen und konservativen Generäle, der ein schlecht vorbereiteter Putschversuch – mit unklarem Ziel – folgte. Ob tatsächlich in erster Linie Aidit und das PKI-„Spezialbüro" (das für Kontakte zum Militär zuständig war) die treibenden Kräfte hinter der „Bewegung 30. September" waren oder ob gewisse PKI-Kreise eher eine sekundäre Rolle gegenüber den „sukarnoistischen" Offizieren um Untung einnahmen, muss hier offenbleiben.[506] Nicht geklärt ist, ob der Putsch von vornherein geplant war oder ob erst die Tötung der Generä-

---

502 Ebenda, S. 78 f.
503 Vgl. etwa Bundesarchiv Berlin-Lichterfelde, Stiftung Archiv der Parteien und Massenorganisationen der DDR (BAL-SAPMO), DY30-IVA2-1007. ZK-Abteilung Internationale Verbindungen der SED: Information Nr. 34/67 für die Mitglieder und Kandidaten des Politbüros „Zur gegenwärtigen Situation der Kommunistischen Partei Indonesiens" vom 18.7.1967: Hier kritisieren die Autoren denjenigen Teil der PKI, der mit der „Bewegung 30. September" gemeinsame Sache gemacht hatte, für seine „abenteuerliche" Haltung. – Zur Rolle der Geheimdienste im Kalten Krieg: Andrew, Intelligence in the Cold War, S. 417–437.
504 Cribb/Brown, Indonesia, S. 99; Cribb, Genocide, S. 232.
505 PA AA, B 37, 335. Botschafter Luedde-Neurath, Jakarta: Schriftbericht Nr. 1328/67 „Kommunistische Untergrund- und Guerilatätigkeit" vom 31.10.1967: „Ihre Niederlage erklären sie [die Kommunisten] mit modernem Revisionismus, Opportunismus und Subjektivismus. NASAKOM [...] sei nicht der richtige Weg gewesen." Woher Luedde-Neurath diese Information bezog, wird aus dem Bericht allerdings nicht deutlich.
506 Roosa geht in seinen Schriften (Pretext, Narratives) von einer bedeutenderen Rolle der Kommunisten in der „Bewegung 30. September" aus, als Crouch dies in seinen Veröffentlichungen tut.

le – nach ihrer Gegenwehr gegen den Entführungsversuch – einen hastig improvisierten Umsturzversuch nach sich zog.[507] Das Gelingen des Planes hing entscheidend von der nachträglichen Legitimierung durch Sukarno ab. Die „Bewegung 30. September" scheiterte letztlich aufgrund ihrer unzureichenden Vorbereitung und der verweigerten Unterstützung durch Sukarno.[508] Nicht ganz unwahrscheinlich ist, dass Suharto schon vorab gewisse Informationen über die geplante Entführungsaktion zugegangen waren. Dies bedeutet keineswegs, dass er davon *vorab wusste*: Putschgerüchte und -vorahnungen waren in der hochgespannten Lage Indonesiens 1965 keine Besonderheit. Der Umstand, dass Militär und PKI seit Jahren mit einer direkten Konfrontation rechneten, erklärt, warum Suharto so entschlossen und effektiv auf den Coup reagieren konnte.[509]

Nach dem Scheitern des Umsturzversuchs präsentierten die Kräfte um Suharto die *gesamte* PKI als Planerin einer Machtübernahme im Staat und nutzten die Gunst der Stunde, mit äußerster Gewaltsamkeit gegen alle im weitesten Sinne des Kommunismus verdächtigen Personen vorzugehen, darüber hinaus zentrale Elemente des „Sukarnoismus" zu entfernen und selbst an die Macht zu kommen. Insofern trifft der Titel von Roosas Monographie *A Pretext for Mass Murder* den Kern der Vorgänge am 30. September/1. Oktober 1965. Zuzustimmen ist auch der Aussage von Roosa, wonach es keinen monozentrischen Planungs- und Entscheidungsprozess der Abläufe gegeben habe.[510] Diese These bietet zwar kein „abgerundetes" Bild wie die offizielle Version einer gigantischen kommunistischen Verschwörung oder die Gegenthese einer perfiden, von Suharto ausgeheckten Inszenierung; doch sie kann die verschiedenen Anomalien und Inkohärenzen der komplexen Ereignisse besser in die Analyse integrieren, als dies die anderen Erklärungsversuche vermögen.

Die „Bewegung 30. September" und der Coup vom 1. Oktober 1965: Die Wahrnehmungen ausländischer Beobachter

In Indonesien wie im Ausland herrschte nach dem raschen Ende der „Bewegung 30. September" Rätselraten über deren Hintergründe. Über den Verbleib der entführten Generäle bestand zunächst Ungewissheit, ehe ihre Leichen am 4. Oktober gefunden wurden.[511] Für besondere Entrüstung – und Rachegelüste – sorgte der Tod der klei-

---

[507] Cribb/Brown, Indonesia, S. 98 f., gehen davon aus, es sei lediglich eine Entführung und Einschüchterung der Generäle geplant gewesen. Die Generäle hätten sich jedoch heftig gegen die Verschleppung gewehrt; drei Generäle seien nach Handgemengen erschossen oder erstochen worden.
[508] Roosa, Pretext, S. 215–219.
[509] Ebenda, S. 204.
[510] Ebenda, S. 204.
[511] PA AA, B 37, 169A. Botschaftsrat Heimsoeth, Jakarta: Drahtberichte Nr. 439 und Nr. 442 vom 5.10.1965.

nen Tochter von General Nasution.[512] Die Armeezeitung *Berita Yudha* beschuldigte die Kommunisten erstmals am 6. Oktober der Teilnahme an den Morden und am Putschversuch.[513] In diese Richtung schien zu weisen, dass das Zentralorgan der PKI, *Harian Rakjat*, in einem am Morgen des 2. Oktobers erschienenen Leitartikel die „Bewegung 30. September" unterstützt hatte.[514] Die Botschaft berichtete, Vertreter des politischen Islam nähmen „scharf Stellung gegen KPI [sic!]" – die Armee habe jedoch bislang die „Gelegenheit, gegen KPI loszuschlagen, nicht ausgenutzt".[515] Im Militär gebe es viel Erbitterung aufgrund von Sukarnos Schweigen und seiner fehlenden Verurteilung der „Bewegung 30. September".[516]

Es ist bemerkenswert, dass die frühesten Interpretationen des Geschehens durch deutsche und andere westliche Beobachter dem heute erreichten Forschungsstand recht nahekommen: ein Anschlag jüngerer sukarnoistischer und linksnationalistischer Stabsoffiziere gegen konservative Generäle, die von Teilen der PKI – in welcher Form auch immer – „begleitet" worden waren. Als jedoch das indonesische Militär rund eine Woche nach den Ereignissen seine Version einer großangelegten kommunistisch-chinesischen Verschwörung präsentierte, wurde diese von westlichen Diplomaten rasch und ganz überwiegend unhinterfragt übernommen.[517]

Am 6. Oktober erörterte der Rat der NATO in Paris die Situation in Indonesien. Die Vertreter der USA, Großbritanniens und der Niederlande stimmten in den wesentlichen Punkten überein: Eine alleinige Urheberschaft der PKI sei nicht anzunehmen, sondern lediglich eine stillschweigende Unterstützung der putschenden Offiziersgruppe; als sich der Fehlschlag der Untung-Bewegung abzeichnete, hätten die Kommunisten ihre Unterstützung eingestellt.[518] Im niederländischen Außenministerium habe „man noch kein Bild über die Hintergründe des Umsturzversuchs und die derzeitige Stellung Sukarnos".[519] Die NATO-Botschafter gingen überdies davon aus, die „Abhängigkeit von Waffenlieferungen aus dem Ostblock" schließe einen „entschieden antikommunistischen Kurs" des indonesischen Militärs aus. Sukarno habe zwar an Prestige verloren, jedoch sei eine Änderung der gegenwärtigen Außenpolitik nicht

---

512 Bundesverteidigungsminister v. Hassel sandte Nasution ein Beileidstelegramm, vgl. PA AA, B 37, 169A. VLR I Bassler: Drahterlass Nr. 266 an die Botschaft Jakarta vom 8.10.1965.
513 PA AA, B 37, 169A. Botschaftsrat Heimsoeth, Jakarta: Drahtbericht Nr. 451 vom 6.10.1965.
514 Roosa, Narratives, S. 35.
515 PA AA, B 37, 169A. Botschaftsrat Heimsoeth/Militärattaché Meyer, Jakarta: Drahtbericht Nr. 454 vom 7.10.1965.
516 PA AA, B 37, 169A. Botschaftsrat Heimsoeth, Jakarta: Drahtbericht Nr. 442 vom 5.10.1965.
517 Roosa, Narratives, S. 26.
518 PA AA, B 130, 2591A. Botschafter Grewe, Paris-NATO: Drahtbericht Nr. 1360 „Indonesien" vom 6.10.1965.
519 PA AA, B 130, 2655A. Botschaft Den Haag: Schriftbericht IB5-83.00 Nr. 179/65 „Gefahr einer Anerkennung der SBZ durch Indonesien" vom 7.10.1965.

zu erwarten, wenngleich sie in Zukunft wohl mit geminderter Aggressivität erfolgen würde.[520]

Eine Woche nach den Ereignissen lieferte der stellvertretende Botschafter Heimsoeth – Werz war in der ersten Oktoberhälfte außer Landes – eine erste Deutung: Der misslungene Putsch der „Bewegung 30. September" sei getragen worden von „unzufriedenen Offizierselementen – Hauptexponent Untung – [...] und richtete sich, wahrscheinlich mit Wissen Sukarnos, zunächst nur gegen die antikommunistische Armeeführung"; die Kommunisten hätten den Putsch unterstützt, um ihre „ärgsten Gegner" im Militär loszuwerden.[521]

Die Armeezeitungen begannen ab dem 8. Oktober, die „Bewegung 30. September" – für die nun in bewusstem Anklang an die NS-Geheimpolizei das Akronym GESTAPU (aus *Gerakan September Tiga Puluh*)[522] verwendet wurde – als einen von der *gesamten* PKI organisierten Putsch darzustellen, um aus Indonesien ein kommunistisches Land zu machen.[523] Im Stile von Gräuelpropaganda wurden zusätzlich Gerüchte über die Umstände der Ermordung der Generäle verbreitet: Insbesondere die Falschmeldung, sie seien gefoltert und verstümmelt worden.[524] Aus den Obduktionsberichten der Mediziner, die auf Anweisung Suhartos die ermordeten Generäle untersucht hatten, geht hervor, dass die Toten keine Spuren von Folter oder Verstümmelung aufwiesen.[525] Auch die von Armeezeitungen verbreiteten Meldungen, Mitglieder der kommunistischen Frauenorganisation *Gerwani* hätten vor den sterbenden Generälen obszöne Tänze aufgeführt, sowie die Behauptung, die PKI hätte in Antizipation von summarischen Exekutionen Massengräber ausgehoben, entbehrten jeder Grundlage.[526] Jedoch gelang es auf diese Weise offenbar, große Teile der indonesischen Öffentlichkeit von der „Dämonie" der PKI zu überzeugen.[527] Die Version vom

---

520 PA AA, B 130, 2591A. Botschafter Grewe, Paris-NATO: Drahtbericht Nr. 1360 „Indonesien" vom 6.10.1965.
521 PA AA, B 37, 169A. Botschaftsrat Heimsoeth, Jakarta: Drahtbericht Nr. 465 vom 8.10.1965.
522 Die Wortstellung *Gerakan September Tiga Puluh* (wörtlich „Bewegung September Dreißig") ist im Indonesischen eigentlich unüblich; im gängigen Datumsformat steht, wie im Deutschen, der Tag vor dem Monat.
523 Kammen/McGregor, Mass Violence, S. 2.
524 Cribb/Brown, Indonesia, S. 103 f. Die Meldung, die Generäle seien „fast bis zur Unkenntlichkeit verstümmelt" worden, tauchte schon am 5.10.1965 auf, vgl. PA AA, B 37, 169A. Botschaftsrat Heimsoeth, Jakarta: Drahtbericht Nr. 446 vom 5.10.1965.
525 Anderson, Generals, S. 109–134. Der Artikel enthält eine Übersetzung der Obduktionsberichte ins Englische. Die Toten wiesen Schusswunden und in zwei Fällen Stichverletzungen durch Bajonette auf sowie aus dem tiefen Sturz in den ausgetrockneten Brunnen herrührende Blessuren. Eine gewisse Plausibilität erhielten die Behauptungen von Folter und Verstümmelung möglicherweise dadurch, dass die Leichen aufgrund des tagelangen Liegens unter den klimatischen Bedingungen Javas bereits in den Zustand der Verwesung eingetreten waren.
526 Roosa, Narratives, S. 30; Cribb/Brown, Indonesia, S. 104.
527 Cribb/Brown, Indonesia, S. 103 f.; Cribb, Genocide, S. 232.

„kommunistischen Coup" wurde weithin akzeptiert:[528] „Die militärische Reaktion auf den Putsch vom 1. Oktober 1965 erfolgte von Anfang an im Zusammenspiel mit der Öffentlichkeit."[529] Sowohl der Indonesien-Korrespondent der Deutschen Presse-Agentur, Ulrich Grudinski, als auch die deutsche Botschaft übernahmen die Version der Militärführung, wonach der Umsturzversuch auf eine konzertierte Aktion von Seiten der PKI und Chinas zurückzuführen sei.[530] Die Botschaft hatte „aus besonderer Quelle" Zugang zu den Protokollen der Verhöre des mittlerweile festgenommenen Oberstleutnant Untung und möglicher Mitverschwörer erhalten und deutsche Übersetzungen der Mitschriften angefertigt.[531] Werz verwies in einem Bericht auf mehrere mögliche Erklärungen des 1. Oktober 1965, welche jedoch durch die vermeintlich gefundenen Beweise falsifiziert worden seien. Allerdings erwähnte der Botschafter zumindest, dass es noch offene Fragen gäbe:

> „Der Hintergrund von Untungs ‚Bewegung 30. September' blieb in den ersten Tagen nach dem Putsch völlig im Dunkeln. Untungs rascher Misserfolg schien für einen dilettantisch geführten Militärcoup zu sprechen und eine aktive Steuerung durch die Kommunisten auszuschließen. Aus dem undurchsichtigen Wirrwarr der Gerüchte der ersten Wochen schälen sich mittlerweile jedoch nach Bekanntwerden erbeuteter kommunistischer Dokumente und von Aussagen militärischer Putschführer die Umrisse eines gigantischen kommunistischen Staatsstreichunternehmens heraus. Noch sind nicht alle Zusammenhänge aufgehellt und erwiesen. [...] Unbeantwortet bleibt nach wie vor die Frage, wieso der kommunistische Aufstand trotz sorgfältiger Vorbereitung von langer Hand so eklatant misslingen konnte. [...] [Es bleibt] offen, warum die Kommunisten nicht in den folgenden Tagen mit Streiks und lokalen Aufständen hervortraten. Doch mindestens ebenso erstaunlich wie das Scheitern des Aufstandes ist das Versagen des Armeegeheimdienstes, dem sechs der besten Armeeführer zum Opfer fielen."[532]

---

528 Vickers, Indonesia, S. 161.
529 Gerlach, Gesellschaften, S. 34.
530 PA AA, B 37, 169A. Botschafter Werz, Jakarta: Drahtbericht Nr. 514 vom 20.10.1965.
531 PA AA, B 37, 169A. Botschafter Werz, Jakarta: Schriftbericht Nr. 1469/65 „Die Kommunistische Partei und der Umsturzversuch der ‚Bewegung 30. September'" vom 6.12.1965.
532 PA AA, B 37, 169A. Botschafter Werz, Jakarta: Schriftbericht Nr. 1376/65 „Kommunistischer Staatsstreichversuch in Indonesien; Hintergrund des Putsches der ‚Bewegung 30. September'" vom 15.11.1965. Vgl. ebenda auch: „Aus zahlreichen inzwischen aufgefundenen Dokumenten geht hervor, dass die kommunistischen Pläne für das Umsturzunternehmen des Tages X außerordentlich detailliert waren. So war es etwa das offensichtliche Bestreben, unmittelbar nach dem Abrollen der ersten militärischen Putschphase alle als potenzielle Gegner in Betracht kommenden Personenkreise – Offiziere, religiöse und politische Führer, Intelligenz – auszuschalten. Es wurden an zahlreichen Stellen Javas Listen mit Namen und genauen Wohnortangaben derjenigen Personen aufgefunden, die sofort nach dem Gelingen der ersten Putschphase verhaftet und beseitigt werden sollten. [...] Es gehört mittlerweile zum guten Ton indonesischer Gesellschaftskreise, nicht nur auf einer ‚Abschuss'-Liste gestanden, sondern möglichst weit vorne geführt worden zu sein. Auch der stellvertretende Außenminister Suwito vertraute mir an, auf der Liste gestanden zu haben."

In jedem Fall, so Werz in einer weiteren Bewertung der Ereignisse, sei Indonesien durch das entschiedene Eingreifen des Militärs vor einem Bürgerkrieg „nach dem Muster von Vietnam" und vor dem Auseinanderbrechen bewahrt worden.[533] Sowohl in westlichen Hauptstädten als auch in den pro-westlichen asiatischen Ländern – etwa in Malaysia, Thailand und Japan – setzte sich rasch die Deutung durch, am 1. Oktober sei ein von langer Hand geplanter PKI-Putsch fehlgeschlagen.[534] Die propagandistische Darstellung der indonesischen Militärspitze wurde Außenminister Schröder im November 1965 von seinen Beamten als durch Beweise erhärteter Sachstand präsentiert.[535] Schäfer sieht bei der bundesdeutschen Botschaft eine bereitwillige Annahme der Armeepropaganda und weist darauf hin, dass sie die vielen Meldungen aus nicht näher spezifizierten „gutinformierten Quellen" ohne weitere Stellungnahme oder Qualifizierung an die Bundesregierung weiterleitete.[536] Hierbei spielten die über die vergangenen Jahre entwickelten Wahrnehmungsmuster einer Botschaft im „kalten Kleinkrieg" und die negative Wertung von Sukarnos Politik sicherlich eine Rolle.

Die sowjetische Führung übernahm zwar nicht die These eines PKI-geführten Umsturzversuchs, blieb aber auffällig zurückhaltend, als die Schuldzuweisungen und kurz darauf die Gewalt gegen die PKI begannen.[537] Moskau beschränkte sich auf sehr allgemein gehaltene Sympathiebekundungen für die indonesischen Kommunisten.[538] Die einstmals guten Beziehungen der KPdSU zu den indonesischen Kommunisten waren seit der „maoistischen" Wende der PKI nach 1963 getrübt; eng geblieben waren dagegen die Beziehungen der UdSSR zum indonesischen Militär, das seit geraumer Zeit von westlichen Rüstungslieferungen abgeschnitten und ganz überwiegend mit sowjetischen Waffen ausgerüstet war.[539] Der Antikommunismus der indonesischen Generäle war entsprechend nicht antisowjetisch, sondern nach außen vor allem gegen China und nach innen gegen die pro-chinesische PKI ausgerichtet.[540] Während der – teilweise vom indonesischen Militär koordinierten – antikommunistischen Proteste in Jakarta gab es keinerlei Unmutsbekundungen gegen die Sowjetunion. Werz beobachtete im

---

533 PA AA, B 37, 169A. Botschafter Werz, Jakarta: Schriftbericht Nr. 1407/65 „Ungelöste Probleme Indonesiens und die politische Zukunft der Armee" vom 22.11.1965.

534 Vgl. PA AA, B 37, 169A. Botschaftsrat Boss, Tokio: Drahtbericht Nr. 280 vom 25.10.1965; PA AA, B 37, 169A. Botschafter Böhling, Kuala Lumpur: Schriftbericht Nr. 958/65 „Malaysische Stimmen zum indonesischen Putschversuch" vom 28.10.1965.

535 PA AA, B 37, 169A. LR I Fischer: Aufzeichnung „Kommunistischer Staatsstreichversuch in Indonesien; Hintergrund des Putsches der ‚Bewegung 30. September'" vom 26.11.1965. Hat Carstens am 30.11., Schröder am 1.12.1965 vorgelegen.

536 Schäfer, Two Germanies, S. 104 f.

537 Siehe dazu: Boden, ‚Gestapu', S. 507–528, und Boden, Slaughterhouse, S. 86–98.

538 Siehe entsprechende Dokumente in: PA AA, B 37, 169A. Botschafter Groepper, Moskau: Drahtbericht Nr. 1115 vom 4.10.1965; Botschafter Groepper, Moskau: Drahtbericht Nr. 1187 vom 20.10.1965; Botschafter Groepper, Moskau: Drahtbericht Nr. 1232 vom 27.10.1965.

539 Siehe dazu das Kapitel „Militärhilfe" in: Boden, Grenzen, S. 197–231.

540 Siehe dazu: ACDP, 01-483-290/2. Botschafter Werz, Jakarta: Aufzeichnung für Bundesminister Schröder vom 30.12.1965.

Herbst 1965 eine „rege diplomatische Aktivität" der Sowjets – Moskau sei entschlossen, Indonesien aus den engen Beziehungen zur Volksrepublik China zu lösen und die eigene Stellung rasch wieder zu stärken.[541] Ein sowjetischer Diplomat in Jakarta soll der indonesischen Militärführung sogar bedeutet haben, Moskau sähe lieber die „völlige Abschaffung der kommunistischen Partei" in Indonesien als eine „Peking-hörige PKI"; freilich sei die UdSSR aus prestigepolitischen Gründen gezwungen, nach außen hin gegen die Unterdrückung der PKI zu protestieren.[542] Entsprechende Informationen – möglicherweise aus der gleichen Quelle – gingen auch der bundesdeutschen Botschaft in Moskau zu: Der sowjetische Botschafter in Jakarta äußerte nach Angaben seines niederländischen Kollegen, „dass ihm gar keine kommunistische Partei in Indonesien lieber sei als eine auf Peking ausgerichtete".[543] DDR-Vertreter im Generalkonsulat und in der amtlichen Nachrichtenagentur ADN verhielten sich zurückhaltend; in internen Aufzeichnungen kritisierten sie die Haltung der indonesischen Kommunisten als „dogmatisch" und „abenteuerlich".[544] Mit drei Jahren Abstand zu dem Umsturz in Indonesien schrieb die sowjetische Zeitschrift *Kommunist*, das Theorieorgan der KPdSU, die Niederlage der PKI dem Umstand zu, dass sie sich an der Ideologie Maos orientiert hatte.[545]

Eine interessante, wenngleich nicht leicht zu beantwortende Frage richtet sich nach der Tätigkeit des Bundesnachrichtendienstes in Jakarta. Dass der BND in Indonesien Informationsgewinnung betrieben hat, ist unstrittig; fraglich ist, ob die BND-

---

541 PA AA, B 37, 169A. Botschafter Werz, Jakarta: Schriftbericht Nr. 1315/65 „Sowjetische Annäherungsversuche an Indonesien nach der Niederschlagung des kommunistisch unterstützten Staatsstreichs vom 1. Oktober" vom 29.10.1965.
542 Ebenda. Der Bericht lag Staatssekretär Carstens am 12.11. und Staatssekretär Lahr am 13.11.1965 vor.
543 PA AA, B 130, 2591A. Botschafter Groepper, Moskau: Drahtbericht Nr. 1310 „Sowjetische Indonesienpolitik" vom 11.11.1965.
544 Dazu Schäfer, Two Germanies, S. 107–109. – Größere Proteste seitens der sowjetischen Presse scheint es dagegen Ende 1968 gegeben zu haben, nachdem mehrere ehemalige PKI-Politbüromitglieder zum Tode verurteilt worden waren. Vgl. PA AA, B 37, 409. Botschafter Allardt, Moskau: Schriftbericht Nr. 1231/68 vom 17.10.1968.
545 PA AA, B 37, 409. Botschafter Allardt, Moskau: Schriftbericht Nr. 1582/68 „Kommunistische Weltbewegung. Hier: Kommunistische Partei Indonesiens und KPdSU" vom 2.12.1968: „Ein in der Oktobernummer der Zeitschrift des ZK der KPdSU KOMMUNIST abgedruckter Beitrag befasst sich in grundsätzlicher Weise mit der Politik der KP Indonesiens seit 1945. [...] Die Verfasser verurteilen die Unterstützung der ‚Bewegung 30. September' durch die KPI. Diese Entscheidung, von der übrigens weder die regionalen Parteiorganisationen noch einige der ‚aktiven Mitglieder' des ZK noch alle Politbüromitglieder unterrichtet worden seien, sei nach der Rückkehr einer von Aidit geleiteten Delegation der KPI aus China im August 1965 gefällt worden, obwohl zu jener Zeit eine revolutionäre Situation nicht bestanden habe. Mao Tse-tungs Gruppe habe die Führung der KPI auf diesen selbstmörderischen Weg gestoßen. [...] Zusammenfassend stellen die Verfasser fest, die Niederlage der KPI nach den Ereignissen vom 30. September 1965 sei das Ergebnis der Gefolgschaft, die sie der abenteuerlichen Politik der Gruppe Mao Tse-tungs geleistet habe [...] Die indonesische Tragödie zeige erneut, welche ungeheure Gefahr kleinbürgerlicher Linksradikalismus für die kommunistische Bewegung darstelle."

Aktivität in Jakarta darüber hinaus auch aktiv auf das Geschehen eingewirkt hat, etwa durch Unterstützung bestimmter Gruppen: Schäfer erwähnt im Vorwort zu dem von ihm herausgegebenen Sammelband zwar eine solche operative westdeutsche Geheimdiensttätigkeit in Indonesien im Jahr 1965; Belege hierfür finden sich jedoch in dem Sammelband keine.[546]

Reinhard Gehlen, Begründer des Geheimdienstwesens in den westlichen Besatzungszonen nach 1945 und von 1956 bis 1968 Präsident des Bundesnachrichtendienstes, hat in seinen Memoiren die Geschehnisse in Indonesien 1965/66 erwähnt: Er schreibt, der BND habe 1965 die „Bundesregierung aus hervorragenden Quellen" über die Lage unterrichten können. Auch Gehlen übernahm unhinterfragt die Propaganda des Militärs; die Massaker an hunderttausenden Indonesiern werden bei ihm zu einem „Erfolg der indonesischen Armee" durch „Konsequenz und Härte".[547] Über welche und wie viele „hervorragende Quellen" der Bundesnachrichtendienst in Indonesien verfügte, geht aus den vom Verfasser eingesehenen Dokumenten des BND nicht hervor.

Gewissheit besteht aber über *eine* dieser Quellen: Dies war der deutsche Journalist und frühere SS-Obersturmbannführer Rudolf Oebsger-Röder (1912–1992). Dieser schrieb in den fünfziger und sechziger Jahren für den *Spiegel*, die *Deutsche Soldaten-Zeitung*, die *Süddeutsche Zeitung*, die *Neue Zürcher Zeitung*, das *Handelsblatt* sowie für das *Far Eastern Economic Review*; im Untersuchungszeitraum war er überwiegend der einzige westdeutsche Journalist in Indonesien und hatte einen entsprechenden Anteil an der medialen Wahrnehmung des Landes in der Bundesrepublik.[548] Oebsger-Röder pflegte enge Kontakte zur bundesdeutschen Botschaft, zum indonesischen

---

546 Schäfer, Introduction, S. 4.
547 Gehlen, Dienst, S. 308 f.: „Einige Monate erst waren seit der Intensivierung und Verhärtung der Kampfhandlungen in Vietnam vergangen, als sich in Indonesien ein großangelegter kommunistischer Umsturzversuch abzeichnete. Starke Kader wurden bereitgestellt, um zahlreiche hohe Offiziere schlagartig zu ermorden und damit die Armee, die tragende Kraft des Staates, ihrer Führung zu berauben. [...] In der Nacht vom 30. September zum 1. Oktober 1965 ermordeten kommunistische Kommandos planmäßig auf bestialische Weise eine Gruppe der wichtigsten Offiziere. Der großangelegte Umsturzversuch scheiterte dennoch, weil andere Anschläge misslangen. So vermochten der populäre Oberbefehlshaber der Streitkräfte, General Nasution, und der jetzige Staatschef Indonesiens, General Suharto, an der Spitze treu ergebener Truppen den Staatsstreich der kommunistischen Kräfte niederzuschlagen. [...] Der Dienst war in der glücklichen Lage, der Bundesregierung aus hervorragenden Quellen ebenso rechtzeitig und eingehend über den Ablauf der für Indonesien so entscheidenden Tage berichten zu können, wie er frühzeitig auf die sich zuspitzende Lage hingewiesen hatte. Der Erfolg der indonesischen Armee, die in der Folgezeit die Ausschaltung der gesamten kommunistischen Partei mit Konsequenz und Härte verfolgte, kann nach meiner Überzeugung in seiner Bedeutung gar nicht hoch genug eingeschätzt werden."
548 Die Botschaft in Jakarta berichtete 1960 über die Pressearbeit in Indonesien: „Außerordentlich nützlich ist die Tätigkeit des einzigen ständigen deutschen Korrespondenten, des Herrn Dr. Oebsger-Röder (Süddeutsche Zeitung, NDR), der mit der Botschaft fair zusammenarbeitet", vgl. PA AA, B 12, 1380. Botschafter v. Mirbach, Jakarta: Schriftbericht Nr. 940/60 „Tätigkeitsbericht über die politische Öffentlichkeitsarbeit in Indonesien für die Zeit von Februar bis Oktober 1960" vom 31.10.1960.

Militär und später auch zu Suharto persönlich. Unter dem Namen „O. G. Roeder" veröffentlichte Oebsger-Röder mehrere Bücher, darunter die erste autorisierte Suharto-Biographie auf Englisch und mehrere deutschsprachige Indonesien-Reiseführer.[549]

Der in Leipzig geborene Oebsger-Röder war seit 1931 Mitglied von NSDAP und SA, ab 1935 in der SS. Als Student und Assistent am Leipziger Institut für Zeitungswissenschaft übte er verschiedene Funktionen in der NS-Hochschulpolitik aus; 1936 promovierte er mit einer Arbeit zum Bildungsstand deutscher Journalisten.[550] 1937 als hauptberuflicher Mitarbeiter in den Sicherheitsdienst (SD) aufgenommen, fand Oebsger-Röder unter anderem im Reichssicherheitshauptamt Verwendung. Im Herbst 1939 war er Führer des SD-Einsatzkommandos 16 im Raum Bromberg, dessen Auftrag die Tötung von Angehörigen der polnischen Führungsschicht war.[551] In einem Bericht befürwortete Oebsger-Röder die „physische Liquidierung aller derjenigen polnischen Elemente, die a) in der Vergangenheit auf polnischer Seite irgendwie führend hervorgetreten sind oder b) in Zukunft Träger eines polnischen Widerstandes sein können".[552] Laut BND-Akten hat Oebsger-Röder im späteren Spruchkammerverfahren „zugegeben, dass er allgemeine Kenntnis von Erschießungen bei den Vorfällen im Rahmen des Sonderkommandos Bromberg hatte".[553] Tatsächlich leitete Oebsger-Röder eines der Mordkommandos. 1941 bis 1944 war er zu verschiedenen Verwendungen in der Sowjetunion und Ungarn, darunter als zeitweiliger Leiter von „Unternehmen Zeppelin". Für die „Zeppelin"-Einsätze wurden unter den aus der UdSSR stammenden Kriegsgefangenen Freiwillige für die verdeckte Kriegführung hinter sowjetischen Linien rekrutiert; sofern diese „Hilfswilligen" nicht ohnehin bei den Geheimaktionen ums Leben kamen, wurden sie oft anschließend vom SD getötet oder in Vernichtungslager deportiert.[554] Von Vorgesetzten wurde Oebsger-Röder für die in sicherheitspolizeilichen Aktionen unter Beweis gestellte „Entschlusskraft und persönliche Einsatzbereitschaft" sowie als einer „der fähigsten und einsatzfreudigsten Männer des SD" gelobt.[555]

Nach dem Krieg zunächst untergetaucht, 1946 festgenommen und zwei Jahre von den Briten interniert, wurde Oebsger-Röder 1948 hauptamtlicher Mitarbeiter der BND-Vorläuferorganisation; zwischen 1950 und 1957 war er nebenamtlicher Mitarbeiter und hauptberuflich als Journalist in München tätig.[556] Als Redakteur der *Soldaten-Zeitung* korrespondierte er 1952 mit Werner Otto von Hentig, dem damali-

---

549 Roeder, The Smiling General; vgl. auch Hachmeister, SD-Personal, S. 364 f.
550 Biographische Informationen bei Hachmeister, Gegnerforscher, S. 107–112, und Wildt, Generation des Unbedingten, S. 777 f. und 941 f.
551 Krausnick/Wilhelm, Truppe des Weltanschauungskrieges, S. 62, 88.
552 Zitiert nach: Hachmeister, Gegnerforscher, S. 111.
553 BND-Archiv, 220001, S. 50. Vermerk „Ehem. V-44 245 (vorher: V-11 728) DN Ranke" vom 28.2.1974.
554 Zum „Unternehmen Zeppelin" siehe: Mallmann, Krieg im Dunkeln.
555 Zitiert nach: Hachmeister, Gegnerforscher, S. 111.
556 BND-Archiv, 220001, S. 194. Vermerk „V-44 245" (ohne Datum).

gen Botschafter in Indonesien.⁵⁵⁷ Von 1957 bis 1964 war Oebsger-Röder wiederum hauptberuflich für den BND tätig. Aufgrund seiner SS- und SD-Vergangenheit galt es dem BND 1958 als „unmöglich, V-11 728 [interne Personenkennziffer von Oebsger-Röder] ins Planpersonal zu übernehmen".⁵⁵⁸ Zwischen Dezember 1959 und Dezember 1962 hielt er sich in Jakarta auf, dann bis Juli 1964 in Bangkok; anschließend lebte er wieder in Jakarta, bis er im Jahr 1980 dauerhaft nach München zurückkehrte.⁵⁵⁹ Ein 1960 vor dem Landgericht München I gegen Oebsger-Röder eröffnetes Strafverfahren wegen Mordes und Beihilfe zum Mord wurde von der Staatsanwaltschaft aufgrund der fehlenden „weiteren Ermittlungsmöglichkeiten" am 17. Dezember 1962 eingestellt; „gewisse Verdachtsmomente" seien allerdings nicht ausgeräumt worden.⁵⁶⁰ Aufgrund der Ermittlungen gegen ihn äußerte Oebsger-Röder die Sorge, „Gerede und Gerüchte" über seine Vergangenheit könnten das von ihm unterhaltene „ausgezeichnete" Verhältnis zur bundesdeutschen Botschaft in Indonesien beeinträchtigen; seine frühere Tätigkeit im NS-Vernichtungsapparat war den Diplomaten in Jakarta wohl nicht bekannt.⁵⁶¹ Ein BND-Dokument von 1964 bezeichnete Oebsger-Röder als „zu den Urhebern und Anstiftern der gegen Teile des polnischen Volkes gerichteten Ausrottungsmaßnahmen des NS-Regimes" gehörend.⁵⁶² Daher wurde das „Mitarbeiterverhältnis weisungsgemäß (durch den Herrn Präsidenten [Gehlen]) am 31. Mai 1964 mit sofortiger Wirkung gelöst".⁵⁶³ Allerdings blieb Oebsger-Röder noch bis zu seiner endgültigen „Abschaltung" am 31. März 1966 als Informant des BND in Indonesien tätig.⁵⁶⁴ In einem gewissen Kontrast zu den Aussagen Gehlens über die „hervorragenden Quellen" steht, dass ein BND-Vermerk die ab September 1965 von Oebsger-Röder aus Indonesi-

---

557 PA AA, NL Hentig, 123. Botschafter v. Hentig, Jakarta: Brief an Oebsger-Röder vom 29.9.1952.
558 BND-Archiv, P 1-02307, S. 17. Vermerk „V-11 728" vom 13.8.1958.
559 BND-Archiv, 220001, S. 83. Vermerk „Ehem. V-11 728, Öbsger-Röder" vom 31.10.1980.
560 BND-Archiv, 220001, S. 194. Vermerk „V-44 245" (ohne Datum). Abschrift der Verfügung des Landgerichts München I. BND-Archiv, 220001, S. 478–485, hier S. 484, über die Einstellung des Verfahrens: „Die Einlassung des Beschuldigten erscheint zwar nicht in allen Punkten glaubwürdig, kann aber aufgrund des vorliegenden Beweismaterials nicht widerlegt werden. Für eine aktive Beteiligung des Beschuldigten oder des von ihm geführten Kommandos an den Exekutionen in Form von Festnahmen, Absperrungen oder gar als Schützen geben die von ihm gefertigten Berichte keine Anhaltspunkte."
561 Vgl. Hachmeister, Gegnerforscher, S. 112.
562 BND-Archiv, 222001, S. 134. Vermerk „Dr. Rudolf Oebsger-Röder" vom 24.4.1964.
563 BND-Archiv, 220001, S. 50. Vermerk „Ehem. V-44 245 (vorher: V-11 728) DN Ranke" vom 28.2.1974; BND-Archiv, 220001, S. 151. Vermerk „Öbsger-Röder" vom 1.4.1966: „Weisungsgemäß wurde das Mitarbeiterverhältnis zu Ö-R am 31.5.1964 mit sofortiger Wirkung gelöst. Eine im Anschluss hieran aus Sicherheitsgründen zwingend erforderlich gehaltene Kontrollverbindung zu Ö-R wurde in der Folgezeit einer Außenstelle hiesigen Bereichs übertragen. Im Zuge dieser, unter Gegenspionagegesichtspunkten geführten Verbindung, fielen keine sicherheitserheblichen Erkenntnisse an, sodass die endgültige Trennung von Ö-R zum 31.3.1966 vollzogen worden ist." – Zur personellen „Vergangenheitsbewältigung" des BND in den sechziger Jahren siehe: Nowack, Sicherheitsrisiko NS-Belastung.
564 BND-Archiv, 220001, S. 50. Vermerk „Ehem. V-44 245 (vorher: V-11 728) DN Ranke" vom 28.2.1974.

en gelieferten Informationen als „im Inhalt sehr schwach" bewertete.[565] Offenkundig machte sich die bevorstehende „Abschaltung" des Informanten bemerkbar. Mehrere Anträge auf eine informelle Wiederbeschäftigung Oebsger-Röders wurden vom BND abgelehnt – zuletzt noch im November 1979.[566]

Die *Spiegel*-Journalisten Heinz Höhne und Hermann Zolling berichteten 1971 über angebliche verdeckte Operationen des BND in Indonesien zur Zeit des Umsturzes 1965/66, ohne die daran beteiligten Personen zu erwähnen. Die Quellenbasis ist dünn: Höhne und Zolling berufen sich allein auf die mündlichen Äußerungen eines ungenannten BND-Mitarbeiters.[567] Der BND habe angeblich dem indonesischen Militär Maschinenpistolen und Munition sowjetischer Herkunft beschafft, welche später in Indonesien als „Beweise für eine langgeplante, vom Ausland unterstützte kommunistische Verschwörung" vorgewiesen worden seien.[568] Diese Darstellung ist wohl nicht gründlich recherchiert worden: Der Verfasser dieser Arbeit hat an keiner Stelle in den eingesehenen Quellen und in der Forschungsliteratur einen Hinweis darauf gefunden, dass sich das indonesische Militär auf irgendwo entdeckte *sowjetische* Waf-

---

[565] BND-Archiv, 220001, S. 199. Vermerk „Treff mit V-44 245 in München" vom 14.7.1966.

[566] BND-Archiv, 220001, S. 80. Vermerk „Ehem. V-11 728/TN Ranke" vom 30.11.1979: „[Es] bestehen gegen eine nachrichtendienstliche Nutzung des TN Ranke, gleich in welcher Funktion, erhebliche Sicherheitsbedenken. [...] Nicht nur, weil ehem. V-11 728 aus seiner früheren SS-Zugehörigkeit stark belastet ist (Führer von Einsatzkommandos), sondern insbesondere, da er vermutlich mit zumindest einem anderen Dienst – dem seines Wohnlandes – in Kontakt steht und auch in das Blickfeld dortiger Behörden gelangt ist, kann einer erneuten nachrichtendienstlichen Nutzung nicht zugestimmt werden. [...] Gerade die Folgen politischer Art wären, würde bekannt, dass eine Person mit der Vergangenheit des ehem. V-11 728, mit dem BND zusammenarbeitet, von größter Tragweite."

[567] Höhne/Zolling, Pullach intern, S. 275: „Ein Kommando von BND-Männern" habe „in Indonesien militärische Geheimdienstler" ausgebildet und damit „die von der antiamerikanischen Propaganda hart bedrängten Kollegen von der CIA" abgelöst. Weiter heißt es: „1965 sollten die BND-Ausbilder sogar in einen Bürgerkrieg eingreifen: durch Lieferung sowjetischer Gewehre und finnischer Munition an Indonesiens Armee."

[568] Siehe dazu das Interview: „Was Gehlen verschwieg. Weiße Flecken in den Memoiren des ehemaligen BND-Chefs." Die Zeit, 15.10.1971, S. 8. In diesem Interview antwortete Zolling auf die Frage, was es mit der BND-Unterstützung bei der „Ausschaltung" der indonesischen Kommunisten 1965 auf sich habe: „Nun, der BND war in diesem Falle besonders stark engagiert. Die CIA bat den BND um Amtshilfe: Da die Amerikaner ohnehin im Ruche standen, sich in alles einzumischen, möge doch der BND der indonesischen Armee helfen. Den BND-Leuten kam ein Zufall zu Hilfe. Der Chef des indonesischen Armee-Geheimdienstes hielt sich damals in der Bundesrepublik (auf Einladung und Kosten des BND) zur Kur auf. Die Pullacher weckten den Gast am frühen Morgen, besorgten ihm Geld, Maschinenpistolen und Munition sowjetischen Ursprungs und Funkgeräte made in Russia. Von Waffen und Geräten wurden die Nummernschilder abgeschlagen, der Geheimdienstchef in ein Sonderflugzeug nach Indonesien gesetzt. Dort fand man dann später die sowjetischen Waffen und Funkgeräte, und die indonesische Armeeführung konnte damit die Beweise für eine langgeplante, vom Ausland unterstützte kommunistische Verschwörung vorweisen. Zwar betrauert Gehlen in seinem Buch zwei bewährte Freunde Deutschlands, die in Indonesien ermordet worden seien. Von den Hunderttausenden, die dann von der Armee oder von aufgeputschten Volksmengen niedergemacht wurden, schweigt er."

fen berufen hätte; stattdessen war die PKI angeblich mit *chinesischen* Waffen beliefert worden.[569] Überdies bleibt unklar, warum die indonesische Armee überhaupt der Lieferung sowjetischer Waffen bedurft haben sollte, wo sie ohnehin schon mit Material aus der Sowjetunion ausgestattet war.[570] Weder die eingesehenen Unterlagen des Bundesnachrichtendienstes noch diejenigen des ehemaligen Staatssicherheitsdienstes der DDR haben Hinweise auf eine Operation des BND in Indonesien erbracht. Auch wenn die Abwesenheit von Belegen für eine Tätigkeit noch kein Beleg für ihre Abwesenheit ist: Darstellungen, wonach der BND bei den Geschehnissen in Indonesien 1965/66 eine tätige Rolle gespielt haben soll, müssen bis auf Weiteres als spekulativ und empirisch nicht erhärtet gelten.[571]

Der mittlerweile nach Jakarta zurückgekehrte Botschafter Werz meldete am 15. Oktober, die Armee sei derzeit in der Lage, gegen den widerstrebenden Sukarno ihre inhaltlichen und personellen Präferenzen durchzusetzen.[572] Als in diesem Zusammenhang wichtigste Personalie hob Werz die Ernennung des „scharfen Antikommunisten" Suharto zum Armeeminister und Oberbefehlshaber des Heeres hervor.[573] Diese Entwicklung werde sich auch auf die indonesische Außen- und Deutschlandpolitik auswirken: „Die Gefahr einer Anerkennung der SBZ dürfte jedenfalls auf absehbare Zeit gebannt sein."[574] Am 18. Oktober äußerte der Botschafter, die „allmählich einsetzenden tiefgreifenden Änderungen in Staat und Gesellschaft Indonesiens lassen, obgleich Sukarno bis jetzt noch hartnäckig die Augen vor dieser Entwicklung verschließt, die berechtigte Hoffnung zu, dass Indonesien nach einer Periode des Linksextremismus den Weg zu einer ruhigeren politischen Mitte zurückfindet".[575] Der Botschafter sah die Chance, den langen „kalten Kleinkrieg" im eigenen Sinne zu entscheiden. Am 21. Oktober drahtete Werz einen Bericht an Staatssekretär Carstens: Auch wenn „die Dinge hier noch im Fluss" seien, sollte nun versucht werden,

---

569 PA AA, B 37, 169A. Botschafter Werz, Jakarta: Drahtbericht Nr. 548 vom 4.11.1965. Der Drahtbericht besteht aus einem „Lagebericht" des dpa-Korrespondenten Grudinski, den die Botschaft „ohne eigene Stellungnahme" weiterleitete.
570 Gerlach, Gesellschaften, S. 111: „Es war eine grausame Ironie, dass viele indonesische Kommunisten mit sowjetischen Waffen erschossen wurden."
571 Die Darstellung von Höhne/Zolling wurde übernommen von: Scott, Overthrow of Sukarno, S. 239–264.
572 PA AA, B 37, 169A. Botschafter Werz, Jakarta: Drahtbericht Nr. 497 vom 15.10.1965.
573 Siehe Berichte in: PA AA, B 37, 169A. Botschafter Werz und Militärattaché Meyer, Jakarta: Drahtbericht Nr. 498 vom 15.10.1965 und Botschafter Werz, Jakarta: Schriftbericht Nr. 1257/65 „Sukarno und die indonesische Armee; Ernennung Generalmajor Suhartos zum Armeeminister als Nachfolger des ermordeten General Yani" vom 19.10.1965.
574 PA AA, B 37, 169A. Botschafter Werz, Jakarta: Drahtbericht Nr. 497 (nur für StS) vom 15.10.1965.
575 PA AA, AV Jakarta, 225. Botschaft Jakarta: Schriftbericht Nr. 1237/65 vom 18.10.1965; PA AA, B 37, 169A. Ministerialdirektor Meyer-Lindenberg: Aufzeichnung „Indonesien nach dem Umsturzversuch vom 30. September" vom 28.10.1965. Die Aufzeichnung hat Carstens am 3.11. und Schröder am 5.11.1965 vorgelegen.

„unseren Alleinvertretungsanspruch in Indonesien so weit wie möglich durchzusetzen" – idealiter durch die Schließung des DDR-Generalkonsulats in Jakarta.[576] Für diesen Fall sei erforderlich, die DDR-Wirtschaftshilfen für Indonesien vollständig zu ersetzen. Eine mögliche Gelegenheit für entsprechende Zusagen sei die Auslandsreise von Brigadegeneral Sukendro, einem „der fähigsten und energischsten Antikommunisten", die ihn auch in die Bundesrepublik Deutschland führen solle.[577] In einem persönlichen Brief an Werz schrieb Ministerialdirigent Böker, man sei im Auswärtigen Amt „noch zu keinen endgültigen Entschlüssen gekommen [...] solange die Dinge in Indonesien noch ganz im Fluss" seien. Über den absehbaren Machtverlust Sukarnos in Indonesien schrieb Böker: „Wir verfolgen die dortige Entwicklung selbstverständlich mit größtem Interesse und freuen uns über die Fortschritte in der Festigung des Armee-Regimes. Wir sind uns völlig darüber klar, welch große Chancen für die westliche Welt insgesamt und für Deutschland im Besonderen in dieser Entwicklung liegen und welch großen Gefahren wir ausgesetzt wären, wenn das Experiment scheitern sollte."[578] Werz antwortete Böker, ihn bedrücke „der Umstand, dass man offenbar z. Zt. in Deutschland die indonesische Frage völlig ruhen lassen möchte" – gerade jetzt, da „sich hier eine ganz in unserem Sinne liegende Bereinigung" vollziehe, dürfe es nicht so wirken, als habe man in Bonn „Indonesien abgeschrieben".[579]

Als Brigadegeneral Sukendro Ende November 1965 nach Bonn reiste, nahm er über die indonesische Botschaft Kontakt zum Bundeskanzleramt und zum Auswärtigen Amt auf.[580] Sukendro hatte in seiner militärischen Laufbahn überwiegend Funktionen im indonesischen Militärgeheimdienst bekleidet.[581] Er gehörte zum engeren Kreis um Generalleutnant Yani und hielt sich am 1. Oktober 1965 in China auf; Crouch vermutet, nur seine temporäre Abwesenheit habe ihn vor der Entführung durch die „Bewegung 30. September" bewahrt.[582] Werz berichtete drei Wochen nach dem Umsturzversuch, Sukendro habe ihm „schon vor Monaten [gesagt], die Armee warte nur auf den Vorwand, die Kommunisten zu vernichten".[583] Im Gespräch mit Staatssekretär Carstens bat Sukendro die Bundesrepublik um wirtschaftliche Unterstützung für Indonesien. Carstens verwies auf die zum ersten Mal bestehenden „wirtschaftlichen und finanziellen Probleme" der Bundesrepublik, die sich begrenzend auf die entwick-

---

576 PA AA, B 130, 2650A. Botschafter Werz, Jakarta: Drahtbericht Nr. 517 vom 21.10.1965.
577 Ebenda.
578 PA AA, NL Werz, 1. Ministerialdirigent Böker: Privatdienstschreiben an Botschafter Werz vom 24.10.1965.
579 PA AA, NL Werz, 1. Botschafter Werz, Jakarta: Privatdienstschreiben an Ministerialdirigent Böker vom 8.11.1965.
580 BArch, B 136, 6261. Hans Klein: Vermerk für Bundesminister Westrick vom 25.11.1965.
581 Jenkins, Generals, S. 101–103. Sukendro, der der „neuen Ordnung" trotz seines Antikommunismus als „Sukarnoist" galt, wurde 1967 verhaftet und neun Monate inhaftiert, vgl. Jenkins, Generals, S. 103.
582 Crouch, Politics, S. 107.
583 PA AA, B 130, 2650A. Botschafter Werz, Jakarta: Drahtbericht Nr. 517 vom 21.10.1965.

lungspolitischen Kapazitäten auswirke."[584] Über die „Bewegung 30. September" sagte Sukendro, „dass der Armeeführung schon Anfang September Pläne für die Ermordung von acht Generalen bekannt geworden seien, dass man diese Informationen aber als Provokation betrachtet und daher nicht ernst genommen habe".[585] Der Entwurf für die Gesprächsaufzeichnung der Begegnung zwischen Carstens und Sukendro gibt eine Aussage des indonesischen Generals wie folgt wieder: „Trotz des zu bedauernden Todes der sechs Generale stelle sich die Aktion der Kommunisten jetzt als ein Vorteil heraus, da sie den nichtkommunistischen Kräften die Gelegenheit zum Handeln gegeben habe". Diesen Satz änderte der zuständige Referent handschriftlich ab in: „Der tragische Tod der sechs Generale, die seine [Sukendros] engen Freunde gewesen seien, habe den nichtkommunistischen Kräften Gelegenheit zum Handeln gegeben."[586]

Die Massaker

Die massenhaften Morde an Mitgliedern und Sympathisanten der PKI und ihr nahestehenden Organisationen, die in Indonesien zwischen Oktober 1965 und April 1966, in abgeschwächter Intensität sogar noch bis 1969, stattgefunden haben, sind – im Verhältnis zu ihren Dimensionen – einer internationalen Öffentlichkeit bis heute wenig bekannt.[587] Unter dem Regime der „neuen Ordnung" wurden die Massaker beschwiegen und tabuisiert – zumindest gab es keine kritische Auseinandersetzung.[588] Sie wurden von offizieller Seite gleichwohl niemals geleugnet.[589] Nach dem Übergang Indonesiens zur Demokratie ab 1998 wurde eine offenere Diskussion zwar möglich, doch insgesamt blieb die öffentliche Auseinandersetzung mit der Massengewalt der sechziger Jahre begrenzt; keiner der Täter wurde je zur Verantwortung gezogen.[590]

---

584 PA AA, B 2, VS-424. Staatssekretär Carstens: Drahterlass Nr. 341 an die Botschaft Jakarta vom 27.11.1965.
585 Ebenda.
586 Ebenda.
587 Robinson, Mass Killings, S. 467, verweist darauf, dass die indonesischen Massaker auch in der Genozidforschung bisher nur wenig berücksichtigt wurden.
588 Gerlach weist darauf hin, dass es in Indonesien *positive* Bezugnahmen auf die Massaker von Seiten der Täter gab und gibt, vgl. Gerlach, Gesellschaften, S. 30: „In Indonesien gefielen sich etliche Mörder später darin, ihre Mordtaten detailliert zu schildern, was im Vergleich zu anderen Ländern ungewöhnlich ist."
589 Cribb, Genocide, S. 234.
590 Cribb, Unresolved Problems, S. 550 f.; Roosa, Open Secret, S. 282. – In der künstlerischen Auseinandersetzung mit den Geschehnissen von 1965/66 ragen zwei Dokumentarfilme des amerikanischen Regisseurs Joshua Oppenheimer eindrucksvoll heraus: *The Act of Killing* (2012), der das Selbstverständnis damaliger Täter auf eine verstörende Weise visualisiert, und *The Look of Silence* (2014), der die Sicht der Opfer behandelt. Marching, End of Silence, hat Stimmen der Opferseite in Buchform gesammelt.

4 Der 1. Oktober 1965 und die indonesischen Massaker von 1965/66 — 241

Die Massaker begannen Anfang Oktober in der Provinz Aceh im Norden Sumatras. Die Initiative ging offenbar von örtlichen Moslemführern aus.[591] Die von den Massakern am stärksten betroffenen Regionen waren neben Nordsumatra Zentraljava, Ostjava und Bali.[592] Mordkommandos durchkämmten die Dörfer auf der Suche nach PKI-Angehörigen; für deren Identifikation benutzten sie Listen aus Büros der PKI sowie die Angaben von Dorfbewohnern.[593] In der Frühphase wurden die Morde nicht selten öffentlich, etwas später überwiegend an entlegenen Orten und nachts ausgeführt; bei letztgenanntem Vorgehen handelte es sich meist um Massaker an Personen, die schon einige Zeit in Gefangenenlagern festgehalten wurden.[594] Als Tötungswerkzeuge dienten neben Schusswaffen vielfach Stich- und Schlagwaffen.[595] Cribb stellt heraus, dass sich die Opfer vielerorts – jedenfalls in Relation zu einem gemeinhin unterstellten menschlichen „Überlebenswillen" – erstaunlich passiv verhielten. Möglicherweise ist diese Haltung mit bestimmten Traditionen erklärbar.[596]

Über die genauen Umstände der Menschenjagd ist vieles nach wie vor nicht bekannt; dies liegt insbesondere an der prekären Quellenlage und der Erinnerungspolitik der Suharto-Diktatur, welche die Massaker als Nicht-Ereignis behandelte.[597] Ein verbreitetes Missverständnis ist die in westlichen Medienberichten bis heute begegnende Vorstellung, die meisten Opfer seien ethnische Chinesen gewesen; tatsächlich waren die meisten Opfer malaiische Javaner.[598] Übertrieben ist ferner die von manchen Journalisten aufgestellte Behauptung, die Massenmorde seien überwiegend mit Unterstützung der westlichen Geheimdienste durchgeführt worden: Dies würde den Grad überschätzen, zu dem Indonesien Objekt der Einflussnahme äußerer Mächte geworden wäre. Gesichert ist, dass die US-Botschaft in Jakarta dem indonesischen Heer

---

591 Cribb, Genocide, S. 233. Roosa, Open Secret, S. 289 f., schreibt dem Militär eine wesentlich größere Einflussnahme auf die Gewalt in Aceh (und auf Bali) zu, als von der Forschung gemeinhin angenommen wird. Gerlach sieht General Kemal Idris als Initiator der Kampagne auf Nordsumatra: Er habe seine Truppen am 3.10.1965 sogar gegen den Befehl von Suharto mit Gefangennahmen beginnen lassen, vgl. Gerlach, Gesellschaften, S. 38.
592 Cribb, Genocide, S. 233.
593 Cribb, Political Genocides, S. 452.
594 Roosa, Open Secret, S. 290 f.
595 Cribb, Genocide, S. 233.
596 Ebenda, S. 234: "One reason for the apparent passivity of the victims may be that they simply did not expect such ferocious retaliation for events in Jakarta to which they could not possibly have contributed. It is likely, however, that the explanation is partly cultural-historical: […] [In Indonesien] A cultural convention arose in which the correct and safe response to fearsomeness was timidity: those who showed themselves suitably in awe of new power-holders were spared. This cultural convention probably sapped the will of the communists to resist in 1965–1966."
597 Roosa, Open Secret, S. 283.
598 Vickers, Indonesia, S. 163; Cribb, Unresolved Problems, S. 557; Cribb, Genocide, S. 235; Gerlach, Gesellschaften, S. 80–86.

1965 Listen mit den Namen von 5000 Mitgliedern der PKI zugänglich machten.[599] Gerlach geht davon aus, dass dies zum Tod hunderter Menschen geführt habe.[600] Insgesamt waren die Massaker aber Ausdruck einer im Inneren Indonesiens entfesselten Gewaltdynamik.[601]

Es liegen keine auch nur annähernd genauen Opferzahlen vor. Zeitgenössisch gingen Berichte von einer Zahl zwischen 150 000 und 600 000 Toten aus.[602] Die meisten heutigen Schätzungen, unter anderem im *Oxford Handbook of Genocide Studies*, gehen von etwa 500 000 Todesopfern aus.[603] Da es höchstwahrscheinlich keine Aufzeichnungen über die Tötungen gibt, sind diese Angaben mit Vorsicht zu behandeln: Es könnten auch halb so viele oder doppelt so viele Menschen der Massengewalt zum Opfer gefallen sein.[604] Im Zweifelsfall dürfte die Zahl der Ermordeten wohl höher als 500 000 sein.[605] Während es in Java die höchste absolute Zahl an Toten gab, hatte Bali die höchste Opferzahl im Verhältnis zur Einwohnerschaft.[606] Die Geschehnisse hatten starke Tendenzen zur Selbstverstärkung: Cribb merkt an, dass die Auslösung von Massentötungen im doppelten Sinne – nämlich die Tötung von Massen an Opfern durch eine Masse von Tätern – große Teile der indonesischen Gesellschaft zwang, eine unzweideutige Entscheidung für oder gegen die PKI zu treffen.[607] Es steht außer Zweifel, dass die Massaker die Gesellschaft Indonesiens transformierten, indem sie eine

---

599 Nach Angaben des verantwortlichen Mitarbeiters der US-Botschaft handelte es sich dabei um Listen, die aus offen zugänglichen Quellen wie den kommunistischen Zeitungen erstellt wurden; nach US-Presseberichten handelte es sich um anderweitig beschaffte Informationen, vgl. FRUS, 1964–1968, Vol. XXVI, Doc. 185, S. 386 f.
600 Gerlach, Gesellschaften, S. 110 f.; Roosa, Pretext, S. 195.
601 Gerlach, Gesellschaften, S. 115: „Regierungen kapitalistischer Länder leisteten bei den Massakern von 1965/66 eine gewisse Hilfe. Aber der ausländischen Einflussnahme und Manipulation der indonesischen Angelegenheiten waren deutliche Grenzen gezogen. Die amerikanischen Namenslisten enthielten nur die Namen von einem Prozent der Menschen oder weniger, die bei den Gewalttaten in den Jahren 1965/66 ums Leben kamen. Nur eine Minderheit der Opfer wurde erschossen, und noch viel weniger mit schwedischen oder amerikanischen Präzisionswaffen; ausländisches Geld und Material können kaum eine große Rolle gespielt haben. Ausländer waren Partner, aber kein Teil der Koalition für Gewalt."
602 „In Socken floh der Präsident zum Helikopter. Der Sturz des indonesischen Präsidenten Sukarno." Der Spiegel, 27.2.1967. – Der dem Suharto-Regime nahestehende Publizist Guy J. Pauker bezifferte die Zahl der Toten im Februar 1967 auf 150 000 bis 200 000, vgl. Pauker, Indonesia 1967, S. 141.
603 Cribb, Political Genocides, S. 450; Gerlach, Gesellschaften, S. 32 f.; Kammen/McGregor, Introduction, S. 4.
604 Cribb, Genocide, S. 233: "No reliable figures exist for the number of people who were killed."
605 Vgl. Gerlach, Gesellschaften, S. 33–35. Die höchste Schätzung stammt von einem der damaligen Exekutoren, dem RPKAD-Kommandeur Sarwo Edhie, der von „zwei bis drei Millionen Menschen" sprach, die getötet worden seien, zitiert nach: Gerlach, Gesellschaften, S. 33.
606 Robinson, Violence in Bali, S. 273.
607 Cribb, Genocide, S. 236.

seit Anfang des 20. Jahrhunderts vorhandene politische Strömung, den Marxismus, dauerhaft aus der Gesellschaft entfernten.[608]

Die Massaker stellen sich als überaus komplexes Forschungsproblem dar. Die neuere Forschungsliteratur über die Massengewalt diskutiert unter anderem, wie hoch der Grad an Planung und Koordination durch die Armee war, sowie darüber, wie autonom und wie gewichtig sich der Anteil von anderen Gruppen darstellt.[609] Fest steht, dass die Massaker kein spontaner Ausbruch des „Volkszorns" ohne steuernde Elemente waren, wie gelegentlich von interessierter Seite dargestellt.[610] Auf die Frage nach den Gründen für die Massengewalt und ihre enormen Ausmaße treten vor allem vier paradigmatische Erklärungsansätze auf: erstens die steuernde Rolle des indonesischen Militärs; zweitens ein aus der extremen politischen Spannung auf nationaler Ebene resultierender Gewaltausbruch; drittens aus sozialen Konflikten auf lokaler und regionaler Ebene resultierende Gewaltausbrüche; viertens die Folgen einer spezifisch indonesischen „Kultur der Gewalt".[611] Die vier genannten Erklärungen sind idealtypisch zu verstehen und schließen einander jeweils nicht aus, sondern können sich ergänzen.

Der erstgenannte Erklärungsansatz sieht die Massengewalt als einen koordinierten Angriff der indonesischen Armee auf ihren inneren Hauptfeind: Es sei von vorneherein die Intention gewesen, den Kommunismus in Indonesien durch die Tötung von PKI-Mitgliedern auszulöschen.[612] In diese Richtung weisen die nach dem 1. Oktober verbreiteten Falschmeldungen, die Generäle seien verstümmelt worden und die Kommunisten hätten großangelegte Vorbereitungen für weitere Folter- und Mordaktionen unternommen: "By applying such measures, Suharto was able to cultivate a 'kill or be killed' atmosphere that incited people on to the communists."[613] Nachweislich begannen in vielen Gegenden die Tötungen mit der Ankunft von militärischen Spezialeinheiten, insbesondere den Kommandos der *Resimen Para Komando Angkatan Darat* (RPKAD). Teilweise führten Armeeangehörige selbst die Tötungen aus; noch häufiger aber bewaffneten sie vor Ort rekrutierte Milizen aus jungen Männern. In Ost- und Zentraljava spielte dabei die Jugendorganisation der islamischen Partei *Nahdlatul Ulama* eine besonders hervorgehobene Rolle.[614] Insbesondere der Umstand, dass die aus Moslem- und Jugendorganisationen gebildeten Milizen nach den Massakern offen-

---

608 Ebenda, S. 237.
609 Vgl. dazu Robinson, Mass Killings und Roosa, Open Secret. Zwei angekündigte Neuerscheinungen, die zu dieser Debatte beitragen, konnten vor der Drucklegung leider nicht mehr berücksichtigt werden: Melvin, Jess: The Army and the Indonesian Genocide. Mechanics of Mass Murder, Abingdon 2018 und Robinson, Geoffrey: The Killing Season. A History of the Indonesian Massacres, 1965–66, Princeton 2018.
610 Kammen/McGregor, Introduction, S. 10 f.
611 Cribb, Unresolved Problems, S. 551.
612 Ebenda, S. 552 f.
613 Ebenda, S. 552.
614 Cribb, Genocide, S. 233.

kundig schnell und unproblematisch wieder verschwanden, ist ein Hinweis auf ihre temporäre und „zweckgebundene" Schaffung durch das Militär.[615] Vom Militär mobilisierte und ausgebildete Milizen hatte es in Indonesien bereits seit dem Unabhängigkeitskrieg gegen die Niederlande gegeben.[616] Die neuesten Studien arbeiten heraus, wie ähnlich die Methoden der Exekutoren des Massenmordes in weit voneinander entfernten Gegenden Indonesiens waren und erkennen darin einen Beleg auf die zentrale Koordination durch die Militärführung.[617] Von vielen zeitgenössischen westlichen Beobachtern wurde die Rolle des Militärs bei den Massakern unterschätzt; im Zweifelsfall galten die Armee und Suharto als mäßigende Kräfte – ein Trugbild, an dessen Entstehung die Militärs durch geschickte Kommunikationspolitik mitgewirkt haben.[618]

Dass das Militär eine zentrale Rolle bei den Massakern spielte, ist heute Konsens in der Forschungsliteratur.[619] Die Annahme, die Massaker seien *ausschließlich* auf die Planung und Lenkung durch das Militär zurückzuführen, ist allerdings dafür kritisiert worden, keine erschöpfende Erklärungskraft für das Ausmaß der Gewalt und die offenkundig bereitwillige Mitwirkung vieler Nicht-Soldaten zu bieten. Letztgenannte Faktoren deuten auf größere gesellschaftliche Kontexte hin, in denen die Massaker interpretiert werden müssen.[620] Die Massengewalt hat dieser zweiten Interpretationslinie zufolge ihre Vorgeschichte in den Fehlentwicklungen und in der Eskalationsdynamik von Sukarnos „gelenkter Demokratie" ab Ende der fünfziger Jahre: Cribb und Vickers legen überzeugend dar, welche ruinösen Folgen die „gelenkte Demokratie" in materieller und nicht-materieller Hinsicht zeitigte und wie sie somit zu einem der Massengewalt förderlichen Klima beigetragen hat.[621]

---

615 Ebenda, S. 235; Robinson, Mass Killings, S. 473.
616 Zur Rolle von nicht-staatlichen Milizen bei genozidaler Massengewalt siehe: Abraham, Militias, S. 495.
617 Vgl. Robinson, Mass Killings; Roosa, Open Secret, S. 283.
618 Vgl. Roosa, Open Secret, S. 283. Siehe z. B. den unten erwähnten Bericht von: PA AA, AV Jakarta, 225. Botschafter Werz, Jakarta: Schriftbericht Nr. 1518/65 „Verluste der indonesischen Bevölkerung seit dem 1. Oktober d. J." vom 14.12.1965.
619 Vgl. Robinson, Mass Killings, S. 466; Gerlach, Gesellschaften, S. 34–45; Cribb, Political Genocides, S. 450.
620 So u. a. die Thesen von Gerlach, Gesellschaften, und Cribb, Unresolved Problems.
621 Vickers, Indonesia, S. 147–160; Cribb, Unresolved Problems, S. 553: "The vast scale of the killings and the widespread reports of mass engagement in the murders suggest that, whatever the army's role might have been, broader factors within Indonesian society may have played a significant role in magnifying the death toll. This view argues that the political polarization in Indonesia in 1965 was extreme. The very nature of the Indonesian nation was at stake, along with the questions of whether Indonesian modernity would be expressed in communist, Islamic, or developmentalist term, and which set of elites would be in control. The tremendous significance of the issues being faced generated correspondingly enormous passions. Moreover, the conflict took place in time of unusual political opacity, hypocrisy, and doublespeak. Sukarno's Guided Democracy was a kingdom of words, in which everyone from PKI leader D. N. Aidit to Defense Minister A. H. Nasution had to speak in the language of ide-

Der dritte Ansatz argumentiert, dass weder die These der „militärischen Steuerung" noch diejenige der landesweiten „extremen Spannung" befriedigend erklären könnten, warum es regional sehr starke Unterschiede im Ausmaß der Gewalt gegen die Kommunisten gegeben hatte.[622] Daher müssten jeweilige gesellschaftliche Konflikte auf lokaler und regionaler Ebene in die Erklärung miteinbezogen werden. Unbestritten ist, dass es derartige Spannungen vielerorts gegeben hatte und diese schon vor 1965 gewaltsam eskalierten – so etwa Streitigkeiten über landwirtschaftlich nutzbaren Boden oder Antagonismen zwischen den örtlichen PKI-Vertretern und religiös-traditionellen Kräften wie den Muslimen in Aceh und den Hindus auf Bali. Die Ereignisse des 1. Oktober 1965 hätten nicht nur der Militärführung, sondern auch den jeweiligen Feinden der PKI „vor Ort" einen Anlass geliefert, jahrelang schwelende Konflikte mit Gewalt für sich zu entscheiden.[623] Offenkundig war bestimmten Gruppen von der Armee signalisiert worden, dass Gewalt gegen PKI-Mitglieder straffrei bleiben würde.[624]

Ein vierter Ansatz vermutet eine für Indonesien angeblich typische „Kultur der Gewalt" als tiefere Ursache für die Massaker.[625] Diese Annahme begegnet unter anderem in zeitgenössischen Presseberichten[626] und in vielen Darstellungen von Diplomaten –

---

ologically correct discourse, conceal his or her true feelings and intentions under a veil of NASAKOM and national unity, and talk about glorious achievements that could only be seen by those who closed their eyes. It was simultaneously a world of polarization and uncertain allegiances, uncertainty about who planned to do what, who was working with and for whom, and who's manipulations were actually having an effect. The only certainty was in fact that most people were lying. Under such circumstances, rumours thrived, suspicions flourished, and fears swelled. All this took place in a time of catastrophic economic decline that had left Indonesia as one of the poorest countries in the world [...] Economic decay, bad enough in objective terms, was made worse by the Sukarno's government refusal to concede that things might be amiss with its policies. The circumstances created an apocalyptic atmosphere in which people became increasingly willing to believe that their plight was not simply a consequence of policy incompetence and political conflict but a deliberate outcome of evil and malice. Sukarno's attempt to focus such beliefs on outside forces, the neo-colonialists and imperialists (NEKOLIM) were successful only up to a point; by 1965, people were willing to find the culprit in their own society, a scapegoat upon whom the blame for all misfortune could be heaped. The circumstances of the 1965 coup made it almost inevitable that the culprit would be the PKI."
622 Cribb, Unresolved Problems, S. 554.
623 Ebenda, S. 555.
624 Cribb, Political Genocides, S. 453.
625 Cribb, Unresolved Problems, S. 556.
626 Typisch hierfür etwa die Darstellung Rudolf Oebsger-Röders in: „Unscheinbarer Präsident von 120 Millionen Menschen. Suharto von Indonesien – Sohn eines landlosen Reisbauern." Handelsblatt, 16.9.1969: „Auf der einen Seite die sich verzweifelt wehrenden Kommunisten, die gemeint hatten, durch die nächtliche Ermordung der führenden Armeegenerale eine Massenerhebung des Volkes auszulösen – auf der anderen Seite rachedurstige, meist jugendliche Moslems, in denen ein jahrelang angestauter Hass durchbrach. Ein blindwütiger Amoklauf, typisch für den sonst sanftmütigen malayischen Menschen, forderte blutige, entsetzliche Opfer, deren genaue Zahl niemand weiß."

auch der Bundesrepublik Deutschland.⁶²⁷ Gerne wurde und wird in diesem Zusammenhang darauf hingewiesen, dass das Wort *Amok* malaiischen Ursprungs ist. Eine frühe Interpretation sieht die Geschehnisse von 1965/66 als Abweichung vom „Normalzustand" der traditionell friedlichen javanischen Gesellschaft, in der unter extremer Spannung plötzlich Raserei ausbreche und sich zum blindwütigen Blutrausch steigere.⁶²⁸ Abgesehen von vielen anderen konzeptionellen und empirischen Schwächen überzeugt diese Deutung vor allem deshalb nicht, weil die Tötungen ja gerade nicht „blind" erfolgten, sondern sich sehr gezielt gegen eine vorher identifizierte Gruppe richteten.⁶²⁹ Die These eines „kollektiven Amoklaufs" ist überdies verhüllend, indem sie Verantwortlichkeit und menschliche *Agency* verschleiert: Statt konkreter Personen und Personengruppen wirken hinter der Massengewalt nur anonyme sozio-psychologische „Kräfte". Die Morde erhalten so den Charakter eines unerklärlichen und schicksalhaften Ereignisses. Auch indonesische Politiker vertraten die genannte kulturspezifische Erklärung: Sofern Suharto die Massaker überhaupt erwähnte, so sah er sie als das Werk von „Amokläufern".⁶³⁰ Auch Sukarno klagte in einer seiner letzten öffentlichen Reden 1966 darüber, die Indonesier seien „Amok gelaufen".⁶³¹ Differenzierter argumentierende soziokulturelle Erklärungen beschäftigen sich mit „Subkulturen der Gewalt": Relevant ist in diesem Zusammenhang insbesondere die lange Tradition gewalttätiger Gangsterbanden sogenannter *preman* (etymologisch aus dem niederländischen *vrijman*, „freier Mann"; andere Bezeichnungen sind: *gali*, *garong* und *jali*).⁶³² Unzweifelhaft haben sowohl bei den Massakern 1965/66 als auch während der „neuen Ordnung" Männer der organisierten Kriminalität Gewalt im Dienste der Politik ausgeübt. Vergleichsweise wenig untersucht ist die Frage, ob den *preman* wirklich nur eine

---

627 Zum Beispiel bei: PA AA, ZA, 100175. VLR I Berendonck: Vermerk „Reise des Herrn Bundesministers nach Indonesien vom 26.–29.4.1973; hier: Informations- und Gesprächsmappe" vom 13.4.1973, Anlage „Länderaufzeichnung Indonesien, Stand März 1973". Hat Staatssekretär Frank am 16.4.1973 vorgelegen.
628 Vgl. Brackman, Collapse, S. 12: "With popular support, generated especially by intellectuals, academicians, and students, the Communist Party leadership was largely liquidated and its mass base shattered. In the process, thousands of persons, Communists and non-Communists alike, were massacred in reprisals as the country, in the literal sense, ran amok – a Malay word, incidentally, which originated in the islands to describe a nervous seizure which leads to murderous frenzy." Und S. 118: "Natsir [ein islamischer Politiker] is convinced that the murders can be characterized as a 'psychological explosion' among a repressed people who had suffered from the PKI's 'mental terror'."
629 Cribb, Genocide, S. 234.
630 Roosa, Suharto, S. 140: "No document exists proving that Suharto ordered any killing. In later years, on the rare occasion when he mentioned the killings, he blamed civilians for running amok. Serious investigations into the 'who, where, when, and how' of the killings reveal that the army was primarily responsible and that Suharto must have at least approved of them if he did not give an explicit oral or written order for them."
631 Zitiert nach: Brackman, Collapse, S. 115.
632 Cribb, Unresolved Problems, S. 556.

instrumentelle Rolle zukam, oder ob sie einen autonomen Teil einer „Koalition der Gewalt" bildeten.[633]

In der (seriösen) Forschung wird überwiegend eine Synthese mehrerer Ansätze vertreten.[634] Gerlach analysiert den koalitionsartigen und „partizipatorischen" Charakter der indonesischen Massengewalt und geht davon aus, sie sei vor allem aus der Wechselwirkung von militärischen und nicht-staatlichen Gruppierungen zu erklären.[635] Der Autor weist in diesem Kontext auf eine ad hoc gebildete Dachorganisation hin, die sogenannte „Aktionsfront für die Zerschlagung der Bewegung 30. September/PKI", die mit dem Ziel der Vernichtung der PKI ein Bündnis unterschiedlicher politischer und religiöser Kräfte schuf.[636] Gerlach kommt zu dem Ergebnis, eine zentrale Steuerung der Morde durch das Militär erscheine fraglich.[637] Nach der Anstachelung nicht-militärischer Gruppen zu den Massakern hätten diese mancherorts eine eigene Dynamik entwickelt, die sich der Steuerbarkeit vorübergehend entzogen habe.[638] Der von Gerlach und anderen vertretene „dualistische Konsens" in der Forschung – die Massentötungen als Ergebnis einer Koalition aus Militär und Zivilisten – ist mittlerweile von John Roosa und Geoffrey Robinson kritisiert worden; beide argumentieren, die überragende Rolle der Militärführung unter Suharto werde nach wie vor unterschätzt.[639]

Der Stand der Forschung wurde hier referiert, um die Perzeptionen, die ausländische Stellen – insbesondere die bundesdeutsche Botschaft in Jakarta – von der Massengewalt hatten, in einen adäquaten Kontext stellen zu können. Die laufende Berichterstattung der Botschaft über den gescheiterten Untung-Coup vermittelte Mitte Oktober den Eindruck einer extrem gespannten Atmosphäre: In Jakarta gab es zahlreiche Demonstrationen gegen die Kommunisten, wobei insbesondere islamische Gruppen starke Präsenz zeigten.[640] Auf Flugblättern wurde zur gewaltsamen Zerschlagung und zum *Dschihad* gegen die PKI aufgerufen.[641] Neben dem gewalttätigen Vorgehen gegen

---

633 Gerlach, Gesellschaften, spricht von einer „Koalition für Gewalt"; Cribb, Unresolved Problems, S. 557; Abraham, Militias, S. 491 f.
634 Abweichend Roosa, Open Secret, S. 286–294.
635 Gerlach, Gesellschaften, S. 32.
636 Ebenda, S. 52–56.
637 Ebenda, S. 46–56.
638 Ebenda, S. 41, 94 f.
639 Vgl. Roosa, Open Secret, S. 289, und Robinson, Mass Killings, S. 473.
640 PA AA, B 37, 169A. Botschaftsrat Heimsoeth, Jakarta: Drahtbericht Nr. 476 vom 11.10.1965.
641 Einem Bericht beigefügt war die englische Übersetzung eines von islamischen Gruppen in Jakarta am 8. Oktober zirkulierten Flugblattes, das zur Zerschlagung der PKI, „dem Teufelsvater aller Teufel", und zur Tötung der PKI-Mitglieder und ihrer „Lakaien" aufrief: "Brothers and Sisters, lovers of religion, people and State, receive our holy-war greetings to uphold justice against evil!!! [...] Brothers and Sisters, who love the nation and religion [...] join us and let us: – Crush the PKI – Destroy the PKI until its very roots – Combat and oppose the terroristic work of the PKI – Assist the Armed Forces

PKI-Einrichtungen gab in es Jakarta auch antichinesische Ausschreitungen.[642] Anfang November 1965 traf das Auswärtige Amt wegen der anhaltenden Unruhen Vorbereitungen für die mögliche Evakuierung deutscher Staatsangehöriger aus Indonesien.[643]

Die Botschaft berichtete Ende Oktober von Parteiverboten auf kommunaler Ebene sowie von „Selbstauflösungen kommunistischer Ortsgruppen".[644] Der in Jakarta postierte Militärattaché Meyer erwähnte Hausdurchsuchungen und Festnahmen – wobei hier, so Meyer, „angeblich gefundene PKI-Dokumente [...] den Grund zur Verstärkung und Fortsetzung der Maßnahmen" lieferten; erstaunlich sei, „dass die PKI bisher zu keinen Gegenmaßnahmen gegriffen" habe.[645] Unter der Voraussetzung des völligen Verbots der PKI schien sich die Armee – nach dem Eindruck der Botschaft – „mit Sukarnos Verbleiben im Präsidentenamt" arrangiert zu haben.[646]

Am 27. Oktober berichtete die Botschaft erstmals von tödlicher Gewalt gegen PKI-Anhänger: „Die indonesische Armee setzt die planmäßige Zerschlagung der kommunistischen Partei im ganzen Lande fort. [...] Aus Aceh und Madura dringen Nachrichten, wonach dort fanatisierte Moslems Kommunisten in größerer Anzahl erschlagen haben sollen. Auch in Ostjava soll es in der letzten Zeit zu örtlichen Zusammenstößen zwischen Moslems und Kommunisten gekommen sein."[647] Militärattaché Meyer drahtete an das Auswärtige Amt und das Verteidigungsministerium, in Ost-Java seien Massengräber gefunden worden, „in denen von kommunistischen Organisationen, vornehmlich *Pemuda Rakjat* [kommunistische Jugendorganisation], ermordete Einwohner lagen. Es handelt sich hier um kommunistische Terror-Aktionen gegen die Moslem-Bevölkerung."[648] Der dpa-Korrespondent Ulrich Grudinski schilderte Gewaltexzesse in verschiedenen Gebieten Javas, Sumatras und Borneos: Kommunisten hätten hunderte Häuser niedergebrannt und über 150 Menschen ermordet, worauf es „blutige Vergeltungsmaßnahmen militanter Moslemorganisationen" und „weißen Gegenterror" gegeben habe, denen „mindestens 500 Kommunisten" zum Opfer gefallen seien; Fallschirmjägereinheiten „machen mit den Gefangenen offenbar kurzen Prozess".[649] Mitte Dezember 1965 sandte Werz den ersten Bericht nach Bonn, in dem die Dimensionen des Massenmords sichtbar wurden. Dieser Schriftbericht verdient eine ausführliche Zitierung:

---

eradicate wholly the executors of the 30 September Movement." Vgl. PA AA, AV Jakarta, 225. Anlage zu Botschaft Jakarta: Schriftbericht Nr. 1214/65 vom 11.10.1965.
642 PA AA, B 37, 169A. Botschafter Werz, Jakarta: Drahtbericht Nr. 504 vom 18.10.1965.
643 PA AA, B 37, 169A. VLR I Bassler: Vermerk vom 2.11.1965. Hat Carstens am 3.11.1965 vorgelegen.
644 PA AA, B 37, 169A. Botschafter Werz, Jakarta: Drahtbericht Nr. 522 vom 22.10.1965.
645 PA AA, B 37, 169A. Militärattaché Meyer, Jakarta: Bericht Tgb.-Nr. 207/65 „Entwicklung der militärischen und militärpolitischen Lage bis 25.10.65" vom 25.10.1965.
646 PA AA, B 37, 169A. Botschafter Werz, Jakarta: Drahtbericht Nr. 522 vom 22.10.1965.
647 PA AA, B 37, 169A. Botschafter Werz, Jakarta: Drahtbericht Nr. 533 vom 27.10.1965.
648 PA AA, B 37, 169A. Militärattaché Meyer, Jakarta: Bericht Tgb.-Nr. 214/65 „Innere Unruhen in Zentral- und Ostjava" vom 29.10.1965.
649 PA AA, B 37, 169A. Botschafter Werz, Jakarta: Drahtbericht Nr. 539 vom 29.10.1965.

„Der Kampf der Armee und der Moslems gegen die Kommunisten wird außerhalb Jakartas mit verbissener Härte und zum Teil unmenschlicher Grausamkeit geführt. [...] Über diese in bürgerkriegsähnlichen Formen geführte Auseinandersetzung dringt wenig in die Hauptstadt und an die Außenwelt. Die staatliche Nachrichtenagentur Antara veröffentlicht zwar täglich Meldungen über Gefangennahme und Tötungen Widerstand leistender Kommunisten, doch stehen die dabei genannten Ziffern nach den bisher hier vorliegenden Informationen weit hinter der Wirklichkeit zurück. Die wahren Verlustzahlen übertreffen die offiziellen Angaben um ein Vielfaches.

Nachstehend werden einige Verlustziffern vorgelegt, die nach Schilderungen glaubwürdiger Zeugen aus der Provinz, einzelner der Botschaft zugänglich gemachter vertraulicher indonesischer Berichte und nach Schätzungen befreundeter Missionen zusammengestellt wurden. Die tatsächlichen Ziffern dürften eher noch höher sein. Es ist ferner zu berücksichtigen, dass die Auseinandersetzung noch nicht abgeschlossen ist und deshalb weitere erhebliche Verluste zu erwarten sind.

Ostjava rd. 50 000 Tote (meist Kommunisten) Mitteljava rd. 40 000 Tote (Kommunisten und Nichtkommunisten) Westjava (einschl. Jakarta) rd. 10 000 Tote (weitaus überwiegend Kommunisten) Nordsumatra rd. 20 000 Tote (weitaus überwiegend Kommunisten) Aceh rd. 3000 Tote (ausschließl. Kommunisten) Madura rd. 2000 Tote (ausschließl. Kommunisten) Bali rd. 3000 Tote (überwiegend Kommunisten).

Im Einzelnen ist hierzu zu bemerken: Die fanatischen Moslems auf Madura und in Aceh haben die ohnehin nicht sehr starke kommunistische Bevölkerung liquidiert. Der Militärgouverneur von Aceh erklärte dieser Tage vor dem Provinzparlament, dass das Verbot der PKI in Aceh infolge der physischen Auslöschung der Kommunisten dort nur noch theoretischer Natur sei. Die Schätzungen der hiesigen US-Botschaft für Java belaufen sich auf rd. 100 000 Tote. Sie decken sich mit den aufgrund unabhängiger Quellen gewonnenen Ziffern der Botschaft. Ein Ansor-(Moslem-Jugendorganisation)-Führer bezifferte im Gespräch die Gefallenen allein in Ostjava auf 70 000.

In Nordsumatra kommen nach zuverlässigen Angaben wöchentlich rd. 2000 Menschen, fast ausschließlich Kommunisten, um. In einem fast stereotypischen Vorgang verlädt die Armee bei Razzien kommunistenverdächtige Menschen auf LKWs, die in einiger Entfernung später von einer erregten Menschenmenge angehalten werden. Nach einigen symbolischen Warnschüssen der Armee werden die Häftlinge dann der Bevölkerung überlassen und von dieser umgebracht. Die Mordwelle auf Bali läuft erst seit etwa zwei Wochen [...] Die relativ niedrigen Verlustzahlen für Westjava mit einer meist strenggläubigen islamischen Bevölkerung sind auf die mäßigenden Bemühungen des Militärgouverneurs in Bandung, Generalmajor Ibrahim Adjie, zurückzuführen. Adjie erklärte kürzlich im Gespräch, dass er Schlimmeres von den fanatisierten Moslems als von den Kommunisten in Westjava befürchte. Das frühzeitige endgültige Verbot der PKI in Westjava dürfte vor allem der Sorge Adjies entsprungen sein, weiteren Ausschreitungen der Moslems den Boden zu entziehen. Allerdings sollen in Jakarta zahlreiche Häftlinge ums Leben gekommen sein; von den rd. 2000 kommunistischen Pemuda-Rakjat-Angehörigen, die an der Entführung und Ermordung der sechs Generale beteiligt waren, soll kaum mehr einer am Leben sein. Über die Zahl der in Gefängnissen und Lagern Festgehaltenen waren noch keine genaueren Aufschlüsse zu ermitteln. In den Zeitungen häufen sich jedoch die Klagen, dass man nicht mehr wisse, wo der ständig wachsende Strom der Verhafteten untergebracht werden solle. Er dürfte sich auf mehrere hunderttausend belaufen."[650]

---

650 PA AA, AV Jakarta, 225. Botschafter Werz, Jakarta: Schriftbericht Nr. 1518/65 „Verluste der indonesischen Bevölkerung seit dem 1. Oktober d. J." vom 14.12.1965.

Die Schätzungen der Botschaft in Jakarta gingen von bis dato 128 000 Toten aus.[651] Eine Aufzeichnung von Ministerialdirektor Hermann Meyer-Lindenberg vom Februar 1966, die auch Bundeskanzler Erhard vorgelegt wurde, bezifferte die Zahl der Toten auf 150 000.[652] Ein Bericht des DDR-Generalkonsulats Jakarta vom Januar 1966 hielt über die Massaker fest: „Nach uns vorliegenden Informationen soll die Zahl der Toten beträchtlich sein. Die dazu genannten Zahlen schwanken zwischen 40 000 und 400 000. Wir sind der Auffassung, dass es wahrscheinlich über 40 000 Tote sind, die durch die Aktionen der Armee zu beklagen sind."[653]

Gerlach hebt hervor, dass die Berichte von Diplomaten über die Ereignisse in bemerkenswert ähnlicher, zum Teil wortgleicher Terminologie schon vor dem Höhepunkt der Mordwelle davon ausgingen, „die wirkliche Zahl" der Getöteten werde „nie bekannt werden".[654] Ebenfalls noch vor dem Ende des Gemetzels bemerkten manche Beobachter die geringe Aufmerksamkeit, die so wenig zu den Dimensionen der Massaker passte. Botschafter Werz schrieb dazu im Februar 1966:

„Nachdem der Putsch vom 1. Oktober, der Indonesien um Haaresbreite in kommunistische Hände gebracht hätte, gescheitert war, begann das gründliche Aufräumen unter den Schuldigen, mit Exzessen, die zu einer ungeheuren Zahl von Todesopfern führen. Präsident Sukarno sprach aufgrund von Ermittlungen von ihm ausgesandter Ministerdelegation von 87 500 Getöteten und nannte das sarkastisch ‚zu viel für 7 Generale'. Auch nach vorsichtigen Schätzungen dürfte die Zahl des in den Nachwehen des Putsches Getöteten jedoch mindestens das Doppelte betragen. Wenn man sich vergegenwärtigt, dass 86 100 in Hiroshima starben, kann man nur überrascht sein, wie wenig die höhere Zahl der Opfer indonesischer Säuberung hier und von der Weltöffentlichkeit beachtet wurde."[655]

---

651 Ebenda.
652 PA AA, B 37, 255. Ministerialdirektor Meyer-Lindenberg: Aufzeichnung „Stagnation im Machtkampf zwischen Sukarno und der Armee" vom 14.2.1966: „Nach dem fehlgeschlagenen kommunistischen Umsturzversuch vom 30. September 1965 hatte die indonesische Armee die kommunistische Partei und sämtliche kommunistische Frontorganisationen vernichtet. Die drei kommunistischen Minister Aidit, Lukman und Njoto wurden erschossen. Insgesamt dürften 150 000 Kommunisten den Tod gefunden haben." Hat Carstens am 17.2. und Bundeskanzler Erhard am 23.2.1966 vorgelegen. Diese Aufzeichnung basierte auf einem anderen Dokument: PA AA, B 21-IA1, 669. Referat I B 5: Vermerk „Indonesien" für die Sitzung des Ministerrates der Westeuropäischen Union am 15./16.3.1966 in London vom 7.2.1966.
653 PA AA, MfAA, A 16216. Generalkonsul Bayerlacher, Jakarta: Bericht an den stellvertretenden Außenminister Kiesewetter vom 12.1.1966. Der Staatssicherheitsdienst nannte 1968 Zahlen zwischen 87 000 und 200 000 Toten. Vgl. BStU, MfS HVA 232, S. 82–86. Einzelinformation Nr. 47/68 vom 25.1.1968 über die Einschätzung der kommunistischen Untergrundtätigkeit in Indonesien durch westdeutsche Regierungskreise.
654 Gerlach, Gesellschaften, S. 33.
655 PA AA, B 37, 255. Botschafter Werz, Jakarta: Schriftbericht Nr. 166/66 „Flaute in Indonesien" vom 10.2.1966. Hat Staatssekretär Carstens (am 4.3.1966) und Staatssekretär Lahr (Datum unleserlich) vorgelegen.

Die Öffentlichkeit in den verschiedenen westlichen Ländern war durch Presseberichte informiert.[656] Der Journalist und ehemalige Presseattaché in Jakarta Carl Weiss beschrieb in einem in der Wochenzeitung *Die Zeit* im Oktober 1966 erschienenen Artikel das eigenartige Ausbleiben einer Reaktion und wies dabei auf die markanten Unterschiede zur gleichzeitigen Situation in Vietnam hin:

> „Im Vergleich dazu [zu den Geschehnissen in Indonesien] ist das letzte Kriegsjahr in Vietnam geradezu statisch verlaufen. Zwischen Herbst 1965 und Frühjahr 1966 wurden in Indonesien nach inzwischen allgemein akzeptierten, wenn auch immer noch unsicheren Schätzungen 250 000 Menschen getötet: Kommunisten und deren Mitläufer, Angehörige der chinesischen Minderheit und Zufallsopfer, darunter Frauen und Kinder. Es sind hier also rund zehnmal so viele wie im gleichen Zeitraum in Vietnam gestorben. Wenn man das Echo vergleicht, das diese beiden Schauplätze in der Publizistik finden, wird man, auch wenn man die weiter reichende internationale Konsequenz des vietnamesischen Krieges in Rechnung stellt, an der rechten Regulierung unseres Informations-Zuflusses zweifeln müssen. Der Umsturz in Indonesien war eine wichtige Niederlage des Kommunismus. Dass er durch Massenmord geschah, macht im Westen den eigentlich fälligen Jubel beklommen; dass die Opfer Kommunisten waren, vermeintliche oder wirkliche, dämpft die eigentlich fällige Empörung. Im Übrigen gibt es zu wenig ausländische Korrespondenten in Indonesien, und die da sind, haben große Schwierigkeiten; nicht so im ‚best covered war theatre' Vietnam."[657]

Die Massaker hatten erhebliche internationale Dimensionen; diese sind solider dokumentiert und besser untersucht als die inner-indonesische Gewaltdynamik. Im Oktober 2017 hat das an der George Washington University angesiedelte *National Security Archive* angekündigt, im Rahmen eines Forschungsprojektes eine Sammlung von 30 000 Seiten Aktenmaterial der US-Botschaft in Jakarta aus den Jahren 1964 bis 1968 öffentlich zugänglich zu machen. Aus den schon vorab publizierten 39 Dokumenten geht hervor, dass amerikanische Diplomaten genau über die Vorgehensweise der Armee bei den Massenmorden informiert waren und auch, dass sie über den fiktiven Charakter bestimmter Behauptungen des indonesischen Militärs Bescheid wussten.[658]

---

656 Beispiele aus der bundesdeutschen Presse: „Indonesien/Kommunisten: Macht der Messer." Der Spiegel, 3.1.1966; Cramer, Ernst: „Starke Männer auf wackligem Thron. Sukarnos Erben haben keinen leichten Stand." Die Welt, 2.6.1966 („Wie viele Menschen in diesen Monaten umgebracht wurden, wird man wohl nie ganz erfahren. Die von Sukarno selbst genannte Zahl von 87 000 gilt allen Eingeweihten als zu niedrig; es dürften wohl über 200 000, vielleicht sogar mehr als 300 000 Menschen ermordet worden sein."); o. V.: „Subandrio und 14 weitere Minister in ‚Schutzhaft' genommen." Frankfurter Allgemeine Zeitung, 19.3.1966; Bode, Thilo: „Indonesien drei Jahre nach Sukarnos Sturz. Das Hauptproblem bleibt der Reis." Süddeutsche Zeitung, 20.12.1968 („In den ersten Jahren nach dem Putschversuch des Herbstes 1965 wurden in einem furchtbaren Blutbad etwa eine halbe Million wirklicher oder vorgegebener Kommunisten abgeschlachtet, ein Vorgang, der den Westen befremdend kalt ließ. In Indonesien selbst wird mit diesem Gemetzel entweder geprahlt, oder es wird verdrängt.")
657 „So ist Achmed Sukarno". Die Zeit, 7.10.1966.
658 Simpson, Bradley (Hrsg.): "US Embassy Tracked Indonesia Mass Murder 1965". National Security Archive, Electronic Briefing Book 607. https://nsarchive.gwu.edu/briefing-book/indonesia/2017-10-17/indonesia-mass-murder-1965-us-embassy-files (Abruf am 12.1.2018).

Zu diesen Fiktionen gehörte die propagandistische Darstellung, China habe eine entscheidende Rolle hinter der „Bewegung 30. September" gespielt.[659]

Die wesentliche Deutungskategorie westlicher Diplomaten war, nicht überraschend, diejenige des Kalten Krieges: Das Scheitern des Kommunismus in Indonesien und die Etablierung der „neuen Ordnung" von General Suharto wurde als „Sieg" des Westens und Niederlage der Sowjetunion und Chinas gewertet.[660] In den Vorstellungen insbesondere amerikanischer Beobachter kontrastierte der Umsturz in Indonesien zwischen 1965 und 1967 als Erfolgsbeispiel mit dem „Morast" des Vietnamkrieges, in dem massiver Einsatz der USA den Erfolg des Kommunismus letztendlich nicht verhindern konnte.[661] Eine im Vergleich zu Vietnam geringfügige und kaum sichtbare Unterstützung pro-amerikanischer Kräfte in Indonesien brachte hingegen einen aus US-Sicht günstigeren Ertrag.[662]

Gerlach beschreibt, wie manche Beobachter die dissoziative Anstrengung unternahmen, zwischen ihren Sympathien für das Vorgehen gegen die PKI und der Abgründigkeit der Massaker zu unterscheiden.[663] Offenkundig versuchten auch Diplomaten der Bundesrepublik zwischen den zwar abzulehnenden, aber seltsam abstrakt bleibenden Massakern einerseits, und der positiven Bewertung Suhartos und seiner Beseitigung des Kommunismus andererseits, säuberlich zu trennen. Sofern die Massaker in späteren Jahren überhaupt noch thematisiert wurden, schlossen sich die Diplomaten des Auswärtigen Amts unterhinterfragt der offiziellen indonesischen Version an, wonach in Indonesien zuerst blutiger Massenwahn ausgebrochen sei, ehe das Militär ordnend eingegriffen habe.[664] Im Auswärtigen Amt gibt es zudem Beispiele für ab-

---

[659] National Security Archive der George Washington University (GWU-NSA), EBB 607, Doc. 28: Botschafter Green, Jakarta: Telegramm A-673 „Example of Anti-Chinese Propaganda" an State Department vom 4.5.1966: "As time has passed, the charges by anti-Communist groups against internal and external enemies other than the PKI have become progressively more explicit and overt and have reflected both tactical needs and a belief that the whole pro-Communist movement with its external support should be considered guilty 'in principle' whatever the specific details of their involvement might be. [...] In summary, we do not think the Chinese were a primary factor in the September 30 Movement or that Chinese activities were what the lawyers call a 'proximate cause' [...] intelligent Indonesians privately scoff at such heavy-handed propaganda."
[660] Haslam, Russia's Cold War, S. 226–229.
[661] Vgl. Simpson, Southeast Asia, S. 52–55.
[662] Zur Unterstützung der amerikanischen Stellen für das indonesische Militär und Suharto im Einzelnen: Roosa, Pretext, S. 176–201.
[663] Gerlach, Gesellschaften, S. 105.
[664] Vgl. PA AA, ZA, 100175. VLR I Berendonck: Vermerk „Reise des Herrn Bundesministers nach Indonesien vom 26.–29.4.1973; hier: Informations- und Gesprächsmappe" vom 13.4.1973, Anlage „Länderaufzeichnung Indonesien, Stand März 1973", über die Geschehnisse von 1965/66: „Die gespannte Situation im Lande entlädt sich in einem Ausbruch unvorstellbarer Grausamkeit. Hunderttausende von Menschen finden in blutigen Massakern den Tod. Dabei sind die militärischen Aktionen der Streitkräfte gegen Stützpunkte der Putschisten nicht viel mehr als das auslösende Element; die größten Massaker sind das Werk ziviler Gruppen insbesondere fanatischer Moslems. Als das Land aus seinem

sichtsvolles Wegschauen, während die Massaker noch im Gange waren – man wusste, was man nicht sehen wollte: So wurde einem Bonner Gutachter im Januar 1966 geraten, nicht durch ländliche Gebiete Indonesiens zu reisen, da das Militär keine ausländischen Zeugen für ihr Handeln wünschte.[665]

Es gibt auch Beispiele dafür, in denen die Massaker von ihrem Ergebnis her positiv gedeutet werden. Der 1966 als Nachfolger von Luitpold Werz nach Jakarta entsandte Botschafter Kurt Luedde-Neurath (1911–1984), dessen diplomatischer Werdegang seit der NS-Zeit vorrangig durch rechtsautoritäre Diktaturen führte,[666] beurteilte in seinem Vortrag auf einer Botschafterkonferenz vom Mai 1967 in Tokio vor Kollegen die Lage wie folgt:

„Je mehr der zeitliche Abstand von der staatlichen Umwälzung vom 30.9.1965 wächst, desto lebhafter wird das Gefühl des Einschnitts. Indonesien ist in einem tiefgreifenden Prozess der Neuformung. Die Indonesier müssen neu denken – und wir auch. Das ist leichter gesagt als getan. [...] Eines können wir von diesem Einschnitt im staatlichen Leben Indonesiens mit Sicherheit sagen: Er war nicht gegen uns und nicht gegen die freie Welt gerichtet. Die Hunderttausende umgebrachter Kommunisten bieten eine recht große Gewähr dafür, dass die heutige Regierung alles tun wird, um das Staatsschiff nicht wieder auf kommunistischen Kurs kommen zu lassen. [...] Vor dem Coup 1965 gab es nur zwei Kräfte, die – jede auf ihre Art – zur Verwaltung des Staates in der Lage waren: Die Kommunisten und die Armee. Der Coup hat die marxistische Linke ausgeschaltet und neue geistige Kräfte freigesetzt. Professoren, Studenten, auch die formell noch verbotene sozialdemokratische Partei Indonesiens arbeiten am Staat wieder mit. Die ideologische Offenheit gegenüber dem Westen ist groß."[667]

Blutrausch wieder erwacht, gilt es für die durch die Ereignisse zu Schlüsselfiguren des politischen Geschehens gewordenen Militärs Bilanz zu ziehen und das Land wieder aus dem Chaos herauszuführen. Präsident Sukarno und seine von der Kommunistischen Partei wesentlich mitgetragene Politik sind in den Augen der Bevölkerung völlig diskreditiert. [...] General Suharto, von der begeisterten Zustimmung breiter Bevölkerungsschichten getragen, erzwingt von Präsident Sukarno für sich eine Generalermächtigung zur Herstellung von Ruhe und Ordnung."

665 Siehe etwa: PA AA, B 61-IIIB7, 262. VLR I Lebsanft: Schnellbrief an das Bundesministerium für wirtschaftliche Zusammenarbeit vom 11.1.1966: „Gegen die Durchführung des Beobachtungsauftrages erhebt das Auswärtige Amt folgende Bedenken: Eine Begutachtung der einzelnen Projekte ist naturgemäß nur durchführbar, wenn der Gutachter die einzelnen Projekte im Lande aufsucht, was bei der derzeitigen Lage in Indonesien vermieden werden sollte. Die indonesische Armee hält es für unerwünscht, dass Ausländer Reisen durch Java und Sumatra durchführen, um zu vermeiden, dass diese Kenntnis von dem derzeitigen Vorgehen der Armee gegen die Kommunisten erhalten. Es liegt im deutschen Interesse, auf die Einstellung der indonesischen Armee Rücksicht zu nehmen."

666 Seit 1933 SA- und seit 1937 NSDAP-Mitglied, hatte Luedde-Neurath 1938 seine Karriere im AA begonnen; 1939 bis 1945 wirkte er an der deutschen Botschaft in Tokio; nach seiner Wiederaufnahme in den Auswärtigen Dienst 1950 war er von 1953 bis 1958 in Franco-Spanien und von 1958 bis 1963 im Haiti von François Duvalier postiert, ehe er zum April 1966 nach Jakarta versetzt wurde. Nach jeweils recht kurzen Postierungen in Jakarta, Wellington und Montevideo war er von 1973 bis 1976 Botschafter in Chile, wo er Zeuge des Aufbaus der Diktatur von General Pinochet wurde. Vgl. Biographisches Handbuch, Bd. 3, S. 132 f.

667 PA AA, AV Jakarta, 204. Botschafter Luedde-Neurath, Jakarta: Vortrag „Indonesien" vom 18.5.1967.

Bernd Schäfer hat die rhetorische Frage gestellt, ob das indonesische Militär und seine Verbündeten einen derartigen Vernichtungsfeldzug auch gewagt hätten, wenn die PKI mit der Sowjetunion statt mit China verbündet gewesen wäre.[668] Die Volksrepublik China – zweifellos die wichtigste auswärtige Verbündete der PKI – war seinerzeit nicht nur erheblich schwächer als die Sowjetunion, sondern fiel auch aufgrund ihrer inneren Entwicklung als praktische Unterstützerin der PKI aus: Die chinesische Politik unter Mao, gegenüber menschlichem Leid ohnehin indifferent, versank ab 1966 im Chaos der „Großen Proletarischen Kulturrevolution". Die Kulturrevolution ließ außenpolitische Aktivitäten weitgehend versiegen und nahm mit einer Opferzahl von etwa einer Million Menschen ebenfalls genozidale Züge an.[669] Im Asien der zweiten Hälfte des 20. Jahrhunderts wurde die politische Massengewalt Indonesiens und Chinas nur noch von den kambodschanischen Roten Khmer zwischen 1975 und 1979 übertroffen, der wohl über zwei Millionen Menschen und damit ein Viertel der Einwohner Kambodschas zum Opfer fielen.[670] Robert Cribb, einer der renommiertesten Asienhistoriker, hebt in einem vergleichenden Artikel über die indonesische, chinesische und kambodschanische Massengewalt den Kontext des globalen Kalten Krieges hervor, der verschiedene Gesellschaften entlang ideologischer Konfliktlinien auseinanderriss:

> "The political killings in Indonesia, China and Cambodia here and there crossed ethnic boundaries [...] but at their core they were political conflicts within a single ethnic group. They were not, however, mere expressions of a culture of political violence in which disputes were routinely resolved with the gun, the knife, or the crowbar. Rather, they were the outcome of fundamental struggles over national character. In each case, the perpetrators were not simply eliminating a political enemy. They saw themselves as shaping the character of their national by removing a category of people who could never be a legitimate part of it. This category was defined by membership of the communist party in Indonesia and by imputed class membership in China and Cambodia, but the rationale for purging was similar in all three cases. The nation as it was envisaged by those in charge could not survive the presence of masses of people with different national conceptions. The mode of purging, too, involved the persecution of whole communities of people, not just leaders or cadres. The fact, however, that these three political genocides took place within little more than a decade also demands explanation. They occurred in the context of the cold war, a time of acute polarization between secular ideologies that is probably unprecedented in world history. The fate, not only of individual nations, but also of the world as a whole, seemed to be at stake. This polarization almost certainly strengthened the inclination of both sides in these conflicts to demonize their enemies. It also gave an international dimension to all three political genocides: the perpetrators believed themselves to be eliminating enemies who were all the more dangerous for the powerful allies that they were believed to have on the other side of the cold war divide. In the case of Indonesia, the awareness of the Indonesian military that they had the backing of the United States played a role in the confidence with which they acted."[671]

---

668 Schäfer, Introduction, S. 5.
669 Cribb, Political Genocides, S. 454–459.
670 Ebenda, S. 449–463.
671 Ebenda, S. 464.

Der Kontext der internationalen Beziehungen im globalen Kalten Krieg erklärt wesentlich, warum Suharto und seine Verbündeten sich die Massengewalt und die millionenfache Internierung politischer Gefangener „leisten" konnten: „Globale Realpolitik hieß von den 1960er bis zu den 1980er Jahren, dass Suhartos Indonesien – das zu wichtig war, um es mit seiner blutigen Geschichte zu konfrontieren – von allen Seiten umworben blieb."[672]

Bundesdeutsche Stellen hätten die Massaker nicht verhindern können. Doch das Fehlen jeglicher öffentlichen Stellungnahme zu den Morden kann weder durch die disparate Informationslage noch dadurch entschuldigt werden, dass andere westliche Staaten dem Morden entweder ebenfalls gleichgültig gegenüberstanden oder die Taten sogar ausdrücklich begrüßten.[673] Man muss keine Sympathie für die Ideologie der Kommunistischen Partei Indonesiens haben, um die Haltung westlicher Diplomaten und Geheimdienste bei den Massenmorden an PKI-Anhängern als ein sehr dunkles Kapitel in der Geschichte des Kalten Krieges zu werten. Ein Kapitel, über das bis heute auch deswegen so wenig bekannt ist, weil die überlebenden Zeugen der Opferseite über Jahrzehnte keine Möglichkeit zur Artikulation hatten; die Demokratisierung Indonesiens nach 1998 hat diesen Umstand nicht behoben. Westliche Regierungen, die einen Gutteil ihrer Legitimität in der Auseinandersetzung mit der Sowjetunion – zu Recht – mit den Werten von Demokratie, Rechtsstaatlichkeit und Menschenrechten begründeten, haben hier über eine der eklatantesten Verletzungen dieser Grundsätze im 20. Jahrhundert entweder hinweggesehen oder an dieser sogar mitgewirkt.

---

672 Gerlach, Gesellschaften, S. 116.
673 FRUS, 1964–1968, Vol. XXVI, Doc. 184, S. 385. Department of State: Telegramm an die US-Botschaft Jakarta vom 16.12.1965: "Appears from here that military leaders' campaign to destroy PKI is moving fairly smoothly and swiftly, that Subandrio's days numbered, and that Sukarno might be travelling abroad before long giving military even freer hand to develop and install new govt. May well be that these developments will move so rapidly that we may be confronted with within weeks with situation we have hoped for, i. e. a new govt emerging or in being, that we can begin to talk to and deal with." Dass man in der US-Botschaft präzise Informationen über die massenhafte Tötung von den an der „Bewegung 30. September" unbeteiligten Personen hatte, zeigen u. a. GWU-NSA, EBB 607, Doc. 15 und 17.

V „Neue Ordnung" und neue Präferenzen (1966–1973)

1 Von der „alten" zur „neuen" Ordnung: Die Machttransition bis 1967

„Im Schwebezustand": Oktober 1965 bis März 1966

Knapp vier Wochen nach der Aktion vom 1. Oktober 1965 beobachtete Botschafter Werz „eine innere Umwälzung" in Indonesien, welche „einer Revolution" gleichkomme.[1] Die Armee ringe mit Sukarno um die künftige politische Ausrichtung des Landes; trotz der günstigen Ausgangsposition des Militärs sei der Machtkampf völlig offen.[2] Bereits am 11. Oktober hatten indonesische Militärkreise die bundesdeutsche Botschaft über einen Mittelsmann informiert, dass man einen Sturz Sukarnos erwäge.[3] Dem Politischen Direktor des Auswärtigen Amts, Meyer-Lindenberg, schrieb Werz: „Zurzeit befinden wir uns hier noch in einem Schwebezustand, in dem Angst die Dominante ist."[4] Anfang Dezember wusste der Botschafter zu berichten, das politische Ansehen Sukarnos und „der Glanz seiner Person"[5] seien nach dem 1. Oktober stark verblasst. Am schwersten wögen dabei seine „wahrscheinliche" Mitwisserschaft bei dem Umsturzversuch und sein vorheriges Bündnis mit den Kommunisten; das Militär vermeide zwar die offene Konfrontation mit dem Präsidenten, arbeite aber faktisch gegen ihn. Die Armeeführung gehe davon aus, „das Problem Sukarno werde sich durch Zeitablauf lösen".[6] Ministerialdirektor Meyer-Lindenberg übernahm in einer Aufzeichnung für die Staatssekretäre Carstens und Lahr die Metapher vom „Schwebezustand" Indo-

---

[1] PA AA, B 37, 169A. Botschafter Werz, Jakarta: Schriftbericht Nr. 1286/65 „Persönlichkeiten und Gruppen nach dem Umsturzversuch der ‚Bewegung 30. September'" vom 25.10.1965.
[2] PA AA, B 37, 169A. Ministerialdirektor Meyer-Lindenberg: Aufzeichnung „Indonesische Persönlichkeiten und Gruppen nach dem Umsturzversuch der ‚Bewegung 30. September'" vom 4.11.1965. Hat Carstens am 9.11. und Schröder am 14.11.1965 vorgelegen.
[3] Vgl. GWU-NSA, EBB 607, Doc. 4. US-Botschaft Jakarta: Telegramm 971 an State Department vom 12.10.1965.
[4] PA AA, NL Werz, 1. Botschafter Werz, Jakarta: Privatdienstschreiben an Ministerialdirektor Meyer-Lindenberg vom 25.10.1965.
[5] PA AA, B 37, 169. Botschafter Werz, Jakarta: Schriftbericht Nr. 1504/65 „Sukarnos Ende?" vom 9.12.1965; PA AA, B 37, 169. Ministerialdirektor Meyer-Lindenberg: Aufzeichnung „Sukarnos Ende?" vom 3.1.1966; PA AA, B 37, 169. Hat Lahr am 6.1., Carstens und Schröder am 8.1.1965 vorgelegen.
[6] PA AA, B 37, 169. Botschafter Werz, Jakarta: Schriftbericht Nr. 1504/65 „Sukarnos Ende?" vom 9.12.1965.

nesiens, welcher „die Lösung der vordringlichen wirtschaftlichen Probleme des Landes" erschwere.[7]

Die wirtschaftlichen Probleme Indonesiens waren ernst. Werz forderte am 21. Oktober 1965 die Staatssekretäre auf, als Gegenleistung für ein mögliches Entgegenkommen Indonesiens bei der Nichtanerkennungspolitik die Vergabe eines sofortigen Finanzkredits in Höhe „von ca. 50 Mio. DM" zu prüfen.[8] Das Auswärtige Amt reagierte reserviert auf die Anregung.[9] Kurz darauf legte der Botschafter seine Sicht ausführlicher dar: Nach der Niederwerfung des Putschversuches sei für den weiteren Weg Indonesiens ökonomische Vernunft zu erwarten, sofern die Armee ihre starke Stellung konsolidiere.[10] Somit habe die Bundesrepublik Grund zum Optimismus: Statt wie bislang Kapitalhilfe nur als Reaktion auf eine krisenhafte Zuspitzung der deutschlandpolitischen Lage könne nun erstmals ins Auge gefasst werden, „Kontinuität" in Form einer „wirklichen Konsolidierung der deutschen Position" in Indonesien zu schaffen.[11] Er bekräftigte seine Anregung „für eine kraftvolle Fortführung unserer Kapitalhilfe", denn: „Die sich uns gegenwärtig bietende Chance in Indonesien darf nicht ungenutzt, nicht ohne einen deutlichen Beweis unserer freundschaftlichen Haltung vorübergehen."[12]

Sukarno eher fernstehende Regierungskreise in Jakarta begannen unterdessen, sich um potenzielle Geldgeber aus dem Westen zu bemühen. Der stellvertretende Außenminister Oemarjadi teilte der Botschaft mit, der Coup „habe die Voraussetzungen geschaffen, die PKI auszuschalten" und fragte nach, ob die Bundesregierung im Falle eines indonesischen Verzichts auf das Stahlwerk Lampong die entsprechenden Bundesgarantien für andere Zwecke bereitstellen könne.[13] Werz drahtete den Staatssekretären Carstens und Lahr, er halte die Unterstützung Indonesiens für „zwingend erforderlich".[14] Nach außen hin wahrte Werz die abwartende Haltung Bonns: Er verwies einen hohen Beamten des indonesischen Außenministeriums auf die Unklarheiten bezüglich der Zukunft Indonesiens, welche größeren Geldzusagen vorerst noch entgegenstünden. Der nicht namentlich identifizierte Gesprächspartner aus dem indonesischen Außenministerium hatte Werz mitgeteilt, Sukarno solle zwar nicht aus dem Präsidentenamt entfernt, wohl aber „unter strenger Kontrolle" gehalten werden.[15] Im

---

7 PA AA, B 37, 169. Ministerialdirektor Meyer-Lindenberg: Aufzeichnung „Sukarnos Ende?" vom 3.1.1966.
8 PA AA, B 130, 2650A. Botschafter Werz, Jakarta: Drahtbericht Nr. 517 vom 21.10.1965.
9 PA AA, B 130, 2650A. VLR I Seeliger: Aufzeichnung „Indonesien; hier: neue Kapitalhilfe" vom 22.10.1965.
10 PA AA, B 37, 173. Botschafter Werz, Jakarta: Schriftbericht Nr. 1310/65 „Deutsche Kapitalhilfe nach dem 30.9.1965" vom 26.10.1965.
11 PA AA, B 37, 173. Botschafter Werz, Jakarta: Schriftbericht Nr. 1310/65 vom 26.10.1965.
12 Ebenda.
13 PA AA, B 37, 173. Botschafter Werz, Jakarta: Drahtbericht Nr. 594 vom 29.11.1965.
14 Ebenda.
15 PA AA, B 130, 2650A. Botschafter Werz, Jakarta: Drahtbericht Nr. 608 vom 10.12.1965.

Hause eines ominösen „Vertrauensmannes" traf Werz mit zwei indonesischen Generälen zusammen, die ihm die Einrichtung eines Konsortiums westlicher Geberländer vorschlugen. Sie taxierten den indonesischen Kreditbedarf auf rund 400 Millionen US-Dollar.[16]

Japaner und Amerikaner waren ebenfalls von indonesischen Militärs um Soforthilfe für Indonesien gebeten worden, um den kommunistischen Einfluss endgültig zu bannen. Dies wurde von Tokio und Washington abgelehnt, solange die indonesische Außenpolitik weiter auf „antiimperialistischem" Kurs bleibe: Man verlange keine „Westbindung" Jakartas, doch zumindest die Rückkehr zu echter Nicht-Bindung.[17]

Ende Dezember 1965 stellte Indonesien explizit ein Wirtschaftshilfeersuchen an die Bundesrepublik Deutschland. Der in diesem Zusammenhang schon öfters aufgetretene Vizeaußenminister Oemarjadi „gab zu verstehen, dass ihm hauptsächlich an einem Kredit gelegen sei, für den Anzahlungen nicht erbracht werden brauchen"; den gesamten Kreditbedarf Indonesiens bezifferte er auf 240 Millionen US-Dollar. Oemarjadi räumte gegenüber der Botschaft ein, bislang seien alle Sondierungen mit potenziellen westlichen Geberstaaten ohne „konkreten Erfolg" geblieben. Abweichend vom tatsächlichen späteren Verlauf der Dinge erklärte Oemarjadi, Verhandlungen über eine Umschuldung der indonesischen Auslandsverbindlichkeiten seien nur mit den Ostblockstaaten geplant, nicht aber mit den westlichen Ländern.[18]

Im Januar 1966 bat der immer noch als dritter stellvertretender Ministerpräsident amtierende Chaerul Saleh Werz um eine ungeschönte Darstellung seiner Wahrnehmung Indonesiens. Werz gab dem indonesischen Minister – eigenen Angaben zufolge – eine „offene und ungeschminkte Darstellung": Nachdem Indonesien nach dem 1. Oktober 1965 „aus eigener Kraft" den Kommunismus überwunden habe, sei die nötige wirtschaftliche Neuordnung des Landes leider ausgeblieben.[19] Sofern Indonesien westliche Hilfe wolle, müsse es westliche Staaten als Freunde behandeln und nicht als *Nekolims* beschimpfen.[20]

Während der verdeckte Machtkampf zwischen Sukarno und der Armee um die politische Führung Indonesiens anhielt, insistierten Militärvertreter gegenüber westlichen Botschaftern immer dringlicher auf die Gewährung von Wirtschaftshilfen – ihren Ersuchen gaben sie mit Warnungen Nachdruck, ansonsten könnten pro-kommunistische Kräfte wieder an Boden gewinnen. Auch wenn man in Bonn Zusagen über neue Hilfen für verfrüht hielt, gab es Unterschiede zur harten Haltung der USA.[21] Werz

---

16 PA AA, B 130, 2586A. Botschafter Werz, Jakarta: Drahtbericht Nr. 618 vom 17.12.1965.
17 Ebenda.
18 PA AA, B 37, 173. LR I Berninger, Jakarta: Anlage zum Schriftbericht Nr. 1560/65 vom 20.12.1965.
19 PA AA, B 130, 2586A. Botschafter Werz, Jakarta. Drahtbericht Nr. 10 vom 8.1.1966. – Chaerul Saleh wurde im April 1966 verhaftet und starb am 8.2.1967 in einem Militärgefängnis; offizieller Darstellung zufolge an einem Herzinfarkt. Vgl. Roosa, Pretext, S. 299.
20 PA AA, B 130, 2586A. Botschafter Werz, Jakarta. Drahtbericht Nr. 10 vom 8.1.1966.
21 PA AA, B 130, 2650A. Botschafter Werz, Jakarta: Drahtbericht Nr. 15 vom 13.1.1966.

hielt es für möglich, die USA wollten „eine Art Boykott-Bewegung gegen Indonesien" errichten, solange sich der außenpolitische Kurs des Landes nicht ändere, und sprach in diesem Zusammenhang von einer „unterschiedlichen Beurteilung der hiesigen Lage": Werz sah in dem Gedanken, „man könne Sukarno durch konzentrischen Druck der westlichen Länder zu einer Änderung seiner Politik zwingen, eine gefährliche Illusion".[22] Ein solches Vorgehen würde Sukarno nur neuerliche Zustimmung der öffentlichen Meinung verschaffen. Die Bundesrepublik dürfe sich aufgrund ihrer „besonderen Lage" in Indonesien keinesfalls an derlei amerikanischen Überlegungen beteiligen, da immer noch gelte: „Jeder unbedachte Schritt kann sehr rasch zur Aufwertung der Zone und damit zum Verlust unserer Position führen".[23] Noch kurz vor Weihnachten 1965 schien die Errichtung eines indonesischen Generalkonsulats in Ost-Berlin nicht mit letzter Sicherheit abgewendet zu sein.[24] DDR-Generalkonsul Bayerlacher ging im Januar 1966 davon aus, „hinsichtlich der Beziehungen zur DDR" gebe es „keine grundlegenden Veränderungen von indonesischer Seite. Wir haben z. Zt. auch nicht den Eindruck, dass sie vorgesehen sind."[25] Die Empfehlung Bayerlachers an die DDR-Regierung lautete: „Ich schlage deshalb vor, dass wir auf der Grundlage der gegebenen Möglichkeiten größere Anstrengungen unternehmen, um auch mit den Kräften der Führung der Streitkräfte in Verbindung zu kommen, um herauszufinden, mit wem wir aus diesen Kreisen in Zukunft zusammen arbeiten können."[26]

Grundsätzlich war man im amerikanischen Außenministerium der Auffassung, die Bundesrepublik und Japan seien in der besten Position, Indonesien „early assistance" zur Behebung der wirtschaftlichen Not anzubieten, sofern sich die „richtigen" Kräfte im Machtkampf durchsetzen sollten.[27] Im März 1966 trug die bundesdeutsche Botschaft in Washington dem *State Department* offiziell den Standpunkt der Bundesregierung zur Frage von Wirtschaftshilfen für Indonesien vor.[28] Die US-Regierung wollte für den Fall, dass sie von einer Delegation um Wirtschaftshilfen gebeten werde, vor allem prüfen, welche der indonesischen „Machtgruppen" die jeweilige Delegation repräsentiere.[29] Trotz kleinerer Differenzen war sich die Bundesregierung mit den USA und anderen westlichen Ländern einig, „im Hinblick auf die zu Ende gehen-

---

22 PA AA, B 130, 2586A. Botschafter Werz, Jakarta: Drahtbericht Nr. 38 „Unsere Beziehungen zu Indonesien" vom 2.2.1966.
23 PA AA, B 130, 2586A. Botschafter Werz, Jakarta: Drahtbericht Nr. 38 vom 2.2.1966.
24 PA AA, B 130, 2591A. Botschafter Werz, Jakarta: Drahtbericht Nr. 623 vom 22.12.1965.
25 PA AA, MfAA, A 16216. Generalkonsul Bayerlacher, Jakarta: Bericht an den stellvertretenden Außenminister Kiesewetter vom 12.1.1966.
26 Ebenda.
27 FRUS, 1964–1968, Vol. XXVI, Doc. 184. Telegramm des Department of State an die US-Botschaft in Jakarta vom 16.12.1965.
28 PA AA, B 130, 2586A. Gesandter Freiherr v. Stackelberg, Washington: Drahtbericht Nr. 465 vom 2.3.1966.
29 Ebenda.

de Ära Sukarno Pläne für die weitere Hilfe an Indonesien" so lange zurückzustellen, bis die Auspizien günstiger sein würden.[30]

Dass Werz den Spitzenkräften im Auswärtigen Amt zugerechnet wurde, zeigte eine Anfrage von Außenminister Schröder im Dezember 1965. Schröder bat neun bewährte Diplomaten um grundsätzliche Überlegungen zur internationalen Lage und zu den Zukunftsfragen der deutschen Außenpolitik. Außer Werz wurden Wilhelm Grewe, Georg Ferdinand Duckwitz, Horst Osterheld, Hilger van Scherpenberg, Herbert Blankenhorn, Georg Federer, Hermann Meyer-Lindenberg und Dietrich Freiherr von Mirbach angeschrieben. Wie stark Werz auf Indonesien fokussiert war, zeigt allerdings der Vergleich mit den Berichten seiner Kollegen, etwa Mirbach[31] und Duckwitz[32]. Im Unterschied zu diesen führte Werz die Überlegungen kaum über seinen Einsatzort hinaus. Seine Aufzeichnung für Schröder bestand also im Wesentlichen aus Grundsatzüberlegungen zur Südostasien- und zur Indonesienpolitik.[33]

Notwendig sei eine „sofortige und zielsichere Aktion des Westens mit Inkaufnahme wirtschaftlicher Risiken", um Indonesien aus seiner Wirtschafts- und Finanzkrise zu helfen und so ein neuerliches Erstarken linksradikaler Kreise und die Anlehnung Jakartas an den Ostblock zu verhindern. Werz empfahl, ein Konsortium aus „Japan und den wichtigsten westlichen Handelspartnern Indonesiens" zu bilden, welches beim „Wirtschaftsaufbau des Landes durch Bereitstellung von Krediten" zusammenar-

---

[30] Diese eindeutige Aussage findet sich in einer interessanten Aufzeichnung über eine von DDR-Stellen in Umlauf gebrachte Fälschung eines angeblich von der Botschaft Jakarta stammenden Berichts. Vgl. PA AA, B 130, 2586A. Ministerialdirigent Böker: Aufzeichnung „Veröffentlichung eines angeblichen Geheimberichts der deutschen Botschaft Jakarta" vom 27.2.1967.

[31] Dietrich Freiherr von Mirbach, der als Botschaftsrat in Ägypten sowie als Botschafter in Indonesien und Indien die drei wichtigsten afro-asiatischen Neutralen kennengelernt hatte, fasste seine Betrachtungen grundsätzlicher und regte an, das AA solle über die bisherige Alleinvertretungspolitik hinausdenken. Siehe ACDP, 01-483-290/2. Botschafter v. Mirbach, Neu-Delhi: Aufzeichnung für Bundesminister Schröder vom 5.1.1966.

[32] Georg Ferdinand Duckwitz, der 1966 AA-Staatssekretär werden sollte, forderte eine weitgehende Revision der bisherigen Ost-, Deutschland- und Alleinvertretungspolitik. Siehe ACDP, 01-483-290/2. Botschafter a. D. Duckwitz: Aufzeichnung für Bundesminister Schröder vom 30.12.1965: Die Bundesrepublik stehe im „Kampf um die Wiederherstellung der Einheit Deutschlands allein. Da wir die Wiedervereinigung nicht aus eigener Kraft, d. h. ohne Unterstützung fremder Mächte [...] herbeiführen können, müssen wir aus der oben dargelegten Erkenntnis die Lehre ziehen, dass die bisher angewandten Mittel unzureichend waren, und dass wir bei einer Fortsetzung der bisherigen Politik unserem erklärten Ziel keinen Schritt näherkommen."

[33] ACDP, 01-483-290/2. Botschafter Werz, Jakarta: Aufzeichnung für Bundesminister Schröder vom 30.12.1965: „Sehr verehrter Herr Minister, Ihre mir kurz vor Weihnachten zugegangene Aufforderung, mich zur außenpolitischen Lage Deutschlands und zu unserer künftigen Außenpolitik zu äußern, lässt das Herz höher schlagen, ob der Gelegenheit, außerhalb der laufenden Berichterstattung etwas zu den uns stets bewegenden Fragen sagen zu können, birgt aber die Schwierigkeit, dies zu tun ohne den längeren allgemeinen Überblick, der nur auf Grund längerer Tätigkeit in der Zentrale vorliegen kann."

beiten solle.³⁴ Trotz der gebotenen Kooperation des Westens sprach sich Werz für eine „westliche Politik mit verteilten Rollen" aus. Die Bundesrepublik dürfe nicht in den Verdacht kommen, nur ein Vasall der USA zu sein, da ihr das in vielen Entwicklungsländern schaden würde. Zu vermeiden sei etwa jede nach außen sichtbar werdende Unterstützung der amerikanischen Intervention in Vietnam. Werz sah ein starkes Engagement der Bundesrepublik Deutschland in Indonesien als einen Grund, warum von ihr nicht gleichzeitig auch erhöhte Aktivitäten in Südvietnam erwartet werden könnten.³⁵

Unterdessen dauerte der Machtkampf in Jakarta an.³⁶ Werz beschrieb die Bemühungen Sukarnos, seine einstige Stellung wiederzuerlangen.³⁷ Doch die ihn stützenden Kräfte seien „schwach", seine Reden „wirr und zusammenhanglos", seine Autorität wohl irreparabel geschädigt: „Im Volk findet Sukarno kein Echo mehr. Sukarno ist vom Volkstribun zum Staatschef ohne Gefolgschaft geworden."³⁸ Nichtsdestoweniger begegnet bei Werz immer wieder der Hinweis, der verdeckt geführte Machtkampf zwischen Sukarno und Suharto sei noch nicht entschieden – die weiteren Entwicklungen Indonesiens, so ein häufig gewählter Ausdruck, seien „im Fluss".³⁹ Im Januar häuften sich in Jakarta Studentendemonstrationen gegen die fortdauernde Präsenz pro-kom-

---

34 ACDP, 01-483-290/2. Botschafter Werz, Jakarta: Aufzeichnung für Bundesminister Schröder vom 30.12.1965.
35 Ebenda. „Die Entwicklungsländer suchen nach einem wirtschaftlich starken Partner aus dem Kreis der Industrieländer, der nicht dem Verdacht eigener machtpolitischer Interessen ausgesetzt ist. Die Bundesrepublik würde von vielen Entwicklungsländern als idealer Partner akzeptiert werden, haftete ihr nicht in den Augen der am ausgeprägtesten nationalistisch eingestellten Staaten der Eindruck einer allzu engen Bindung an die Vereinigten Staaten an. Der auch äußere Eindruck der Selbstständigkeit unserer Außenpolitik, der unsere Bündnistreue in der Sache nicht in Frage zu stellen braucht, könnte diese Bedenken und Vorbehalte mancher Entwicklungsländer gegenüber unserer vermeintlich übermäßigen Bindung an die atlantischen Partner zerstreuen. Die Politik der Selbstbewusstheit hat Frankreich etwa in Südostasien ein erstaunliches Maß an Prestige eingebracht. Eine derartige Politik braucht keine Aufweichung bestehender Bündnisse und Partnerschaften zu bedeuten. Es würde vielmehr auf ein Spiel des Westens mit verteilten Rollen hinauslaufen und der Sache des Westens sehr viel nützlicher sein als ein blockartiges Auftreten. [...] Der neuralgische Punkt in Südostasien ist Vietnam. Jede Stellungnahme unsererseits, die als Billigung, als tatsächliche oder nur moralische Unterstützung der Bombardierung auf Süd- und Nordvietnam aufgefasst werden kann, schadet uns in Indonesien ungemein."
36 Vickers, Indonesia, S. 165, über die schrittweise Transition: "If Suharto wanted to be seen as defending the nation against a Communist coup, he could not be seen to be seizing power in his own coup. So for eighteen months after the 30th Movement was put down, there was a complicated series of political manoeuvers in which student agitation, stacking of parliament, media propaganda, and military threats were used against Sukarno."
37 PA AA, B 37, 169. Botschafter Werz, Jakarta: Schriftbericht Nr. 1579/65 „Sukarnos Bemühungen um Wiedergewinnung seiner Macht" vom 30.12.1965.
38 PA AA, B 37, 169. Botschafter Werz, Jakarta: Schriftbericht Nr. 1579/65 vom 30.12.1965.
39 PA AA, B 37, 255. Botschafter Werz, Jakarta: Drahtbericht Nr. 20 vom 18.1.1966.

munistischer oder als unfähig wahrgenommener Minister.⁴⁰ Zu den Forderungen der Studenten gehörte ein landesweites Verbot der PKI und Reformen zur Überwindung der schlechten Wirtschaftslage. Auch Sukarno war Zielscheibe der studentischen Proteste, wenngleich noch niemand es wagte, offen seinen Rücktritt zu fordern.⁴¹ Angesichts der vorherigen ausführlichen Darstellung von Sukarnos graduellem Niedergang überrascht, dass Werz im Februar 1966 eine Neubewertung vornahm:

> „Die Feierlichkeiten zum 40. Jahrestag der großen islamistischen Partei Nahdlatul Ulama haben, wie erwartet, Präsident Sukarno Gelegenheit gegeben, sich zum ersten Mal nach dem kommunistischen Putschversuch seinem Volk im Rahmen einer Massenversammlung zu zeigen und wieder als ‚Großer Führer der Revolution' aufzutreten. [...] Sukarno hat demonstriert, dass er nach wie vor der Führer des indonesischen Staates und des indonesischen Volkes ist. Wenn er auch noch nicht seine Stellung eines unumschränkten Herrschers vom September vorigen Jahres zurückgewonnen hat, so scheint er doch den Tiefpunkt seines Verlusts an Prestige überwunden zu haben. Sukarno ist auf dem besten Wege, seine Macht zurückzugewinnen."⁴²

Etwas später datierte Werz den „plötzlichen Umschwung", durch den Sukarno die Lage wieder in den Griff bekommen habe, auf den 15. Januar 1966, als Sukarno in Bogor eine „Brandrede" gegen protestierende Studenten gehalten hatte.⁴³ Obschon der „derzeitige Schwebezustand" wohl noch länger anhalten werde, sei grundsätzlich doch von einem „Fortbestand des Personalregimes Sukarno" auszugehen.⁴⁴ Für die Außenbeziehungen schien dies nach dem Urteil von Werz zu bedeuten, dass „alle diese Versuche [der Armee und der islamischen Organisationen], die indonesische Außenpolitik in eine andere Bahn zu lenken, als gescheitert angesehen werden" müssten.⁴⁵ Durch die Art und Weise, in der die Umbildung des indonesischen Kabinetts am 21. Februar 1966 verlief, sah Werz seine Beobachtung bestätigt: General Nasution wurde aus dem Amt des Verteidigungsministers entlassen; pro-kommunistische und linksnationalistische Minister seien hingegen „nicht nur beibehalten, sondern teilweise besser plaziert worden" – ein klares Zeichen dafür, dass Sukarno „seinen Willen ganz durchgesetzt" habe.⁴⁶ Die Armee, so der Botschafter, schien die „sang- und klanglo-

---
40 PA AA, B 37, 255. Botschafter Werz, Jakarta: Drahtbericht Nr. 11 vom 11.1.1966; PA AA, B 37, 255. Botschafter Werz, Jakarta: Schriftbericht Nr. 312/66 „Studentenfront contra Sukarnofront; anhaltende Unruhen in Indonesien" vom 9.3.1966. PA AA, B 37, 254. Botschaftsrat Heimsoeth, Jakarta: Schriftbericht Nr. 439/66 „Kabinettsumbildung in Indonesien" vom 6.4.1966.
41 PA AA, B 37, 255. Botschaftsrat Heimsoeth, Jakarta: Drahtbericht 26 vom 20.1.1966.
42 PA AA, B 37, 254. Botschafter Werz, Jakarta: Schriftbericht Nr. 138/66 „Indonesische Innenpolitik" vom 3.2.1966.
43 PA AA, B 37, 255. Botschafter Werz, Jakarta: Schriftbericht Nr. 166/66 „Flaute in Indonesien" vom 10.2.1966.
44 Ebenda.
45 PA AA, B 37, 258. Botschafter Werz, Jakarta: Schriftbericht Nr. 209/66 „Sukarnos außenpolitische Wiederkehr" vom 17.2.1966.
46 PA AA, B 37, 254. Botschafter Werz, Jakarta: Drahtbericht Nr. 60 vom 22.2.1966.

se Verabschiedung ihres ‚Helden' [gemeint ist Nasution] ohne weiteres geschluckt zu haben".[47]

Die sich im Nachhinein als Fehleinschätzungen herausstellenden Lageberichte von Werz wurden vom Auswärtigen Amt übernommen.[48] Am 7. März 1966 – also vier Tage vor Sukarnos Entmachtung – hielt das Südostasienreferat in einer für Minister Schröder verfassten Aufzeichnung fest, „Sukarno konnte seine alte Machtfülle weitgehend wiedererhalten".[49] Daher hätten sich „Hoffnungen zerschlagen, Indonesien werde wieder zu einer gemäßigten Außenpolitik zurückkehren". Eine Isolation Sukarnos sei jedoch falsch, da dies den kommunistischen Mächten das Terrain überließe.[50] Einstweilen habe die UdSSR „beste Aussichten, ihren Einfluss in Indonesien wesentlich zu verstärken. Der verstärkte sowjetische Einfluss wiederum würde die Aufwertungsbestrebungen der SBZ begünstigen."[51] Offenkundig stellte sich das Amt darauf ein, zur Indonesienpolitik der Zeit vor dem 1. Oktober 1965 mit ihrem fortdauernden Abwehrkampf gegen die DDR-Anerkennung zurückzukehren. Tatsächlich war aber Sukarnos Kabinettsumbildung vom 21. Februar vermutlich der entscheidende Impuls für das Militär gewesen, gegen Sukarno einzuschreiten.[52]

Am 11. März 1966 wendete sich das Blatt von Neuem. Die Armee übernahm in einem unblutigen und „äußerlich legalen militärischen Coup die Macht in Indonesien".[53] Unter dem Druck eines Ultimatums des Militärs sah sich Sukarno gezwungen, in einem formellen Akt General Suharto besondere Befugnisse zur Wiederherstellung der öffentlichen Ordnung zu übertragen.[54] Die PKI wurde verboten.[55] Sukarnos Palastwache *Tjakrabirawa*, in der der Putschist Untung als Oberstleutnant gedient hatte, wurde entwaffnet und aufgelöst. Ihre Aufgaben wurden „von der Suharto ergebenen

---

47 Ebenda.
48 *Der Spiegel* berichtete im April 1966 mit spöttischem Unterton von der kurz vor Sukarnos Entmachtung abgegebenen Einschätzung Werz', Sukarno habe seine Stellung wieder festigen können. Offenbar hatte ein Mitarbeiter des AA den Inhalt des Berichts vom 3.2.1966 an den *Spiegel* weitergegeben. Vgl. Der Spiegel, 11.4.1966, S. 150. Vergegenwärtigt man sich allerdings die undurchsichtigen Machtkämpfe in Jakarta, so relativiert sich der Eindruck einer „krassen Fehleinschätzung" etwas.
49 PA AA, B 21, 669. Referat I B 5: Vermerk „Indonesien" für die Sitzung des Ministerrates der Westeuropäischen Union am 15./16.3.1966 in London vom 7.2.1966.
50 Ebenda.
51 PA AA, B 37, 254. Referat I B 5: Aufzeichnung „Die Umbildung des indonesischen Kabinetts vom 21.2.1966" vom 23.2.1966 (Entwurf).
52 Cribb/Brown, Indonesia, S. 109 f.
53 PA AA, B 37, 255. Botschafter Werz, Jakarta: Drahtbericht Nr. 93 vom 12.3.1966.
54 PA AA, B 37, 254. Ministerialdirektor Meyer-Lindenberg: Aufzeichnung „Indonesische Politik nach der Kabinettsumbildung vom 27.3.1966" vom 15.4.1966. Hat Carstens am 20.4., Schröder am 21.4.1966 vorgelegen. PA AA, B 37, 254. Botschafter Werz, Jakarta: Schriftbericht Nr. 355/66 „Armee und Präsident; Verhandlungen um eine Regierungsneubildung" vom 17.3.1966.
55 PA AA, B 37, 255. Botschafter Werz, Jakarta: Drahtbericht Nr. 93 vom 12.3.1966.

Militärpolizei"[56] übernommen. Faktisch bedeutete dies, dass die Militärpolizei fortan Sukarno überwachte und seinen Aktionsradius einhegte.[57] Suharto ließ zudem rund 20 sukarnotreue Minister festnehmen; darunter den bisherigen Außenminister Subandrio.[58] Gleichzeitig war Suharto peinlich darauf bedacht, „seinen Coup als legal zu tarnen und die unveränderte oberste Regierungsautorität Sukarnos zu betonen. [...] [Suharto] handelte wohl auch aus der seit der kommunistischen Putschaffäre im Militär tief verwurzelten Furcht, die kommunistische Behauptung, ein ‚Rat der Generale' sinne in Indonesien ständig auf Machtübernahme, könne als wahr anerkannt werden."[59] Am 30. März 1966 wurde ein neues Kabinett eingesetzt.[60] Sukarnos Autorität war nach dem Eindruck der Botschaft nun endgültig „verblasst"; das von ihm lange virtuos betriebene und als oberster Schiedsrichter geleitete „Wechselspiel des politischen Kräfteausgleichs" war seiner Funktion und seiner Mechanik beraubt.[61] Nach Sukarnos Entmachtung zeichnete sich eine deutliche Korrektur der indonesischen Außenpolitik ab. Im Auswärtigen Amt rechnete man mit einer Rückkehr Indonesiens in die UN, einer Beendigung der Konfrontationspolitik gegen Malaysia sowie einer Herstellung von „ausgewogenen freundschaftlichen Beziehungen zur Sowjetunion und den Vereinigten Staaten unter Bruch der Achse Jakarta/Peking".[62]

Indonesien nach Sukarno: Die Wahrnehmung der „neuen Ordnung"

Die faktische Entmachtung Sukarnos im März 1966 wurde im westlichen Ausland und von pro-westlichen asiatischen Regierungen uneingeschränkt begrüßt.[63] Vier Wochen danach sah der stellvertretende Botschafter Harald Heimsoeth „den Beginn einer neuen Ära in Indonesien" anbrechen; nun sei für die Bundesrepublik „die Stunde gekom-

---

56 PA AA, B 37, 254. Botschaftsrat Heimsoeth, Jakarta: Schriftbericht Nr. 439/66 „Kabinettsumbildung in Indonesien" vom 6.4.1966.
57 PA AA, B 37, 255. Botschafter Werz, Jakarta: Drahtbericht Nr. 115 vom 21.3.1966: „Sukarno wurde am 18. März von Militär nach Bogor eskortiert. Sein Verbleib in Bogor gleicht einem isolierten Zwangsaufenthalt."
58 PA AA, B 37, 254. Botschafter Werz, Jakarta: Drahtbericht Nr. 96 vom 14.3.1966. – Subandrio (1914–2004) blieb bis 1995 in Haft.
59 PA AA, B 37, 255. Botschafter Werz, Jakarta: Schriftbericht Nr. 355/66 „Armee und Präsident; Verhandlungen um eine Regierungsneubildung" vom 17.3.1966.
60 Cribb/Brown, Indonesia, S. 111.
61 PA AA, B 37, 254. Botschafter Werz, Jakarta: Schriftbericht Nr. 382/66 „Übergangsregierung in Jakarta" vom 24.3.1966.
62 PA AA, B 37, 254. Ministerialdirektor Meyer-Lindenberg: Aufzeichnung „Indonesische Politik nach der Kabinettsumbildung vom 27.3.1966" vom 15.4.1966.
63 Siehe Berichte in: PA AA, B 37, 255: Botschafter Böhling, Kuala Lumpur: Drahtbericht Nr. 20 vom 14.3.1966; Botschafter Krapf, Tokio: Drahtbericht Nr. 66 vom 14.3.1966; Gesandter Lilienfeld, Washington: Drahtbericht Nr. 649 vom 19.3.1966; Botschafter Blankenhorn, London: Drahtbericht Nr. 708 vom 5.4.1966.

men […] die Hoffnung der neuen indonesischen Regierung auf eine sinnvolle wirtschaftliche Zusammenarbeit nicht zu enttäuschen".[64]

Die Indonesienpolitik des Westens sollte während der nächsten Jahre wesentlich von den Bemühungen bestimmt sein, Indonesien ökonomisch zu konsolidieren, an das westliche Lager anzubinden und so „zu verhindern, dass neben Vietnam ein zweiter chaotischer Unruheherd entsteht", wie es in einer Vorlage für Bundeskanzler Erhard für ein Gespräch mit der britischen Regierung im Mai 1966 hieß.[65] Westliche Regierungen diskutierten zunehmend in multilateralem Rahmen über Indonesien. Einigkeit bestand darin, dass man dem größten Land Südostasiens wirtschaftlich zur Hilfe eilen müsse, um ein Wiedererstarken des Kommunismus zu verhindern und den Einfluss der Sowjetunion zu begrenzen.[66] Auf seiner berühmten Reise in die USA, die Erhard kurz vor seinem Sturz als Bundeskanzler absolvierte, bat ihn Präsident Johnson um deutsche Hilfe für die Stabilisierung Indonesiens im westlichen Sinne. Erhard erwiderte, dass sich die Haltung Bonns zu Indonesien seit dem Sturz Sukarnos geändert habe.[67]

Ein stärkeres Engagement des Westens schien grundsätzlich wieder möglich, jedoch ging es 1966 bei diesen Überlegungen noch häufig um die Frage, inwieweit Indonesien wirklich endgültig vom „Sukarnoismus" abgekehrt sei. Sukarno war schließlich auch noch nach dem 11. März 1966 Staatsoberhaupt und Premierminister der Republik Indonesien.[68] In einem seiner letzten Berichte aus Indonesien schätzte Botschafter Werz, der am 30. März 1966 seinen Posten in Jakarta verließ[69], die Lage wie folgt ein: „Meines Erachtens ist eine vernünftige Aufbauarbeit erst möglich, wenn Sukarno das Land verlassen hat."[70] Im Mai 1966 schilderte der neue Botschafter Kurt Luedde-Neurath, Sukarno versuche, „nach wie vor, die innenpolitische Entwicklung wieder in den Griff zu bekommen" – allerdings ohne Erfolg.[71] Am 17. August 1966

---

64 PA AA, B 37, 258. Botschaftsrat Heimsoeth, Jakarta: Schriftbericht Nr. 459/66 „Indonesiens neue Außenpolitik" vom 7.4.1966.
65 PA AA, B 37, 255. LR I Fröwis: Aufzeichnung „Die Lage in Südostasien" (Entwurf, ohne Datum).
66 PA AA, B 37, 255. Botschafter Luedde-Neurath, Jakarta: Drahtbericht Nr. 254 vom 3.6.1966.
67 FRUS, 1964–1968, Vol. XXVI, Doc. 180. Gesprächsmemorandum zwischen President Johnson und Chancellor Erhard, 27.9.1966: "The President brought up the subject of Indonesia […] What had happened there was a great victory for the West […] He asked the Chancellor if the German government could find a way to help the Indonesian government through such measures as the sale of machine tools on favorable credit terms. The Chancellor said he agreed that this was an important area. The attitude of the FRG toward Indonesia had changed since the disposal of Sukarno. He would see what he could do in this direction."
68 Im Juni 1966 wurde allerdings Sukarnos Bestellung zum Staatsoberhaupt auf Lebenszeit zurückgenommen, siehe: Cribb/Brown, Indonesia, S. 111.
69 PA AA, B 130, 2586A. Botschafter Luedde-Neurath, Jakarta: Drahtbericht Nr. 65 vom 24.2.1967.
70 PA AA, B 37, 255. Botschafter Werz, Jakarta: Drahtbericht Nr. 130 vom 24.3.1966.
71 PA AA, B 37, 255. Botschafter Luedde-Neurath, Jakarta: Schriftbericht Nr. 649/66 „Indonesische Innenpolitik; Armee und gelenkte Demokratie" vom 16.5.1966.

hielt Sukarno – wie in den Jahren zuvor – eine Rede zum Nationalfeiertag. Sie habe, so Luedde-Neurath, hauptsächlich in einer Selbstrechtfertigung bestanden, dagegen sei die „früher übliche Verkündigung des politischen Programms für das kommende Jahr" unterblieben; von seiner Verurteilung der amerikanischen Vietnampolitik und der Rechtfertigung von Malaysia-Konfrontation, UN-Austritt und der CONEFO-Idee rückte Sukarno nicht ab.[72] Bemerkenswert schien, dass Sukarno erstmals den Putschversuch vom 1. Oktober 1965 „verdammte" und dass er sein angeblich gutes Verhältnis zu Suharto betonte. Anlässlich der Gedenkzeremonie zum ersten Jahrestag des Putschversuches von 1965 hielt der Botschafter seinen Eindruck fest, die Kräfte um Suharto wollten zwar Indonesien grundlegend reformieren, ohne jedoch Sukarno als Galionsfigur zu verlieren.[73] „Das schon so oft vorausgesagte politische Ende Sukarnos" sei somit wieder einmal ausgeblieben.[74]

Gegen Ende des Jahres 1966 wandten sich jedoch „einflussreiche Kräfte"[75] in Justiz und Militär sowie die Studentenorganisationen von Neuem gegen Sukarno. Sie forderten, Sukarno solle offiziell Rechenschaft über seine Rolle bei den Vorgängen des 1. Oktober 1965 ablegen. Es wurde spekuliert, Sukarno werde sich einer solchen zwangsweisen Vorführung durch den Gang ins Exil entziehen.[76] Doch Sukarno ging nicht außer Landes, sondern lieferte im Januar 1967 einen Rechenschaftsbericht ab. Der Provisorische Volkskongress (*Majelis* Permusyawaratan *Rakyat* Sementara, MPRS) erkannte diesen Bericht nicht an und enthob Sukarno am 12. März 1967 seiner präsidentiellen Befugnisse, entzog ihm den Titel „Großer Führer der Revolution" und untersagte ihm jegliche politische Betätigung.[77] General Suharto wurde zum „amtierenden Präsidenten" bestimmt und im März 1968 vom Volkskongress zum Präsidenten Indonesiens gewählt.[78] Sukarno stand bis zu seinem Tod am 21. Juni 1970 unter Hausarrest in Bogor.[79]

Im Jahr zwischen Sukarnos faktischer Entmachtung im März 1966 und seiner endgültigen Absetzung im März 1967 hatte Suharto wesentliche Elemente der Außenpolitik Sukarnos revidieren lassen. Am 4. April 1966 gab der neue Außenminister Adam Malik eine Grundsatzerklärung ab, wonach Indonesien außenpolitisch wieder zu einer Politik der ausgewogenen Nichtbindung und der multilateralen Kooperation zu-

---

[72] PA AA, B 37, 255. Botschafter Luedde-Neurath, Jakarta: Schriftbericht Nr. 1042/66 „Sukarnos Rede zum indonesischen Nationalfeiertag" vom 18.8.1966.
[73] PA AA, B 37, 255. Botschafter Luedde-Neurath, Jakarta: Drahtbericht Nr. 474 vom 7.10.1966.
[74] PA AA, B 37, 255. Botschafter Luedde-Neurath, Jakarta: Schriftbericht Nr. 1414/66 vom 17.11.1966.
[75] PA AA, B 37, 255. Botschafter Luedde-Neurath, Jakarta: Schriftbericht Nr. 1577/66 „Wiederaufnahme und Verschärfung des Kampfes gegen Sukarno" vom 22.12.1966.
[76] Ebenda.
[77] PA AA, B 37, 335. Botschafter Luedde-Neurath, Jakarta: Schriftbericht Nr. 311/67 „Sukarnos Amtsenthebung" vom 16.3.1967.
[78] Allison, Indonesia 1968, S. 130–137.
[79] Cribb/Brown, Indonesia, S. 111.

rückkehren wolle.[80] Im August 1966 beendete die Regierung die Konfrontationspolitik gegen Malaysia; im September 1966 nahm Indonesien seine Mitgliedschaft in den Vereinten Nationen wieder auf.[81] Noch im selben Monat wurde wieder ein Botschafter nach London entsandt.[82] Im Auswärtigen Amt sehr positiv gewertet wurden die Bemühungen der indonesischen Regierung, gemeinsam mit anderen Staaten Südostasiens eine Regionalorganisation aufzubauen.[83] Am 8. August 1967 gründeten Indonesien, Malaysia, Singapur, Thailand und die Philippinen in Bangkok die *Association of Southeast Asian Nations* (ASEAN).[84] Außenminister Malik betonte den nicht-militärischen, mit der indonesischen Bündnisfreiheit vereinbaren Charakter der ASEAN.[85] Dennoch blieb „der zweifellos vorhandene antichinesische Akzent dieser neuen Grup-

---

80 PA AA, B 37, 258. Botschaftsrat Heimsoeth, Jakarta: Drahtbericht Nr. 149 vom 5.4.1966. Siehe auch: PA AA, B 37, 258. Botschaftsrat Heimsoeth, Jakarta: Schriftbericht Nr. 459/66 „Indonesiens neue Außenpolitik" vom 7.4.1966.
81 Cribb/Brown, Indonesia, S. 116. Siehe auch: PA AA, B 37, 258. Botschafter Luedde-Neurath, Jakarta: Drahtbericht Nr. 389 vom 12.8.1966 und Schriftbericht Nr. 1052/66 „Beendigung des Malaysia-Konflikts" vom 18.8.1966. Zur Beendigung der Malaysia-Konfrontation siehe: Thompson, British Diplomacy, S. 285–302.
82 Die diplomatischen Beziehungen zwischen Indonesien und Großbritannien sind niemals abgebrochen worden; nur die Botschafterposten waren ab 1963 unbesetzt. Botschafter in London wurde Generalmajor Ibrahim Adjie, der zuvor Divisionskommandeur in Bandung gewesen war. Adjie hatte nach dem 1.10.1965 eine andere Haltung als die Mehrheit der indonesischen Generalität eingenommen, vgl. PA AA, B 37, 258. Botschafter Luedde-Neurath, Jakarta: Schriftbericht Nr. 1156/66 vom 14.9.1966: „Mit Präsident Sukarno verbindet Adjie ein freundschaftliches Verhältnis. Adjie, der sich schon früher durch unabhängiges Denken und Handeln in der Armee einen besonderen Ruf erworben hat, war der einzige Armeegeneral, der nach dem missglückten Putschversuch vom 30. September 1965 unter Berufung auf seinen Soldateneid zu Sukarno stand. […] Seine Loyalität zu Sukarno brachte ihn in den letzten Monaten in einen immer größeren Gegensatz zu General Suharto. Weite Kreise waren auch nicht mit der Politik Adjies gegenüber den Kommunisten einverstanden. Adjie vertrat nämlich die Ansicht, dass das Problem des Kommunismus in Indonesien nicht durch die Liquidierung seiner Anhänger gelöst werden könne. Während in weiten Teilen Indonesiens die Kommunisten mit Unterstützung oder mit Billigung der Armee zu Hunderttausenden ermordet wurden, wurden sie im Befehlsbereich Adjies nur einer strengen Kontrolle durch Militäreinheiten unterworfen".
83 PA AA, AV Jakarta, 224. Botschaftsrat Heimsoeth, Jakarta: Schriftbericht Nr. 622/67 „Indonesische Vorstellungen über einen südostasiatischen Regionalzusammenschluss" vom 8.6.1967.
84 PA AA, AV Jakarta, 224. Botschafter Scheske, Bangkok: Schriftbericht Nr. 857/67 „Gründung der Association of Southeast Asian Nations" vom 10.8.1967; PA AA, AV Jakarta, 224. Botschaftsrat Heimsoeth, Jakarta: Schriftbericht Nr. 937/67 „Association of South East Asian Nations (ASEAN)" vom 22.8.1967: „In der grundsätzlichen Einigung der Außenminister der südostasiatischen Staaten über die Gründung der Association of South East Asian Nations wird in Jakarta ein politischer Erfolg Außenminister Maliks gesehen, der damit Indonesien innerhalb kurzer Zeit nach dem Scheitern von Sukarnos Leuchtturmpolitik aus der außenpolitischen Isolierung herausgeführt habe. Der Zusammenschluss wird gleichzeitig als die Bestätigung der natürlichen Führungsrolle Indonesiens in Südostasien gewertet." Grundlegend zur ASEAN das erstmals 2001 erschienene Werk: Acharya, ASEAN.
85 PA AA, AV Jakarta, 224. Botschaftsrat Heimsoeth, Jakarta: Schriftbericht Nr. 1012/67 „ASEAN" vom 5.9.1967.

pierung nicht unbemerkt".⁸⁶ Zur Volksrepublik China brach Indonesien im Oktober 1967 die diplomatischen Beziehungen ab. Die Annäherung westlicher und prowestlicher Staaten an China ab Anfang der siebziger Jahre wurde von Indonesien nicht mitvollzogen.⁸⁷

Aufgrund der außen-, wirtschafts- und innenpolitischen Kurskorrekturen bewertete das Auswärtige Amt General Suharto und seine „neue Ordnung" rundum positiv. Aus heutiger Sicht sticht besonders der Kontrast zur Wahrnehmung Sukarnos hervor, die in dieser Untersuchung ausführlich dargestellt wurden. So klar Beobachter aus der Bundesrepublik in ihrer Benennung der Schwächen und Unzulänglichkeiten Sukarnos gewesen waren, so positiv beurteilten sie Suharto. Vom Moment seines ersten Auftretens an zeigten sich bundesdeutsche Diplomaten von Suharto beeindruckt. Einige Tage nach dem Umsturzversuch beschrieb ihn die Botschaft als den „ruhigen Pol", der einen „überlegenen, selbstbewussten Eindruck machte".⁸⁸ Knapp drei Wochen nach dem Coup fand er folgende Charakterisierung: „Suharto wird als brillanter Militärtaktiker geschildert. [...] er gilt als Mann von unbeugsamer Willenshärte und als entschlossener Kommunistengegner. Mit Sukarno, von dem er sich bisher in keiner Weise beeindrucken ließ, kam es seit dem 1. Oktober mehrfach zu Zusammenstößen."⁸⁹ Botschafter Luedde-Neurath sah Ende 1966 in Suhartos Regierung „die besten Kräfte des Landes" versammelt; getragen seien sie von einem „außergewöhnlichen Maß von Ehrlichkeit, Integrität und sittlichem Ernst".⁹⁰

Diese Wahrnehmungen waren keine (west-)deutsche Besonderheit: Während die Bundesregierung bis 1965 durch ihre Indonesienpolitik öfter in eine unbequeme Lage gegenüber westlichen Verbündeten geraten war, bewegte sie sich mit ihrer positiven Wertung Suhartos und der Unterstützung seiner „neuen Ordnung" in harmonischem Einklang mit den anderen Staaten des Westens. Die Memoiren des früheren US-Botschafters Jakarta, Marshall Green, geben die hier dominierende Auffassung wieder: "Before 1966, Indonesia had been a negative force in world affairs. After 1966, it became a positive force."⁹¹ Am Rande deutsch-französischer Konsultationen trug Ministerialdirigent Alexander Böker im Juli 1967 im französischen Außenministerium vor, „dass die Entwicklung in Indonesien positiv verlaufe" und Sukarno „geradezu elegant in ein Quasi-Vergessen manövriert worden" sei.⁹² Suhartos Regierung „vertrete

---

86 PA AA, AV Jakarta, 224. Generalkonsul Hellbeck, Hongkong: Schriftbericht Nr. 561/67 „China und die ‚Association of Southeast Asian Nations' (ASEAN)" vom 15.8.1967.
87 Kroef, Indonesian Attitudes, S. 513; dazu umfassend: Sukma, Indonesia and China.
88 PA AA, B 37, 169A. Botschaftsrat Heimsoeth, Jakarta: Drahtbericht Nr. 439 vom 5.10.1965.
89 PA AA, B 37, 169A. Botschafter Werz, Jakarta: Schriftbericht Nr. 1257/65 vom 19.10.1965.
90 PA AA, B 61-IIIB7, 264. Botschafter Luedde-Neurath, Jakarta: Drahtbericht Nr. 573 vom 9.12.1966.
91 Green, Indonesia, S. 161.
92 PA AA, B 37, 338. Referat I B 5: Sitzungsprotokoll vom 23.7.1967 zu deutsch-französischen Konsultationen auf Dirigentenebene über Süd- und Ostasien am 28.6.1967 im Quai d'Orsay.

vernünftige politische Ansichten".[93] Im Quai d'Orsay stimmte man zu: „Indonesien verfolge eine kluge Politik der Stabilisierung, die Frankreich nach Kräften fördern wolle."[94]

Für Konsultationen mit dem britischen *Foreign Office* hielten Bonner Diplomaten 1968 fest: „Suharto selbst wird vom Auswärtigen Amt und von deutschen Politikern als ein ernsthafter, fähiger und integrer Staatsmann beurteilt. Er ist populär, aber keine mitreißende Führerpersönlichkeit. Seine Position ist unangefochten. Dem neuen Kabinett werden gute Chancen für eine erfolgreiche Aufbauarbeit eingeräumt."[95] Die Regierung Suhartos, so Ministerialdirigent Fritz Caspari, sei „eine Art Diktatur mit demokratischen Institutionen" und habe „das Land fest in der Hand". Caspari bekräftigte gegenüber den Briten, Suharto sei „nach deutschem Eindruck ein verantwortungsbewusster, fähiger und integrer Politiker"; „populär, wenn auch nicht sehr inspirierend".[96] Drei Jahre nach dem indonesischen Umsturz schrieb die Politische Abteilung des Auswärtigen Amts für die Staatssekretäre ein „Charakterbild" Suhartos:

> „Über den Mann, der Sukarno als Staatspräsident abgelöst hat und der seit nunmehr drei Jahren den Kurs des 110-Millionen-Volkes der Indonesier bestimmt, ist bisher nur wenig bekannt. Wegen der persönlichen Zurückhaltung und Bescheidenheit ist er das genaue Gegenteil seines Vorgängers. Seine ganze Kraft und Aufmerksamkeit hat er bisher der dringenden Neuordnung der inneren Verhältnisse Indonesiens gewidmet. [...] In seinem Auftreten zeigte er eine ihm eigene natürliche Würde. In freier Rede entwickelte er einen liebenswürdigen, ruhigen Charme, der ihm Wärme entgegenbringt."[97]

Auch Suhartos Außenminister Malik fand Wohlwollen. Er sei „ein energischer, dynamischer und erfahrener Politiker. Trotz seiner marxistischen Vergangenheit, die er mit den meisten der indonesischen Unabhängigkeitskämpfer teilt, steht er heute als betonter Nationalist mehr rechts."[98] Botschaftsrat Heimsoeth sah in der Transition von Sukarno zu Suharto die Möglichkeit für einen Übergang von einer Zeit der Willkür zu einer neuen Geltung des Rechts. In einem Bericht aus Anlass des feierlichen Begräbnisses des unter Sukarno inhaftierten und dann exilierten Politikers Sutan Sjahir schrieb Heimsoeth: „Man beruft sich in Indonesien wieder auf die allgemeinen Menschenrechte und auf die Achtung vor dem Gesetz. Verantwortliche Kreise

---

93 Ebenda.
94 Ebenda
95 PA AA, B 37, 338. Referat I B 5: Gesprächsunterlagen 10.7.1968 für deutsch-britische Konsultationen in London im Juli 1968.
96 PA AA, B 37, 338. Botschaft London: Schriftbericht Nr. 2007/68 „Deutsch-britische Konsultationen vom 16./17.6.1968 in London" vom 18.7.1968.
97 PA AA, B 37, 409. Ministerialdirektor Frank: Aufzeichnung „Persönlichkeit des indonesischen Staatspräsidenten, General Suharto" vom 22.10.1968. Das Schreiben wurde auch an das Bundeskanzleramt und das Bundespräsidialamt weitergeleitet.
98 PA AA, B 37, 254. Botschafter Werz, Jakarta: Schriftbericht Nr. 382/66 „Übergangsregierung in Jakarta" vom 24.3.1966.

sind bemüht, an das Volksgewissen zu appellieren und Indonesien auf die Bahn des Rechtsstaats zurückzuführen, um zu verhüten, dass die Willkür der ausklingenden Sukarno-Epoche von einer neuen Willkürperiode der Uniformierten und Militärs abgelöst wird."[99]

Dass Suharto und seine Regierung für Maßnahmen wie die Beendigung der Malaysia-Konfrontation oder die Rückkehr Indonesiens in die UNO gelobt wurden, ist verständlich; dass die „neue Ordnung" von Seiten des Westens nicht öffentlich kritisiert wurde, ist angesichts des globalen Kalten Krieges zumindest leicht erklärbar. Dass jedoch auch die inneren Verhältnisse Indonesiens in internen Berichten fast ausnahmslos positiv beurteilt wurden, wirkt – angesichts der mehr als anderthalb Millionen in Internierungslagern festgehaltenen Indonesier – nach einer Mischung aus Wunschdenken, Verleugnung und unverhohlener Sympathie für die Repression.[100] Offensichtlich traf auch auf westliche Indonesienbeobachter zu, was Cribb über weite Teile der indonesischen Gesellschaft schrieb: "Suharto was able to turn his lack of political credentials and experience, and his dour, unexciting personality into a powerful political tool appealing to a population jaded with Sukarnoist politics."[101]

Im Lager der sozialistischen Staaten wurde die „neue Ordnung" bei Weitem nicht so negativ gewertet, wie ihre blutige Vorgeschichte mit hunderttausenden getöteten Mitgliedern einer kommunistischen Partei eigentlich erwarten ließe. Der Indonesien-Korrespondent der amtlichen DDR-Nachrichtenagentur ADN konnte – in einem internen Bericht an das DDR-Außenministerium – dem Übergang von Sukarno zu Suharto Positives abgewinnen.[102] Andernorts hielt das DDR-Generalkonsulat fest, die indone-

---

99 PA AA, B 37, 254. Botschaftsrat Heimsoeth, Jakarta: Schriftbericht Nr. 545/66 „Staatsbegräbnis für Sutan Sjahrir und Rehabilitierung der politischen Häftlinge des Sukarno-Regimes" vom 27.4.1966.
100 Zu der nach den Massakern andauernden politischen Repression siehe u. a.: Cribb/Brown, Indonesia, S. 120: "Political repression, of course, had begun with the violent suppression of the PKI, but although the Indonesian armed forces were to be involved in a smaller number of massacres of political opponents on a smaller scale in later years, the model for New Order repression was not the mass killings of 1965–66, but the even more extensive imprisonment of leftists after the killings. Over one and a half million Indonesians – the New Order government's own figure – passed through detention camps in the aftermath of the 1965 coup. [...] Many were detained only briefly. But hundreds of thousands spent months or years in prison camps dotted about the archipelago."
101 Cribb/Brown, Indonesia, S. 114.
102 PA AA, MfAA, A16216. Informationsbericht des ADN-Korrespondenten Pett in Jakarta vom 21.4.1966: „Bei allem menschlichen Leid und politischem Chaos mit den bekannten Extremen dürfen einige positive Züge der jüngsten Entwicklung in Indonesien nicht übersehen werden: Die Bereitschaft zu handeln. Dieser Zug findet nicht nur bei den Führungsschichten Anerkennung und Unterstützung, sondern erfreut sich auch des Zuspruchs der einfachen Menschen. Dabei geht der indonesische Durchschnittsbürger bei der Beurteilung der gegenwärtigen Politik vom augenblicklichen Kräfteverhältnis aus. Die PKI war nicht in der Lage, die Führung des Landes zu übernehmen und konnte nicht einmal ihre Zerschlagung verhüten [...] Vieles spricht dafür, dass es in der indonesischen Außenpolitik nicht zu einer so starken Rechtsorientierung, wie es in Indien der Fall ist, kommen wird. Eine wichtige Ursache dafür ist die Haltung und die politische Entwicklung der indonesischen Streitkräfte. Es wäre eine

sischen Militärs seien zwar antikommunistisch gesinnt, jedoch sei auch ihr Antiimperialismus nicht zu unterschätzen.[103] Die DDR-Staatssicherheit ging davon aus, die Verbindungen zu Osteuropa blieben für Suharto wichtig.[104] Sukarnos Bemühungen, noch Anfang 1966 die sogenannte Achse zu Peking aufrechtzuerhalten, werteten DDR-Diplomaten dagegen als Beleg für „die Unbeweglichkeit und mangelnde Elastizität Sukarnos".[105] Anscheinend herrschte in der zweiten Hälfte der sechziger Jahre eine gewisse Übereinstimmung in Ost und West, dass die Zeit über Figuren wie Sukarno oder den fast gleichzeitig gestürzten Kwame Nkrumah hinweggegangen sei.[106]

Indonesien transzendierend, reflektiert der Übergang vom charismatischen und erratischen „Gründungsvater" Sukarno auf den autoritär regierenden General Suharto einen Wandel in der internationalen Geschichte des Kalten Krieges.[107] Die beiden Supermächte waren angesichts ihrer geostrategischen Interessenlage und wegen des aus ihrer Sicht enttäuschenden Verlaufs nach-kolonialer Modernisierungsbestrebungen immer weniger geneigt, „unbotmäßige" Regierungen zu dulden.[108] In der Folge beschritten die USA und die UdSSR in der „Dritten Welt" einen Kurs, der sich enger am wichtigsten eigenen Interesse orientierte – der Eindämmung der jeweils gegnerischen Supermacht. Praktisch bedeutete dies, dass die USA ihr ursprüngliches Vorhaben aufgaben, in der „Dritten Welt" liberal-demokratische Systeme nach dem eigenen Vorbild zu etablieren. Im Zweifelsfall zog Washington nun die vermutete Stabilität rechtsautoritärer Regime einer unwägbaren und tendenziell dem Einfluss der Sowjetunion ausgesetzten demokratischen Regierungsweise vor.[109] Beispiele sind neben Indonesien

---

Täuschung mit schwerwiegenden Konsequenzen, wollte man die indonesischen Streitkräfte pauschal als einen Feind des Fortschritts und der Unabhängigkeit als Partner ablehnen."

103 PA AA, MfAA, A 16216. DDR-Generalkonsulat Jakarta: Bericht „Zur Außenpolitik der RI nach dem 30.9.1965" vom 17.2.1966.

104 BStU, MfS HVA 130, S. 169–180. Einzelinformation Nr. 569/68 vom 5.6.1968 über außenpolitische Probleme Indonesiens.

105 PA AA, MfAA, A 16216. DDR-Generalkonsulat Jakarta: Bericht „Zur Außenpolitik der RI nach dem 30.9.1965" vom 17.2.1966. 1969 notierte der DDR-Staatssicherheitsdienst, die rechts von Suharto stehenden islamischen Kräfte stünden in passiver Opposition zur „neuen Ordnung" und wollten Indonesien stärker antikommunistisch ausrichten: BStU, MfS HVA 156, S. 113–118. Einzelinformation Nr. 1283/69 vom 22.12.1969.

106 Westad, World History, S. 329. Der Sturz Nkrumahs ereignete sich gut zwei Wochen vor der Entmachtung Sukarnos. Die Nachricht spornte die studentische Opposition gegen Sukarno offenbar zusätzlich an, vgl. PA AA, B 37, 258. Botschafter Werz, Jakarta: Schriftbericht Nr. 305/66 „Indonesiens Verhältnis zu Afrika; Reaktionen auf Nkrumahs Sturz" vom 8.3.1966.

107 Vgl. Latham, Third World, S. 258 f., 268.

108 Ebenda, S. 268.

109 Costigliola, US Foreign Policy, S. 131, über die Präsidentschaft Johnsons ab November 1963: "Kennedy's lip service to democracy was replaced by a blatant support for supposedly stable, military-run governments." Latham, Third World, S. 272: "[...] the United States steadily turned toward 'bureaucratic authoritarian' solutions."

eine ganze Reihe nahöstlicher, asiatischer, süd- und mittelamerikanischer und afrikanischer Staaten.

Moskau vollzog nach enttäuschten Hoffnungen, Führer wie Sukarno und Nkrumah könnten auf einen Kurs des „wissenschaftlichen" marxistischen Sozialismus gebracht werden, ebenfalls eine Wende. An die Stelle der bisherigen sowjetischen Bemühungen, das eigene ökonomische Modell zu exportieren, trat nun eine starke Betonung von Militärhilfen und Waffenexporten an befreundete Regime, um dem amerikanischen Einfluss entgegenzutreten, insbesondere im Nahen Osten, in Afrika und in Vietnam.[110] Im Unterschied zu den USA setzte sich im Kreml zunehmend die Ansicht durch, den eigenen Interessen sei am besten dadurch gedient, Regimes und bewaffnete Gruppen zu fördern, die dem eigenen System möglichst ähnelten, also der marxistisch-leninistischen Ideologie folgten.[111] Diese Interessenpolitik der USA und UdSSR verlief parallel und komplementär zur Entspannungs- und Rüstungskontrollpolitik im bilateralen Verhältnis der Supermächte der sechziger und siebziger Jahre. Sie ist ein Grund dafür, warum sich die allgemeine *Détente* auf die Systemkonkurrenz um die „Dritte Welt" weitaus weniger auswirkte als auf Europa.[112]

2 Die Beteiligung der Bundesrepublik an der Umschuldung Indonesiens (1966–1971)

Zu den Modernisierungshindernissen des in die Unabhängigkeit entlassenen Indonesien gehörte der für die Entwicklungsländer typische Mangel an inländischem Kapital. An eine Finanzierung der Industrialisierung nach westlichem Muster – über private Kapitalmärkte wie in England oder durch das Wirken großer Banken wie in Deutschland – war nicht zu denken. Ebenso wenig konnte der erst im Entstehen begriffene indonesische Staat aus seinen Steuereinnahmen größere Investitionen zum Aufbau von Infrastruktur und Industrie tätigen. Der einzige Weg aus der Rückständigkeit führte über die Finanzierung dieser Investitionen durch ausländische Kredite. Eine solche für Investitionen genutzte vorübergehende Verschuldung eines Staates kann aus volkswirtschaftlicher Sicht durchaus sinnvoll sein.[113] Sukarnos Indonesien ist jedoch ein Beispiel für einen verfehlten Umgang mit externen Geldern, den Weg in die Überschuldung und schließlich in den Staatsbankrott: Anstatt die Kredite und Kapitalhilfen in produktive Investitionen zu lenken, wurden die Gelder (vor allem die sowjetischen) zur Aufrüstung des indonesischen Militärs im Zuge der Westneuguinea- und der Malaysia-Kampagne verwendet; andere Gelder flossen in Prestigebauten oh-

---

110 Latham, Third World, S. 274.
111 Ebenda, S. 276.
112 Vgl. Trachtenberg, Great Power Politics.
113 Beck/Prinz, Staatsverschuldung, S. 28 f.

ne jeden wachstumsschaffenden Wert und in unrentable Industrieanlagen wie das Stahlwerk Lampong. Die Verantwortung hierfür lag freilich nicht ausschließlich bei der Sukarno-Regierung. In der Dynamik des globalen Kalten Krieges maßen Geldgeber aus Ost und West ökonomischen Aspekten bei der Mittelvergabe an Indonesien bestenfalls sekundäre Bedeutung bei. Wie die dargestellte Vergabe von Geldern unter deutschlandpolitischen Gesichtspunkten gezeigt hat, lag das primäre Interesse der Industriestaaten stets in der Verbesserung der eigenen politischen Position.

Der Staatsbankrott Indonesiens und die Entstehung multilateraler Umschuldungsverhandlungen

Schon zur Jahreswende 1962/63 hatten sich die Anzeichen für eine Überschuldung Indonesiens verdichtet.[114] Ein vom Internationalen Währungsfonds aufgelegtes multilaterales Stabilisierungsprogramm wurde im Herbst 1963 wegen des indonesischen Verhaltens im Malaysia-Konflikt abgebrochen.[115] Die ruinösen Konsequenzen der Konfrontationspolitik sind oben dargestellt worden: Mit einem jährlichen Pro-Kopf-Einkommen von 50 US-Dollar gehörte Indonesien Mitte der sechziger Jahre zu den ärmsten Ländern der Welt.[116] Bis Anfang 1966 hatte Indonesien eine Gesamtauslandsverschuldung von 2358 Millionen US-Dollar angehäuft; die Exporterlöse betrugen pro Jahr lediglich 430 Millionen US-Dollar; Devisenreserven waren so gut wie keine vorhanden; zugleich lag die Inflation bei 640 Prozent.[117] Nach einer vom Bundesnachrichtendienst erhobenen Einschätzung betrug die gesamte Auslandsverschuldung sogar 2564 Millionen US-Dollar.[118] Der größte Einzelgläubiger war die Sowjetunion; die größten westlichen Gläubiger waren die USA, die Niederlande, Japan und die Bundesrepublik Deutschland.[119] Die Schulden Indonesiens gegenüber der Bundesrepublik betrugen Ende 1965 595 Millionen DM, nach damaligem Wechselkurs knapp unter 150 Millionen US-Dollar.[120]

---

114 Siehe Dokumente in: PA AA, B 61-IIIB7, 40: Botschafter Knappstein, Washington: Drahtbericht Nr. 587 vom 1.3.1963; Botschaftsrat Seeliger, Jakarta: Schriftbericht Nr. 683/63 „Die indonesische Auslandsverschuldung" vom 8.7.1963; Referat III B 7: Vermerk „Indonesien. Hier: Deutscher Beitrag zum Stabilisierungsprogramm" vom 6.9.1963.
115 PA AA, B 61-IIIB7, 41. Botschaftsrat Seeliger, Jakarta: Schriftbericht Nr. 1245/63 vom 27.11.1963.
116 Cribb/Brown, Indonesia, S. 116.
117 Ebenda, S. 115.
118 PA AA, B 61-IIIB7, 261. „Notiz zur Lage" vom 24.5.1966 (ohne Verfasser, Az. INS 20-30-20). Staatssekretär Carstens notierte am 4.6.1966 auf die Vorlage „Vom BND!"
119 PA AA, B 61-IIIB7, 261. Referat III B 7: Vermerk „Indonesien. Hier: Gemeinsame Haltung gegenüber Konsolidierungswünschen Indonesiens" vom 14.4.1966.
120 PA AA, B 37, 173. LR I Fröwis: Vermerk „Deutsch-indonesische Beziehungen. Hier: Zusammenfassung der Ressortbesprechung vom 10.12.1965" vom 15.12.1965.

Der Weg von der ersten Ad-hoc-Umschuldung Indonesiens 1966 bis zur multilateralen Einigung 1970 war schwierig. Der Prozess war bestimmt von schwierigen Verhandlungen zwischen Indonesien und den Gläubigerstaaten des sogenannten Pariser Clubs[121], den Gläubigerstaaten untereinander und im Falle der Bundesrepublik auch zwischen den zuständigen Ministerien. Die Umschuldung Indonesiens füllt viele tausend Seiten in den Aktenbänden der zuständigen Ressorts: Dies waren neben dem Auswärtigen Amt das Bundesministerium für Wirtschaft, das Bundesministerium der Finanzen, das Bundesministerium für wirtschaftliche Zusammenarbeit und gelegentlich das Bundeskanzleramt. Im Gegensatz zu den meisten früheren Entscheidungen zur Indonesienpolitik konnte das Auswärtige Amt in der Frage der Umschuldung keine eindeutige Führungsrolle geltend machen.

Solange der zukünftige Kurs des Landes ungewiss schien, also von Oktober 1965 bis mindestens März 1966, hielt sich die Bundesregierung in Abstimmung mit anderen westlichen Regierungen gegenüber indonesischen Wünschen nach einer baldigen Umschuldung zurück.[122] Dies änderte sich, nachdem Suharto den Machtkampf gegen Sukarno gewonnen hatte und an westlich-marktwirtschaftlichen Konzepten orientierte Technokraten die Verantwortung für die indonesische Wirtschaftspolitik übernahmen.[123] Die Qualitäten der indonesischen Führung schienen nun außer Frage zu stehen: „Die Großmachtträume Sukarnos sind der nüchternen Erkenntnis der katastrophalen Lage der indonesischen Wirtschaft gewichen. Haupt- – ja sogar einziges – Ziel der Politik der neuen indonesischen Regierung Suharto ist daher die Stabilisierung der Wirtschaft des Landes. Man weiß, dass eine solche Stabilisierung ohne die Hilfe des Westens […] nicht möglich sein wird."[124] Im Lauf des Jahres 1966 reisten indonesische Expertendelegationen in verschiedene Staaten, um Umschuldungsverhandlungen zu initiieren. Bonn wurde als erste westeuropäische Hauptstadt besucht. Die Botschaft in Jakarta mahnte die Zentrale des Auswärtigen Amts, dies bedeute eine besondere Verantwortung der Bundesrepublik für das Gelingen der Schuldenrestrukturierung.[125] Die neuen Herren Jakartas erwarteten „substanzielle" Hilfe aus der Bundes-

---

121 Zum Pariser Club siehe: Holmgren, Le Club de Paris.
122 Siehe Dokumente in: PA AA, B 61-IIIB7, 261: Botschaftsrat Heimsoeth, Jakarta: Schriftbericht Nr. 464/66 „Indonesisches Wirtschaftshilfeersuchen. Hier: Veränderte Haltung Japans" vom 7.4.1966; Referat III B 7: Vermerk „Indonesien. Hier: Gemeinsame Haltung gegenüber Konsolidierungswünschen Indonesiens" vom 14.4.1966.
123 Cribb/Brown, Indonesia, S. 112–128, besonders S. 116. Cribb und Brown beschreiben die ökonomischen Prioritäten der frühen Suharto-Zeit zwischen 1966 und 1973 als eine Episode der „Politics suspended".
124 PA AA, B 37, 338. Botschaftsrat Heimsoeth, Jakarta: Schriftbericht Nr. 696/67 vom 29.6.1967.
125 PA AA, B 61-IIIB7, 261. Botschaftsrat Heimsoeth, Jakarta: Schriftbericht Nr. 523/66 „Indonesisches Wirtschaftshilfeersuchen" vom 21.4.1966: „Für ein möglichst weitgehendes Eingehen auf die Wünsche der indonesischen Wirtschaftsdelegation sprechen insbesondere folgende Gründe: 1. Die am 27.3.1966 eingesetzte indonesische Regierung ist antikommunistisch. Der scharfe Linkskurs ist durch eine Politik des echten Non-Alignment abgelöst worden. Um diesen Regierungswechsel zu fördern, müsste der

republik; bliebe diese aus, so sei eine Aufwertung der DDR nicht ausgeschlossen.[126] Der neue Botschafter Luedde-Neurath warnte Bonn davor, Indonesien einfach den westlichen Partnern zu überlassen. Washington und London hätten in diesem Raum andere Prioritäten:

> „Wir können die Wahrung unserer Belange auch nicht anderen westlichen Verbündeten überlassen. Die USA sind in Südostasien in erster Linie an einer Eindämmung Chinas und an einer Beilegung der Vietnam-Krise interessiert. Das State Department empfiehlt sogar eine Einbeziehung der Sowjetunion in ein indonesisches Konsortium. Ganz abgesehen davon, dass unversehens auch die SBZ in einem solchen Konsortium auftauchen könnte, wird gegenüber Indonesien ein amerikanisch-sowjetisches Zusammenspiel sichtbar, das unsere Deutschlandpolitik hier gefährden könnte. Auch die britische Politik verfolgt vorrangig andere Interessen, nämlich die rasche Beilegung der indonesischen Konfrontation gegen Malaysia. Das deutsche Problem erscheint ihr dabei in Indonesien zweit- bis drittrangig."[127]

Drei Monate später wies der Botschafter darauf hin, die Bundesrepublik müsse in den Verhandlungen zur indonesischen Umschuldung „von angelsächsischer Seite mit dem Vorwurf rechnen, dass wir in der Vergangenheit im Bestreben, um jeden Preis die SBZ hier zu bekämpfen, Indonesien unter Sukarno und Subandrio über Gebühr geholfen hätten".[128] Hier schien noch auf der Arbeitsebene in einem vergleichsweise peripheren Politikfeld die grundsätzliche Spannung zwischen Wiedervereinigungspolitik und Westbindung der Bundesrepublik durch, welche in den sechziger Jahren zu einem wesentlichen Problem der Bonner Außenpolitik geworden war.

Am 13. Juni 1966 trug Vizeaußenminister Oemarjadi in Bonn die Anliegen der indonesischen Regierung vor: erstens eine Stundung bestehender Rückzahlungsverpflichtungen und zweitens eine „Soforthilfe", um Indonesien den Kauf eines Minimums an benötigen Importgütern zu ermöglichen.[129] Bonn gewährte daraufhin der

---

neuen Regierung eine wirtschaftliche Konsolidierung ermöglicht werden. Dazu bedarf sie jedoch der Hilfe des Westens im Allgemeinen und unserer im Besonderen. Im Falle des Versagens des Westens besteht die Gefahr, dass der Ostblock, insbesondere die Sowjetunion die Beziehungen zu Indonesien wiederum intensivieren kann. Dies könnte zur Folge haben, dass die Gefahr einer diplomatischen Anerkennung der Sowjetzone Deutschlands wieder in greifbare Nähe rückt. Die SBZ würde sich eine solche Anerkennung zweifellos etwas kosten lassen. 2. Die indonesische Regierung eröffnet die Westeuropa-Verhandlungen durch die Verhandlungen mit der Bundesregierung. Sie hofft, dass ihr die Bundesregierung in besonderem Maße entgegenkommen wird. Eine ablehnende Haltung der Bundesregierung würde uns nach indonesischer Auffassung mit der Verantwortung für fehlgeschlagene indonesische Verhandlungen in den anderen westeuropäischen Ländern behaften. Die Bundesregierung befindet sich in der Position eines Schrittmachers für die Aktionen der anderen westeuropäischen Regierungen. Diese Position sollte durch unser Entgegenkommen ausgenutzt werden, um die politischen deutsch-indonesischen Beziehungen zu verstärken."

126 PA AA, B 61-IIIB7, 261. Botschafter Luedde-Neurath, Jakarta: Drahtbericht Nr. 269 vom 10.6.1966.
127 Ebenda.
128 PA AA, B 61-IIIB7, 263. Botschafter Luedde-Neurath, Jakarta: Drahtbericht Nr. 445 vom 8.9.1966.
129 PA AA, B 61-IIIB7, 261. Ministerialdirektor Harkort: Aufzeichnung „Deutsch-indonesische Wirtschaftsverhandlungen; hier: Kurzprotokoll über die erste Sitzung am 13.6.1966 im Auswärtigen Amt"

indonesischen Regierung einen Soforthilfekredit von 30 Millionen DM.[130] Eigentlich zum 30. Juni 1966 anstehende Fälligkeiten aus vergangener bundesdeutscher Kapitalhilfe konnte die indonesische Regierung nicht begleichen.[131] Die Bundesregierung erklärte zwar ihre Bereitschaft, „sich an einer multilateralen Regelung über die Auslandsschulden Indonesiens zu beteiligen";[132] der von der indonesischen Regierung eingebrachte Vorschlag, die Bundesrepublik Deutschland solle „den Vorsitz im westlichen Gläubigerklub übernehmen"[133], wurde allerdings abgelehnt. Nach einer interministeriellen Besprechung empfahlen die Ressorts, für die erste Konferenz der westlichen Gläubigerländer Tokio als Tagungsort zu wählen und „keinesfalls Bonn" vorzusehen.[134]

Die Konferenz in der japanischen Hauptstadt fand am 19. und 20. September 1966 statt. Diese Zusammenkunft erbrachte noch keine abschließenden Ergebnisse, sondern nur eine Bestandsaufnahme, die eine Hauptkonferenz zur Restrukturierung der indonesischen Verbindlichkeiten vorbereiten sollte. Ein Konsens wurde hinsichtlich der „Hinnahme der indonesischen Zahlungsunfähigkeit"[135] erzielt; weitere Regelungen sollten auf einer Folgekonferenz in Paris im Dezember 1966 verhandelt werden.[136] Deutlich wurde, dass die US-Regierung die indonesische Umschuldung „unter überregionalen politischen Gesichtspunkten" behandelt sehen wollte, insbesondere unter den Vorzeichen der Entspannungspolitik gegenüber der Sowjetunion.[137] Die Bundesregierung hatte vor der Tokioter Zusammenkunft eine Beteiligung der UdSSR an einer noch anzuberaumenden Hauptkonferenz ausdrücklich abgelehnt, „weil mit Sicherheit damit zu rechnen ist, dass die Sowjetunion bei einer Teilnahme versuchen wird, die Hilfspläne der westlichen Welt zu durchkreuzen und die Teilnahme der SBZ

---

vom 14.6.1966. Oemarjadi galt dem AA als „nüchtern denkender Wirtschaftsfachmann" und als zu den „Freunden Deutschlands" zählend, vgl. PA AA, B 61-IIIB7, 261. Referat I B 5: Aufzeichnung über die Persönlichkeit des zweiten stellvertretenden Außenministers Oemarjadi Njotowijono vom 14.6.1966.
130 PA AA, B 61-IIIB7, 261. Ministerialdirigent Berger: Drahterlass Nr. 2411/16 Plurex vom 16.6.1966; PA AA, B 61-IIIB7, 263. Referat III B 7: Vermerk „Indonesien. Hier: Beitrag zur Informationsmappe für den Herrn Bundeskanzler" vom 23.9.1966.
131 PA AA, B 61-IIIB7, 263. Referat III B 7: Drahterlass Nr. 3516/12 Plurex vom 12.9.1966.
132 PA AA, B 61-IIIB7, Bd. 261. Ministerialdirektor Harkort: Aufzeichnung für Staatssekretär Carstens „Deutsch-indonesische Wirtschaftsverhandlungen; hier: Gespräch mit stv. Außenminister" vom 20.6.1966.
133 BArch, B 102, 101689. BMWi, Referat VA4: Vermerk vom 23.6.1966 „15. Sitzung des Bundestagsausschusses für Entwicklungshilfe".
134 BArch, B 102, 101689. BMWi, Referat VB5: Entwurf einer Drahtweisung des AA an die deutsche Botschaft Tokio zur Vorkonferenz über indonesische Schuldenregelung vom 30.6.1966.
135 PA AA, B 61-IIIB7, 263. VLR I Seeliger: Aufzeichnung „Indonesiengläubigerkonferenz in Tokyo" vom 29.9.1966.
136 PA AA, B 61-IIIB7, 262. Botschafter Krapf, Tokio: Schriftbericht Nr. 1175/66 „Indonesische Schuldenkonferenz" vom 22.9.1966.
137 PA AA, B 61-IIIB7, 262. Botschafter Krapf, Tokio: Schriftbericht Nr. 1175/66 vom 22.9.1966.

zu erzwingen".[138] Dem Auswärtigen Amt war nicht entgangen, dass die US-Regierung in der Frage einer Beteiligung Moskaus zwar Kontakt zu anderen westlichen Gläubigerländern aufgenommen hatte, nicht aber zur Bundesrepublik Deutschland.[139] Das *US State Department* und die amerikanische Botschaft in Bonn hoben kritisch hervor, dass einzig die Bundesrepublik eine Einladung der Sowjetunion ablehne.[140] Die Amerikaner baten Bonn um eine Überprüfung dieser harten Position.[141] Die Bundesregierung hatte ihre Haltung zunächst verteidigt, lenkte jedoch am 18. September 1966 plötzlich ein: Staatssekretär Lahr drahtete nach Tokio, man sei nun „einverstanden mit Hinzuziehung Sowjetunion, wenn USA zusagen, dass SBZ keinesfalls zugelassen wird".[142] Das aus Bonner Sicht bestehende Problem erledigte sich von selbst: Moskau reagierte nicht auf die Einladung zur Umschuldungskonferenz in Paris. Offensichtlich bevorzugte die Sowjetführung ein bilaterales Procedere.[143]

Die Suche nach einer gemeinsamen Position im Vorfeld zu der Umschuldungskonferenz, die zwischen dem 16. und dem 22. Dezember 1966 in Paris stattfand, war mühsam. Es gab deutliche Differenzen sowohl unter den Gläubigerstaaten als auch zwischen unterschiedlichen Bundesministerien. Auf der Ebene der Staaten bildeten sich zwei Gruppen mit klaren Präferenzen: zum einen die USA, Japan und die Niederlande, welche Indonesien eine hundertprozentige Umschuldung auf Kapital und Zinsen gewähren wollten; zum anderen Frankreich und Italien, die zu 70 Prozent umschulden wollten.[144] Von Großbritannien erwartete das Auswärtige Amt, dass es sich „der Meinung der Mehrheit anschließen" werde.[145] Auf der intra-staatlichen Ebene neig-

---

138 PA AA, B 61-IIIB7, 263. Ministerialdirigent v. Hardenberg: Aufzeichnung für Staatssekretär Lahr „Konferenz der Indonesien-Gläubigerländer in Tokyo. Hier: Teilnahme der Sowjetunion an der Hauptkonferenz" vom 13.9.1966. Hat Staatssekretär Lahr am 17.9.1966 vorgelegen. Die Schulden Indonesiens bei der DDR taxierte das AA auf rund 70 Millionen DM, siehe: PA AA, B 61-IIIB7, 263. VLR Schoettle: Vermerk „Indonesien (Überschuldung). Hier: Einladung der Sowjetunion an der Vorkonferenz und Hauptkonferenz in Paris" vom 25.10.1966.
139 PA AA, B 61-IIIB7, 263. Ministerialdirigent v. Hardenberg: Aufzeichnung für Staatssekretär Lahr „Konferenz der Indonesien-Gläubigerländer in Tokyo. Hier: Teilnahme der Sowjetunion an der Hauptkonferenz" vom 13.9.1966.
140 Siehe Dokumente in: PA AA, B 61-IIIB7, 263: Gesandter Lilienfeld, Washington: Drahtbericht Nr. 2203 vom 12.9.1966; Ministerialdirigent Berger: Drahterlass Nr. 3581/16 Plurex vom 15.9.1966.
141 PA AA, B 61-IIIB7, 263. Botschafter Krapf, Tokio: Drahtbericht Nr. 249 vom 17.9.1966.
142 Siehe folgende Dokumente in: PA AA, B 61-IIIB7, 263; Staatssekretär Lahr: Drahterlass Nr. 158 an die Botschaft Tokio vom 18.9.1966; Botschafter Luedde-Neurath, Jakarta: Drahtbericht Nr. 455 vom 17.9.1966; Ministerialdirigent Berger: Drahterlass Nr. 3581/16 Plurex vom 15.9.1966.
143 PA AA, B 61-IIIB7, 263. VLR I Seeliger: Drahterlass Nr. 4168/31 Plurex vom 31.10.1966.
144 PA AA, B 61-IIIB7, 264. Ministerialdirektor Harkort: Aufzeichnung „Umschuldung Indonesien" vom 7.12.1966: „Die Bundesregierung gerät dabei in die Gefahr, in Paris in die Rolle desjenigen Gläubigers gedrängt zu werden, der in Kenntnis der indonesischen Schwierigkeiten die härtesten Bedingungen stellt. [...] Aus politischen Gründen und im Hinblick auf die erheblichen deutschen Leistungen in diesem Jahr (insgesamt 80 Mio. DM) sollte diese Entwicklung auf jeden Fall vermieden werden."
145 PA AA, B 61-IIIB7, 264. VLR I Seeliger: Aufzeichnung „Indonesien. Hier: Umschuldung" vom 29.11.1966.

te das Auswärtige Amt der „politischen", großzügigeren Position zu, das BMF hingegen der „ökonomischen" Position. Das BMF wollte maximal eine Umschuldung zu 80 Prozent zugestehen und dies auch nur unter bestimmten haushaltsschonenden Modalitäten. Dieser Position des Finanzministeriums wollte das Auswärtige Amt jedoch „unter keinen Umständen" zustimmen.[146] Hierdurch gerate die Bundesregierung „in die Gefahr, Indonesien gegenüber den härtesten Standpunkt innerhalb der wichtigsten westlichen Gläubiger zu vertreten".[147] In einem gemeinsamen Schreiben an den Staatssekretär im BMF, Walter Grund, forderten der AA-Staatssekretär Rolf Lahr und der Staatssekretär im BMWi, Fritz Neef, mehr Spielraum: Die bundesdeutsche Delegation solle für Paris ermächtigt werden, nötigenfalls auch eine Umschuldung von 100 Prozent anzubieten, falls die Konferenz ansonsten vor dem Scheitern stehen sollte.[148] In der Zwischenzeit hatten sowohl die Amerikaner als auch die Franzosen nochmals für ihren jeweiligen Standpunkt geworben: Der amerikanische Gesandte in Bonn bat die Bundesregierung, sich ebenfalls für die 100-Prozent-Regelung zu entscheiden. Paris dagegen drängte in Bonn (und auch in Rom) darauf, gemeinsam eine strikte Haltung einzunehmen; eine hundertprozentige Umschuldung komme für die französische Regierung nicht in Frage.[149]

Aus Jakarta warnte Botschafter Luedde-Neurath vor den nachteiligen Folgen eines fehlenden Entgegenkommens: Auf keinen Fall dürfe die Bundesrepublik hinter den Niederlanden, den USA und Japan zurückbleiben. „Die Interessenlage Frankreichs und Italiens in Indonesien" sei eine rein ökonomische und daher nicht mit der politischen Interessenlage Bonns zu vergleichen.[150] Die Haltung der Bundesregierung müsse von übergreifenden Überlegungen bestimmt sein: „Die Regierung General Suhartos ist auf lange Sicht die einzige Chance für Indonesiens wirtschaftlichen Wiederaufstieg und eine auch unseren Interessen gemäße indonesische Politik."[151] Kurz vor Beginn der Verhandlungen verständigten sich die Bonner Ministerien darauf, in Paris möglichst auf eine Umschuldung von 85 Prozent hinzuarbeiten.[152]

---

146 PA AA, B 61-IIIB7, 264. VLR I Seeliger: Sprechzettel „Sitzung des Lenkungsausschusses vom 1.12.1966; hier: Umschuldung Indonesien" vom 1.12.1966.
147 PA AA, B 61-IIIB7, 264. VLR I Seeliger: Sprechzettel vom 1.12.1966.
148 PA AA, B 61-IIIB7, 264. Staatssekretär Lahr/Staatssekretär Neef: Schreiben an Staatssekretär Grund vom 5.12.1966.
149 Siehe Dokumente in: PA AA, B 61-IIIB7, 264. VLR I Seeliger: Drahterlass Nr. 4568/2 Plurex vom 2.12.1966; Botschafter Klaiber, Paris: Drahtbericht Nr. 2007 vom 5.12.1966.
150 PA AA, B 61-IIIB7, 264. Botschafter Luedde-Neurath, Jakarta: Drahtbericht Nr. 572 vom 8.12.1966.
151 PA AA, B 61-IIIB7, 264. Botschafter Luedde-Neurath, Jakarta: Drahtbericht Nr. 573 vom 9.12.1966.
152 PA AA, B 61-IIIB7, 264. Ministerialdirektor Harkort: Aufzeichnung „Umschuldung Indonesien" vom 14.12.1966: „Die deutsche Haltung ist nicht – wie voraussichtlich bei Italien und Frankreich – von ökonomischen Interessen bestimmt, sondern von politischen. Das AA hat sich daher vorbehalten, die Angelegenheit neu zu erörtern, wenn die 85%ige Umschuldung in Paris nicht ohne politischen Schaden für Deutschland durchzusetzen ist." Die Aufzeichnung hat Staatssekretär Lahr am 15.12.1966 vorgelegen.

Während der Konferenz sandte die Botschaft Paris einen Eilbericht nach Bonn, wonach sich alle Delegationen – außer der bundesdeutschen – mit einer neunzigprozentigen Umschuldung einverstanden erklärt hätten.[153] In seiner Sitzung vom 20. Dezember 1966 gab das neue Bundeskabinett von Kurt Georg Kiesinger und Willy Brandt seine Zustimmung zu einer solchen Regelung, nachdem ihm vom Auswärtigen Amt eine dringliche Bitte vorgelegt wurde.[154] Die Gläubiger einigten sich auf 90 Prozent; da Indonesien zahlungsunfähig war, sollten die fehlenden zehn Prozent aus neuen Krediten gedeckt werden.[155] Die indonesische Delegation hatte eigentlich eine großzügigere Regelung mit einem mehrjährigen Moratorium und einer Rückzahlung erst nach zehn Jahren gefordert, sich mit dieser Forderung allerdings nicht durchsetzen können.[156] Das Auswärtige Amt hatte nach eigener Einschätzung „unter Hinweis auf die politische Bedeutung der Angelegenheit in letzter Stunde mit der Kabinettsvorlage die deutsche Isolierung verhindert".[157] Die Umschuldung Indonesiens sowie die Vergabe weiterer Mittel waren nun häufiger Gegenstand von Gesprächen zwischen Auswärtigem Amt, BMWi, BMF und BMZ auf Staatssekretärsebene.[158]

Indonesien und seine Gläubiger hatten sich in Paris darauf verständigt, 1967 zu neuen Konferenzen zusammenzukommen, in denen die Auswirkungen der Umschuldung evaluiert und weitere Maßnahmen auf dem Weg zu einer abschließenden Regelung besprochen werden sollten.[159] Hieraus erwuchs die *Intergovernmental Group on Indonesia* (IGGI), die die Entwicklungspolitik der westlichen Geberländer gegenüber Indonesien koordinieren sollte.[160] Sie tagte erstmals im Februar 1967 in Amsterdam.[161] Die Bundesministerien waren sich dahingehend einig, dass die IGGI nicht zu einem Finanzkonsortium werden sollte.[162] Die Frage der Umschuldung der alten „Sukarno-Schulden" sollte von den künftigen Maßnahmen zur dauerhaften Stabilisierung der indonesischen Wirtschaft abgetrennt werden. Offener Dissens bestand gleichwohl in

---

153 PA AA, B 61-IIIB7, 264. Botschafter Klaiber, Paris: Drahtbericht Nr. 2107 vom 19.12.1966.
154 PA AA, B 61-IIIB7, 264. Ministerialdirektor Harkort: Drahterlass Nr. 2297 an die Botschaft Paris vom 20.12.1966.
155 PA AA, B 61-IIIB7, 264. Ministerialdirigent Berger: Drahterlass Nr. 4748/21 Plurex vom 21.12.1966.
156 Siehe Dokumente in: PA AA, B 61-IIIB7, 264: Ministerialdirigent Berger: Drahterlass Nr. 4748/21 Plurex vom 21.12.1966; Gesandter Limbourg, Paris: Schriftbericht „Umschuldungskonferenz für Indonesien in Paris" vom 22.12.1966.
157 PA AA, B 61-IIIB7, 433. VLR I Seeliger: Vermerk „Indonesien; hier: Ressortsitzung im BMWi am 2.1.1967" vom 4.1.1967.
158 PA AA, B 61-IIIB7, 433. VLR I Seeliger: Kurzprotokoll vom 15.2.1967 über die Staatssekretärsbesprechung im AA am 7.2.1967 betreffend Indonesien.
159 PA AA, B 61-IIIB7, 264. Gesandter Limbourg, Paris: Schriftbericht „Umschuldungskonferenz für Indonesien in Paris" vom 22.12.1966.
160 PA AA, B 61-IIIB7, 433. Staatssekretär Grund, BMF: Schreiben an AA, BMWi und BMZ vom 17.2.1967.
161 Dazu: Panglaykim/Thomas, Stabilization Program, S. 689–702.
162 PA AA, B 61-IIIB7, 433. Ministerialdirigent Berger: Drahterlass Nr. 181 an die Botschaft Washington vom 17.2.1967.

der Frage, welches Ministerium jeweils die Federführung für die bundesdeutsche Beteiligung an Umschuldung und Stabilisierung haben sollte: Das BMF und das BMWi beanspruchten dies jeweils für sich in der Frage der Umschuldung; das Auswärtige Amt beanspruchte die primäre Zuständigkeit für die Stabilisierungspolitik.[163] Der Streit zwischen Finanz- und Wirtschaftsministerium um die Federführung bei der Umschuldung ging schließlich so weit, dass Beamte des BMF nicht zu einer Sitzung erschienen, zu der das BMWi im eigenen Hause eingeladen hatte; schließlich wurde das Bundesministerium der Justiz (BMJ) hinzugezogen, um die Frage der Zuständigkeit zu klären.[164] Ein Gutachten des BMJ konnte den Streit zwischen Finanz- und Wirtschaftsministerium nicht beilegen.[165] Der Zuständigkeitsstreit der beiden Ressorts überschattete im Juli 1967 den Besuch einer indonesischen Delegation in der Bundesrepublik, die sowohl über Fragen der Umschuldung als auch über neue Kapitalhilfen verhandeln wollte.[166] Das Wirtschaftsministerium konnte sich schließlich in der Frage der Verhandlungsführung durchsetzen.

Im Oktober 1967 tagte eine neue Konferenz der westlichen Gläubigerstaaten in Paris: Dort sollte entschieden werden, „in welcher Weise die Umschuldung in den Jahren 1968/69 fortgesetzt" würde.[167] Das Auswärtige Amt erkundigte sich zuvor nach den Präferenzen der anderen Gläubigerstaaten.[168] Diese folgten dem mittlerweile bekannten Muster: Die USA, Japan und die Niederlande wollten eine möglichst großzügige Regelung mit längerer Umschuldungsfrist und niedrigen Zinsen, Frankreich und Italien bevorzugten eine striktere Regelung; Großbritannien – bei dem es, wie bei Italien, um relativ niedrige Beträge ging – machte sein Votum von der Mehrheitsmeinung abhängig.[169] Im Auswärtigen Amt befürchtete man, Bonn werde aufgrund der Hal-

---

[163] PA AA, B 61-IIIB7, 433. VLR I Seeliger: Aufzeichnung „Indonesien; hier: Umschuldung und Stabilisierung" vom 14.4.1967.
[164] PA AA, B 61-IIIB7, 433. VLR I Seeliger: Aufzeichnung „Umschuldung Indonesien" vom 19.4.1967: „Referat III B 7 bittet daher um Weisung, welche Haltung das Auswärtige Amt in diesem Zuständigkeitsstreit einnehmen soll."
[165] PA AA, B 61-IIIB7, 433. VLR I Seeliger: Aufzeichnung vom 7.6.1967: „Das Auswärtige Amt kann in dieser Sachfrage nicht in die Rolle des Schiedsrichters hineingedrängt werden, wenn selbst der Justizminister sich einer solchen Entscheidung entzieht. Das Auswärtige Amt kann nur – wie so oft bisher – bitten, in dieser Frage zu einem Kompromiss zu kommen, damit nicht der Abschluss der Abkommen erneut verzögert wird."
[166] PA AA, B 61-IIIB7, 433. VLR I Seeliger: Aufzeichnung „Indonesien; hier: Verhandlungen mit einer indonesischen Delegation am 26.6.1967 in Bonn" vom 21.6.1967.
[167] PA AA, B 61-IIIB7, 434. VLR I Seeliger: Aufzeichnung „Umschuldung Indonesien; hier: derzeitiger Stand der Angelegenheit" vom 22.9.1967.
[168] Siehe Dokumente in: PA AA, B 61-IIIB7, 434: VLR I Seeliger: Drahterlass Nr. 3536/28 Plurex vom 28.9.1967; VLR I Seeliger: Aufzeichnung „Indonesien-Umschuldungskonferenz in Paris am 17./19.10.1967" vom 5.10.1967.
[169] Siehe Dokumente in: PA AA, B 61-IIIB7, 434: Gesandter v. Ungern-Sternberg, London: Drahtbericht Nr. 1812 vom 29.9.1967; Botschafter Klaiber, Paris: Drahtbericht Nr. 1805 vom 29.9.1967; Gesandter Freiherr v. Stackelberg, Washington: Drahtbericht Nr. 2045 vom 2.10.1967.

tung des Bundesfinanzministeriums wiederum in die Lage kommen, „die härtesten Bedingungen zu stellen".[170] Die Pariser Zusammenkunft einigte sich auf eine Empfehlung an die Gläubigerstaaten, Indonesien wiederum zu den Bedingungen von 1966 für ein Jahr umzuschulden.[171] Das Problem war damit nach wie vor nicht gelöst, sondern vertagt; eine neuerliche befristete Umschuldung war aufgrund der kritischen Finanz- und Wirtschaftslage Indonesiens absehbar: Die am 17. Oktober 1968 wiederum in der französischen Hauptstadt versammelte Gläubigerkonferenz traf die gleiche Umschuldungsempfehlung wie in den beiden Vorjahren.[172]

Nachdem die *Intergovernmental Group on Indonesia* im November 1967 zum dritten Mal getagt hatte, schien dem Bundeswirtschaftsministerium außer Frage zu stehen, dass diese „keinem anderen Zweck" diene, „als die von der indonesischen Regierung aufgezeigte Finanzierungslücke zu decken", obwohl sie eigentlich gerade nicht als Finanzierungskonsortium gedacht war.[173] Die westlichen Staaten stellten für 1968 Gelder an Indonesien in Höhe von 325 Millionen US-Dollar in Aussicht, nach damaligem Kurs rund 1300 Millionen DM. Hiervon entfiel auf die Bundesrepublik 75 Millionen DM Kapitalhilfe.[174] Schon im Februar 1968 bat die indonesische Regierung darum, die Kredite der Bundesrepublik auf 100 Millionen DM zu erhöhen.[175] Dieses Ansinnen lehnte die Bundesregierung allerdings ab.[176] Die Botschaft in Jakarta kritisierte die ihrer Ansicht nach zu zurückhaltende Vergabe von Geldern: In prozentualem Verhältnis zu ihrem Exportvolumen nach Indonesien liege das Kreditvolumen der Bundesrepublik deutlich hinter dem der Niederlande, Japans, Frankreichs und der USA.[177] Diese Zurückhaltung gefährde auf längere Sicht die Position der Bundesrepublik Deutschland in Indonesien, wobei hier die ökonomischen Interessen zunehmend an Gewicht gegenüber den politischen Interessen gewönnen.[178] Der 1968 neu nach Jakarta entsandte Botschafter Hilmar Bassler berichtete über Gespräche mit Präsident Suharto

---

170 PA AA, B 61-IIIB7, 434. VLR I Seeliger: Aufzeichnung „Indonesien-Umschuldungskonferenz in Paris am 17./19.10.1967" vom 5.10.1967.
171 PA AA, B 61-IIIB7, 434. BMF, Referat V B/2: Vermerk „Indonesien-Umschuldung 1968" vom 23.10.1967.
172 PA AA, B 61-IIIB7, 435. Ministerialdirigent Toepfer, BMWi: „Bericht über die am 17. dieses Monats in Paris durchgeführte Umschuldungskonferenz Indonesien" vom 29.10.1968.
173 PA AA, B 61-IIIB7, 434. Ministerialdirigent Elson, BMWi: „Bericht über die Indonesien-Konferenz vom 19.–22.11.1967" vom 30.11.1967.
174 PA AA, B 61-IIIB7, 434. Botschaftsrat Heimsoeth, Jakarta: Schriftbericht Nr. 118/68 „Deutsche Kapitalhilfe 1968" vom 30.1.1968.
175 PA AA, B 61-IIIB7, 435. Staatssekretär Duckwitz: Aufzeichnung vom 19.2.1968. Hat Staatssekretär Lahr am 19.2.1968 vorgelegen.
176 PA AA, B 61-IIIB7, 435. VLR Schoettle: Drahterlass Nr. 114 an die Botschaft Jakarta vom 17.4.1968.
177 PA AA, B 61-IIIB7, 435. Botschaftsrat Ritter, Jakarta: Schriftbericht Nr. 1307/68 „Entwicklungshilfe für Indonesien" vom 24.9.1968. Die Bundesrepublik Deutschland hatte 1968 mit 75 Millionen DM Kredite in Höhe von rund 25 Prozent ihres Exportwerts vergeben.
178 Ebenda.

nahestehenden Kreisen. Suhartos „Chefberater" in ökonomischen Fragen habe darauf hingewiesen,

> „[...] wie sehr Indonesiens Zukunft von den fünf wichtigsten Partnerländern bestimmt werde: Die Vereinigten Staaten, Japan, die Niederlande, Deutschland und Australien – in dieser Reihenfolge genannt – hätten einen außerordentlich starken Einfluss auf die wirtschaftlichen Geschehnisse und eine entsprechende Verantwortung. Diese fünf Staaten, die 'big five' [...] seien bei Handel, Hilfe und Umschuldung die entscheidenden Gesprächspartner, nach deren Haltung sich auch die anderen europäischen Länder der IGGI richten würden."[179]

Die Gutachtertätigkeit von Hermann Josef Abs und der Abschluss der Schuldenregelung

Seit der dritten Pariser Umschuldungskonferenz vom Oktober 1968 war die Bundesrepublik Deutschland aufgrund einer Personalentscheidung besonders involviert: Die Konferenzteilenehmer hatten beschlossen, eine umfassende Studie zur Entwicklung Indonesiens in Auftrag zu geben, um die für Anfang der siebziger Jahre befürchtete Zahlungsunfähigkeit des Landes abzuwenden.[180] Zuerst hatten die USA vorgeschlagen, den Präsidenten der Weltbank und ehemaligen US-Verteidigungsminister, Robert McNamara, mit der Erstellung eines solchen Gutachtens zu beauftragen.[181] Dieser Vorschlag stieß auf die Ablehnung Frankreichs – wohl wegen McNamaras Rolle beim amerikanischen Eingreifen in den Vietnamkrieg.[182]

Daraufhin wiesen mehrere Delegierte auf den deutschen Bankier Hermann Josef Abs als möglichen Sachverständigen hin.[183] Abs (1901–1994) war als Vorstandssprecher der Deutschen Bank (1957–1967) und Vorsitzender ihres Aufsichtsrates (1967–1976) eine zentrale Figur der deutschen Wirtschaft. Er genoss den Ruf eines Fachmannes für internationale Finanzpolitik und insbesondere für Fragen der Schuldenregelung: Nach dem Zweiten Weltkrieg war Abs Vorstandsvorsitzender der Kreditanstalt für Wiederaufbau gewesen. Er leitete die Delegation der Bundesrepublik bei den multilateralen Verhandlungen über die deutschen Vorkriegsschulden, die im Februar 1953 zur Unterzeichnung des Londoner Schuldenabkommens führten.[184] Nachdem die Bundesregierung Abs angefragt hatte, erklärte er sich am

---

179 PA AA, B 61-IIIB7, 435. Botschafter Bassler, Jakarta: Schriftbericht Nr. 1434/68 „Äußerungen des indonesischen Planungschefs zum deutsch-indonesischen Verhältnis" vom 15.10.1968.
180 PA AA, B 61-IIIB7, 436. Ministerialdirektor Harkort: Aufzeichnung „Gutachterauftrag der Regierungen der westlichen Gläubigerländer an Herrn Dr. h. c. Abs" vom 13.11.1968. Das Schreiben wurde Bundesminister Brandt und Bundeskanzler Kiesinger vorgelegt.
181 BArch, B 102, 101700. Ministerialdirigent Töpfer, BMWi: Vermerk vom 25.10.1968.
182 BArch, B 102, 101700. Ministerialdirigent Töpfer, BMWi: Schreiben an Staatssekretär Schöllhorn vom 31.10.1968.
183 Ebenda.
184 Hierzu: Gall, Der Bankier, S. 293–312.

5. November 1968 zur Übernahme des Auftrages bereit.[185] Im November 1968 lud die indonesische Regierung Abs offiziell in ihr Land ein.[186] Das Bundeswirtschaftsministerium verband mit der Personalentscheidung des „Pariser Clubs" die Hoffnung, die Bundesrepublik könne ihre ökonomische Position in Indonesien weiter ausbauen.[187] Im Frühling 1969 hielten sich Abs und seine Mitarbeiter mehrere Wochen in Indonesien auf.[188] Nach dem Eindruck von Botschafter Bassler hatte der deutsche Bankier „auf seine indonesischen Gastgeber und die indonesische Öffentlichkeit einen tiefen Eindruck hinterlassen".[189] Nach seiner Rückkehr unterrichtete Abs die Delegationsleiter des „Pariser Clubs" über die Grundzüge der von ihm erarbeiteten Studie.[190] Sein Kerngedanke war, die Kreditwürdigkeit Indonesiens auf den internationalen Finanzmärkten müsse vollumfänglich wiedererlangt werden; nur so sei es dem Land in Zukunft möglich, die für seine Entwicklungsmaßnahmen erforderlichen Gelder zu erhalten. Aufgrund der Absicht, die Kreditwürdigkeit wiederherzustellen, lehnte Abs einen Schuldenerlass für Indonesien – im Sinne einer „Löschung" von Altschulden – ab: „Eine Erleichterung der Belastung sollte vielmehr durch Verlängerung der Laufzeit und bei den Zinsen geschaffen werden."[191]

Abs legte im Juli 1969 sein Gutachten mit dem Titel „Das Problem der indonesischen Auslandsverschuldung und Überlegungen zu seiner Lösung" vor. Darin riet er zu einer „vollen Rückzahlung des Kapitals", allerdings bei einer auf 30 Jahre ausgedehnten Tilgungsfrist und bei der Streichung aller Zinsen ab 1970.[192] Bemerkenswerterweise hatte Abs „entgegen dem ihm erteilten Auftrag keine Alternativlösungen für das indonesische Schuldenproblem vorgeschlagen", da seiner Auffassung nach „keine Alternativen zu der von ihm vorgesehenen endgültigen Lösung bestanden hätten".[193] Das Gutachten enthielt ferner die Empfehlung, die Forderungen der westlichen Gläubiger sollten nicht anders behandelt werden als diejenigen der Sowjetunion und ihrer Verbündeten; Regierungskredite und privatwirtschaftliche Handelsschul-

---

185 PA AA, B 61-IIIB7, 436. VLR Schoettle: Drahterlass Nr. 4910/6 Plurex vom 6.11.1968.
186 PA AA, B 61-IIIB7, 436. Ministerialdirektor Harkort: Aufzeichnung „Einladung von Herrn Dr. h. c. Hermann Josef Abs nach Indonesien" vom 5.11.1968. Hat Staatssekretär Lahr am 7.11.1968 vorgelegen.
187 BArch, B 102, 101700. Ministerialdirigent Töpfer, BMWi: Schreiben an Staatssekretär Schöllhorn vom 31.10.1968: „Vom deutschen Standpunkt wäre die Beauftragung von Herrn Abs sehr wünschenswert."
188 PA AA, B 61-IIIB7, 436. Botschafter Bassler, Jakarta: Schriftbericht Nr. 714/69 „Gutachterauftrag an Dr. h. c. Abs" vom 13.5.1969.
189 Ebenda.
190 PA AA, B 61-IIIB7, 436. BMWi, Referat V C 3: Vermerk „Indonesien – Abs-Gutachten" vom 25.6.1969.
191 Ebenda.
192 PA AA, B 61-IIIB7, 436. Ministerialdirektor Schiettinger, BMWi: Bericht über die Sitzung der Gläubigerländer des Pariser Klubs vom 31.10.1969.
193 Ebenda.

den sollten ebenfalls gleich behandelt werden; eine endgültige Regelung sollte nach den Vorstellungen von Abs möglichst bis 1971 getroffen werden.[194] Schon vor der Vorstellung des Gutachtens war sichtbar geworden, dass die Restrukturierung der indonesischen Gesamtschulden insofern auch vom Verhalten Moskaus abhing, da die meisten Länder des Westens nicht bereit waren, Indonesien hier günstigere Bedingungen einzuräumen, als dies der Ostblock tun würde.[195] In das Abs-Gutachten waren die Erfahrungen seines Verfassers aus dem Londoner Schuldenabkommen eingegangen.[196]

Die Reaktionen der USA und der Niederlande auf das Abs-Gutachten waren positiv; verhalten war dagegen die französische Reaktion.[197] In der indonesischen Öffentlichkeit stießen die Vorschläge von Abs ebenfalls auf eine sehr positive Resonanz.[198] Die Meinungsbildung der Bundesregierung dauerte dagegen länger, da die Vorstellung des Gutachtens in die Schlussphase des Wahlkampfes zur Bundestagswahl vom 28. September 1969 fiel, die dann zur Bildung einer neuen Koalition führte.[199] Auf der ministeriellen Arbeitsebene gab es gewisse Bedenken gegen die befürchtete präjudizielle Wirkung der im Abs-Bericht vorgesehenen großzügigen Regelungen.[200]

Am 12. Dezember 1969 trat der Pariser Club zum vierten Mal zusammen, um Indonesien befristet umzuschulden; mittlerweile nahm auch Australien beobachtend an den Sitzungen teil, obwohl es nicht zu den Gläubigern gehörte; als eines der Geberländer der *Intergovernmental Group on Indonesia* hatte es jedoch besonderes Interesse an dem Vorgang.[201] Im Pariser Club zeigten sich nach dem Abs-Gutachten erneut die bekannten Bruchlinien. Es gab zwei Gruppen: Die eine – USA, die Niederlande, Japan

---

194 PA AA, B 61-IIIB7, 436. Abteilung III: Aufzeichnung „Indonesien" vom 20.8.1969. Hat Staatssekretär Duckwitz am 22.8., Bundesminister Brandt am 25.8.1969 vorgelegen.
195 PA AA, B 61-IIIB7, 436. Abteilung III: Aufzeichnung „Indonesien; hier: Gutachten von Dr. Abs über die Regulierung der indonesischen Außenverschuldung" vom 15.7.1969.
196 Zu diesem Zusammenhang: Kampffmeyer, Verschuldungskrise, S. 68–78.
197 Siehe Dokumente in: PA AA, B 61-IIIB7, 436. Botschafter v. Braun, Paris: Drahtbericht Nr. 2305 vom 19.9.1969 und Botschafter Krapf, Tokio: Drahtbericht Nr. 530 vom 21.10.1969.
198 PA AA, B 61-IIIB7, 436. Botschafter Bassler, Jakarta: Schriftbericht Nr. 1621/69 „Indonesien – Pressekommentare zu der Umschuldungskonferenz der westlichen Gläubigerländer in Paris (27.10.1969)" vom 3.11.1969.
199 PA AA, B 61-IIIB7, 436. Ministerialdirigent Berger: Drahterlass Nr. 1582 an die Botschaft Paris vom 29.9.1969.
200 PA AA, B 61-IIIB7, 436. VLR I Seeliger: Aufzeichnung „Umschuldung Indonesien; hier: Abs-Gutachten" vom 6.10.1969: „Ist Indonesien ein Sonderfall? Nur wenn man dies bejaht, kann die von Herrn Abs vorgeschlagene Schuldenkonsolidierung (30 Jahre, Streichung aller Zinsverpflichtungen, Gleichbehandlung aller Schulden) in Frage kommen. Falls man keinen Sonderfall annimmt, kann das Abs-Rezept nicht in Betracht gezogen werden."
201 PA AA, B 61-IIIB7, 436. Ministerialdirektor Schiettinger, BMWi: Bericht über die 2. Sitzung der Gläubigerländer des Pariser Klubs und Indonesiens über eine Konsolidierung der indonesischen Altschulden vom 15.12.1969.

und Australien – wollte eine für Indonesien großzügige Regelung auf Basis des Abs-Berichts.[202] Sie waren bereit, größere Einbußen im Vergleich zu einer „normalen", auf der bisherigen Praxis fußenden Schuldenregelung hinzunehmen. Die andere Gruppe – Großbritannien, Frankreich, Italien – verfolgte eine restriktivere Linie, die auf eine möglichst umfassende Rückzahlung der von der Suharto-Regierung stets als solche bezeichneten „Sukarno-Schulden" abzielte. Das Gutachten galt ihnen als Indonesien zu weit entgegenkommend.[203] Die Bundesrepublik Deutschland hielt sich bis Februar 1970 mit einer deutlichen Positionierung zurück.[204] Angesichts der frühen Festlegung der anderen Staaten kam der Bundesrepublik sowohl aus indonesischer Sicht als auch in der Wahrnehmung der westlichen Gläubiger eine Schlüsselrolle für das Verhandlungsergebnis zu. Die Bonner Beamten sahen dies ähnlich.[205] Anders als von der indonesischen Führung erhofft, akzeptierte die Bundesregierung nicht umstandslos den Vorschlag eines der wichtigsten Männer der deutschen Finanzwirtschaft.[206] Sie bezog eine zurückhaltende Mittelposition und neigte tendenziell sogar eher zur restriktiven Linie von Paris, London und Rom.[207] Dabei mag die – nach damaligen Maßstäben – angespannte Haushaltslage des Bundes ebenso eine Rolle gespielt haben wie der nach dem Machtwechsel von der unionsgeführten zur sozialliberalen Regierung abnehmende politische Einfluss von Abs. Eindeutig geht aus den Akten jedenfalls hervor, dass die zurückhaltende Position der Bundesregierung eine wichtige Ursache in den unterschiedlichen Präferenzen innerhalb der Bonner Ministerialbürokratie hatte: Die Ressorts konnten sich in ihren ersten Beratungen nicht auf eine gemeinsame Haltung zum Abs-Gutachten einigen.[208]

---

[202] PA AA, B 61-IIIB7, 436. VLR I Seeliger: Aufzeichnung „Umschuldung Indonesien; hier: Stand der deutschen Meinungsbildung zum Abs-Plan" vom 2.12.1969.

[203] PA AA, B 61-IIIB7, 436. Ministerialdirektor Schiettinger, BMWi: Bericht über die 2. Sitzung der Gläubigerländer des Pariser Klubs und Indonesiens über eine Konsolidierung der indonesischen Altschulden vom 15.12.1969.

[204] BArch, B 136, 6261. VLR Fischer, Bundeskanzleramt, Gruppe II/1: Vermerk „Umschuldung Indonesien" vom 11.2.1970.

[205] BArch, B 136, 6261. VLR I Sanne, Bundeskanzleramt, Gruppe II/1: Aufzeichnung „Indonesische Schulden (Abs-Plan)" vom 6.1.1970: „Es trifft zu, dass der Bundesrepublik eine Schlüsselrolle bei der endgültigen Entscheidung des ‚Pariser Clubs' zufällt." Vgl. PA AA, B 61-IIIB7, 608. Anlage 1 zur Kabinettsvorlage des BMWi vom 20.3.1970: „Der Bundesrepublik kommt nach Erklärung der meisten Gläubigerländer und Indonesiens eine Schlüsselstellung zu. Indonesien sucht sie mit Nachdruck (u. a. Botschaft von Präsident Suharto an den Bundeskanzler, angekündigter Besuch des Außenministers Malik) zum Einschwenken auf den Abs-Plan zu bewegen."

[206] PA AA, B 61-IIIB7, 436. Botschafter Bassler, Jakarta: Drahtbericht Nr. 703 vom 27.12.1969.

[207] PA AA, B 61-IIIB7, 436. Ministerialdirektor Schiettinger, BMWi: Bericht über die 2. Sitzung der Gläubigerländer des Pariser Klubs und Indonesiens über eine Konsolidierung der indonesischen Altschulden vom 15.12.1969.

[208] PA AA, B 61-IIIB7, 436. VLR I Seeliger: Aufzeichnung „Umschuldung Indonesien; hier: Stand der deutschen Meinungsbildung zum Abs-Plan" vom 2.12.1969.

Das Finanzministerium nahm eine harte Haltung ein und bestand darauf, dass Indonesien grundsätzlich „nach bisherigem Schema", also wie andere Schuldnerländer zuvor, umgeschuldet werde.[209] Konkret wollte das BMF einer Umschuldung Indonesiens nur für höchstens vier Jahre zustimmen und es bei einem „üblichen" Zinssatz von drei bis vier Prozent belassen. Das Wirtschafts- und das Entwicklungshilfeministerium befürworteten eine Umschuldung für mindestens zwölf Jahre bei zwei Prozent Zinsen.[210] Nach dem Eindruck des Auswärtigen Amts standen sich BMF und BMWi „kompromisslos" gegenüber.[211] Das Auswärtige Amt plädierte „aus politischen Gründen" dafür, sich den Abs-Vorschlägen anzuschließen.[212] Da auf Arbeitsebene keine Einigung zu erzielen war, verständigten sich die Staatssekretäre der Ministerien schließlich auf einen Kompromiss, der dann als deutscher Beitrag zu einem gemeinsam mit Frankreich erarbeiteten Alternativplan für die Umschuldung Indonesiens einging.[213] Der deutsch-französische „Alternativplan" schien zwar darauf hinzudeuten, die Bundesregierung werde den Abs-Plan zugunsten einer für Indonesien restriktiveren Lösung verwerfen.[214] Allerdings hatte in Bonn seit dem Jahreswechsel 1969/70 die „politische" Position im Vergleich zur „ökonomischen" Position an Fürsprechern gewonnen. Der zuständige Referent im Bundeskanzleramt empfahl Horst Ehmke, dem neuen Chef des Bundeskanzleramts, die Bonner Position noch näher an den Abs-Plan heranzuführen.[215]

Die indonesische Regierung verstärkte unterdessen ihr Werben um eine entgegenkommende Regelung.[216] Ende Januar richtete Suharto ein persönliches Schreiben an Willy Brandt, in dem er den Bundeskanzler um die deutsche Zustimmung zu den Vorschlägen von Abs bat.[217] Brandt ließ antworten, er bringe dem Abs-Plan „große Sympathie entgegen", verstehe allerdings auch das Zögern einiger anderer Gläubiger-

---

[209] PA AA, B 61-IIIB7, 608. Referat III B 7: Sprechzettel für Staatssekretär Harkort vom 8.1.1970. Hat Staatssekretär Harkort am 9.1.1970 vorgelegen.
[210] BArch, B 136, 6261. VLR I Sanne, Bundeskanzleramt, Gruppe II/1: Aufzeichnung „Indonesische Schulden (Abs-Plan)" vom 6.1.1970.
[211] PA AA, B 61-IIIB7, 608. Referat III B 7: Sprechzettel für Staatssekretär Harkort vom 8.1.1970.
[212] BArch, B 136, 6261. VLR I Sanne, Bundeskanzleramt, Gruppe II/1: Aufzeichnung „Indonesische Schulden (Abs-Plan)" vom 6.1.1970.
[213] PA AA, B 61-IIIB7, 608. Staatssekretär Ende, BMF: Schreiben an die Staatssekretäre Harkort (AA), Schöllhorn (BMWi) und Sohn (BMZ) vom 4.2.1970.
[214] PA AA, B 61-IIIB7, 608. VLR Jungfleisch: Drahterlass Nr. 308 Plurex vom 27.1.1970.
[215] BArch, B 136, 6261. VLR Fischer, Bundeskanzleramt, Gruppe II/1: Vermerk „Umschuldung Indonesien" vom 11.2.1970.
[216] PA AA, B 61-IIIB7, 608. Siehe dazu u. a.: Ministerialdirektor Gehlhoff, Botschafter Scheske, Bangkok: Drahtbericht Nr. 68 „Gespräch Bundesminister mit indonesischem Außenminister Malik in Bangkok" vom 17.2.1970. BArch, B 136, 6261. VLR Fischer, Bundeskanzleramt, Gruppe II/1: Vermerk „Umschuldung Indonesien; hier: Schreiben des indonesischen Präsidenten Suharto an den Herrn Bundeskanzler" vom 13.2.1970. Hat Bundeskanzler Brandt am 17.2.1970 vorgelegen.
[217] PA AA, B 61-IIIB7, 608. Präsident Suharto: Schreiben an Bundeskanzler Brandt vom 31.1.1970.

staaten.²¹⁸ Abs wandte sich ebenfalls in einem persönlichen Schreiben an den Bundeskanzler, um für seine Konzeption zu werben; Abs deutete gegenüber Brandt vorsichtige Kritik daran an, dass die dringliche Angelegenheit vom Bundeskabinett offenbar noch nicht behandelt worden sei.²¹⁹ Dies führte dazu, dass Kanzleramtschef Ehmke das Thema am Rande der Kabinettssitzung vom 25. Februar 1970 ansprechen ließ.²²⁰ Die Minister fassten zwar noch keinen Beschluss, es zeichnete sich allerdings eine Hinwendung zum Abs-Plan ab.²²¹ Auf einer Expertensitzung des Pariser Clubs Anfang März wurde deutlich, dass der zwischenzeitlich erarbeitete deutsch-französische Alternativplan bei der Gruppe um die USA keine Akzeptanz fand.²²² Am 25. März 1970 beschloss das Bundeskabinett, das Verhandlungsmandat der deutschen Delegation im Pariser Club zu erweitern: Sie wurde ermächtigt, gegebenenfalls auch ihre Zustimmung zu einer Gesamtlösung im Sinne des Abs-Gutachtens zu geben.²²³ Die wesentliche Präferenz der Bundesregierung war es, „eine gemeinsame Lösung herbeizuführen, die – wenn irgend möglich – alle Mitglieder der Pariser Clubs umfasst".²²⁴

Indonesiens Außenminister Malik besuchte die Bundesrepublik Deutschland im April 1970. Sein Gespräch mit Bundeskanzler Brandt berührte zwar überwiegend weltpolitische Fragen: Brandt erläuterte unter anderem die Grundgedanken seiner Ostpolitik und fragte Malik nach dessen Einschätzung der Verhandlungsbereitschaft der Sowjetunion, die Malik kurz zuvor besucht hatte.²²⁵ Malik wies gegenüber Brandt jedoch nochmals auf die „Schlüsselstellung" der Bundesrepublik bei der Umschuldung hin und betonte die damit verbundenen Hoffnungen der indonesischen Regierung.²²⁶ Da Bundesaußenminister Walter Scheel gerade seinen Urlaub im österreichischen Hinterthal verbrachte, reiste ihm Malik kurzerhand hinterher. Malik bat Scheel eindringlich, die Bundesrepublik solle im Pariser Club den Abs-Plan unterstützen, der „die für Indonesien beste Lösung sei".²²⁷ Scheel sagte dies grundsätzlich zu; allerdings wolle

---

218 BArch, B 136, 6261. VLR Jungfleisch: Aufzeichnung „Umschuldung Indonesien; hier: Entwürfe für Antworten des Herrn Bundeskanzlers auf die Schreiben von Präsident Suharto vom 31.1.1970 und von Herrn Abs vom 18.2.1970" vom 24.3.1970.
219 PA AA, B 61-IIIB7, 608. Hermann Josef Abs: Schreiben an Bundeskanzler Brandt vom 18.2.1970.
220 PA AA, B 61-IIIB7, 608. Bundesminister Ehmke: Schreiben an die Bundesminister Scheel, Schiller und Möller vom 24.2.1970.
221 PA AA, B 61-IIIB7, 608. VLR Jungfleisch: Aufzeichnung „Umschuldung Indonesien" vom 26.2.1970.
222 PA AA, B 61-IIIB7, 608. VLR Jungfleisch: Aufzeichnung „Umschuldung Indonesien; hier: Besprechung der Staatssekretäre im Bundeskanzleramt" vom 13.3.1970.
223 PA AA, B 61-IIIB7, 608. Abteilung III: Aufzeichnung „Umschuldung der Schulden Indonesiens aus der Zeit der Sukarno-Regimes; hier: Kabinettvorlage des BMWi" vom 24.3.1970.
224 PA AA, B 61-IIIB7, 608. Referat III B 7: Sprechzettel „Umschuldung indonesischer Auslandsschulden (Abs-Plan)" vom 26.3.1970.
225 PA AA, B 61-IIIB7, 609. Abteilung III: Aufzeichnung „Gespräch zwischen dem Herrn Bundeskanzler und dem indonesischen Außenminister Adam Malik am 1.4." vom 1.4.1970.
226 Ebenda.
227 PA AA, B 61-IIIB7, 609. LR I Hallier: Aufzeichnung „Gespräch des Herrn Bundesministers mit dem indonesischen Außenminister Malik am 2.4.1970 in Hinterthal, Österreich" vom 3.4.1970.

die Bundesrepublik den Abs-Plan nicht um den Preis des Auseinanderbrechens des Pariser Clubs forcieren.[228] Die Gläubigerstaaten wollten sich im Frühling 1970 in Paris auf endgültige Rahmenbestimmungen einigen, welche die Basis für die bilateral abzuschließende Umschuldung zwischen Indonesien und seinem jeweiligen Gläubiger schufen. Der Pariser Club kam am 7. April 1970 zusammen, um einen für alle Seiten annehmbaren Kompromiss auszuhandeln. Der Gegensatz zwischen den „Abs-Ländern" USA, Japan, Niederlande und Australien einerseits sowie den „Nicht-Abs-Ländern" Frankreich, Italien und Großbritannien andererseits war nach wie vor das entscheidende Hindernis. Es kursierten verschiedene Alternativvorschläge, von denen aber keiner eine Mehrheit fand.[229] Der Pariser Club musste sich um zwei Wochen vertagen.

Die 1966 begonnenen und seit dem Herbst 1968 permanent laufenden multilateralen Verhandlungen über die indonesische Auslandsverschuldung kamen am 24. April 1970 zum Abschluss.[230] Die wichtigsten Rahmenbestimmungen des Pariser Protokolls lauteten: Die Zahlungen sollten in 30 jährlichen Raten, berechnet ab 1970, „in Höhe von je 54,28 Mio. US-Dollar" geleistet werden; die Zinsen sollten ab dem 1. Januar 1985 in 15 jährlichen Raten zurückgezahlt werden; hierin lag die wesentliche Abweichung vom Abs-Plan, der keine Zinsen vorgesehen hatte. Auf neue Moratoriumszinsen wurde jedoch verzichtet.[231] Insgesamt betrug das „Nachlasselement", also der Verlust der Gläubigerstaaten auf den Gegenwartswert der Schulden, rund 57 Prozent.[232] Delegationsleiter Schiettinger vom BMWi hielt dazu fest:

> „Der erfolgreiche Abschluss ist das Ergebnis einer zuletzt von allen Seiten gezeigten Kompromissbereitschaft, der Furcht vor einem Platzen des Pariser Klubs und der geschickten und energischen Verhandlungsführung des französischen Präsidenten. Von Bedeutung war aber auch die deutsche Taktik, extreme Wünsche auf beiden Seiten abzulehnen und bei Aufzeigen von Alternativen das Gewicht der deutschen Stimme für eine mittlere Lösung einzusetzen. [...] Das Ergebnis sprengt den Rahmen aller bisher getroffenen Umschuldungsregelungen. Die entwicklungspolitischen, finanz- und außenpolitischen Konsequenzen werden über Indonesien weit hinausreichen, auch wenn in der Vereinbarung ausdrücklich gesagt wird, dass nur die besonderen Umstände des indonesischen Falles diese ungewöhnlich langfristige Regelung rechtfertigen. In den bisherigen Verhandlungen im Pariser Klub war diese Präjudizgefahr eines der größten Hindernisse für eine Einigung auf der Grundlage des Abs-Vorschlages."[233]

---

228 Ebenda.
229 PA AA, B 61-IIIB7, 609. VLR Jungfleisch: Vermerk „Umschuldung Indonesien; hier: Sitzung des Pariser Clubs vom 7.4.1970" vom 8.4.1970.
230 PA AA, B 61-IIIB7, 609. VLR I Hermann: Aufzeichnung „Umschuldung Indonesien; hier: Sitzung des Pariser Clubs am 23./24.4.1970" vom 27.4.1970.
231 PA AA, B 61-IIIB7, 609. VLR I Hermann: Aufzeichnung „Umschuldung Indonesien; hier: Pariser Protokoll vom 23./24.4.1970" vom 3.9.1970.
232 PA AA, B 61-IIIB7, 609. Ministerialdirektor Schiettinger, BMWi: Delegationsbericht über die Konferenz der Gläubigerländer Indonesiens vom 12.5.1970.
233 Ebenda.

Im August 1970 reiste eine bundesdeutsche Delegation nach Jakarta, um das bilaterale Umschuldungsabkommen zur Unterschriftsreife zu bringen. Es gelang allerdings nicht, einige noch offene Fragen vor Suhartos Staatsbesuch in der Bundesrepublik im September 1970 zu lösen.[234] Details der Umschuldung waren offenbar dennoch nicht Gegenstand von Suhartos Gesprächen mit Bundeskanzler Brandt und Bundespräsident Heinemann.[235] Im Dezember 1970 konnte durch Nachgeben der indonesischen Seite eine Einigung im Sinne des Bonner Entwurfs erzielt werden.[236] So war letztlich die Vereinbarung mit der Bundesrepublik für Indonesien aufgrund der unterschiedlichen Zinsberechnung etwas weniger günstig als die entsprechenden Regelungen mit den Niederlanden und den USA.

Die US-Regierung schloss ihr endgültiges bilaterales Umschuldungsabkommen am 16. März 1971 in Jakarta ab.[237] Ursprünglich plante die Bundesregierung ebenfalls, die entsprechenden Verträge durch Entwicklungshilfeminister Erhard Eppler im Februar 1971 in Jakarta unterschreiben zu lassen. Dieses Ansinnen wurde aus zwei Gründen aufgegeben: Einerseits wehrten sich das Auswärtige Amt und das Bundeswirtschaftsministerium dagegen, angesichts der arbeitsintensiven Aushandlung durch AA, BMF und BMWi dem hieran eher nachrangig beteiligten BMZ den öffentlichen „Glanz" der letzten Unterschrift zu überlassen. Andererseits ließ Jakarta die Bundesregierung vertraulich „wissen, dass sie eine Unterzeichnung in Bonn wünsche, da sie im deutsch-indonesischen bilateralen Umschuldungs-Rahmenabkommen Konzessionen (sogenannte kleine Lösung) habe machen müssen, die ihr von den USA und den Niederlanden nicht abverlangt worden waren (sogenannte große Lösung), daher eine Unterzeichnung in Jakarta ungünstige Pressekommentare auslösen könnte".[238] Da Eppler seine Indonesienreise auf April 1971 verschieben musste, erledigte sich das Vorhaben ohnehin.[239] Am 26. März 1971 unterzeichneten der Staatssekretär des Auswärtigen Amts, Sigismund Freiherr von Braun, für die Bundesrepublik und Botschafter Yusuf Ismail für Indonesien die beiden Umschuldungsabkommen: Das erste regelte die Verbindlichkeiten aus Regierungskrediten, das zweite die indonesi-

---

234 PA AA, B 61-IIIB7, 609. VLR I Herrmann: Vermerk „Besuch des indonesischen Botschafters im Referat III B 7" vom 31.8.1970.
235 PA AA, B 61-IIIB7, 609. VLR I Herrmann: Drahterlass Nr. 4190 Plurex vom 15.9.1970: „Bei Gesprächen Bundespräsident und Bundeskanzler mit Staatspräsident Suharto drückten beide Seiten Befriedigung über augenblicklichen Stand deutsch-indonesischer wirtschaftlicher Beziehungen und Zusammenarbeit aus. Präsident Suharto unterstrich indonesisches Interesse an Vertiefung, da innere Stabilität und Fortschritte Voraussetzungen seien für außenpolitische Stellung und Rolle Indonesiens in Südostasien. Auch kommunistische Gefahr im Inneren sei nur durch wirtschaftliche Erfolge im Innern endgültig zu bändigen."
236 PA AA, B 61-IIIB7, 610. Botschaft Den Haag: Drahtbericht Nr. 543 vom 16.12.1970.
237 PA AA, B 61-IIIB7, 610. Botschaftsrat Kellner, Jakarta: Schriftbericht Nr. 389/71 „Indonesien – Umschuldungsabkommen mit den USA" vom 19.3.1971.
238 PA AA, B 1, 384. VLR Jungfleisch: Aufzeichnung vom 25.5.1971.
239 Ebenda.

schen Handelsschulden.²⁴⁰ Das zwischen Indonesien und Italien im Dezember 1971 unterzeichnete Umschuldungsabkommen markierte den letzten wichtigen Schritt in der Konsolidierung der indonesischen Altschulden bei den westlichen Staaten.²⁴¹

Kampffmeyer würdigt die von Abs maßgeblich beeinflusste Indonesien-Umschuldung als eine der „wenigen vernünftigen Verhandlungslösungen, die um einen fairen Interessenausgleich bemüht waren und dem Schuldner wieder eine langfristige wirtschaftliche Entwicklungsperspektive" geboten hätten.²⁴² Die indonesische Politik wusste die Arbeit des deutschen Bankiers zu würdigen.²⁴³ Die vermittelnde Haltung der Bundesregierung machte deutlich, dass sie sich weder gegen die USA noch gegen Frankreich stellen wollte. Letztendlich setzte sich im inter-ministeriellen Aushandlungsprozess der politische Wunsch nach einer Stabilisierung Indonesiens gegen die Befürchtung durch, eine zu großzügige Regelung werde einen Präzedenzfall im Sinne eines *moral hazard* für verschuldete Länder schaffen. Das Finanzministerium stand zwar zumeist gegen die anderen beteiligten Ministerien, zeigte sich Anfang 1970 jedoch kompromissbereit.²⁴⁴ Die intra-administrative Konkurrenz um die Durchsetzung divergierender Präferenzen wird schon aus amtlichen Dokumenten gut sichtbar, noch klarer jedoch aus einigen privaten Schreiben.²⁴⁵

Die Überschuldung Indonesiens war sowohl Ausdruck der hochfliegenden Ambitionen Sukarnos gewesen als auch Folge des hohen strategischen Wertes, den auswärtige Mächte Indonesien im globalen Kalten Krieg beigemessen hatten. Die zwischen geopolitischer *Grand Strategy* und administrativen Details oszillierende

---

240 PA AA, B 61-IIIB7, 610. VLR Jungfleisch: Aufzeichnung „Unterzeichnung von Umschuldungsabkommen mit der Regierung der Republik Indonesien am 26.3.1971 in Bonn" vom 24.3.1971.
241 PA AA, B 61-IIIB7, 610. Botschafter Balken, Jakarta: Drahtbericht Nr. 528 vom 15.12.1971.
242 Kampffmeyer, Verschuldungskrise, S. I.
243 PA AA, B 37, 610. Botschafter Balken, Jakarta: Schriftbericht Nr. 975/71 „Rede Präsident Suhartos vor dem Parlament über die Lage der Nation am Vorabend des 26. Unabhängigkeitstages" vom 19.8.1971: „An der feierlichen Eröffnung [des indonesischen Parlaments] nahmen außer den Abgeordneten und dem Kabinett auch die hier akkreditierten Botschafter sowie zahlreiche Ehrengäste teil. Zu diesen gehörte auch der deutsche Bankier Hermann Josef Abs, der sich z. Zt. mit seiner Frau auf Einladung von Präsident Suharto zu einem zweiwöchigen Besuch in Indonesien aufhält. Herr Abs wurde vom Präsidenten des Parlaments namentlich begrüßt und mit großem Beifall willkommen geheißen, den er stehend entgegennahm. Diese freundliche Geste zeigt die Dankbarkeit der Indonesier gegenüber einem Mann, der die Grundlage für die zahlreichen Umschuldungsabkommen geschaffen hat, die Indonesien in den vergangenen 12 Monaten mit westlichen und östlichen Gläubigerländern abschließen konnte."
244 Kampffmeyer, Verschuldungskrise, S. 64.
245 So schrieb Ministerialdirigent Norbert Berger dem ihm offenbar persönlich gut bekannten Botschafter Kurt Luedde-Neurath über das Verhalten von Beamten des BMF: „Dies solltest Du einmal als kleine Kostprobe über unsere tägliche Arbeit mit den Ressorts, vor allem den Vertretern des Finanzministeriums erfahren. Du siehst, es ist nicht immer einfach, das aus politischen Gründen notwendige oder Wünschenswerte bei den absoluten Binnendenkern herauszuholen." Siehe PA AA, NL Luedde, 4. Ministerialdirigent Berger: Privatdienstschreiben an Botschafter Luedde-Neurath vom 28.10.1966.

Entschuldungspolitik dieser auswärtigen Mächte dämpfte zumindest die ökonomischen Schadensfolgen des indonesischen Krisenweges der Jahre 1957 bis 1966. Für die Bundesrepublik Deutschland markierte der Abschluss der Umschuldungsverhandlungen einen vorläufigen Schlusspunkt des besonderen politischen Engagements in Indonesien.

3 Jenseits von Sukarno und Hallstein-Doktrin: Indonesien und die Bundesrepublik Deutschland 1967–1973

Routinisierung und Entdramatisierung: Die Beziehungen zu Indonesien in einer veränderten welt- und deutschlandpolitischen Lage

Nach den Geschehnissen der Jahre 1965/66, die Indonesien transformierten, änderten sich auch die Umstände für die Politik der Bundesregierung gegenüber diesem Land. Dafür gab es zweierlei Gründe: Erstens waren die Kreise um General Suharto darauf bedacht, Rücksicht auf die Präferenzen Bonns zu nehmen. Im eigenen Interesse wollte die „neue Ordnung" nichts unternehmen, was die benötigte westdeutsche Unterstützung bei der Umschuldung und bei der Vergabe neuer Hilfsgelder gefährden würde. Zweitens löste sich die Deutschlandpolitik der Bundesregierung graduell von der Alleinvertretungspolitik und entsprechend von der Politik der DDR-Nichtanerkennung. Durch die sogenannte Geburtsfehler-Theorie[246] modifizierte die ab 1. Dezember 1966 amtierende Große Koalition die Hallstein-Doktrin, ehe sich die sozialliberale Koalition nach 1969 von ihr abwandte. Zeichen des politischen Wandels war der sich verändernde Sprachgebrauch. Bundeskanzler Kurt Georg Kiesinger nannte in seiner ersten Regierungserklärung die DDR den „anderen Teil Deutschlands", eine bis dahin ungebräuchliche, weniger konfrontativ klingende Bezeichnung.[247]

Im Mai 1967 trat in Tokio unter Leitung des seit einigen Monaten amtierenden Außenministers Willy Brandt eine Konferenz der in Asien tätigen bundesdeutschen Botschafter zusammen. Die neuen deutschlandpolitischen Akzentuierungen fanden ihren Niederschlag in einem dort präsentierten Thesenpapier zur deutschen Asienpolitik: Die Deutschlandpolitik werde auf internationaler Ebene zukünftig „vermeiden müssen, den Alleinvertretungsanspruch zu überfordern. Er ist vor allem als eine

---

[246] Vgl. Lappenküper, Außenpolitik, S. 23: Die Geburtsfehler-Theorie sah vor, die Hallstein-Doktrin bei denjenigen Staaten nicht anzuwenden, welche aufgrund ihrer Zugehörigkeit zum Machtbereich der Sowjetunion dazu gezwungen waren, sofort nach der DDR-Gründung diplomatische Beziehungen zu Ost-Berlin herzustellen. Ein Ziel der Geburtsfehler-Theorie war es, die DDR in Mittel- und Osteuropa zu isolieren. Sie wurde vom SED-Regime mit der „Ulbricht-Doktrin" beantwortet, wonach eine Herstellung von Beziehungen zur Bundesrepublik erst nach der Bonner Anerkennung der DDR erfolgen sollte.
[247] Siehe dazu ergänzend: KPBR 19 (1966), S. 539. 60. Sitzung des Bundeskabinetts am 20.12.1966.

politisch-moralische Pflicht zu verstehen. Jedenfalls werden wir uns wegen unserer berechtigten Interessen weder erpressen noch in die Rolle eines Bittstellers drängen lassen."[248] An die Stelle des konkreten und in den Vorjahren mit großem Aufwand verfolgten Ziels der DDR-Nichtanerkennung sollten eher allgemeine entspannungspolitische Ziele treten: „Für eine Aktivierung und Weiterentwicklung der deutschen Politik hat die Regierungserklärung vom 13. Dezember 1966 Maßstäbe gesetzt. Unsere Asienpolitik ist Teil unserer Bemühungen um Entspannung, Abrüstung und Friedenssicherung. Sie ist somit auch Teil unserer Anstrengungen, die Voraussetzungen für die Lösung des Deutschlandproblems zu verbessern. [...]. Wir verfolgen in Asien keine eigenen politischen Ziele."[249]

Da das konkrete deutschlandpolitische Interesse in den Hintergrund rückte, verwies der Duktus des Papiers eher auf eine Reduzierung der diplomatischen Aktivität Bonns im Fernen Osten. Zu Indonesien wurde festgehalten, sofern es unter Suharto gelinge, „in den nächsten Jahren die wirtschaftliche Lage zu bessern und die am Aufbau einer Demokratie interessierten Kreise zu sammeln, kann erwartet werden, dass die heute schon recht guten wirtschaftlichen Beziehungen Deutschlands zu Indonesien erheblich ausgeweitet werden können".[250]

Nachdem die Bundesrepublik zum Januar 1967 mit Rumänien diplomatische Beziehungen aufgenommen hatte – und somit zwei deutsche Botschafter in Bukarest akkreditiert waren –, fragte der indonesische Repräsentant in Bonn beim Auswärtigen Amt nach, ob die Bundesregierung damit den Alleinvertretungsanspruch aufgegeben habe. Dies wurde verneint.[251] Die Große Koalition interpretierte selbst die Wiederaufnahme diplomatischer Beziehungen zu Jugoslawien Anfang 1968 nicht als Aufgabe der Hallstein-Doktrin, obwohl dieser Vorgang noch über den mit der „Geburtsfehler-Theorie" erweiterten Spielraum hinausging.[252] Die deutschlandpolitische Neuausrichtung betraf einstweilen nur aktive Schritte der Bundesrepublik in Osteuropa. Nach wie vor unerwünscht war ein Herantreten von Drittstaaten an die DDR, auch unterhalb der

---

[248] PA AA, B 1, 550. Thesen einer deutschen Asienpolitik, aufgestellt auf der Botschafterkonferenz 1967 in Tokio. Vermerk vom 19.5.1967 (ohne Verfasserangabe).
[249] Ebenda.
[250] PA AA, B 1, 550. Vorschläge für Thesen einer deutschen Asienpolitik, aufgestellt auf der Botschafterkonferenz 1967 in Tokio. Vermerk vom 18.5.1967 (ohne Verfasserangabe). Dieser Entwurf ist von Außenminister Willy Brandt handschriftlich redigiert worden.
[251] PA AA, B 130, 2591A. Ministerialdirektor Meyer-Lindenberg: Drahterlass Nr. 14 an die Botschaft Jakarta vom 1.2.1967.
[252] Lappenküper, Außenpolitik, S. 24. Die Wiederaufnahme diplomatischer Beziehungen zu Jugoslawien war eine noch größere Abweichung von der ursprünglichen Hallstein-Doktrin als die „Geburtsfehler-Theorie", weil Jugoslawien 1957 die DDR anerkannt hatte, obwohl es nicht Teil des sowjetischen Machtbereichs war und obwohl es zuvor schon diplomatische Beziehungen zur Bundesrepublik unterhalten hatte. Bundeskanzler Kiesinger war auf seiner Asienreise 1967 davon überzeugt worden, diplomatische Beziehungen zu Belgrad würde keine DDR-Anerkennung durch andere blockfreie Staaten nach sich ziehen, vgl. Lappenküper, Außenpolitik, S. 24.

Schwelle diplomatischer oder konsularischer Beziehungen. So lehnte die Bundesregierung ausdrücklich die Einrichtung einer staatlichen Handelsvertretung in Ost-Berlin ab, nach der sich indonesische Diplomaten wiederholt erkundigt hatten.[253] Im Gespräch mit Außenminister Malik unterstrich der neue AA-Staatssekretär Klaus Schütz bei einem Indonesienbesuch im Mai 1967, es sei nur ein Büro akzeptabel, das nicht den Charakter einer staatlichen Repräsentation trage.[254]

Noch bis zum Sommer 1968 beabsichtigte die Suharto-Regierung, zur Verbesserung ihrer Wirtschaftsbeziehungen mit der DDR ein Handelsbüro in Ost-Berlin zu eröffnen.[255] Es war aus Bonner Sicht irritierend, dass ausgerechnet Vertreter der erklärtermaßen antikommunistischen „neuen Ordnung" ihre Handelsbeziehungen zur DDR institutionalisieren wollten.[256] Im Mai 1968 war das Auswärtige Amt allerdings zur Auffassung gelangt, die Handelsvertretung werde „sich nicht mehr verhindern lassen".[257] Die indonesische Regierung hatte sich eigentlich schon auf eine Eröffnung im Juni 1968 festgelegt.[258] Schließlich sah Jakarta dennoch von einer solchen Vertretung in der DDR ab, um das Wohlwollen der Bundesrepublik nicht zu trüben.[259] Doch von dieser vergleichsweise nebensächlichen Irritation abgesehen waren das Misstrauen und die ständige Alarmbereitschaft, in der sich die Botschaft bis Ende 1965 befunden hatte, einem Zutrauen in die deutschlandpolitische Zuverlässigkeit der neuen Regierung Indonesiens gewichen. Dass der von 1965 bis 1969 in Jakarta amtierende DDR-Generalkonsul Bayerlacher mindestens zweimal vom neuen Staatschef Suharto empfangen wurde, hielt die Botschaft eher beiläufig für das Auswärtige Amt fest.[260]

---

253 PA AA, B 130, 2591A. Ministerialdirektor Meyer-Lindenberg: Drahterlass Nr. 14 an die Botschaft Jakarta vom 1.2.1967.
254 PA AA, B 37, 292. Botschaftsrat Heimsoeth, Jakarta: Schriftbericht Nr. 610/67 „Besuch von Staatssekretär Schütz in Jakarta: hier: Politische Gespräche mit Außenminister Malik" vom 8.6.1967. Ein wichtiger Bestandteil des Besuches von Klaus Schütz in Jakarta war die Eröffnung eines neuen Botschaftsgebäudes.
255 Kurz nach Sukarnos Absetzung hatte der Informationsminister der Suharto-Regierung erklärt: „Unsere Außenpolitik erkennt auch weiterhin nur die Bundesrepublik Deutschland (West-Deutschland) an, aber sie eröffnet gleichzeitig der Deutschen Demokratischen Republik (Ost-Deutschland) die Möglichkeit, Handelsbeziehungen mit uns zu erhalten". Zitiert nach: PA AA, B 37, 335. Botschaftsrat Heimsoeth, Jakarta: Drahtbericht Nr. 197 vom 19.5.1967.
256 PA AA, B 37, 335. VLR I Bassler: Aufzeichnung „Indonesische Vertretung in Ostberlin" vom 26.1.1967.
257 PA AA, B 38, 247. Ministerialdirigent van Well: Vermerk „Indonesisches Handelsbüro in Ostberlin" vom 16.5.1968.
258 PA AA, B 38, 247. Botschafter Bassler, Jakarta: Schriftbericht Nr. 580/68 „Eröffnung einer indonesischen Handelsvertretung in Ost-Berlin" vom 30.4.1968.
259 PA AA, B 37, 365. Botschafter Bassler, Jakarta: Schriftbericht Nr. 1187/68 „Länderaufzeichnung Indonesien 1968" vom 2.9.1968.
260 PA AA, B 37, 470. Botschaftsrat Ritter, Jakarta: Schriftbericht Nr. 972/69 „Sowjetzonales Generalkonsulat in Jakarta" vom 14.7.1969: „Bayerlacher hatte die Leitung des Generalkonsulats am 19.10.1965, also drei Wochen nach dem fehlgeschlagenen kommunistischen Putsch übernommen und damit sein

Der 1969 neugewählte Bundeskanzler Willy Brandt modifizierte die Bonner Deutschlandpolitik grundlegend. In seiner ersten Regierungserklärung vom 28. Oktober 1969 erklärte er, es gebe „zwei Staaten in Deutschland"; sie seien jedoch „für einander nicht Ausland; ihre Beziehungen können nur von besonderer Art sein".[261] An die Stelle der Hallstein-Doktrin setzte die sozialliberale Koalition die sogenannte Scheel-Doktrin: Die Bundesregierung erwartete demnach von Drittstaaten, dass sie von einer völkerrechtlichen Anerkennung der DDR so lange absähen, bis eine staatsrechtliche Regelung des deutsch-deutschen Verhältnisses erreicht sei. Bei einer Nichtentsprechung war allerdings nicht mehr der Abbruch der diplomatischen Beziehungen vorgesehen.[262] Suhartos Indonesien blieb mit den Erwartungen der Bundesregierung im Einklang – auch auf der Blockfreien-Konferenz von Lusaka 1970, bei der die Deutschlandfrage ohnehin kein prominentes Thema war.[263] Die indonesische Regierung wartete den Abschluss der Verhandlungen über die Herstellung von Beziehungen zwischen Bonn und Ost-Berlin ab. Am 21. Dezember 1972, dem Tag der Unterzeichnung des Grundlagenvertrages zwischen der Bundesrepublik und der DDR, nahmen Indonesien und die DDR diplomatische Beziehungen miteinander auf. Zum 1. Mai 1973 überreichte Peter Stockmann, der neue DDR-Botschafter in Jakarta, Präsident Suharto sein Beglaubigungsschreiben.[264] Bald nach seiner Akkreditierung erschien Stockmann bei seinem bundesdeutschen Kollegen zum Antrittsbesuch.[265]

Die Neuregelung des deutsch-deutschen Verhältnisses hatte im Kontext einer veränderten weltpolitischen Lage stattgefunden. Die Entspannung im bilateralen Verhältnis der beiden Supermächte hatte sich von anfänglichen Willensbekundungen beider Seiten hin zu messbaren Erfolgen entwickelt, so der Unterzeichnung des *Strategic Arms Limitation Treaty* (SALT) vom Mai 1972 in Moskau.[266] Die seit dem Sieg der Kommunisten im chinesischen Bürgerkrieg und dem Korea-Krieg tiefe sino-amerikanische Feindschaft war durch Nixons Besuch in China vom Februar 1972 beendet worden; die US-Militärpräsenz in Südostasien wurde durch den amerikanischen Rückzug

---

Amt unter besonders schwierigen Umständen angetreten. Es ist nicht zu leugnen, dass er seine Aufgabe mit großem Geschick und sichtbarem Erfolg erfüllt hat. Mehrfach wurde der Botschaft berichtet, dass er es verstanden habe, bei seinen indonesischen Gesprächspartnern persönliche Sympathie zu erwecken. Insbesondere im Zusammenhang mit der Entscheidung von sowjetzonalen Behörden, einige im Jahre 1965 stillgelegte Entwicklungshilfeprojekte nunmehr zu ihrem Abschluss zu bringen, konnte Bayerlacher in den letzten Monaten eine rege publizistische Tätigkeit entfalten und sogar eine Audienz bei Präsident Suharto erreichen."

261 Zitiert nach: Möller, Teilung, S. 307.
262 Glaab, Deutschlandpolitik, S. 244.
263 Vgl. Das Gupta, The Non-Aligned, S. 153 f., und Lüthi, Non-Aligned Movement, S. 118.
264 PA AA, ZA, 100174. Botschafter Balken, Jakarta: Schriftbericht Nr. 1463/73 „Kontakte zwischen Botschaften beider deutschen Staaten" vom 6.12.1973.
265 Ebenda.
266 Cohen, American Foreign Relations, S. 181–183.

aus Südvietnam 1973 stark reduziert.[267] Versetzt man sich in die Perspektive damaliger Beobachter, so wird verständlich, warum sie vom Kalten Krieg nur noch in der Vergangenheitsform sprachen. Auch Beobachter aus dem Auswärtigen Amt gingen von einer „Auflösung" der weltpolitischen Bipolarität aus.[268] Als Katalysator einer solchen Multipolarisierung des internationalen Systems wurde einerseits die (west-)europäische Integration wahrgenommen, andererseits der von Diplomaten um 1970 häufig konstatierte Aufstieg Asiens, vermittelt durch Japans Prosperität und Chinas Status als der dritten Weltmacht nach den USA und der UdSSR.[269] Der Eindruck, eine tiefe weltpolitische Zäsur zu erleben, ist aus vielen diplomatischen Berichten des Auswärtigen Amts ablesbar; so auch aus einem Vermerk des AA-Südostasienreferates von Ende 1972, das die Einberufung einer Botschafterkonferenz zum Thema Asien vorschlug:

> „Der weltweite Übergang von Konfrontation zum Dialog hat zu einer tiefgreifenden Veränderung der politischen Lage in Asien, vor allem Südost- und Ostasien, geführt. Äußeren Ausdruck findet dieser Wandel in der neuen Rolle Chinas in der Weltpolitik und in der Neuorientierung der Länder des asiatisch-pazifischen Raumes zu Peking. Alte Strukturen der Zusammenarbeit, wie SEATO und ASPAC, sind obsolet geworden; neue Formen der politischen und wirtschaftlichen Zusammenarbeit sind zum Teil erst in Ansätzen erkennbar (ASEAN). Die veränderte Szenerie berührt auch unsere Interessen und die der Europäischen Gemeinschaft."[270]

Zum Ort der Asienkonferenz wurde Jakarta bestimmt, da Indonesien bei der „Neugestaltung der Zusammenarbeit zwischen den Staaten dieses Raums erhöhte Bedeutung" zukomme.[271] Außenminister Malik war „hocherfreut" angesichts der besonderen Rolle, die das Auswärtige Amt seinem Land durch die Auswahl der indonesischen Hauptstadt für die Zusammenkunft offensichtlich zumaß.[272] Im Vorlauf zu der Konferenz arbeitete das Auswärtige Amt an einer Aktualisierung des Thesenpapiers zur Asi-

---

267 Logevall, Indochina Wars, S. 300.
268 So etwa: PA AA, ZA, 100386. Botschafter Breuer, Kabul: Schriftbericht Nr. 280/73 „Botschafter-Konferenz" vom 17.3.1973.
269 PA AA, B 37, 506. VLR I Berendonck: Aufzeichnung „Schwerpunktbildung bei der Entwicklungshilfe" vom 10.7.1970: „Das Gewicht Asiens, mit 2/3 der Weltbevölkerung, wird in der Weltpolitik immer stärker. Alle drei Weltmächte sind in Asien politisch und militärisch in hohem Maße engagiert. Von keinem anderen Kontinent strahlen daher so intensive Wechselwirkungen nach Europa aus. Bei der zunehmenden Interdependenz aller weltpolitischen Fragen und Probleme erfordert dies von uns Aufmerksamkeit und Beteiligung an der Entwicklung dieses Kontinents. Für unsere künftige Bedeutung als Industrienation kann unser politisches und wirtschaftliches Verhältnis zu den aufstrebenden Mächten Asiens entscheidend sein. Mit unseren traditionellen Kulturbeziehungen und unserer nichtkolonialen Vergangenheit könnten wir in Asien bestehende Verbindungen ausnutzen und einen Teil des Vakuums ausfüllen, das durch den Abbau britisch/französischen und amerikanischen Einflusses entsteht."
270 PA AA, B 37, 648. VLR I Berendonck: Aufzeichnung „Botschafterkonferenz in Asien" vom 23.11.1972.
271 Ebenda.
272 PA AA, ZA, 100386. Botschafter Balken, Jakarta: Drahtbericht Nr. 008 vom 4.1.1973.

enpolitik von 1967. Hierzu erbat die Zentrale des Auswärtigen Amts Stellungnahmen der jeweiligen Botschaften. Dem deutschen Vertreter in Kambodscha (ihren Botschafter in Phnom Penh hatte die Bundesregierung 1969 abgezogen)[273] schien der Tenor des Papiers zwar auch nach sechs Jahren „nicht veränderungsbedürftig", wohl aber dessen deutschlandpolitische Ausrichtung. Aufgrund der staatsrechtlichen Regelung der Beziehungen zwischen Bundesrepublik und DDR sei die Deutschlandfrage „vorläufig in den Hintergrund getreten".[274] Zum Deutschlandproblem hieß es, „seine langfristige Lösung (Wiedervereinigung) wird (hoffentlich) die Grundkomponente der deutschen Innen- und Außenpolitik bleiben, braucht jedoch nicht mehr als besonderer Bestandteil unserer Ostasienpolitik erwähnt zu werden".[275] Die Botschaft in Pakistan hielt in ihrer Stellungnahme fest, die 1967 noch bestehende „Spannungssituation" sei „heute nicht mehr gegeben, die Formulierung deshalb überholt".[276] Aus Jakarta gab Botschafter Balken zu bedenken, insgesamt spreche aus dem Papier von 1967 eine „passive Haltung". Dies sei insofern problematisch, da sich die Bundesrepublik Deutschland als zukünftiges Vollmitglied der Vereinten Nationen in mancher Hinsicht seltener auf eine passive Beobachterrolle zurückziehen könne, sondern häufiger als bislang „Farbe bekennen" müsse; die Bundesrepublik, so Balken, gelte „in Asien als eine der, wenn nicht die führende Macht Westeuropas. Man erwartet von uns, gerade unserer wirtschaftlichen Position wegen, auch die Übernahme einer dieser wirtschaftlichen Kraft entsprechenden politischen Rolle."[277] Der in Südkorea akkreditierte Botschafter Wilfried Sarrazin hielt in einer Analyse fest, die lange Nachkriegsperiode im ost- und südostasiatischen Raum, deren Charakteristikum die Präsenz der USA „als erster Ordnungsmacht" dargestellt habe, sei nunmehr an ihr Ende gelangt.[278] Die Interessen der Bundesrepublik lägen vorrangig in der Erschließung asiatischer Märkte für die

---

[273] Zur bundesdeutschen Kambodschapolitik der späten sechziger und frühen siebziger Jahre siehe: Szatkowski, From Sihanouk to Pol Pot, S. 31–40.
[274] PA AA, ZA, 100388. Botschaftsrat Marschall v. Bieberstein, Phnom Penh: Schriftbericht Nr. 88/73 vom 12.3.1973.
[275] Ebenda.
[276] PA AA, ZA, 100388. Botschafter Scheske, Islamabad: Schriftbericht Nr. 347/73 „Botschafterkonferenz; hier: Thesen einer deutschen Asienpolitik" vom 20.3.1973.
[277] PA AA, ZA, 100388. Botschafter Balken, Jakarta: Schriftbericht Nr. 343/73 „Botschafterkonferenz; hier: Thesen einer deutschen Asienpolitik" vom 19.3.1973.
[278] PA AA, ZA, 100388. Botschafter Sarrazin, Seoul: Schriftbericht Nr. 163/73 „Botschafterkonferenz in Jakarta; hier: deutsche Asienpolitik" vom 29.3.1973: „Diese Nachkriegsperiode mit den USA als erster Ordnungsmacht in Asien ist durch folgende Umstände beendet worden: 1. Fehlschlag bzw. unverhältnismäßig hohe Belastung der USA als Ordnungsmacht in Vietnam, 2. Abbau der amerikanischen Präsenz im pazifischen Raum mit drohendem Machtvakuum, 3. Etablierung der Großmachtstellung der VR China, 4. Normalisierung der Beziehungen zwischen USA und VR China, 5. Gegensatz zwischen Sowjetunion und VR China, 6. Wirtschaftsexpansion Japans, 7. Die sich abzeichnende Notwendigkeit für Japan, eine eigene Sicherheitspolitik in Asien zu etablieren."

deutsche Exportwirtschaft.[279] Im Sinne dieser Wirtschaftsinteressen solle die Bundesrepublik, so die Botschaft Singapur, auf eine „weltoffene Ausrichtung der EWG-Politik hinwirken"; überdies solle Bonn gegenüber den südostasiatischen Staaten für einen Ausbau der multilateralen Regionalkooperation im Rahmen von ASEAN und EWG werben.[280]

In seiner Eröffnungsrede zu der am 27. April 1973 beginnenden Botschafterkonferenz in Jakarta forderte Minister Scheel, die deutsche Außenpolitik müsse „an den sich verändernden Verhältnissen in der Welt" orientiert sein – und an keinem anderen Ort der Welt habe es „in den letzten Monaten so viele bedeutsame politische Veränderungen gegeben" wie in Asien.[281] Die auf der Konferenz gehaltenen Vorträge spiegelten den allseits wahrgenommenen Umbruch in Europa *und* in Asien wider: Die bisher wichtigsten Themen hatten an Bedeutung verloren – namentlich die deutsche Frage, die Ost-West-Konfrontation, die Furcht vor dem maoistischen China und der Vietnamkrieg. An ihre Stelle rückten neue Themen in den Vordergrund: So der UN-Beitritt der Bundesrepublik Deutschland, der Ausbau europäisch koordinierter Außenbeziehungen, der beginnende KSZE-Prozess, die Annäherung der westlichen Staaten an China, die mit der ASEAN entstandene südostasiatische Regionalkooperation sowie Fragen der Erdölversorgung, welche mit der im Herbst 1973 beginnenden Ölkrise dann nochmals wichtiger wurden. Die „Regie" des Auswärtigen Amts änderte sich auch dahingehend, dass die Botschafter nun nicht mehr zu ihren jeweiligen Staaten Länderberichte abgaben, sondern zu bestimmten Sachthemen referierten.[282]

Scheel sprach der sozialliberalen Außenpolitik die Leistung zu, „das Ansehen der Bundesrepublik in der Welt erhöht und den Einfluss, den wir auf die internationale Entwicklung haben, verstärkt" zu haben. Als wesentliche Priorität Bonns nannte er, die „Einigung Westeuropas" fortzuführen. Die beiden Gipfelkonferenzen von Den Haag 1969 und Paris 1972 seien die Basis für die „Bildung einer Wirtschafts- und Währungsunion"[283] und das Entstehen einer staatsähnlich gedachten „Politischen Union" Europas, in der zukünftig ein europäisches Parlament „die wesentlichen Entscheidungen" treffen und „die nationalen Armeen nur noch Teile einer Bundesarmee" sein würden.[284] Insgesamt müssten die Europäer lernen, künftig „in größeren Dimensionen

---

[279] PA AA, ZA, 100388. Botschafter Sarrazin, Seoul: Schriftbericht Nr. 163/73 „Botschafterkonferenz in Jakarta; hier: deutsche Asienpolitik" vom 29.3.1973.
[280] PA AA, ZA, 100388. Botschafter Loer, Singapur: Schriftbericht Nr. 169/73 „Botschafterkonferenz, hier: Thesen einer deutschen Asienpolitik" vom 31.3.1973: „Durch ihre in der EWG gesammelten Erfahrungen und als die Integration voll bejahender Mitgliedstaat kann die Bundesrepublik zur Aufklärung über diese Tatbestände beitragen."
[281] PA AA, ZA, 100387. Bundesminister Scheel: Eröffnungsvortrag auf der Botschafterkonferenz in Jakarta vom 27.4.1973 (39 Seiten), S. 1.
[282] Ebenda, S. 1.
[283] Ebenda, S. 4.
[284] Ebenda, S. 7–9: „Aber das bedeutsamste Ereignis der Pariser Gipfelkonferenz war zweifellos der Beschluss, bis 1980 eine Europäische Union zu schaffen, die, wie es in dem Kommuniqué der Kon-

zu denken"; dies gelte gerade im Verhältnis zu den USA, die zwar in jeder Hinsicht der wichtigste Partner Europas blieben, mit denen jedoch auch wirtschafts- und währungspolitische Divergenzen bestünden.[285] Auch nach dem Grundlagenvertrag, so der Minister, sei es Ziel der Bundesregierung, die deutsche Frage offenzuhalten und einem weiteren „Auseinanderleben der deutschen Nation" entgegenzuwirken.[286] Neben der Sowjetunion und anderen sozialistischen Staaten hob Scheel die Entwicklung der Beziehungen zu China hervor; das Gastland der Botschafterkonferenz, Indonesien, erwähnte er in seinem Referat nicht.[287]

Botschafter Balken konstatierte, es gebe bisher keine „europäische Politik gegenüber Südostasien", lediglich die jeweils national betriebene Suche nach Rohstofflieferungen und Exportmärkten. Er regte an, im Rahmen der Europäischen Gemeinschaft politische Leitlinien für die Beziehungen zu Südostasien zu erarbeiten.[288] Die Konferenz schloss mit einem an die indonesische Presse verteilten Kommuniqué, in dem das Auswärtige Amt „die Bedeutung Asiens für unsere Außenpolitik" hervorhob.[289] In der indonesischen Presse fand die Konferenz von Jakarta einen positiven Widerhall: Gewertet wurde die Zusammenkunft der Bonner Diplomaten als eine „Anerkennung der Wichtigkeit und Stabilität Indonesiens"; die Beziehungen zwischen Bonn und Jakarta seien rundum positiv.[290]

Opposition gegen die „neue Ordnung" Indonesiens und bundesdeutsche Kritik an der indonesischen Menschenrechtslage

Die regierungsamtlichen und die privatwirtschaftlichen Beziehungen der Bundesrepublik zu Indonesien waren nach dem Abschluss der Umschuldungsverhandlungen 1970/71 unaufgeregt und unproblematisch. Anders war die Haltung von nichtstaatlichen Gruppen, die sich immateriellen Prioritäten verschrieben hatten. Ihnen erschien Suhartos Indonesien keineswegs als ein unproblematisches Land. Insofern hatten sich nicht nur die Präferenzen der Bundesregierung bezüglich Indonesiens geändert, sondern auch die Präferenzen bestimmter gesellschaftlicher Akteure gewandelt oder überhaupt erst gebildet. Im Laufe der sechziger Jahre hatte insbesondere in westlichen Staaten ein Thema an Bedeutung gewonnen, das sich der bisherigen Logik und der

---

ferenz heißt, in absoluter Einhaltung der bestehenden Verträge die Gesamtheit der Beziehungen der Mitgliedstaaten umfassen soll, die also eine wirkliche politische Union sein wird."
285 PA AA, ZA, 100387. Bundesminister Scheel: Eröffnungsvortrag auf der Botschafterkonferenz in Jakarta vom 27.4.1973, S. 19.
286 Ebenda, S. 27.
287 Ebenda, S. 21–27, 36–39.
288 PA AA, ZA, 100387. Botschafter Balken, Jakarta: Vortrag „Südostasien und die Interessen der Großmächte" vom 27.4.1973.
289 PA AA, ZA, 100386. Botschafter Balken, Jakarta: Drahtbericht Nr. 204 vom 29.4.1973.
290 PA AA, ZA, 100386. Botschafter Balken, Jakarta: Drahtbericht Nr. 215 vom 3.5.1973.

Imperative des Kalten Krieges entzog: Der transnationale Einsatz für Menschenrechte und gegen Menschenrechtsverletzungen – und zwar auch in solchen Staaten, deren Regierungen eine pro-westliche Politik betreiben.[291] Die siebziger Jahre des 20. Jahrhunderts sind mit einiger Berechtigung als eine „Umbruchphase" in der Geschichte der Menschenrechte bezeichnet worden.[292]

Doch Menschenrechtspolitik und Menschenrechtsaktivismus lösten sich natürlich nicht aus dem Kontext der internationalen (Macht-)Politik, sondern blieben in vielfacher Weise auf den Kalten Krieg bezogen. Kontinuitäten gab es bei der wohl zeitlosen Tendenz der meisten Regierungen, im Falle einer Kollision zwischen Interessen und Werten interessenpolitischen Erwägungen den Vorrang einzuräumen. Doch selbst dies relativierte sich während der Präsidentschaft Jimmy Carters (ab 1977) zumindest bis zu einem gewissen Grade. Erkennbarer Wandel zeigte sich aber vor allem in der steigenden gesellschaftlichen Sensibilität für Menschenrechtsprobleme nicht nur in der eigenen Umgebung, sondern auch in weit entfernten Ländern.[293] Ablesbar ist dieser Wandel unter anderem an der wachsenden Zahl von Zuschriften zu internationalen menschenrechtspolitischen Fragen, die das Auswärtige Amt seit den späten sechziger Jahren erreichten. Vor 1967 finden sich in den Akten mit Indonesienbezug kaum Zuschriften dieser Art, obschon es natürlich auch vor 1967 Menschenrechtsverletzungen und politische Gefangene in Indonesien gegeben hat. Ab 1967 füllen sie ganze Aktenbände.[294] Träger dieser Menschenrechtsinitiativen und -petitionen waren überdurchschnittlich artikulationsstarke Segmente der bundesdeutschen Öffentlichkeit: Außer für Fachorganisationen wie *Amnesty International* waren die Menschenrechtsaktivisten häufig im Umfeld von Gewerkschaften, Kirchen und Universitäten oder im Journalismus tätig.

Eine der Maßnahmen, mit denen die Regierung der „neuen Ordnung" scharfe Kritik auf sich zog, war das sogenannte *Screening* indonesischer Studenten im Ausland. Im Oktober 1966 hatte die indonesische Botschaft in Bonn alle in Deutschland studierenden Indonesier brieflich aufgefordert, einem staatlich gelenkten Verband indonesischer Studenten (Perhimpunan Pelajar Indonesia, PPI) beizutreten und vier Fragebögen auszufüllen, die eindeutig auf die Überprüfung ihrer politischen Zuverlässigkeit abzielten. Für den Fall einer Nicht-Befolgung der Anweisungen drohte die Botschaft mit dem Entzug des Reisepasses. Im Februar 1967 schrieb das baden-württembergische Kultusministerium an das Auswärtige Amt, es möge die indonesische Botschaft von derlei Maßnahmen abhalten: Weder die zwangsweise Mitgliedschaft noch die Befragungen seien „mit den akademischen Gepflogenheiten an den deut-

---

291 Siehe dazu Foot, Human Rights, S. 445–465.
292 So von: Moyn, Menschenrechtsgeschichte, S. 7–21.
293 Hierzu Eckel, Geist der Moral, S. 22–67; Eckel, Ambivalenz. Zum Menschenrechtsdiskurs Indonesiens in den siebziger Jahren siehe: Simpson, Menschenrechtsdiskurse, S. 343–366.
294 Siehe unter anderem folgende Bände: PA AA, B 1, 723; PA AA, B 37, Bde. 337, 470, 543, 544, 545, 546, 610, 611, 678; PA AA, ZA, Bde. 100173, 101596.

schen Hochschulen" vereinbar; möglicherweise beinhalteten sie „sogar strafbare Handlungen".²⁹⁵ Schon zuvor hatte sich das Studentenparlament der TH Stuttgart gegen die „Screenings" verwahrt und deutsche Zeitungen hatten „totalitäre Methoden" und eine versuchte „Gleichschaltung" der Auslandsstudenten durch die indonesische Regierung kritisiert.²⁹⁶ Wenngleich das Südostasienreferat des Auswärtigen Amts mit dem Vorgehen der indonesischen Botschaft nicht zur Gänze einverstanden war, übernahm es auch in dieser Angelegenheit weitgehend die Darstellung der Suharto-Regierung.²⁹⁷ Als der Bundestagsabgeordnete Karl Moersch (FDP) im Zusammenhang der „Screenings" eine Anfrage an die Bundesregierung stellte, stellte sich die Lage aus Sicht des Referates I B 5 wie folgt dar:

> „Nach der Entmachtung Sukarnos und dem Sturz von Ministerpräsident Subandrio stellte sich heraus, dass die von dem früheren indonesischen Regime ins Ausland entsandten Studenten zum großen Teil kommunistischen Organisationen angehört hatten und jetzt vom Ausland aus ein Wiederaufleben des Kommunismus in Indonesien zu erreichen versuchen. [...] Die indonesische Regierung hat sich gezwungen gesehen, die z. Z. im Ausland befindlichen Studenten unter ihre Kontrolle zu bringen. Sie bedient sich dabei eines zwar für unsere Begriffe bedenklichen Mittels, möchte aber mit der Erfassung und Abschiebung der kommunistisch orientierten Studenten ein Ziel erreichen, das auch in unserem Interesse liegen sollte. [...] Bei dieser Sachlage wäre es nicht richtig, eine Diskussion auszulösen, die unsere Beziehungen zu Indonesien unnötig stört. Die indonesische Regierung hat sich, um ein an sich auch von uns zu billigendes Ziel zu erreichen, nur höchst ungeschickter Maßnahmen bedient, die mit unseren Vorstellungen von einer freiheitlichen demokratischen Ordnung nicht übereinstimmen können. Aus diesem Grunde wird vorgeschlagen, dass die Angelegenheit bei nächster Gelegenheit zwischen Herrn VLR I Bassler und dem indonesischen Botschafter besprochen wird mit dem Ziele, dass die indonesische Botschaft die Verteilung dieser Fragebogen abstellt."²⁹⁸

Indonesiens Botschafter Helmi räumte im Februar 1967 bei einem Gespräch mit Außenminister Brandt und Referatsleiter Bassler Fehler ein und sagte zu, die Fragebogenaktion zu beenden.²⁹⁹

---

295 PA AA, B 37, 337. Kultusministerium Baden-Württemberg: Schreiben H 1200/40 „Indonesische Studenten an den wissenschaftlichen Hochschulen" an das AA vom 1.2.1967.
296 „Indonesische Studenten unter staatlichem Druck?". Bonner Rundschau, 31.1.1967. Aus: PA AA, B 37, 337.
297 In einem AA-internen Schreiben notierte Referatsleiter Bassler: „Der [...] amtliche indonesische Fragebogen ist dazu gedacht, im Zuge der Neuordnung Indonesiens durch die Regierung Suharto-Malik, im Ausland studierende kommunistisch orientierte Studenten unter Kontrolle zu bekommen. [...] Unsererseits besteht, auch wenn die in dem Fragebogen enthaltenen Formulierungen unseren demokratischen Vorstellungen nicht entsprechen, kein Anlass, uns schützend vor die kommunistisch orientierten Studenten zu stellen." Vgl. PA AA, B 37, 337. VLR I Bassler: Schreiben an AA-Referate IV 1 und IV 2 (über Referat L3) vom 9.2.1967.
298 PA AA, B 37, 337. VLR I Bassler: Aufzeichnung „Fragebogenaktion des indonesischen Außenministeriums in Deutschland" vom 15.2.1967.
299 PA AA, B 37, 337. VLR I Bassler: Aufzeichnung „Fragebogenaktion der indonesischen Botschaft in der Bundesrepublik" vom 23.2.1967. Die DDR-Staatssicherheit ging noch im September 1967 davon

1967 setzten indonesische Stellen auf deutschem Boden zu einer weiteren problematischen Operation an. Der deutsche Militärattaché in Jakarta hatte in Erfahrung gebracht, dass Angehörige einer „besonderen Nachrichteneinheit" einer indonesischen Heeresdivision in der Bundesrepublik und in den Niederlanden „die Tätigkeit von Widerstandsgruppen gegen den amtierenden Staatspräsidenten General Suharto untersuchen" sollten.[300] Das Bundesministerium des Innern mahnte grundsätzlich zur „Zurückhaltung" bei der nachrichtendienstlichen Zusammenarbeit mit Indonesien.[301] Das Auswärtige Amt hatte zwar keine Bedenken gegen einen Informationsaustausch mit indonesischen Nachrichtendiensten und gegen die Ausbildung indonesischer Nachrichtenoffiziere durch den BND; es lehnte jedoch jede aktive Tätigkeit indonesischer Geheimdienste auf dem Gebiet der Bundesrepublik entschieden ab.[302] Im November 1967 informierte das Bundeskanzleramt die anderen zuständigen Ministerien, die geplanten Aktionen der Indonesier seien „abgestoppt" worden, ohne den Vorgang näher zu erläutern.[303]

Nach der Jahreswende 1968/69 sorgten Presseberichte über die Tötung von mehr als zweitausend Personen auf Java für Aufsehen. In deutscher Sprache berichteten unter anderem die *Neue Zürcher Zeitung* und das *Handelsblatt* über die Vorfälle; deren weitgehend wortgleiche Artikel waren jeweils von dem nach wie vor einzigen deutschen Journalisten in Indonesien geschrieben – Rudolf Oebsger-Röder, dem früheren BND-Informanten und ehemaligen SD-Kommandoführer (siehe IV.4), der mittlerweile zu einer Art „Hofberichterstatter"[304] Suhartos avanciert war.[305] Außer auf diese

---

aus, Außenminister Malik halte an der Überwachung indonesischer Studenten im Ausland fest. Siehe: BStU, MfS HVA 228, S. 203–206. Einzelinformation Nr. 832/67 über westdeutsche Bemühungen um Einflussnahme auf Indonesien vom 27.9.1967.

300 PA AA, B 130, 2650A. Botschafter Luedde-Neurath, Jakarta: Drahtbericht Nr. 460 vom 11.10.1967.
301 PA AA, B 130, 2586A. MR v. Lerske, Bundesministerium des Innern: Schreiben an Bundesministerium der Verteidigung, AA und Bundeskanzleramt vom 10.10.1967.
302 PA AA, B 130, 2650A. VLR I Bassler: Vermerk vom 25.10.1967.
303 PA AA, B 130, 2586A. Bundeskanzleramt, Gruppe I/2: Vermerk „Beabsichtigte Tätigkeit eines indonesischen Nachrichtendienstes in Deutschland" vom 17.11.1967.
304 Hachmeister, SD-Personal, S. 365.
305 Siehe O.G. [d. i. Rudolf Oebsger-Röder]: „Greueltaten auf Java? Fragwürdige Informationspolitik der Regierung." Neue Zürcher Zeitung, 13.3.1969. ROR [d. i. Rudolf Oebsger-Röder]: „Greueltaten auf Java? An Kommunisten". Handelsblatt, 15.4.1969: „Die indonesische Presse hat die zuerst von einem holländischen Reiseberichterstatter gemeldeten Greueltaten im Gebiet von Purwodadi, Nähe Semarang (Mitteljava) groß herausgestellt. Es sollen dort in den Monaten November und Dezember vergangenen Jahres mehr als 2000 Personen wegen ‚kommunistischer Umtriebe' grausam umgebracht worden sein. Viele Hunderte von Menschen sollen noch heute in Lagern ohne Einleitung eines ordnungsgemäßen Gerichtsverfahrens festgehalten werden. [...] Die bisherigen Presseberichte beruhen nicht auf eigenem Augenschein der Gewalttätigkeiten, jedoch auf Informationen von Personen aus und in den betreffenden Dörfern. [...] es scheint nicht allen Indonesiern klar zu sein, dass man nicht einfach jedes ehemalige Mitglied der Kommunistischen Partei ausrotten kann. Schließlich war die Partai Komunis Indonesia einst unter Sukarno eine völlig legale Partei, ja selbst eine Art ‚Staatspartei'. Dies gilt natür-

Meldungen bezogen sich viele Zuschriften von Menschenrechtsorganisationen an die Bundesregierung auf das Schicksal der mehreren zehntausend politischen Gefangenen, die unter Kommunismus-Verdacht in Indonesien interniert waren. Im April 1969 forderte die Bonner Gruppe von *Amnesty International* Außenminister Brandt und Verteidigungsminister Schröder zu einer Stellungnahme betreffend die Menschenrechtslage in Indonesien auf.[306] Das Auswärtige Amt antwortete, von einer Stellungnahme müsse abgesehen werden: Zum einen stünde es „gerade uns Deutschen schlecht an, hier als Schulmeister und als Richter über innere Vorgänge eines anderen Landes auftreten zu wollen" und zum anderen könnten „Hilfsmaßnahmen zugunsten von Staatsangehörigen fremder Länder [...] nicht von der Regierung eines Staates wahrgenommen werden".[307] Im September 1969 stellte man im Auswärtigen Amt fest, ihre „freundschaftlichen Beziehungen" zu Indonesien sowie die „erhebliche Wirtschaftshilfe" für das Land setze die Bundesregierung im Zusammenhang der dortigen Menschenrechtslage der Kritik aus.[308]

Die Botschaft in Jakarta bemühte sich, durch die Kontakte von Oebsger-Röder genauere Informationen über die Internierten zu erhalten.[309] Anfang Januar 1970 gehörte Oebsger-Röder zu einer Gruppe von 20 indonesischen und ausländischen Journalisten, die ein Gefangenenlager auf der entlegenen Insel Buru besichtigen konnten. Sein wiederum sowohl in der *Neuen Zürcher Zeitung* als auch im *Handelsblatt* veröffentlichter Befund fiel milde gegenüber den indonesischen Behörden aus: Zwar gebe es bei den Häftlingen „keine Spuren von Misshandlungen oder Schikanen", allerdings sei fraglich, ob die Besucher wirklich alles gesehen hätten.[310] Bestimmte Antworten seien die Behörden schuldig geblieben, sodass ein zwiespältiger Eindruck bleibe: „Skepsis löste auch das jugendliche Alter vieler Häftlinge aus [...] man konnte

---

lich in noch größerem Maße für die Masse der einfältigen, landhungrigen Kleinbauern und Pächter, die früher dem kommunistischen Bauernverband beigetreten waren. [...] Vieles bleibt bisher Spekulation. Doch darf die Affäre nicht bagatellisiert werden, sondern muss nach den Prinzipien untersucht werden, die sich die Neue Ordnung Indonesiens selbst gegeben hat: Wahrheit und Gerechtigkeit. Andernfalls würde das Ansehen der Regierung Suharto schwer geschädigt, das sie zur Bewältigung ihrer schweren Aufgaben im Lande selbst und in der Welt braucht."
306 PA AA, B 37, 470. Amnesty International: Schreiben an Bundesminister Brandt vom 1.4.1969.
307 PA AA, B 37, 470. VLR I Fischer: Schreiben an Amnesty International – Gruppe 42 vom 23.4.1969.
308 PA AA, B 37, 470. VLR Berendonck: Aufzeichnung „Lage der politischen Gefangenen in Indonesien". Die Aufzeichnung wurde Bundesminister Brandt vorgelegt.
309 Das Thema war Gegenstand der laufenden Berichterstattung der Botschaft nach Bonn, siehe hierzu u. a. folgende Dokumente in: PA AA, B 37, 470: Botschafter Bassler, Jakarta: Drahtbericht Nr. 145 vom 3.3.1969; Botschafter Bassler, Jakarta: Schriftbericht Nr. 1218/69 „Lage der politischen Gefangenen in Indonesien" vom 26.8.1969; Botschafter Bassler, Jakarta: Schriftbericht Nr. 1491/69 „Lage der kommunistischen Gefangenen in Indonesien" vom 14.10.1969; Botschafter Bassler, Jakarta: Schriftbericht Nr. 1650/69 „Kommunistische Gefangene in Indonesien" vom 11.11.1969.
310 O.G. Roeder [d. i. Rudolf Oebsger-Röder]: „Insel der Verbannten. Indonesien ‚siedelt' kommunistische Gefangene auf Buru an." Handelsblatt, 23.1.1970.

sich schwer vorstellen, fanatischen kommunistischen Rädelsführern gegenüberzustehen".[311]

In seinen Antworten auf diverse Zuschriften stand das Südostasienreferat des Auswärtigen Amts der amtlichen indonesischen Position noch näher als der bekanntermaßen Suharto-nahe Korrespondent Oebsger-Röder in seinen Zeitungsartikeln.[312] Im Zusammenwirken mit dem Auswärtigen Amt trat Braunschweigs Oberstadtdirektor Hans-Günther Weber gegenüber Menschenrechtsorganisationen als entschlossener Verteidiger von Indonesiens „neuer Ordnung" auf. Braunschweig war seit 1960 Partnerstadt von Bandung auf Java. Weber amtierte als Vizepräsident der Deutsch-Indonesischen Gesellschaft und war Indonesienexperte der Friedrich-Ebert-Stiftung.[313] In Briefwechseln mit *Amnesty International* und verschiedenen Medienvertretern verteidigte er die Suharto-Führung gegen den Vorwurf von systematischen Menschenrechtsverletzungen.[314] Weber betonte, dass er sich durch mehrere Reisen selbst ein Bild der Lage in Indonesien gemacht habe und staatlichen Terror insofern beurteilen könne, weil er als Sozialdemokrat einst Gefangener in nationalsozialistischen Konzentrationslagern gewesen war.[315]

Im Vorfeld des für den September 1970 angesetzten Staatsbesuchs von Suharto in der Bundesrepublik Deutschland (und zuvor in den Niederlanden)[316] verstärkten verschiedene Organisationen ihre Aktivitäten zur Menschenrechtslage in Indonesien. Mehrere Bundestagsabgeordnete wurden von *Amnesty International* mit der Bitte an-

---

[311] „Besuch auf einer indonesischen Häftlingsinsel. Ungelöste Probleme der kommunistischen Gefangenen." Neue Zürcher Zeitung, 7.1.1970.
[312] Siehe etwa: PA AA, B 37, 543. VLR I Fischer: Schreiben an den Arbeitskreis Dritte Welt beim Politischen Nachtgebet Köln vom 12.2.1970.
[313] PA AA, AV Jakarta, 204. Oberstadtdirektor Weber: Schreiben an den NDR-Intendanten Scharlau vom 13.3.1970. Nachrichtlich übersandt an Botschafter Bassler, Jakarta.
[314] PA AA, B 37, 543. Oberstadtdirektor Weber: Schreiben an Amnesty International vom 10.3.1969: „Im Spätherbst des vergangenen Jahres haben zwei Fernsehberichte des Westdeutschen Rundfunks und des Zweiten Deutschen Fernsehens über Indonesien beträchtliche Bestürzung in der Öffentlichkeit ausgelöst. Die in diesen Berichten aufgestellten Behauptungen waren nach Ansicht von Kennern der Verhältnisse in Indonesien tendenziös gefärbt und unsachlich. [...] In der deutschen Öffentlichkeit entstand durch die beiden Sendungen der Eindruck, dass die neue Regierung unter General Suharto unter dem Vorwand, den Kommunismus zu bekämpfen, schauerliche Gräueltaten begehen ließ. Tatsache ist dagegen, dass die Regierung strenge Anweisung erteilt hat, festgestellte Übergriffe sofort gerichtlich ahnden zu lassen. [...] Die Darstellung in den Fernsehsendern musste aber den Eindruck vermitteln, dass die neue indonesische Regierung eine Militärdiktatur errichtet habe [...] Das Gegenteil aber ist der Fall. Noch nie hat Indonesien eine Regierung gehabt, die so liberal eingestellt und so um die Sicherung der Menschenrechte und des Friedens bemüht ist wie diese Regierung der Neuen Ordnung."
[315] PA AA, B 37, 410. Oberstadtdirektor Weber: Schreiben an Martin Ennals, Generalsekretär von Amnesty International, vom 8.5.1969. Für weitere Korrespondenzen von Oberstadtdirektor Weber mit dem AA, *Amnesty International* und anderen Organisationen siehe: PA AA, B 37, 546.
[316] PA AA, B 37, 546. Hierzu Botschafter Arnold, Den Haag: Schriftbericht Nr. 1517/70 „Widerstände gegen den Staatsbesuch von Präsident Suharto in den Niederlanden" vom 13.8.1970.

geschrieben, sich der Internierten anzunehmen. Auf Anfragen der Parlamentarier – zum Beispiel des Abgeordneten William Borm (FDP) – antwortete das Auswärtige Amt: „Das Problem der politischen Gefangenen in Indonesien kann nicht zum Thema offizieller deutsch-indonesischer Gespräche gemacht werden [...] offizielle Einflussnahme aus dem Ausland oder Kampagnen in ausländischen Massenmedien, die das Ansehen Indonesiens herabsetzen würden, sind nicht dazu geeignet, die Lage der Gefangenen zu erleichtern."[317] Eine Petition von Schriftstellern, unter ihnen Heinrich Böll, Siegfried Lenz und Günter Grass, setzte sich gegenüber der indonesischen Regierung für die Freilassung des berühmten indonesischen Autors Pramudya Ananta Tur ein, der nach 1965 interniert worden war.[318]

Die AA-Zentrale und die Botschaft in Jakarta fürchteten, dass es bei Suhartos Besuch zu größeren Protestaktionen und damit zu einer Belastung der Beziehungen zu Indonesien kommen könnte.[319] Der Protest gegen die Menschenrechtslage in Indonesien entsprang heterogenen Quellen – neben Kirchen, Gewerkschaften, Journalisten und liberalen Organisationen wie *Amnesty International* waren diverse marxistische Gruppen darunter, die sich ihrerseits nach moskautreuen, maoistischen und „unorthodoxen" Strömungen unterschieden. Um wenigstens der „bürgerlichen" Kritik gegen die Suharto-Politik zu begegnen, bereitete das Auswärtige Amt Aufzeichnungen vor, um alle an dem Staatsbesuch beteiligten Bonner Stellen zu unterrichten. Hierin ging das Auswärtige Amt davon aus, die Regierung Indonesiens sei „ernstlich bemüht, die sie politisch wie finanziell belastende Gefangenenfrage so schnell wie möglich zu lösen. Die verfügten Maßnahmen scheinen angesichts der gegebenen sicherheitspolitischen, budgetären und gesellschaftlichen Bedingungen verhältnismäßig realistisch und human."[320] Das Auswärtige Amt arrangierte ein Gespräch zwischen einem Vertreter von *Amnesty International* und einem juristischen Berater des indonesischen Präsidenten, das nach Eindruck des Ministeriums sehr zur Zufriedenheit des AI-Repräsentanten verlaufen sei. Bei dem Gespräch war auch der zu dem Staatsbesuch nach Bonn mitgereiste Rudolf Oebsger-Röder anwesend.[321]

Während des Staatsbesuchs von General Suharto vom 4. bis 7. September 1970 fanden in mehreren deutschen Städten Demonstrationen statt, unter anderem in Mün-

---

317 PA AA, B 1, 374. VLR I Berendonck: Aufzeichnung „Amnesty International; hier: Verfolgung politischer Gefangener in Indonesien" vom 27.7.1970.
318 Frankfurter Allgemeine Zeitung, 18.8.1969. Tatsächlich wurde Pramudya Ananta Tur 1979 von den indonesischen Behörden aus dem Gefangenenlager auf Buru entlassen, stand aber weiter unter Hausarrest; vgl. Vickers, Indonesia, S. 5.
319 Vgl. Dokumente in: PA AA, B 37, 544. Botschaftsrat Ritter, Jakarta: Drahtbericht Nr. 395 vom 23.7.1970 und VLR I Berendonck: Aufzeichnung „Staatsbesuch des indonesischen Präsidenten Suharto vom 4.–7.9.1970 in Bonn; hier: Sicherheitsvorkehrung" vom 27.7.1970.
320 PA AA, B 37, 544. VLR I Berendonck: Aufzeichnung „Staatsbesuch des indonesischen Staatspräsidenten General Suharto vom 4.–7.9.1970; hier: Sprechzettel für den Herrn Minister zur Unterrichtung von Frau Heinemann über das Problem der politischen Gefangenen in Indonesien" vom 31.8.1970.
321 PA AA, B 37, 544. VLR I Berendonck: Vermerk vom 16.10.1970.

chen und Bonn.³²² Die Proteste hielten sich jedoch – mit 120 Teilnehmern in München und 400 in Bonn – in engen Grenzen. Sie erlebten keine Zuspitzung wie bei dem Schah-Besuch von 1967 in West-Berlin, dessen Verlauf den Behörden als ein unbedingt zu vermeidendes Szenario vor Augen stand. Das Auswärtige Amt fand die Beteiligung an den Protesten „auffallend gering".³²³ Es gab keine spektakulären Zwischenfälle wie bei Suhartos Besuch in den Niederlanden unmittelbar vor der Reise in die Bundesrepublik: Hier hatten Vertreter einer „Exil-Republik der Südmolukken" die Residenz der indonesischen Botschaft gestürmt und indonesische Botschaftsangehörige als Geiseln genommen; ein niederländischer Polizist war getötet worden.³²⁴ Wegen Hinweisen auf Anschlagspläne wurden allerdings von den deutschen Behörden – für damalige Verhältnisse – strenge Sicherheitsvorkehrungen getroffen und geplante Stationen Suhartos in Hamburg und Bremen abgesagt.³²⁵

Da die Europareise Suhartos von vornherein als *goodwill tour* konzipiert war, gab es keine konkreten Ergebnisse. Die wesentlichen Fragen zur Beteiligung der Bundesrepublik an der Umschuldung Indonesiens waren schon im April 1970 geklärt worden.³²⁶ Die Gespräche Suhartos mit Bundespräsident Heinemann und Bundeskanzler Brandt berührten eher allgemeine welt-, entspannungs- und weltwirtschaftspolitische Fragen; die Menschenrechte gehörten nicht dazu.³²⁷ Brandt bekundete Interesse an Indonesiens Entwicklung und „sprach seine Anerkennung für die großen Leistungen aus, die Präsident Suharto bei der Stabilisierung seines Landes erzielt habe".³²⁸ Suharto dankte für die von der Bundesrepublik Deutschland geleistete Hilfe an Indonesien und „begrüßte mit warmen Worten den Beitrag, den die Bundesregierung mit

---

322 Siehe verschiedene Nachweise in: PA AA, B 37, 544, u. a. ein namentlich nicht identifizierbares Fernschreiben einer bayerischen Landesbehörde. dpa-Meldung vom 5.9.1970. Aus ACDP-Pressearchiv.
323 PA AA, B 37, 544. VLR I Berendonck: Vermerk „Staatsbesuch des indonesischen Staatspräsidenten General Suharto in Bonn im September 1970; hier: Ermittlungsverfahren gegen Ansgar Heimannsberg u. a.".
324 PA AA, B 37, 546. Botschafter Arnold, Den Haag: Schriftbericht Nr. 1711/70 „Staatsbesuch des indonesischen Präsidenten General Suharto in den Niederlanden" vom 10.9.1970.
325 „Suharto-Besuch ohne Zwischenfälle beendet". Frankfurter Allgemeine Zeitung, 6.9.1970; „Indonesischer Staatspräsident in Bonn eingetroffen. Genscher ordnet höchste Alarmstufe für Suharto an". Die Welt, 5.9.1970.
326 Siehe dazu die Dokumente in: PA AA, B 61-IIIB7, 609 und das obere Kapitel zur Umschuldung Indonesiens durch den Pariser Club.
327 Siehe Dokumente in: PA AA, B 37, 544. Ministerialdirektor Gehlhoff: Vermerk „Staatsbesuch des indonesischen Präsidenten Suharto" vom 4.9.1970 über die Begegnung Suhartos mit Heinemann, Ministerialdirektor Gehlhoff: Vermerk „Staatsbesuch des indonesischen Präsidenten Suharto in Deutschland" vom 7.9.1970 über die Begegnung Suhartos mit Brandt, sowie VLR I Berendonck: Aufzeichnung „Gespräch des Herrn Bundesministers mit Außenminister Malik am 4.9" [sic! wohl gemeint: 4.9.] vom 2.9.1970 mit Scheel.
328 PA AA, B 37, 544. Ministerialdirektor Gehlhoff: Vermerk „Staatsbesuch des indonesischen Präsidenten Suharto in Deutschland" vom 7.9.1970.

ihrer Politik zur Entspannung in der Welt leiste".[329] Die Zeitungen Indonesiens vermerkten zwar die Proteste, die es in der Bundesrepublik gegen die „neue Ordnung" gegeben hatte, werteten die Reise aber als Erfolg.[330] Kritische Fragen von Journalisten zur inneren Lage Indonesiens, die unter anderem anlässlich einer Protestpetition namhafter westdeutscher Persönlichkeiten gestellt wurden, beantwortete der Pressesprecher der Bundesregierung, Fritz Niebel, wie folgt: „Ich habe den Eindruck, dass die Unterzeichner [...] nur unzulänglich über die wirkliche Situation in Indonesien und über die großen Schwierigkeiten unterrichtet sind, denen die indonesische Regierung innenpolitisch gegenübersteht."[331]

Inwieweit die vielen menschenrechtspolitischen Interventionen und Medienberichte die westlichen Staaten in ihrer Indonesienpolitik und die indonesische Regierung in ihrem Verhalten beeinflusst haben, ist nicht leicht messbar. Jedenfalls sah sich die indonesische Regierung veranlasst, Anfang 1971 die in Jakarta akkreditierten Missionschefs über die Lage der politischen Häftlinge zu unterrichten. Nach Angaben der indonesischen Generalstaatsanwaltschaft waren zu Jahresende 1970, also über fünf Jahre nach der „Bewegung 30. September", noch 42 698 Personen interniert, da sie einst als PKI-Funktionäre tätig gewesen waren oder dessen verdächtigt wurden. Unumwunden gaben die Strafverfolger zu, dass sich darunter 11 232 Gefangene der sogenannten Kategorie C befanden, welche „wegen Mangels an Beweisen nicht vor Gericht gestellt werden".[332] Diese sollten zwar „möglichst schnell" entlassen werden; allerdings stehe man hierbei vor Problemen, „da in den meisten Fällen die Dorfgemeinschaften nicht bereit seien, ihre früheren Bürger wieder aufzunehmen".[333] Botschafter Balken hielt in der Frage der Gefangenen ein Anlegen westlicher Maßstäbe für „irreführend" und „eine an westeuropäischen Maßstäben gemessene befriedigende Lösung [...] mangels einer soliden Macht- und Kompetenzstruktur (wenn man von der Armee absieht) kaum möglich, ohne die Stabilität zu gefährden, derer das Land als Grundlage seiner Entwicklung bedarf".[334] Gut ein Jahr später berichtete Balken, sämtliche Häftlinge der C-Kategorie seien – Regierungsangaben zufolge – in der Zwischenzeit freigelassen worden.[335]

---

329 Ebenda.
330 PA AA, B 37, 544. Botschaft Jakarta: Drahtbericht Nr. 515 vom 9.9.1970.
331 WDR-Rundfunkinterview vom 4.9.1970 mit Ministerialdirektor Niebel vom Presse- und Informationsamt der Bundesregierung. Mitschrift aus dem ACDP-Pressearchiv.
332 PA AA, B 37, 610. Botschafter Balken, Jakarta: Schriftbericht Nr. 74/71 „Lage der politischen Gefangenen in Indonesien" vom 18.1.1971.
333 PA AA, B 37, 610. Botschafter Balken, Jakarta: Schriftbericht Nr. 74/71 vom 18.1.1971.
334 Ebenda.
335 PA AA, B 37, 654. Botschafter Balken, Jakarta: Schriftbericht Nr. 213/72 „Politischer Halbjahresbericht" vom 22.2.1972.

Ab Jahresbeginn 1972 erhielten die Berichte des Botschafters über die Entwicklung Indonesiens unter dem Suharto-Regime eine kritischere Note.[336] Am Beispiel der Vermählungszeremonie von Suhartos Tochter im Palast von Bogor beschrieb Balken, dass der indonesische Machthaber in Abkehr von seinem vormals bescheidenen Auftreten einen zunehmend höfischen Habitus entwickle. Bei den jungen und gebildeten Indonesiern stoße auch das sonstige Gebaren der Regierung auf Kritik, insbesondere die Selbstbereicherung der Eliten.[337] Balken vermerkte an anderer Stelle, die Führung in Jakarta dehne die Bezeichnung „kommunistisch" auf „Personen, Gruppen oder Aktivitäten" aus, welche „aus den verschiedensten Gründen dem Regime missfallen".[338]

Um 1973/74 artikulierte sich in Indonesien gesellschaftliche Opposition gegen das Regime Suhartos. Die schweren Unruhen, von denen Jakarta und andere javanische Städte im Januar 1974 bei dem Besuch des japanischen Premierministers Tanaka erschüttert wurden, erschienen nicht nur als Ausbruch gegen den „Yen-Imperialismus" Japans, sondern auch gegen die Politik der „neuen Ordnung" selbst.[339] Der stellvertretende Botschafter Bernd Oldenkott hielt fest, Suharto werde längerfristig auf die Unzufriedenheit weiter Kreise reagieren müssen, wolle er den inneren Frieden in In-

---

336 Ebenda: „Das innenpolitische Bild Indonesiens hat sich in den vergangenen 8 Monaten nach den allgemeinen Wahlen in vielerlei Hinsicht anders entwickelt, als indonesische und ausländische Beobachter der politischen Szene dies nach dem für die Regierung außergewöhnlich günstigen Wahlausgang vermutet hatten. Die ‚demokratische Legitimation' der Regierung Suharto wurde von ihr keineswegs als Ausgangspunkt einer möglichen systemimmanenten Demokratisierung des politischen Entscheidungsprozesses gewertet. Das Verhalten des Regimes orientiert sich nach den Wahlen in mancher Hinsicht stärker an der bei den Streitkräften verankerten Macht als im Jahre vorher." PA AA, B 37, 654. Botschafter Balken, Jakarta: Schriftbericht Nr. 1012/72 „Politischer Halbjahresbericht" vom 15.9.1972: „In der Tat ist jedoch die polizeiliche Überwachung bis in das entfernteste Dorf weitgehend perfekt und an die Regierung ernsthaft gefährdende Unruhen nicht zu denken. Die Regierung hat aber offensichtlich das Gefühl, dass sich unter der an der Oberfläche geschaffenen ‚Friedhofsruhe' die ungelösten Fragen wie die zukünftige gesellschaftliche Entwicklung, die politische Mitbestimmung, die dringend erforderliche Bildungsreform, die Massenarbeitslosigkeit und viele andere Probleme aufstauen und eines Tages mit Überdruck entladen könnten."
337 PA AA, B 37, 678. Botschafter Balken, Jakarta: Schriftbericht Nr. 118/71 „Indonesische Innenpolitik; hier: Politische Stabilität – eine Frage des Stils" vom 1.2.1972: „Ich hatte am Neujahrsabend durch Zufall Gelegenheit, mit einer Gruppe junger Intellektueller ins Gespräch zu kommen. Sie erklärten mir in damals noch riskierter Offenheit […] Generale nützten ihre ihnen zugefallene Macht rücksichtslos zur eigenen Bereicherung aus. Woher stamme das Geld, das der Präsident den Regionen und Dörfern zuweise? Warum werde das nicht in ordentlichen Budgetansätzen ausgewiesen? Wozu die Farce eines Parlaments, wenn der Präsident doch mache, was er wolle?" Siehe ferner: PA AA, B 37, 678. Botschafter Balken, Jakarta: Schriftbericht Nr. 1456/72 „Kritik an der Regierungspolitik Indonesiens; hier: Pressestimmen zur Regierungspolitik" vom 27.12.1972.
338 PA AA, B 37, 678. Botschafter Balken, Jakarta: Schriftbericht Nr. 145/72 „Die Chancen des Kommunismus in Indonesien" vom 4.2.1972.
339 Dazu: PA AA, ZA, 100173. Botschaftsrat Oldenkott, Jakarta: Schriftbericht Nr. 94/74 „Unruhen in Jakarta am 16./17.1. während des Tanaka-Besuchs" vom 21.1.1974.

donesien wahren.³⁴⁰ Im August 1973 berichtete Balken von Gesprächen der Botschaft mit einem nicht namentlich genannten deutschen Jesuitenpater, der sich „trotz erheblicher Behinderungen und Schikanen durch die örtlichen militärischen Stellen" Zutritt zu der Gefangeneninsel Buru verschafft hatte und dort als Seelsorger wirkte.³⁴¹ Die dortigen Gefangenen seien apathisch und hoffnungslos. Balken hielt zu möglichen Lösungsansätzen fest:

> „Eine Lösung des Problems sieht der Pater in der schrittweisen Auflösung des Lagers mit begrenzten Entlassungen bestimmter Kategorien und einer sich anschließenden langsamen Umwandlung in ein echtes Umsiedlungsprojekt [...] Diese Gedanken eines guten Kenners der Materie bilden nach meiner Auffassung eine entwicklungsfähige Diskussionsgrundlage für eine Lösung des Problems auf lange Sicht. Auch ich bin der Ansicht, dass die Forderungen nach Aburteilung und/oder Amnestie der Gefangenen keine Aussicht auf Erfolg haben. Dazu sind die hiesigen militärischen Stellen viel zu sehr im Sicherheitsdenken gefangen. [...] Ich würde es aber für richtig halten, wenn ausländische Regierungsvertreter, falls sich in Gesprächen dazu eine zwanglose und unaufdringliche Möglichkeit bietet, die nicht den Anschein von Einmischung hat, diese Gedanken als eigene Vorstellung gegenüber den Indonesiern zur Sprache zu bringen."³⁴²

Amnesty International setzte seinen Einsatz in der Gefangenenfrage fort. Die Organisation sandte 1973 allen Abgeordneten des deutschen Bundestages Briefe mit der Bitte nach persönlichem Einsatz für das Schicksal von Inhaftierten. Im Anschluss daran erkundigten sich Abgeordnete bei der Bundesregierung nach dem Stand der Dinge.³⁴³ 24 Abgeordnete sagten *Amnesty* ausdrücklich ihre Unterstützung zu; darunter waren die Bundestagspräsidentin Annemarie Renger (SPD) sowie die beiden profilierten Außenpolitiker Hans Matthöfer (SPD) und Erik Blumenfeld (CDU). Angeschrieben wurden überdies Bundeskanzler Brandt und Außenminister Scheel.³⁴⁴ In einem Vermerk für den Parlamentarischen Staatssekretär ging das Südostasienreferat zwar davon aus, „offizielle" Interventionen zugunsten der politischen Gefangenen – das heißt von Re-

---

340 PA AA, ZA, 100173. Botschaftsrat Oldenkott, Jakarta: Schriftbericht Nr. 114/74 „Unruhen in Jakarta – eine Lehre für die Regierung?" vom 22.1.1974: „Suharto wird auf die Dauer einfach nicht umhin kommen, Zeichen zu setzen, die deutlich machen, dass er die Kritik ernst nimmt und gewillt ist, ihr wenigstens in Teilbereichen nachzukommen. Dafür ist die Unzufriedenheit zu groß, nicht nur bei der breiten Masse der Armen, sondern ebenso bei der gehobenen Mittelschicht, den Intellektuellen, Anwälten, Bankkaufleuten und auch jüngeren Offizieren. Das konnten Beobachter in diesen Tagen in vertraulichem Gespräch mit indonesischen Freunden wiederholt feststellen. Wird die Regierung keine Zeichen setzen, ist nicht damit zu rechnen, dass die jetzt erzwungene Ruhe, trotz aller Verbote, lange anhalten wird."
341 PA AA, ZA, 100173. Botschafter Balken, Jakarta: Schriftbericht Nr. 930/73 „Indonesische Innenpolitik; hier: Politische Gefangene auf Buru" vom 13.8.1973.
342 PA AA, ZA, 100173. Botschafter Balken, Jakarta: Schriftbericht Nr. 930/73 vom 13.8.1973.
343 Siehe etwa: PA AA, ZA, 100173. Hellmut Sieglerschmidt MdB: Schreiben an den Parlamentarischen Staatssekretär im AA, Hans-Jürgen Wischnewski, vom 7.6.1974.
344 Siehe entsprechende Zuschriften und Vermerke in: PA AA, ZA, 100173 und BArch, B 213, 11212.

gierung zu Regierung – hätten „so gut wie keine Aussicht auf Erfolg".[345] Seien das Vorhandensein und die Situation der politischen Gefangenen auch „bedauerlich", so sei es der Bundesregierung „nach dem Regeln des zwischenstaatlichen Verkehrs doch nicht möglich, bei einer fremden Regierung zugunsten von deren eigenen Staatsbürgern zu intervenieren. Diese würde einen solchen Schritt als eine Einmischung in ihre inneren Angelegenheiten sehen."[346] Günstiger bewertete das Auswärtige Amt in einem Antwortschreiben an *Amnesty International* die Erfolgsaussichten der Menschenrechtsinitiativen von privater Seite, welche die Bundesregierung „begrüße".[347] Einige Jahre später schien es der Botschaft in Jakarta, als habe der aus dem Ausland kommende moralische Druck auf die indonesische Regierung eine gewisse Wirkung entfaltet: „Die demonstrative Entlassung von 2500 politischen Gefangenen (Dezember 1976) ist als Reaktion auf ausländische Kritik zu deuten. Weitere Entlassungen sind angekündigt."[348] Trotz mehrerer Entlassungswellen war die Zahl der Inhaftierten Ende der siebziger Jahre aber immer noch hoch.[349]

Kritik und Verteidigung der indonesischen „neuen Ordnung" in der Bundesrepublik verliefen in den späten sechziger und in den frühen siebziger Jahren meist entlang ähnlicher Linien wie Kontroversen über den amerikanischen Einsatz in Südvietnam und viele andere soziokulturelle Konfliktthemen der Zeit: Jüngere „kritische" und überwiegend akademische Gruppen standen gegen ältere „etablierte" Kreise in Universität, Politik und Verwaltung. Beide Seiten hatten sowohl bestimmte „tote Winkel" in ihrer Wahrnehmung als auch, je nach Thema, immer wieder gewichtige Argumente auf ihrer Seite. Der in diesem Unterkapitel knapp behandelte Gegenstand fügt sich somit ein in die gesellschaftliche Politisierung, Mobilisierung und Polarisierung in der Bundesrepublik der späten sechziger und der siebziger Jahre.

Im Falle Indonesiens folgte die amtliche Bundesrepublik in den sechziger Jahren oft unhinterfragt den (Eigen-)Darstellungen der indonesischen Regierung. Die zu Beginn nahezu uneingeschränkt positive Beurteilung der „neuen Ordnung" durch das Auswärtige Amt kühlte jedoch seit etwa 1972 ab. Im Unterschied zu den gut informierten Petitionen von *Amnesty International* waren viele andere Suharto-kritische Aufrufe und Berichte davon beeinträchtigt, dass ihre Verfasser sie durch den Filter eines dogmatischen Marxismus äußerten. Da dies die Spezifika Indonesiens verfehlen musste, wurde manche inhaltlich berechtigte Kritik an der inneren Lage Indonesiens

---

[345] PA AA, ZA, 100173. VLR I Berendonck: Vermerk „Gefangene in Indonesien" für Büro PStS vom 7.6.1974.
[346] PA AA, ZA, 100173. VLR I Berendonck: Schreiben an Amnesty International, Entwurf für das AA-Ministerbüro vom 12.10.1973.
[347] Ebenda.
[348] PA AA, ZA, 105056. Botschafter Müller, Jakarta: Schriftbericht Nr. 234/77 „Politischer Halbjahresbericht – Stand 1.3.1977" vom 4.3.1977.
[349] PA AA, ZA, 105056. Botschafter Schödel, Jakarta: Schriftbericht Nr. 936/77 „Politischer Halbjahresbericht Indonesien" vom 1.9.1977.

in ihrer Glaubwürdigkeit gemindert. Überdies fand Suhartos Indonesien bei Weitem nicht die öffentliche Aufmerksamkeit und symbolische Aufladung, die Franco-Spanien, das Griechenland der Obristendiktatur, der Iran des Schah, Südvietnam, Südafrika oder ab 1973 Pinochets Chile zuteilwurden. Die weite geographische Entfernung Indonesiens von der Bundesrepublik Deutschland ist dabei sicherlich nur ein Grund unter mehreren. Darüber hinaus spielten die geringe Präsenz von westlichen Medienvertretern in Indonesien (vor allem im Vergleich zu Südvietnam) und von Indonesiern in westlichen Ländern eine Rolle; überdies der Umstand, dass der Sturz Sukarnos, die Machtübernahme Suhartos und sogar die Massaker von 1965/66 sich für kaum jemanden in der Bundesrepublik in einen größeren Zusammenhang einfügen ließen, so wie dies in den anderen Beispielen der Fall war: General Franco und General Pinochet waren als Putschisten gegen die Spanische Republik bzw. die Allende-Regierung auch die Zerstörer von gewissen romantisierten und idealisierten sozialistischen Projekten gewesen; das Thema der griechischen Militärdiktatur war durch über 100 000 griechische Gastarbeiter in Deutschland sowie akademische Exilanten präsent; das Thema Iran über die persischen Exilanten, die überwiegend akademischen und daher artikulationsstarken Kreisen angehörten; die Apartheid in Südafrika war – seit dem Massaker von Sharpeville 1960 – auch deshalb so stark in den Fokus der Weltöffentlichkeit geraten, weil Südafrika der englischsprachigen Welt zugehörte, weil andere afrikanische Staaten die Apartheid als Thema vor die Vereinten Nationen brachten und weil das Unrecht der Rassendiskriminierung auch ohne genaueres Hintergrundwissen über die Umstände im Land offensichtlich war. Ein weiterer Grund für die vergleichsweise geringe Beachtung Indonesiens war, dass die sozialistischen Staaten des sowjetischen Machtbereichs das Suharto-Regime nicht zum Gegenstand ihrer Propaganda machten, wie sie dies etwa mit den pro-amerikanischen Regierungen in Saigon taten.

Die Bundesrepublik und Indonesien in den siebziger Jahren: Autonomisierung der Entwicklungspolitik, Rolle der Außenwirtschaft und Multilateralisierung im EG-ASEAN-Rahmen

Im Oktober 1973 forderte Bundeskanzler Brandt Informationen über die Beziehungen zu Indonesien an, nachdem er „von dritter Seite" erfahren hatte, „dass in Kreisen der indonesischen Regierung Enttäuschung darüber vorherrsche, dass die deutsch-indonesischen Beziehungen seit dem Besuch von Präsident Suharto [...] keine günstigere Entwicklung genommen haben".[350] Der dem Bundeskanzler wenig später vorgelegte Sachstand des Auswärtigen Amts stellte lapidar fest, die Beziehungen zwischen

---
[350] Persönlicher Referent des Bundeskanzlers: BArch, B 136, 6261. Vermerk vom 19.10.1973. Wer die Brandt informierende „dritte Seite" gewesen ist, wird aus dem Vermerk nicht deutlich: Abteilungsleiter Fischer notierte handschriftlich daneben „von wem?".

der Bundesrepublik Deutschland und Indonesien seien „freundschaftlich und ohne ernsthafte Probleme". Die indonesische Regierung sehe die Beziehungen wesentlich unter ökonomischen Gesichtspunkten; die deutsche Wirtschaftskraft und die deutsche Hilfe bei der Modernisierung Indonesiens seien für das gute Verhältnis ursächlich. Sowohl das bilaterale Handelsvolumen (rund 360 Millionen DM im ersten Halbjahr 1973) als auch die deutschen Direktinvestitionen in Indonesien (22 Millionen US-Dollar) stiegen kontinuierlich, auch wenn die Investitionstätigkeit „wie in den meisten asiatischen Ländern noch relativ niedrig" sei.[351] Das Wirtschafts- und das Entwicklungshilferessort meldeten auf dieselbe Nachfrage, „dass weder wirtschaftspolitisch noch entwicklungspolitisch wesentlich Neues zu berichten" sei, es gebe „keine besonderen Spannungen, Höhe- oder Tiefpunkte".[352] Das Wirtschaftsministerium wies aus aktuellem Anlass auf den Charakter Indonesiens als „Erdölland" hin – eine mit der (ersten) Ölkrise wichtiger werdende Länderkategorie.[353] Sofern nicht über Menschenrechtsverletzungen oder gewaltsame Unruhen zu berichten war, kontrastierten Inhalt und Duktus der Indonesien-Berichte des Auswärtigen Amts in den siebziger Jahren mit den oft dramatischen Eilberichten aus den sechziger Jahren und auch mit den weltpolitisch durchwirkten Depeschen der fünfziger Jahre. Der Umgang mit Indonesien hatte sich den „traditionell guten", konflikt- und ereignisarmen Beziehungen angeglichen, wie sie mit Thailand, den Philippinen und Malaysia bestanden. Das Verhältnis zwischen Bonn und Jakarta war in einen Modus meist routinierter Arbeitsbeziehungen zweier geographisch weit voneinander entfernter Länder übergegangen.

Das Jahr 1973 wurde als abschließende Zäsur dieser Betrachtungen gewählt, da es durch den Beitritt der Bundesrepublik Deutschland und der DDR zu den Vereinten Nationen die endgültige Aufgabe der Alleinvertretungspolitik markiert; diese war zuvor ja der Hauptgrund für das besondere deutsch-deutsche Interesse an Indonesien gewesen. In der Rückschau lassen sich die Beziehungen Bonns zu Jakarta für die Zeit *nach* den im vorliegenden Zusammenhang wichtigen Veränderungen – weltpolitische *Détente* der Supermächte, neue Ost- und Deutschlandpolitik der Bundesregierung sowie die Festigung von Indonesiens „neuer Ordnung" – nicht mehr in derselben Weise auf einen einzigen Nenner bringen, wie dies für die Hochphase des deutschlandpolitischen Abwehrkampfes zwischen 1960 und 1965 oder, mit weniger Dramatik, bei den Umschuldungsverhandlungen der Fall gewesen war. An diese Stelle traten mehrere andere Themen, die sich aus der allgemeinen Ausrichtung der bundesdeutschen Außenpolitik ergaben. Dies waren vor allem die Förderung von Wirtschaftsinteressen, eine nunmehr stärker nach autonomen Kriterien und in multilateraler Abstimmung betriebene Entwicklungspolitik sowie die behutsame Förderung von regionalem Mul-

---

[351] BArch, B 136, 6261. AA-Referat 312: Aufzeichnung „Die deutsch-indonesischen Beziehungen" vom 30.10.1973.
[352] BArch, B 136, 6261. Bundeskanzleramt, Gruppe II/1: Vermerk vom 6.11.1973.
[353] Ebenda.

tilateralismus, namentlich der ASEAN.³⁵⁴ Daneben etablierte sich gegenüber Indonesiens Regierung so etwas wie Menschenrechtspolitik; sie wurde aber, wie zuvor dargestellt, fast ausschließlich von gesellschaftlichen Akteuren betrieben. Die Bundesregierung räumte den Menschenrechten in Südostasien erst nach dem Ende des Kalten Krieges eine höhere Priorität ein, etwa als einem Kriterium bei der Vergabe von Entwicklungshilfe.³⁵⁵ Anfang und Mitte der siebziger Jahre wandte sich das Auswärtige Amt noch ausdrücklich gegen das Ansprechen von Menschenrechtsfragen im Zusammenhang mit der Entwicklungshilfe für Indonesien.³⁵⁶ Gleichwohl sahen sich indonesische Regierungsvertreter auf einer Geberkonferenz von 1975 „erstmals mit einer eindringlichen Befragung" zur Menschenrechtslage in Indonesien durch westliche Diplomaten konfrontiert.³⁵⁷

Eine schrittweise Multilateralisierung fand insofern statt, als die Beziehungen zwischen der Bundesrepublik und Indonesien verstärkt in die Außenbeziehungen der Europäischen Gemeinschaft eingebettet wurden und ab der zweiten Hälfte der siebziger Jahre zusätzlich die ASEAN eine Aufwertung erfuhr. Die für die Zeit um 1973 und darüber hinaus im Vordergrund stehende Entwicklungszusammenarbeit, die Außenwirtschaftspolitik sowie die steigende Bedeutung multilateraler Formate sollen im Folgenden kurz beleuchtet werden.

Die früher von den Imperativen des Kalten Krieges und der Nichtanerkennungspolitik bestimmte Entwicklungshilfe löste sich von konkreten sicherheits- und deutschlandpolitischen Interessen.³⁵⁸ Dem entspricht, dass die bundesdeutsche Entwicklungszusammenarbeit in Indonesien nach dem Ende des Alleinvertretungsanspruchs nicht reduziert wurde, sondern vorübergehend sogar deutlich anstieg. Indonesien blieb – in der Diktion des Auswärtigen Amts – ein „Schwerpunktland unserer Entwicklungspolitik" und war in den siebziger Jahren zweitgrößter Empfänger bundesdeutscher Kapitalhilfe überhaupt.³⁵⁹ Hatte die Bundesregierung im Jahr 1968 noch 90 Millionen DM an Kapitalhilfe gegeben, so waren es im Jahr 1971 schon 135 Millionen DM, 1972 145 Millionen DM und 1973 160 Millionen DM. 1974 stand die Bundesrepublik Deutschland mit einem Betrag von 170 Millionen DM unter den Geberländern Indo-

---

354 PA AA, B 37, 506. Siehe dazu: Staatssekretär Duckwitz: Referat „Deutsche Asienpolitik der siebziger Jahre" vor der Arbeitstagung des Ostasiatischen Vereins vom 6.3.1970 (Entwurf); BArch, B 213-BMZ, 6413. BMZ, Abteilung I: Diskussionspapier „Prioritätsvorstellungen für deutsche Entwicklungshilfe in Indonesien" vom 15.5.1970; Rüland, Südostasien, S. 559, 562.
355 Rüland, Südostasien, S. 563.
356 PA AA, ZA, 100182. Zu Menschenrechtsfragen im Zusammenhang mit der multilateralen Koordination der Hilfen für Indonesien siehe: VLR Keil: Aufzeichnung „15. Sitzung der Intergovernmental Group on Indonesia (IGGI) am 11./12.12.1973 in Amsterdam" vom 14.12.1973.
357 Simpson, Menschenrechtsdiskurse, S. 358.
358 Siehe dazu ausführlich: Jetztlsperger, Entwicklungspolitik, S. 320–366.
359 PA AA, ZA, 100180. Botschafter Müller, Jakarta: Schriftbericht Nr. 1082/74 „Gedanken zur künftigen Entwicklungspolitik gegenüber Indonesien" vom 15.8.1974; PA AA, ZA, 100179. BMZ, Referat 102: Schreiben an das Bundeskanzleramt vom 3.5.1974.

nesiens an dritter Stelle.³⁶⁰ (Ein Schwerpunktland deutscher Entwicklungspolitik ist Indonesien bis heute geblieben: Die staatlichen Mittel aus Deutschland hatten 2015 eine Höhe von 555 Millionen Euro, hauptsächlich in Form von Krediten.)³⁶¹

Die Bundesregierung engagierte sich in dem 1967 etablierten entwicklungspolitischen Konsortium *Intergovernmental Group on Indonesia* (IGGI). Dieses bis 1992 existierende Gremium war im Zusammenhang der Umschuldungsverhandlungen der westlichen Gläubiger mit Indonesien entstanden. Sein Zweck war, die externen Hilfsmaßnahmen für Indonesien zu koordinieren und längerfristig die Außenwirtschaftsbeziehungen mit dem größten südostasiatischen Land zu fördern.³⁶² Die im Rahmen der *Intergovernmental Group* unterstützten Projekte zielten auf Verbesserungen in der Infrastruktur, der Land- und Forstwirtschaft, im Banken- und Kreditwesen, in der öffentlichen Gesundheitsversorgung sowie im Bildungssektor ab.³⁶³

In betont nationalen und auf die Unabhängigkeit Indonesiens vom Westen bedachten Kreisen war das Konsortium nicht unumstritten.³⁶⁴ Dazu trug sicherlich bei, dass bei den Geberländern ein fließender Übergang zwischen Entwicklungspolitik und der Förderung der eigenen Exportwirtschaft bestand. Denn die bilaterale Kapitalhilfe unterlag häufig einer sogenannten Lieferbindung: Die vergebenen Gelder mussten von indonesischer Seite zwingend für Importe aus dem jeweiligen Geberland verwendet werden. Diese Praxis wurde von den Vertretern Indonesiens auf den Sitzungen der IGGI kritisiert.³⁶⁵ Die Bundesregierung stand der Lieferbindung eher skeptisch ge-

---

360 Zahl für 1968 aus: PA AA, ZA, 100172. VLR I Berendonck: Vermerk vom 3.10.1973. Zahlen für 1971 und 1972 aus: PA AA, B 61-IIIB7, 614. BMWi, Referat V C 3: Vermerk vom 13.4.1972 und Vermerk vom 18.4.1972. Zahl für 1973 aus: PA, ZA, 100182. BMZ, Referat 102: Vermerk „Kapitalhilfe für Indonesien 1973" vom 24.4.1973. Zahl für 1974 aus: PA AA, ZA, 100180. Botschafter Müller, Jakarta: Schriftbericht Nr. 1082/74 „Gedanken zur künftigen Entwicklungspolitik gegenüber Indonesien" vom 15.8.1974.
361 Siehe dazu die Länderinformationen des AA (Abruf am 31.7.2017): http://www.auswaertiges-amt.de/DE/Aussenpolitik/Laender/Laenderinfos/Indonesien/Bilateral_node.html sowie die entsprechende Präsenz des Bundesministeriums für wirtschaftliche Zusammenarbeit und Entwicklung (Abruf am 31.7.2017): http://www.bmz.de/de/was_wir_machen/laender_regionen/asien/indonesien/index.html.
362 Die staatlichen Mitglieder waren 1971: Australien, Belgien, Bundesrepublik Deutschland, Frankreich, Großbritannien, Italien, Japan, Kanada, die Niederlande und die USA; als Beobachter waren vertreten: Dänemark, Neuseeland, Norwegen, Österreich und die Schweiz. Teilnehmende Institutionen waren die Asiatische Entwicklungsbank, der Internationale Währungsfonds, das Entwicklungsprogramm der Vereinten Nationen, die OECD und die Weltbank. Vgl. PA AA, B 61-IIIB7, 612. BMWi, Referat V C 3: Vermerk vom 23.4.1971 über die 10. Tagung der Intergovernmental Group on Indonesia vom 19./20.4.1971. Auf die geringe Erforschung der entwicklungspolitischen Konsortien ist hingewiesen worden von: Das Gupta, Development by Consortia, S. 96–111.
363 Siehe die Projektliste der Kreditanstalt für Wiederaufbau: PA AA, B 61-IIIB7, 611. Vermerk „Indonesien; hier: Kapitalhilfe 1971" vom 10.12.1970.
364 PA AA, ZA, 100183. Vgl. Botschafter Müller, Jakarta: Schriftbericht Nr. 400/74 „Entwicklungshilfe für Indonesien; hier: IGGI" vom 27.3.1974.
365 PA AA, B 61-IIIB7, 612. BMWi, Referat V C 3: Vermerk vom 18.1.1971 über die 9. Tagung der Intergovernmental Group on Indonesia vom 15.–17.12.1970.

genüber und machte sich zur Fürsprecherin des indonesischen Anliegens ihrer Aufhebung; allerdings behielt sich auch Bonn eine projektbezogene Lieferbindung grundsätzlich vor.[366]

Zwischen den beteiligten Bundesministerien gab es, ähnlich wie schon bei den Umschuldungsverhandlungen, eine gewisse Rivalität um die Führungsrolle innerhalb des Konsortiums. Strittig war die Frage, welches Ministerium die deutsche Delegation bei den halbjährlichen Treffen der IGGI leiten solle. Ursprünglich hatte dies das Bundeswirtschaftsministerium getan. Nachdem im zweiten Kabinett von Willy Brandt die Zuständigkeit für Kapitalhilfe vom Wirtschafts- in das Bundesministerium für wirtschaftliche Zusammenarbeit wechselte, sah es das Auswärtige Amt an der Zeit, „auch die Frage der Delegationsleitung erneut zu überprüfen" – ein Argument des Auswärtigen Amts war, dass die meisten anderen IGGI-Staaten ebenfalls von ihren Außenministerien vertreten würden.[367] Über die Art und Weise, wie ein Ministerialdirektor des BMZ die deutsche Delegation bei den Sitzungen der IGGI im Mai und Dezember 1973 vertreten hatte, wurde im Auswärtigen Amt kritisch und mit deutlichen Spitzen berichtet.[368]

Bis zur folgenden 15. Sitzung der *International Group* im Mai 1974 hatten sich die Umstände insofern verändert, als sich die Geberländer aufgrund der Ende 1973 von den arabischen OPEC-Staaten ausgelösten Ölkrise in einer schlechteren materiellen Lage sahen. Angesichts der indonesischen Mehreinnahmen aus dem Ölgeschäft befand sich Indonesiens Zahlungsbilanz und seine Haushaltslage dagegen in einem unerwartet verbesserten Zustand. Die staatliche indonesische Erdölgesellschaft

---

[366] PA AA, B 61-IIIB7, 612. VLR Jungfleisch: Aufzeichnung „10. IGGI-Konferenz in Amsterdam; hier: Erklärung zur Frage der Lieferbindung" vom 14.5.1971; PA AA, B 61-IIIB7, 613. BMWi, Referat V C 3: Vermerk vom 20.12.1971 über die 11. Tagung der Intergovernmental Group on Indonesia vom 13./14.12.1972 in Amsterdam.

[367] PA AA, ZA, 100182. VLR Keil: Aufzeichnung „13. Sitzung der Intergovernmental Group on Indonesia (IGGI)" vom 3.1.1973.

[368] PA AA, ZA, 100182. VLR Keil: Aufzeichnung „14. Sitzung der Intergovernmental Group on Indonesia (IGGI) am 7./8.5.1973 in Amsterdam" vom 9.5.1973: „Im Verhältnis zum BMZ gab es wiederum Schwierigkeiten. [...] Die Delegationsleitung ließ zu wünschen übrig. MD Dr. Börnstein (BMZ) traf aus London ein, ohne über unsere Vorbereitungen unterrichtet zu sein. Die Probleme Indonesiens und unserer Entwicklungshilfe für Indonesien waren ihm ganz offensichtlich neu. Die für ihn vorbereiteten schriftlichen Erklärungen nahm er jeweils erst kurz bevor er sich zu Wort meldete zur Kenntnis. Er hatte erhebliche Schwierigkeiten, den englischen Text vorzulesen. Einzelne kurze Sätze, die er gelegentlich von sich aus dem Text schriftlich hinzufügte, waren kaum verständlich. Er bereitete sie jeweils an Hand eines vor ihm auf dem Konferenztisch liegenden Exemplars des ‚Kleinen Langenscheidt' vor." PA AA, ZA, 100182. VLR Keil: Aufzeichnung „15. Sitzung der Intergovernmental Group on Indonesia (IGGI) am 11. und 12.12.1973 in Amsterdam" vom 14.12.1973: „Die Delegationsleitung durch das BMZ erwies sich wiederum als problematisch. Das Auftreten der deutschen Delegation auf der Konferenz wurde durch Kontaktarmut, die erheblichen Sprachschwierigkeiten und die Unberechenbarkeit des Delegationsleiters wesentlich beeinträchtigt."

PERTAMINA hatte die Exportpreise um 20 Prozent erhöht.[369] Das Bundesministerium für wirtschaftliche Zusammenarbeit sprach von einer „erheblich veränderten Lage" Indonesiens.[370] Die relative Bedeutung der Entwicklungshilfegelder nahm entsprechend ab; wenig später kürzten die westlichen Geberländer ihre Zuwendungen.[371] Nach einem 1974 erreichten Höchststand von 170 Millionen DM senkte die Bundesregierung ihre bilaterale Kapitalhilfe für Indonesien auf 100 Millionen DM für das Jahr 1975 ab.[372]

Die Jahre 1973/74 markierten für die Bundesrepublik Deutschland eine tiefe ökonomische Zäsur. Seit längerem anhaltende Turbulenzen im Weltwährungssystem und der plötzliche Anstieg der Erdölpreise ab dem Herbst 1973 gingen über in eine dauerhafte Abkühlung der langen Prosperitätsphase der Nachkriegsjahrzehnte: In den westlichen Industriestaaten fand „ein struktureller gesamtwirtschaftlicher Übergang von hohen Wachstumsraten und Vollbeschäftigung zu ‚Stagflation'" statt, also dem gemeinsamen Auftreten von starken Preissteigerungen mit stagnierendem Wirtschaftswachstum.[373] Dem folgte bald ein erheblicher Anstieg der Arbeitslosigkeit; in den Folgejahren ging auch bei konjunktureller Erholung die Zahl der Arbeitslosen nicht mehr wesentlich zurück. Der „Abschied vom Wirtschaftswunder" reichte über materielle Dimensionen weit hinaus.[374] Obgleich sich aufgrund der gewandelten Strukturbedingungen und des schon erreichten hohen Wohlstandsniveaus die Wachstumsraten der fünfziger und sechziger Jahre nicht wiederholen ließen, nahm das geoökonomische Gewicht der Bundesrepublik Deutschland zu. Die beginnende (Re-)Globalisierung der Weltwirtschaft bedeutete nicht zuletzt einen relativen Bedeutungsverlust von militärischen Machtressourcen zugunsten von ökonomischen Machtressourcen: In den siebziger und achtziger Jahren gewannen die bundesdeutsche Wirtschaftskraft und die Eigenschaft der Deutschen Mark als europäische Leitwährung eine zunehmende internationale Bedeutung.[375] Dies ging einher mit dem Ausbau des „handelsstaatlichen Instrumentariums"[376] der Außenpolitik Bonns. Am Ende des Kalten Krieges konnte die Bundesregierung auf dem Weg zur deutschen Einheit ihre ökonomischen Ressourcen für politische Präferenzen einsetzen.[377]

---

369 PA AA, ZA, 100178. Botschaft Jakarta: Drahtbericht Nr. 472 vom 31.10.1973.
370 PA AA, ZA, 100183. BMZ, Referat 102: Vermerk „Tagung der Intergovernmental Group on Indonesia am 7./8.5.1974 in Amsterdam; hier: Entwurf des Statements" vom 26.4.1974.
371 PA AA, ZA, 100183. Botschafter Müller, Jakarta: Schriftbericht Nr. 400/74 „Entwicklungshilfe für Indonesien; hier: IGGI" vom 27.3.1974.
372 PA AA, ZA, 101602. BMZ, Referat 102: Ergebnisvermerk „Ressortbesprechung am 2.5.1975 im BMZ betreffend KH für Indonesien; hier: Vorbereitung der IGGI-Sitzung (12.–14.5.1975)" vom 5.5.1975.
373 Rödder, Bundesrepublik, S. 49.
374 Siehe: ebenda, S. 48–51; zu den vielen Facetten des „gebrochenen Fortschrittsbewusstseins" in der Bundesrepublik der achtziger Jahre: Wirsching, Abschied vom Provisorium, S. 361–420.
375 Rödder, Bundesrepublik, S. 3, 59 f., 81 f.
376 Staack, Wirtschaftsmacht, S. 91.
377 Auch das bis heute gelegentlich unterschätzte weltpolitische Gewicht des wiedervereinigten

Aus guten Gründen war das Bonner Regierungshandeln nach 1973 sowohl in der Außen- als auch in der Wirtschaftspolitik auf die Sicherung des Erreichten bedacht.[378] Dazu gehörte eine Gewährleistung günstiger Bedingungen für die bundesdeutsche Außenwirtschaft. Entsprechend sah die Botschaft in Jakarta schon Anfang 1972 die Beziehungen zu Indonesien als „vornehmlich von Wirtschaftsinteressen bestimmt".[379] Unter den EG-Ländern war die Bundesrepublik Deutschland 1972 zwar mit Abstand der größte Handelspartner Indonesiens. Allerdings erreichte der deutsch-indonesische Handel mit 631 Millionen DM (1972) kein besonders hohes Gesamtvolumen.[380] Ab Mitte der siebziger Jahre nahm der bilaterale Handel einen Aufschwung und erreichte 1975 ein Volumen von über 1342 Milliarden DM, im Folgejahr von 1733 Millionen DM.[381] Dennoch blieben die Bundesrepublik und die anderen EG-Mitglieder deutlich hinter der Bedeutung Japans und den USA als Handelspartner Indonesiens zurück.[382]

Indonesische Regierungskreise zeigten, wie schon zu Sukarnos Zeiten, Interesse an deutscher Unterstützung beim Aufbau ihrer Stahl- und petrochemischen Industrie. Ibnu Sutowo, Präsident der Erdölgesellschaft PERTAMINA, besuchte 1973 und 1974 mehrfach die Bundesrepublik. PERTAMINA war nach Aussage des Bundesministeriums für wirtschaftliche Zusammenarbeit nicht nur „das bestorganisierte und mächtigste Großunternehmen Indonesiens", dessen Verzweigungen weit über die Erdölförderung hinausreichten, sondern trug 1974 auch zu rund der Hälfte des indonesischen Staatshaushalts bei.[383] Dass Bundeskanzler Brandt Sutowo am 1. Juni 1973 zu einem

---

Deutschland beruht v. a. auf geoökonomischen Kriterien, siehe dazu: Szabo, Rise of Geo-Economics. Der Autor geht von einer gewissen Grundspannung der heutigen deutschen Außenpolitik zwischen Deutschlands Stellung als Wirtschaftsmacht und des normativen Anspruchs einer „Zivilmacht" aus (vgl. S. 8–10), und bemerkt (S. ix): „Germany is a precursor of other emerging powers in the era of globalization, powers like Brazil, India, Indonesia and Singapore, which are gaining influence in global politics through economic prowess."

378 Schöllgen, Deutsche Außenpolitik, S. 175–226, sieht die Jahre zwischen 1975 und 1989 als von der „Sicherung des status quo" bestimmt; Lappenküper, Außenpolitik, S. 33–38, diagnostiziert für Helmut Schmidts Kanzlerschaft 1974–1982 „Sicherheit durch Ökonomie" und die „Rettung gefährdeter Bestände" als handlungsleitende Motive.

379 PA AA, B 37, 654. Botschafter Balken, Jakarta: Schriftbericht Nr. 213/72 „Politischer Halbjahresbericht" vom 22.2.1972.

380 PA AA, ZA, 100177. Botschafter Balken, Jakarta: Schriftbericht Nr. 736/73 „Indonesien; hier: Wirtschaftlicher Jahresbericht 1972" vom 26.6.1973. 1966 hatte das bilaterale Handelsvolumen bei 655 Mio. DM gelegen, vgl. PA AA, ZA, 105056. Botschafter Schödel, Jakarta: Schriftbericht Nr. 199/77 „Länderaufzeichnung Indonesien, Stand 1. März 1977" vom 25.2.1977.

381 Zahl für 1975: PA AA, ZA, 103074. Botschafter Müller, Jakarta: Politischer Halbjahresbericht Indonesien. Stand vom 1. September 1976 (ohne Datum und Berichtsnummer). Zahl für 1976: PA AA, ZA, 105056. Botschafter Schödel, Jakarta: Schriftbericht Nr. 936/77 „Politischer Halbjahresbericht Indonesien" vom 1.9.1977.

382 Vgl. PA AA, ZA, 100178. Botschafter Müller, Jakarta: Schriftbericht Nr. 963/74 „Indonesien; hier: Entwicklung der indonesischen Exporte" vom 23.7.1974.

383 PA AA, ZA, 100177. BMZ, Referat 312: Vermerk „Politische und finanzielle Köpfe des Kartells der erdölfördernden Länder" vom 2.4.1974.

Gespräch empfing, verweist darauf, dass die Bundesregierung bereits vor der Ölkrise Indonesiens Eigenschaft als Erdölland nicht außer Acht ließ.[384] Botschafter Balken gab Bonn zu bedenken, die Gelegenheit „zur Wahrnehmung von Chancen im Erdölbereich in Indonesien" könne auch rasch wieder vorbei sein.[385] Ende 1973 führte Sutowo mit Wirtschaftsminister Hans-Joachim Friedrichs und dem damals noch als Finanzminister amtierenden Helmut Schmidt Gespräche über den möglichen Ausbau der Industrie- und Erdölzusammenarbeit.[386] Die Besuche Sutowos in der Bundesrepublik erbrachten die Vergabe von mehreren indonesischen Großaufträgen an deutsche Unternehmen zur Errichtung von Industrieanlagen.[387] Dennoch beklagte die Botschaft in Jakarta im Sommer 1974, das stärkere Engagement der deutschen Wirtschaft in Indonesien habe sich bislang noch nicht im erhofften Ausmaß manifestiert. Versuche von Unternehmen wie BASF und Hoechst, in der petrochemischen Industrie Indonesiens „Fuß zu fassen, scheinen an dem starken Einfluss der Japaner auf die PERTAMINA zu scheitern".[388] Bei einem weiteren Deutschland-Besuch 1974 traf der PERTAMINA-Präsident mit Bundespräsident Scheel, mit Bundeskanzler Schmidt und nochmals mit Wirtschaftsminister Friedrichs zu Gesprächen zusammen.[389]

Die Hoffnungen von bundesdeutscher Politik und Industrie, die Kontakte zu PERTAMINA würden eine rasche Dynamisierung der Wirtschaftsbeziehungen zu Indonesien nach sich ziehen, scheiterten allerdings nicht an japanischer Konkurrenz, sondern an der sogenannten PERTAMINA-Krise. Bis Mitte der siebziger Jahre hatte der staatliche Großkonzern weitverzweigte Projekte in Höhe von mehreren Milliarden US-Dollar in Angriff genommen, die wiederum überwiegend von westlichen und japanischen Krediten getragen werden sollten; PERTAMINA war zeitweilig der größte private Kreditnehmer in der „Dritten Welt". Ein Rückgang der Erlöse für nach Japan exportiertes Öl und riskante Finanzierungsmodelle der Konzernleitung führten dazu, dass PERTAMINA im Februar 1975 zwei kurzfristige Kredite von 100 Millionen US-Dollar an nordamerikanische Banken nicht rechtzeitig bedienen konnte. Die indonesische Regierung stand für das mit rund zwei Milliarden US-Dollar verschuldete Staatsunternehmen ein und bemühte sich gegenüber seinen ausländischen Vertrags-

---

[384] PA AA, ZA, 100179. VLR I Schauer, Bundeskanzleramt: Vermerk „Besuch von Dr. Sutowo in der Bundesrepublik" vom 11.7.1973.
[385] PA AA, ZA, 100178. VLR I Berendonck: Vermerk „Deutsch-indonesische Zusammenarbeit im Erdölbereich" vom 10.8.1973.
[386] PA AA, ZA, 100179. BMF, Referat II D 4: Schreiben an das AA vom 16.1.1974; PA AA, ZA, 100179. BMWi, Referat V B 3: Schnellbrief an das AA vom 16.1.1974.
[387] PA AA, ZA, 100178. VLR I Berendonck: Aufzeichnung „Besuch von Dr. Ivno [sic!] Sutowo, Indonesien, bei dem Herrn Bundespräsidenten" vom 12.8.1974.
[388] PA AA, ZA, 100179. Botschafter Müller, Jakarta: Schriftbericht Nr. 1044/74 „Deutschlandaufenthalt des indonesischen Industrieministers Jusuf" vom 9.8.1974.
[389] Siehe Dokumente in: PA AA, ZA, 101599. VLR I Berendonck: Drahterlass Nr. 325 an die Botschaft Jakarta vom 28.11.1974 und Referat 302: Schreiben an das Bundeskanzleramt vom 28.11.1974.

partnern um Kostendämpfung. Der vormals hochgeachtete Konzernlenker Sutowo musste 1976 zurücktreten.[390]

Ökonomische Kriterien blieben in den siebziger Jahren im Mittelpunkt der Beziehungen zwischen Indonesien und der Bundesrepublik Deutschland unter der Regierung Schmidt-Genscher.[391] Die Bonner Rüstungsexportpolitik fügte sich in dieses Bild. Das Bundeskabinett erteilte im Juli 1976 eine Exportgenehmigung für zwei deutsche Unterseeboote nach Indonesien. Ungewöhnlich war die Ausfuhrbürgschaft des Bundes über 250 Millionen DM, welche die Bundesregierung im Februar 1977 für den Waffenexport beschloss. Das Auswärtige Amt bezeichnete die Bürgschaft als einen „einmaligen Ausnahmefall mit Rücksicht auf [die] kritische Lage deutscher Werftindustrie".[392] Eine Kabinettsvorlage hielt fest, dass im Vorlauf innerhalb der beteiligten Ressorts eine Bürgschaft für die U-Boote auf „schwerwiegende Bedenken gestoßen" war: Befürchtet wurde nicht nur das Ausfallrisiko der unter der PERTAMINA-Krise leidenden indonesischen Seite, sondern auch eine mögliche präjudizierende Wirkung „der erstmaligen Verbürgung eines Kriegsgeräte-Geschäfts zu Kreditbedingungen [...] an ein Nicht-NATO-Land".[393]

Das Bundeskabinett stimmte auf seiner Sitzung vom 2. Februar 1977 der Bundesbürgschaft zu. Begründet wurde dies mit beschäftigungspolitischen Erwägungen. Die Exportgenehmigung zog kritische Kommentare nach sich, insbesondere in Zeitungen, die der sozialliberalen Koalition ansonsten eher nahestanden. Das Nachrichtenmagazin *Der Spiegel* überschrieb einen entsprechenden Artikel: „Westdeutsche U-Boote nach Indonesien – gilt die Bonner Zurückhaltung bei Waffengeschäften nicht mehr?"[394] Die Gesellschaft für bedrohte Völker äußerte in einem Protestschreiben an die Bundesregierung ihre Bestürzung über die Waffenlieferung und verwies auf die Menschenrechtsverletzungen des indonesischen Militärs bei der Invasion in Osttimor vom Dezember 1975.[395]

Schon 1975 hatte die Bundesregierung ihre grundsätzliche Zustimmung zu einem indonesischen Auftrag an die Bremische Lürssen-Werft zum Bau von vier Korvetten erteilt. Zu dem Geschäft kam es schließlich nicht, weil die indonesische Regierung den

---
390 Siehe dazu Hansen, Indonesia 1975, S. 151–155, und: Liddle, Indonesia 1976, S. 96–99.
391 Vgl. etwa zu den Erdölbeziehungen: PA AA, ZA, 101159. BMWi, MR Kellner: Aufzeichnung (ohne Datum) „Gespräch zwischen dem Minister der Finanzen der Republik Indonesien, Professor Dr. Ali Wardhana, und dem Minister für Wirtschaft der Bundesrepublik Deutschland, Dr. Hans Friedrichs, am 12.9.1975 in Bonn".
392 PA AA, ZA, 105060. Referat 403: Vermerk „Rüstungswirtschaftliche Zusammenarbeit mit Indonesien" vom 4.4.1977.
393 PA AA, ZA, 105060. BMWi, Referat V C 4: Kabinettssache für den Chef des Bundeskanzleramts „Gewährung einer Ausfuhrbürgschaft des Bundes für die Lieferung von Rüstungsgütern nach Indonesien und in die Türkei" vom 31.1.1977.
394 Der Spiegel, 14.2.1977, S. 55.
395 PA AA, ZA, 105060. Vorstand der Gesellschaft für bedrohte Völker: Schreiben an die Bundesregierung vom 17.4.1977.

Auftrag in die Niederlande vergab.[396] Das Südostasienreferat des Auswärtigen Amts hatte für die Wünschbarkeit der Korvettenlieferung nach Indonesien zudem politische Gründe geltend gemacht: Die Stärkung eines ASEAN-Staats sei angesichts des kommunistischen Sieges vom April 1975 in Südvietnam, Kambodscha und Laos im Sinne Bonns.[397] Auch bei einem kleineren Rüstungsexport argumentierte das Auswärtige Amt 1977 mit Verweis auf die ASEAN, die Lieferung bestimmter Feuerwaffen an Indonesien sei stabilitätspolitisch sinnvoll: „Indonesien ist Führungsmacht der ASEAN, eines Staatszusammenschlusses, für dessen Unterstützung sich die Bundesregierung mehrfach öffentlich ausgesprochen hat und dessen Konsolidierungsbemühungen in unserem politischen Interesse liegen."[398]

Die Absichten Indonesiens zu einer regionalen Zusammenarbeit mit Malaysia, Singapur, Thailand und den Philippinen im Rahmen der ASEAN waren von der Bundesregierung schon 1967 begrüßt und seither zumindest deklaratorisch unterstützt worden.[399] Das Auswärtige Amt erklärte in einem Runderlass vom Februar 1968, „die Bestrebungen der Staaten Ost- und Südostasiens um engere regionale Zusammenarbeit" fänden die „ungeteilte Sympathie" bundesdeutscher Außenpolitik.[400] Bei allen Unterschieden von EG und ASEAN lag eine Gemeinsamkeit der beiden Regionalorganisationen in ihrer Konzentration auf die wirtschaftliche Kooperation der Mitglieder. Dieser ökonomische Fokus hatte zugleich eine starke politische Dimension, da sämtliche EG- und ASEAN-Länder eine eindeutige Präferenz für nicht-kommunistische Ordnungsmodelle hatten und ein distanziertes Verhältnis zur Sowjetunion einnahmen

---

396 Siehe die folgenden Dokumente in: PA AA, ZA, 101599. Ministerialdirektor Lautenschlager: Vorlage für Staatssekretär „Rüstungsexporte; hier: Korvetten für Indonesien" vom 18.6.1975. Das für Rüstungsexporte zuständige AA-Referat 403 hatte dem Bundessicherheitsrat empfohlen, der Lieferung der Korvetten zuzustimmen; entsprechende Genehmigungen für Libyen und für Südafrika lehnte das Referat 403 dagegen ab. LR Dix: Schreiben an Blohm & Voss vom 7.7.1975. Botschafter Müller, Jakarta: Privatdienstschreiben an VLR I Steger vom 17.11.1975.
397 PA AA, ZA, 101599. VLR I Steger: Vermerk „Korvetten für Indonesien" für Referat 403 vom 18.6.1975: „Referat 302 möchte nochmals darauf hinweisen, dass durch die veränderte Situation in Südostasien ein vordringliches politisches Interesse unsererseits daran besteht, das Abwehrpotenzial der ASEAN-Staaten zu stärken und uns in der Frage der Rüstungsexporte in diese Länder weniger restriktiv zu verhalten als bisher. Die Exportgenehmigung für 4 Korvetten nach Indonesien sollte daher wie auch aus wirtschaftlichen Erwägungen der Lürssen-Werft möglichst bald erteilt werden."
398 PA AA, ZA, 105060. Referat 340: Vermerk „Infanteriewaffen für Indonesien" vom 6.12.1977. Bei dem Vorgang handelte es sich um die Lieferung von Feuerwaffen des Herstellers Heckler und Koch. Das indonesische Militär sollte zu Vorführzwecken sieben Maschinengewehre, sieben Maschinenpistolen und 50 vollautomatische Gewehre erhalten. Vgl. PA AA, ZA, 105060. BMWi, Referat IV B 4: Schnellbrief an AA und BMVg vom 2.12.1977.
399 PA AA, B 37, 338. Referat I B 5: Sitzungsprotokoll vom 23.7.1967 zu deutsch-französischen Konsultationen auf Dirigentenebene über Süd- und Ostasien am 28.6.1967 im Quai d'Orsay.
400 PA AA, AV Jakarta, 226. Ministerialdirigent Ruete: Runderlass „Bemühungen der ‚DDR' die Wiederaufnahme unserer Beziehungen zu Jugoslawien dem Streben nach völkerrechtlicher Anerkennung nutzbar zu machen" vom 27.2.1968.

(wenngleich hier im Einzelnen Unterschiede zwischen den Mitgliedern bestanden). Trotzdem wurden weder die EWG/EG noch die ASEAN in erster Linie als antisowjetische und antikommunistische Bündnisse wahrgenommen wie die US-geführten Organisationen NATO, SEATO oder ASPAC.[401] Im Gegensatz zu den von den USA geführten und letztlich nur von ihnen garantierten Sicherheitspakten war für die Bildung der ASEAN gerade die Erwartung einer zukünftig verringerten amerikanischen und britischen Präsenz in Südostasien einer der ausschlaggebenden Gründe.[402] Noch stärker als die Bundesrepublik die EG prägte Indonesien als das größte Land Südostasiens die Gestalt und die Arbeitsweise der ASEAN „in erheblichem Maße".[403] Trotz der erkennbaren Abwehrhaltung gegenüber dem Kommunismus blieb die ASEAN mit dem für Indonesien wichtigen Prinzip der Blockfreiheit kompatibel: Es war erklärtes Ziel der ASEAN, die südostasiatische Region möglichst von den weltpolitischen Konflikten und von äußerer Einflussnahme abzuschirmen.[404] Die Regierungen betrieben absichtsvoll keine im engeren Sinne militärische Zusammenarbeit, sondern strebten danach, über die politisch-ökonomische ASEAN-Kooperation ihre Selbstbehauptungsfähigkeit gegenüber kommunistischer Subversion zu stärken.[405]

Die ASEAN erlebte eine deutliche Aufwertung, nachdem die mit Moskau verbündeten – und mit Peking bald verfeindeten – vietnamesischen Kommunisten den jahrzehntelangen Indochinakrieg 1975 für sich entschieden hatten. Im Februar 1976 fand auf Bali das erste ASEAN-Gipfeltreffen mit den Staats- und Regierungschefs von Indonesien, Malaysia, Singapur, Thailand und den Philippinen statt. Den eigentlichen „turning point" (Leifer) zum regionalen Sicherheitsbündnis erlebte die ASEAN durch die Invasion vietnamesischer Truppen in Kambodscha im Dezember 1978, dem ein sowjetisch-vietnamesischer Freundschaftsvertrag vorangegangen war.[406] Obgleich die ASEAN-Staaten die Bedrohung durch Vietnam und im Hintergrund durch die Sowjetunion unterschiedlich bewerteten und auch in ihrer Beurteilung Chinas nicht übereinstimmten, so zeigte sich die ASEAN ab 1979 in der Kambodscha-Frage nach außen hin meist geschlossen.[407]

In der europäischen Integrationsgemeinschaft hatte der Abschied von Charles de Gaulle als französischer Staatspräsident 1969 die Blockaden der sechziger Jahre gelöst und Schritte zum Ausbau und zur Internationalisierung des europäischen Pro-

---

401 Zu den von den USA initiierten antikommunistischen Bündnissen *Southeast Asian Treaty Organization* (SEATO, bestand 1954/55–1977) und *Asia and Pacific Council* (ASPAC, bestand 1966–1973) siehe: Dreisbach, USA und ASEAN, S. 30–39, 49–51.
402 Für eine zeitgenössische Einordnung der ASEAN siehe: Fluker, Regionalism, S. 198.
403 Rüland, Indonesien, S. 902.
404 Dreisbach, ASEAN, S. 51–56.
405 Dazu Stirling, ASEAN, S. 273–287.
406 Leifer, ASEAN, S. 10. Zum Kambodscha-Konflikt siehe: Westad/Quinn-Judge, Third Indochina War. Zuvor hatten sich zwischen 1973 und 1978 die Beziehungen der ASEAN-Staaten zu (Nord-)Vietnam tendenziell verbessert, vgl. Nguyen, Vietnam-ASEAN Relations, S. 103–125.
407 Leifer, ASEAN, S. 12. Siehe auch: Acharya, ASEAN, S. 79–96, hier 80–87.

jekts ermöglicht: Nach mehrjährigen Verhandlungen wurde zum 1. Januar 1973 die EG um Großbritannien, Irland und Dänemark erweitert und die europäische Außenhandelspolitik vergemeinschaftet. Schon 1970 war die intergouvernemental operierende Europäische Politische Zusammenarbeit (EPZ) eingeführt worden. Obwohl die EPZ einen vergleichsweise geringen Grad an Institutionalisierung und Verbindlichkeit hatte, schuf sie einen Mechanismus des regelmäßigen Informationsaustausches und der Koordination der EG-Mitgliedstaaten in internationalen Fragen. Dieser Mechanismus begünstigte eine partielle Harmonisierung der nationalen Außenpolitiken, vor allem gegenüber solchen Drittländern, in denen die jeweiligen EG-Mitglieder keine starken Eigeninteressen hatten. Die Außen- und vor allem die Außenwirtschaftspolitik der Bundesrepublik erlebte hierdurch in den siebziger Jahren eine Europäisierung in der Substanz und – stärker noch – in den Prozessen.

Das Zusammentreffen dieser Europäisierung mit der in den siebziger Jahren steigenden Bedeutung der ASEAN bedeutete eine Multilateralisierung der Beziehungen zwischen der Bundesrepublik Deutschland und Indonesien in beide Richtungen.[408] Die Kooperation zwischen den damals neun EG- und fünf ASEAN-Staaten war insofern eine „einzigartige Entwicklung", als sie das erste größere Beispiel für Beziehungen waren, die sich „auf der Ebene der regionalen Einheiten" vollzogen.[409]

Die Botschaft in Jakarta hatte schon zur Jahreswende 1971/72 ausführliche Überlegungen zu einer möglichen gemeinsamen europäischen Politik gegenüber Südostasien angestellt.[410] Das Auswärtige Amt bemühte sich seit den siebziger Jahren um die Förderung der ASEAN-Regionalarchitektur und um den Ausbau der inter-regionalen Kooperation zwischen ASEAN und EG. Insbesondere Außenminister Genscher machte dies zu seinem Anliegen.[411] Bei einem Besuch in Indonesien im April 1977 sagte er Suharto zu, „dass sich die Bundesregierung bilateral wie auch im Rahmen der Europäischen Gemeinschaft nach Kräften dafür einsetzen werde, die Integrationsbemühungen der ASEAN zu unterstützen und den beiderseits angestrebten Ausbau der Bezie-

---

408 Rüland, Südostasien, S. 559.
409 Hull, Beziehungen, S. 373.
410 PA AA, B 37, 611. Botschafter Balken, Jakarta: Schriftbericht Nr. 1434/71 „Eine europäische Politik für Südost-Asien?" vom 14.12.1971: „Die Stellung der europäischen Staaten in Indonesien ist heute in erster Linie durch wirtschaftliche Interessen gekennzeichnet. Aus Unterhaltungen mit meinen Kollegen gewinne ich den Eindruck, dass es in keinem unserer Partnerländer eine klar definierte Politik, die über das allgemeine Idealziel der Friedenserhaltung in konkretere Bereiche führt, gibt. [...] Das indonesische Interesse an Europa liegt darin, ein Gegengewicht zu schaffen gegen den gefürchteten Interessenkampf der drei, – Japan einbezogen – vier Großmächte."
411 Genscher schrieb dazu 1982 in einem Beitrag für *Foreign Affairs*: "We Germans have become an advocate in the European Community of promoting regional unions in the Third World, and we have supported the development of different kinds of interregional cooperation between Community and those associations." Vgl. Genscher, Western Strategy, S. 61. In diesem Zusammenhang danke ich Herrn Botschafter a. D. Heinrich Seemann für wichtige persönliche Mitteilungen.

hungen zwischen ASEAN und der Europäischen Gemeinschaft zu fördern".⁴¹² In der Folgezeit wurde Hans-Dietrich Genscher von europäischen wie südostasiatischen Regierungskreisen die „anerkannte Rolle" zugeschrieben, „als Anwalt enger EG-ASEAN-Beziehungen" zu wirken.⁴¹³

Auf Genschers Initiative hin fand während der deutschen EG-Ratspräsidentschaft im November 1978 erstmals ein Treffen der EG-Außenminister mit ihren ASEAN-Kollegen in Brüssel statt.⁴¹⁴ Unmittelbar zuvor empfing Bundeskanzler Schmidt Außenminister und Diplomaten der ASEAN-Länder im Bundeskanzleramt. Die Bundesregierung wurde für ihre Initiative sehr gelobt. Der singapurische Außenminister Rajaratnam bezeichnete es als „symbolisch, dass der Weg der Außenminister nach Brüssel über Bonn führe".⁴¹⁵ Die EG-ASEAN-Zusammenkunft galt dem Auswärtigen Amt als „großer Erfolg" mit „Signalwirkung", da die Europäische Gemeinschaft hier erstmals „einen Dialog mit einer Gruppe der Dritten Welt geführt" hatte.⁴¹⁶ Die Bundesregierung sah einen Erfolg der eigenen Ratspräsidentschaft dahingehend, dass es ihr gelungen war, vormals skeptische EG-Partner „für die gemeinsame Sache" einer Konsultation mit den ASEAN-Staaten eingenommen zu haben.⁴¹⁷ Auch die japanische Regierung lobte Bonn für die „historische" EG-ASEAN-Konferenz.⁴¹⁸ Im März 1980 fand in Kuala Lumpur das zweite europäisch-südostasiatische Außenministertreffen statt, bei dem ein EG-ASEAN-Kooperationsabkommen unterzeichnet wurde. Es

---

412 PA AA, ZA, 103287. Referat 411: Aufzeichnung „EG-ASEAN – Gesprächsvorschlag" vom 25.8.1977.
413 AAPD 1983, Dok. 194, hier S. 1004. VLR I Steinkühler: Runderlass Nr. 76 vom 30.6.1983. Genscher selbst äußerte gegenüber dem chinesischen Außenminister Huang Hua: „Ich habe mich sehr für die Zusammenarbeit Europa/ASEAN eingesetzt, und dieses mit Erfolg. Diese Zusammenarbeit hat sehr zur Entwicklung von ASEAN beigetragen." AAPD 1981, Dok. 283, S. 1512. VLR I Bente: Aufzeichnung „Gespräche des Bundesministers Genscher mit dem chinesischen Außenminister Huang Hua in Peking" vom 5./6.10.1981.
414 PA AA, ZA, 107399. Referat 340: Schreiben an das Referat 200 „Jährlicher Bericht im Europäischen Parlament über die EPZ; hier: Gemeinsame Asienpolitik der Neun" vom 26.10.1978.
415 AAPD 1978, Dok. 350. VLR I Oldenkott, Bundeskanzleramt: Aufzeichnung über Gespräch des Bundeskanzlers Schmidt mit den Außenministern Rajaratnam (Singapur), Rithaudeen (Malaysia), Romulo (Philippinen) und Upadit Pachariyangkun (Thailand) vom 17.11.1978.
416 PA AA, ZA, 107399. Referat 340 Aufzeichnung „EG-ASEAN-Meinungsaustausch über die politischen Aspekte des Ministertreffens vom 20./21.11.1978" vom 30.11.1978.
417 AAPD 1978, Dok. 353. Botschafter Siegrist, Brüssel-EG: Drahtbericht Nr. 4278 „Ministertreffen EG-ASEAN am 20./21.11.1978 in Brüssel" vom 22.11.1978. Genscher bemerkte gegenüber US-Außenminister Vance: „[…] es sei auch gar nicht leicht, allen europäischen Staaten klarzumachen, welche Bedeutung dem Dialog zwischen den beiden Gruppierungen [EG und ASEAN] zukomme." Vgl. AAPD 1980, Dok. 20. Ministerialdirigent Lücking, z. Zt. Washington: Drahtbericht Nr. 313 vom 21.1.1980.
418 AAPD 1979, Dok. 14. Ministerialdirektor Meyer-Landrut: Aufzeichnung über Gespräch des Bundesministers Genscher mit dem japanischen Außenminister Sonoda vom 18.1.1979. Genscher unterstrich seinem japanischen Kollegen gegenüber „die Bedeutung, die wir ASEAN beimessen und begrüßte das gleichgerichtete Interesse Japans", S. 73.

folgten weitere Außenministerkonferenzen in London 1981 und in Bangkok 1983.[419] Zumindest aus Sicht des Auswärtigen Amts hatte sich schon bis 1983 zwischen der Europäischen Gemeinschaft und der ASEAN ein „interregionales Sonderverhältnis" herausgebildet.[420] Ganz offensichtlich beurteilten die außenpolitischen Entscheidungsträger in Bonn die Wirkungsmöglichkeiten von Regionalorganisationen optimistischer, als dies die meisten anderen europäischen Hauptstädte taten, so Paris oder London.[421]

Nach dem Ende der weltpolitischen Entspannung und der Rückkehr zur Ost-West-Konfrontation ab 1979 kam es zu einer sicherheitspolitischen Zusammenarbeit von EG- und ASEAN-Staaten im Rahmen der Vereinten Nationen. Grundlage hierfür waren, so Außenminister Genscher gegenüber den ASEAN-Außenministern, die „gleichartigen Bewertungen" beider Regionalorganisationen hinsichtlich der Konflikte in Afghanistan und Indochina.[422] Beide Seiten sahen in der Sowjetunion und ihren Verbündeten das entscheidende Problem für die internationale Sicherheit. EG und ASEAN stimmten in der Generalversammlung der UN für die von der jeweils anderen Seite eingebrachten Vorlagen, welche die Sowjetunion zum Abzug ihrer Truppen aus Afghanistan bzw. das von Moskau unterstützte Vietnam zum Abzug seiner Truppen aus Kambodscha aufforderten.[423] Von der Bundesrepublik und anderen EG-Ländern mitgetragen wurde auch die von den ASEAN-Staaten gesponserte und von den moskautreuen Staaten boykottierte Kambodscha-Konferenz im Rahmen der Vereinten Nationen im Juli 1981.[424] Genscher traf sich am Rande der UN-Vollversammlungen in New York regelmäßig mit den fünf ASEAN-Außenministern, um über Kambodscha und Afghanistan und die ASEAN-EG-Zusammenarbeit zu sprechen.[425] Trotz dieser neuerlichen Re-Politisierung der Beziehungen blieben freilich die Europäische Gemeinschaft und die

---

419   Siehe: AAPD 1980, Dok. 84. VLR I Ellerkmann: Runderlass Nr. 36 vom 17.3.1980; AAPD 1983, Dok. 86. VLR I Steinkühler: Runderlass Nr. 37 vom 30.3.1983.
420   AAPD 1983, Dok. 194, hier S. 1004. VLR I Steinkühler: Runderlass Nr. 76 vom 30.6.1983.
421   Vgl. etwa AAPD 1981, Dok. 4, hier S. 18. Ministerialdirektor Gorenflos: Aufzeichnung „Gespräch des Bundesministers Genscher mit dem algerischen Außenminister" vom 11.1.1981 über Ausführungen Genschers: „Die EG als Zusammenschluss großer und kleiner Partner, die aber voll gleichberechtigt seien, sei ein Modell für die Zusammenarbeit in der Welt. Wir [die Bundesrepublik] hielten solche regionalen Zusammenschlüsse auch in anderen Teilen der Welt für wichtig, Beispiel ASEAN."
422   AAPD 1980, Dok. 84, hier S. 482. VLR I Ellerkmann: Runderlass Nr. 36 vom 17.3.1980.
423   Rüland, Südostasien, S. 562. Zur bundesdeutschen Kambodschapolitik der späten siebziger Jahre vgl. Patel, Cold War Myopia.
424   Siehe dazu: AAPD 1981, Dok. 214. VLR I Steinkühler: Runderlass Nr. 83 vom 20.7.1981. Patel, Cold War Myopia, S. 69, verweist darauf, wie sehr die gegensätzliche Haltung von Bundesrepublik und DDR im Kambodscha-Konflikt eine typische Konstellation des Kalten Krieges widerspiegelte.
425   AAPD 1981 Dok. 263. Zu den Treffen Genschers mit den ASEAN-Vertretern vgl. Ministerialdirektor Gorenflos, z. Zt. New York: Fernschreiben Nr. 1964 vom 21.9.1981; AAPD 1983, Dok. 286. Botschafter van Well, New York-VN: Drahtbericht Nr. 2035 vom 3.10.1983.

Bundesrepublik Deutschland im Vergleich zu den USA, der Sowjetunion und China nachgeordnete auswärtige Akteure im dritten Indochinakonflikt um Kambodscha.[426]

Das grundsätzlich positive Bild von Suhartos Indonesien als „Führungsmacht des ASEAN-Staatenzusammenschlusses"[427] und „nützlichen Partner"[428] blieb unter der Kanzlerschaft von Helmut Schmidt und derjenigen von Helmut Kohl weitgehend bestehen. Kohl war der erste Bundeskanzler, der Indonesien besuchte. Auf seinem Zusammentreffen mit Staatschef Suharto im November 1983 versicherte Kohl, er unterstütze „leidenschaftlich den Ausbau der Beziehungen zwischen der Europäischen Gemeinschaft und den ASEAN-Staaten. Indonesien könne dabei immer auf die deutsche Unterstützung rechnen", gerade auch bei dem Problem Kambodscha.[429] Anfang 1984 besuchte Bundespräsident Karl Carstens Indonesien, der gut zwanzig Jahre zuvor als Staatssekretär des Auswärtigen Amts bei der Indonesienreise von Heinrich Lübke dabei gewesen war. Ganz anders als Lübkes Visite bei Sukarno 1963 war der Besuch Carstens' eine protokollarische Routineangelegenheit; der Bundespräsident bekundete Suharto im persönlichen Gespräch seine „Bewunderung für die Aufbauleistung Indonesiens".[430]

---

[426] Zur Kooperation der USA mit den ASEAN-Staaten im Kambodscha-Konflikt gegen die UdSSR, Vietnam und das pro-vietnamesische Regime in Phnom Penh siehe: Dreisbach, ASEAN, S. 130–141.
[427] PA AA, ZA, 103287. VLR I Steger: Vermerk „Besuch des indonesischen Außenministers Malik; hier: Höflichkeitsbesuch bei dem Herrn Bundeskanzler" vom 15.8.1977.
[428] PA AA, ZA, 103287. Referat 230: Aufzeichnung „Möglichkeiten deutsch-indonesischer Zusammenarbeit in der 32. Generalversammlung" vom 25.8.1977.
[429] AAPD 1983, Dok. 328. Ministerialdirektor Teltschik, Bundeskanzleramt: Aufzeichnung „Gespräch des Bundeskanzlers Kohl mit Präsident Suharto in Jakarta am 5.11.1983" vom 30.12.1983.
[430] Carstens, Erinnerungen und Erfahrungen, S. 703.

VI Ergebnisse und Schlussbetrachtung

Die vorliegende Arbeit hat zwei Dekaden bundesdeutscher Außenpolitik gegenüber Indonesien analysiert. Vom Beginn der diplomatischen Beziehungen im Jahr 1952 bis etwa 1960 blieb die bundesdeutsche Diplomatie im Großen und Ganzen zurückhaltend. Bonn wollte zwar die Wirtschaftsbeziehungen zu Indonesien beleben, sich aber nicht zu stark exponieren. Neben den begrenzten eigenen Ressourcen und der notwendigen Konzentration auf andere Prioritäten lag dies an der Rücksichtnahme auf die fortbestehenden niederländischen Interessen in Südostasien.

Aus Sicht der indonesischen Regierung war die Bundesrepublik zu zurückhaltend. Die indonesischen Erwartungen, das „kolonial unverdächtige" Deutschland als politischen Partner für den Aufbau des eigenen Staates gewinnen zu können, erfüllten sich in den fünfziger Jahren nicht: Weder erhielt Indonesien deutsche Militärberater noch konnte es hochrangige Besucher aus der Bundesrepublik empfangen. In handelspolitischen Fragen zeigte sich die Bundesregierung recht entgegenkommend und beharrte nicht auf einem Junktim mit der Rückgabe der deutschen Altvermögen. Eine gewisse Zähigkeit legte das Auswärtige Amt in dem Beharren an den Tag, das kuriose, gleichwohl noch bis 1957 fortbestehende Problem des formalrechtlichen Kriegszustands aus der Welt zu schaffen.

Die Anfänge der Bonner Indonesienpolitik zwischen 1952 und 1954 waren durch das gestörte Verhältnis zwischen Botschafter Hentig und dem Auswärtigen Amt beeinträchtigt. Hentig lehnte die Westpolitik Adenauers ab, sympathisierte mit Vorstellungen eines weltpolitischen „dritten Weges" und trat daher – in Verkennung der Machtrealitäten und allianzpolitischer Erfordernisse – für ein starkes politisches Engagement der Bundesrepublik in Indonesien auch *gegen* die Niederlande ein. Offenkundig hatte er sich mehr Wirkungsmacht erhofft, als sie ein Botschafter der Bundesrepublik in den fünfziger Jahren nun einmal haben konnte. Im Rückblick wirken das Auftreten des früheren Reichsbankpräsidenten Hjalmar Schacht und Werner Otto von Hentigs im Indonesien der frühen fünfziger Jahre wie eigenartige „Überhänge" des vergangenen Deutschen Reiches in eine neue Zeit mit grundlegend anderer Ausrichtung der (west-)deutschen Politik.

Alle Nachfolger Hentigs in Jakarta bewegten sich dagegen mit einer gewissen Selbstverständlichkeit in den Bahnen der von Adenauer festgelegten Außenpolitik – was nicht bedeutete, dass sie keinen eigenen politischen Sinn hatten; ein solcher ist vor allem aus den Berichten Helmut Allardts deutlich ablesbar. Da die Botschaft vor 1960 noch nicht mit dem Abwehrkampf gegen die DDR-Anerkennung ausgelastet war, blieben offenbar größere Freiräume für grundsätzliche Betrachtungen des Geschehens in Indonesien. Der gerade unabhängig gewordene Staat, seine politischen Eliten und die deutsche Rolle in Indonesien wurden ausführlich thematisiert. Die Berichte lassen – wenig überraschend – eine Sympathie der Bonner Diplomaten für die nüchternen „Administratoren" um Mohammed Hatta erkennen und eine Ablehnung der antikolonialen „Solidaristen" um Sukarno. Man darf annehmen, dass auch die indonesischen „Administratoren" ein positiveres Bild von der Bundesrepublik Deutschland hatten als die „Solidaristen".

1955 veränderte sich die Tiefenstruktur der bundesdeutschen Außenpolitik. Diese Veränderung wirkte sich zwar nicht sofort und unmittelbar auf die Indonesienpolitik aus, jedoch erlebte diese zwischen 1955 und 1961 eine graduelle Politisierung: Die neugewonnenen Souveränitätsrechte Bonns, die nun offensiv betriebene Alleinvertretungspolitik und der Auftritt der Sowjetunion und der DDR in der „Dritten Welt" führten dazu, dass Indonesien nunmehr stärker unter welt- und deutschlandpolitischen Gesichtspunkten betrachtet wurde. Wenn die Botschafter Allardt (1954–58) und Mirbach (1959–63) regelmäßig anmahnten, Bonn solle Indonesien stärkere Beachtung schenken, so taten sie dies – anders als Hentig mit seiner neutralistischen Vorstellung eines „dritten Weges" – im Hinblick auf die westliche Position im „großen" Kalten Krieg. Zunehmend rückte auch die eigene bundesdeutsche Position im „kleinen" Kalten Krieg gegen die DDR in den Vordergrund. Während der Zeit, in der Sukarno deutschlandpolitisch unauffällig blieb, konnte sich die Bonner Zentrale nicht zu einem größeren Engagement in Indonesien entschließen: Zwar gab es schon in den fünfziger Jahren kleinere Projekte technischer Hilfe, aber erst 1961 besuchte mit Hans-Joachim von Merkatz ein Bonner Minister Indonesien; und obwohl Sukarno die Bundesrepublik schon im Juni 1956 besucht hatte, dauerte es bis zur Erwiderung seines Staatsbesuchs durch Heinrich Lübke noch bis Ende 1963.

Die sich ab 1957 verschärfende innere und äußere Lage Indonesiens erschwerte es Bonn, im Westneuguinea-Konflikt seine Linie der Neutralität mit leichter Bevorzugung der Niederlande konsequent durchzuhalten. Als sich 1958/59 die Gelegenheit bot, vom Vertrieb indonesischen Tabaks in Europa zu profitieren, griff die deutsche Außenwirtschaft entschlossen zu – mit diskreter Unterstützung der Bundesregierung. Hier zeigte sich robuste Interessenpolitik ohne große Rücksicht auf niederländische Befindlichkeiten. In Indonesien gab dies neuerlichen Hoffnungen Auftrieb, in der Bundesrepublik einen Partner zu finden, der keine neokolonialen Interessen verfolge. Diese erfüllten sich aber auch deshalb nicht, weil der ab 1957 sehr unberechenbar werdende Kurs Indonesiens die westdeutsche Wirtschaft von Investitionen und dem Ausbau der Handelsbeziehungen abhielt.

Der Übergang zur intensivsten Phase der bundesdeutschen Indonesienpolitik zwischen 1960/61 und 1965/66 wurde von zwei Vorgängen befördert: zum einen von der Aufwertung der seit 1954 bestehenden DDR-Handelsvertretung in Jakarta zu einem Generalkonsulat im August 1960; die mit Indonesien befassten Diplomaten des Auswärtigen Amts verwiesen auf die Vernachlässigung Indonesiens durch die Bundesrepublik, die – neben Sukarnos Wendung nach links und nach Osten – diesen Erfolg der DDR-Diplomatie ermöglicht habe. Zum anderen machte sich Sukarno auf der Konferenz von Belgrad im September 1961 weitgehend die von Moskau in Bezug auf Deutschland vertretene „Zwei-Staaten-Theorie" zu eigen. Von dieser wichtigen Zäsur an waren die politischen Beziehungen zwischen Indonesien und der Bundesrepublik bis 1965 in einem sich steigernden Intensitätsgrad von der Frage der Anerkennung oder Nicht-Anerkennung der DDR bestimmt. Der „kalte Kleinkrieg" in Jakarta wurde – wie auch in anderen Hauptstädten – von beiden Seiten mit viel Sinn für das protokollarische Detail und für das Symbolische ausgefochten und entbehrte gelegentlich nicht der skurrilen Elemente.

Mit der Asienreise von Bundesminister Merkatz Anfang 1961 setzten größere finanzielle Zusagen Bonns gegenüber Indonesien ein; diese standen im Kontext der von der Bundesregierung 1960 beschlossenen bilateralen Kapitalhilfe für Entwicklungsländer. Aber auch die Zusage von 200 Millionen DM an Krediten und Bürgschaften für Indonesien konnte nicht verhindern, dass Sukarno einige Monate später in Belgrad dem westdeutschen Alleinvertretungsanspruch eine spektakuläre Absage erteilte. Die Umsetzung der 1961 gegebenen Zusagen erwies sich als sehr schwierig: Zum einen führten unliebsame deutschlandpolitische Äußerungen aus Jakarta, die häufig aus Anlass von Besuchen aus den sozialistischen Staaten gemacht wurden, zur Vertagung von eigentlich schon zugesagten Arbeitsfortschritten. Zum anderen verringerte die politische Instabilität und wirtschaftliche Zerrüttung Indonesiens die Planbarkeit. Allerdings zeigte das Beispiel der in Lampong geplanten Industrieanlage, dass die Bundesregierung aus deutschlandpolitischen Gründen bereit war, sich über betriebswirtschaftliche und technische Bedenken hinwegzusetzen und sehenden Auges eine Fehlallokation von Hilfsgeldern hinzunehmen.

Mit den zunehmenden Schwierigkeiten, die Nichtanerkennungspolitik in Jakarta durchzuhalten, nahm bei der Bundesregierung die Bereitschaft ab, auf bestimmte Interessen der westlichen Partner in Indonesien Rücksicht zu nehmen. Dies galt schon für die Niederlande in der Spätphase des Westirian-Konflikts 1961 und 1962, und erst recht galt dies für den ab 1963 von Sukarno begonnenen Konfrontationskurs gegen Malaysia und Großbritannien. Über den Verlauf des Staatsbesuchs von Bundespräsident Lübke – sechs Wochen nach den Ausschreitungen gegen die britische Botschaft in Jakarta – waren britische Regierungskreise irritiert und enttäuscht; auch die Fortführung deutscher Wirtschaftshilfen an Indonesien missfiel Londons Diplomaten.

In dem von Sukarno ausgerufenen „Jahr des gefährlichen Lebens" zwischen 1964 und 1965 bestand Bonns Indonesienpolitik ausschließlich darin, der DDR in Jakarta noch irgendwie den Weg zur diplomatischen Anerkennung zu versperren, welche zusehends näher zu rücken schien. Die Botschaft sah sich in einem fast ununterbrochenen Abwehrkampf; kurz vor den Ereignissen des 1. Oktober 1965, die Indonesien von Grund auf veränderten, war es der bundesdeutschen Diplomatie jedoch nochmals gelungen, eine mögliche Anerkennung der DDR bis auf Weiteres hinauszuzögern.

Die bundesdeutschen Diplomaten vor Ort ordneten die Geschehnisse von 1965/66 in die Perspektive des Kalten Krieges und der Alleinvertretungspolitik ein. Bereitwillig wurden die vom indonesischen Militär präsentierten Interpretationen übernommen. Von wenigen Ausnahmen abgesehen, blieb die amtliche Betrachtung der Massaker seltsam abstrakt. Die sich 1966/67 etablierende „neue Ordnung" Indonesiens wurde positiv bewertet. Dies erfolgte zwar wesentlich, keineswegs aber nur aufgrund kühler „Realpolitik": Aus den diplomatischen Berichten geht hervor, dass das Auswärtige Amt tatsächlich erwartete, mit Suharto werde eine in jeder Hinsicht bessere Zeit für Indonesien anbrechen. Die massenhafte Tötung und die millionenfache Internierung von PKI-nahen Indonesiern erzeugten dabei beim Auswärtigen Amt oder der Bundesregierung erstaunlich wenig Irritation.

Sobald Indonesien kein deutschlandpolitischer Problemfall mehr war, wurde das Land aus Bonner Perspektive wieder anderen entfernten Ländern ähnlich, zu denen man ein unaufgeregtes diplomatisches Verhältnis pflegte, wie etwa Thailand, die Philippinen oder Malaysia. Bei der Umschuldung des zahlungsunfähigen Indonesien reihte sich die Bundesrepublik ein in die Kooperation mit anderen westlichen Ländern, die ein neu gewonnenes Partnerland ökonomisch und politisch stabilisieren wollten. In dem mehrjährigen Umschuldungsprozess verhielten sich die Bundesministerien überwiegend entsprechend ihrer organisatorischen Rollenverteilung: Das Finanzministerium argumentierte mit Blick auf den Haushalt der Bundesrepublik, das Auswärtige Amt mit Blick auf ihre weltpolitischen Interessen. Letztlich setzte sich die politische Position und nicht die haushaltsökonomische durch. Das Gutachten des deutschen Bankiers Hermann Josef Abs hatte mit Blick auf die Entwicklungsmöglichkeiten Indonesiens die Notwendigkeit eines Entgegenkommens der Gläubiger betont.

In Bonn hatten sich unterdessen graduell neue Akzentuierungen in der Deutschlandpolitik durchgesetzt: Selbst ohne den Sturz Sukarnos und die Etablierung der „neuen Ordnung" wäre der deutsch-deutsche Kampf um Jakarta nicht endlos weitergegangen. Die harte Bonner Haltung in der Deutschlandpolitik und das Bestehen auf einem Junktim zwischen Entspannungspolitik und Fortschritten in der „deutschen Frage" ließen die Bundesrepublik in den sechziger Jahren im Kreis der Verbündeten mehr und mehr isoliert dastehen. Eine Anpassung an die veränderte weltpolitische Lage und die Haltung der Bündnispartner schien ratsam.

Mit dem Nachlassen des bundesdeutschen Sonderinteresses der DDR-Nichtanerkennung zwischen 1969 und 1973 vollzog sich eine „Normalisierung" der Politik gegenüber Indonesien auch von Bonner Seite; die Suharto-Regierung hatte schon vorher signalisiert, nicht gegen die Interessen der Bundesregierung handeln zu wollen. So angestrengt das deutsch-deutsche Ringen in Jakarta bis 1965 verlaufen war, so unspektakulär war der erste Empfang eines DDR-Botschafters bei Suharto im Mai 1973, dem bald ein Besuch bei seinem bundesdeutschen Kollegen folgte. Mit der gegenstandslos gewordenen Alleinvertretungspolitik hatte für die Bundesregierung das einst bestehende Interesse an Bedeutung verloren, den Kommunismus und den sowjetischen Einfluss in Indonesien und überhaupt in Südostasien einzudämmen. In veränderter Form gewann dies aber nach der Rückkehr zur weltpolitischen Konfrontation um 1979 wieder an Bedeutung. Eine Randnotiz aus den ausgewerteten Akten ist, dass sich bundesdeutsche Diplomaten, ganz anders als ihre US-Kollegen, vergleichsweise wenig für den Einfluss des kommunistischen China in Indonesien interessierten. Während die Eindämmung Chinas für die US-Regierungen bis Ende der sechziger Jahre eine Priorität in Asien bildete, war Peking offensichtlich in jeder Hinsicht weit von Bonn entfernt.

Für das Auswärtige Amt wurde die hektische Betriebsamkeit der frühen sechziger Jahre von einer routinierten Arbeitsbeziehung zu Indonesien abgelöst. Gleichwohl war Indonesienpolitik mittlerweile nicht mehr nur ein Gebiet für politisch-administrative oder außenwirtschaftliche Stellen. Seit der zweiten Hälfte der sechziger Jahre gab es vermehrt gesellschaftliche Akteure, die Kritik an der Menschenrechtslage in Suhartos Indonesien übten und versuchten, entsprechend auf die Situation im Land einzuwirken. Das Auswärtige Amt zog sich damals noch auf die klassische völkerrechtlich-diplomatische Position zurück, wonach jede amtliche Kritik an den inneren Verhältnissen eines anderen Landes zu unterbleiben habe.

In den siebziger Jahren gewannen wirtschaftliche und rohstoffpolitische Gesichtspunkte im Verhältnis zwischen der Bundesrepublik und Indonesien an Bedeutung. Für die nunmehr von der Deutschlandpolitik entlastete Bonner Entwicklungshilfe blieb Indonesien als eines der größten Entwicklungsländer wichtig. Die Mittel der Entwicklungszusammenarbeit wuchsen bis 1974 sogar an; allerdings wurden die Gelder an Indonesien nicht mehr aus rein politischen Gründen gegen entwicklungsökonomische Bedenken oder trotz der Einwände von NATO-Verbündeten zugesagt. Vielmehr fand in der *Intergovernmental Group on Indonesia* eine multilaterale Koordination (westlicher) Geberstaaten statt.

In stabilitätspolitischer Absicht betrieb das Auswärtige Amt seit den siebziger Jahren die Förderung der ASEAN-Regionalstruktur. Sie stellt sich als typisches Element vor allem der Außenpolitik von Hans-Dietrich Genscher und seiner demonstrativen Hochschätzung von kooperativ-multilateralen Instrumenten zur regionalen Stabilisierung dar.

Nach Zusammenfassung der Verlaufsgeschichte soll nun resümierend auf die in der Einleitung gestellten Forschungsfragen eingegangen werden. Diese Fragen richteten sich nach 1. den *prägenden Faktoren*, 2. den *Methoden*, 3. den *Erfolgen und Misserfolgen* sowie 4. den *Kontinuitäten und Diskontinuitäten* der Indonesienpolitik der Bundesrepublik.

1. Nach den vorigen Ausführungen kann die Antwort auf die *prägenden Faktoren* – im hier behandelten Zeitraum – nicht zweifelhaft sein: Der stärkste Antrieb für die diplomatisch-finanziellen Anstrengungen in Indonesien war die deutsch-deutsche Systemkonkurrenz. Dies zeigte sich umso mehr, als die Durchsetzung der Nichtanerkennungspolitik in Indonesien ab spätestens 1961 immer schwieriger wurde. Mit dem Wegfall dieses Problems reduzierten sich die ständigen diplomatischen Interventionen und die diplomatische Aktivität in Indonesien insgesamt; an ihre Stelle traten etwas längerfristig konzipierte Maßnahmen wie die bundesdeutsche Beteiligung an der Umschuldung Indonesiens. Die bundesdeutsche Indonesienpolitik vor allem der sechziger Jahre liefert nicht den geringsten Hinweis auf einen angeblich in der zeithis-

torischen Forschung anzutreffenden „Hallstein-Mythos".[1] Die Anstrengungen Bonns, eine Anerkennung der DDR abzuwehren, waren sehr real, bis hin zum Ausblenden aller anderen Aspekte.

Freilich gab es auch andere Triebfedern für die Bonner Indonesienpolitik als den Alleinvertretungsanspruch. Unzweifelhaft gehörte der Kalte Krieg in einem umfassenderen Sinne dazu. Das Argument, die Bundesrepublik müsse auch die Gesamtposition des Westens vertreten, da sie unter den NATO-Staaten die besten Beziehungen zu Indonesien habe, begegnet häufiger; es schien Briten und Amerikanern grundsätzlich plausibel. Zudem gab es ökonomische Interessen der Bundesrepublik in Indonesien wie etwa den Tabakmarkt; noch stärker als um konkret präsente Interessen ging es bei entsprechenden Überlegungen allerdings oft um das beachtliche und noch ungenutzte Potenzial Indonesiens. Die Außenwirtschaft war im hier untersuchten Zeitraum daher nicht der dominante Faktor, der sie ab den siebziger Jahren wurde.

Ein allgemeiner, vor allem in der diplomatischen Berichterstattung der fünfziger Jahre durchscheinender Faktor, überhaupt in fernen Ländern wie Indonesien Präsenz zu zeigen, war natürlich auch der Wille, als deutscher Staat überhaupt in die internationale Politik zurückzukehren; diese Rückkehr war gleichzeitig ein Neubeginn in der Absicht, sich positiv von der Vergangenheit zu unterscheiden. Insofern war auch in der Indonesienpolitik das Deutsche Reich – bei aller personellen Kontinuität – eine im Hintergrund präsente Folie, von der sich die Bundesrepublik absetzte. Diese „Distanzierung" schloss eine robuste Vertretung eigener Interessen keineswegs aus. In der hier betrachteten Zeit bedeutete die „positive Unterscheidung" von der Vergangenheit noch nicht, in den bilateralen Beziehungen zu anderen Staaten die Universalität von Menschenrechtsnormen auch dann zu betonen, wenn es um „innere Angelegenheiten" ging; in der außenpolitischen Praxis fanden Menschenrechte erst allmählich eine deutliche Aufwertung.

Der teils vom Dekolonisierungsprozess vorgeprägte, teils vom (Fehl-)Verhalten bestimmter Akteure eingeschlagene Krisenweg Indonesiens war die wichtigste „intervenierende" Variable der bundesdeutschen Indonesienpolitik. Im Gegensatz zu den anderen prägenden Faktoren gab es hier aber keinen Gestaltungsspielraum oder Einflussmöglichkeiten der deutschen Seite.

Die Untersuchung des Aktenmaterials hat beim Verfasser keinen Zweifel darüber gelassen, dass die wesentliche Akteursqualität in der bundesdeutschen Indonesienpolitik dem Auswärtigen Amt zukam. Bei Gegenständen, die besonderes Fachwissen erforderten – wie der Umsetzung von Entwicklungshilfeprojekten oder der Umschuldung Indonesiens –, spielten auch andere Ressorts eine wichtige Rolle. Wenn die Bundesregierung auf Kabinettsebene über eine Frage der Indonesienpolitik entschied, so tat sie dies im Wesentlichen auf Basis einer vorbereiteten Beschlussvorlage und meist ohne größeren gestaltenden Eingriff. Heinrich Lübke entwickelte nach seinem Staats-

---

[1] So die These von Gülstorff, Hallstein, S. 476.

besuch von 1963 zwar ein gewisses Interesse für Fragen der Indonesienpolitik und sprach seine Position auch gegenüber amerikanischen, australischen, britischen und malaysischen Gesprächspartnern an, unbefangen und meist ohne besonderes diplomatisches Fingerspitzengefühl; von einem starken Einfluss des Bundespräsidenten zu sprechen, wäre in diesem Zusammenhang allerdings übertrieben.

Innerhalb des Auswärtigen Amts zeigten sich erwartbare Präferenzen: Die jeweiligen Botschafter drängten meist darauf, die Zentrale solle „mehr" tun; dies geschah freilich nicht immer. Andererseits ist nicht erkennbar, dass die Zentrale in der Hochphase des deutschlandpolitischen Abwehrkampfes zwischen 1961 und 1965 Initiativen der Arbeitsebene blockierte oder detaillierte Instruktionen „von oben" erteilte. Der Arbeitsebene – also dem Fachreferat und der Botschaft – blieb somit Spielraum bei der Umsetzung der von der Leitungsebene festgelegten Ziele. Im Prozess der Willensbildung und des Herbeiführens von Entscheidungen stellte sich insbesondere die Botschaft in Jakarta nicht als passive Weisungsempfängerin dar, sondern als eine Institution, die ihre Vorgesetzten auch aktiv von bestimmten Maßnahmen zu überzeugen suchte oder für mehr Engagement und rascheres Handeln warb. Dies gilt nicht nur für die deutschlandpolitischen „Krisenjahre" in Indonesien.

2. Die *Methoden* der Indonesienpolitik spiegelten die Charakteristika der Bundesrepublik und die Besonderheiten des Ziels der DDR-Nichtanerkennung wider. Eine kohärente „Indonesienstrategie" der Bundesregierung gab es dabei nicht. Eine länger vorausplanende Bonner Strategie hätte es angesichts der Wechselhaftigkeit Sukarnos auch schwer gehabt. Die tätige Nichtanerkennungspolitik erfolgte ganz überwiegend in Reaktion auf die sich ändernden Umstände. Zum Erreichen der Ziele gab es mehrere Register, die der jeweiligen Situation entsprechend gezogen wurden. Die zur Verfügung stehenden Mittel waren so charakteristisch für eine mittlere Macht wie die Bundesrepublik Deutschland, dass ihre Spezifika leicht zu übersehen sind: Der Bundesrepublik standen, anders als den USA, keine „harten" Mittel wie militärisches Eingreifen oder groß angelegte geheimdienstliche Operationen zur Verfügung; als prosperierendes Land war sie aber durchaus in der Lage, ökonomische Ressourcen zur politischen Machtausübung einzusetzen. Zudem verfügte die Bundesrepublik über einen professionellen diplomatischen Dienst, der es verstand, die Anliegen seiner Regierung effektiv zur Geltung zu bringen. Bei dem Vorbringen dieser Anliegen konnte die bundesdeutsche Diplomatie auf die Hilfe durch befreundete asiatische Staaten wie Japan rechnen.

3. Der wichtigste *Erfolg* der Bundesregierung in Indonesien lag in einem Nicht-Ereignis: Dem Ausbleiben einer DDR-Botschaft in Jakarta, obwohl die Bedingungen für einen „Durchbruch" des zweiten deutschen Staats in Indonesien eigentlich günstig waren. Dies mehrere Jahre verhindert zu haben, war keine geringe Leistung von Bonns Diplomaten: Immerhin hatte sich Sukarno, bei aller Neigung, verschiedenen Zielgruppen verschiedene Dinge zu sagen, bereits 1961 öffentlich die „Zwei-Staaten-Theorie" zu eigen gemacht; mit der Malaysia-Konfrontation ab 1963 und dem UN-Austritt 1965 hatte Sukarno außenpolitische Schritte unternommen, die an Konfliktträchtigkeit und

Drastik über eine diplomatische Anerkennung der DDR deutlich hinausgingen. Im Falle anderer geteilter Länder – China, Vietnam, Korea – stellte sich Sukarno eindeutig auf die Seite des jeweils kommunistischen Staates. Warum es letztlich gelungen ist, die Anerkennung der DDR in Indonesien aufzuhalten, ist zwar vielleicht erst dann zuverlässig zu beantworten, wenn die indonesischen Quellen aufgearbeitet werden können. Allerdings darf angenommen werden, dass das geschickte Improvisieren und das Einwirken auf den indonesischen Ministerialapparat durch die bundesdeutschen Diplomaten hierbei die wesentliche Rolle gespielt haben; es dürfte zudem wichtig gewesen sein, dass Indonesien bis 1965 zumindest noch mit *einem* größeren westlichen Land – der Bundesrepublik – in Verbindung bleiben wollte. Auch der Umstand, dass Sukarnos Verhältnis zur Sowjetunion sich nach 1963 deutlich abkühlte, mag die DDR benachteiligt haben. Es sollen hier keine spekulativen oder gar kontrafaktischen Betrachtungen angestellt werden, doch 1965/66 hätten die Dinge auch anders kommen können: Wäre Sukarno länger an der Macht geblieben, wäre es der DDR vielleicht gelungen, in Indonesien ihre internationale Isolation zu durchbrechen; in diesem Fall hätten sich Historiker und Politikwissenschaftler wohl schon früher mit der bundesdeutschen Indonesienpolitik auseinandergesetzt.

Es lag also – hier schließt sich der Verfasser dem Werk von William Glenn Gray an – ein Erfolg darin, dass die Bundesregierung nicht gezwungen war, die Hallstein-Doktrin unter äußerem Druck aufzugeben, sondern die DDR ihre diplomatischen Beziehungen erst ab 1972/73 im großen Stil herstellen konnte, nachdem Bonn seine Position in eigener Regie geräumt hatte.[2] Die Alleinvertretungspolitik kannte freilich auch *Misserfolge*, die über temporäre Rückschläge wie Sukarnos Ausführungen auf der Belgrad-Konferenz hinausgingen: Zum einen mag man allgemein in der starken Fixierung der Außenpolitik auf die Hallstein-Doktrin einen „Provinzialismus"[3] erblicken, der in den sechziger Jahren die Bewegungsfreiheit Bonns einschränkte und zu fragwürdigen Maßnahmen führte, um das übergeordnete Ziel zu verfolgen. Der deutschlandpolitische Erfolg war nur um den Preis entwicklungs- und haushaltspolitischer Misserfolge zu haben. Zum anderen war die unbeabsichtigte Schwächung der westlichen Bündnissolidarität ein problematischer Aspekt, den die Imperative der Hallstein-Doktrin mit sich bringen konnten. Diese Misserfolge und „Misslichkeiten" sind von den zeitgenössischen Diplomaten klar wahrgenommen und benannt worden; nicht wahrgenommen wurden die prinzipiellen Gefahren einer ausschließlich interessenbasierten Politik, von der weiter unten noch zu sprechen sein wird.

4. Das Verhältnis von *Kontinuitäten* und *Diskontinuitäten* stellt sich auf verschiedenen Ebenen unterschiedlich dar: Die drei Kanzler- und Regierungswechsel im Untersuchungszeitraum – von Adenauer zu Erhard 1963, von Erhard zu Kiesinger 1966

---

2 Dass die DDR trotz der Vorgeschichte der „neuen Ordnung" schon 1973 einen Botschafter zu Suharto entsandte, gehört zu den Beispielen für „realsozialistische" Realpolitik.
3 Schwarz, Machtvergessenheit, S. 37.

und von Kiesinger zu Brandt 1969 – markierten keine *direkten* Diskontinuitäten in der Indonesienpolitik. Dies ist insofern nicht verwunderlich, weil die Indonesienpolitik stärker vom administrativen Apparat betrieben wurde. Diskontinuitäten und Zäsuren ergaben sich eher *indirekt* vermittelt durch die gewandelte Grundausrichtung der bundesdeutschen Politik, so vor allem 1955 und nach dem Regierungswechsel von 1969. Noch wichtiger für die meist reaktive Indonesienpolitik waren aber Ereignisse in Indonesien selbst, allen voran der 1. Oktober 1965.

Auf einer anderen Ebene lässt sich am behandelten Thema ein deutlicher Wandel ablesen. In der Indonesienpolitik der fünfziger, sechziger und siebziger Jahre spiegelt sich mutatis mutandis, was Sven Olaf Berggötz, bezogen auf die Nahostpolitik, pointiert als den „späten Abschied vom 19. Jahrhundert"[4] bezeichnet hat: Eine grundsätzliche Veränderung im Selbstverständnis und im Arbeitsmodus der politisch-diplomatischen Akteure. Die Bedeutung „klassischer" bilateraler Diplomatie relativierte sich; es fand eine Entwicklung hin zu einer stärker in multilateralen Gremien koordinierten Außenpolitik statt. In den fünfziger und sechziger Jahren war die Diplomatie gegenüber einem Land wie Indonesien noch ganz überwiegend bilateral, zumal es für die Bundesrepublik hier ein besonderes Interesse gab. In den siebziger Jahren zeigte sich ein wachsender Trend zur „Multilateralisierung" und Bündelung von Kapazitäten gerade in solchen Feldern der Außenpolitik, in denen keine starken nationalen Interessen (mehr) bestanden.

Damit soll nicht suggeriert werden, es habe einen linearen „Fortschritt" von bilateraler Interessenpolitik hin zu wertegeleitetem Multilateralismus gegeben. Was Amit Das Gupta für die Südasienpolitik dargestellt hat, gilt auch für das Thema dieser Arbeit: Dort, wo die Außenpolitik der Bundesrepublik ein klares Interesse ausmachte, wusste sie dieses auch konzentriert zu verfolgen. Es besteht wenig Grund zur Annahme, dass es hier größere Diskontinuitäten gab und gibt. Wohl aber fand eine Abkehr vom klassischen Rollenverständnis der Diplomatie statt. Die Veränderungen in Stil und Selbstbild von Diplomaten werden erkennbar, wenn man etwa die Diktion von Botschafterberichten der fünfziger Jahre mit derjenigen der siebziger Jahre vergleicht: Der selbstgewisse und urteilsstarke Duktus von Botschafterberichten weicht – der Tendenz nach – einem sachlicheren, weniger persönlichen und sich Geschäftsberichten annähernden Stil.

Ein interessantes Element der Kontinuität liegt schließlich in der Kooperation, die das Auswärtige Amt mit den prowestlichen und marktwirtschaftlich denkenden „Administratoren" in der indonesischen Politik und Verwaltung suchte: In den fünfziger und sechziger Jahren setzte die Botschaft Jakarta ihre Hoffnungen darauf, diese Kreise würden sich gegen den Kurs Sukarnos durchsetzen. Nach 1965/66 galt die Unterstützung den technokratischen Elementen in der „neuen Ordnung" Suhartos. Diese Kontinuität gilt übrigens über den thematisierten Zeitrahmen und sogar über

---

[4] Berggötz, Nahostpolitik, S. 447.

das Ende von Suhartos Regentschaft hinaus: Der an der RWTH Aachen promovierte Ingenieur Bacharuddin Jusuf Habibie kehrte nach jahrelanger Tätigkeit in der deutschen Wirtschaft 1978 als Minister für Forschung und Technologie nach Indonesien zurück. Zwischen den siebziger und den neunziger Jahren stellte Habibie eine wichtige persönliche Verbindung zwischen der indonesischen und deutschen Wirtschaft und Politik dar. Nach dem Sturz Suhartos im Mai 1998 amtierte er bis Oktober 1999 als Präsident Indonesiens. Bei der von ihm eingeleiteten Demokratisierung Indonesiens orientierte er sich nach eigener Auskunft an deutschen Modellen, so in Fragen des Zentralbankwesens, der Verfassungsgerichtsbarkeit und der Wettbewerbspolitik. Auch in der Suche der indonesischen Politik nach der Expertise von deutschen Fachleuten lag ein Element der Kontinuität – von Hjalmar Schacht in den fünfziger Jahren über Herrmann Josef Abs in den sechziger Jahren bis hin zum ehemaligen Bundesbankpräsidenten Helmut Schlesinger in den neunziger Jahren.[5]

Die Erforschung der politischen Beziehungen von Staaten erbringt – wie andere zeithistorische und politikwissenschaftliche Arbeiten auch – immer nur vorläufige Ergebnisse, die sich einer Diskussion und gegebenenfalls einer Revision stellen müssen. Sobald entsprechendes Quellenmaterial zugänglich ist, lässt sich auf dem weiten Feld des hiesigen Themas sicherlich noch einiges an wichtigen Erkenntnissen erwarten: Den Zugang zu indonesischen Archiven vorausgesetzt, ließe sich untersuchen, ob es indonesische Konzeptionen der Deutschlandpolitik gegeben hat oder ob diese tatsächlich nur in den wechselhaften Artikulationen Sukarnos bestand. Es wäre zudem reizvoll, mehr über die indonesischen Wahrnehmungen der diplomatischen Interventionen von Bundesrepublik und DDR zu erfahren. Überdies könnte indonesisches Archivmaterial wichtige Erkenntnisse liefern für die Untersuchung von konkurrierenden Vorstellungen innerhalb der politischen Elite Indonesiens über die eigene weltpolitische Positionierung. Ein weiterer Forschungsansatz könnte die Rolle transnationaler deutsch-indonesischer (Experten-)Netzwerke untersuchen und auch die Frage, wie im Einzelnen die von Habibie in seinen Memoiren erwähnte Rolle Deutschlands bei der Demokratisierung Indonesiens der Zeit nach Suharto ausgesehen hat.

Die 1965/66 an hunderttausenden Indonesiern begangenen Morde sind in der vorliegenden Untersuchung, in Ermangelung eines treffenderen Ausdrucks, so etwas wie ein erratischer Block. Die Massaker entziehen sich einer auch nur ansatzweise zufriedenstellenden „Einordnung" oder „Abhandlung" im Rahmen der diplomatiegeschichtlichen Fragestellung und Herangehensweise dieser Arbeit, die ja nicht den *genocide studies* oder der Soziologie von Massengewalt zugehört. Dieser Umstand hat in erster Linie mit den Mordtaten selbst zu tun, aber auch damit, wie die hier betrachteten Akteure mit ihnen umgingen. Unter den Gesichtspunkten dieser Arbeit muss die Chiffre „Indonesien 1965/66" als ein besonders drastisches Beispiel dafür

---

[5] Vgl. Habibie, 517 Tage, S. 11–14. In diesem Zusammenhang danke ich Herrn Botschafter a. D. Heinrich Seemann für interessante Hinweise.

gelten, wie problematisch eine bestimmte Art der Fokussierung westlicher Staaten und auch der Bundesrepublik auf „Geländegewinne" im Kalten Krieg werden konnte. Zeitgenössisch werteten die Diplomaten und Außenpolitiker des Westens den Sturz des chaotisch-personalisierten Sukarno-Regimes durch die Suharto-Diktatur schlicht als „Niederlage" des Kommunismus und der Sowjetunion. Es verstört die Banalisierung von Unfassbarem, die Art und Weise, wie verdrängt, bagatellisiert oder sogar glorifiziert wurde, dass dieser eigene „Erfolg" mit einer der größten Katastrophen für Freiheit und Menschenrechte einherging, die es in der zweiten Hälfte des 20. Jahrhunderts gegeben hat – zumal Freiheit und Menschenrechte jene Werte waren, mit denen man die westliche Position im Kalten Krieg begründete. In jedem Fall bleibt der westliche Umgang mit dem in Indonesien Geschehenen eine Warnung vor pathologischen Formen einer rein interessenbasierten Politik.

Aus deutscher Perspektive drängt sich die Frage nach den Bezügen und Kontinuitäten zum Nationalsozialismus insofern auf, da die meisten der in den sechziger Jahren mit Indonesien befassten Diplomaten ehemalige Wilhelmstraßen-Mitarbeiter und NSDAP-Mitglieder waren. Bewusstseinsgeschichtlich mag dies zwar eine hinreichende Erklärung für die fehlende Sensibilität für Opfer von staatlicher Gewalt sein; dennoch gilt es zu bedenken, dass nicht alle der „Suharto-Freunde" in der Bundesrepublik ehemalige NSDAP-Mitglieder waren; auch Emigranten wie Alexander Böker oder Hermann Meyer-Lindenberg, ein NS-Verfolgter wie der Braunschweiger Oberstadtdirektor Hans-Günther Weber sowie jüngere, politisch und beruflich in der Bundesrepublik sozialisierte Diplomaten rechtfertigten Suhartos „neue Ordnung". Ganz zu schweigen von amerikanischen, britischen, australischen, malaysischen oder thailändischen Diplomaten, also Länder, die in keiner Verbindung zur NS-Ideologie standen oder, wie die Angloamerikaner, sogar eine lange liberal-demokratische Tradition hatten. (Auf angelsächsischer Seite zog man nur zu Sukarno und seiner Malaysia-Konfrontation eine „München"- oder „Hitler"-Analogie.) Eine Vergangenheit als Beamter des NS-Regimes war offenbar nicht notwendig, um mit der repressiven „neuen Ordnung" zu sympathisieren. Dass eine demokratische Sozialisation dies nicht verhinderte, ist der aus heutiger Sicht noch beunruhigendere Befund.

Vieles deutet darauf hin, dass sich die Weltpolitik gut 25 Jahre nach dem Ende des Kalten Krieges und einer längeren, aber doch transitorischen Phase der amerikanischen Unipolarität im 21. Jahrhundert in Form einer – wie auch immer gearteten – Multipolarität darstellen wird. Das demokratisch gewordene und auf über 250 Millionen Einwohner angewachsene Indonesien wird, wie viele asiatische Länder und überhaupt die asiatisch-pazifische Region, in Zukunft sehr wahrscheinlich an Gewicht zunehmen. Für Überlegungen zu den Möglichkeiten, Spielräumen und Problemfeldern in den politischen Beziehungen zwischen Deutschland und Indonesien lohnt, trotz gewandelter Umstände, der Blick zurück.

Zeittafel und Abbildungen

Zeittafel

17.8.1945	Sukarno und Mohammed Hatta rufen die Unabhängigkeit Indonesiens aus
27.12.1949	Indonesien wird völkerrechtlich von den Niederlanden unabhängig
Juni 1952	Eröffnung einer Botschaft der Bundesrepublik Deutschland in Indonesien
1952–1954	Werner-Otto von Hentig (1886–1984) ist bundesdeutscher Botschafter in Indonesien
1954–1958	Helmut Allardt (1907–1987) ist bundesdeutscher Botschafter in Indonesien
Juni 1954	Einrichtung eines Büros der DDR-Außenhandelskammer in Jakarta
April 1955	Gipfelkonferenz asiatischer und afrikanischer Staaten in Bandung (Java)
5.5.1955	Inkrafttreten des Deutschlandvertrages; Ende des Besatzungsstatuts für die Bundesrepublik Deutschland
Sept. 1955	Im Anschluss an die Aufnahme diplomatischer Beziehungen zwischen der Bundesrepublik und der UdSSR entwickelt das AA die „Hallstein-Doktrin"
Juni 1956	Staatsbesuch Präsident Sukarnos in Deutschland
1957/1959	Sukarno führt in Indonesien die „gelenkte Demokratie" ein: Abkehr vom Parlamentarismus und Stärkung des Präsidentenamts
1959–1963	Dietrich Freiherr von Mirbach (1907–1977) ist bundesdeutscher Botschafter in Indonesien
17.8.1960	Bekanntgabe der Einrichtung eines DDR-Generalkonsulats in Jakarta; Indonesien bricht die diplomatischen Beziehungen zu den Niederlanden ab
Jan./Feb. 1961	Südostasienreise von Bundesminister Hans-Joachim von Merkatz: 100 Mio. DM Kapitalhilfe und 100 Mio. DM Bürgschaften an Indonesien werden zugesagt
13.8.1961	Bau der Berliner Mauer
Sept. 1961	Gipfelkonferenz der blockfreien Staaten in Belgrad; Sukarno nähert sich der deutschlandpolitischen „Zwei-Staaten-Theorie" an
15.8.1962	Abkommen über Westneuguinea/Westirian zwischen den Niederlanden und Indonesien
22.11.1962	Bundesaußenminister Gerhard Schröder trifft Sukarno in Bangkok
März 1963	Wiederaufnahme der diplomatischen Beziehungen zwischen den Niederlanden und Indonesien

April 1963	Infolge der indonesischen *Konfrontasi* gegen Malaysia und Großbritannien kommt es auf Borneo zum ersten Gefecht indonesischer Freischärler mit britischen Truppen
31.7.1963	Bundeskabinett genehmigt trotz erwiesener Unrentabilität eine Bürgschaft von 42,5 Mio. DM für das Hochofenwerk Lampong
1963–1964	Gerhard Weiz (1906–1983) ist bundesdeutscher Botschafter in Indonesien
16.9.1963	Stürmung der britischen Botschaft in Jakarta; Indonesien zieht Botschafter aus Kuala Lumpur und aus London ab
Okt./Nov. 1963	Staatsbesuch von Bundespräsident Heinrich Lübke in Indonesien
1964–1966	Luitpold Werz (1907–1973) ist bundesdeutscher Botschafter in Indonesien
17.8.1964	Sukarno proklamiert das „Jahr des gefährlichen Lebens"
1.1.1965	Indonesien erklärt den Austritt aus den Vereinten Nationen
6.4.1965	Indonesisches Parlament fordert „Überprüfung" der Beziehungen zu Bonn
17.8.1965	Bundesminister Werner Schwarz besucht Indonesien zum Nationalfeiertag
1.10.1965	Coup der „Bewegung 30. September" leitet Umsturz in Indonesien ein
1965/66	Massengewalt gegen PKI-Anhänger fordert vermutlich mehr als 500 000 Tote
18.3.1966	Sukarno wird faktisch entmachtet; Beginn der „neuen Ordnung" Suhartos
12.3.1967	Sukarno wird endgültig des Präsidentenamts enthoben
1966–1968	Kurt Luedde-Neurath (1911–1984) ist bundesdeutscher Botschafter in Jakarta
1968–1970	Hilmar Bassler (1907–1971) ist bundesdeutscher Botschafter in Jakarta
1970–1974	Richard Balken (1914–1995) ist bundesdeutscher Botschafter in Jakarta
April 1970	Besuch des indonesischen Außenministers Adam Malik in der Bundesrepublik: Gespräche mit Bundeskanzler Willy Brandt und Außenminister Walter Scheel über die Umschuldung Indonesiens
24.4.1970	Einigung der Gläubigerstaaten auf die Umschuldungsmodalitäten für Indonesien
21.6.1970	Tod Sukarnos
Sept. 1970	Staatsbesuch Präsident Suhartos in der Bundesrepublik Deutschland
21.12.1972	Unterzeichnung des Grundlagenvertrages zur Herstellung „gutnachbarlicher" Beziehungen zwischen der Bundesrepublik und der DDR; Aufnahme diplomatischer Beziehungen der DDR zu Indonesien
April 1973	Botschafterkonferenz in Jakarta; Außenminister Scheel besucht Indonesien
18.9.1973	Aufnahme der Bundesrepublik und der DDR in die Vereinten Nationen

Abbildungen

Abb. 1: Sitz der Deutschen Botschaft in Jakarta, 1. Januar 1958; Presse- und Informationsamt der Bundesregierung, Bild B 145 Bild-00088006

Abb. 2: Bundeskanzler Willy Brandt (r.) empfängt General Hadji Mohamed Suharto, indonesischer Präsident (l.), 4. September 1970; Presse- und Informationsamt der Bundesregierung, B 145 Bild-00106807 / Fotograf: Jens Gathmann

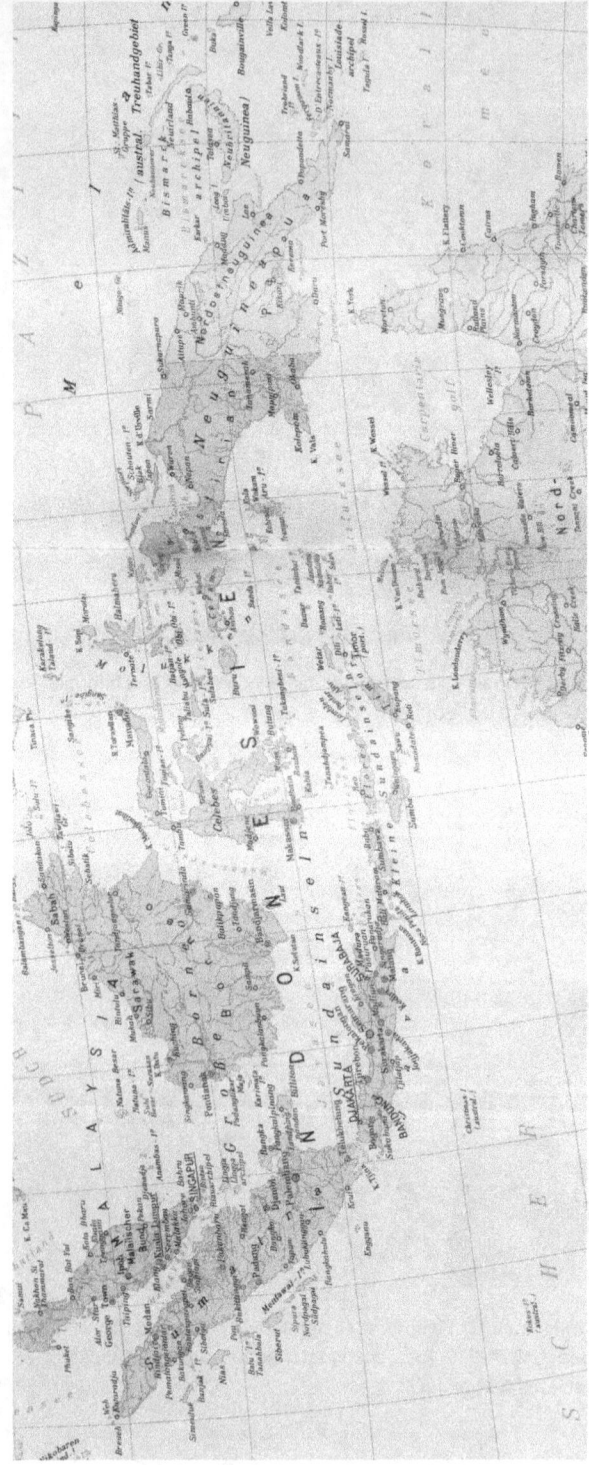

Abb. 3: Weltatlas, unter Leitung von Adolf Hanle hrsg. vom Geographisch-Kartographischen Institut Meyer, Mannheim u. a. 1969 (Das große Duden-Lexikon, Bd. 10), S. 182 f.

Abkürzungen

AA	Auswärtiges Amt
AAE	Asien-Afrika-Europa
AAPD	Akten zur Auswärtigen Politik der Bundesrepublik Deutschland
ACDP	Archiv für Christlich-Demokratische Politik
ADN	Allgemeiner Deutscher Nachrichtendienst
AG	Aktiengesellschaft
AI	Amnesty International
ANETA	Algemene Nieuwsen Telegraaf Agentschap (bis 1954 bestehende indonesische Nachrichtenagentur)
ASEAN	Association of Southeast Asian Nations
ASPAC	Asia and Pacific Council
AV	Aussonderungsverzeichnis
Az.	Aktenzeichen
BAL-SAPMO	Bundesarchiv Berlin-Lichterfelde, Stiftung Archiv der Parteien und Massenorganisationen der DDR
BArch	Bundesarchiv
BASF	Badische Anilin- & Soda-Fabrik
BMF	Bundesministerium der Finanzen
BMJ	Bundesministerium der Justiz
BMVg	Bundesministerium der Verteidigung
BMVtdg	Bundesministerium der Verteidigung
BMVtg	Bundesministerium der Verteidigung
BMWi	Bundesministerium für Wirtschaft
BMZ	Bundesministerium für wirtschaftliche Zusammenarbeit und Entwicklung
BND	Bundesnachrichtendienst
BRD	Bundesrepublik Deutschland
BStU	Behörde des Bundesbeauftragten für die Unterlagen des Staatssicherheitsdienstes der ehemaligen DDR
BVerfGE	Entscheidung des Bundesverfassungsgerichts
BvF	Aktenzeichen des Bundesverfassungsgerichts für abstrakte Normenkontrolle
CAB	Cabinet Office
CDU	Christlich-Demokratische Union Deutschlands
CIA	Central Intelligence Agency
CONEFO	Conference of the New Emerging Forces
CSSR	Československá Socialistická Republika (Tschechoslowakische Sozialistische Republik)
DDF	Documents diplomatiques français
DDR	Deutsche Demokratische Republik
DM	Deutsche Mark
DN	Dienstname
dpa	Deutsche Presse-Agentur
EBB	Electronic Briefing Book
EG	Europäische Gemeinschaft
EPZ	Europäische Politische Zusammenarbeit

EVG	Europäische Verteidigungsgemeinschaft
EWG	Europäische Wirtschaftsgemeinschaft
FAO	Food and Agriculture Organization
FDP	Freie Demokratische Partei (Deutschlands)
FLN	Front de Libération Nationale
FO	Foreign Office
FRG	Federal Republic of Germany
FRUS	Foreign Relations of the United States
GDR	German Democratic Republic
GESTAPU	Gerakan September Tiga Puluh (Bewegung 30. September)
GWU-NSA	National Security Archive der George Washington University
HSBC	Hongkong & Shanghai Banking Corporation
HVA	Hauptverwaltung Aufklärung
IGGI	Intergovernmental Group on Indonesia
IWF	Internationaler Währungsfond
KfW	Kreditanstalt für Wiederaufbau
KH	Kapitalhilfe
KP	Kommunistische Partei
KPBR	Kabinettsprotokolle der Bundesregierung
KPdSU	Kommunistische Partei der Sowjetunion
KPI	Kommunistische Partei Indonesiens
KPM	Koninklijke Paketvaart Maatschappij (niederländische Reederei)
KSZE	Konferenz über Sicherheit und Zusammenarbeit in Europa
LDPD	Liberal-Demokratische Partei Deutschlands
LKW	Lastkraftwagen
LR	Legationsrat
LR I	Legationsrat I. Klasse
MD	Ministerialdirektor
MdB	Mitglied des Deutschen Bundestags
MEZ	Mitteleuropäische Zeit
MfAA	Ministerium für Auswärtige Angelegenheiten
MfS	Ministerium für Staatssicherheit
MG	Maschinengewehr
MPRS	Majelis Permusyawaratan Rakyat Sementara (Provisorischer Volkskongress)
MR	Ministerialrat
NAM	Non-Aligned Movement
NASAKOM	NASionalisme, Agama, KOMunisme (Nationalismus, Religion, Kommunismus)
NATO	North Atlantic Treaty Organization
NDR	Norddeutscher Rundfunk
NEFOS	New Emerging Forces
NEKOLIM	Neo-colonialists, Colonialists, Imperialists

NEOCOLIM	Neo-colonialism or Neocolonial Imperialism
NL	Nachlass
NS	Nationalsozialismus
NSDAP	Nationalsozialistische Deutsche Arbeiterpartei
NU	Nahdlatul Ulama (islamische Partei)
OECD	Organisation for Economic Co-operation and Development
O.G.	Oebsger-Röder
OLDEFOS	Old Established Forces
OPEC	Organization of the Petroleum Exporting Countries
ORR	Oberregierungsrat
o. V.	ohne Verfasser
PA AA	Politisches Archiv des Auswärtigen Amts
PA-DBT	Parlamentsarchiv des Deutschen Bundestages
PERTAMINA	Perusahaan Tambang Minyak Negara (indonesische Erdölgesellschaft)
PIA	Philippine Information Agency
PKI	Partai Komunis Indonesia
PNI	Partai Nasional Indonesia
PPI	Perhimpunan Pelajar Indonesia (Verband indonesischer Studenten)
PRO	Public Record Office
Prot.	Protokoll
PRRI	Pemerintahan Revolusioner Republik Indonesia (Revolutionäre Regierung der Republik Indonesien)
PSI	Partai Sosialis Indonesia
PStS	Parlamentarischer Staatssekretär
RI	Republik Indonesia
ROR	Rudolf Oebsger-Röder
RPKAD	Resimen Para Komando Angkatan Darat („Armee-Führungsregiment", Eliteverband des indonesischen Heeres)
RWTH	Rheinisch-Westfälische Technische Hochschule
SA	Sturmabteilung
SALT	Strategic Arms Limitation Treaty
SBZ	Sowjetische Besatzungszone
SD	Sicherheitsdienst des Reichsführers SS
SEATO	Southeast Asia Treaty Organization
SED	Sozialistische Einheitspartei Deutschlands
SPD	Sozialdemokratische Partei Deutschlands
SS	Schutzstaffel
StBKAH	Stiftung Bundeskanzler-Adenauer-Haus
StS	Staatssekretär
Tgb.	Tagebuch
TH	Technische Hochschule
TN	Teilnehmer
TNA-PRO	The National Archives, Public Record Office

UdSSR	Union der Sozialistischen Sowjetrepubliken
UK	United Kingdom
UN	United Nations
UNESCO	United Nations Educational, Scientific and Cultural Organization
UNICEF	United Nations International Children's Emergency Fund
UNO	United Nations Organization
US	United States
USA	United States of America
VAA	Vertreter des Auswärtigen Amts
VAR	Vereinigte Arabische Republik
VLR	Vortragender Legationsrat
VN	Vereinte Nationen
VOC	Vereinigte Niederländische Ostindien-Kompanie
VR	Volksrepublik
VS	Verschlusssache
WDR	Westdeutscher Rundfunk
WEU	Westeuropäische Union
ZA	Zwischenarchiv
ZK	Zentralkomitee

Quellen und Literatur

Quellen

I. Ungedrucktes Aktenmaterial

Archiv des Bundesnachrichtendienstes, Pullach im Isartal (BND-Archiv)
Personalakte Rudolf Oebsger-Röder
Archivbände: Nr. 220001, 220002, 220006, 220007, 220009, 220011

Archiv für Christlich-Demokratische Politik, St. Augustin (ACDP)
01-483   Nachlass Gerhard Schröder
          Pressedokumentation

Behörde des Bundesbeauftragten für die Unterlagen des Staatssicherheitsdienstes der ehemaligen DDR, Berlin (BStU)
MfS HVA   Ministerium für Staatssicherheit, Hauptverwaltung Aufklärung

Bundesarchiv Koblenz (BArch)
B 102   Bundesministerium für Wirtschaft
B 122   Bundespräsidialamt
B 126   Bundesministerium der Finanzen
B 136   Bundeskanzleramt
B 213   Bundesministerium für wirtschaftliche Zusammenarbeit

Bundesarchiv Berlin-Lichterfelde, Stiftung Archiv der Parteien und Massenorganisationen der DDR (BAL-SAPMO)
DY 30   Bestände der Sozialistischen Einheitspartei Deutschlands (SED)

Parlamentsarchiv des Deutschen Bundestages, Berlin (PA-DBT)
3122   Ausschuss für Entwicklungshilfe und wirtschaftliche Zusammenarbeit

Politisches Archiv des Auswärtigen Amts, Berlin (PA AA)
Bestände des Auswärtigen Amts
B 1   Ministerbüro
B 2   Büro Staatssekretäre
B 11   Abteilung 3 (1951–1955)
B 12   Abteilung 7, insbesondere Referat 710 (1955–1962)
B 21   Referat I A 1: Europäische politische Integration, WEU (1963–1972)
B 32   Referat II A 6: Vereinigte Staaten von Amerika
B 37   Referat I B 5: Süd- und Ostasien (1963–1972)

B 38	Referat II A 1: Wiedervereinigung
B 57	Referat III A 4: Internationale Wirtschaftsfragen
B 61	Referat 441: Wirtschaftsbeziehungen zu Süd- und Ostasien (1955–1962)
B 61	Referat III B 7: Wirtschaftsbeziehungen zu Süd- und Ostasien (1963–1972)
B 80	Referat V 1/500: Völkerrecht und Staatsverträge
B 130	Freigelegte Verschlusssachen
B 150	Für die Reihe „Akten zur auswärtigen Politik der Bundesrepublik Deutschland" freigelegte Verschlusssachen
AV Jakarta	Aussonderungsverzeichnis der Botschaft Jakarta
AV London	Aussonderungsverzeichnis der Botschaft London
AV Singapur	Aussonderungsverzeichnis der Botschaft Singapur
AV Tokio	Aussonderungsverzeichnis der Botschaft Tokio
NL Hentig	Nachlass Werner Otto von Hentig
NL Luedde	Nachlass Kurt Luedde-Neurath
NL Werz	Nachlass Luitpold Werz
ZA	Zwischenarchiv für Bestände nach 1972

Bestände des Ministeriums für Auswärtige Angelegenheiten der ehemaligen DDR

MfAA A	Archivalien mit Laufzeit bis 1966

Stiftung Bundeskanzler-Adenauer-Haus, Bad Honnef (StBKAH)
Nachlass Konrad Adenauer

I	Korrespondenzen

The National Archives, Public Record Office, London (TNA-PRO)

CAB 129	Cabinet Office
CAB 148	Cabinet Office
FO 371	Foreign Office, General Correspondence

II. Gedrucktes Aktenmaterial

Akten zur Auswärtigen Politik der Bundesrepublik Deutschland. Herausgegeben im Auftrag des Auswärtigen Amts vom Institut für Zeitgeschichte. Hauptherausgeber Horst Möller, Mitherausgeber Gregor Schöllgen und Andreas Wirsching, München 1993–2015. (AAPD)

Documents diplomatiques français. 1963 ff. Ministère des Affaires Étrangères, Paris 2000 ff. (DDF)

Foreign Relations of the United States. Herausgegeben vom United States Department of State, Washington 1990 ff. (FRUS)

Die Kabinettsprotokolle der Bundesregierung. Herausgegeben von Hans Booms (bis Band 6), Friedrich Pahlenberg (bis Band 9), Hartmut Weber (bis Band 20), Michael Hollmann (ab Band 21), Boppard am Rhein, Koblenz und München 1982–2015. (KPBR)

III. Sonstige Quellen

Memoiren und andere zeitgenössische Schriften

Adenauer, Konrad: Erinnerungen, Band 1: 1945–1953, Stuttgart 1965; Band 2: 1953–1955, Stuttgart 1966; Band 3: 1955–1959, Stuttgart 1967; Band 4: Fragmente 1959–1963, Stuttgart 1968.

Adenauer, Konrad: Teegespräche 1961–63. Herausgegeben von Rudolf Morsey und Hans-Peter Schwarz, Berlin 1992.

Allardt, Helmut: Moskauer Tagebuch. Beobachtungen, Notizen, Erlebnisse, Düsseldorf 1974.

Allardt, Helmut: Politik vor und hinter den Kulissen. Erfahrungen eines Diplomaten zwischen Ost und West, Düsseldorf 1979.

Allison, John M.: Indonesia: Year of the Pragmatists. A Survey of Asia in 1968, in: Asian Survey 9 (1969), No. 2, S. 130–137.

Außenpolitische Perspektiven des westdeutschen Staates. Schriften des Forschungsinstituts der Deutschen Gesellschaft für Auswärtige Politik e. V. Band 1: Das Ende des Provisoriums, München 1971; Band 2: Das Vordringen neuer Kräfte, München 1972; Band 3: Der Zwang zur Partnerschaft, München 1972.

Carstens, Karl: Erinnerungen und Erfahrungen. Herausgegeben von Kai von Jena und Reinhard Schmoeckel, Boppard am Rhein 1994.

Diehl, Günter: Zwischen Politik und Presse. Bonner Erinnerungen 1949–1969, Frankfurt am Main 1994.

Gehlen, Reinhard: Der Dienst. Erinnerungen 1942–1971, Mainz/Wiesbaden 1971.

Genscher, Hans-Dietrich: Toward an overall Western Strategy for Peace, Freedom and Progress, in: Foreign Affairs 61 (1982), No. 1, S. 42–66.

Green, L. C.: Indonesia, the United Nations and Malaysia, in: Journal of Southeast Asian History 6 (1965), No. 2, S. 71–86.

Green, Marshall: Indonesia. Crisis and Transformation, 1965–1968, Ann Arbor 1990.

Grewe, Wilhelm: Rückblenden. Aufzeichnungen eines Augenzeugen deutscher Außenpolitik von Adenauer bis Schmidt, Frankfurt am Main 1979.

Grewe, Wilhelm: Das geteilte Deutschland in der Weltpolitik, München 1990.

Habibie, Bacharuddin Jusuf: 517 Tage. Indonesien: Geburt einer Demokratie, München 2009.

Hallier, Hans-Joachim: Zwischen Fernost und Vatikan. Lebensbericht aus sechs Jahrzehnten, St. Ottilien 1999.

Hansen, Gary E.: Indonesia 1975: National Resilience and the Continuity of the New Order Struggle, in: Asian Survey 16 (1976), No. 2, S. 146–158.

Harsono, Ganis: Recollections of an Indonesian Diplomat in the Sukarno Era, St. Lucia/Queensland 1977.

Hentig, Hartmut von (Hrsg.): Werner Otto von Hentig. Zeugnisse und Selbstzeugnisse. Beiträge von Marion Gräfin Dönhoff, Golo Mann, Hermann Rauschnig und Hartmut von Hentig, Ebenhausen 1971.

Hentig, Werner Otto von: Ins verschlossene Land. Ein Kampf mit Mensch und Meile, Potsdam 1928.

Hentig, Werner Otto von: Mein Leben eine Dienstreise, Göttingen 1962.

Heß, Walther: Unterwegs mit Diplomatenpaß, München 1984.

Höhne, Heinz/Zolling, Hermann: Pullach intern. General Gehlen und die Geschichte des Bundesnachrichtendienstes, Hamburg 1971.

Liddle, R. William: Indonesia 1976: Challenges to Suharto's Authority, in: Asian Survey 17 (1977), No. 2, S. 95–106.

Livingstone, Frances: Withdrawal from the United Nations: Indonesia, in: The International Law Quarterly 14 (1965), No. 2, S. 637–646.

Nizard, Lucien: Le retrait de l'Indonésie des Nations Unies, in: Annuaire français de droit international 11 (1965), S. 498–528.
Panglaykim, J./Thomas, K. D.: The Road to Amsterdam and Beyond: Aspects on Indonesia's Stabilization Program, in: Asian Survey 7 (1967), No. 10, S. 689–702.
Pauker, Guy J.: Indonesia: Internal Development or External Expansion?, in: Asian Survey 3 (1963), No. 2, S. 69–75.
Pauker, Guy J.: Indonesia: Year of Transition, in: Asian Survey 7 (1967), No. 2, S. 138–150.
Roeder, O. G.: The Smiling General. President Soeharto of Indonesia, Jakarta 1970.
Schenke, Wolf: Die Stunde Asiens. Deutschland und die Revolution des 20. Jahrhunderts, Hamburg 1955.
Selected Documents Relating to the "September 30th Movement" and Its Epilogue, in: Indonesia 1 (1966), No. 1, S. 131–204.
Starlinger, Wilhelm: Grenzen der Sowjetmacht. Im Spiegel einer West-Ostbegegnung hinter Palisaden von 1945–1954, Kitzingen 1954.
Sukarno: An Autobiography. As Told to Cindy Adams, New York 1965.

Online zugängliche Quellensammlung
Simpson, Bradley (Hrsg.): "US Embassy Tracked Indonesia Mass Murder 1965". National Security Archive, Electronic Briefing Book 607. https://nsarchive.gwu.edu/briefing-book/indonesia/2017-10-17/indonesia-mass-murder-1965-us-embassy-files (Abruf am 12.1.2018).

Zeitungen und Zeitschriften (einzelne Nummern)

Frankfurter Allgemeine Zeitung
Handelsblatt
The Indonesian Herald
Neue Zürcher Zeitung
Neues Deutschland

Peking Review
Der Spiegel
Die Welt
Die Zeit

Persönliche Gespräche
Botschafter a. D. Dr. Hans-Joachim Hallier (am 17. September 2012 in Rheinbreitbach)
Botschafter a. D. Dr. Heinrich Seemann (am 24. Februar 2010 in Berlin)

Literatur

Abraham, Ariel I.: The Role of State-Sponsored Militias in Genocide, in: Terrorism and Political Violence 26 (2014), No. 3, S. 488–503.
Acharya, Amitav: Constructing a Security Community in Southeast Asia. ASEAN and the Problem of Regional Order, London/New York 2014.
Acharya, Amitav: Indonesia Matters. Asia's Emerging Democratic Power, London/Singapur 2015.
Anderson, Benedict/McVey, Ruth: A Preliminary Analysis of the October 1, 1965 Coup in Indonesia, Cornell 1971.
Anderson, Benedikt: How Did the Generals Die?, in: Indonesia 43 (1987), S. 109–134.
Andrew, Christopher: Intelligence in the Cold War, in: Westad, Odd Arne/Leffler, Melvin P. (Hrsg.): The Cambridge History of the Cold War, Vol. II, S. 417–437.

Anwar, Dewi Fortuna: The Cold War and its Impact on Indonesia: Domestic Politics and Foreign Policy, in: Lau, Albert (Hrsg.): Southeast Asia and the Cold War, S. 133–150.
Arnold, Klaus: Die Quellen als Fundament und Mittel historischer Erkenntnis, in: Goertz, Hans-Jürgen (Hrsg.): Geschichte. Ein Grundkurs, Reinbek bei Hamburg 2007, S. 48–65.

Beck, Hanno/Prinz, Aloys: Staatsverschuldung. Ursachen, Folgen, Auswege, München 2011.
Benda, Harry J.: Decolonization in Indonesia. The Problem of Continuity and Change, in: The American Historical Review 70 (1965), No. 4, S. 1058–1073.
Berggötz, Sven Olaf: Nahostpolitik in der Ära Adenauer. Möglichkeiten und Grenzen 1949–1963, Düsseldorf 1998.
Besson, Waldemar: Die Außenpolitik der Bundesrepublik Deutschland. Erfahrungen und Maßstäbe, München 1970.
Bevan, Paul/Collier, Paul (Hrsg.): Nigeria and Indonesia. A World Bank Comparative Study, Washington 1999.
Biographisches Handbuch des deutschen Auswärtigen Dienstes 1871–1945, Bd. 1–5, Paderborn u. a. 2000–2014.
Bodemer, Klaus: Entwicklungshilfe – Politik für wen? Ideologie und Vergabepraxis der deutschen Entwicklungshilfe in der ersten Dekade, München 1974.
Boden, Ragna: „Fortsetzung des Klassenkampfes mit anderen Mitteln?" Sowjetische Militärhilfepolitik gegenüber Entwicklungsländern am Beispiel Indonesien (1956–1965), in: Militärgeschichtliche Zeitschrift 65 (2006), Nr. 2, S. 463–483.
Boden, Ragna: Die Grenzen der Weltmacht. Sowjetische Indonesienpolitik von Stalin bis Brežnev, Stuttgart 2006.
Boden, Ragna: The 'Gestapu' Events of 1965 in Indonesia. New Evidence from Russian and German Archives, in: Bijdragen tot de Taal-, Land- en Volkenkunde 163 (2007), No. 4, S. 507–528.
Boden, Ragna: Cold War Economics: Soviet Aid to Indonesia, in: Journal of Cold War Studies 10 (2008), No. 3, S. 110–128.
Boden, Ragna: Das Scheitern der sowjetischen Modernisierungsoffensive in Indonesien, in: Greiner, Bernd (Hrsg.): Ökonomie im Kalten Krieg, Bonn 2010, S. 104–123.
Boden, Ragna: Silence in the Slaughterhouse. Moscow and the Indonesian Massacres, in: Schäfer, Bernd/Wardaya, Baskara T. (Hrsg.): 1965: Indonesia and the World. Indonesia dan Dunia, Jakarta 2013, S. 86–98.
Bozo, Frédéric: France, "Gaullism" and the Cold War, in: Westad, Odd Arne/Leffler, Melvin P. (Hrsg.): The Cambridge History of the Cold War, Vol. II, Cambridge 2010, S. 158–178.
Brackman, Arnold C.: The Communist Collapse in Indonesia, New York 1969.
Bradley, Mark Philip: Decolonization, the Global South and the Cold War, 1919–1962, in: Westad, Odd Arne/Leffler, Melvin P. (Hrsg.): The Cambridge History of the Cold War, Vol. I, Cambridge 2010, S. 464–485.
Brazinsky, Gregg Andrew: Winning the Third World: Sino-American Rivalry during the Cold War, Chapel Hill 2017.
Bredow, Wilfried von: Nuklearstrategie im Kalten Krieg, in: Jäger, Thomas/Beckmann, Rasmus (Hrsg.): Handbuch Kriegstheorien, Wiesbaden 2011, S. 284–297.
Bresselau von Bressensdorf, Agnes/Seefried, Elke/Ostermann, Christian F. (Hrsg.): West Germany, the Global South and the Cold War. German Yearbook of Contemporary History, Vol. 2, Berlin 2017.
Bresselau von Bressensdorf, Agnes/Seefried, Elke: Introduction: West Germany and the Global South in the Cold War Era, in: Bresselau von Bressensdorf, Agnes/Seefried, Elke/Ostermann, Christian F. (Hrsg.): West Germany, the Global South and the Cold War. German Yearbook of Contemporary History, Vol. 2, Berlin 2017, S. 7–24.

Brobst, Peter John: India, in: Dijk, Rudd van (Hrsg.): The Encyclopedia of the Cold War, London/New York 2008, S. 430–434.
Brooks, Karen: The Rustle of Ghosts. Bung Karno in the New Order, in: Indonesia 60 (1995), S. 61–99.
Brummer, Klaus/Oppermann, Kai: Außenpolitikanalyse, München 2014.
Bülow, Mathilde von: West Germany, Cold War Europe and the Algerian War, Cambridge/New York 2016.
Bundeszentrale für Politische Bildung (Hrsg.): Indonesien, in: Aus Politik und Zeitgeschichte 62, Nr. 11–12 (2012, 12.3.2012).
Burr, William/Rosenberg, David Alan: Nuclear Competition in an Era of Stalemate, 1963–1975, in: Westad, Odd Arne/Leffler, Melvin P. (Hrsg.): The Cambridge History of the Cold War, Vol. II, Cambridge 2010, S. 88–111.

Catley, Bob/Dugis, Vinsensio: Australian-Indonesian Relations since 1945. The Garuda and the Kangaroo, Aldershot 1998.
Clinton, Hillary: Amerikas pazifisches Jahrhundert. Die Zukunft wird nicht in Afghanistan entschieden, sondern in Südostasien, in: Internationale Politik 67 (2012), Nr. 1, S. 62–69.
Cohen, Warren I.: Challenges to American Primacy, 1945 to the Present. The New Cambridge History of American Foreign Relations, Vol. IV, Cambridge/New York 2013.
Conboy, Kenneth A.: Feet to the Fire: CIA Covert Operations in Indonesia, 1957–1958, Annapolis 1999.
Conze, Eckhart (Hrsg.): Die Herausforderung des Globalen in der Ära Adenauer, Bonn 2010.
Conze, Eckhart/Frei, Norbert/Hayes, Peter/Zimmermann, Mosche: Das Amt und die Vergangenheit. Deutsche Diplomaten im „Dritten Reich" und in der Bundesrepublik, München ²2012.
Costigliola, Frank: US Foreign Policy from Kennedy to Johnson, in: Westad, Odd Arne/Leffler, Melvin P. (Hrsg.): The Cambridge History of the Cold War, Vol. II, Cambridge 2010, S. 112–133.
Cribb, Robert: Genocide in Indonesia, 1965–1966, in: Journal of Genocide Research 3 (2001), No. 2, S. 219–239.
Cribb, Robert: Unresolved Problems in the Indonesian Killings of 1965–66, in: Asian Survey 42 (2002), No. 4, S. 550–563.
Cribb, Robert: Political Genocides in Postcolonial Asia, in: Bloxham, Donald/Moses, Dirk A. (Hrsg.): The Oxford Handbook of Genocide Studies, Oxford/New York 2010, S. 445–465.
Cribb, Robert/Brown, Colin: Modern Indonesia. A History since 1945, London/New York 1995.
Crouch, Harold: The Army and Politics in Indonesia, Cornell 1988.
Crouch, Harold: Fatal Errors, in: The Review of Politics 69 (2007), No. 3, S. 500–502.
Crowl, Samuel E.: Indonesia's Diplomatic Revolution: Lining Up for Nonalignment, 1945–1955, in: Goscha, Christopher E./Ostermann, Christian F. (Hrsg.): Connecting Histories. Decolonization and the Cold War in Southeast Asia, 1945–1962, Washington 2009, S. 238–257.

Dahm, Bernhard: Sukarnos Kampf um Indonesiens Unabhängigkeit, Frankfurt am Main 1966.
Dahm, Bernhard: Der Dekolonisationsprozess und die Entstehung moderner Staaten, in: Dahm, Bernhard/Ptak, Roderich (Hrsg.): Südostasien-Handbuch. Geschichte, Gesellschaft, Politik, Wirtschaft, Kultur, München 1999, S. 168–202.
Dahm, Bernhard: Indonesien, in: Dahm, Bernhard/Ptak, Roderich (Hrsg.): Südostasien-Handbuch. Geschichte, Gesellschaft, Politik, Wirtschaft, Kultur, München 1999, S. 229–250.
Dake, Antonie: In the Spirit of the Red Banteng: Indonesian Communists between Moscow and Peking 1959–1965, Den Haag 1973.
Das Gupta, Amit: Handel, Hilfe, Hallstein-Doktrin. Die deutsche Südasienpolitik unter Adenauer und Erhard 1949–1966, Husum 2004.

Das Gupta, Amit: Ulbricht am Nil. Die deutsch-deutsche Rivalität in der Dritten Welt, in: Wengst, Udo/Wentker, Hermann (Hrsg.): Das doppelte Deutschland. 40 Jahre Systemkonkurrenz, Berlin 2008, S. 111–133.
Das Gupta, Amit: Development by Consortia: International Donors and the Development of India, Pakistan, Indonesia and Turkey in the 1960s, in: Comparativ. Zeitschrift für Globalgeschichte und vergleichende Gesellschaftsforschung 19 (2009), Nr. 4, S. 96–111.
Das Gupta, Amit: The Non-Aligned and the German Question, in: Mišković, Nataša (Hrsg.): The Non-Aligned Movement and the Cold War. Delhi – Bandung – Belgrade, London/New York 2014, S. 143–160.
Daum, Andreas W.: Feature Review. Historicizing the German Question: Toward an International History of the Cold War. Diplomatic History 29 (2005), No. 5, S. 869–874.
Diner, Dan: Das Jahrhundert verstehen. Eine universalhistorische Deutung, Frankfurt am Main 2000.
Dreisbach, Kai: USA und ASEAN. Amerikanische Außenpolitik und regionale Kooperation in Südostasien vom Vietnamkrieg bis zur Asienkrise, Trier 2004.
Dufner, Georg: Partner im Kalten Krieg. Die politischen Beziehungen zwischen der Bundesrepublik Deutschland und Chile, Frankfurt am Main 2014.
Dülffer, Jost: Europa im Ost-West-Konflikt 1945–1991, München 2014.

Eckel, Jan: Neugeburt der Politik aus dem Geist der Moral. Erklärungen einer heterogenen Kultur, in: Eckel, Jan/Moyn, Samuel (Hrsg.): Moral für die Welt? Menschenrechtspolitik in den 1970er Jahren, Göttingen 2012, S. 22–67.
Eckel, Jan: Die Ambivalenz des Guten. Menschenrechte in der internationalen Politik seit den 1940ern, Göttingen 2014.
Elman, Miriam/Elman, Colin: Diplomatic History and International Relations Theory: Respecting Difference and Crossing Boundaries, in: International Security 22 (1997), No. 1, S. 5–21.
Elson, Robert Edward: Suharto. A Political Biography, Cambridge/New York 2001.
Elson, Robert Edward: The Idea of Indonesia: A History, Cambridge/New York 2008.
Emmerson, Donald K.: Invisible Indonesia, in: Foreign Affairs 66 (1987), No. 2, S. 368–387.
End, Heinrich: Erneuerung der Diplomatie. Der Auswärtige Dienst der Bundesrepublik Deutschland – Fossil oder Instrument?, Neuwied und Berlin 1969.
End, Heinrich: Zweimal deutsche Außenpolitik. Internationale Dimensionen des innerdeutschen Konflikts, Köln 1973.
Engel, Ulf/Schleicher, Hans-Georg/Rost, Inga-Dorothea: Die beiden deutschen Staaten in Afrika: Zwischen Konkurrenz und Koexistenz 1949–1990, Hamburg 1998.
Engerman, David C.: Ideology and the Origins of the Cold War, 1917–1962, in: Westad, Odd Arne/Leffler, Melvin P. (Hrsg.): The Cambridge History of the Cold War, Vol. I, Cambridge 2010, S. 20–43.

Fink, Carole F.: Cold War. An International History, Boulder 2014.
Fluker, Robert: Regionalism and the Modernization of Southeast Asia, in: The Review of Politics, Vol. 31 (1969), No. 2, S. 189–209.
Foot, Rosemary: The Cold War and Human Rights, in: Westad, Odd Arne/Leffler, Melvin P. (Hrsg.): The Cambridge History of the Cold War, Vol. III, Cambridge 2010, S. 445–465.
Frey, Marc: Die Bundesrepublik und der Prozess der Dekolonisierung, in: Conze, Eckhart (Hrsg.): Die Herausforderung des Globalen in der Ära Adenauer, Bonn 2010, S. 179–192.
Friedman, Jeremy: Shadow Cold War: The Sino-Soviet Competition for the Third World, Chapel Hill 2015.

Gadamer, Hans-Georg: Hermeneutik I. Wahrheit und Methode. Grundzüge einer philosophischen Hermeneutik, Tübingen 1986.
Gaddis, John Lewis: The Long Peace. Inquiries into the History of the Cold War, New York 1987.
Gall, Lothar: Der Bankier Hermann Josef Abs. Eine Biographie, München 2004.
Gallus, Alexander: Die Neutralisten. Verfechter eines vereinten Deutschland zwischen Ost und West 1945–1990, Düsseldorf 2001.
Garret, Martin: Playing the China Card? Revisiting France's Recognition of Communist China 1963–1964, in: Journal of Cold War Studies 10 (2008), No. 1, S. 52–80.
Gavin, Francis J.: Nuclear Proliferation and Non-Proliferation, in: Westad, Odd Arne/Leffler, Melvin P. (Hrsg.): The Cambridge History of the Cold War, Vol. II, Cambridge 2010, S. 395–416.
Geier, Stephan: Schwellenmacht. Bonns heimliche Atomdiplomatie von Adenauer bis Schmidt, Paderborn 2013.
Geiger, Rudolf: Grundgesetz und Völkerrecht. Die Bezüge des Staatsrechts zum Völkerrecht und Europarecht, München 2002.
Gerits, Frank: Bandung as the Call for a Better Development Project: US, British, French and Gold Coast Perceptions of the Afro-Asian Conference (1955), in: Cold War History 16 (2016), No. 3, S. 255–272.
Gerlach, Christian: Extrem gewalttätige Gesellschaften. Massengewalt im 20. Jahrhundert, München 2011.
Gerzhoy, Gene: Alliance Coercion and Nuclear Restraint. How the United States Thwarted West Germany's Nuclear Ambitions, in: International Security 39 (2015), No. 3, S. 91–129.
Glaab, Manuela: Deutschlandpolitik der Bundesrepublik Deutschland, in: Weidenfeld, Werner/Korte, Karl-Rudolf (Hrsg.): Handbuch zur deutschen Einheit, Frankfurt a. M./New York 1999, S. 239–252.
Goscha, Christopher E./Ostermann, Christian F. (Hrsg.): Connecting Histories. Decolonization and the Cold War in Southeast Asia, 1945–1962, Washington 2009.
Goscha, Christopher E./Ostermann, Christian F.: Introduction: Connecting Decolonization and the Cold War in Southeast Asia, in: Goscha, Christopher E./Ostermann, Christian F. (Hrsg.): Connecting Histories. Decolonization and the Cold War in Southeast Asia, 1945–1962, Washington 2009, S. 1–12.
Gray, William Glenn: Germany's Cold War. The Global Campaign to Isolate East Germany, 1949–1969, Chapel Hill 2003.
Gray, William Glenn: Hallstein Doctrine, in: The Encyclopedia of the Cold War, New York 2008, S. 399–400.
Greiner, Bernd/Müller, Christian/Dierk, Walter (Hrsg.): Heiße Kriege im Kalten Krieg, Hamburg 2006.
Gülstorff, Torben: Trade follows Hallstein? Deutsche Aktivitäten im zentralafrikanischen Raum des Second Scramble. Online-Publikation der Humboldt-Universität zu Berlin: http://dx.doi.org/10.18452/17628 (Abruf am 1.1.2018).

Hachmeister, Lutz: Der Gegnerforscher. Die Karriere des SS-Führers Franz Alfred Six, München 1998.
Hachmeister, Lutz: Die Rolle des SD-Personals in der Nachkriegszeit. Zur nationalsozialistischen Durchdringung der Bundesrepublik, in: Wildt, Michael (Hrsg.): Nachrichtendienst, politische Elite und Mordeinheit. Der Sicherheitsdienst des Reichsführers SS, Hamburg 2003, S. 347–369.
Hacke, Christian: Die Außenpolitik der Bundesrepublik Deutschland. Weltmacht wider Willen? Berlin 1993.
Haftendorn, Helga: Deutsche Außenpolitik zwischen Selbstbehauptung und Selbstbeschränkung 1945–2000, Stuttgart/München 2001.
Halliday, Fred: The Making of the Second Cold War, London 1983.

Halliday, Fred: Cold War, in: Krieger, Joel (Hrsg.): The Oxford Companion to International Relations, Oxford/New York 2014, S. 164 f.
Hanke, Edith (Hrsg.): Max Weber. Wirtschaft und Gesellschaft. Die Wirtschaft und die gesellschaftlichen Ordnungen und Mächte. Nachlass. Max-Weber-Gesamtausgabe, Band 22, Teilband 4, Tübingen 2005.
Hanke, Edith (Hrsg.): Max Weber: Die drei reinen Typen der legitimen Herrschaft. Wirtschaft und Gesellschaft. Die Wirtschaft und die gesellschaftlichen Ordnungen und Mächte. Nachlass, in: Max-Weber-Gesamtausgabe, Band 22, Teilband 4, S. 726–742.
Haslam, Jonathan: Russia's Cold War. From the October Revolution to the Fall of the Berlin Wall, New Haven/London 2011.
Hein, Bastian: Die Westdeutschen und die Dritte Welt. Entwicklungspolitik und Entwicklungsdienste zwischen Reform und Revolte 1959–1974, München 2006.
Hein, Gordon R.: Indonesia in 1982. Electoral Victory and Economic Adjustment for the New Order, in: Asian Survey 23 (1983), No. 2, S. 178–190.
Heinzlmeir, Helmut: Indonesiens Außenpolitik nach Sukarno. Möglichkeiten und Grenzen eines bündnisfreien Entwicklungslandes, Hamburg 1976.
Hellmann, Gunter/Wagner, Wolfgang/Baumann, Rainer: Deutsche Außenpolitik. Eine Einführung, Wiesbaden 2014.
Hershberg, James G.: The Cuban Missile Crisis, in: Westad, Odd Arne/Leffler, Melvin P. (Hrsg.): The Cambridge History of the Cold War, Vol. II, Cambridge 2010, S. 65–87.
Hildebrand, Klaus: Von Erhard zur Großen Koalition 1963–1969, Stuttgart/Wiesbaden 1984.
Hill, Christopher: The Changing Politics of Foreign Policy, London/New York 2003.
Hobsbawm, Eric: Age of Extremes. The Short Twentieth Century, 1914–1991, London 1994.
Hockerts, Hans Günter: Einführung, in: Hockerts, Hans Günter (Hrsg.): Koordinaten deutscher Geschichte in der Epoche des Ost-West-Konflikts, München 2004, S. vii-xv.
Holloway, David: Nuclear Weapons and the Escalation of the Cold War, 1945–1961, in: Westad, Odd Arne/Leffler, Melvin P. (Hrsg.): The Cambridge History of the Cold War, Vol. I, Cambridge 2010, S. 376–397.
Holmgren, Christina: La renégociation multilatérale des dettes: le Club de Paris au regard du droit international, Brüssel 1998.
Hong, Young-Sun: Cold War Germany, the Third World, and the Global Humanitarian Regime, Cambridge/New York 2015.
Hull, Robert: Die Beziehungen zwischen EG- und ASEAN-Ländern, in: Hasenpflug, Hajo (Hrsg.): Die EG-Außenbeziehungen. Stand und Perspektiven, Hamburg 1979, S. 373–390.

Ikenberry, G. John: The Restructuring of the International System after the Cold War, in: Westad, Odd Arne/Leffler, Melvin P. (Hrsg.): The Cambridge History of the Cold War, Vol. III, Cambridge 2010, S. 535–556.
Immermann, Richard H./Goedde, Petra: Introduction, in: Immermann, Richard H./Goedde, Petra (Hrsg.): The Oxford Handbook of the Cold War, Oxford/New York 2013, S. 1–15.
Internationales Biographisches Archiv 31/1997 vom 21.7.1997. https://www.munzinger.de/search/go/document.jsp?id=00000013082.

Jenkins, David: Suharto and his Generals. Indonesian Military Politics, 1975–1983, Ithaca 1984.
Jetztlsperger, Christian: Die Emanzipation der Entwicklungspolitik von der Hallstein-Doktrin. Die Krise der deutschen Nahostpolitik von 1965, die Entwicklungspolitik und der Ost-West-Konflikt, in: Historisches Jahrbuch, Nr. 121 (2001), S. 320–366.
Jones, Matthew: U.S. Relations with Indonesia, the Kennedy-Johnson Transition, and the Vietnam Connection, in: Diplomatic History 26 (2002), No. 2, S. 249–281.
Jordan, Stefan: Theorien und Methoden der Geschichtswissenschaft, Paderborn 2009.

Kahin, Audrey/Kahin, George: Subversion as Foreign Policy. The Secret Eisenhower and Dulles Debacle in Indonesia, New York 1995.
Kammen, Douglas/McGregor, Katharine: Introduction. The Contours of Mass Violence in Indonesia, 1966–68, in: Kammen, Douglas/McGregor, Katharine (Hrsg.): The Contours of Mass Violence in Indonesia, 1966–68, Honolulu 2012, S. 1–24.
Kammen, Douglas/McGregor, Katharine (Hrsg.): The Contours of Mass Violence in Indonesia, 1966–68, Honolulu 2012.
Kampffmeyer, Thomas: Die Verschuldungskrise der Entwicklungsländer. Probleme und Ansatzpunkte für eine Lösung auf dem Vergleichswege, Berlin 1987.
Keylor, William: The Twentieth-Century World and beyond. An International History since 1900, New York 2011.
Kilian, Werner: Die Hallstein-Doktrin. Der diplomatische Krieg zwischen der BRD und der DDR 1955–1973. Aus den Akten der beiden deutschen Außenministerien, Berlin 2000.
Kilian, Werner: Adenauers Reise nach Moskau, Freiburg i. Br. 2005.
Kindermann, Gottfried-Karl: Zur Methodik der Internationalen Konstellationsanalyse, in: Kindermann, Gottfried-Karl (Hrsg.): Grundelemente der Weltpolitik, München 1986, S. 106–144.
Kindermann, Gottfried-Karl: Nationalismus als außenpolitischer Motivationsfaktor, in: Kindermann, Gottfried-Karl (Hrsg.): Grundelemente der Weltpolitik, München 1991, S. 320–352.
Kindermann, Gottfried Karl: Der Aufstieg Ostasiens in der Weltpolitik 1840–2000, München 2001.
Kindermann, Gottfried-Karl: Der Aufstieg Koreas in der Weltpolitik. Von der Landesöffnung bis zur Gegenwart, München 2005.
Kopper, Christoph: Hjalmar Schacht. Aufstieg und Fall von Hitlers mächtigstem Bankier, München 2006.
Korte, Karl-Rudolf: Bundeskanzleramt, in: Schmidt, Siegmar/Hellmann, Gunther/Wolf, Reinhard (Hrsg.): Handbuch zur deutschen Außenpolitik, Wiesbaden 2007, S. 203–209.
Krausnick, Helmut/Wilhelm, Hans-Heinrich: Die Truppe des Weltanschauungskrieges. Die Einsatzgruppen der Sicherheitspolizei und des SD 1938–1942, Stuttgart 1981.
Kroef, Justus van den: Before the Thaw. Recent Indonesian Attitudes towards People's China, in: Asian Survey 13 (1973), No. 5, S. 513–530.
Kruse, Thorsten: Bonn – Nikosia – Ostberlin. Innerdeutsche Fehden auf fremdem Boden 1960–1972, Mainz/Ruhpolding 2013.

Labahn, Marius: Südostasien in der Außenpolitik der Bundesrepublik Deutschland. Eine Analyse der deutschen Außenpolitik gegenüber Staaten Südostasiens unter Anwendung des liberalen Handelsstaatsmodells, München 2013.
Lappenküper, Ulrich: Die Außenpolitik der Bundesrepublik Deutschland 1949 bis 1990, München 2008.
Latham, Michael: The Cold War in the Third World, 1963–1975, in: Westad, Odd Arne/Leffler, Melvin P. (Hrsg.): The Cambridge History of the Cold War, Vol. II, Cambridge 2010, S. 258–280.
Lawrence, Mark Atwood: Recasting Vietnam: The Bao Dai Solution and the Outbreak of the Cold War in Southeast Asia, in: Goscha, Christopher E./Ostermann, Christian F. (Hrsg.): Connecting Histories. Decolonization and the Cold War in Southeast Asia, 1945–1962, Washington 2009, S. 15–38.
Leffler, Melvyn P.: The Emergence of an American Grand Strategy, 1945–1952, in: Westad, Odd Arne/Leffler, Melvin P. (Hrsg.): The Cambridge History of the Cold War, Vol. I, Cambridge 2010, S. 67–88.
Leifer, Michael: Indonesia's Foreign Policy, London 1983.
Leifer, Michael: ASEAN and the Security of Southeast Asia, London/New York 1989.
Lengwiler, Martin: Praxisbuch Geschichte. Einführung in die historischen Methoden, Zürich 2011.

Levy, Jack S.: Too Important to Leave to the Other. History and Political Science in the Study of International Relations, in: International Security 22 (1997), No. 1, S. 22–33.
Liddle, R. William: Political Science Scholarship on Indonesia. Revived but Constrained, in: Tagliacozzo, Eric (Hrsg.): Producing Indonesia. The State of the Field in Indonesian Studies, Ithaca 2014, S. 253–266.
Lijphart, Arend: The Trauma of Decolonization. The Dutch and West New Guinea, New Haven 1966.
Liow, Joseph: The Politics of Indonesia-Malaysia Relations. One Kin, Two Nations, London 2005.
Little, Douglas: The Cold War in the Middle East: Suez Crisis to Camp David Accords, in: Westad, Odd Arne/Leffler, Melvin P. (Hrsg.): The Cambridge History of the Cold War, Vol. II, Cambridge 2010, S. 305–326.
Logevall, Fredrik: The Indochina Wars and the Cold War, 1945–1975, in: Westad, Odd Arne/Leffler, Melvin P. (Hrsg.): The Cambridge History of the Cold War, Vol. II, Cambridge 2010, S. 281–304.
Lüthi, Lorenz: The Non-Aligned. Apart from and still within the Cold War, in: Mišković, Nataša (Hrsg.): The Non-Aligned Movement and the Cold War. Delhi – Bandung – Belgrade, London/New York 2014, S. 97–113.
Lüthi, Lorenz: The Non-Aligned Movement and the Cold War, 1961–1973, in: Journal of Cold War Studies 18 (2016), No. 4, S. 98–147.

Mallmann, Klaus-Dieter: Der Krieg im Dunkeln. Das Unternehmen „Zeppelin" 1942–1945, in: Wildt, Michael (Hrsg.): Nachrichtendienst, politische Elite und Mordeinheit. Der Sicherheitsdienst des Reichsführers SS, Hamburg 2003, S. 324–346.
Marching, Soe Tjen: The End of Silence: Accounts of the 1965 Genocide in Indonesia, Amsterdam 2017.
Mastny, Vojtech: The 1963 Nuclear Test Ban Treaty. A Missed Opportunity for Détente? In: Journal of Cold War Studies 10 (2008), No. 1, S. 3–25.
Mastny, Vojtech: Soviet Foreign Policy, 1953–62, in: Westad, Odd Arne/Leffler, Melvin P. (Hrsg.): The Cambridge History of the Cold War, Vol. I, Cambridge 2010, S. 312–333.
Mauzy, Diane K./Job, Brian L.: U.S. Policy in South East Asia. Limited Re-Engagement after Years of Benign Neglect, in: Asian Survey 47 (2007), No. 4, S. 622–641.
McMahon, Robert J.: Heiße Kriege im Kalten Krieg, in: Greiner, Bernd/Müller, Christian/Dierk, Walter (Hrsg.): Heiße Kriege im Kalten Krieg, Hamburg 2006, S. 16–34.
McMahon, Robert J. (Hrsg.): The Cold War in the Third World, Oxford/New York 2013.
Möller, Horst: Europa zwischen den Weltkriegen, München 1998.
Möller, Horst: Worin lag das „national" Verbindende in der Epoche der Teilung?, in: Hockerts, Hans Günter (Hrsg.): Koordinaten deutscher Geschichte in der Epoche des Ost-West-Konflikts, München 2004, S. 307–323.
Möller, Horst: Zwei deutsche Staaten, eine Nation? Zum nationalen Selbstverständnis in den Verfassungen der Bundesrepublik Deutschland und der DDR, in: Wengst, Udo/Wentker, Hermann (Hrsg.): Das doppelte Deutschland. 40 Jahre Systemkonkurrenz, Berlin 2008.
Moyn, Samuel: Die Rückkehr des verlorenen Sohns. Einleitung: Die 1970er Jahre als Umbruchphase in der Menschenrechtsgeschichte, in: Eckel, Jan/Moyn, Samuel (Hrsg.): Moral für die Welt? Menschenrechtspolitik in den 1970er Jahren, Göttingen 2012, S. 7–21.
Murphy, Ann Marie: Indonesia Returns to the International Stage. Good News for the United States, in: Orbis 53 (2009), No. 1, S. 65–79.

Nguyen, Vu Tung: The Paris Agreement and Vietnam-ASEAN Relations in the 1970s, in: Westad, Odd Arne/Quinn-Judge, Sophie: The Third Indochina War. Conflict between China, Vietnam and Cambodia, 1972–79, London/New York 2006, S. 103–125.
Niedhart, Gottfried: Entspannung in Europa. Die Bundesrepublik Deutschland und der Warschauer Pakt 1966 bis 1975, München 2014.

Nowack, Sabrina: Sicherheitsrisiko NS-Belastung. Personalüberprüfungen im Bundesnachrichtendienst in den 1960er Jahren, Berlin 2016.
Nuscheler, Franz: Entwicklungspolitik, in: Schmidt, Siegmar/Hellmann, Gunther/Wolf, Reinhard (Hrsg.): Handbuch zur deutschen Außenpolitik, Wiesbaden 2007, S. 672–683.

Oberndörfer, Dieter: Lateinamerika als Bezugsfeld westdeutscher Außenpolitik, in: Schwarz, Hans-Peter (Hrsg.): Handbuch der deutschen Außenpolitik, München 1975, S. 348–354.
Osterhammel, Jürgen: Kolonialismus. Geschichte, Formen, Folgen, München 2006.
Osterhammel, Jürgen: Globalgeschichte, in: Goertz, Hans-Jürgen (Hrsg.): Geschichte. Ein Grundkurs, Reinbek bei Hamburg 2007, S. 592–610.
Osterhammel, Jürgen: Die Verwandlung der Welt. Eine Geschichte des 19. Jahrhunderts, München 2010.

Patel, Kirian Klaus. Cold War Myopia. Germany's World in the 1970s and its Relations with Cambodia, in: Bresselau von Bressensdorf, Agnes/Seefried, Elke/Ostermann, Christian F. (Hrsg.): West Germany, the Global South and the Cold War. German Yearbook of Contemporary History, Vol. 2, Berlin 2017, S. 63–75.
Pechatnov, Vladimir O.: Soviet-American Relations Through the Cold War, in: Immermann, Richard H./Goedde, Petra (Hrsg.): The Oxford Handbook of the Cold War, Oxford/New York 2013, S. 107–123.
Penders, Christiaan: The West New Guinea Debacle. Dutch Decolonisation and Indonesia, 1945–62, Honolulu 2002.

Radchenko, Sergey: The Sino-Soviet Split, in: Westad, Odd Arne/Leffler, Melvin P. (Hrsg.): The Cambridge History of the Cold War, Vol. II, Cambridge 2010, S. 349–372.
Ricklefs, Merle C.: A History of Modern Indonesia since c. 1300, Stanford ²1993.
Riquier, Alain: L'Indonesie. De la préhistoire à la présidence de Jokowi, Paris 2016.
Roadnight, Andrew: United States Policy towards Indonesia in the Truman and Eisenhower Years, New York 2008.
Roberts, Christopher B./Habir, Ahmad D./Sebastian, Leonard C. (Hrsg.): Indonesia's Ascent. Power, Leadership, and the Regional Order, Basingstoke 2015.
Robinson, Geoffrey: The Dark Side of Paradise. Political Violence in Bali, Ithaca/London 1995.
Robinson, Geoffrey: "Down to the Very Roots": The Indonesian Army's Role in the Mass Killings of 1965–66, in: Journal of Genocide Research 19 (2017), No. 4, S. 465–486.
Rödder, Andreas: Die Bundesrepublik Deutschland 1969–1990, München 2004.
Romero, Federico: Cold War Historiography at the Crossroads, in: Cold War History 14 (2014), No. 4, S. 685–703.
Roosa, John: Pretext for Mass Murder: The September 30th Movement and Suharto's Coup d'Etat in Indonesia, Madison 2006.
Roosa, John: Suharto (June 8, 1921-January 27, 2008), in: Indonesia 85 (2008), S. 137–143.
Roosa, John: The September 30th Movement: The Aporias of the Official Narratives, in: Kammen, Douglas/McGregor, Katharine (Hrsg.): The Contours of Mass Violence in Indonesia, 1966–68, Honolulu 2012, S. 25–49.
Roosa, John: The State of Knowledge about an Open Secret: Indonesia's Mass Disappearances of 1965–66, in: The Journal of Asian Studies 75 (2016), No. 2, S. 281–297.
Rothermund, Dietmar: The Era of Non-Alignment, in: Mišković, Nataša (Hrsg.): The Non-Aligned Movement and the Cold War. Delhi – Bandung – Belgrade, London/New York 2014, S. 19–34.
Rothwell, Matthew: Third World, in: Dijk, Rudd van (Hrsg.): The Encyclopedia of the Cold War, London/New York 2008, S. 893–895.

Rüland, Jürgen: Indonesien, in: Bellers, Jürgen/Benner, Thorsten/Gerke, Ines M. (Hrsg.): Handbuch der Außenpolitik von Afghanistan bis Zypern, München/Wien 2001, S. 899–910.

Rüland, Jürgen: Südostasien, in: Schmidt, Siegmar/Hellmann, Gunther/Wolf, Reinhard (Hrsg.): Handbuch zur deutschen Außenpolitik, Wiesbaden 2007, S. 559–571.

Saikal, Amin: Islamism, the Iranian Revolution, and the Soviet Invasion in Afghanistan, in: Westad, Odd Arne/Leffler, Melvin P. (Hrsg.): The Cambridge History of the Cold War, Vol. III, Cambridge 2010, S. 112–134.

Savranskaya, Svetlana/Taubman, William: Soviet Foreign Policy, 1962–1975, in: Westad, Odd Arne/Leffler, Melvin P. (Hrsg.): The Cambridge History of the Cold War, Vol. II, Cambridge 2010, S. 134–157.

Schäfer, Bernd: The Two Germanies and Indonesia, in: Schäfer, Bernd/Wardaya, Baskara T. (Hrsg.): 1965: Indonesia and the World. Indonesia dan Dunia, Jakarta 2013, S. 99–113.

Schäfer, Bernd/Wardaya, Baskara T. (Hrsg.): 1965: Indonesia and the World. Indonesia dan Dunia, Jakarta 2013.

Schmid, Günther: Der Auswärtige Dienst als Instrument der Diplomatie, in: Kindermann, Gottfried-Karl (Hrsg.): Grundelemente der Weltpolitik, München 1991, S. 212–231.

Schmid, Günther: Diplomatie als Form außenpolitischer Entscheidungsverwirklichung, in: Kindermann, Gottfried-Karl (Hrsg.): Grundelemente der Weltpolitik, München 1991, S. 195–211.

Schmidt, Siegmar/Hellmann, Gunther/Wolf, Reinhard (Hrsg.): Handbuch zur deutschen Außenpolitik, Wiesbaden 2007.

Schöllgen, Gregor: Die Außenpolitik der Bundesrepublik Deutschland. Von den Anfängen bis zur Gegenwart, München 2004.

Schöllgen, Gregor: Deutsche Außenpolitik. Von 1945 bis zur Gegenwart, München 2013.

Scholtyseck, Joachim: Die Außenpolitik der DDR, München 2003.

Scholtyseck, Joachim: Im Schatten der Hallstein-Doktrin. Die globale Konkurrenz zwischen Bundesrepublik und DDR, in: Conze, Eckhart (Hrsg.): Die Herausforderung des Globalen in der Ära Adenauer, Bonn 2010, S. 79–97.

Schulze, Fritz: Kleine Geschichte Indonesiens, München 2015.

Schwarz, Hans-Peter (Hrsg.): Handbuch der deutschen Außenpolitik, München 1975.

Schwarz, Hans-Peter: Die westdeutsche Entwicklungshilfe, in: ders. (Hrsg.): Handbuch der deutschen Außenpolitik, München 1975, S. 723–739.

Schwarz, Hans-Peter: Die Ära Adenauer: Epochenwechsel 1957–1963, Stuttgart/Wiesbaden 1983.

Schwarz, Hans-Peter: Die gezähmten Deutschen. Von der Machtbesessenheit zur Machtvergessenheit, Stuttgart 1985.

Schwarz, Hans-Peter: Adenauer. Der Staatsmann, 1952–1967, München 1994.

Schwarz, Hans-Peter: Ost-West, Nord-Süd. Weltpolitische Betrachtungen zur deutschen Teilungsepoche, in: Hockerts, Hans Günter (Hrsg.): Koordinaten deutscher Geschichte in der Epoche des Ost-West-Konflikts, München 2004, S. 1–27.

Schwarz, Hans-Peter: Die Welt des Bundeskanzlers. Weltwahrnehmung und globale Ordnungsvorstellungen Konrad Adenauers, in: Conze, Eckhart (Hrsg.). Die Herausforderung des Globalen in der Ära Adenauer, Bonn 2010, S. 16–34.

Schwarz, Hans-Peter: Das Gesicht des 20. Jahrhunderts, München 2010.

Schwarz, Hans-Peter: The Division of Germany, 1945–1949, in: Westad, Odd Arne/Leffler, Melvin P. (Hrsg.): The Cambridge History of the Cold War, Vol. I, Cambridge 2010, S. 133–153.

Scott, Peter Dale: The United States and the Overthrow of Sukarno, 1965–67, in: Pacific Affairs 58 (1985), No. 2, S. 239–264.

Simpson, Bradley R.: Economists with Guns. Authoritarian Development and US-Indonesian Relations, 1960–1968, Stanford 2008.

Simpson, Bradley: Alte Rechte in der Neuen Ordnung. Umkämpfte Menschenrechtsdiskurse im Indonesien Suhartos, 1968–1980, in: Eckel, Jan/Moyn, Samuel (Hrsg.): Moral für die Welt? Menschenrechtspolitik in den 1970er Jahren, Göttingen 2012, S. 343–366.

Simpson, Bradley R.: Southeast Asia in the Cold War, in: McMahon, Robert J. (Hrsg.): The Cold War in the Third World, Oxford/New York 2013, S. 48–66.

Smith, Tony: New Bottles for New Wine. A Pericentric Framework for the Study of the Cold War, in: Diplomatic History 24 (2000), No. 4, S. 567–591.

Smith, Tony: Decolonization, in: Krieger, Joel (Hrsg.): The Oxford Companion to International Relations, Oxford/New York 2014, S. 218–220.

Spanger, Hans-Joachim: Die beiden deutschen Staaten in der Dritten Welt: Die Entwicklungspolitik der DDR, eine Herausforderung für die Bundesrepublik, Opladen 1987.

Staack, Michael: Deutschland als Wirtschaftsmacht, in: Schmidt, Siegmar/Hellmann, Gunther/Wolf, Reinhard (Hrsg.): Handbuch zur deutschen Außenpolitik, Wiesbaden 2007, S. 85–97, hier S. 91.

Stein, Mathias: Der Konflikt um Alleinvertretung und Anerkennung in der UNO. Die deutsch-deutschen Beziehungen zu den Vereinten Nationen von 1949 bis 1973, Göttingen 2011.

Steiner, H. Arthur: China to the Left of Russia, in: Asian Survey, Vol. 4 (1964), No. 1, S. 625–637.

Stirling, John: ASEAN: The Anti-Domino Factor, in: Asian Affairs 7 (1980), No. 5, S. 273–287.

Stöver, Bernd: Der Kalte Krieg. Geschichte eines radikalen Zeitalters, München 2007.

Stöver, Bernd: Der Kalte Krieg, München 2008.

Stuart, Douglas: Obama's Rebalance in Historical Context, in: Tow, William T./Stuart, Douglas (Hrsg.): The New US Strategy towards Asia. Adapting to the American Pivot, London/New York 2015, S. 9–29.

Stueck, William: The Korean War, in: Westad, Odd Arne/Leffler, Melvin P. (Hrsg.): The Cambridge History of the Cold War, Vol. I, Cambridge 2010, S. 266–287.

Subritzky, John: Confronting Sukarno. British, American, Australian and New Zealand Diplomacy in the Malaysian-Indonesian Confrontation, 1961–1965, New York 2000.

Sukma, Rizal: Indonesia and China. The Politics of a Troubled Relationship, London 1999.

Szabo, Stephen E.: Germany, Russia and the Rise of Geo-Economics, London/New York 2015.

Szatkowski, Tim: Gaddafis Libyen und die Bundesrepublik Deutschland 1969 bis 1982, München 2013.

Szatkowski, Tim: From Sihanouk to Pol Pot. Diplomacy, Human Rights, and Relations between the Federal Republic of Germany and Cambodia, 1967–1979, in: Bresselau von Bressensdorf, Agnes/Seefried, Elke/Ostermann, Christian F. (Hrsg.): West Germany, the Global South and the Cold War. German Yearbook of Contemporary History, Vol. 2, Berlin 2017, S. 25–61.

Tarling, Nicholas: Britain and the West New Guinea Dispute, 1949–62, New York 2008.

Thompson, Sue: „The Greatest Success of British Diplomacy in East Asia in Recent Years?" British Diplomacy and the End of Confrontation, 1965–1966, in: Diplomacy and Statecraft 25 (2014), No. 2, S. 285–302.

Thompson, Sue: Leadership and Dependency: Indonesia's Regional and Global Role, 1945–75, in: Roberts, Christopher B./Habir, Ahmad D./Sebastian, Leonard C. (Hrsg.): Indonesia's Ascent. Power, Leadership, and the Regional Order, Basingstoke 2015, S. 22–39.

Trachtenberg, Marc: The Structure of Great Power Politics, 1963–1975, in: Westad, Odd Arne/Leffler, Melvin P. (Hrsg.): The Cambridge History of the Cold War, Vol. II, Cambridge 2010, S. 482–502.

Troche, Alexander: „Berlin wird am Mekong verteidigt." Die Ostasienpolitik der Bundesrepublik in China, Taiwan und Süd-Vietnam 1954–1966, Düsseldorf 2001.

Verführth, Heinz: Die Hallstein-Doktrin und die Politik der Bundesregierung gegenüber den osteuropäischen Staaten 1955 bis 1967, Bochum 1968.
Vickers, Adrian: A Modern History of Indonesia, Cambridge/New York 2013.

Weiner, Tim: CIA. Die ganze Geschichte, Frankfurt am Main 2009.
Weinstein, Franklin B.: Indonesian Foreign Policy and the Dilemma of Dependence. From Sukarno to Soeharto, London 1976.
Weller, Christoph: Bundesministerien, in: Schmidt, Siegmar/Hellmann, Gunther/Wolf, Reinhard (Hrsg.): Handbuch zur deutschen Außenpolitik, Wiesbaden 2007, S. 210–224.
Welskopp, Thomas: Erklären, begründen, theoretisch begreifen, in: Goertz, Hans-Jürgen (Hrsg.): Geschichte. Ein Grundkurs, Reinbek bei Hamburg 2007, S. 137–176.
Wertheim, Willem Frederik: Whose Plot? New Light on the 1965 Events, in: Journal of Contemporary Asia 9 (1979), No. 2, S. 197–215.
Westad, Odd Arne: The New International History of the Cold War. Three (Possible) Paradigms, in: Diplomatic History 24 (2000), No. 4, S. 551–565.
Westad, Odd Arne: The Global Cold War. Third World Interventions and the Making of Our Times, New York 2005.
Westad, Odd Arne/Quinn-Judge, Sophie: The Third Indochina War. Conflict between China, Vietnam and Cambodia, 1972–79, London/New York 2006.
Westad, Odd Arne/Leffler, Melvin P. (Hrsg.): The Cambridge History of the Cold War, 3 Bände, Cambridge 2010.
Westad, Odd Arne: The Cold War and the International History of the Twentieth Century, in: Westad, Odd Arne/Leffler, Melvin P. (Hrsg.): The Cambridge History of the Cold War, Vol. I, Cambridge 2010, S. 1–19.
Westad, Odd Arne: The Wars after the War, 1945–1954, in: Chickering, Roger/Showalter, Dennis/Ven, Hans van den (Hrsg.): The Cambridge History of War, Vol. IV, Cambridge/New York 2012, S. 452–471.
Westad, Odd Arne: Epilogue. The Cold War and the Third World, in: McMahon, Robert J. (Hrsg.): The Cold War in the Third World, Oxford/New York 2013, S. 208–219.
Westad, Odd Arne: The Cold War. A World History, London 2017.
Wildt, Michael: Generation des Unbedingten. Das Führungskorps des Reichssicherheitshauptamtes, Hamburg 2003.
Wildt, Michael (Hrsg.): Nachrichtendienst, politische Elite und Mordeinheit. Der Sicherheitsdienst des Reichsführers SS, Hamburg 2003.
Winkler, Heinrich August: Der lange Weg nach Westen. Zweiter Band. Deutsche Geschichte vom „Dritten Reich" bis zur Wiedervereinigung, München 2000.
Wirsching, Andreas: Abschied vom Provisorium. Geschichte der Bundesrepublik Deutschland 1982–1990, München 2006.
Wirsching, Andreas: Deutsche Geschichte im 20. Jahrhundert, München 2011.
Wohlforth, William C.: A Certain Idea of Science. How International Relations Theory Avoids the New Cold War History, in: Journal of Cold War Studies 1 (1999), No. 2, S. 39–60.
Wrede, Christoph von: Der Rechtsanspruch der deutschen Bundesregierung auf völkerrechtliche Alleinvertretung Gesamtdeutschlands und die Hallstein-Doktrin, Freiburg (Schweiz) 1966.

Yang, Ying-Feng: Der Alleinvertretungsanspruch der geteilten Länder. Deutschland, Korea und China im politischen Vergleich, Frankfurt am Main 1997.

Zhai, Qiang: Bandung Conference, in: Dijk, Rudd van (Hrsg.): The Encyclopedia of the Cold War, London/New York 2008, S. 66 f.

Personenregister

Kursiv gesetzte Zahlen verweisen auf Namen in den Anmerkungen. Der Name Sukarno wurde wegen seines häufigen Auftretens nicht erfasst.

A
Abdulgani, Ruslan 87–89, 102
Abs, Hermann Josef 283–289, 291, 330, 336
Adenauer, Konrad 6, 10, 18, 22, 27–29, 32, 39, *57*, 60 f., 63, 70, 73, 81, 95, 97–99, *100*, 101, 103, 120, 130 f., 141, 146, 151 f., 156–158, 172, 184, 327, 334
Adjie, Ibrahim *249*, *268*
Aidit, Dipa Nusantara 157, 227, *233*, *244*, *250*
Allardt, Helmut 14, 58, 63, 67, 73, 75–79, 81–88, 92–94, 100, 103, 105, 108, 112 f., 116–119, 121, 130–132, 327 f.
Allende Gossens, Salvador 311
Allison, John Moore 106

B
Baade, Fritz 158
Bahr, Egon 184
Balken, Richard 297, 299, 307–309, 318
Barth, Heinrich 120
Bassler, Hilmar 81, *82*, 87, 121, 134, 144, 151 f., 167, 193–195, 211, 215 f., 220, 282, 284, 301, *304*
Bastian, Adolf 40
Bayerlacher, Wolfgang 260, 294, *295*
Ben Bella, Ahmed 31, 36
Berger, Norbert *291*
Berninger, Karl-Heinrich 211
Beugel, Ernst van der 118
Bhutto, Zulfikar Ali Khan 198
Blank, Theodor 70 f.
Blankenhorn, Herbert 261
Blech, Klaus 174
Blumenfeld, Erik 309
Böhling, Horst 55, 62, 64, 81, 87
Böker, Alexander *70*, *178*, 195, 205, 218, 239, 269, 337
Böll, Heinrich 305
Börnstein, Ulrich *315*
Borm, William 305
Bottler, Richard 161
Brandt, Willy 39, 92, 280, 287 f., 290, 292, 295, 301, 303, 306, 309, 311, 315, 317, 335
Braun, Sigismund Freiherr von 200, 290
Brentano, Heinrich von 29, 81, 86, 88, 101 f., *104*, 116, 119, 121, *122*, 131–133, 137, 141, 146
Brüning, Heinrich *195*
Bulganin, Nikolai Alexandrowitsch 110, 131
Bunker, Ellsworth 126
Butler, Richard Austin 175, 177

C
Carstens, Karl 1, 31, 92, 125, 147, 152, 157, 161 f., 164, 170, 174, 180, 188, 190 f., 193, 198, 204, 206, 218, 238–240, 257 f., 325
Carter, Jimmy 300
Casey, Richard G. *104*
Caspari, Fritz 270
Castro, Fidel 163
Chiang Kai-shek 220
Chomeini, Ruhollah 25
Chruschtschow, Nikita Sergejewitsch 25, 72, *97*, 99, 109 f., 124, 131, 183
Churchill, Winston 207

D
Dahlgrün, Rolf 190
Daniel, Kurt 66, 68, 148, 150, 154
Dieckmann, Johannes 190–193
Diehl, Günter 140
Dittmann, Herbert 205
Duckwitz, Georg Ferdinand 32, 92, 139, 261
Dulles, Allen 104, 106
Dulles, John Foster 104–106
Duvalier, François *253*

E
Earl, George Windsor 40
Edhie, Sarwo *242*
Ehmke, Horst 287 f.
Eisenhower, Dwight D. 105 f., 109, 138
Eppler, Erhard 290
Erhard, Ludwig 18, 101, 113, 120, 151, 154 f., 188, 205, 207, 215 f., 250, 266, 334
Etzdorf, Hasso von 58, 70 f.

F
Federer, Georg 261
Florin, Peter 1 f.

Franco, Francisco 253, 311
Friedrichs, Hans-Joachim 318
Fröwis, Walter 179

G
Gaulle, Charles de 48, 184 f., 321
Gehlen, Reinhard 234, 236, *237*
Genscher, Hans-Dietrich 319, 322–324, 331
Gersdorff, Rudolf von 70
Gheorgiu-Dej, Gheorghe 159
Globke, Hans 146, 151
Goebbels, Joseph *56*, 82 f.
Granow, Hans-Ulrich 167
Grass, Günter 305
Green, Marshall 269
Grewe, Wilhelm 29, *30*, 101, 127, 143, 261
Grotewohl, Otto 130, 133
Grudinski, Ulrich 231, *238*, 248
Grund, Walter 157, 279

H
Habibie, Bacharuddin Jusuf 336
Hager, Kurt 144
Hallier, Hans-Joachim 14, 180
Hallstein, Walter 29, 37, 55, 60 f., 71 f., 76, 81, 86, 92, 97 f., 101 f., 111–113, 131, 143, 145, 163, 188, 205, 217, 292 f. 295, 332 f.
Harjono, Mas Tirtodarmo 222
Hasan, Muhammad 212, 215
Hase, Karl-Günther 140
Hassel, Kai-Uwe *229*
Hatta, Mohammed 41–43, 47, 87–89, 107, 180, 327
Heimsoeth, Harald 223, 230, 270
Heinemann, Gustav 290, 306
Helb, Henri Arnold 71
Helmi, Alfian Yusuf 301
Helmken, Ludwig 120
Hentig, Werner-Otto von 13 f., 55–63, 66, 75 f., 78 f., 81, 87, 113, 235, 327 f.
Hertzfeld, Gustav 161, 173 f., 179, 183
Heuss, Theodor 56, 81, *85*, 101
Hitler, Adolf 23, 54, *70*, 73, 82, 91, 159, 337
Ho Chi Minh 34 f., 42
Höhne, Heinz 237
Hölderlin, Friedrich 86
Huang Hua *323*
Husseini, Mohammed Amin al- 56, 61

I
Idris, Alim 61
Idris, Kemal *241*
Ismail, Yusuf 290

J
Jansen, Josef *163*
Johnson, Lyndon B. 176 f., 181 f., 187, 266
Jones, Howard 128, 166

K
Kaisen, Wilhelm 120
Kardelj, Edvard 163
Kennedy, John F. 48, 108, 126 f., 138, 143, 166, 176
Kennedy, Robert 126, 178
Keudell, Walter von 60
Kiesewetter, Wolfgang 178
Kiesinger, Kurt Georg 280, 292, *293*, 334 f.
Klein, Hans 194
Kohl, Helmut 325
Kossygin, Alexei Nikolajewitsch 182
Kusterer, Hermann *99*

L
Lahr, Rolf Otto 150, 161, 191, 212 f., 217, 257 f., 278 f.
Leimena, Johannes 92, 199, 223
Lenin, Wladimir Iljitsch 23, 34, 182
Lenz, Siegfried 305
Leuschner, Bruno 178 f.
Lippman, Walter 21
Logan, James Richardson 40
Lübke, Heinrich 81 f., 162–164, 168–177, 179, 192, 197, 205, 207, 215, 325, 328 f., 332
Luedde-Neurath, Kurt 13, 253, 266 f., 269, 276, 279, *291*
Lukman, Muhammad Hatta *250*
Lukman Hakim 142, 150–152, 164, 178, 192 f., 209 f.
Luns, Joseph 126 f.

M
Mackensen, Eberhard von 60
Macmillan, Harold 165
Maizière, Ulrich de 71
Malik, Adam 198, 210, 267 f., 270, *286*, 288, 294, 296, *301 f.*
Mao Tse-tung 24, 49, 103, 168, 181–183, 220, 233, 254

Maramis, Alexander 56
Marx, Karl 23, 182, 243, 310
Matthöfer, Hans 309
McNamara, Robert 283
Mehnert, Klaus 133
Mendez, Mauro 199
Menzies, Robert 103
Merkatz, Hans-Joachim von 137, 139–142, 144, 146–150, 153–155, 160 f., 328 f.
Meyer, Helmut 248
Meyer-Lindenberg, Hermann 250, 257, 261, 337
Michailow, Nikolai Alexandrowitsch 202
Mikojan, Anastas 182
Mirbach, Dietrich Freiherr von 81, 87, 91, 94, 111, 121, 124–126, 130, 133, 134–136, 140, 142, 145 f., 148, 150, 152, 159–161, 164, 169, 261, 328
Mitterrand, François *33*
Moersch, Karl 301
Mühlenfeld, Hans 118
Mukarto Notowidigdo 65 f., 70
Müller-Armack, Alfred 152
Mussolini, Benito *185*
Murville, Couve de 185

N
Narasimhan, Chakravarthi V. 200
Nasser, Gamal Abd el 36 f., 44, 105, 133, 145, 207 f., *234*, *244*
Nasution, Abdul Haris 107, 125, 140, 185, 220 f., 229, *234*, *244*, 263 f.
Neef, Fritz 279
Nehru, Jawaharlal 36 f., 44, 94, 98–100, 103, 133, 145, 186, 208
Niebel, Fritz 307
Niedermayer, Oskar Ritter von *56*
Nier, Kurt 135, 146
Nixon, Richard 295
Njoto *250*
Nkrumah, Kwame 36 f., 145, 272 f.
Novotny, Antonin 163 f.

O
Obama, Barack Hussein 2
Oebsger-Röder, Rudolf 14, 234–237, 302–305
Oemarjadi 212 f., 215, 258 f., 276, *277*
Oldenkott, Bernd 308
Ollenhauer, Erich 131
Orwell, George 21

Osterheld, Horst 152, 194, 261

P
Pahlavi, Mohammad Reza 306, 311
Panjaitan, Donald Isaac 222
Papen, Franz von 60, *61*
Parman, Siswondo 222
Pauls, Rolf 195 f.
Pinochet Ugarte, Augusto *253*, 311
Pius XII. (Papst) 100
Prass, Johannes 156

R
Rajaratnam, Sinnathamby 323
Randow, Elgar von 62, 74, 81, 85–87, 94
Rau, Heinrich 98
Reinhardt, Herrmann 121
Renger, Annemarie 309
Ritter, Joachim Friedrich 175
Roberts, Frank 206
Rusk, Dean 175

S
Salazar, António de Oliveira 202
Saleh, Chairul Chaerul 153–158, 190–192, 211 f., 214, 259
Sarrazin, Wilfried 297
Sartono, Raden Mas 102
Sastroamidjojo, Ali 78, 84, 87, 89, 103, 131
Sauvy, Alfred *35*
Schacht, Hjalmar 53–55, 76, 327, 336
Scheel, Walter 138, 190, 210, 213, 288, 295, 298 f., 309, 318
Scherpenberg, Albert-Hilger van 120, 261
Schiettinger, Fritz 289
Schlesinger, Helmut 336
Schmidt, Helmut *317*, 318 f., 323, 325
Schmidt-Horix, Hans *89*
Schmücker, Kurt 190
Schröder, Gerhard 1, 150 f., 162, 164, 167, 169, 174 f., 192, 203, 210, 212 f., 215 f., 232, 261, 264, 303
Schukow, Georgi Konstantinowitsch 108
Schütz, Klaus 294
Schwarz, Werner 215–218
Seeliger, Wolfgang 145
Sefrin, Max 134
Sjahir, Sutan 41 f., 270
Soetojo 222

Solveen, Walter 155, 214
Stalin, Josef Wissarionowitsch 28, 42, 72, 108, 110
Starlinger, Wilhelm 99
Stechow, Johann Karl 199
Stockmann, Peter 295
Subandrio 85, 118, 126, 131–133, 136, 140, 144, 146–148, 160–162, 164 f., 167, 178, 185 f., 198 f., 218, 223, 265, 276, 301
Sudibjo 117
Suharto, Mohamed 2, 3, 11, 19, 50 f., *140*, 198, *202*, 220, 223–226, 228, 230, *234*, 235, 238, 241, *242*, 243 f., 246 f., 252, *253*, 255, 262, 264 f., 267, *268*, 269–272, 275, 279, 282 f., 286 f., 290, *291*, 292–295, 299, 301 f., *303*, 304–306, 308, *309*, 310 f., 322, 325, 330 f., *334*, 335–337
Suhr, Otto 101
Sukendro, Ahmad 239, 240
Sunario 72, 117 f.
Supardjo 226
Suprapto 222
Sutowo, Ibnu 317–319
Suwito Kusumowidagdo 160, 193, 199, 208, *231*
Swope, Herbert B. 21

T

Tendean, Pierre Andreas *221*
Tur, Pramudya Ananta 305
Tito, Josip Broz 145
Tunku Abdul Rahman 165

U

Ulbricht, Walter 31, 146, 177, 189, 207 f., *292*
Untung 222, 224–227, 229–231, 247, 264

V

Vance, Cyrus R. *323*

W

Wandel, Paul 144
Weber, Hans-Günther 304, 337
Weiss, Carl 251
Weiz, Gerhard 82, 169, 179 f., 183, 188
Welck, Wolfgang Freiherr von *62*, 63
Werz, Luitpold 1, 13, *39*, 82, 180, 189–192, 195–199, 202 f., 205, 208, 210–212, 214–219, 220, 230–232, 238 f., 248, 250, 253, 257–264, 266
Westrick, Ludger 151, 155 f., 210, 216
Wilson, Harold 182, 206
Wilson, Woodrow 23, 34

Y

Yani, Ahmad 198, 222, 239

Z

Zain, Zairin 55, 64, 102, 113, 120, 134, 142
Zawadzki, Aleksander 147
Zolling, Hermann 237
Zwick, Eduard *90*

www.ingramcontent.com/pod-product-compliance
Lightning Source LLC
Chambersburg PA
CBHW082034230426
43670CB00016B/2649